走进临沭

- 常林钻石之乡
- 中国名特优经济林——杞柳之乡
- 全国科技工作者先进县
- 全国双拥模范县
- 全国优质化肥生产基地先进县
- 国家火炬计划复合肥产业基地
- 中国柳编之都
- 国家级生态示范区
- 全国残疾人社区康复示范县
- 全国科普示范县
- 全国农村集体“三资”管理示范县
- 国家知识产权强县工程示范县
- 国家园林县城
- 全国社会主义新农村建设档案管理示范县
- 国家级出口竹木草柳质量安全示范区
- 全国主要农作物生产全程机械化示范县
- 全国知名品牌创建复混（合）肥产业示范区

临沭年鉴

2017

LINSHU NIANJIAN

临沭县地方史志编纂委员会办公室 编

方志出版社
Publishing House of Local Records

图书在版编目（CIP）数据

临沭年鉴. 2017 / 临沭县地方史志编纂委员会办公室编. --北京：方志出版社，2017.12
ISBN 978-7-5144-2945-9

Ⅰ. ①临… Ⅱ. ①临… Ⅲ. ①临沭县—2017—年鉴
Ⅳ. ①Z525.24

中国版本图书馆CIP数据核字（2018）第018330号

临沭年鉴（2017）

编　　者： 临沭县地方史志编纂委员会办公室
责任编辑： 王　品

出 版 人： 冀祥德
出 版 者： 方志出版社
地址　北京市朝阳区潘家园东里9号（国家方志馆4层）
邮编　100021
网址　http://www.fzph.org
发　　行： 方志出版社图书经销中心
电话（010）67110500
经　　销： 各地新华书店
印　　刷： 济南黄氏印务有限公司

开　　本： 889×1194　1/16
印　　张： 32.25印张
字　　数： 749千字
版　　次： 2017年12月第1版　2017年12月第1次印刷
印　　数： 0001～1000册

ISBN 978-7-5144-2945-9　**定　价：** 300.00元

临沭县地方史志和《临沭年鉴》编纂委员会

名誉主任	刘　飞
主　　任	张　雷
副 主 任	于丽华
委　　员	徐金田　李高升　孟庆超　邢连强　王夫强　班立江
	史佩升　徐奎堂　徐春敏　倪宝武　苗　壮　李根深
	王维庆　付成飞　王济壮　姜金利　冯夫方　胡顺伟
	陈贯波　刘　健　吴清军　崔　强　徐瑞前　王德军
	徐会社　王志银　闫朝利　孟凡峰　胡文杰　杜洪义
	张英杰　李学林　朱孟英　李加栋　石洪欣　周丙启
	高立夫　崔　平　郑　杰　于世华　黄振现　陈　飞
	王　鹏　王正河　王绪华　李　瑞　葛　磊　李振祥
	马　勇　高雪梅　商继曙　王庆彬

《临沭年鉴（2017）》编审人员

主　　审	于丽华
副 主 审	孟庆超　王夫强
主　　编	王敬涛　崔　平
副 主 编	王庆彬　王庆国
编　　辑	（按姓氏笔画排列）
	王庆国　王庆彬　高　洁　崔　平　商继曙

◆ 1月4日，临沂市转方式调结构现场交流会观摩组到临沭县观摩。市政协主席徐涛（前左二），市人大常委会党组书记、第一副主任杜德昌（前左一），市委副书记张宏伟（前右二）参加。前右一为县委书记、县人大常委会主任任庆虎，前右三为县委副书记、县长刘飞。

◆ 1月16日，临沭县社会福利服务中心运营启动暨中德养老管理技术合作实验院揭牌仪式举行。前右为市民政局局长高振凯，前左为县委副书记、县长刘飞。

◆ 3 月 6 日—8 日，中国人民政治协商会议第八届临沭县委员会第五次会议在常林会议中心召开。

◆ 3 月 7 日—8 日，临沭县第十六届人民代表大会第五次会议在常林会议中心召开。

◆ 3月19日，全省主要农作物生产全程机械化推进现场会在临沭县召开。

◆ 3月26日，临沭县沂沭铁路段首趟货运班列运载1800吨化肥实现首发。

◆ 4 月 12 日，国务院参事室调研组到金正大公司就化肥行业去产能及新型肥料扶持政策情况进行调研。

◆ 4 月 28 日，全县“两学一做”学习教育工作座谈会议召开。

◆ 5月6日，临沭县电动公交车运营开通，智能公交系统启用。

◆ 5月27日，市委书记、市人大常委会主任林峰海（前右一）带领市级领导班子成员到临沭开展“两学一做”党性教育。前右二为市政协主席徐涛。

◆ 6月，临沭县被农业部评为全国主要农作物生产全程机械化示范县。7月，临沭县被国家质监总局评为全国复混（合）肥产业知名品牌创建示范区。

◆ 7月12日，金正大集团在德国法兰克福举行并购德国康朴公司（Compo GmbH）交割签约仪式。后排左六为省委副书记、省长郭树清，后排右五为市委副书记、市长张术平，后排左二为县委书记、县人大常委会主任任庆虎。前中为金正大集团董事长万连步。

◆ 7月19日，市人大常委会党组书记、第一副主任杜德昌（左三），市人大常委会副主任冯安（左一）等到临沭县调研精准扶贫工作。右三为县委书记、县人大常委会主任任庆虎，右二为县人大常委会党组书记、第一副主任姜自棠，右一为县委常委、县委办公室主任宋玉波。

◆ 7月19日，临沭县农村信用合作联社整体改制为山东临沭农村商业银行股份有限公司。

◆ 7月25日，临沭县不动产登记中心在县政务大厅揭牌并颁发首秕不动产产权证书。左二为县委常委、副县长王景美。

◆ 8月27日，市委副书记、市长张术平（左四）带领市国土、发改、科技、财政、水利、环保、农业等部门负责人到临沭就金正大中（国）以（色列）现代农业科技示范园项目进行现场办公。右二为县委书记、县人大常委会主任任庆虎，左二为县委副书记、县长刘飞。

◆ 9 月 7 日，参加沂蒙党性教育基地深化提升专题研讨会与会人员到临沭接受党性教育。左一为省委常委、组织部部长杨东奇，左四为市委常委、组织部部长姜仕礼，左一为县委书记、县人大常委会主任任庆虎。

◆ 9 月 20 日，山东省“三秋”农机化生产现场观摩会议在临沭召开。

◆ 9 月 22 日，省委副书记、省长郭树清到临沭县就产业转型升级工作进行调研。

◆ 11 月 11 日—13 日，第三届中国（临沭）柳编商品交易会在山东省临沭县会展中心举行。

◆ 12月23日，县委书记刘飞（前右三）到临沭街道调研。

◆ 12月23日，县委副书记、代县长张雷（右三）到县经济开发区（郑山街道）调研。

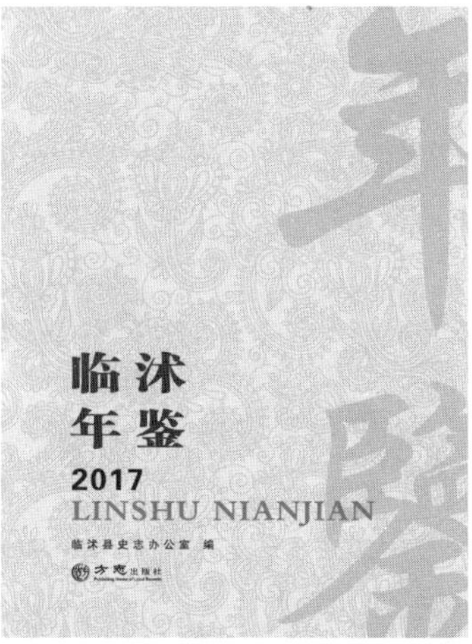

编辑说明

一、《临沭年鉴（2017）》由县地方史志编纂委员会办公室承编。旨在全面系统地记述2016年临沭自然、经济、政治、文化、社会和人物等方面的基本状况，突出地方特点和优势，具有资料的丰厚性、综合性、权威性等特点。是各级领导决策的重要参考依据，是各方面了解临沭的信息窗口。

二、本年鉴坚持以马列主义、毛泽东思想、邓小平理论、“三个代表”重要思想，科学发展观、习近平新时代中国特色社会主义思想为指导，力求观点正确、内容翔实、分类科学、结构严谨、特色鲜明、语言精炼、图文并茂、实用性强。

三、本年鉴在记述方法上，记、志、传、图、表、录、述诸种体裁并用；在编纂体例上以条目体为记述主体。全书以部类为大单元，分设24卷。一般情况下，每卷设一、二级两级目，一级目标示记述门类，二级目为记述的基本单元，用黑体字编排，以便查阅。

四、本年鉴入选人物，对2016年任职的县级领导成员以及省、部级以上劳动模范、先进工作者，登载其简介；省、部级以下县级以上劳动模范，市、县级专业技术拔尖人才，均列表收录。

五、本年鉴所用数据，以县统计局公布的为准；县统计局未统计的，以主管部门提供的为准。

六、本年鉴行文采用语体文记述体，计量单位采用国家标准。

七、为示负责，各单位供稿，均注明撰稿人和审稿人。

目录 MuLu

编辑说明

大事记

2016 年大事记 …… 3
1 月 …… 3
2 月 …… 4
3 月 …… 5
4 月 …… 7
5 月 …… 8
6 月 …… 9
7 月 …… 10
8 月 …… 11
9 月 …… 12
10 月 …… 13
11 月 …… 14
12 月 …… 15

概况

临沭县概况 …… 19

建置沿革 …… 19
历史沿革 …… 19
位置面积 …… 19
行政区划 …… 19

环境资源 …… 20
地质地貌 …… 20
气候 …… 20
自然资源 …… 20

国民经济和社会发展情况 …… 20
农林牧渔业 …… 20
工业、建筑业 …… 21
国内市场、物价和外经外贸 …… 21
固定资产投资 …… 22
三引一促 …… 22
交通、电信、旅游 …… 22
财税、金融、保险 …… 22
科技、教育 …… 23
文化、卫生、体育 …… 23
技术监督、安全生产和环境保护 …… 23
人口与就业 …… 24
居民生活和社会保障 …… 24

目　录

政党・政务

中国共产党临沭县委员会 ……27
党的建设……27
思想政治建设……27
干部队伍建设……28
基层组织建设……28
党风政风建设……28
经济与社会事业……28
重要会议……29

县委办公室工作……32
信息调研……32
决策服务……33
行政后勤……33
保密工作……33
督查考核……33
农村工作……34
改革办工作……34

组织工作……34
领导班子和干部队伍建设……35
干部监督……35
党的基层组织建设……36
党员发展和干部培训教育……36
人才队伍工作……37
“两学一做”学习教育……37
“结亲连心”工作……38

宣传和精神文明建设……38
理论武装和形势政策教育……38
新闻舆论宣传……39
互联网信息管理……39
思想道德建设……40
文明创建活动……41
文化产业发展……42

统战工作……43
协商民主建设……43
党外代表人士队伍建设……43
新的社会阶层人士统战……43
社区统战……44
企业统战……44
民族宗教工作……44

县直机关党建……44
基层党建……44
党风廉政建设……45
理论宣传……46
机关武装……46

党校工作……46
教学工作……46
科研工作……46
党校建设……46

信访工作……47
基层基础建设……47
敏感时期信访维稳……47
信访积案化解……47

群众诉求……………………………………………47
督查问责……………………………………………48

机构编制管理 ………………………………………48
“放管服”改革 ……………………………………48
事业单位改革………………………………………49
重点领域体制改革…………………………………49
机构编制管理………………………………………49

对台经济工作 ………………………………………50

老干部工作 …………………………………………51
落实离退休干部政治待遇…………………………51
落实离休干部生活待遇……………………………52
老年体育……………………………………………52
老年教育……………………………………………52
老干部活动中心……………………………………52
关心下一代工作……………………………………52

档案工作 ……………………………………………52
档案资源建设………………………………………53
基层业务建设………………………………………53
档案法制建设………………………………………53
开发编研和档案队伍建设…………………………53

党史资料征集 ………………………………………54
党史资料征集………………………………………54
党史宣传……………………………………………54
党史研究……………………………………………54

临沭县人民代表大会常务委员会 …………………54
县人民代表大会……………………………………55
县人大常委会会议…………………………………55
选举任免……………………………………………58
决议决定……………………………………………58
视察、调研和监督…………………………………58
代表工作……………………………………………59
机关建设……………………………………………59

临沭县人民政府 ……………………………………60
经济建设……………………………………………60
社会事业……………………………………………61
城乡建设……………………………………………61
民生工程……………………………………………62
“放管服”工作 ……………………………………62
县政府常务会议……………………………………62
县政府工作会议提要………………………………63

县政府办公室工作 …………………………………73
综合文秘……………………………………………74
信息调研……………………………………………74
政务督查……………………………………………74
网络管理……………………………………………74
金融管理……………………………………………75
“12345”市民服务热线……………………………75
行政接待……………………………………………75
机关事务管理………………………………………75

政务服务 ……………………………………………75
政务服务……………………………………………76
公共资源交易………………………………………76
政务服务网上大厅建设……………………………77

目 录

政务服务中心新址建设……78

地方史志……78
年鉴编纂……78
网站和方志馆建设……78
镇村志编修……78
史志事业发展规划……79
地方志鉴管理……79

政府法制……79
法制服务……79
规范性文件管理……79
行政执法监督……79
行政复议……79
行政应诉……80

外事侨务……80
外事工作……80
侨务工作……80

应急管理……81
应急保障体系建设……81
应急联动体系建设……81
应急知识宣传……81

政府接待……82
经营创收……82
管理工作……82

中国人民政治协商会议临沭县委员会……83
建言献策……84
全体委员会议……84
县政协常委会议……84
调研视察……86
创新工作……88
自身建设……89

中共临沭县纪律检查委员会……90
党风廉政建设……91
纪检体制改革……91
正风肃纪……91
执纪审查……92
权力监督制约……92
案件审理……92
宣教工作……92
纪检监察队伍建设……92

社会团体

总工会……95
工会组织建设……95
困难职工帮扶……96
维护职工权益……96
职工教育和培训……96
劳模管理……96
女工工作……97

共青团临沭县委员会……97
基层团组织建设……97
青年之声……98

“小手拉大手，共筑碧水蓝天”行动 ……98
志愿扶贫……98
青年之家建设……98
少先队管理……99
预防青少年犯罪……99
希望工程……99

妇女联合会 ……99
妇女儿童维权…… 100
组织宣传…… 100
妇女创业就业…… 101
“两个规划”工作落实 …… 102

工商业联合会 …… 102
思想政治及非公党建…… 103
组织建设…… 103
经济服务及对外交流…… 104
调查研究和参政议政…… 104
光彩事业…… 104

科学技术协会 …… 105
大型科普活动…… 105
科普惠农…… 106
科普阵地建设…… 106
创新智库建设…… 106
机关自身建设…… 106

文学艺术界联合会 …… 107

社会科学界联合会 …… 108
理论宣讲…… 108
理论调研…… 108
社科普及…… 108
社科阵地建设…… 108

残疾人联合会 …… 109
康复、教育和就业…… 109
社会保障…… 109
残疾人体育…… 109
康复中心…… 109
残疾人维权…… 110
残疾人组织建设…… 110

军　事

地方军事 …… 113
思想政治建设…… 113
军事训练…… 113
人武部建设…… 113
兵员征集…… 113
党管武装…… 114
军民融合…… 114

消防工作 …… 114

人民防空 …… 115
指挥通信警报建设…… 115
人防工程建设…… 115
人防依法行政…… 115
人防宣传教育…… 116

目 录

法 治

政法委及综治 …… 119
平安建设 …… 119
严打整治斗争 …… 119
治安防范 …… 120
基层基础 …… 120
专项秩序整治 …… 120
政法队伍建设 …… 121
见义勇为 …… 121

公 安 …… 122
维护政治稳定 …… 122
打击刑事犯罪 …… 122
治安巡逻防范 …… 122
公安行政管理 …… 122
基层基础建设 …… 123
公安队伍管理 …… 123
典型案例 …… 123

检 察 …… 123
预防和查办职务犯罪 …… 124
刑事检察 …… 124
法律监督 …… 124
检察制度改革 …… 124
三项建设工作 …… 125
队伍建设 …… 125

法 院 …… 125
刑事审判 …… 126
民商事审判 …… 126
行政审判和非诉执行 …… 126
执行工作 …… 126
司法为民 …… 126
司法体制改革 …… 127
基层基础建设 …… 127
队伍建设 …… 127

司法行政 …… 128
普法依法治理 …… 128
公共法律服务 …… 128
基层基础 …… 129
人民调解 …… 129
社区矫正 …… 129

道路交通安全 …… 130
交通设施建设和安全管理 …… 130
交通事故处理 …… 131
车辆管理服务 …… 131

经济管理

发展与改革 …… 135
2016 年计划编制落实情况 …… 135
项目资金争取与重点项目建设 …… 136
投资项目管理 …… 136
铁路管理和运输 …… 137

服务业发展…………………………………… 137
全县重点工程项目介绍………………………… 137

统计工作 ………………………………………… 140
统计业务与服务………………………………… 140
社情民意调查…………………………………… 140
企业调查………………………………………… 141
农村社会经济调查……………………………… 141
城乡一体化住户调查…………………………… 142
第三次农业普查………………………………… 142

工商行政管理 …………………………………… 142
整顿和规范市场经济秩序……………………… 142
注册管理………………………………………… 143
消费者权益保护………………………………… 143
服务辖区经济发展……………………………… 143
法制建设与依法行政…………………………… 143
队伍建设………………………………………… 143

物价管理 ………………………………………… 144
价格监督检查…………………………………… 144
收费管理………………………………………… 144
价格管理………………………………………… 145
价格服务………………………………………… 145

国土资源管理 …………………………………… 148
2016 年国土资源状况 ………………………… 148
土地资产经营…………………………………… 148
耕地保护………………………………………… 148
土地和房地产用地供应………………………… 148
矿产管理………………………………………… 148
测绘工作………………………………………… 149
土地增减挂工作………………………………… 149
不动产登记管理………………………………… 149

质量技术监督 …………………………………… 149
质量管理………………………………………… 150
计量监督与管理………………………………… 150
标准化工作……………………………………… 150
特种设备安全监察……………………………… 151
执法打假工作…………………………………… 151

食品药品监督管理 ……………………………… 152
日常监管………………………………………… 152
综合治理和专项整治…………………………… 153
行政许可………………………………………… 154
产业状况………………………………………… 154
宣传培训………………………………………… 154
创新监管………………………………………… 154

审计工作 ………………………………………… 155
财政审计………………………………………… 155
专项资金审计…………………………………… 155
政府重点建设项目审计………………………… 156
经济责任审计…………………………………… 156
村居干部经济责任审计………………………… 156
审计文化建设…………………………………… 156
审计结论落实…………………………………… 156
培训教育………………………………………… 156
对外宣传………………………………………… 157

安全生产监督管理 ……………………………… 157

目　录

安全生产责任制 …… 157
安全生产基层基础 …… 158
安全生产检查执法 …… 158
安全生产行政许可 …… 159
安全生产应急救援 …… 159
安全生产宣传教育培训 …… 159

检验检测 …… 160
能力建设 …… 160
实验室资质认定 …… 160
检验检测业务 …… 161
内部管理 …… 161

农　业

种植业 …… 165
种植业生产 …… 165
基地品牌建设 …… 165
农产品质量安全及农业执法 …… 165
新型农业经营主体培育 …… 166
农村能源建设 …… 166
农民科技教育 …… 166
落实农村政策 …… 166
农业产业化 …… 166
土地流转 …… 167

林　业 …… 169
林业生产 …… 169
杞柳生产 …… 169
森林保护 …… 170
林业病虫害防治 …… 170
森林防火 …… 170
林场情况介绍 …… 170

畜牧业 …… 171
畜牧产业发展 …… 172
农作物秸秆青贮及粮改饲 …… 172
畜牧行政执法 …… 172
重大动物疫病防控 …… 172
畜禽养殖污染治理 …… 173
病死畜禽集中无害化处理 …… 173

水利和渔业 …… 173
重点工程建设 …… 174
防汛抗旱 …… 175
水利综合执法 …… 175
渔业养殖 …… 176
城乡供水 …… 176
水力发展情况 …… 176
龙窝灌区管理 …… 176
中型水库管理 …… 176
水资源管理 …… 177
水土保持 …… 177

农机管理 …… 177
“三夏”“三秋”农机生产 …… 178
农机管理 …… 178
农机购置补贴 …… 178
农机合作社建设 …… 179
项目建设 …… 179

农业综合开发 …… 183
土地治理项目 …… 183
产业化经营项目 …… 183
创新试点项目 …… 183
信息宣传 …… 184

扶贫开发 …… 184
建档立卡信息统计 …… 185
扶贫项目资金管理 …… 185
扶贫小额信贷 …… 185
互助资金协会建设 …… 185
“雨露计划”项目 …… 185
光伏扶贫项目 …… 185
社会扶贫工作 …… 185

沭河管理 …… 186
工程管理 …… 186
防汛工作 …… 186

大官庄水利枢纽管理 …… 187
工程管理与防汛 …… 187
精神文明建设 …… 188

蚕桑业 …… 188
稳定与发展 …… 188
市场管理与经营 …… 188

烟草业 …… 189
烟叶生产 …… 189
卷烟营销 …… 189
专卖管理 …… 189
公益事业 …… 190

工　业

规模以上工业企业管理 …… 193
工业经济 …… 193
产业发展 …… 193
经济运行 …… 194
技术进步 …… 194
资源综合利用和节能降耗 …… 195
电力与成品油行政监管 …… 195
肥料产业整合提升 …… 195
安全生产管理 …… 196
散装水泥管理 …… 196
两化融合 …… 196
机关作风及党风廉政建设 …… 196

中小企业管理 …… 200
双百工程 …… 201
管理培训 …… 201
产业集群 …… 201
科技创新 …… 201
三引一促 …… 201

二轻联社 …… 202
基层党建 …… 202
社会稳定 …… 202
柳编产业发展 …… 202

目　录

供　电 …… 203
安全生产 …… 203
电网建设 …… 203
供、发电经营管理 …… 204
低压电网改造 …… 204
优质服务 …… 204

供　热 …… 205
临沭县供热服务有限公司 …… 205
金沂蒙集团有限公司 …… 206

金正大生态工程集团股份有限公司 …… 206
企业文化 …… 206
企业荣誉 …… 207
科研开发 …… 207

史丹利农业集团股份有限公司 …… 207
科技创新 …… 208
品牌建设 …… 208
信息化建设 …… 209
产品体系 …… 209
节能环保 …… 209

山东常林机械集团股份有限公司 …… 210
企业解困 …… 210
科技创新 …… 211
军民融合 …… 211
企业荣誉 …… 211

金沂蒙集团有限公司 …… 211
企业管理 …… 212
生产经营 …… 212
科技创新 …… 212
人才管理 …… 213

山东沂蒙老区集团 …… 213
集团建设 …… 213
生产经营 …… 213
文化建设 …… 214
科技创新 …… 214
企业荣誉 …… 214

伟业集团 …… 215
棉花经营 …… 215
房地产开发 …… 215
工程建筑 …… 216
物业管理 …… 216
商品混凝土 …… 216
兴宇旅游公司 …… 216
金明寓工程安装公司 …… 216
石门苗木基地 …… 216

山东金正阳集团有限公司 …… 217
生产经营 …… 217
环境保护 …… 218

交通・邮电

交通运输管理 …… 221
交通基础设施建设 …… 221

县乡公路管理与维护…………………… 221
城乡公交一体化建设…………………… 222
货运行业管理………………………… 222
出租市场管理………………………… 222
客货运输……………………………… 222

客　运 ……………………………… 223
客运班线……………………………… 223
站务服务……………………………… 223
快速货物运输………………………… 224
汽车维修……………………………… 224

公　交 ……………………………… 224
城乡公交……………………………… 225
城市公交……………………………… 225

公　路 ……………………………… 225
工程建设……………………………… 226
公路养护与路政管理………………… 226

中国邮政集团公司山东省临沭县分公司 … 226
业务发展……………………………… 227
基础管理……………………………… 227

中国联合网络通信有限公司临沭县分公司 ……………………………… 227
市场经营……………………………… 228
网络建设……………………………… 228
通信服务……………………………… 228

中国移动通信集团山东有限公司临沭分公司 ……………………………… 228
通信建设……………………………… 229
市场经营……………………………… 229
客户服务……………………………… 229

城乡建设·环境保护

城乡规划 ……………………………… 233
规划编制……………………………… 233
规划建设……………………………… 233
规划管理……………………………… 233

城乡建设 ……………………………… 234
城市建设……………………………… 234
建筑业管理…………………………… 235
城市污水处理厂……………………… 235
村镇建设……………………………… 236
燃气管理……………………………… 236
城市绿化……………………………… 236
城市亮化……………………………… 236
重点基础设施建设工程……………… 237
主要建筑企业………………………… 238

城市管理 ……………………………… 243
城市管理执法………………………… 243
市民热线办理………………………… 244
环卫工作……………………………… 244
环卫一体化…………………………… 244
城区公共自行车系统………………… 245
垃圾处理……………………………… 245

目 录

环保能源发电项目 …… 245
房产和住房保障 …… 245
房地产开发 …… 246
物业服务 …… 246
房屋征收 …… 246
产权产籍管理 …… 246
住房保障 …… 246

环境保护 …… 247
环境管理 …… 247
生态保护 …… 248
环境监察 …… 248
环境监测 …… 248
主要环境指标监测情况 …… 249

商贸·旅游

商业贸易管理 …… 253
对外贸易 …… 253
利用外资 …… 254
外经工作 …… 254
国内贸易 …… 254
电子商务 …… 254

商贸总公司 …… 254
企业管理 …… 254
“三引一促” …… 255

供销合作社联合社 …… 255
农村现代物流服务体系建设 …… 255
合作经济组织体系建设 …… 256
为农服务中心建设 …… 256
农村金融服务新体系建设 …… 256
企业和基层社发展 …… 256

盐业经营管理 …… 257
盐业经营 …… 257
盐政执法 …… 257

物资集团总公司 …… 258
企业管理 …… 258
信访维稳和困难救助 …… 258
基层党建 …… 258
“三引一促” …… 258

粮食购销 …… 259
粮食流通监督检查 …… 259
社会粮食流通统计 …… 259
放心粮油工程 …… 259
农户科学储粮 …… 260
粮安工程 …… 260
地方粮油储备 …… 260

中石化临沂临沭石油分公司 …… 261

贸易促进会 …… 262
贸易工作 …… 262
宣传培训 …… 262

外贸公司 …… 262

信访稳定……………………………… 262
基层党建……………………………… 262

旅　游 ……………………………… 263
旅游规划……………………………… 263
旅游项目建设………………………… 263
旅游资源……………………………… 264
旅游行业管理………………………… 264
已建成旅游景点简介………………… 265

苍马山风景旅游区开发管理 ……………… 266
景区规划……………………………… 267
景区开发……………………………… 267
景区建设……………………………… 267
社会事务管理………………………… 267

沭河古道景区管理……………………… 267
景区开发建设………………………… 267
景区资源保护………………………… 268
国家 AAA 级景区创建 ……………… 268
其他工作……………………………… 268

开发区建设·招商引资

临沭经济开发区（郑山街道）……………… 271
规划建设……………………………… 271
经济发展……………………………… 272
招商引资……………………………… 272
产业特色……………………………… 272
社会事务……………………………… 273

新型工业化实验区（滨海高新技术产业区）
……………………………………… 275
规划建设……………………………… 276
招商引资……………………………… 276

招商引资 ……………………………… 277
考核管理……………………………… 277
项目落实……………………………… 277
招商推介……………………………… 277
重大招商项目简介…………………… 277

财政·税务

财　政 ……………………………… 283
组织财政收入………………………… 283
重点项目支出………………………… 284
民生项目支出………………………… 284
财政管理改革………………………… 284

国家税务 ……………………………… 286
分税种收入…………………………… 286
纳税服务……………………………… 287
依法治税……………………………… 288

地方税务 ……………………………… 289
征收管理……………………………… 289
税源管理……………………………… 289
税收执法……………………………… 289

目 录

纳税服务 …… 290

金 融

银行业监督管理 …… 295
监管工作 …… 295
支持实体经济发展 …… 295
金融生态环境建设 …… 295
金融风险防范 …… 295

中国人民银行临沭县支行 …… 296
存款 …… 296
贷款 …… 296
宏观调控 …… 296
金融服务 …… 296
金融改革 …… 297
金融扶贫 …… 297
外汇管理 …… 297
国库工作 …… 298

中国工商银行股份有限公司临沭支行 …… 299
信贷投放 …… 299
国际业务结算 …… 299

中国建设银行股份有限公司临沭支行 …… 299
业务经营 …… 299
内部管理 …… 300

中国银行股份有限公司临沭支行 …… 301
负债业务 …… 301
资产业务 …… 301
经济效益 …… 301
资产质量 …… 301
客户群建设 …… 301
渠道建设 …… 302
党团建设 …… 302

中国农业银行股份有限公司临沭县支行 …… 302
业务经营 …… 302
经营转型 …… 302
内部管理 …… 303
服务三农 …… 303
队伍与文化建设 …… 303

中国农业发展银行临沭县支行 …… 304
资金组织 …… 304
经营管理 …… 304

山东临沭农村商业银行股份有限公司 …… 305
机构改制 …… 306
党建工作 …… 306
业务发展 …… 306
内控管理 …… 306
金融服务 …… 306
服务地方经济 …… 306

中国邮政储蓄银行股份有限公司临沭县支行 …… 307
经营管理 …… 307
存贷款 …… 307

临商银行股份有限公司临沭支行 …………… 308

临沭民丰村镇银行 ………………………… 308
业务经营 ………………………………… 308
网点建设 ………………………………… 309
内控管理 ………………………………… 309

中国民生银行临沂临沭支行 ……………… 309
业务经营 ………………………………… 309
金融服务 ………………………………… 310

中国人民财产保险股份有限公司临沭支公司 ………………………… 310
经营情况 ………………………………… 310
客户服务 ………………………………… 311

中国人寿保险股份有限公司临沭县支公司 ………………………… 312
人力发展 ………………………………… 312
经营收入及理赔 ………………………… 312
业务管理及优质文明服务 ……………… 312

科学技术

科研与科研成果 ………………………… 317
工业科技 ………………………………… 317
农业和社会科技 ………………………… 318
知识产权 ………………………………… 319

地震监测 ………………………………… 319
监测预报 ………………………………… 320
震害防御 ………………………………… 320
科普宣传 ………………………………… 320
应急救援 ………………………………… 320

气象工作 ………………………………… 321
气候评述 ………………………………… 321
气象服务 ………………………………… 321

教育 · 体育

教育管理 ………………………………… 325
办学条件和学校建设 …………………… 325
学校管理 ………………………………… 325
师资队伍 ………………………………… 326
教育教学改革 …………………………… 326
学前教育 ………………………………… 326
职业教育与成人教育 …………………… 326

临沂市工业学校 ………………………… 328
学校建设 ………………………………… 328
教学工作 ………………………………… 329
德育工作 ………………………………… 329
招生与就业 ……………………………… 330
实训管理与信息化水平 ………………… 330
平安校园建设 …………………………… 331
社会培训与电大工作 …………………… 331

目　录

临沭第一中学 ………………………………… 331
德育工作 ………………………………… 332
教学工作 ………………………………… 332
中考招生 ………………………………… 333
学校安全 ………………………………… 333
后勤管理 ………………………………… 333
学校建设 ………………………………… 333

临沭第二中学 ………………………………… 333
教育教学 ………………………………… 334
学校管理 ………………………………… 334
师资水平 ………………………………… 334
德育工作 ………………………………… 334
办学条件 ………………………………… 335

临沭县实验中学 ………………………………… 335
学校管理 ………………………………… 335
教学工作 ………………………………… 336
德育工作 ………………………………… 336
安全工作 ………………………………… 336
后勤管理 ………………………………… 337
党建工作 ………………………………… 337

临沭县第一初级中学 ………………………… 337
办学条件 ………………………………… 338
教师队伍 ………………………………… 338
校园文化 ………………………………… 338
德育工作 ………………………………… 338
精致化管理 ………………………………… 338
安全工作 ………………………………… 338

临沭县第二初级中学 ………………………… 339
教育教学 ………………………………… 339
教师管理 ………………………………… 339
德育管理 ………………………………… 340
后勤服务 ………………………………… 340
平安校园 ………………………………… 340

临沭县第三初级中学 ………………………… 341
德育工作 ………………………………… 341
安全工作 ………………………………… 341
教学工作 ………………………………… 342
办学条件 ………………………………… 342

驻城小学选介 ………………………………… 343
临沭县实验小学 ………………………… 343
临沭县第二实验小学 ………………………… 343
临沭县第三实验小学 ………………………… 344
临沭县第四实验小学 ………………………… 344
临沭县第五实验小学 ………………………… 345

体育工作 ………………………………… 345
全民健身活动 ………………………… 345
竞技体育 ………………………………… 346
体育产业 ………………………………… 346
体育健身设施 ………………………… 346

文化・传媒

文化工程 ………………………………… 351

公共文化服务体系 …… 351
群众文化生活 …… 351
文化遗产 …… 352
培育文艺人才 …… 352
文化精准扶贫 …… 352
打造文艺精品 …… 352

文化市场监管 …… 353
扫黄打非 …… 353
文化市场管理 …… 353

广播电视播出 …… 354
新闻宣传 …… 354
事业建设 …… 354
创收工作 …… 355
安全播出 …… 355

广电网络 …… 355
经营管理 …… 355
转型升级 …… 355
优质服务 …… 356
安全传输 …… 356

新华书店 …… 356
教学用书发行 …… 356
政治读物发行 …… 357
门市建设 …… 357
爱国主义读书教育活动 …… 357

医疗·卫生

卫生与计生 …… 361
国家基本药物制度 …… 361
公共卫生服务 …… 362
公立医院改革 …… 362
卫生单位重点建设项目 …… 362
医疗质量管理 …… 362
基层卫生工作 …… 362
疾病预防控制 …… 362
卫生监督执法 …… 362
中医药工作 …… 362
爱国卫生工作 …… 363
人口计划 …… 363
妇幼保健和计生服务 …… 363
性别比治理 …… 363
城区和流动人口管理 …… 364
利益导向机制建设 …… 364
计生协会工作 …… 364

临沭县人民医院 …… 365
医疗护理 …… 365
医疗合作 …… 365
业务培训 …… 366
信息化建设 …… 366
医院文化 …… 366
新院区建设 …… 366

目 录

临沭县中医医院 …………………………… 366
医疗质量管理 …………………………… 367
公立医院改革 …………………………… 367
重点专科建设 …………………………… 367

临沭县红十字会 …………………………… 368
社会救助 …………………………… 368
救护培训 …………………………… 368
志愿队伍建设 …………………………… 368
无偿献血及造血干细胞捐献 …………… 368
公益项目 …………………………… 368

社会事业

民 政 …………………………… 371
社会救助 …………………………… 371
双拥优抚安置 …………………………… 371
基层政权和社区建设 …………………… 372
区划地名和勘界 ………………………… 372
社会事务和社会福利 …………………… 372
社会组织管理 …………………………… 372
婚姻登记 …………………………… 373
殡葬管理 …………………………… 373

人力资源和社会保障 …………………… 373
公务员队伍管理 ………………………… 374
大学生就业和军转干安置 ……………… 374
专业技术人员管理 ……………………… 374
创业就业服务工程 ……………………… 374
合同鉴证 …………………………… 374
劳动仲裁 …………………………… 375
职业培训 …………………………… 375
劳动监察 …………………………… 375
社会保险管理 …………………………… 375

民族宗教 …………………………… 377
民族工作 …………………………… 377
宗教工作 …………………………… 378

老龄事业 …………………………… 379
老年法规政策贯彻落实 ………………… 379
为老服务工作 …………………………… 379
参加省第八届“老博会” ………………… 379
“敬老月”活动 ………………………… 380
老龄调研工作 …………………………… 380
老年文体活动 …………………………… 380

镇街概况

临沭街道 …………………………… 383
政区、人口 …………………………… 383
农业和新农村建设 ……………………… 383
工商业 …………………………… 384
科教文卫、社会生活 …………………… 384

蛟龙镇 …………………………… 385
政区、人口 …………………………… 385
农业和新农村建设 ……………………… 386

工商业……………………………………………… 386
交通、邮电、财政、金融………………… 386
教科文卫、社会生活……………………… 386
特色产业选介…………………………………… 386

石门镇 ……………………………………………… 387
政区、人口…………………………………… 388
农业和新农村建设…………………………… 388
工商业……………………………………………… 388
交通邮电、财政金融………………………… 388
教科文卫、社会生活………………………… 388

曹庄镇 ……………………………………………… 390
政区、人口…………………………………… 391
农业和新农村建设…………………………… 391
工商业……………………………………………… 391
交通………………………………………………… 391
财政………………………………………………… 392
教科文卫、社会生活………………………… 392
特色产业选介…………………………………… 392

青云镇 ……………………………………………… 393
政区、人口…………………………………… 394
农业与新农村建设…………………………… 394
工业………………………………………………… 394
金融………………………………………………… 394
交通、邮电 …………………………………… 394
教科文卫…………………………………………… 394
社会生活………………………………………… 394
成功打造“沂蒙淘宝第一镇” …………… 395

大兴镇 ……………………………………………… 396
政区、人口…………………………………… 397
农业和新农村建设…………………………… 397
工商业……………………………………………… 397
交通、邮电、财政、金融………………… 397
教科文卫、社会生活………………………… 398
特色产业选介…………………………………… 398

玉山镇 ……………………………………………… 400
政区、人口…………………………………… 400
农业和新农村建设…………………………… 400
工商业……………………………………………… 400
交通、邮电、财政…………………………… 401
教科文卫、社会生活………………………… 401

店头镇 ……………………………………………… 403
政区、人口…………………………………… 403
农业和新农村建设…………………………… 403
工业………………………………………………… 404
交通、邮电、财政、金融………………… 404
商贸、旅游……………………………………… 404
教科文卫、社会生活………………………… 404

人　物

县级领导 …………………………………………… 409

2016 年临沭县省市县级劳模名录………… 425

目　录

2016 年临沭县晋升高级专业技术职务人员名单 ………………………………… 427

特　载

政府工作报告 ………………………………… 433
——2017 年 1 月 23 日在临沭县第十七届人民代表大会第一次会议上（张雷）

临沭县 2016 年国民经济和社会发展计划执行情况 ………………………………… 444

临沭县 2016 年预算执行情况 …………… 448

附　录

中共临沭县委　临沭县人民政府关于表彰 2016 年度科学发展先进单位和先进个人的通报（沭委〔2017〕13 号） ………… 453

2016 年度科学发展先进单位和先进个人名单 ………………………………………… 454

索　引 ………………………………………… 457

大 事 记

DASHIJI

2016 年大事记

1 月

1 日，中共临沭县委常委班子“三严三实”专题民主生活会召开。县委书记、县人大常委会主任任庆虎代表县委班子作对照检查，深刻剖析“不严不实”问题，对问题产生的原因进行认真深入分析，提出下一步整改方向和措施。随后任庆虎带头作自我批评，查摆问题，接受各位常委的批评意见。县委常委班子其他成员逐一发言，查摆自身存在的“不严不实”突出问题。市纪委监察四室主任李瑞欣、市委组织部副调研员王立军到会指导。县领导刘飞、麻建东、李增民、宋玉智、武玉芹、刘飞、宋国山、王京凯、王景美、李全义、刘军参加民主生活会，钟华、姜自棠列席会议。

4 日，临沂市转方式调结构现场交流会观摩组到临沭县观摩。市政协主席徐涛，市人大常委会党组书记、第一副主任杜德昌，市委副书记张宏伟带领观摩组先后到阳光博瑞光电科技产业园、金铭机械项目、史丹利公司奥德鲁生物肥料、贯天下生物科技项目现场观摩，并听取临沭县转方式、调结构相关情况汇报。县领导任庆虎、刘飞、钟华、姜自棠、麻建东、宋玉智、武玉芹、刘飞、宋国山、王京凯、王景美、李全义等陪同观摩。

5 日，2015 年“临沭改革创新奖”参评项目评审会召开。专家评审委员会对县财政局、供销联社等 25 个单位申报的 47 个“临沭改革创新奖”参评项目，按照创新性、效益性、导向性、典型性等标准，严格进行评审。

8 日 00 时 38 分，国家地震台网测定，临沭县郑山街道宅子村附近（震中位置：北纬 34.96 度，东经 118.58 度）发生 3.1 级地震，震源深度 9 千米。

8 日—9 日，临沭县组织人员对镇域经济发展暨重点项目建设现场进行观摩，并现场打分。县领导任庆虎、刘飞、钟华、姜自棠、麻建东、李增民、宋玉智、武玉芹、刘飞、宋国山、王京凯、王景美、李全义等县级班子领导、在职副县级干部、各镇街、县直各单位负责人参加会议。

11 日，县十六届人大常委会第二十八次会议召开。会议补选姜仕礼、杭富贵为临沂市第十八届人民代表大会代表。

12 日，县人大常委会组织驻沭全国省市和部分县人大代表进行会前集中视察，全面了解 2015 年临沭县经济社会发展以及县镇两级政府、县人民法院、县人民检察院依法行政、公正司法工作情况，为代表在人民代表大会会议上听取审议各类工作报告、提出意见建议做好准备。县领导姜自棠、宋国山、云雪飞、王景光、高希华、王建华、王峰立、侯雷、汲广虎参加视察。

13日，临沭县人大工作会议召开，深入学习贯彻党的十八届五中全会精神，贯彻落实中发〔2015〕18号文件、鲁发〔2015〕17号文件和全省、全市县乡人大工作会议精神，进一步加强全县人大工作和建设，努力提高全县人大工作整体水平。县委书记、县人大常委会主任任庆虎讲话，县人大常委会党组书记、第一副主任姜自棠主持会议并讲话，部分镇街作交流发言。

15日，全县经济工作会议召开。县委书记、县人大常委会主任任庆虎主持会议并讲话，县委副书记、代县长刘飞讲话。县领导钟华、姜自棠、麻建东、宋玉智、武玉芹、刘飞、宋国山、王京凯、王景美等出席会议。

16日，临沭县社会福利服务中心运营启动暨中德养老管理技术合作实验院揭牌仪式举行。省民政厅社会福利和慈善事业促进处副调研员王建武，市民政局局长高振凯，市民政局党组成员、市慈善总会办公室主任李长征，县委副书记、代县长刘飞等出席并揭牌。该中心2012年11月筹建，位于县城南部，占地2.07公顷，建筑面积16270平方米，主体建筑投资1800余万元，设计床位336张。由青岛阳光佳苑养老服务管理有限公司运营管理，县民政局监管。

21日，山东女子创业大学训练营暨村妇代会主任电商创业培训试点启动仪式在临沭举行。省妇联发展部部长赵红 、副部长郭莉莉，市妇联主席相启荣、副主席孙静，县委书记、县人大常委会主任任庆虎,县委副书记李增民参加活动。

23日，全县精准扶贫工作座谈会召开。县教体局、县民政局、县人社局、县农业局、县水利局、县开发扶贫办等县直部门单位及部分镇街主要负责人，结合各自工作实际，就做好精准扶贫工作提出建议。县委书记、县人大常委会主任任庆虎、县委副书记李增民，副县长王峰立出席座谈会。

27日，县委书记、县人大常委会主任任庆虎带领检查考核组到临沭街道检查考核2015年度落实党风廉政建设责任制情况。

29日，临沭县启动互联网+千村万户创业帮扶工程。市委统战部副部长相彬、副县长王峰立共同为“同心精准扶贫创业实践基地”揭牌。县领导王京凯、王峰立、陈庆祥出席会议。

30日，全县基层党建工作暨2015年度述职评议会议召开。9个镇街和3个县直单位党（工）委书记分别述职。市委组织部副部长、沂蒙干部教育基地管理办公室常务副主任邵长来到会指导。县领导任庆虎、刘飞、麻建东、李增民等出席会议。

31日，临沭县组织收听收看临沂市纪委十二届七次全体会议。县领导任庆虎、刘飞县、钟华、姜自棠、麻建东、李增民、宋玉智、武玉芹、刘飞、王京凯、王景美等在临沭县分会场参加会议。

2月

3日，中共临沭县纪委十一届六次全体会议召开。县委书记、县人大常委会主任任庆虎强调，要统一思想认识，把握工作重点，加强党的纪律建设，全面落实好两个责任，推动党风廉政建设和反腐败工作不断取得新成效。县委副书记、代县长刘飞主持会议。县委常委、纪委书记宋国山代表县纪委常委会作题为《坚持挺纪在前，落实全面从严，努力开创党风廉政建设和反腐败新局面》的工作报告。县领导麻建东、李增民、钟华、姜自棠出席会议。

15日，临沭县设分会场收听收看全市科学发展总结表彰大会。县领导任庆虎、刘飞、麻建东、王京凯在主会场参加会议。其他县级班子领导成员参加临沭分会场会议。

同日，临沭设分会场收听收看平安临沂建设总结表彰大会召开。县领导任庆虎、刘飞、钟华、姜自棠、麻建东、宋玉智、武玉芹、刘飞、宋国山、王京凯、冯树方分别在临沂市主会场和临沭县分会场参加会议。

16 日，临沭县非物质文化遗产月暨《临沭记忆》发行研讨座谈会召开。县领导钟华、李真、朱梅出席会议。

18 日，市委副书记张宏伟到金正大集团、金沂蒙集团现场办公。县领导任庆虎、刘飞、王景美、高希华、密长诚陪同。

19 日，全县扶贫开发工作会议召开。县领导任庆虎、刘飞、麻建东、李增民、王京凯、高希华、王峰立、朱孔科出席会议。县开发扶贫办、民政局、人社局、商务局和玉山镇、大兴镇、石门镇作交流发言。

26 日，“德耀临沭”全县道德模范颁奖典礼举行。程凤、王菲、宋瑞民、宋祥民、徐夫全、尤作玲、崔平、禚宪光、丁雪芹、于霞、刘长侠、高飞、李军莉等 13 人获评第四届“道德模范”荣誉称号。县领导任庆虎、钟华、姜自棠、李增民、武玉芹、宋国山、王京凯、李全义、刘军等出席。

29 日，临沭县举行 2016 年度“三引一促”第一批重点项目和重点民生工程集中开工奠基仪式。市委常委、组织部部长姜仕礼，市政协副主席李作良，县领导任庆虎、刘飞、钟华、姜自棠、麻建东、宋玉智、武玉芹、宋国山、王京凯、王景美、刘军等出席开工奠基仪式。此次集中开工的“三引一促”重点项目共 11 个，总投资 51 亿元；集中开工的重点民生工程总投资 18 亿元。

3月

1 日，临沭县市派第三批第一书记座谈会召开。县委副书记李增民出席会议并致辞，县委常委、组织部长王京凯主持会议，市委派驻临沭县第一书记工作大组长范玉江，副县长王峰立出席会议。

同日，县政协八届二十四次常委会议召开。会议审议通过关于召开政协第八届临沭县委员会第五次会议的决定（草案）、政协第八届临沭县委员会第五次会议的建议议程、日程（草案）、政协第八届临沭县委员会常务委员会工作报告和提案工作报告，并推举钟华和朱孔科为报告人；审议通过 2015 年度优秀提案、承办提案先进单位和优秀政协委员名单、政协第八届临沭县委员 2016 年协商工作计划（草案）；审议通过有关人事事项。县政协主席钟华主持会议，副主席王维玺、朱孔科、孟庆然、陈庆祥、朱梅、冯树方出席会议，县人大常委会副主任王建华、副县长密长诚列席会议。

2 日，县十六届人大常委会第 29 次会议召开。会议审议通过县人大常委会关于召开县十六届人大五次会议的决定（草案），决定于 2016 年 3 月 6 日至 3 月 8 日召开临沭县第十六届人民代表大会第五次会议。听取和审议县人大常委会主任会议关于县十六届人大五次会议筹备工作情况的报告；审议县人大常委会工作报告稿，决定提请县十六届人大五次会议审议；听取和审议县人大常委会代表资格审查委员会关于补选县十六届人民代表大会代表的代表资格的审查报告；审议县十六届人大五次会议议程（草案），决定提请县十六届人大五次会议预备会议通过；审议县十六届人大五次会议主席团和秘书长名单（草案），决定提请县十六届人大五次会议预备会议选举；审议县十六届人大五次会议计划预算审查委员会名单（草案），决定提请县十六届人大五次会议预备会议通过；审议县十六届人大五次会议议案审查委员会名单（草案），决定提请县十六届人大五次会议预备会议通过；审议县十六届人大五次会议列席人员名单（草案）；审议《临沭县实施宪法宣誓制度办法（草案）》；审议主任会议关于设立县人大有关专门委员会的议案；投票表决通过新的人事任命事项，为新任命人员颁发任命书，并举行宪法宣誓仪式。县人大常委会党组书记、第一副主任姜自棠，县人大常委会副主任云雪飞、高希华、王建华出席会议。副县长李真，县政协副主席陈庆祥列席会议。

4日，全县生态文明乡村建设暨城乡环境综合整治工作会议召开。县领导麻建东、李增民、宋玉智、王景美、王峰立、朱孔科出席会议。

同日，全县城镇规划建设管理暨国土资源工作会议召开。会上对先进单位和个人进行表彰，县规划局、住建局、城管局等单位作表态发言。县领导刘飞、宋玉智、王建华、朱孔科出席会议。

6日—8日，中国人民政治协商会议第八届临沭县委员会第五次会议在常林会议中心召开。会议通过县政协2016年协商工作计划；通过县政协八届五次会议提案审查情况的报告；通过县政协八届五次会议决议。

7日—8日，临沭县第十六届人民代表大会第五次会议在常林会议中心召开。大会通过关于政府工作报告的决议，关于《临沭县国民经济和社会发展第十三个五年规划纲要》的决议，关于临沭县2015年国民经济和社会发展计划执行情况与2016年计划的决议，关于临沭县2015年财政预算执行情况和2016年财政预算的决议，关于临沭县人民代表大会常务委员会工作报告的决议，关于临沭县人民法院工作报告的决议草案，关于临沭县人民检察院工作报告的决议；选举刘飞为临沭县人民政府县长。

9日，全县环境保护暨畜禽养殖污染集中整治工作会议召开。会议印发《关于表彰2015年度全县环境保护、大气污染防治和淮河流域水污染防治工作先进单位（企业）和先进个人的决定》《关于临沭县畜禽养殖污染集中整合工作实施方案的通知》《关于临沭县2016年大气污染防治工作方案的通知》《关于2016年度全县环境保护工作目标责任考核办法的通知》等文件，县环保局、住建局、公安局等七个部门单位作表态发言。县领导刘飞、宋玉智、王峰立、李真、密长诚出席会议。

同日，全市村居干部经济责任审计工作表彰推进会议在临沭召开。市委常委、组织部长姜仕礼出席会议并讲话。市委组织部常务副部长刘宗海，市审计局党组书记、局长李枝叶，临沭县领导任庆虎、王京凯等出席会议。

17日，全县第一期农村干部培训班开班仪式在县政府招待所小礼堂举行。县委书记、县人大常委会主任任庆虎出席开班仪式并为全体学员上《要做“能干事 群众满意”的农村干部》的党课，县委常委、组织部长、统战部长王京凯主持开班仪式。

19日，全省主要农作物生产全程机械化推进现场会在临沭县召开。会议分为两个阶段：第一阶段，在龙潭渔业产业园举行高端农机具发放仪式。发放仪式之后，与会人员现场参观主要农作物生产全程机械化机具演示，并到常林集团、东泰机械和金铭机械、金正大公司进行参观。第二阶段，全体与会人员在常林国际大酒店三楼会议室召开会议。市政府应急办主任张韬致辞，县委副书记、县长刘飞介绍临沭县主要农作物生产全程机械化工作推进情况，省农机局副局长韩永平、农业部农机化司生产管理处处长李斯华分别讲话。来自全省各地市的农业机械管理部门负责人和部分农业机械企业、农业机械合作社负责人参加会议。

21日，全县“百村万户”民情大走访活动动员会议召开。县领导麻建东、王京凯、王峰立出席会议。据统计：临沭有贫困人口8371户16591人，其中五保贫困户46户62人，低保贫困户2916户4756人，一般贫困户5409户11773人，共涉及全县9个镇街214个行政村。

24日，临沭举办《中国共产党廉洁自律准则》《中国共产党纪律处分条例》电视知识竞赛。县领导麻建东、武玉芹、宋国山、王景光、李真、陈庆祥出席活动。

26日，临沭县沂沭铁路段首趟货运班列运载1800吨化肥实现首发。副市长马崑、市地方铁路局局长李中经、济南铁路局货运营销中心副主任陈伟、沂沭铁路公司总经理吕济湘、市地方铁路局副局长桑振兴，县领导任庆虎、刘飞、钟华、姜自棠、刘飞、陈庆祥出席首发仪式。沂沭铁路线路为国家铁路Ⅱ级，自胶新铁路梅家埠站接轨，经临沂市经济技术开发区至临沭，正线全长约20公里，行车速度为120公里/小时，牵引质量5000吨。

28日，临沭设分会场收听收看国务院第四次廉政工作会议。县领导刘飞、宋玉智在分会场收听收看。

29日，全县“两区同建”暨户户通硬化及改厕工作现场推进会议召开。会议通报各镇街两区同建、户户通硬化及改厕工作进展情况。县领导麻建东、宋玉智、王建华出席会议。

4月

2日，县领导任庆虎、刘飞、钟华、姜自棠、麻建东、宋玉智、武玉芹、宋国山、王京凯、王景美等到夹古山景区参加义务植树活动，为建设幸福临沭再添新绿。

5日，全县安全生产紧急会议召开。会议通报临沂三德特钢公司“4·1”铁水外溢事故情况，传达全市安全生产紧急现场会议精神，并就当前安全生产工作进行安排和强调。县领导刘飞、密长诚出席会议。

7日，省委组织部巡视员刘永巨一行到刘少奇在山东纪念馆调研，并出席在临沭召开的全市党性教育基地深化提升调研座谈会。市委常委、组织部长姜仕礼，县领导任庆虎、王京凯参加相关活动。

12日，全县农村工作会议召开。县农业局、县林业局、县水利局、县农机局、县扶贫办负责人分别发言，县委、县政府印发《关于做好2016年全县农村工作的意见》，县委办公室、县政府办公室印发《〈临沭县2016年“三农”重点工作台账〉的通知》等相关文件。县领导麻建东、王峰立出席会议。

同日，国务院参事室调研组到金正大公司就化肥行业去产能及新型肥料扶持政策情况进行调研。调研组成员刘志仁、王石奇、杨忠崎、李武、肖立、刘志刚等先后实地查看金正大公司生产车间、土壤试验温室和研究院，并就化肥行业去产能及新型肥料扶持政策情况进行座谈交流，听取临沭相关情况汇报和金正大公司有关工作情况介绍。县领导刘飞、王峰立、李真陪同调研。

20日，省工商银行副行长刘爱峰一行到金正大集团调研。县领导刘飞、密长诚陪同。

21日，市委副书记张宏伟带领市直相关部门负责人，到联系帮扶的雷华塑料工程公司、金正阳集团、史丹利化肥公司和常林机械集团现场办公，帮助企业解决生产经营和“二次创业”过程中遇到的困难和问题。县领导刘飞、王景美、密长诚陪同。

26日，临沭县第六届全民健身运动会“冠山仙境穿越”登高健身活动举行。全县各界的800多名爱好者参加，县领导武玉芹、李真出席活动开幕式。

27日，省质监局局长张宁波到临沭县调研“全国复混（合）肥产业知名品牌创建示范区”创建工作情况。调研组先后到常林道依茨法尔机械有限公司、常林集团中川液压项目、史丹利公司、金正大公司调研。县领导任庆虎、刘飞、王景美陪同。

同日，全市农村道路硬化暨厕所改造现场推进会在临沭举行。与会人员先后到临沭街道后高湖村、郑山街道琅东村、店头镇于庄子村等现场查看。

28日，全县“两学一做”学习教育工作座谈会议召开。深入贯彻习近平总书记关于开展“两学一做”学习教育的重要指示精神，全面落实中央和省、市委部署要求，对全县“两学一做”学习教育工作进行部署安排。传达县委《关于在全体党员中开展“学党章党规、学系列讲话，做合格党员”学习教育具体实施方案》。任庆虎、刘飞、钟华、姜自棠、麻建东、李增民、宋玉智、武玉芹、宋国山、王京凯、王景美等县级领导班子全体成员出席会议。

同日，全县扶贫开发现场推进会议召开。分析面临形势，查找薄弱环节，安排部署脱贫攻坚工作。县领导任庆虎、刘飞、麻建东、李增民、王京凯、王峰立、冯树方出席会议。

29日，县委全面深化改革领导小组会议召开，研究全县深化医疗卫生体制改革工作。县领导任庆虎、刘飞、麻建东等出席会议。

同日，全县庆祝“五一”国际劳动节暨劳动模范表彰大会召开。县劳动模范名单：王梅、王经臣、王金部、王恒成、王通韵、刘贵科、刘景辉、孙刚、朱礼明、张昆、张兰建、张庆军、张彩霞、张宝金、张景颜、李广永、李培习、李善龙、杨惠名、邱军昌、陈斌、周文超、武新俊、姚洪玺、胡怀源、赵志庆、唐明波、徐勇、徐熙欣、班书剑。县领导任庆虎、刘飞、钟华、姜自棠、麻建东、李增民、宋玉智、武玉芹、刘飞、宋国山、王京凯、王景美、李全义、王建华出席会议。

同日，全县纪念五四运动97周年暨表彰大会召开。县领导麻建东、王京凯、王建华、李真、陈庆祥出席会议。

5月

3日，全县国有企业“六个好”领导班子创建活动动员会议召开。传达县委书记、县人大常委会主任任庆虎重要批示。县领导王京凯出席会议。

5日，2016年全民健身月启动仪式暨第六届全民健身运动会羽毛球比赛开幕式举行。县领导武玉芹、云雪飞、李真、朱梅出席开幕式。

6日，临沭县举行智能公交系统启用暨电动公交车运营开通仪式。县交通局对城区公交进行优化提升改造，确定5条新公交线路，增加20辆电动公交车。投资400余万元建设智能公交系统，智能公交系统包括智能调度系统、车载终端、电子站牌和手机APP四个子系统。临沭县率先在临沂市建设了集智能调度、电子站牌、掌上公交手机查询与车载终端于一体的智能公交系统。真正使群众等车有把握，坐车心有数，出行乘车更方便、快捷。

7日，2016临沭县“寄情山水 诗意人生”诗歌朗诵会在冠山风景区举行。活动主题为：一次诗词歌赋的虔心诵读与聆听、一场山水之间心灵的雅致清欢与感悟、一段人生往事的激情美好与留恋。县领导武玉芹、朱梅观看朗诵会。

9日，“2016年临沭县职业教育活动周”在临沂市工业学校正式启动。市政协副主席、市教育局副局长丁成建，县领导云雪飞、李真、朱梅出席活动启动仪式。

同日，县政府廉政工作会议召开。贯彻中央和省、市、县纪委全会精神，总结2015年全县政府系统廉政建设进展情况，安排部署2016年党风廉政建设和反腐工作任务。县领导刘飞、宋玉智、宋国山、于丽华、王峰立、密长诚等出席会议。

13日，第二十六个“全国助残日”走访慰问活动开展。县领导任庆虎、王景美、于丽华等一行先后到特殊教育学校、金泰制衣有限公司、店头镇残疾人家庭等走访慰问。

同日，临沭县举行“两学一做”专题辅导报告。邀请市人大常委、市委党校原副校长柴鸥林教授为全县党员作《刘少奇1942年山东之行的贡献和启示》专题辅导报告。县领导任庆虎、刘飞、钟华、姜自棠、麻建东、宋玉智、武玉芹、宋国山、王京凯、王景美、刘军等在县广电演播大厅主会场参加报告会。

17日，由省发改、经信、科技等部门组成的省调研组到临沭调研工业经济运行情况。省发改委副主任崔建海带领调研组一行在市发改委主任庄光海，县领导刘飞、密长诚陪同下，先后到常林集团和金正大公司实地调研。

18日，市委常委、组织部长姜仕礼到临沭县党的章程纪念馆调研。县领导刘飞、麻建东、王京凯陪同。

20日，赵志全先进事迹巡回报告会在临沭县举行。县领导任庆虎、刘飞、钟华、麻建东、李增民、武玉芹、刘飞、宋国山、王京凯、李全义、范玉江等参加。

同日，临沭县举行党员干部学习贯彻《中国共产党廉洁自律准则》和《中国共产党纪律处分条例》辅导报告会。县委常委、纪委书记宋国山为部分县直单位党员干部作辅导报告。

25日，县政协八届二十七次常委会议召开。审议通过《关于临沭县精准扶贫工作的建议案》《关于充分发挥县政协委员在精准扶贫工作中的作用的实施意见》和有关人事事项。县领导钟华、孟庆然、陈庆祥、朱梅、冯树方、云雪飞出席会议。

27日，市委书记、市人大常委会主任林峰海带领市级领导班子成员到临沭开展“两学一做”党性教育。县领导任庆虎、刘飞、钟华、姜自棠、麻建东、王京凯、王景美等陪同。

29日，临沭县第十四届“钻石之乡”广场文化艺术节“中国梦·我的梦”六一文艺晚会举行。县领导武玉芹、云雪飞、朱梅出席晚会。

30日，临沭县为被农业部确定为“全国首批基本实现主要农作物生产全程机械化示范县”。

6月

1日，全县“银龄安康工程”工作会议召开。2016年，继续在全县范围内深入开展以推广“老年人意外伤害组合保险”为内容的老年人意外伤害保障工程。“老年人意外伤害组合保险”投保对象为全县50周岁以上的老年人，保险期为1年，每份保费30元。针对投保对象为60周岁以上的老年人，县政府将按照20%给予补贴，收取保费时按每份24元收取，投保份数不限。县领导麻建东、王京凯、王景光、陈庆祥出席会议。

同日，县委书记、县人大常委会主任任庆虎到联系点青云镇白旄西居为全体农村党员讲“两学一做”专题党课。

3 日，山东大学威海校区专家临沭行对接会召开。山东大学威海校区机电与信息工程学院院长蒋保臣，县领导王京凯、胡丽娜、朱孔科等参加会议。

7 日，全县主要农作物生产全程机械化推进现场会议在店头镇召开。全县共有农机专业合作社 56 家，农机用户 5.8 万户，从业人员 6 万余人，拥有大型农用拖拉机 3500 余台、中小型农用拖拉机 5 万余台、配套农机具 5.8 万台，机械总动力达 81.4 万千瓦，被授予全国首批基本实现主要农作物生产全程机械化示范县。县领导任庆虎、刘飞、麻建东、王峰立、朱孔科出席会议。

12 日，根据《省级生态市、生态县（市、区）建设考核命名办法》，经核查、验收、审议、公示，山东省环境保护厅决定命名临沭县为“省级生态县”。

17 日，全县学习贯彻《中国共产党廉洁自律准则》《中国共产党纪律处分条例》辅导报告会举行。县领导任庆虎、钟华、姜自棠、麻建东、武玉芹、宋国山、宋玉波、王京凯、王景美、韩新华等出席会议。

19 日，临沭县（上海）招才引智工作站成立暨高层次人才座谈会议在上海召开。市人才办副主任刘景宾，县领导王京凯、密长诚出席会议。

25 日，“红领巾集结号”少先队志愿家庭与贫困户结对仪式在店头镇东措庄村启动。县领导武玉芹出席活动。

29 日，国家质检总局在文审论证和现场验收合格后，同意命名临沭县为“全国复混（合）肥产业知名品牌创建示范区”。

30 日，县十六届人大常委会第三十一次会议召开。会议听取有关报告、人事任免事项，表决有关决议、报告等。会议决定任命王景美为临沭县人民政府副县长，周伟为临沭县人民政府副县长（挂职）。

是月，宋玉波、韩新华任中共临沭县委常委，县委常委、政法委书记刘飞调离。

是月，临沭县农田水利项目建设方案顺利通过省水利厅、财政厅专家评审，临沭县被批准为 2016 年中央财政农田水利项目县，获得 1000 万元农田水利专项资金。农田水利项目县总投资 1100 万元，其中自筹资金 100 万元。涉及石门镇大岱、小岱、西新庄、荞麦涧、左坞 5 个村。

7 月

5 日，县委副书记、县长刘飞调度教育全面改薄和解决中小学大班额问题工作情况。先后实地察看北城实验学校、郑山街道尤庄小学、第三实验小学分校、第二初级中学、第一初级中学等建设项目，听取县教体局关于全面改薄暨解决中小学大班额问题工作情况的汇报，对相关工作作出安排部署。县领导高希华、李真等参加。

7 日，2016 年县级党政领导班子成员向县纪委全会述廉述责会议召开。市纪委常委张红出席会议，县委书记、县人大常委会主任任庆虎主持会议，县委副书记、县长刘飞出席会议。县领导麻建东、宋玉智、武玉芹、宋国山、宋玉波、王京凯、王景美、韩新华、王峰立、李真、密长诚参加会议并向县纪委全会作述廉述责报告。

10 日，“临沭杯”第三届中国・临沂休闲垂钓大赛在龙潭湖举行。省人大常委会委员、农村与农业委员会副主任委员、省渔业协会名誉会长侯英民，市委常委、副市长尹长友，县领导刘飞、王峰立等出席开幕仪式。

12 日，金正大集团在德国法兰克福举行并购德国康朴公司（Compo GmbH）交割庆典和交割签约仪式。中国化肥行业最大一宗海外并购案圆满完成。交割签约仪式由临沂市市委副书记、市长张术平主持，山东省委副书记、省长郭树清，山东省政府秘书长王华，省经信委主任钱焕涛，省商务厅厅长佘春明，省外办主任薛庆国等领导，以及中国驻德国大使馆经商处公使衔参赞王卫东，中国银行法兰克福分行行长李光，Triton基金负责人Andi Klein，临沭县县委书记、县人大常委会主任任庆虎，金正大集团董事长万连步，康朴公司首席执行官Stephen Engster等相关人士共同见证交割。

12日，全县残疾人两项补贴发放暨社会救助专项整治工作会议召开。副县长于丽华出席会议。

16日，省委党校副校长张明福带领省委“两学一做”学习教育督导组到临沭检查“两学一做”学习教育工作情况。市委组织部副调研员王立军，县领导刘飞、王京凯陪同。

19日，临沭县信用合作联社整体改制为山东临沭农村商业银行股份有限公司。临沂银监分局向临沭农商银行颁发金融许可证，并举行山东临沭农村商业银行股份有限公司揭牌仪式。此次改制是按照金融体制改革方向和建立现代企业制度而进行。市金融办副主任戴晓峰，县领导刘飞、王景美、韩新华出席成立大会。

同日，市人大常委会党组书记、第一副主任杜德昌，市人大常委会副主任冯安，市人大常委会秘书长丁善余等到临沭县调研精准扶贫工作。县领导任庆虎、姜自棠、宋玉波、云雪飞、高希华等陪同调研。

22日，临沭举行党员领导干部德廉和党风党纪知识测试。全县900余名科级干部在临沭一中集中参加测试。测试内容主要包括《中国共产党章程》、新修订的《中国共产党廉洁自律准则》《中国共产党纪律处分条例》等重要党内法规，以及《公务员法》《行政监察法》《党政机关厉行节约反对浪费条例》等法律条规。市纪委、市委组织部、市委宣传部巡考人员全程监督考试。县领导武玉芹、宋国山、王京凯现场监督考试。

25日，“临沭县不动产登记中心”在县政务大厅揭牌并颁发首批不动产产权证书。县领导王景美出席活动。

28日，全市转方式调结构现场交流会与会领导到临沭观摩。市委书记、市人大常委会主任林峰海，市政协主席徐涛，市人大党组书记、第一副主任杜德昌，市委副书记张宏伟等带领观摩组一行在县领导任庆虎、刘飞的陪同下，先后到家家乐年产100万台套高端智能家居项目、诺泰尔生物科技年产10万吨植物营养生长调节剂项目和山田科技年产30亿米新型切割材料项目进行现场观摩。

29日，中共山东省委、山东省人民政府、山东省军区命名临沭县为“山东省双拥模范县”。

8月

5日，临沭县新媒体联盟成立暨“网聚临沭正能量 争当中国好网民”活动启动仪式举行，市网信办副主任朱泽民，县领导武玉芹、云雪飞、李真、朱梅出席仪式。

8日，歌从水上来—2016临沭县“印象沭河古道风情”水上文艺演出在沭河古道风景区举行。县领导武玉芹、云雪飞、李真、朱梅观看演出。

11日，全县“脱贫措施精准对接落地月”活动动员会议召开。县领导任庆虎、刘飞、麻建东、武玉芹、宋国山、宋玉波、王京凯、韩新华、王锋立、朱孔科出席会议。

同日，参加“相约文博会·齐鲁文化记者行”活动的十多家驻鲁媒体记者走进临沭县荣华工艺品有限公司，对“临沭柳编”走出国门漂洋过海赚外汇取得的成绩和经验做法进行实地采访。

12 日，全市供销社综合改革观摩会与会人员到临沭县观摩。市供销社理事会主任颜廷湘、监事会主任巩明文等带领全市供销社综合改革观摩会与会人员，先后到曹庄镇华侨、店头为农服务中心，青云镇赵窝村社共建点实地察看。县领导刘飞、王峰立陪同。

15 日，为落实全市创建国家全域旅游示范市动员大会精神，进一步推动全县旅游工作，县领导武玉芹、王峰立带领县旅游特色镇、特色村和旅游扶贫村的有关人员到蒙阴县和沂水县参观考察。

17 日，市政协党组副书记、副主席钱迎伟带领市委督导组到临沭督查省、市委政协工作会议贯彻落实情况。县领导刘飞、钟华、宋玉波、陈庆祥陪同。

20 日，广东省政协考察团在全国政协常委、广东省政协副主席、九三学社中央常委、九三学社广东省委会主委姚志彬带领下到临沭参观考察。省政协人资环委副主任曲晶晶，市政协经济工作委副调研员王开峰，县领导任庆虎、钟华、宋玉波、朱梅等陪同。

23 日，全县“保民安、创满意”工作会议召开。县领导麻建东、韩新华、王景光、冯树方、侯雷、汲广虎出席会议。

25 日，临沭县 2016 年慈善助学金暨金正大集团第十一届职工子女爱心助学金发放仪式举行。会上，金正大集团共发放爱心助学金 340 余万元，资助 600 余名贫困学子。其中，100 万元用于临沭县慈善助学金项目，240 余万元用于金正大爱心助学金工程。县领导李增民、王景光、于丽华、孟庆然出席仪式。

27 日，市委副书记、市长张术平带领市国土、发改、科技、财政、水利、环保、农业等部门负责人到临沭就金正大中（国）以（色列）现代农业科技示范园项目进行现场办公。县领导任庆虎、刘飞、麻建东、王峰立陪同活动。

9 月

7 日，参加沂蒙党性教育基地深化提升专题研讨会与会人员到临沭接受党性教育。全国组织干部学院副院长阎红革，省委常委、组织部长杨东奇，省委组织部巡视员刘永炬，市委常委、组织部长姜仕礼，市委组织副部长、山东沂蒙党性教育基地管理办公室常务副主任邵长来等在县领导任庆虎、刘飞、王京凯陪同下，到“刘少奇在山东纪念馆”和《党章的历程》专题展接受党性教育。

8 日，临沭县党政考察团到济宁市兖州区、邹城市考察学习美丽乡村建设工作。县领导刘飞、麻建东、李增民、宋玉智、王峰立、周伟参加考察活动。

14 日，临沭县人民政府与意大利道依茨法尔现代智能农业收获及畜牧机械产业发展项目签约仪式在临沂市铂尔曼酒店举行。该项目计划总投资 1 亿欧元，占地 9.3 公顷，总建筑面积 5.16 万平方米，建设周期 2 年。意大利道依茨—法尔集团副董事长弗朗西斯科·卡洛察，市委副书记、市长张术平，市政府秘书长谭庆功，县领导任庆虎、刘飞、高希华等参加签约仪式。

20 日，山东省“三秋”农机化生产现场观摩会议在临沭召开。省农机局局长卜祥联，市委常委、副市长尹长友，县领导任庆虎、刘飞、王峰立等参加会议。

22 日，省委副书记、省长郭树清到临沭县就产业转型升级工作进行调研。市委书记、市人大常委会主任林峰海，市委副书记、市长张术平，市委常委、市委秘书长李沂明，市政府秘书长谭庆功，县领导任庆虎、刘飞、高希华等陪同调研。

同日，临沭县第七届“邮爱夕阳 激情飞扬”广场舞大赛在文化广场举办，县领导武玉芹、云雪飞现场观看。

28日，临沭县环保突出问题治理攻坚行动推进会议召开。县领导任庆虎、刘飞、钟华、姜自棠、麻建东、王峰立、李增民、宋玉智、武玉芹、宋国山、王京凯、王景美、韩新华等出席会议。

同日，临沭县县镇两级人民代表大会换届选举工作学习班举办。县领导姜自棠、武玉芹、王京凯、王景光出席。

29日，临沭县“受教育、亮承诺、见行动”主题活动动员会议召开，深入推进“两学一做”学习教育，推动全县基层党建工作再上新水平。县领导任庆虎、王京凯出席会议。

同日，临沭县整治和查处侵害群众利益的不正之风和腐败问题工作推进会议召开。县领导任庆虎、宋国山出席会议。

同日，临沭县“关注食品健康 享受美好生活”公益活动启动，市粮食局局长孙百迎、副局长王成法，县领导钟华、王峰立出席启动仪式。

10月

9日，县委书记、县人大常委会主任任庆虎主持召开移风易俗工作座谈会。会议就加强农村红白理事会建设推进移风易俗工作提出意见建议。县领导武玉芹、于丽华参加会议，

11日，临沭县环保突出问题治理攻坚行动暨秸秆禁烧与利用工作调度会议召开。就深入贯彻全市有关会议精神，加快推进环保突出问题治理，着力改善环境质量作安排。县领导刘飞、王峰立出席会议。

13日，全国第三个“扶贫日”来临之际，临沭县举行“精准扶贫 温暖乡村”慈善捐赠文艺演出，展现全县精准扶贫成果，号召更多人关注扶贫、热心扶贫，推动全县精准扶贫工作上台阶、上水平。截至10月13日，全县共建设精准扶贫示范点197个。其中，农业产业扶贫示范点36个，务工就业扶贫产业示范点23个，电商扶贫示范点3个，光伏扶贫示范点56个，健康扶贫示范点14个，残疾人扶贫示范点10个，金融扶贫示范点11个，基础设施建设扶贫示范点44个。县领导武玉芹、王京凯、王峰立、朱孔科观看演出。

15日，青年之声·临沭县“青春扶贫行动”助学金发放仪式在店头镇东措庄举行。为店头镇东措庄建档立卡的40名贫困学生每人发放助学金500元。县领导武玉芹出席仪式。

19日，临沭县十六届人大常委会第33次会议召开。会议听取关于“六五”普法、依法治县的工作情况及“七五”普法规划的报告、《关于在全县公民中开展第七个五年法制宣传教育的决议》《临沭县2016—2020年依法治县规划》、关于行政审判工作情况的报告、关于检查机关规范司法行为工作情况报告、关于全县消除中小学大班额工作情况报告、关于县、镇人民代表大会换届时间和新一届县人大代表名额分配、镇人大代表名额的决定、关于临沭县选举委员会、镇选举委员会组成人员名单。经分组讨论，会议审议表决通过以上相关事项。按照省、市人大常委会的有关规定，临沭县县、镇新一届人大代表选举日期为2016年12月26日，新一届县人民代表大会的名额为247名。县人大常委会副主任姜自棠、云雪飞、王景光、高希华、王建华参加会议，县领导李真、陈庆祥、侯雷、汲广虎列席会议。

同日，临沭县第七届广场舞大赛（镇街组）

举行。来自全县各镇街的16支代表队轮番登场，用精彩舞姿展现乡村精神文化生活。县领导武玉芹、朱梅现场观看比赛并为参赛队伍颁奖。

21日，临沭县移风易俗工作会议召开。会议通过电视直播的方式召开，在县广电大厅设主会场，在各镇街、村居设分会场。会议传达县委、县政府《关于加强农村红白理事会建设进一步促进移风易俗的实施意见》《临沭县乡村文明行动移风易俗工作方案》。县领导任庆虎、刘飞、钟华、姜自棠、麻建东、武玉芹、宋国山、王京凯、王景美、韩新华参加会议。

24日，中共临沭县委组织部分领导干部到沂南县、蒙阴县党性教育基地，开展“受教育、亮承诺、见行动”现场教学，接受党性教育。县领导任庆虎、刘飞、钟华、姜自棠、麻建东、李增民、宋玉智、武玉芹、宋国山、王京凯、韩新华等参加。

28日，临沭县村级督查工作会议召开。会议传达《临沭县全面开展村级督查工作实施方案》，县委常委、组织部长、统战部长王京凯在讲话中指出，开展村级督查工作是落实全面从严治党、提升基层治理水平的有效抓手，是促进村居干部作风持续转变的有效载体。

11月

2日，国务院安委会第一巡查组到临沭巡查安全生产工作。巡查组由河北省煤矿安监局副局长韩堂惠带队，现场检查部分企业安全生产工作开展情况。山东省安监局副局长罗新军，临沂市副市长马崑，县领导任庆虎、刘飞、麻建东、宋玉智、王景美、王峰立、李真、密长诚等陪同检查。

3日，临沭县换届选举委员会第一次会议召开。会议研究确定县选举委员会办公室工作机构及分工；审议通过选举工作指导组人员名单草案、县人大换届选举工作实施方案和全县县镇两级人民代表大会换届选举宣传报道工作方案。县领导姜自棠、宋国山、王景光出席会议。

4日，省司法厅领导到临沭县玉山镇调研“第一书记”驻点村工作并看望困难党员。省司法厅党委副书记、副厅长迟丽华，省司法厅党委委员、纪委书记、驻厅监察专员丁信贤带领调研组一行先后到省司法厅“第一书记”驻点村玉山镇湖子后村、水官村、镇武村和玉山村现场参观调研。县领导任庆虎、李增民、韩新华等陪同调研。

7日，临沭设分会场收听收看临沂市城市违法建设治理行动电视动员会议。

8日，临沭县设分会场组织收听收看中央宣讲团党的十八届六中全会精神报告会。中央宣讲团成员、中宣部常务副部长黄坤明作宣讲报告。

11日，第三届中国（临沭）柳编商品交易会在山东省临沭县会展中心开幕。开幕式上为白旄西居、东朱崔村、金柳村3个淘宝村和沂蒙淘宝第一镇青云镇授牌。临沂市副市长边峰，中国轻工工艺品进出口商会副会长张杰，山东省工艺美术协会会长万进，县领导任庆虎、刘飞等出席开幕式。临沭县已形成完善的杞柳种植、加工、出口的产业化体系，是全国最大的柳编出口基地。有杞柳种植面积6600公顷，编织户5万多户，柳编产业从业人员10万人，开发柳编工艺品2万多个品种，产品畅销欧洲、亚洲、非洲、北美洲等120个国家和地区。2016年，临沭县共有柳编企业128家，1—9月份实现出口9.5亿元，同比增长16.8%。临沭柳编出口额占临沂柳编出口的70%，占山东柳编出口的40%，占全国柳编出口的28%。

15日，县政协八届三十次常委会议召开。

会议传达学习党的十八届六中全会精神，传达学习市政协十四届二十五次常委会议精神，审议通过八届优秀政协委员名单，听取县政府关于2016年提案办理工作情况的通报，审议通过《政协临沭县委员会提案办理协商办法》，并表彰八届优秀政协委员。县政协主席钟华，副主席朱孔科、孟庆然、陈庆祥、朱梅、冯树方出席会议。

18日，全市脱贫攻坚现场推进会议在临沭县召开。市委副书记张宏伟，市委常委、副市长尹长友及全体与会人员在县领导任庆虎、刘飞、麻建东、王峰立陪同下，先后到青云镇华山社区、蛟龙镇后石门头村和店头镇于庄子村三个精准扶贫现场参观。临沭县、沂水县、费县、市人力资源和社会保障局在会上做典型发言。

22日，市委宣讲团到临沭作党的十八届六中全会精神专题辅导报告。市委宣讲团成员、市纪委宣传部部长杜永法从党的十八届六中全会的重大意义、坚定不移推进全面从严治党、全面加强和规范党内政治生活、全面落实党内监督责任、突出抓好领导干部特别是高级干部、党的十八大以来全市党风廉洁建设和反腐败工作情况等六个方面作深刻阐述和详细解读。县领导任庆虎、钟华、姜自棠、宋国山、宋玉波、王京凯、李全义等参加会议。

23日，全县脱贫攻坚工作推进会议召开，传达贯彻落实全市第九次脱贫攻坚现场会议精神，调度全县“脱贫攻坚百日会战”工作情况，安排部署下步脱贫攻坚工作和迎接全市脱贫攻坚年终考核工作。县领导刘飞、麻建东、王峰立出席会议。

24日，临沭设分会场收听收看临沂市第46期沂蒙干部大学堂暨“大数据与智慧城市”专题报告会。

25日，县委理论中心组开展“两学一做”集中学习。县领导任庆虎、刘飞、麻建东、宋玉智、宋国山、宋玉波、王京凯、王景美、韩新华等参加集中学习。

26日，临沭县违法建设治理行动动员会议召开，安排部署全县违法建设治理工作，动员各级统一思想，凝聚共识，全力以赴打赢违法建设治理攻坚战。县领导任庆虎、刘飞、麻建东、宋玉智、武玉芹、宋国山、王京凯、韩新华、高希华等出席会议。

29日，市人大常委会领导到临沭督导换届选举工作。市人大常委会副主任刘淑秀、市人大常委会研究室主任凌宗庆一行，在县领导任庆虎、姜自棠、宋玉波、王景光、高希华的陪同下，实地察看青云镇华山社区、朝阳社区和郑山街道新埠社区、街道办事处的换届选举工作现场。

同日，参加全市农机合作社建设现场观摩会人员到临沭县观摩农机合作社建设情况。观摩组一行在县领导刘飞、高希华、王峰立陪同下，先后到店头镇安泰农机专业合作社和郑山街道惠龙农机专业合作社现场参观。

12月

2日，临沭县爱心企业家到店头镇于庄子村市直单位派驻第一书记“产业扶贫点”献爱心。山东云天热能科技有限公司和金沂蒙集团分别无偿为“第一书记”产业扶贫点捐赠价值60万元的取暖设备和30万元的扶持资金。

10日，全县领导干部会议召开。市委组织部副部长、老干部局局长、离退休干部工委书记孟凡成宣布省委、市委关于临沭县委有关干部职务调整决定。经省委批准：刘飞任中共临沭县委书记；任庆虎不再担任中共临沭县委书记职务。市委决定：刘飞兼任中共临沭县委党校校长，张雷任中共临沭县委委员、常委、副书记。任庆虎不再担任中共临沭县委常委、委员、县委党校校长职务，另有任用。

15日，县委副书记张雷到店头镇调研。先后察看永固轮业、木震东方家具、速程工贸、农泰农业科技等项目，了解企业运营情况，听取镇街和企业的情况汇报。

18日，县委决定：张雷任县人民政府党组书记；王景美任县人民政府党组副书记；韩新华任县人民政府党组成员，不再担任县委政法委员会书记职务；王淑军任县人民政府党组成员；王建平任县委统一战线工作部部长；杨明任县委政法委员会书记；张星磊任县人民法院党组书记。刘飞不再担任县人民政府党组书记职务；宋玉智不再担任县人民政府党组副书记职务；李真、密长诚不再担任县人民政府党组成员职务；王京凯不再担任县委统一战线工作部部长职务；侯雷不再担任县人民法院党组书记职务。

同日，县委书记、县委党校校长刘飞主持召开县委常委会议。县委副书记、县政府党组书记张雷，县委副书记赵明、李增民，县委常委武玉芹、宋玉波、王京凯、王景美、杨明、孙运峰、王建平出席会议，县政协主席钟华，县人大常委会党组书记、第一副主任姜自棠列席会议。

同日，全市基层组织建设工作现场观摩会在临沭召开。市委组织部常务副部长刘宗海和与会人员先后到青云镇华山社区、山东金正阳集团有限公司、郑山街道新埠社区、临沭街道富民社区等地就基层党组织建设工作进行观摩。县领导刘飞、赵明陪同。

20日，临沭县十六届人大常委会第34次会议召开。会议通过临沭县2016年财政预算调整方案的决议，关于接受任庆虎辞去县人大常委会主任职务的请求决定，关于推选姜自棠代理临沭县第十六届人民代表大会常务委员会主任职务的决定，关于接受李开华辞去县人大常委会委员职务请求的决定。决定任命张雷、韩新华、王淑军为县政府副县长，任命张星磊为临沭县人民法院副院长、审判委员会委员、审判员；通过关于接受刘飞辞去县人民政府县长职务请求的决定、关于接受宋玉智、李真、密长诚、胡丽娜辞去县人民政府副县长职务请求的决定以及关于接受侯雷辞去县人民法院院长职务请求的决定。决定任命张雷为县人民政府代理县长、任命张星磊为县人民法院代理院长。县人大常委会党组书记、第一副主任姜自棠，副主任云雪飞、王景光、高希华、王建华，党组成员王丙华及常委会组成人员共19人出席会议，副主任王景光主持会议。

同日，县委副书记、代县长张雷主持召开第九次县长办公会议，学习中央经济工作会议精神，研究县政府领导成员工作分工，安排部署当前和今后一段时间的重点工作。县委常委、副县长王景美，副县长于丽华、王峰立、韩新华、王淑军、周伟出席会议。

23日，县委书记刘飞到临沭街道调研城建工作。先后到崔蒿科水果蔬菜批发市场、雷华塑编公司新项目区、徐兴社区、中半路桥、冠山路立交桥和规划六路等地实地调研。

同日，县委副书记、代县长张雷到县经济开发区调研。先后到晴朗工艺品公司、金铭机械公司、家家乐电器公司、常林道依茨法尔公司、金正阳管业公司、海佑福瑞达公司、山田研磨公司、新埠社区、琳琅村等地实地调研。

24日，县委书记刘飞主持召开全县重点工作务虚会。谋划2017年及今后五年全县重点开展的工作及发展方向。县领导张雷、钟华、姜自棠、赵明、武玉芹、宋玉波、王京凯、王景美、李全义、韩新华、杨明、孙运峰、王建平等参加会议。

概　况

GAIKUANG

临沭县概况

建置沿革

历史沿革　临沭县历史悠久。东盘北辛文化遗址考古证明，距今七千年前即有人类在此生息繁衍。北沟头龙山文化遗址和郭家山新石器遗址证明，临沭为东夷文化发祥地之一。

夏商时期，临沭一带为《尚书·禹贡》徐州；西周属鄟（zhuān）、祝等小国辖地，春秋末期，鄟、祝被鲁灭，归属鲁国；战国时期，临沭一带被纳入越境，后又归楚。秦朝时期，临沭北部属琅邪（yá）郡莒县，南部属东海郡郯县。西汉时期，分治于东海、琅邪二郡；东汉末年，分东海郡，在临沭境内置利城郡，辖郯、利城、祝其等十三县。唐武德四年（621）析置临沂县为兰山、临沭、昌乐三县，历史上首次以“临沭”命名置县。清代，属山东布政司沂州府，为郯城、兰山二县分治。民国时期，先后属济宁道、琅邪道。1936年，属山东省第三行政区，北部为临沂县第五区，南部为郯城县第五区；后郯五区析置郯六区、郯七区，隶属郯城县政府第二办事处，办事处驻地在今郑山街道（原南古镇）南古居。

1940年1月，八路军东进支队和山东纵队陇海南进支队解放国民党郯城县政府第二办事处——南古庄，成立抗日民主政权郯东北第一办事处，直属鲁南专署领导。同年7月，改称苍马办事处，属鲁南地区第三行署。1941年8月，临沭县抗日民主政府成立，隶属鲁南专署第四行署，后改属滨海专署。滨海专署驻地大部分时间在今店头镇陈巡会村。

1949年，中华人民共和国成立后，临沭县政府驻地由流动不定正式驻夏庄（今临沭街道）。1950年5月，属临沂专署。1956年3月，临沭县撤销，南部划归郯城县，北部划归莒南县。1961年8月，临沭县恢复，隶属临沂专署，1967年隶属临沂地区。1994年12月，临沂地区改为临沂市，临沭县隶属至今。

位置面积　临沭县位于山东省东南部，北纬34°40′～35°06′，东经118°26′～118°51′。北依莒南县，西靠临沂市河东区和市经济技术开发区，西南与郯城县接壤，东南分别与江苏省连云港市赣榆区、东海县毗邻。南北长45.2公里，东西宽32.9公里，总面积1010.19平方公里。县城驻地在临沭街道。

临沭县境内有327国道与225省道纵横穿过。长深高速临沭段境内全长30.99公里，途经青云、玉山、蛟龙3镇和苍马山风景区。县城西距京沪高速公路35公里，东距连云港70公里，距临沂机场和连云港白塔埠机场分别为25公里和40公里。沂沭铁路（临沂经济开发区梅埠至临沭）2015年12月16日正式开通。

行政区划　2016年，临沭县辖临沭、郑山2

个街道和蛟龙、石门、曹庄、青云、大兴、玉山、店头 7 个镇，共有行政村（居、社区）287 个。

环境资源

地质地貌 境内地势东北部高，西部和南部低，呈扇形倾斜状。县内最高处为苍山，海拔 394.7 米，最低处在新沭河下游，海拔 22 米。境内地貌以缓坡丘陵为主，大致分为平原、低山、丘陵 3 种类型。平原面积占总面积的 23.36%，多分布于县内西部沭河沿岸；山地占 3.82%，多分布于县境东北部；丘陵占 72.82%，分布于平原与山地之间。全县有大小山峰 44 座，海拔高度均在 400 米以下，山峰坡度多数大于 15 度。境内有长度 10 公里以上的河流 13 条，除镇武河外，皆为沭河、新沭河水系，总流域面积 862.35 平方公里（不包括穆疃河、凉泉子河）。沭河在临沭境内长 69 公里，为最长过境河流。

气候 县境属于暖温带季风区半湿润大陆气候，寒暑交替，四季分明。春季温暖，光照充足；夏季湿热，雨量充沛；秋季清爽，气候宜人；冬季较冷，雨雪稀少。历年平均气温 13.6℃。年均降水量 857 毫米。年平均日照 2326 小时。平均相对湿度为 70%。

自然资源 全县土地总面积 10.10 万公顷。丘陵、山地盛产花生、地瓜，又是林、果、茶、烟的主要产区；沭河冲积平原土层深厚，土质肥沃，得水之利，是小麦、玉米、蔬菜、杞柳生产基地。

河川多年平均径流量 3.20 亿立方米，水资源蕴藏量 3.59 亿立方米。地下水多年平均总储量 1.91 亿立方米，其中静储量 1.43 亿立方米，可开采量为 0.5 亿立方米。

矿产资源主要有重晶石、金刚石、金红石、大理石、石英石、黄沙、优质矿泉水等 20 余种。

主要动物类资源 100 余种；植物资源，主要的乔、灌木类分属于 39 科、220 余种；其他草本类、水生生物亦有数百种。

国民经济和社会发展情况

2016 年是“十三五”开局之年，在县委、县政府的坚强领导下，全县各级认真贯彻中央和省市决策部署，以建设和美幸福临沭为目标，以产业升级为主线，以项目建设为抓手，以改革创新为动力，以改善民生为根本，千方百计稳增长、坚定不移调结构、不失时机促改革、多措并举防风险、竭尽全力惠民生，全县经济社会发展呈现平稳健康发展的良好势头。初步核算并经市统计局审核，全县实现生产总值 228.27 亿元，增长 7.6%。其中，第一产业增加值 20.52 亿元，增长 4.5%；第二产业增加值 108.8 亿元，增长 6.5%；第三产业增加值 98.95 亿元，增长 9.6%。三次产业增加值占比为 9∶47.7∶43.3，第三产业占比提高 1.7 个百分点。先后荣获全国首批主要农作物生产全程机械化示范县、全国复混肥知名品牌示范区、中央财政农田水利项目县、全省双拥模范县、省级生态县等称号。

农林牧渔业 农业生产形势良好。农林牧渔业实现增加值 21.41 亿元，增长 4.9%。其中，农业、林业、牧业、渔业、农林牧渔服务业分别实现增加值 11.49 亿元、2.77 亿元、5.62 亿元、0.63 亿元、0.89 亿元，分别增长 3.8%、7.7%、4.3%、5.7%、14.3%。

主要农产品产量有增有减。粮食总产 28.90 万吨，下降 1.2%。花生总产 18.34 万吨，增长

5.3%；水果总产1.22万吨，增长19.8%；蔬菜总产13.65万吨，下降5.9%；烤烟总产574吨，增长7.3%。

畜牧业发展稳定。年末生猪存栏30.9万头，下降0.4%；家禽存栏465.08万只，下降13.2%。全年生猪出栏50.8万头，增长3.6%；家禽出栏1327.44万只，增长31.5%。肉类总产量6.74万吨，增长30.9%；禽蛋产量3.58万吨，增长39.1%；奶类产量0.63万吨，下降6.9%。

林业、渔业生产稳定发展。全年人工造林637公顷，现有林地面积45.8万亩，森林覆盖率36.6%。全年水产品总产量0.67万吨，增长3.0%。

农业机械化不断提高。年末农用机械总动力82.89万千瓦，拖拉机5.63万台，总动力59.84万千瓦。联合收割机1150台，比去年增加198台。其中，稻麦联合收割机687台，比去年增加167台；玉米联合收获机463台，比去年增加31台。

现代农业取得成效。市级以上龙头企业42家，其中省级龙头企业5家。“三品一标”认证61个，“临沭柳编”区域品牌价值进入全国百强。各类新型农业经营主体流转土地3.2万亩，累计11.2万亩；新发展农民专业合作社173家，累计1401家；新发展家庭农场304家，累计843家；新培育种粮大户96家，累计206家。4家合作社获评“省级示范社”，累计20家；15家合作社获评“市级示范社”，累计129家；12家家庭农场被评为“市级示范场”。

工业、建筑业　工业经济下行压力大。全县规模以上工业企业202家，规模以上工业增加值增长5.1%，完成总产值508.32亿元，下降3.3%；实现主营业务收入558.25亿元，下降2.8%；实现利税总额36.73亿元，增长5.7%，其中，利润总额26.52亿元，下降9.9%。全年利税过亿元企业4家。全县工业用电量9.22亿千瓦时，下降2.8%，其中规模以上工业用电量7.30亿千瓦时，下降0.9%。

骨干企业支撑力强。全县主营业务收入过亿元企业46家，比去年减少2家，实现主营业务收入501.34亿元，占全县的89.8%，下降1.6个百分点。列入全县重点培植“双30”企业实现主营业务收入488.03亿元，占全县的87.4%，下降3.1个百分点；实现利税总额31.87亿元，占全县的86.8%，提高6.6个百分点。列入全市重点培植的16家“双百”企业实现主营业务收入421亿元、利税总额29.1亿元，分别占全县的75.4%、79.2%，分别提高1.0个、1.1个百分点。其中，金正大实现主营业务收入193.47亿元，增长9.6%，实现利税总额16.21亿元，增长17.4%；史丹利实现主营业务收入53.73亿元，下降15.3%，实现利税总额8.38亿元，增长8.4%；金沂蒙实现主营业务收入48.89亿元，下降2.4%，实现利税总额1.13亿元，下降12.9%；金正阳实现主营业务收入49.99亿元，下降1.1%，实现利税总额0.60亿元，下降0.1%。

建筑业增速放缓。全县有资质等级的总承包和专业承包建筑企业18家，完成建筑业总产值20.3亿元，增长5.9%。全年房屋建筑施工面积264.8万平方米，增长8.2%；房屋建筑竣工面积67万平方米，下降9.2%。

国内市场、物价和外经外贸　消费品市场运行平稳。全县实现社会消费品零售总额105.3亿元，增长10.6%。限额以上批发零售企业79家，实现零售额17.7亿元，增长3.0%；限额以上住宿餐饮企业4家，实现零售额0.24亿元，增长9.3%。

全年居民消费价格上涨1.7%，工业品出厂价格下降0.7%，商品零售价格上涨2.0%，服务项目价格上涨0.7%。

进出口大幅增长。全县实现进出口总额37.2亿元，增长27.4%。其中，出口额27.8亿元，增长 41.1%；进口额 9.4 亿元，同比下降 0.8%。年末三资企业 50 家，实际利用境外资金 502 万美元。

固定资产投资 投资平稳增长。全县完成固定资产投资 185.5 亿元，增长 3.0%。一、二产业分别完成投资 2.4 亿元、104.5 亿元，分别增长 398.3%、37.5%；三产完成投资 78.6 亿元，下降 24.1%。全县完成工业投资 104.5 亿元，增长 37.5%；其中，工业技改投资 80.6 亿元，增长 25%，占工业投资的 77.1%，回落 3.7 个百分点；高新技术产业投资 30.8 亿元，占工业投资的 29.5%。全县在建亿元以上项目 28 个，其中新开工亿元以上项目 25 个，完成投资 70.2 亿元。

房地产大幅增长。全县房地产开发投资完成 40.8 亿元，增长 60.6%。新开工面积 96.1 万平方米，增长 44%。商品房销售面积 105.1 万平方米，增长 115.2%；商品房销售额 34.4 亿元，增长 103.7%。

三引一促 全县引建招商引资项目 221 个，其中亿元以上项目 61 个，到位县外资金 73.6 亿元，完成全年任务的 104.7%。其中，产业实体招商项目到位资金 53.1 亿元，占总量的 72.2%；融资折算金额 8.5 亿元，占总量的 11.5%；向上争取无偿资金和政策性资金 12.0 亿元元，占总量的 16.3%。

全县引进 A 类领军人才 9 名，B 类创新创业人才 136 名，引进 C 类高学历人才 152 名。

交通、电信、旅游 年末全县公路通车里程 1455.06 公里。全县公路客运量 992 万人次，旅客周转量 95138 万人公里；货物运输量 2377 万吨，货物周转量 719260 万吨公里。城际公交新增公交车 189 辆，更新出租车 206 辆。城区公共自行车系统布设站点 110 处，投放公共自行车 1900 辆。

全县实现邮政业务量 0.44 亿元，电讯业务收入 3.1 亿元。年末全县固定电话用户 4.13 万门，其中，城市用户 2.55 万门，农村用户 1.58 万门；移动电话用户 52.35 万户。互联网用户 11.82 万户，增长 25.5%。

旅游业发展迅速。全县 2A 级以上旅游景区接待游客 303.1 万人次，增长 47.0%；实现门票收入 4816.9 万元，增长 83.6%；旅游总收入 4.3 亿元,增长 121.8%。年末 2A 级以上旅游区 9 家，其中，3A 级旅游区 3 家；旅行社 3 家，星级酒店 1 家，3 星级以上农家乐 29 家。

财税、金融、保险 财税收入稳步增长。全县一般公共预算收入 13.9 亿元，同口径增长 14%，税收占一般公共预算收入比重为 79.6%，同比下降 5.5 个百分点。国地税收入 19.5 亿元，增长 27.8%，其中，国、地税分别收入 11.0 亿元、8.4 亿元，均增长 27.8%。全县一般公共预算支出 32.3 亿元，增长 6.3%。其中，农林水支出 4.9 亿元，增长 10.9%；医疗卫生与计划生育支出 4.1 亿元，增长 8.6%；教育支出 9.2 亿元，增长 10.8%；一般公共服务支出 2.8 亿元，增长 9.6%。

金融存贷款稳步增长。年末全县金融机构本外币各项存款余额 245.67 亿元，比年初增加 8.74 亿元，较年初增长 3.7%；其中人民币各项存款余额为 244.41 亿元，比年初增加 8.84 亿元，较年初增长 3.8%。本外币各项贷款余额 188.06 亿元，比年初增加 19.24 亿元，较年初增长 11.4%；其中人民币各项贷款余额 187.33 亿元，较年初增加 18.82 亿元，较年初增长 11.2%。人民币余额存贷比是 76.6%，新增存贷比是 212.9%。

保险业稳步发展。全县保费收入 2.45 亿元，增长 4.3%。其中，财产险保费收入 0.49 亿元，下降 63.3%；人身险保费收入 1.97 亿元，增长 27.1%。支付各项赔款和给付 1.73 亿元，增长 94.4%。其中，财产险业务赔付 0.86 亿元，增长 65.4%；人身险业务赔付 0.87 亿元，增长 235.1%。

科技、教育 科技事业取得新突破。实施市级以上各类科技计划项目 18 项，获无偿补助资金 2600 余万元。获得国家技术发明二等奖 1 项，省科技进步一等奖 1 项，市技术发明奖 2 项，市科学进步奖 10 项。新增国家级创新平台 1 家，省级创新平台 2 家，新认定高新技术企业 5 家。专利申请 593 件，其中，发明专利 116 件，实用新型 464 件，外观设计 13 件；发明专利授权 59 件，获国家优秀专利奖 1 项；新增“山东省知识产权优势企业”2 家。

教育事业稳步推进。投资 1.6 亿元，完成薄弱学校校舍改造项目 42 个，建筑面积 3.29 万平方米；完善 22 所学校的教学设施设备；完成 18 个标准化幼儿园建设项目。启动县第二、三实验小学扩建工程，县北城实验学校新建工程，实施解决城区中小学大班额工程开工率全市第一。全县高考本科进线人数 1756 人，其中一本进线人数 643 人。

文化、卫生、体育 文化艺术繁荣。全县文化馆、公共图书馆各 1 个，均为国家一级馆。图书馆馆藏纸质图书 27 万余册，中外报纸期刊 140 余种，办理读者卡 1.6 万余张。建设文化广场 124 处。建成县级播控中心 1 个，镇级 9 个，村级广播室 525 个，安装接受终端 625 个，联网村高音喇叭 2000 多支，形成横向 15 ～ 20 分钟公共文化圈、纵向县镇村三级覆盖、城乡一体化的公共文化服务格局。全年放映农村公益电影 2977 场次。现有国家级重点文物保护单位 1 处、省级 3 处、市级 13 处、县级 65 处；省级非遗项目 3 个、市级 9 个、县级 77 个。无线广播电台 1 座，广播覆盖率 100%，电视转播台 1 座，电视覆盖率 95%。

卫生事业稳步推进。年末各级各类医疗卫生机构 349 处，其中医院 6 所，基层医疗卫生机构 343 所。医疗卫生机构床位 2063 张。卫生技术人员 2722 人，其中医生 881 人。建立城乡居民健康档案 53.2 万份；家庭医生式服务签约 7.3 万户、22 万人；农村户籍妇女“两癌”免费检查 2.1 万人；发放分娩补助 3467 人，121.34 万元，实施 4 种新生儿遗传代谢性疾病筛查免费项目。全县婚检率 100%，免费孕前优生健康检查目标人群覆盖率 100%。居民医疗保险筹资标准提高到人均 570 元 / 人，各级政府财政补助 420 元 / 人，筹集资金 2.86 亿元。参保居民 50.35 万人，参保率 96.01%；220.26 万人次参保居民报销医药费用 2.54 亿元，当年基金结余 0.32 亿元，累计结余 1.47 亿元。

体育运动广泛开展。成功举办近 20 项群众体育赛事活动。组织参加各项比赛项目，取得全市第六届运动会龙舟比赛男子 300 米、500 米直道竞速第五名和第三名；取得全市第六届运动会田径比赛普通组团体总分第一名，少儿组团体总分第二名，获得“体育道德风尚奖”“最佳赛区奖”等荣誉称号。成立乒乓球、羽毛球、钓鱼、围棋等 4 个体育协会，全县社团组织达到 66 个。县体育中心二期工程已破土动工。

技术监督、安全生产和环境保护 实施质量强市战略。全县拥有省长质量奖 1 个、山东名牌 8 个、省服务名牌 2 个。中国驰名商标 8 件，新增山东省著名商标 2 件，总数 25 件。

安全生产形势稳定。全县发生各类安全生产事故 8 起，其中，道路交通事故 7 起，一般工贸企业事故 1 起。死亡 7 人，其中道路交通事故 6 人，一般工贸企业事故 1 人。道路交通事故受伤 2 人。

环境保护工作扎实推进。全年启动重污染天气应急响应 9 次，完成各类工业企业停产治理 321 家，推进 10 吨 / 时以下燃煤锅炉清洁能源改造或拆除 169 家，实施燃煤机组超低排放改造 3

家。PM2.5、PM10、二氧化硫、二氧化氮四项指标分别改善7.4%、5.0%、28.1%、16.3%，优良天数同比增加41天，大气综合指数全市排名第7，综合指数改善全市排名第5。获得大气生态补偿金272.25万元，国家补助大气污染防治专项资金205万元。编制完成十三五期间全县40个村环境综合整治方案，组织实施牛腿沟尾水生态工程和苍源河生态修复工程以及岌山地质公园生态红线划定工作。

人口与就业 年末全县户籍人口65.84万人，其中城镇人口30.03万人，农村人口35.81万人。常住人口61.54万人，城镇化率54.87%，同比提高1.09个百分点。人口出生率19.3‰，死亡率4.6‰，人口自然增长率14.7‰。

就业状况稳定。全县新发放小额担保贷款8596.5万元，直接扶持652户实现创业，带动就业3000人。城镇新增就业7000人，新增农村劳动力转移就业13411人，城镇登记失业率控制在1.69%。全年组织职业技能培训3856人，创业培训744人，农村劳动力培训5261人。组织大型招聘会20场，提供招聘岗位3792个，接待各类求职人员2425人次，求职登记1945人，职业指导1612人次，成功就业1524人。

居民生活和社会保障 居民收入继续保持增长。全县居民人均可支配收入22707元，增长7.9%。城镇、农村居民人均可支配收入分别为31672元、11100元，分别增长7.6%、6.7%。

社会保障体系更加健全。全县城镇职工养老、基本医疗、失业、工伤、生育保险参保人数分别为53080人、59381人、38515人、52761人、31533人，征缴各项社会保险费11.07亿元。城乡居民养老保险参保人数32万人，其中符合待遇领取条件的居民按时足额领取养老金1.17亿元，发放率100%。连续十二年上调企业退休人员基本养老金，涉及我县13429名企业退休人员，月人均增加152.9元；城乡居民基础养老金标准提高到100元/人/月，高出国家标准30元。城乡居民基本医疗保险、大病保险年度最高支付限额分别提高到15万元和50万元。失业保险金发放标准调整为每人每月950元，月人均提高50元，惠及691名失业人员。

社会救助体系逐步完善。全县城乡低保对象28669人，其中城市、农村低保对象分别为1597人、27072人，城乡低保标准分别提高到440元/人/月、3300元/人/年，全年发放救助资金5544万元；五保集中供养对象200人，集中供养标准为5400元/人/年，共发放救助资金110万元；扎实开展临时救助工作，救助各类困难群众1097户3638人，发放临时救助金164.56万元；开展困难群众大病救助和农村低保、五保对象“一站式”医疗救助，发放救助金613万元；为7263名低保高龄老人、723名失能老人、127孤儿、52名困境儿童和7名“三无”人员分别发放基本救助金940.44万元、46.68万元、108.43万元、17.97万元和4.77万元。

说明：

①“国民经济和社会发展情况”数据源自县统计局《2016年临沭县国民经济和社会发展统计公报》。

②电信部门数据为联通、移动、电信的合计数。

③本资料所列地区生产总值、增加值按当年价格计算，其增长按不变价格计算。

④规模以上工业企业是指年主营业务收入2000万元及以上工业法人企业。

⑤限额以上批发业企业指年主营业务收入2000万元及以上的批发业企业，限额以上零售业企业指年主营业务收入500万元及以上的零售业企业，限额以上住宿和餐饮业企业指年主营业务收入200万元及以上的住宿和餐饮业企业。

⑥固定资产投资（不含农户）包括城镇和农村各种登记注册类型的企业、事业、行政单位以及城镇个体户计划总投资500万元及以上的建设项目投资，全部房地产开发经营业法人单位开发项目投资。

政党·政务

ZHENGDANG ZHENGWU

中国共产党临沭县委员会

领导成员

书　记：任庆虎（11月离任）
　　　　刘　飞（11月任职）
副书记：刘　飞（11月离任）
　　　　张　雷（11月任职）
　　　　麻建东（12月离任）
　　　　赵　明（12月任职）
　　　　李增民（挂职）
常　委：宋玉智（12月离任）
　　　　武玉芹（女）
　　　　刘　飞（6月离任）
　　　　宋国山（12月离任）
　　　　宋玉波（6月任职）
　　　　王京凯　王景美　李全义
　　　　刘　军（挂职，3月离任）
　　　　范玉江（3月挂职）
　　　　韩新华（6月任职）
　　　　杨　明（12月任职）
　　　　孙运峰（12月任职）
　　　　王建平（12月任职）

临沭县辖7个镇，2个街道，1个省级经济开发区，1个省级风景旅游区，1个滨海高新技术产业区，236个行政村居，全县土地总面积1010平方公里，有人口65万人。2016年，全县各级认真贯彻中央和省、市决策部署，紧紧围绕建设“幸福临沭”这一总目标，坚持以创新、协调、绿色、开放、共享发展理念为引领，以提高经济发展的质量和效益为中心，以“两学一做”学习教育为动力，积极适应发展新常态，厚植发展新优势，寻求发展新动力，促进民生新改善，强化落实新保障，全县经济社会实现了又好又快发展。新获得全国首批主要农作物生产全程机械化示范县、全国复混肥知名品牌示范区、中央财政农田水利项目县、省级生态县等荣誉。

党的建设　临沭县有32个党（工）委，34310名党员，其中，9个镇（街）党（工）委，190个建制村党组织，46个社区党组织，农民党员20598名。2016年，全县各级认真落实全面从严治党要求，不断加强党的思想、组织、作风、纪律建设，为建设幸福临沭“升级版”提供了坚强的组织保证。

思想政治建设　县委常委会带头认真学习贯彻落实党的十八大和十八届三中、四中、五中、六中全会精神以及习近平总书记系列重要讲话和视察山东特别是视察临沂重要讲话、重要批示精神，用最新理论武装广大党员干部，不断增强贯彻执行党的路线方针政策的政治、思想和行动自觉。2016年，先后召开21次县委常委会和4次县委全委（扩大）会议，传达学习上级部署要求，研究贯彻落实措施，真正把上级领导的要求、群众的需求转化为进一步解放思想、加快发展的持久动力，转化为加快推进幸福临沭建设的具体举措和实际行动。扎实开展“两学一做”学习教育工作，县委常委会研究制定学习教育方案和责任清单，带头并组织开展学习、研讨、上党课等环节，开展了“我是党员我带头”“一争两创”等活动，做到学习教育与推动工作两促进、两提高。认真组织开展“受教育、亮承诺、见行动”主题活动。在县党性教育基地新规划建设《党章的历程》展馆，接待全市5000余名科级以上党员领导干部、近3万余名党员来临沭学习。建立基层党组织“固定学习日”制度，实现党员学习制度化、规范化。深化“结亲连心”工作，组织开展“百村万户”民情大走访活动，解决群众诉求1410件，群众满意率达93%。

干部队伍建设 干部选拔使用科学规范，坚持以实绩用人的导向，注重干部品德表现，严格选任程序，出台《县管干部选拔任用工作流程》，做到执行程序不走样，履行程序不变通，选好配强各级领导干部。严格遵守“九严禁”换届纪律，营造良好的换届环境，确保通过换届选出好干部、配出好班子。干部队伍管理从严从实，出台《关于进一步严明有关工作纪律的通知》《临沭县党员领导干部“八小时以外”行为规范》等文件，坚决杜绝基层干部“走读”现象，强化干部“八小时以外”自我监管，树立“为民、务实、清廉”的良好形象。加强干部教育培训，举办2期县级农村干部培训班，分期对全县700余名科级干部进行集中轮训。

基层组织建设 牢固树立抓好党建是最大政绩的理念，认真履行党建工作责任，不断提高党的领导能力和执政水平。压实镇街党（工）委书记抓党建工作责任制，修订完善镇街党（工）委书记抓基层党建考核办法，组织开展镇街、部门党委（党组）书记抓基层党建述职评议。抓好薄弱村整治，整顿后进村班子18个，问责不合格、不作为村干部43人。县财政拿出2800多万元作为农村基层组织建设专项经费，保障村级组织正常运转。深化党员年度记实制度，教育转化161名记实不合格党员、除名5人。抓好村级事务规范化管理工作，村级事务规范议事率达85%。选派88名机关干部到44个村担任第一书记、副书记，协调争取帮扶资金2847.5万元，新上增收项目51个。

党风政风建设 严格落实全面从严治党主体责任，制定出台《临沭县党风廉政建设“一案双查”工作暂行办法》《关于建立党和国家机关及其工作人员容错免责机制的实施办法（试行）》等文件，持续正风肃纪，查处各类违纪违法案件147件，给予党政纪处分132人。扎实开展县委巡察工作，完成对所有镇街的巡察，督促整改问题44个。全面开展村居干部经济责任审计，实现审计监督“全覆盖”，累计实施村居审计项目520个。“强党性、重品行、敢担当”作风建设持续推进，“争一流、创品牌”等活动深入开展，广大党员干部争先进位、干事创业的热情进一步激发，工作作风明显转变。

经济与社会事业 2016年，全县实现生产总值228.27亿元、增长7.6%；一般公共预算收入13.9亿元、同口径增长14%；固定资产投资185.5亿元、增长3%；社会消费品零售总额105.3亿元、增长10.6%。高度重视发展经济，综合实力明显提升。新型工业方面，全县销售收入过亿元企业达到46家，税收过千万元企业达到17家，其中过亿元企业4家。开展“三引一促”百日会战活动，新引进产业项目221个，实际到位县外资金73.6亿元。实施工业技改项目102个，完成技改投资70.5亿元。高新技术产业产值占比达35.2%，获得国家优秀专利奖1项，国家技术发明二等奖1项，省科技进步奖1项，县高创中心被认定为国家级科技企业孵化器。经济开发区跻身全省开发区27强。金正大公司主导制定的控释肥国际标准颁布实施，出资2.2亿欧元成功并购德国康朴公司，是国内化肥行业当时最大的海外并购。现代农业方面，新发展农民专业合作社173家、家庭农场304家，提升建设优质农产品基地4.4万亩。新认证“三品一标”2个。举办第三届中国（临沭）柳编商品交易会，“临沭柳编”品牌价值达17.99亿元，再入全国百强，全县实现柳编出口1.81亿美元、增长17.3%。服务业方面，鲁商印象城、澳林国际商贸城二期投入运营，成功举办第三届全国休闲垂钓大赛，沭河古道、夹谷关等景区深度开发；新增金柳村、东朱崔村2个淘宝村和青云镇1个中国柳编淘宝镇，全县电商网上销售额16亿元、电商交易额18亿元。高度重视城市建设，宜居宜业水平迈上新台阶。全县城镇化率达到55%。中心城区功能日益完善，投资3990万元，实施了振兴路北段等10条城区道路综合整治工程；投资1100万元，实施供热超低排放改造工程，城区供暖入网总面积达到553万平方米；投资5300万元，新增和改造园林绿化面积40.7万平方米。北城区文化中心、森林公园等项目建成启用，体育中心二期、便民服务中心等工程建设进展顺利。新型镇村建设成效明显，对197个村居实施硬化“户户通”和改厕工作，硬化街巷353万平方米、卫生改厕3.1万户，整治美丽乡村片区11个、生态示范汪塘29处，成功创建省级“乡村文明家园”示范村2个。加快推进农村“两区同建”，新建安置楼15栋510户、续建安置楼1460户，新建产业园区9个。深入实施城乡环境综合整治、持续改善大气、土壤和水生态环境。高度重视保障改善民生，群众幸福感不断提高。2016年，实施了“十项为民工程”，完成民生支出27.5亿元，占一般公共预算支出的85.1%。扎实做好精准扶贫工作，全县建成精准扶贫示范点200个，产业扶贫项目107个，达到脱贫标准的有15236人，10个贫困村实现摘帽。优先发展教育，在2016年全市教育综合督导评估中荣获第1名，投资3208万元实施“全面改薄”项目35个，建筑面积2.2万平方米；着力解决城镇中小学“大班额”问题，县一实小等4所学校教学楼投入使用，投资8000万元的北城实验学校主体已完成，县二实小等3所学校校舍建设项目正在进行主体施工。深入推进医药卫生体制改革，实行分级诊疗，县妇幼保健院新院投入使用，县医院新院、第三人民医院等医疗服务项目加快建设，基本药物制度覆盖所有村级卫生室。社会福利服务中心投入运营。镇街综合文化站、文化大院、农家书屋实现全覆盖。加快实施饮水安全巩固提升工程，农村供水一体化人口覆盖率达90%。深化“创业临沭”工程，发放创业担保贷款9331.5万元，扶持创业企业14家，新增就业再就业2617人、创业人员638人。城乡公交一体化加快发展，新增电动公交车20辆，智能公交系统建成使用。大力发展文化事业，“四德工程”建设不断深化，评选出13名道德模范，累计有4人被评为中国好人、7人被评为山东好人。

重要会议 1月15日，全县经济工作会议在县政府招待所小礼堂召开。会议由县委书记、县人大常委会主任任庆虎主持。县委副书记、县政府代县长刘飞讲话，县委书记、县人大常委会主任任庆虎讲话。

2月3日，中共临沭县纪委十一届六次全体会议在县政府招待所小礼堂召开。会议由县委副书记、县政府代县长刘飞主持。县委书记、县人大常委会主任任庆虎讲话，县委常委、县纪委书记宋国山代表县纪委常委会作工作报告。

2月22日，全县科学发展总结表彰暨三引一促百日会战动员大会在县政府招待所小礼堂召开。会议由县委书记、县人大常委会主任任庆虎主持。县委副书记麻建东宣读《关于表彰2015年度科学发展先进单位和先进个人的通报》《关于对在市科学发展考核中取得优异成绩的县委组织部等单位进行表扬的通报》《临沭县政府关于给予县委宣传部等6个单位记集体三等功的决定》；分8个组进行颁奖；蛟龙镇、县旅游局作发言；县委副书记、代县长刘飞讲话。

3月16日，全县三引一促工作调度会议在县政府招待所小礼堂召开。会议由县委书记、县人大常委会主任任庆虎主持。各产业招引推进工作线牵头县领导发言；经济开发区、各镇街党（工）委书记发言；县委副书记、县政府县长刘飞讲话；县委书记、县人大常委会主任任庆虎讲话。

4月28日，全县扶贫开发现场推进会议召开。会议分两个阶段进行。第一阶段，现场观摩。第二阶段在县政府招待所东三楼多功能厅召开会议。会议由县委副书记麻建东主持。县委书记、县人大常委会主任任庆虎讲话。

6月28日，全县脱贫攻坚暨城乡环境综合整治工作现场推进会议召开。会议分为两个阶段进行。第一阶段，现场观摩。第二阶段，在县政府招待所北楼第一会议室召开会议。会议由县委副书记、县政府县长刘飞主持。县委书记、县人大常委会主任任庆虎讲话。

7月8日，全县加强医疗卫生服务能力建设暨实施健康扶贫工作会议在县政府招待所小礼堂召开。会议由县委副书记、县政府县长刘飞主持。县政府副县长于丽华传达《中共临沭县委、临沭县人民政府关于进一步加强基层医疗卫生体系建设的意见（征求意见稿）》，县政府副县长王峰立传达《中共临沭县委、临沭县人民政府关于实施健康扶贫工程的意见（征求意见稿）》，县委书记、县人大常委会主任任庆虎讲话。

8月5日，中共临沭县委十一届七次全体（扩大）会议在县政府招待所小礼堂召开。会议由县委副书记麻建东主持。县委副书记、县长刘飞讲话，县委书记、县人大常委会主任任庆虎讲话。

8月11日，全县计划生育工作会议在县政府招待所小礼堂召开。会议由县委副书记、县政府县长刘飞主持。石门镇、临沭街道、县食药监局代表镇街、县直有关部门、单位签订计生目标责任书，县委书记、县人大常委会主任任庆虎讲话。

9月14日，全县镇领导班子换届工作会议在县政府招待所北楼第一会议室召开。会议由县委副书记、县政府县长刘飞主持。县委常委、组织部长、统战部长王京凯传达《关于做好镇领导班子换届工作的通知》，县委书记、县人大常委会主任任庆虎讲话。

9月28日，全县环保突出问题治理攻坚行动推进会议在县政府招待所小礼堂召开。会议由县委书记、县人大常委会主任任庆虎主持。观看市环保检查组在临沭拍摄的专题视频，县政府副县长王峰立传达《临沭县环保突出问题治理攻坚行动方案》，各镇街、县环保局、县经信局、县国土资源局、县住建局、县城管局、县水利局、县农业局、县畜牧局、县质监局汇报前期工作并表态发言，县委副书记、县政府县长刘飞讲话。

10月31日，全市美丽乡村建设暨节水农业和水肥一体化现场会议在临沭召开。会议分为两个阶段进行。第一阶段，参观现场。第二阶段，在常林大酒店一楼宴会厅召开会议。会议由市委常委、市政府副市长尹长友主持。县委书记、县人大常委会主任任庆虎致辞，临沭县、市住建局、沂水县、费县、河东区汤河镇、蒙阴县岱崮镇作交流发言，市委副书记张宏伟讲话。

11月26日，全县违法建设治理行动动员会议在县政府招待所北楼第一会议室召开。会议由县委书记、县人大常委会主任任庆虎主持。县委副书记麻建东传达全省、全市城市违法建设治理行动电视动员会议精神，县委常委、县政府常务副县长宋玉智传达《临沭县违法建设治理行动实施方案（讨论稿）》，县委副书记、县政府县长刘飞讲话。

12月10日，全县领导干部会议在县政府招待所小礼堂召开。会议由县委书记、县人大常委会主任任庆虎主持。市委组织部副部长孟凡成宣布省委、市委决定，并作重要讲话；新任县委书记刘飞作表态讲话；新任县委副书记、县长张雷作表态讲话。

12月13日，中共临沭县委十一届八次全委（扩大）会议召开。会议由县委书记刘飞主持。县委书记刘飞代表县委常委会向全委会作工作报告，审议通过《中共临县委关于深入学习贯彻党的十八届六中全会精神的意见（草案）》，审议通过《关于召开中国共产党临沭县第十二次代表大会的决议（草案）》，县委书记刘飞作总结讲话。

2016年中共临沭县委重要文件一览表

表1

序　号	文　件　名　称
1	中共临沭县委 临沭县人民政府《关于做好2016年全县农村工作的意见》
2	中共临沭县委 临沭县人民政府《关于打好扶贫开发攻坚战的意见》
3	中共临沭县委《关于选派第三批机关干部到村任职第一书记的意见》
4	中共临沭县委《关于印发〈2016年度镇街党（工）委书记抓基层党建工作考核办法〉的通知》
5	中共临沭县委 临沭县人民政府《关于印发〈临沭县党风廉政建设“一案双查”工作暂行办法〉的通知》
6	中共临沭县委 临沭县人民政府《关于印发〈关于建立党和国家机关及其工作人员容错免责机制的实施办法（试行）〉的通知》
7	中共临沭县委 临沭县人民政府《关于印发〈临沭县扶贫开发总体实施方案〉的通知》
8	中共临沭县委 临沭县人民政府《关于印发〈临沭县2016年度镇街（区）科学发展考核办法〉和〈临沭县2016年度县直单位争一流创品牌综合工作考核办法〉的通知》
9	中共临沭县委 临沭县人民政府《关于进一步加强基层医疗卫生体系建设的意见》
10	中共临沭县委 临沭县人民政府《关于全面推进县级公立医院改革发展的意见》
11	中共临沭县委 临沭县人民政府《关于实施健康扶贫工程的意见》
12	中共临沭县委 临沭县人民政府《关于印发〈临沭县党员领导干部“八小时以外”行为规范〉的通知》
13	中共临沭县委 临沭县人民政府《关于加强纪检监察机关与行政执法机关移送案件及问题线索的实施意见》
14	中共临沭县委 临沭县人民政府 临沭县人民武装部《关于印发〈临沭县征兵工作量化考评暂行办法〉的通知》
15	中共临沭县委 临沭县人民政府《关于深化全县供销合作社综合改革的实施意见》
16	中共临沭县委 临沭县人民政府《关于加强农村红白理事会建设进一步促进移风易俗的实施意见》

续表 1

序　号	文　件　名　称
17	中共临沭县委 临沭县人民政府《转发〈县委宣传部、县司法局关于在全县公民中开展法治宣传教育的第七个五年规划（2016—2020 年）〉的通知》
18	中共临沭县委《关于深入学习贯彻党的十八届六中全会精神的意见》
19	中共临沭县委《关于印发〈中共临沭县委巡察工作实施办法〉的通知》
20	中共临沭县委 临沭县人民政府《关于表彰 2016 年度“临沭改革创新奖”的通报》

撰稿：糜晓伟　周俊全　审稿：孟庆超

县委办公室工作

县委办公室领导成员

主　　任：王景美（6 月离任）
　　　　　宋玉波（6 月任职）
常务副主任：王维庆
副 主 任：吴淑霞（女）
　　　　　于秀好　孟庆超　薛景峰
政策研究室主任：孟庆超
督查考核办主任：李宝督
督查考核办副主任：杨　欣
保密办主任：王　琪
保密办副主任：刘艳丽（女）
农工办主任：王绪华（2 月离任）
　　　　　李学林（2 月任职）
接待办主任：王　照

2016 年，县委办公室深入贯彻落实习近平总书记提出的“五个坚持”要求，紧紧围绕县委中心工作，充分发挥参谋助手作用，牢记使命、扎实履职，创新机制、争先创优，较好地完成了各项工作任务。先后被评为全省党委系统信息工作先进单位、全市密码工作先进单位、全县科学发展先进单位、平安临沭建设先进集体、全县信访工作先进单位、全县三引一促工作先进单位、全县环境保护工作先进单位，1 人荣获全省党委系统信息工作先进个人，1 人被市委办公室专门发函表扬。

信息调研　紧紧围绕党委工作重点和领导决策需求，创新机制、拓宽领域，积极谋划、主动作为，为各级领导科学决策、指导工作提供及时、准确、全面的信息服务。坚持每个工作日分别向市委办公室、省委办公厅报送信息，共上报信息 402 篇，中央、省、市采用 153 篇，2016 年上报信息质量系数位居全省 137 个县（市、区）第 15 位、全市 15 个县（区、开发区）第 2 位；编发《临沭信息专报》34 期、《临沭信息特刊》10 期、《临沭信息交流》13 期；编发《信息摘编》236 期，县委主要领导批示20余期；调度整理《手机民生短信》12期14条，提高群众对全县民生工作的知晓率和满意度。《信息工作机制创新》经验做法被评为2016年度“临沭改革创新奖”三等奖。

决策服务 紧紧围绕县委总体思路和中心工作，按照“出精品、当高参、零差错”要求，坚持“短、实、新”的文风，高质量、高标准完成各种文字工作，起草撰写各类会议讲话、典型发言、致辞等综合文稿159篇。认真挖掘全县经济社会发展中的亮点、特色，总结经验、做法，先后在市级以上刊物上发表领导署名文章、调研报告14篇，其中，《加强机制制度建设 提升信息服务质量》被《秘书工作》采用，《关于进一步加强贫困群体救助帮扶工作的调查报告》荣获全省党委政研系统优秀调研成果三等奖。认真做好文件校对工作，全年共校对拟以县委、县政府或县委办公室、县政府办公室名义下发的各类文件172个。顺利完成县第十二次党代会、全市转方式调结构现场交流会到沭观摩会等重大会议筹备保障工作，完成全市脱贫攻坚现场推进会议等导播任务10个。

行政后勤 充分发挥牵总协调作用，加强与上级党委部门、县几大班子的综合协调，实行县级领导活动每周两次汇总通报和县几大班子办公室主任联席会议制度，确保党的路线方针政策和县委各项工作部署贯彻落实。加强办公室内部统筹协调，建立上周工作动态、下周工作提示制度，增强办公室整体工作的计划性、统筹性。2016年，共印发《上周工作动态》和《本周工作提示》31期。圆满完成省长郭树清到沭考察调研、国务院安委会巡查组到沭督查等重大接待任务，共接待来沭团组共计75批次近1800人次，其中，省部级7批、厅局级27批、各类现场会8批。严格执行中央八项规定精神，制定出台《临沭县党政机关国内公务接待管理办法补充规定》等文件，积极配合相关部门抓好贯彻落实。进一步落实精文简会制度，抓好协同办公系统应用，大力推行无纸化办公。2016年，全县会议、文件同比减少11%、4%。进一步完善办公室内部财务制度，将财务管理、差旅费管理等制度内容编辑成册，财务工作更加规范、透明。落实公车改革制度，保留实物保障用车1辆、应急通信车4辆、特种作业车1辆、会议调研车1辆，实行统一派车制度，严格管理车辆使用。

保密工作 开展保密管理专项检查工作，对全县120余家机关单位以及国有企业进行保密安全检查，确保国家秘密安全。对全县办公信息化情况进行摸底排查，并对全县各机关单位的协同办公系统管理人员信息进行登记备案。推进保密法制宣传教育，在科级干部培训班开设保密宣传教育课8次，抓好《保密工作》《机关、单位保密自查自评工作指导手册》《红色往事》《保密宣传教育多媒体资料》光盘等书刊、音像制品的通联发行和学刊用刊工作，配备2台4G手机信号屏蔽器，组织各级各单位认真观看保密教育片《手机背后的谍网》，进一步增强各机关单位工作人员的保密意识，全县未发生失泄密事件。

督查考核 紧紧围绕上级重大决策部署、县委重点工作任务和群众关心的热点难点，敢于真督实查，善于提出意见，推动各级党委决策部署落到实处。2016年，共编发《临沭督查》34期、《临沭督查》专报15期，转办群众来信49件、县委领导批示212件，立项督办86项；将“争一流、创品牌”“三引一促”等15项重点工作、沂沭铁路建设等23个重点项目以及市对县考核、县级考核等作为全年重点督查事项，累计开展督查活动160余次，有效推动县委、县政府决策部署顺利实施。强化考核引领作用，研究制定《临沭县2016年度镇街（区）科学发展考核办法》和《临沭县2016年度县直单位争一流创品牌综合工作考核办法》、指标标准及其解释。共组织镇域经济发展观摩会议、重点项目观摩评议各1次，调度通报市对县考核指标完成情况7次，落实市委督查事项65项，编发月报11期、周报47期，形成以督查考核推动工作的良好导向。

农村工作 按照“一二三四五”工作思路，突出重点、提升标准，加大投入、强化考核，突出抓好美丽乡村建设，各项工作取得明显成效。编发《临沭农村工作》6期，在《山东农村工作》《临沂农村工作》发表典型经验材料6篇，在市电台展播沂蒙美丽乡村6期。其中，《全力推广应用水肥一体促进生态高效农业发展》《土地流转增收 规模经营增效—临沭县陆合家庭农场示范园建设经营情况调查》被省委农村工作领导小组副组长王军民批示。积极推广水肥一体化技术应用，临沭县在全省美丽乡村建设现场会上作典型发言。牵头抓好美丽乡村建设工作，以“七清七建”为抓手，围绕镇村路水四个重点，重点抓好美丽村庄连片整治、沂蒙美丽乡村创建、市级“硬化＋改厕”示范片区打造、农村示范汪塘治理及干线公路整治等工作，带动城乡环境面貌全面提升。全市美丽乡村建设暨节水农业和水肥一体化现场会议在临沭县召开。创建市级“百村示范汪塘”17个，创建沂蒙美丽乡村11个，创建数量均居全市第1位。美丽乡村达标创建工作完成计划的100%，在2016年全市美丽乡村建设工作考核中荣获全市第1名。

改革办工作 认真贯彻落实中央和省、市委改革办决策部署，积极作为，扎实工作，努力将上级各项改革决策部署落到实处。经济体制改革、民主法制领域改革、文化体制改革、司法体制和社会治理体制改革、社会事业体制改革、生态文明体制改革、党的建设制度改革、纪律检查体制改革等领域改革加快推进。制定《临沭县委全面深化改革领导小组2016年工作要点》和《临沭县2016年改革任务台账》。临沭县承担的国家级供销社综合改革试点项目顺利实施，供销社体制机制、服务规模化、农村现代流通、农村合作金融等方面改革举措加快落地；省级农业综合开发产业化经营项目贷款担保基金试点工作顺利推进。坚持创造性地开展工作，根据《临沭县2016年度县直单位争一流、创品牌综合工作考核办法》，共评选出2016年度“临沭改革创新奖”33个项目，分别设立一、二、三等奖，有力地调动全县各级争一流、创品牌、抓改革、促发展积极性。

撰稿：解志彬　吴　冰　审稿：孟庆超

组织工作

组织部领导成员

部　　长：王京凯
常务副部长：班立江
副 部 长：王海娟（女）
傅成佐（7月任职）

县委非公有制经济组织和社会组织工作委员会书记：王京凯

县委非公有制经济组织和社会组织工作

委员会常务副书记：王海娟（女）
县委非公有制经济组织和社会组织工作
委员会专职副书记：石洪欣　李方田
组织员办公室主任：王海娟（女）
组织员办公室副主任：左德宝　王从征
党员干部党性教育基地办公室主任：傅成佐
党员干部教育中心主任：袁　辉
党员干部教育中心副主任：李国柱　朱庆银
人才工作办公室主任：宋春辉
人才工作办公室副主任：刘淑锋

2016年，全县组织工作按照常规工作有创新、重点工作出精品、难点工作求突破的整体思路，紧紧围绕中心，服务大局，着力抓好“两学一做”学习教育、干部工作、基层党建工作、招才引智、全面从严治党责任落实等重点任务，为全县“十三五”开好局、起好步提供坚强组织保障和人才支撑。县委组织部先后荣获“全市基层党建工作二等奖”“省级文明单位”“人民网优秀党建云平台暨基层党建宣传示范单位”等称号。

领导班子和干部队伍建设　深入贯彻中央《党政领导干部选拔任用工作条例》等制度，规范科级干部、中层干部、国有企业干部选拔任用机制，制定出台《县管干部选拔任用工作流程》，将干部选任程序制度化、规范化。严格落实中央及省委、市委关于换届工作精神，落实党委换届工作主体责任，改进干部推荐考察方式，扎实做好镇领导班子换届工作，配齐配强镇级班子，累计谈话调研听取意见360余人次，参加会议推荐717名，参加谈话推荐136名。全年共调整交流科级干部275名，其中，提拔正科25名、副科41名，重用53名，平职交流及兼免职156名。新选派3人到镇街挂职锻炼。9月，组织实施镇领导班子成员竞争性选拔工作，共选拔镇领导班子成员10名。开展县直单位公开遴选，为19个县直单位遴选充实工作人员51名。深入落实中层干部选任工作程序，加大干部轮岗交流力度，先后对县城管局、文广新局、司法局等7个单位中层干部竞岗进行指导把关，共调整中层干部50余名。认真落实科级干部综合考核评价机制，建立干部综合评价信息数据库，科学确定干部考核等次，提高干部评价的科学性、准确性。年初，采取民主测评、个别谈话、民意调查等方式，对9个镇街和88个县直单位科级干部进行全面考察。从严审核干部档案，圆满完成档案专项审核工作，共审核干部人事档案1419卷，“三龄二历”重新认定190人。对在职干部档案中存在的问题，逐一进行核查落实。坚持干部档案“凡提必审、凡进必审”要求，从档案源头上防止“带病提拔”“带病上岗”问题发生。

干部监督　完善干部监督工作联席会议制度，定期召开联席会议，建立事前预防、及时发现、严肃查处的监督工作机制。探索建立干部“负面信息”档案，累计掌握干部“负面信息”423条。完成985名县管干部个人有关事项报告录入系统，随机抽取119名县管干部开展个人有关事项报告核实工作。认真落实干部提拔“四凡四必”规定，对年内新提拔重用、调任的干部个人有关事项报告进行审核。按照换届“四必看”要求，组织610余人次观看《镜鉴—衡阳、南充违反换届纪律案件警示录》，发放《严肃换届纪律文件选编》100册、换届纪律提醒卡480份。扎实做好公职人员出资办企业或在企业兼职核实清理工作，对清查出的8名行政人员完成转让或变更手续。深入开展被追究刑事责任的国家工作人员受处分情况排查清理工作，对3名尚未给予党纪处分的人员依纪进行处理。充分发挥审计监督职能，认真做好干部经济责任审计工作，对21名党政正职进行离任审计。加强领导干部出国（境）审批管理工作，全年办理备案6名。加大对领导干部提醒、函询、诫勉工作力度，先后进行提醒谈话4名、函询6名。扎实做好信访举报受理查核工作，共收到信访事项19件，其中上级部门及领导转办11件，所有信访事项均按时办复完毕。

党的基层组织建设 围绕镇街、机关、“两新”组织等不同领域党组织，强化“抓好党建工作是最大政绩”意识，不断夯实党建责任。年初，修订完善镇街党（工）委书记抓基层党建、机关党建工作等考核办法，通过日常专项考核、实地综合考核、述职评议考核相结合的方式，加大党建考核力度。督促镇街制定党建工作“一方案六清单”，建立问题清单、责任清单和任务清单制度。以开展“六个好”班子为契机，进一步规范国有企业党建工作。坚持问题导向，积极破解“两新”组织党建难题，实现“有形”覆盖向“有效”覆盖延伸。立足“强内功、强基础、强服务”工作要求，抓好新形势下城市街道、社区区域化党建工作。坚持全面从严、务求实效的原则，进一步深化和提升村级事务规范化管理水平，全面推行“事前审核、全程监会、视频记录、全面覆盖”工作考核督促方式，开展季度实地抽查4次、整改问题170余条，全县村级事务议事规范化率达85%，农村因财务不清、办事不公引发的信访起数和人次分别下降25%、18%。认真落实《临沭县村居干部责任追究办法（试行）》有关规定，给予60名村干部停酬、停职问责处理。扎实开展村级督查工作，完成首批党务巡查和村居干部经济责任审计，审计资金9.68亿元、移送处理村干部47起、60名。3月，全市村居干部经济责任审计工作表彰推进会议在临沭县召开。持续开展后进村班子整顿工作，重点整顿后进村18个。不断完善村干部待遇保障机制，将全县1731名在职村干部补贴报酬和参加居民养老保险补贴金、2473名离任村干部各类补贴报酬全部纳入财政保障，统一标准、统一核算，通过“一本通”打卡发放，全年共发放3270万元。精准选派88名机关事业干部到30个省定贫困村和20个重点脱贫村任职。随机开展到岗情况检查，完善考核评价机制，加大经费投入保障力度，为任职村“户户通+改厕”补助配套专项资金5226万元，为每个村拨付工作经费5万元。县派工作组共争取资金1360万元、新上扶贫项目56个。7月，全市第一书记工作第一次现场调度会议在临沭县召开。

党员发展和干部培训教育 严把发展党员入口，全年培养入党积极分子458名、发展党员322名、解决三年及以上不发展党员村59个。继续深化党员年度记实制度，做好党员日常管理工作，指导镇街对109名不合格党员进行教育转化。落实流动党员双向管理制度，集中排查全县3.4万名党员的基本信息，转接组织关系869个，对长期失联的538名党员进行审查并纳入组织管理，处置异地转入党员档案造假问题2个，为1736名党员办理《流动党员活动证》。严格执行党费月交纳制度，设立“党费交纳日”，印发《党员证》1.5万本。做好各级党代会代表推选工作，共推选县党代会代表319名，指导7个镇做好党委换届工作。完善困难党员救助机制，共走访慰问困难党员和老党员600人，发放慰问金114万元，拨付90万元为各镇街设立党员关爱基金。做好上级先进集体和个人审核推荐工作，全县有2个先进党组织和个人受到省委表彰，103个受到市、县委表彰。制定下发《临沭县2016年党员干部培训计划》，确定24个重点培训班次，分级分批有序实施培训工程。抓实农村党员干部集中培训工作，完善培训方式，规范学员管理，提升培训质量，共开展县级培训2期、镇级培训23期，各村级党组织普遍开展集中学习培训。依托县委党校举办2016年度青年干部培训班、新任科级干部培训班等班次，共培训青年干部50

余名、新任科级干部40余名。开展“赠书荐书促学”“齐鲁先锋”网上在线学习等活动，强化党员干部学习意识。认真做好干部培训选调工作，完成37个班次、144名科级以上干部选调工作。统筹做好省委党校在职干部研究生班招生、农村“两委”成员专科学历教育教学工作，不断提高党员干部文化素质。制定考核标准，加强镇、村党员干部教育培训阵地整改提升工作，全年共投入42万元用于薄弱村居站点基础设施建设。扎实做好党员干部教育网络、微信、电视专栏、手机报等平台维护、课件制作和信息编发工作，积极向上级新闻媒体供稿。

人才队伍工作　紧扣用人主体需求和创新发展方向，大力实施“人才强县”战略。深入开展“万名人才回乡行动”，吸引临沭籍在外人才到临沭县创新创业，共联系对接在外人才7500余人次，提供招才引智线索70余条。继续设立人才工作专项经费，全年人才投入达3172万元，为全县企业高学历人才申请、发放人才津贴306万元，协调企业配套173.4万元。积极开展人才关爱活动，连续3年组织全县高层次人才开展健康查体。在上海建立招才引智工作站，聘请19名专家担任工作站成员，组织40余名临沭籍专家学者进行座谈交流。加大人才招引力度，把招才引智工作纳入对镇街、县直部门的综合考核。先后组织青岛大学、省农科院、济南大学、临沂大学、山东省药科院等70余位专家与临沭企业进行对接，达成合作意向26项，有63位专家与企业签署正式合作协议，全年成功引进创新创业人才140余名。组织县内企业在全国30余所高校开展校园招聘活动50余场次，全职引进博士硕士研究生150余名。积极做好高层次人才项目申报工作，获评市级有突出贡献的中青年专家1名，沂蒙乡村之星5名，沂蒙和谐使者1名，全县新增高级技工以上技能人才723名。史丹利公司引进的教授武志杰被评为泰山产业领军人才，金正大公司董事长万连步被评为“万人计划”领军人才，常林集团钟默、金铭科技李长友被授予“西部隆起带急需紧缺人才”。

“两学一做”学习教育　根据中央和省市委部署要求，在全县党员中认真组织开展“学党章党规、学系列讲话，做合格党员”学习教育。突出学习教育的针对性、实效性和经常性，研究制定实施方案和不同层面党员的工作方案，建立“两学一做”学习教育责任清单、制度清单、督查清单，层层落实责任，强化学习教育的宣传、督导和考核工作。在刘少奇在山东纪念馆投资100余万元规划建设“党章的历程”展馆，作为全县“两学一做”学习教育的指定教育点，全年接待全市5000余名科级以上党员领导干部、近3万余名党员参观学习。探索建立机关干部固定学习日制度，实现党员学习的制度化、规范化。积极开展不同层面、不同范围的领导干部讲党课活动，各级党员领导干部累计讲党课1200余场次，党支部书记累计讲党课2000余场次。深入抓好《准则》《条例》学习，部署开展以专题辅导、巡回演讲、廉政党课、警示教育、知识竞赛和测试等为主要内容的“六个一”活动，组织5900余名党员干部进行《准则》《条例》知识测试，及格率达99.04%。认真开展“受教育、亮承诺、见行动”主题活动，组织6期近700名党员干部赴市内红色教育基地开展现场教学。全县各级班子成员公开承诺1000余项，其他党员承诺1.2万余项，各镇街、县直各部门备案实事390余项，党员干部备案实事清单1万余份。突出问题导向，深入查摆问题，实现即查即知即改，全县3万余名党员问题整改率达98%。区分不同领域、不同行业基层党组织职能特点和党员的岗位实际，创新“3+N”主题活动模式，扎实开展“我是党员，我带头”“亮身份、见行动、树形象”“一争两创”

等活动，使“两学一做”学习教育与实际工作深度结合。在8月份召开的全市“两学一做”工作推进会上，临沭县作为全市3个县区（单位）之一作典型发言。

“结亲连心”工作 建立结亲连心信息平台和手机APP，及时做好信息维护工作，对结亲连心漏户开展专项清查整治，共清理漏户15982户。认真组织开展第三次集中入户走访活动，统筹协调资金100万元，为联系户购买不锈钢脸盆19.2万个。依托“12345”市民服务热线平台资源，进一步抓好群众诉求的征集办理工作，全年共受理结亲连心群众诉求1506件,办结1410件，办结率达93.6%、诉求回复反馈率达99%、群众满意率达93%。采取日常督查、集中抽查等方式，开展全方位、立体化督查，共组织集中电话抽查2次，累计抽查联系干部1549名，访问群众2906户，下发通报6期，对88名干部进行通报批评。扎实抓好村党组织书记“户户到”工作，10月底，首轮走访工作全部完成，参加走访干部1159名，走访群众16.58万户，征集群众意见建议4914件。在全市专项抽查工作中，临沭县取得全市第4名的好成绩。

撰稿：姚　德　审稿：班立江

宣传和精神文明建设

宣传部领导成员

部　　长：武玉芹（女）
常务副部长：史佩升
副 部 长：文　平
陈清华（12月任职）
张春光
主任科员：王统富
文产办主任：杨开银
新闻中心主任：吕永国
文明办主任：张春光
文明办副主任：季英宝
互联网信息办公室主任：梁凤华（女）
互联网信息办公室副主任：刘　赟（女）
庞艳红（女）

县委宣传部内设办公室、理论教育科、宣传教育科3个科室，下设县新闻中心、县文产办2个副科级事业单位；下辖县文明办、县社联、县互联网信息办公室3个正科级单位。共有干部职工37人。

宣传文化工作承担着理论教育、新闻宣传、文明创建、文化建设等职能，在新形势下发挥着统一思想、凝聚人心，鼓劲造势、展树形象，推进发展、服务群众，促进和谐、维护稳定的重要作用。

理论武装和形势政策教育 2016年是落实意识形态工作责任制的第一年，全县深入贯彻中央和省、市委关于党委（党组）落实意识形态工作责任制要求，提高思想认识、强化责任担当，狠抓贯彻落实，基本形成“党委统一领导、党政齐抓共管、宣传部门组织协调、相关部门积极配合”的意识形态工作格局。全县意识形态领域总体平稳良好，主思潮积极向上，主旋律亢进响亮，正能量强劲有力，在市对县科学发展考核中位于前列。党委（党组）中心组理论学习日渐规范。以习近平总书记系列重要讲话精神为重点，结合“两学一做”学习教育，全县各级党委（党组）中心组学习日益制度化、规范化，被授予2015—2016年度“全省理论教育工作先进单位”。理论宣讲入脑入心。围绕十八大、十八届三中、四中、五中、六中全会和习近平总书记系列重要讲话精神，开展理论下基层、百姓宣讲等活动，完善分层定期的培训机制和常态长效的宣讲机制，培训理论宣讲骨干60人，组织举办各层次宣讲报告会65场，受众达1万余人次。健全理论宣讲人才队伍，2名宣讲员入选市百姓宣讲团成员，1名入选沂蒙宣讲员。

新闻舆论宣传 正面宣传量质同升。围绕从严治党、供给侧结构性改革、科技创新、国际合作、精准扶贫、道德扶贫、民生工作、农业新型经营主体培育等全县重点工作选题策划，邀请中央和省市级重点新闻媒体进行重点专题报道，发表一批“现象级”稿件。其中，展示临沭县精准扶贫经验的稿件被中央电视台新闻联播和新华社、人民日报等近百家媒体采用转载，展示临沭经济开发区产业集群发展的稿件《沂蒙小县开发区如何做出大文章》被新华社内参采用，产生广泛影响。在唱好重头戏同时，打好“组合拳”，组织媒体对金正大、兴大食品等8家企业进行集中采访；策划省市选派第一书记系列报道；邀请媒体全程参与第三届“柳交会”和首批主要农作物生产全程机械化示范县活动报道；配合中央电视台、齐鲁网、大众网等60多家媒体策划报道习总书记视察朱村三年看变化活动；编写《解密“临沭现象”——一个省界老区县的发展纪实》，多角度全方位展现临沭县经济社会发展取得的典型经验和喜人成绩。2016年，共在市级以上媒体用稿5600篇，其中，重点党报党刊用稿400篇，电视台电台用稿756篇，获得全省、全市广播电视新闻宣传先进集体一等奖。1件作品获得山东省新闻奖，2件作品获沂蒙新闻奖。制作临沭形象宣传片，常年在《临沂新闻》之前播出，宣传推介临沭。全媒体宣传格局雏形初现。在传统媒体方面，开办“两学一做”、精准扶贫进行时、移风易俗、美丽乡村建设等31个栏目，编发报纸51期，编辑播出广播、电视各304期，制作专题片9部，直播《行风热线》271期，播出《民生聚焦》182期，营造良好的干事创业氛围。新媒体方面，积极适应新形势，在全市率先上线运营广播电视手机客户端——临沭手机台，总访问量突破100万人次。“两微一端一报一网”综合受众总量达到40万人，成为发布权威信息、关注民生热点、回应网民关切、联系服务群众的新载体。新闻安全和网络舆情处置卓有成效。按照“正面宣传要上去、负面报道要下来”的要求，积极稳妥处置新闻安全和网络舆情。有效处理4000余帖（篇）负面信息，化解负面报道60余起，及时消除舆论杂音和发展干扰。

互联网信息管理 成立以县委书记、县长为组长，县委副书记为副组长，各相关单位主要负责人为成员的临沭县互联网信息工作领导小组，负责全县互联网信息工作的统揽协调、调度指挥、资源整合、督察督办、培训考核、制度建设等工作，出台临沭县互联网信息工作方案，明确县网信办、公安局、经信局等相关部门职责，分工协作，做好互联网工作。充实加强互联网管理队伍，逐步建设全县骨干层、基础层网评员两级队伍体系，强化业务培训，不断提高互联网信息工作人员素质，重点提高互联网管理水平。完善《临沭县网络舆情管理工作制度》，出台《临沭县互联网舆情信息处置工作流程》，对舆情处置的发现、上报、调查落实、回复引导、跟踪反馈、审定回应、监督检查等环节进行详细规定。

2016年，积极拓展网络阵地，成立临沭县新媒体联盟，县级网络宣传平台已经发展为包含“两微一端一报一网”的综合发布平台体系，即“临沭发布”官方微博、“临沭发布”官方微信公众号、“幸福临沭”手机客户端、山东手机报临沂临沭专刊、临沭网，受众总量接近20万人次，其中，山东手机报临沂临沭专刊订阅量12万余人，“临沭发布”官方微信公众号关注量4万余人。不断建设完善本地新闻网站“临沭网”，在第一时间正面权威发布主流声音，力求全面汇集临沭社会、经济、政治、文化、生活等各方面最新资信，打造成为对外宣传推介临沭的最具权威性、最快捷、最全面的网络信息平台。2016年，对网站后台及服务器进行系统更新，并对防火墙进行升级维护。对网站域名进行管理续费，对上传网站稿件进行审核，更新新闻内容3850余条，及时将县里的重大决策部署告知于民。继续加强“两微一端”平台建设，为保障新媒体发布内容及时、准确，县网信办创新机制，成立新媒体运营工作组，将“两微一端”纳入新媒体运营工作组统一运行维护，同时吸纳“临沂日报临沭新闻”采编人员，将传统媒体内容共享给新媒体，做到传统媒体与新媒体“人员、资源”两整合，将传统媒体的采编优势和新媒体的传播优势互补，推动媒体融合发展，进一步提升为民服务水平和舆论引导力。为了扩大新媒体平台影响力，还加强与粉丝间的互动沟通，积极开展各类线上、线下活动，调动网民参与积极性。加大对网络舆情的监控力度，充分发挥全县基础层、骨干层网评员队伍职能，积极发声，传播正能量，加强网上舆情研判的跟踪分析，在互联网各大重点网站、论坛进行新闻监看和舆情研判，及时掌握网上舆情动向，对涉及本县工作领域的热点问题，积极组织评论员撰写评论文章或通过新闻跟站，论坛上贴等多种方式进行网上正面宣传和舆论引导。

紧紧围绕习近平总书记系列重大活动、重要讲话等内容，紧扣“中国好网民”主题，以弘扬社会主义价值观为统领，陆续开展“网聚临沭正能量争当中国好网民”“网络安全宣传周”“标题党”治理等一系列专项行动，制作《阳光跟帖倡议书》，举办“讲好临沭故事同心共筑中国梦”系列手抄报比赛等，以“接地气”的方式，让遵纪守法、理性表达、文明上网、争做“四有”中国好网民的理念深入人心，推动网上空间更加清朗、绿色、健康。

思想道德建设 健全道德模范评选宣传帮扶机制。2016年年初，评选临沭县第四届道德模范13人，道德模范提名奖5人。2月26日，在县广电演播大厅隆重举办“德耀临沭”全县道德模范颁奖典礼，对第一至四届获得临沭县道德模范荣誉称号的44人进行集体表彰。在新闻媒体开设专题专栏并大力宣传，营造“人人学好人，人人做好人”浓厚舆论氛围。2016年下半年，开展第五届临沭县道德模范评选活动，各级各单位推荐道德模范候选人86人。加大对困难道德模范帮扶力度，利用传统节日走访慰问王经臣、万伟和、骆洪昌、鞠兴浩等多名生活困难道德模范，带去党和政府的关怀与温暖。开展道德引领助扶贫工作。从思想层面着眼，从群众需求切入，从具体事项抓起，通过创新思路、细化措施、虚功实做，推进道德建设一镇一品牌、一村一范例。打造青云镇西朱崔村、华山社区、店头镇东措庄村、陈巡会村、于庄子村等5个道德扶贫示范村居，以点带面，示范引领。以孝老爱亲为核心，开展“孝德扶贫”。在全县设立家庭养老孝心基金账户156个，采取子女出一部分孝老资金、社会捐一部分爱心资金、政府拿一部分兜底资金模式，吸纳爱心基金600余万元。与全县70周岁以上老人的子女签订赡养协议，签订率达100%。以社会帮扶为支撑，开展“志愿扶贫”。发挥慈善总会作用，开展扶贫济困。组织社会各界开展助困、助医、助学、助残、助老、助孤等主题活动，点对点、“菜单式”开展活动，帮助贫困户解决实际困难。通过开展道德扶贫，有效解决家庭赡养、邻里关爱、社会帮扶等现实问题，营造农村社会治理和谐局面，“道德扶贫”临沭模式在全市得到推广，经验做法被中央新闻联播和省新闻联播重点报道。深入开展“四德工程”建设。继续把“四德工程”建设作为提高公民道德素质，提升社会文明程度的重要抓手，通过建立健全组织领导、宣传引导、长效管理三项机制，突出城区、农村、学校、行业四个重点，深入开展“四德之星”评选活动。全县各类机关、企业、学校和村居都进行新一轮“四德之星”评选，并按照上级新要求、新模版制作、更新、上传善行义举四德榜。2016年，全县建立善行义举四德榜351个，其中，村（居）榜236个，学校榜42个，企业榜30个，机关榜43个，形成崇德向善、明德惟馨的浓厚社会氛围。

扎实开展“我的中国梦”主题教育实践活动。以重大纪念日和节庆日为契机，开展“清明祭英烈”“向国旗敬礼”“美德少年”评选、社会主义核心价值观书法作品创作、乒乓球比赛、优秀童谣创作、童心向党歌咏比赛、“家风修身 家训树人”等多项实践活动，引导未成年人从自己做起、从身边做起、从现在做起，坚定理想信念，继承优良传统，树立远大志向，培育美好心灵，不断增强爱党爱国爱社会主义情感，学生参与率达90%以上。组织开展临沭县第一届国学小名士经典诵读比赛，吸引大量学生参加，继承和弘扬中华优秀传统文化。继续加大乡村学校少年宫建设力度，争取中央和市级福利彩票公益金扶持项目3个，获得上级补助资金46万元，进一步健全管理制度，完善活动档案、规范相关资金使用、加强辅导员队伍培训等。按照《未成年人思想道德建设工作测评体系》要求，积极准备省级未成年人思想道德建设工作先进县测评工作，档案材料上报和实地测评点准备等各项工作都按时完成。

把宣传中国特色社会主义和中国梦、培育和弘扬社会主义核心价值观作为根本任务，进一步用“讲文明树新风”公益广告叫响做实核心价值观。在县内主要新闻媒体大力刊播“图说我们的价值观”“讲文明树新风”“梦娃”动画视频、移风易俗等公益广告，其中《临沂日报·临沭新闻》刊发50多个整版，临沭广播电视台播出100多个小时，在各城市小区和自然村居制作各类公益宣传牌1300余块，依托城市电子公交站牌制作公益广告87处。

文明创建活动　坚持利民惠民、求实创新、深化拓展，把各类精神文明创建活动引向深入。深入推进省级文明县创建工作。将省级文明县创建任务列入县委、县政府对县直各单位考核，分解到各创建责任单位，强化督导，限期完成，形成创建长效工作机制。强化文明单位管理。将省级文明单位纳入山东省文明单位信息管理系统，档案材料实行网上申报，随时上传，推动文明单位创建常态化。对全县各级文明单位实施动态管理，进行检查考核，量化得分，排出名次，调动各单位创建积极性。在考核评比基础上，择优推荐省级文明单位3个，市级文明单位6个，淘汰省、市级文明单位4个。深入开展文明村、文明社区、文明家庭创建评选活动。以组织领导有力、经济发展协调、道德风尚良好、社会治安稳定、基础设施完善、生活环境良好、文化活动丰富、文明创建扎实为考核标准，深入开展文明村、文明社区创建评选活动，发现、培养、宣传农村精神文明建设先进典型，成功创建省级文明村2个，市级文明村3个，市级文明社区1个，全县50%

的村成为县级以上文明村或达到文明村标准。开展文明家庭创建活动，培育“文明、和睦、互助”的好家风。

深化乡村文明行动移风易俗工作。一是拓展深化乡村文明行动。坚持问题导向，以环境整治和民风建设为重点，以巩固提升、拓展深化乡村文明行动“六大建设”(村容村貌建设、村风民俗建设、乡村道德建设、生活方式建设、平安村庄建设、文化惠民建设)为主要内容，继续推进乡村“四德工程”建设，开展好媳妇好婆婆评选活动和“新农村新生活”妇女培训，圆满完成“乡村文明行动”第一个五年计划，并于6月中旬顺利通过省文明委测评组的测评验收，巩固全省首批乡村文明行动示范县创建成果。二是大力开展移风易俗工作。以移风易俗为切入点，大力加强乡风民风建设，推动乡村文明行动由提升环境质量到提升人的文明素养延伸。将移风易俗列入镇街科学发展考核重要内容，列入2016年全县重点民生项目。打造临沭街道富民社区、后高湖村、郑山街道丰岭村、青云镇青云居、华山社区等5个示范村居，召开全县移风易俗工作会议，全力推进移风易俗工作开展。2016年，全县各自然村居全部成立红白理事会，都制定理事会章程，并将移风易俗内容纳入村规民约。经县社情民意调查中心电话测评数据显示，群众对村里办喜丧事现状满意率达91.84%，临沭县在市文明办组织的移风易俗年度考核中，取得全市第一名的好成绩。12月27日，临沭县代表临沂市迎接省移风易俗督导组督导检查。临沭县深入推进移风易俗工作做法受到省、市领导高度评价。三是持续实施“乡村文明家园”示范工程。新创建省级“乡村文明家园”示范村2个，争取省级资金20万元。

大力开展志愿服务活动。印发《关于在春节期间组织开展“志愿有我·温暖临沂”主题志愿服务活动的通知》《关于在“学雷锋日”期间集中开展志愿服务活动的通知》等文件，在春节、学雷锋日、国际志愿者日等重要节点，集中开展卫生扫除、知识讲座、法律咨询以及送温暖、送文化、送卫生、送平安、送健康等为主要内容的志愿服务活动，全县累计参加志愿服务活动达到6200多人次。在店头镇东措庄开展“道德扶贫”志愿服务集中活动，志愿服务队深入集市和帮扶户，开展助困、助医、助学、助残、助老、助孤等主题活动，帮助贫困户解决实际困难。组织全县志愿者在山东志愿服务网开展志愿者注册和志愿服务宣传活动，全县志愿者踊跃开展注册，累计注册2万余人。开展志愿服务嘉许激励机制调研活动，为下一步嘉许激励制度的建立提供依据。加强志愿服务先进典型评树、宣传工作，在学雷锋志愿服务“四个100”先进典型评选活动中，推出市级最美志愿者4人，市级最美志愿服务社区1个，市级最美志愿服务组织1个，市级最美志愿服务项目1个。

文化产业发展 从争取政策上做好引领。认真关注上级有关部门文化产业资金政策发布，及时组织各文化企业做好文化产业资金的争取工作。11家企业被评为全省文化出口重点企业，获得2016年度省文化产业发展专项资金总计270万元。临沭县美艺工艺品有限公司被评为2015—2016年度国家文化出口重点企业，获得中央文化产业发展专项资金45万元。从促进发展上做好引领。按照《临沭县文化产业发展专项资金管理办法》规定，明确对文化产业发展资金的使用范围和方式、申报条件和程序、资金审批和拨付、资金使用和管理。同时规范文化产业发展专项资金使用管理，对企业文化产业资金使用情况进行督导检查。与县商务局配合，连年组织企业参与春秋广交会、华交会、山东精品展、深圳文博展、临沂商博会等国内展会，并参加境外的法兰克福博览会、日本大阪交易会、美国拉斯维加斯国际展会，直接与境外消费者对接。得到外来投资商的普遍好评，为宣传临沭手工艺品，推介临沭、扩大临沭文化影响力发挥了较好推动作用。2016年，文化产业增加值总量为6.50亿元，增幅5.86%，文化产业增加值占GDP比重为3.06%，文化产业投资额为185223万元，柳编实现出口1.8亿美元，出口额占全市柳编出口的70%左右，占全省的50%，占全国的28%。从培育新业态上做好引领。对临沭柳编创意文化产业园区、冠山文化旅游区、曹庄朱村文化旅游区、夹谷山影视基地、玉山镇莫氏绒绣、子凯青少年活动中心等重点文化产业项目进行重点培植。成功举办第三届中国（临沭）柳编商品交易会（柳交会），实现交流展示和交易合作双丰收的效果。

撰稿：杨开银　张晓丽　薛良羽
　　　郭慧慧　张　欣
审稿：史佩升

统战工作

统战部领导成员

部　　长：王京凯（12月离任）
　　　　　王建平（12月任职）
常务副部长：徐奎堂
副 部 长：高立夫
　　　　　朱孟范（7月任职）
　　　　　朱红霞（女，2月离任）
　　　　　高　娟（女）

协商民主建设　制定《县委统战部2016年度协商计划》，重点围绕对政府年度工作、全县经济社会发展、电子商务、普法工作、城管工作、检察工作、统战工作等重要课题，广泛征求各级主要领导、党政部门负责人、党外人士和群众意见建议。广泛开展前期调研，设计细化协商内容、协商形式、协商程序，强化民主协商的针对性和时效性。2016年，落实有县主要领导参加的年度协商计划2次，委托部门开展协商6次。

党外代表人士队伍建设　向县委提交《关于在县政府部门、镇街班子及法、检两院配备党外干部的建议》。完善党外代表人士和后备干部队伍数据库，实行动态管理。新建立2个党外代表人士教育实践基地，3处党外代表人士实践锻炼基地。先后组织党外代表人士、社会组织人士150余人次赴淮安周恩来纪念馆、刘少奇纪念馆等接受革命教育；召开2次党外知识分子座谈会。在广大党外知识分子中开展“两学一促”“凝心聚力、服务发展”等主题活动。新建2个知联会镇街、企业分会，继续落实每年8万元经费保障。

新的社会阶层人士统战　制定《关于开展社会组织统战工作的实施方案》，建立社会组织统战工作联席会议制度、新的社会阶层人士统战工作联席会议制度并成立领导小组。新成立县社组联法律服务分会、文学艺术分会、新媒体网络分会、卫生保健分会、电子商务分会和教育培训分会。对全县新的社会阶层人士进行调查摸底，建立400人的代表人士数据库。在金正大农商一号、临沭高新创业园建立新的社会阶层人士实践锻炼基地2个，在革优电子商务有限公司、曹庄镇葡萄种植园、统一农业示范园、经济开发区精准扶贫点打造“同心扶贫攻坚行动”示范点4个。4月19日，配合中国社科院调研组做好社会组织统战工作调研。

社区统战 在具备条件的社区，按照“统一标准、严格规范、设施齐全、功能完善”要求，配备设施、完善制度、健全档案，充实社区统战成员信息库，新建社区统战示范点3个。按社区统战成员所属行业和领域不同，打造特色联谊组织，如尚庄社区建立新的社会阶层人士联谊会，朝阳社区成立农业科技联谊组等，把社区统战工作重心转到重活动、求实效上。

企业统战 在金正大集团、常林道依茨法尔、金正阳集团、史丹利公司等私营和外资企业高标准打造统战工作阵地，成立统战工作领导机构，配备专职统战干部，配备党外人士活动室、图书阅览室、健身娱乐室等。在新的社会阶层人士中，倡导“爱岗、敬业、奉献”，设立“统战成员示范岗”。开展非公有制经济代表人士综合评价工作，对全县234名非公经济代表人士进行综合评价。

民族宗教工作 筛选上报扶贫项目2个。对全县60多家清真食品生产、经营场所及设清真食堂或清真灶的学校进行集中检查。完成对全县586户穆斯林农户和穆斯林城镇低保户2016年度的认定、统计工作，联合财政部门发放春节牛羊肉补助款17.58万元。加大执法力度，依法治理不同教众私设聚会点。共清理私设的基督教聚会点4处，清理私设的佛教聚会点2处，下达整改通知书6份，依法纳入管理6处。

撰稿：朱　子　审稿：徐奎堂

县直机关党建

县直机关工委领导成员

书　记：彭修峰

副书记：杨化岭　尹晓良　袁新惠（女）

中国共产党临沭县委员会县直机关工作委员会（简称县直机关工委），是中共临沭县委的七个职能部门之一，行政编制5名，机关工勤编制1名，下设92个单列党组织（其中：机关党委4个，党总支28个，党支部60个），党员4250名。2016年，县直机关工委紧紧围绕县委、县政府中心工作和年初制定的县直机关党建工作目标，牢牢抓住服务中心、建设队伍两大核心任务，强化落实党建工作责任制，全面加强机关党的思想、组织、作风、制度和反腐倡廉建设，机关党建各项工作都取得明显成效。

基层党建 统筹推进“两学一做”学习教育。及时传达学习省、市、县委精神，专门召开会议研究部署，制定《实施方案》，并将“两学一做”开展情况纳入党组织书记抓基层党建述职评议考核和基层组织建设目标管理责任书。确保“学”在深处。机关工委班子成员先学先做，逐一交流学习体会；广泛开展领导干部上讲台、到基层党组织讲党课活动。建立领导联系点制度，示范带动面上学习教育。切实抓好“专职党务干部”队伍建设。按照县委2015〔10号〕文《关于进一步加强和改进机关党建工作的实施意见》要求，规范县直机关党建专职工作人员配备。各单位明确一名班子成员靠上抓党建，各基层党组织配备专职党务工作者，具体负责本单位党务事宜。为提高专职党务干部党建业务水平，通过举办培训班，加强对专职党务干部教育管理，2016年，先后举办7期业务培训会，对发展党员、支部换届、“三会一课”等基础党建业务知识进行培训，对党员组织关系集中排查、党费收缴整治等专项工作进行任务安排。对工委管辖的4300多名党员逐一核对身份，落实入党时间、入党所在支部等基本信息，确保党员管理规范化。以“临沂党建平台”为载体，对全体党员统一进行电子化管理。加强党员干部教育培训。3月，按照县委安排，组织1500余名县直党员参加党章测试，通过测试，以考促学，进一步引导广大党员干部牢固树立党章意识，用党章的思想武装头脑，用党章的理论指导实践，用党章的要求做好工作，自觉做到“讲规矩、守纪律”。8月，配合县纪委组织开展普通党员德廉测试，进一步强化党章党规党纪学习，增强党员干部尊崇党章、遵守党规党纪意识，提升党员干部对党章党规党纪的认识和理解，增强党员讲纪律有规矩的意识。做好集中换届工作。编写《临沭县县直机关基层党组织选举工作简明规程》《临沭县县直机关换届选举工作会议记录簿》，对机关党组织换届给予精准化指导。选取县档案局党支部作为示范点进行换届观摩，利用11月一个月的时间对180多个支部进行换届，选举新一届总支、支部委员542名，切实做到支部换届思路清晰、程序规范、效果明显。及时做好县直机关参加县十二次党代会代表选举工作。通过机关工委党员代表会，选举43名出席县十二次党代会代表；组织牵头县委办口、人大办口、县政府办口、县政协口、县纪委口等五大口人大代表选举工作，五大口选区选出人大代表1名。认真做好其他机关党建工作。完成党费收缴专项整治工作。认真做好党费收缴管理工作。严格按照党费收缴标准收缴党费，对核算基数不准、缴纳数额不足的党支部责令限期整改。认真开具党费收据，并及时汇总，按时、全额将党费上交县委组织部。对2008—2015年党费进行“回头看”，通过支部自查、工委督导检查，对每个支部每名党员每月缴纳数额，做到党费收缴清晰明了，共补缴党费220余万元。及时为92个部门单位发放党员证，各支部设立“党费缴纳日”，进一步明确党员身份的同时，确保按月足额交纳党费。2016年，共收缴党费160万元，党费收缴管理工作逐步走上规范化、制度化轨道。认真做好党员档案资料管理工作，及时整理正式党员入党材料，并按照档案管理权限做好档案资料归档工作。

党风廉政建设 积极开展反腐倡廉宣传教育活动。认真学习贯彻中纪委和省市县纪委全会精神，广泛开展示范教育、警示教育、廉政“自省日”等活动，营造廉荣贪耻的浓厚氛围。深化反腐倡廉宣传教育，以树立正确权力观、政绩观和事业观为重点，认真组织学习和贯彻《廉洁从政准则》，抓好领导干部廉洁自律各项规定的贯彻落实。切实强化党内监督检查工作。紧紧围绕落实中央“八项规定”、省市县委实施办法和解决“四风”等重点工作，加强监督检查，严明纪律要求，严格责任追究，确保中央和省市县委重大决策部署的贯彻落实。加强和改进机关作风，严肃工作纪律，树立机关良好形象。同时丰富载体，推进机关廉政文化建设，健全完善党内民主集中制、党内监督等各项制度。严格落实党风廉政建设责任制。全面推进“两个责任”落实。进一步明确党组织领导班子、主要负责人和班子其他成员履行主体责任的具体内容，细化落实举措，切实担负起抓党风廉政建设的政治责任。

理论宣传 6月，举行“践行两学一做、重温入党誓词”活动，县直各基层支部800多名党员参加集体宣誓，进一步增强党员意识，弘扬奉献精神，树立党员新形象。大家铭记历史、不辱使命，面对新形势、新常态、新要求，始终坚定信念、凝心聚力，始终保持奋发有为的精神状态和勤勉务实的工作作风，在各自的工作岗位上不断开创新局面。

机关武装 严格按照上级部署和机关武装工作要求，组建交通运输、医疗救护、供水抢修和电子对抗战四个机关民兵应急小分队。按照县委及武装部要求，积极做好夏秋季征兵工作的政策宣传、报名登记、兵源体检、政治审查等具体工作。2016年共输送合格兵源12名。

撰稿：公彬彬　审稿：彭修峰

党校工作

党校领导成员

校　　长：任庆虎（11月离任）

　　　　　刘　飞（11月任职）

党总支书记、常务副校长：张秀颀

党总支副书记、副校长：李怀东（2月任职）

副 校 长：王江华　英成雨　张国庆

　　　　　伏海东（7月任职）

县委党校下设办公室、教务处、理论研究室、工作科和后勤科5个副科级科室。共有干部职工33人，其中，高级专业技术职称9人，中级专业技术职称10人；一线教师全部具有大学本科以上学历，其中5人具有研究生学历。被授予“2016年度全市党校系统先进基层党校”称号。

教学工作 2016年，举办科级干部培训班、党员发展对象培训班和青年干部培训班等14个主体培训班次，培训学员1864人次。与县总工会、县人社局、县安监局、县统计局、团县委等单位联合办班培训学员900余人次。紧跟县委开展的“两学一做”等学习教育活动，精心选派骨干教师到镇街、县直单位和社区宣讲312课时，培训基层党员1.1万余人次。接待中央党校中青班等省外党校系统培训班161个6381人次。全年围绕理论教育和党性锻炼更新课题12个，协调县委领导班子到党校讲课11人次。

科研工作 2016年，共组织一线教师到临沭街道、青云镇等镇街和社区集中调研2次，每次15天。在调研基础上，全体教研人员先后在省级以上公开刊物发表调研论文18篇，承担《精准扶贫精准脱贫模式研究》和《浅析县域三引一促工作和优化营商环境的关系》等省市县课题6项。

党校建设 2016年度，党校投资24万余元，修缮教学办公楼，绿化、修整校园，更新部分信息化设备，置换部分后勤设备，改善办学条件。

撰稿：马学军　审稿：张国庆

信访工作

信访局领导成员

局　　长：吴淑霞（女）

主任科员：张爱玲（女）

副 局 长：高申方　钟　鼎

尹　伟（2月任职）

2016年，临沭县信访局认真贯彻中央和省市县关于加强新时期群众工作的一系列重要决策部署，以努力提高信访事项办理群众满意度为目标，重点抓好矛盾纠纷排查、解决初信初访、实行领导包案、信访积案集中化解、县镇村三级群众诉求接待服务体系建设等工作。全县信访工作呈现出“一好转两提高三下降”（即：信访秩序全面好转，办结率、满意率提高，越级访、重复访、集体访总量明显下降）良好态势。

基层基础建设　主动适应群众工作和信访工作新要求，积极探索建立县、镇街（部门）、村居（企业）三级群众诉求接待服务体系，围绕“小事不出村、大事不出镇，难事不出县、系统内问题不出系统”目标，及时就地解决群众反映的合理诉求。构建三级群众诉求接待服务体系，形成县有群众诉求接待中心、镇街（部门）有群众诉求接待中心（室）、村居有群众诉求接待点的三级服务体系格局。配齐配强工作人员，并抽调信访问题突出的责任部门进驻，实行“一站式接待、一条龙办理、一揽子解决”，形成工作合力。明确工作职责，及时就地解决群众合理诉求。四是健全完善网上信访服务平台。

敏感时期信访维稳　制定印发《关于进一步做好当前信访维稳工作的通知》《关于县级领导包案督办重点信访事项的通知》等一系列文件。敏感时期的信访维稳工作实行县委主要领导亲自抓，分管领导靠上抓，各镇街、县直单位主要负责人具体抓。成立由县委副书记任指挥，县级维稳线上的领导任副指挥，各督导组组长、镇街党（工）委书记、县直有关部门主要负责人为成员的信访维稳指挥部，分成7条线，实行统一调度，分线“作战”，确保工作衔接无缝隙。

信访积案化解　开展信访积案集中化解活动。对于上访老户、骨头案、长期进行非访的信访积案，实行领导包案、重点化解。着力解决信访突出问题。对2016年的进京信访事项，全部落实县镇两级领导包案，重点督导化解。健全困难信访群众救助机制，有效防止和减少信访上行。

群众诉求　坚持来访必登，提高信访事项及时受理率。对群众反映的诉求及时录入信访信息系统，及时转送登记信访事项，有权处理信访事项的行政机关做好实体性受理告知，并及时在系统内办理。坚持快查快办，提高信访事项按期办理率。对系统登记应当受理的信访事项，严格按照《信访条例》规定及时出具受理告知书，推行双向承诺制，督促有权处理的部门或单位按期答复，并在系统中进行办理。加大化解力度，提高信访事项处理群众满意率。本着“事要解决”原则，根据问题不同采用不同措施，认真解决合理诉求，最大限度地实现“案结事了”。

督查问责 加强对镇街信访工作的督导检查。成立9个信访维稳工作督导组，深入各镇街、县直有关部门督促指导信访维稳工作。建立健全严格的问责机制。通过严格的责任倒查和问责，确保干部履职到位，确保群众诉求接待服务体系正常高效运转。

撰稿：刘超峰 审稿：景 健

机构编制管理

机构编制委员会办公室领导成员

主 任：倪宝武

副主任：李长庆 王烽霁（7月任职）

事业单位监督管理局局长：李长庆

县政府行政审批制度改革办公室主任：王素梅（女，2月任职）

临沭县机构编制委员会办公室（简称县编办）为县委序列正科级行政机构，下设综合科、机构编制科、计划管理科、机构编制信息管理科4个职能科室和县政府行政审批制度改革办公室（副科级）。隶属机构编制委员会办公室的二级单位有县事业单位监督管理局（正科级）。

2016年，县编办积极落实县委、县政府和县编委的重大决策部署，切实把各项要求落实到机构编制工作中，较好的完成各项工作任务，在市对县区科学发展综合考核中，承担的推进政府职能转变工作获得“好”等次；机构编制工作绩效管理考核获得“优秀”等次。被省编办授予机构编制信息工作先进单位、《机构与行政》宣传先进单位；被县委、县政府授予科学发展先进单位、“三引一促”工作先进单位、平安临沭建设先进集体等称号。

“放管服”改革 深入推进简政放权工作。制定《2016年推进简政放权放管结合优化服务转变政府职能工作方案》，细化分解8大部分54项工作任务，明确时间表和路线图，确保各项改革任务按时完成。继续做好上级简政放权的衔接落实工作，先后分两批对应调整取消行政权力事项25项，承接上级下放权力事项8项，清理规范行政审批中介服务收费项目13项。完成全县简政放权情况“回头看”工作。

不断加强事中事后监管工作。印发《临沭县关于推广随机抽查规范事中事后监管的通知》，积极推动建立随机抽取被检查对象、随机选派检查人员“双随机”抽查机制，40个部门单位全部制定推广随机抽查实施方案，确定200余项抽查事项，明确抽查事项名称、抽查依据、抽查主体、抽查对象、抽查内容、抽查方式、抽查比例和频次等。在住建、环保、食药监、工商、安监等重点部门正式运行双随机监管。积极运用“互联网+”和大数据技术，变“人力监管”为“智能监管”，不断提升监管效能。

大力推进行政审批规范化建设。督促相关部门单位认真落实行政审批事项业务手册和服务指南制度、“三集中三到位”制度，大力推行一口受理制、首问首办负责制、一次告知制、限时办结制、申请人评议制，不断提高服务质量。积极推进县级政务服务平台建设，组织38个部门将全县256项行政审批事项全部录入省级平台并正式运行。

积极推进政府部门“三定”规定修订工作。及时召开“三定”规定修订工作会议，制定工作方案，完成审计局“三定”规定编制工作，其他部门“三定”规定修订工作有序推进。

事业单位改革 继续深化事业单位绩效考核。进一步扩大事业单位绩效考核范围，2016年实现对教育、科研、文化、体育、民政等17个系统所属188个公益类事业单位全面覆盖，28个单位考核结果为A等次,160个单位考核结果为B等次。

扎实开展事业单位法人治理结构试点。在文化、教育、卫生等行业选取县图书馆、县第四初级中学、县中医医院进行管办分离、法人治理结构试点，初步建立法人治理结构试点模式。

集中清理“僵尸”事业单位。制定《集中清理“僵尸”事业单位工作方案》，采用单位自查和工作小组核查的方式对全县394个事业单位进行集中清理，发现“僵尸”事业单位6个。

创新事业单位管理体制机制工作。积极推进公立医院人员控制总量备案，最终确定县人民医院人员控制总量1200名，县中医医院人员控制总量450名,县妇幼保健院人员控制总量315名。配合推进中小学职级制和去行政化。按照《全县分类推进事业单位改革重点任务分工》文件要求，配合推进卫生、机关后勤等行业体制改革。

不断强化事业单位监管工作。完成2015年事业单位法人年度报告公示工作，共有140个事业单位报送年度报告，合格率100%，换发赋予统一社会信用代码的新版法人证书141个。强化法人证书使用管理，全年共为26个事业单位办理法人变更业务，为7个单位新设立法人。开展机关事业单位统一社会信用代码管理工作，为全县60个单位发放统一社会信用代码证书。加强事中事后监管，制定《临沭县事业单位“四库、双随机”监管工作方案》《临沭县事业单位监督管理局“双随机、一公开”监管工作实施细则》，分2次对事业单位法人公示信息进行抽查。

重点领域体制改革 对部门执法职责和执法队伍现状进行调查摸底。摸清部门执法职责和执法队伍现状，提出关于综合行政执法体制改革的初步意见，为下一步推进综合行政执法体制改革奠定基础。

加强镇街四个重点领域监管工作。认真落实省、市关于加强乡村安全生产、建设工程质量安全、环境保护、道路交通安全监管工作要求，完成四个重点领域的监管机构设置及人员配备工作，为镇街安全生产、环境保护、道路交通安全、建设工程质量监管工作增加编制63名，10个镇街共配备专兼职人员127人，基层监管能力进一步增强。

配合推进纪检、司法、审计等领域体制改革。调整纪委内设机构设置，调整后设11个职能部室，为纪委增加编制15名，有效增强纪检监察力量。设立县委巡察工作领导小组办公室和4个巡察组，对落实党风廉政建设主体责任和监督责任形成有力监督。在县司法局加挂社区矫正管理局牌子，镇街司法所负责社区矫正工作的具体实施，进一步加强社区矫正工作机构建设。积极配合相关部门,做好法院、检察院、审计部门上划工作。

机构编制管理 完善相关制度。制定《临沭县机构编制委员会工作规则》《临沭县机关事业单位编制使用管理办法》等文件，明确编委会职责和议事程序，规范机构编制使用程序，进一步严肃机构编制纪律，强化机构编制管理的权威性和严肃性。

积极做好机构编制实名制信息管理工作。印

发《关于加强机构编制实名制管理的通知》，建立每月定期通报制度，全年共发放实名制数据库通报12期，对85个单位实名制数据库维护工作进行通报，录入更新信息5000余条。

继续推进政府部门机构编制评估工作。2016年是开展政府部门机构编制评估工作的第四年，顺利完成对教体局、卫计局、民政局、文广新局、文管执法局5个部门的评估。

管好用活编制资源。为充分发挥机构编制最大效益，探索建立编制“蓄水池”管理机制，2014年以来，共收回事业编制560余名，行政编制70余名，重点用于保障全县中心工作、全局性工作和重点民生领域用编需求，编制“蓄水池”管理机制被县委、县政府授予“临沭改革创新奖”。为充分发挥机构编制在经济社会发展中的支撑作用，全年共动态变更机构、编制、职数事项150余项，下达用编计划324人。

积极推进中小学核编工作。制定《临沭县中小学教职工编制核定工作方案》，确定核定范围、编制核定标准、明确核编内容，按照新编制核定标准，全县共核定中小学教师编制5354名，新增编制106名。

扎实做好中文域名注册和党政机关网站开办审核、资格复核和网站标识管理工作。实现全县542个党政机关、事业单位域名注册和网站挂标全覆盖，顺利完成上级下达的指标。

加强信息调研促进成果转化。印发《临沭县编办信息调研工作考核办法（试行）》，全年共发表信息71篇，在《机构与行政》发表调研文章2篇，在全市机构编制信息宣传工作中名列前茅，并在全市机构编制信息宣传工作会上做典型发言，为机构编制工作开展营造良好氛围。

2016年度临沭县人员编制情况表

表2

年　度	行政编制	实　有	事业编制	实　有
2016	1830	1555	11126	11858

撰稿：李爱娜　王　伟　审稿：倪宝武

对台经济工作

对台办公室领导成员

主　任：刘　萍（女）

副主任：石　岍（女）

县台办始终坚持把做好对台招商引资作为落实“以经促政”对台方针政策的切入点，创新举措，务求实效，努力做好对台招商引资工作。坚持以商招商，以情招商，充分发挥条柳编、机械制造、化工等地方产业优势，通过“走出去、请进来”等形式切实做好“三引一促”工作。

多次到上海、江苏、浙江、苏州等地联系客商,积极邀请客商到临沭参观考察投资。2016年,共邀请台商28人次来临沭考察项目,开工建设项目1个,达成投资意向2个。山东盛合食品有限公司二期开工建设,投资8000万、占地38.8亩(2.59公顷),预计年收入3.5亿元。中华海峡两岸人力资源与科技交流协会产业发展处副处长丁楷菱、中国社会科学院拉美研究所巴西研究中心理事单位北京代表处首席代表于涛一行到临沭县考察大棚生产发展情况,对临沭的投资环境、地理位置和发展前景十分满意,希望能早日达成合作,推动项目落地生根。北京绿能集团的燃煤锅炉改造及建设液化天然气调峰储存配送中心项目,一期投资可达3.4亿元,项目正在谈判中。

坚持一手抓招商,一手抓服务,强化“亲商、安商、富商”意识,以招商带服务,以服务促招商,坚持做到“投资审批一条龙”服务,建设过程跟踪服务,投产经营后经常性服务,切实以优质高效的服务赢得台商、台企的信任,达到“招一家、安抚一家、致富一家”的效果。认真落实中央、省、市惠及台商、台企的各项政策和措施,进一步提高临沭县在台企中的公信力,为台胞台企开通24小时服务电话,县分管领导及台办主要领导对台企进行重点帮扶、重点指导、现场办公,对台企提出的问题和困难及时解决,以亲情化服务创造良好台商投资环境。

撰稿:石　岍　审稿:刘　萍

老干部工作

老干局领导成员

局　长:黄振现(7月离任)
　　　　傅成佐(7月任职)
副局长:李广彦　解学芳(女,2月离任)
　　　　张　瑜(女,2月任职)
老年大学校长:郭友华
老干部活动中心主任:杨艳飞

中共临沭县委老干部局下设县老干部活动中心、县老年大学、县老年人体育协会办公室三个副科级事业单位。2013年县委将关心下一代工作由团县委调整至老干部局,与老干部局合署办公。2016年,临沭县各级老干部工作部门紧紧围绕全县中心工作,不断加强离退休干部政治引导、组织凝聚、文化养老、服务保障和作用发挥等工作。

落实离退休干部政治待遇　坚持走访慰问、定期通报、参观工农业生产、参加会议、政治学习和在职干部联系老干部等制度。组织县级老领导视察全县重点项目工作情况并听取汇报。组织离退休干部参加“两学一做”教育活动,集中学习十八届三中、四中、五中、六中全会和习近平总书记系列重要讲话精神。加大网上党支部建设力度,明确专人负责推广“网上党支部论坛”,组织参与省老干部之家网站“最美老干部志愿者、志愿服务组织、志愿服务项目”评选活动。年底举办离退休干部信息管理系统软件操作培训班,培训工作人员120余名,顺利完成年度离退休干部信息采集工作。

落实离休干部生活待遇 争取市离休干部专项转移支付资金 123 万，调整离休人员医疗费筹资标准为 3 万元 / 人，为离休干部“三个机制”有效运转提供资金保障。抓好离休干部医疗保健工作，4 月份组织全县 187 名离休干部进行健康查体。12 月，对易地安置的 5 名离休干部进行走访慰问。

老年体育 老年体协坚持活动与培训两手抓，5 月，在红石湖公园举办 2016 年“体彩杯”暨第十七届老年人门球赛，10 支老年人门球队参加比赛。9 月，在县文化广场举办大型文体展演活动，有太极拳、抖空竹等 12 个项目参演，1000 余人参加。举办腰鼓、秧歌、威风锣鼓和健身气功培训班，培育骨干人员 300 余人。11 月，开办首期全民科学健身大讲堂。

老年教育 全年共开办 7 个专业 9 个教学班，参加学习人员达 900 余人。新添置电子钢琴、投影仪、电视机等教学设备。积极争创全国老年远程教育示范区，老年大学校长代表参加在青岛举办的全国老年远程教育工作会议并作典型发言。与县文广新局、县老年书画研究会联合举办庆祝建党 95 周年暨抗日战争胜利 80 周年书画展。

老干部活动中心 投资 15.8 万余元加固老干部活动中心门球场，新购置气旋球桌、台球桌等活动器材，并对活动中心设备进行更新维护。11 月，举办老干部活动中心趣味运动会，进一步丰富老干部文体生活。

关心下一代工作 5 月，在店头镇陈巡会村红色文化纪念园召开全县青少年党史国史教育现场会，县委副书记麻建东出席会议并讲话。县关工委参与主办临沭县第十四届“钻石之乡”广场文化艺术节、“中国梦 • 我的梦”六一文艺晚会。举办全县中小学书画作品大赛，500 余幅作品参选，236 幅作品获奖。联合教体局开展高考助学圆梦活动，资助临沭县 42 名贫困生圆梦大学。

撰稿：吴萌清　审稿：傅成佐

档案工作

档案局领导成员

局　　长：徐　烽（2 月离任）
　　　　　李加栋（2 月任职）
副 局 长：江庆波　徐之光　李　云（女）
纪检组长：王绪岩（2 月离任）

临沭县档案局和临沭县档案馆实行局馆合一，挂临沭县档案局和临沭县档案馆两块牌子，核定编制 19 人，在编人员 17 人，其中，班子成员 4 名；副高级职称 4 人，中级职称 4 人。内设办公室、业务指导科、档案管理科、开发编研科、法规科 5 个科室，主要履行档案行政执法、档案事业管理、档案保护利用、档案业务监督等职能。

2016 年，临沭县档案工作以档案法制建设为保障，认真抓好档案资源建设、档案信息化建设、基础业务建设和档案开发利用工作，全面提升全县档案管理科学化水平，较好完成各项工作任务。临沭县档案局被授予“全省档案宣传工作先进集体”“全市档案综合工作先进单位”称号。在省人大“一法一条例”到临沭视察检查中，得到省市领导充分肯定；郑州市档案局、济南市历下区档案局等单位多次到临沭考察交流，促进有关工作开展。有1人被山东省档案局评为全省档案宣传工作先进个人；有2个单位和2人分别被临沂市人力资源和社会保障局、临沂市档案局评为全市档案工作先进集体和先进个人，有5个单位和10人分别被临沂市档案局评为2016年度全市档案工作先进集体和先进个人；有18个单位和40人分别被临沭县人力资源和社会保障局、临沭县档案局评为全县档案工作先进集体和先进个人。

档案资源建设 全年接收各门类归档文件2119件，征集知青文书档案资料40余件、知青会计档案（电子版）22卷件、知青照片档案407张。接收《临沭记忆》《琅琊名士多》等各类图书资料58册,进一步丰富馆藏。至2016年年底，临沭县档案馆馆藏117个全宗，纸质档案81237卷94341件，录音（像）带110盘，照片档案2081张，实物档案456件，图书资料9431册。馆藏档案目录数据库建设初具规模，机读目录数量达61万多条。加快推进档案全文数字化进程，累计扫描85个全宗，各类档案50605卷70459件，共计402万页，完成馆藏应扫档案的90%。不断加强档案查询利用服务工作，共接待利用者1357人次，提供档案资料3700卷（件），复制档案、资料1945页。

基层业务建设 分期分批指导全县各单位做好2015年度各类文件材料归档工作，确保年度归档率达90%。认真贯彻实施《〈山东省档案工作科学化管理规范〉测评办法》，积极开展档案工作科学化管理创建活动，2016年12月，临沭县国家税务局顺利通过“山东省档案工作科学化管理示范单位”验收。2016年，全县档案工作科学化管理测评有3个、16个、25个单位分别达到“省示范单位”“省先进单位”“省合格单位”等次。与县农业局协调配合，做好农村土地承包经营权确权登记颁证档案工作指导，迎接全市农村土地承包经营权确权登记颁证工作成果验收。按照市局建立村史民俗馆要求，加强村级特色档案工作，指导店头镇陈巡会、玉山镇营子村、曹庄镇朱村做好村级档案工作。2016年初，朱村档案馆项目、档案工作人员登记备案项目荣获山东省档案工作改革创新三等奖。

档案法制建设 认真贯彻落实全省档案依法行政推进会议精神和《关于全面推进全市依法治档工作的意见》，全县档案依法行政工作得到继续强化。制定2016年度档案行政执法检查工作计划，定期开展档案执法检查，每月检查3—4个单位，全年共检查40个单位，对存在档案违法行为的2个单位进行行政处罚。

开发编研和档案队伍建设 编辑出版《激情岁月——临沭知青档案选萃》，全书约3.8万字，精选图片357张，取得良好社会效果。会同县委宣传部开展“乡村记忆——我的村庄我的家”村居影像、资料征集活动，汇总5个镇街的村居档案资料。加大档案工作学术交流、论文、宣传稿件的投稿力度，上报档案学优秀成果材料4份，在《中国企业档案》发表论文2篇，《山东档案》发表论文3篇，在市以上发表信息6篇。不断提升全县档案干部队伍建设水平，为185名登记备案的专兼职档案员办理临沂市档案工作人员岗位资格证，根据新修订的《归档文件整理规则》等档案行业标准要求，对全县机关团体、企事业单位档案工作人员以会代训、专题和综合培训220余人次。

撰稿：相顺芳 审稿：江庆波

党史资料征集

党史资料征集委员会领导成员

主　任：李　忠（8月离任）

副主任：魏　强（2月离任）

　　　　万秀丽（女，2月任职）

2016年，县党史征委以科学的思路谋划党史工作，坚持围绕中心、服务大局，以史为鉴、资政育人，全面履行党史研究、业务指导的基本职能，较好地完成县委和上级党史部门安排的各项工作任务。

党史资料征集　整编《滨南革命斗争史资料》。滨南革命斗争史是滨海革命斗争史的重要组成部分，在临沭县党史资料中尚属空白，该资料的整编对临沭县党史宣传教育和红色旅游开发具有重要意义。组织人员，耗时一年，三易其稿，大量征求意见，完成整编工作。

开展《改革开放实录》征编工作。《改革开放实录》是按照中央要求，在全国启动的一项重大课题。根据省、市委要求，组织开展此项工作，派专人到临沂参与培训，并召开专题会议，对相关单位人员进行培训。

党史宣传　协助中央电视台拍摄关于倒沭整沂的大型记录片《沂沭安澜》。协助河南省南乐县党史研究室拍摄《铁瑛传》，并在中央电视台播出。

党史研究　2016年，着力做好党史研究和党史专题文章的撰写工作。撰写《反戈纸坊》《沭河的女儿》《心中的丰碑》等党史专题文章，在沂蒙晚报、档案视窗等处发表。

撰稿：刘　涛　审稿：万秀丽

临沭县人民代表大会常务委员会

县人大常委会领导成员

主　　任：任庆虎（12月离任）

党组书记、第一副主任：姜自棠

副 主 任：云雪飞（女）　王景光

　　　　　高希华　王建华

党组成员：王丙华

县人大办事机构领导成员

办公室主任：刘俊生

办公室副主任：万全冬

人事代表工作委员会主任：卢洪贵

人事代表工作委员会副主任：刘希娟（女）

法制工作委员会主任：王洪沛

法制工作委员会副主任：徐　峰（3月任职）
财政经济工作委员会主任：李玉业
财政经济工作委员会副主任：
刘敦贵（3月任职）
农业和农村工作委员会主任：陈寿虎
农业和农村工作委员会副主任：李忠山
教科文卫工作委员会主任：刘建华（女）
教科文卫工作委员会副主任：
李玉勤（3月任职）
城建环资工作委员会主任：
孙鹏岭（3月任职）
城建环资工作委员会副主任：刘雪峰
预算工作委员会主任：李长瑞
预算工作委员会副主任：宋飞飞（女）

2016年，共召开人大常委会7次，组织开展专题询问1次，视察调研19次，听取审议专项工作报告14项，充分体现人大工作的人民性、法律性、权威性。

县人民代表大会　县第十六届人民代表大会第五次会议于2016年3月6日至3月8日在县城召开。会议应到代表238名，列席人员84名。

会议听取和审议代县长刘飞所作的临沭县人民政府工作报告，县人大常委会党组书记、第一副主任姜自棠所作的临沭县人民代表大会常务委员会工作报告，县人民法院院长侯雷所作的临沭县人民法院工作报告，县人民检察院检察长汲广虎所作的临沭县人民检察院工作报告；审议县发展改革局局长苗壮提交的关于临沭县2015年国民经济和社会发展计划执行情况与2016年计划草案的报告，县财政局局长郭和法提交的关于临沭县人民政府关于临沭县2015年财政预算执行情况和2016年财政预算草案的报告；表决通过关于临沭县人民政府工作报告的决议，关于临沭县人民代表大会常务委员会工作报告的决议，关于临沭县人民法院工作报告的决议，关于临沭县人民检察院工作报告的决议，关于临沭县2015年国民经济和社会发展计划执行情况与2016年计划的决议，关于临沭县2015年财政预算执行情况和2016年财政预算的决议；表决通过补选县人大常委会组人人员、县政府县长、县十六届人大法制委员会、财政经济委员会组成人员；接受刘文军辞去临沭县十六届人大常委会委员职务；接受胡勇辞去临沭县人民政府县长职务。

县人大常委会会议　县十六届人大常委会第二十八次会议　2016年1月11日在县政府招待所北楼第一会议室召开。县人大常委会党组书记、第一副主任姜自棠主持会议，副主任云雪飞、王景光、高希华、王建华，党组成员王丙华及委员共16人出席会议。会议通过本次常委会会议议程，以无记名投票的方式表决通过关于提请姜仕礼、杭福贵为市十八届人大代表的报告。县人大常委会机关委室负责人列席会议。

县十六届人大常委会第二十九次会议　2016年3月2日在县政府招待所北楼第一会议室召开。县人大常委会党组书记、第一副主任姜自棠，县人大常委会副主任云雪飞、高希华、王建华出席会议。会议表决审议通过县人大常委会关于召开县十六届人大五次会议的决定（草案），决定将于2016年3月6日至3月8日召开临沭县第十六届人民代表大会第五次会议。听取和审议县人大常委会主任会议关于县十六届人大五次会议筹备工作情况的报告；审议县人大常委会工作报告稿，决定提请县十六届人大五次会议审议；听取和审议县人大常委会代表资格审查委员会关于补选县十六届人民代表大会代表的代表资格的审查报告；审议县十六届人大五次会议议程（草案），决定提请县十六届人大五次会议预备会议通过；审议县十六届人大五次会议主席团和秘书长名单（草案），决定提请县十六届人大五次会议预备会议选举；审议县十六届人大五次会议计划预算审查委员会名单（草案），决定提请县十六届人大五次会议预备会议通过；审议县十六届人大五次会议议案审查委员会名单（草案），决定提请县十六届人大五次会议预备会议通过；审议县十六届人大五次会议列席人员名单（草案）、《临沭县实施宪法宣誓制度办法（草案）》、主任会议关于设立县人大有关专门委员会的议案；投票表决通过新的人事任命事项，为新任命人员颁发任命书，并举行宪法宣誓仪式。副县长李真，县政协副主席陈庆祥，县人民法院、县人民检察院有关负责人，县人大常委会机关委室、县政府有关部门、各镇街人大负责人列席会议。

县十六届人大常委会第三十次会议 2016年4月27日在县政府招待所北楼第一会议室召开。县人大常委会党组书记、第一副主任姜自棠主持会议，副主任云雪飞、王景光、高希华、王建华，党组成员王丙华及常委会组成人员共23人出席会议。会议通过本次常委会会议议程，集体学习县消防大队大队长曾庆猛所作的关于《中华人民共和国消防法》的知识讲座；听取县人大常委会副主任王景光关于检查《中华人民共和国消防法》贯彻实施情况的报告，县经信局主要负责人王济壮关于工业化信息化融合工作情况的报告，县国土资源局局长周洪杰关于矿产资源管理工作情况的报告，县财政局局长郭和法关于将部分重点民生项目支出纳入中长期财政预算及追加产业引导基金预算支出的报告，县人大常委会副主任王景光关于《临沭县人民代表大会常务委员会专题询问暂行办法（草案）》的说明，县人民法院院长侯雷关于提请任免县人民法院审判人员职务的报告，县人民检察院检察长汲广虎关于提请任命县人民检察院检察人员职务的报告。会议表决通过县人大常委会执法检查组关于检查《中华人民共和国消防法》贯彻实施情况的报告，审议、表决通过县人大常委会关于工业化信息化融合工作情况报告的审议意见（草案）、县人大常委会关于矿产资源管理工作情况报告的审议意见（草案），县人大常委会关于批准县政府将部分重点民生项目支出纳入中长期财政预算及追加产业引导基金预算支出的报告的决议（草案），表决《临沭县人民代表大会常务委员会专题询问暂行办法（草案）》。会议表决通过人事任免事项，姜自棠为新任命的县法院审判人员、县检察院检察人员颁发任命书。县委常委、县政府常务副县长宋玉智，县政协副主席冯树方，县人民法院院长侯雷，县人民检察院检察长汲广虎，县政府有关部门、县人大常委会机关委室、各镇人大、街道人大工委负责人列席会议。

县十六届人大常委会第三十一次会议 2016年6月30日在县政府招待所北楼第一会议室召开。县人大常委会党组书记、第一副主任姜自棠主持会议，副主任云雪飞、王景光、高希华、王建华，党组成员王丙华及常委会组成人员共21人出席会议。会议通过本次常委会会议议程，集体学习《中华人民共和国道路交通安全法》知识讲座；听取县人大常委会副主任王景光关于检查《中华人民共和国道路交通安全法》贯彻实施情况的报告，县农业局局长徐瑞前关于新型农业经营主体培育工作情况的报告，县城管局局长尹继利关于城市管理提升工作情况的报告，县政府副县长密长诚关于提请任命县政府领导人员的报告。会议表决通过县人大常委会执法检查组关于检查《中华人民共和国道路交通安全法》贯彻实施情况的报告，审议、表决通过县人大常委会关于新型农业经营主体培育工作情况报告的审议意见（草案），县人大常委会主任会议关于许可县公安局刑事拘留个别县人大代表的报告。会议表决通过人事任命事项，姜自棠为新任命的县人民政府副县长王景美、周伟颁发任命书。新任命的县政府领导人员向宪法进行就职宣誓仪式。会议期间，县人大常委会举行联组会议，审议县政府关于城市管理提升工作情况的报告，并进行专题询问。县政府副县长密长诚，县政协副主席冯树方，县人民检察院检察长汲广虎，部分省、市人大代表，县政府有关部门、县人大常委会机关委室、各镇人大、街道人大工委负责人列席会议。

县十六届人大常委会第三十二次会议2016年8月30日在县政府招待所北楼第一会议室召开。县人大常委会党组书记、第一副主任姜自棠主持会议，副主任云雪飞、王景光、高希华、王建华，党组成员王丙华及常委会组成人员共18人出席会议。会议通过本次常委会会议议程，听取县发改局局长苗壮关于2016年上半年国民经济和社会发展计划执行情况的报告，县财政局局长郭和法关于临沭县2015年县级财政决算和2016年上半年财政预算执行情况的报告，县审计局局长徐金田关于临沭县2015年县级财政预算执行和其他财政收支情况的审计工作报告，县卫计局局长孟凡峰关于卫生和计划生育工作情况的报告，县人大常委会副主任王景光关于许可县人民检察院对个别县十六届人大代表采取强制措施的报告，县人大常委会主任会议关于提请任免县人大常委会机关负责工作人员职务的报告。会议审议表决通过县人大常委会关于2016年上半年国民经济和社会发展计划执行情况报告的审议意见（草案），关于临沭县2015年县级财政决算和2016年上半年财政预算执行情况报告的审议意见（草案），关于临沭县2015年县级财政预算执行和其他财政收支情况审计工作报告的审议意见（草案），关于卫生和计划生育工作情况报告的审议意见（草案），表决通过关于批准临沭县2015年县级财政决算的决议（草案），关于确认主任会议许可县人民检察院对个别县十六届人大代表采取强制措施的决定（草案）以及人事任免事项。姜自棠为新任命人员颁发任命书。新任命人员向宪法进行就职宣誓仪式。县政府副县长于丽华，县政协副主席朱梅，县人民法院院长侯雷，县人民检察院检察长汲广虎，县政府有关部门、县人大常委会机关委室、各镇人大、街道人大工委负责人列席会议。

县十六届人大常委会第三十三次会议2016年10月19日在县政府招待所北楼第一会议室召开。县人大常委会党组书记、第一副主任姜自棠主持会议，副主任云雪飞、王景光、高希华、王建华，党组成员王丙华及常委会组成人员共18人出席会议。会议通过本次常委会会议议程，听取和审议县司法局局长胡顺伟关于“六五”普法依法治县工作情况及“七五”普法规划的报告，县人大常委会副主任王景光关于在全县公民中开展第七个五年法治宣传教育决议（草案）的说明，县司法局副局长、普法办主任张媛媛关于《临沭县2016—2020依法治县规划（草案）》的说明，县人民法院院长侯雷关于行政审判工作情况的报告，县人民检察院检察长汲广虎关于检察机关规范司法行为工作情况的报告，县教体局局长陆永春关于全县消除中小学大班额工作情况的报告，书面印发县人大常委会任命人员述职报告。会议审议县政府关于《临沭县2016—2020年依法治县规划》（草案），表决通过关于县、镇人民代表大会换届时间和新一届县人大代表名额分配、镇人大代表名额的决定草案，临沭县选举委员会、镇选举委员会组成人员名单草案，关于《临沭县2016—2020年依法治县规划（草案）》的决议草案，关于在全县公民中开展第七个五年法治宣传教育的决议草案，关于行政审判工作情况报告的审议意见草案，关于检察机关规范司法行为工作情况报告的审议意见草案，关于全县消除中小学大班额工作情况报告的审议意见草案。县政府副县长李真，县政协副主席陈庆祥，县人民法院院长侯雷，县人民检察院检察长汲广虎，县政府有关部门负责人，县人民法院、县人民检察院分管负责人，县人大常委会机关委室、各镇人大、街道人大工委负责人列席会议。

县十六届人大常委会第三十四次会议2016年12月20日在县政府招待所北楼第一会议室召开。县人大常委会党组书记、第一副主任姜自棠，副主任云雪飞、王景光、高希华、王建华，党组成员王丙华及常委会组成人员共19人出席会议，副主任王景光主持会议。会议通过本次常委会会议议程，听取和审议县财政局局长郭和法关于临沭县2016年财政预算调整方案的报告，县人大常委会副主任云雪飞关于推选姜自棠代理临沭县第十六届人大常委会主任职务的议案，书面印发县政府关于县十六届人大五次会议代表建议办理情况的报告和县政府关于审计查出问题整改情况的报告。会议以举手表决的方式，通过关于批准临沭县2016年财政预算调整方案的决议（草案），调整后的临沭县选举委员会、镇选举委员会组成人员名单（草案），关于接受任庆虎辞去县人大常委会主任职务的请求决定（草案），关于推选姜自棠代理临沭县第十六届人民代表大会常务委员会主任职务的决定（草案），关于接受李开华辞去县人大常委会委员职务请求的决定（草案）。会议听取县人大常委会主任会议、县长刘飞、县法院院长侯雷提请任免干部的报告，以无记名投票方式全票通过，决定任命张雷、韩新华、王淑军为县政府副县长，任命张星磊为临沭县人民法院副院长、审判委员会委员、审判员；会议表决通过关于接受刘飞辞去县人民政府县长职务请求的决定（草案）、关于接受宋玉智、李真、密长诚、胡丽娜辞去县人民政府副县长职务请求的决定（草案）以及关于接受侯雷辞去县人民法院院长职务请求的决定（草案）。以无记名投票方式全票通过，决定任命张雷为县人民政府代理县长、任命张星磊为县人民法院代理院长，姜自棠为新任命人员颁发任命书，随后举行宪法宣誓仪式。县政府副县长王峰立，县政协副主席朱梅，县人民检察院检察长汲广虎，县人民法院副院长王绍良，县政府有关部门负责人，县人大常委会机关委室、各镇人大、街道人大工委负责人列席会议。

选举任免 县人大常委会坚持党管干部原则与人大依法任免相统一，严格任免程序，坚持和完善法律知识考试、供职表态发言、审议表决、颁发任命书、宪法宣誓等制度，确保为改革发展稳定选人才、用干才。2016年，共任免国家机关工作人员59人。

决议决定 县人大常委会根据预算法、监督法等法律法规，在听取审议县政府2015年度县级财政决算报告、2016上半年财政预算执行情况的报告、2015年县级财政预算执行和其他财政收支情况的审计工作报告后，表决通过关于批准2015年县级财政决算的决议。

视察、调研和监督 县人大常委会注重把人大工作与推进人民代表大会制度完善发展紧密联系、与全县发展大局深度契合、与服务群众工作相互衔接，把改革发展作为首要任务，把普惠民生作为根本目标，把依法治县作为重中之重，着眼大局，创新方式，务求实效，踏踏实实的用监督体现支持，以履职推动发展。围绕全县大事，常委会专题听取和审议县政府关于“六五”普法、依法治县情况及“七五”普法规划的报告、审计监督工作情况的报告。围绕发展要事，常委会组织视察电子商务发展工作，听取和审议县政府关于工业化信息化融合、小微企业优惠政策落实、矿产资源管理工作等情况的报告，针对存在的问题提出建议，促进相关工作的开展。围绕民生实事，常委会组织视察精准扶贫工作，听取和审议县政府关于卫计、消除中小学大班额、新型农业经营体系培育工作等情况报告，并对城市管理提升工作进行专题询问。常委会还对《消防法》《道路交通安全法》贯彻实施情况进行执法检查，听取和审议县人民法院关于行政审判工作情况的报告、县人民检察院关于检察机关规范司法行为工作情况的报告，推进民主法制建设进程。

代表工作 常委会创新拓展履职渠道，构建多元履职平台，增强代表活动质效，代表工作迈入系统化、规范化、科学化的新轨道。坚持前期强培训、中期严考核、后期评先进的工作思路，代表素质能力不断提升，自觉履职意识明显增强。坚持前期强培训、中期严考核、后期评先进的工作思路，代表素质能力不断提升，自觉履职意识明显增强。以完善工作机制为重点，以方便代表履职为目的，全面推进“一家一站一网”建设，不断丰富代表履职载体。科学划分代表小组，规范建设“代表之家”，组织代表集中培训学习、分享履职经验、踊跃献策出力，“代表之家”成为代表履职的加油站、议事厅。推进代表接待站建设全覆盖，定期接待选民群众，深入开展民情恳谈，畅通民意表达渠道，千方百计为群众排忧解难，在为群众“鼓”与“呼”中“代”与“表”，接待站成为群众的服务区、连心桥。把握“互联网+”机遇，改版升级人大信息网站，开通官方微博、微信公众号，搭建短信群发平台，缩短常委会和代表的距离，代表知情知政实现全天候、无盲区。根据强基础、创特色、求实效、建机制的总体要求，围绕“办实事、谋发展、促和谐”三项任务，引导代表立足本职，发挥优势，在改革发展上下功夫，在增进民生上下功夫，在务求实效上下功夫，代表活动内容更实、方式方法更活、工作成绩更优。定期组织代表参加常委会开展的视察、调研和执法检查等活动，邀请代表列席常委会会议，参加政府有关部门听证会，有效拓展代表反映社情民意、依法监督“一府两院”的方式渠道，代表履职不再“隐身”、全时“在线”。广大代表带头执行党的路线、方针、政策，模范遵守国家法律法规，带头开拓进取、干事创业，带头倡导社会公德、落实社会责任，以实际行动践行“人大代表为人民”的庄严承诺。

机关建设 县人大机关共有8个委室，分别是办公室、人事代表工作委员会、法制工作委员会、财政经济工作委员会、农业和农村工作委员会、教科文卫工作委员会、城建环保资源工作委员会、预算工作委员会。常委会秉持敬业、创新、实干的原则，不断加强党风、学风、作风、会风建设，切实提升整体效能和监督水平。始终把思想政治建设放在首要位置，坚守本心讲政治，巩固深化“两学一做”学习教育实践活动成果，力学笃行转作风；把加强制度建设作为常委会全面正确有效履职的首要前提，建章立制促规范；固本培元强组织，优化机关机构设置，充实精干工作力量，机关服务保障能力、业务水平不断提升。

撰稿：付晓东　审稿：万全冬

临沭县人民政府

领导成员

县　　长：刘　飞（12月离任）
　　　　　张　雷（代，12月任职）
副 县 长：张　雷（12月任职）
　　　　　宋玉智（12月离任）
　　　　　王景美（6月任职）
　　　　　于丽华（女）　王峰立
　　　　　李　真（12月离任）
　　　　　密长诚（12月离任）
　　　　　韩新华（12月任职）
　　　　　王淑军（12月任职）
　　　　　胡丽娜（女，挂职，12月离任）
　　　　　周　伟（女，4月挂职）
党组成员：刘彦华　周　超

在县委正确领导下，在县人大、县政协监督支持下，县政府团结带领全县人民，认真贯彻中央和省、市决策部署，以建设“幸福临沭”为目标，突出增收、民生、环境提升三大任务，改革创新，真抓实干，经济社会发展总体平稳、稳中有进、进中向好，圆满完成“十二五”规划目标，顺利实现“十三五”良好开局，改革开放和现代化建设取得新的重大进展。

经济建设　2016年，全县实现生产总值228.27亿元，增长7.6%；完成一般公共预算收入13.9亿元，同口径增长14%；实现进出口总额37.2亿元，同比增长27.4%。三次产业增加值占比为9∶47.7∶43.3，第三产业占比提高1.7个百分点。工业经济提质增效。规模以上工业企业完成产值508.3亿元，实现主营业务收入558亿元，高新技术产业产值占比达35.2%。完成工业技改投资80.6亿元，增长25%。纳税过千万企业达17家。经济开发区跃居全省综合考核第27位。“三引一促”卓有成效，共引建招商引资项目221个，其中亿元以上项目61个，实际到位县外资金73.6亿元；引进国家“千人计划”专家、“泰山产业领军人才”9人、创新创业人才141人、高学历人才152人；引进先进技术70项，有38家企业与高校、科研院所签订了产学研合作协议。科技创新成效明显，获得国家技术发明二等奖1项，省科技进步一等奖1项，市技术发明奖2项，市科学进步奖10项。新增国家级创新平台1家，省级创新平台2家，新认定高新技术企业5家，高创中心被认定为国家级科技企业孵化器。金正大公司被评为山东省首批创新百强试点企业，组建的新型肥料创制国际合作基地被认定为国家级国际科技合作基地。现代农业稳步发展。突出抓好农田水利基础设施建设，建成2.5万亩（1666.67公顷）高标准农田，启动全国新增千亿斤粮食生产能力规划2016年田间工程建设项目。推广节本增效技术，水肥一体化应用面积占到规模化种植面积的17.5%。基本实现主要农作物生产全程机械化，被授予全国首批主要农作物生产全程机械化示范县。新发展农民专业合作社173家、家庭农场304家、种粮大户96家，各类新型农业经营主体流转土地3.2万亩（2133.33公顷），累计达11.2万亩（7466.67公顷）。新认证“三品一标”3个，总量达61个。成功举办第三届中国（临沭）柳编进出口商品交易会，“临沭柳编”被认定为中国农产品区域公用品牌，品牌价值进入全国百强。第三产业日益活跃。实现社会消费品零售总额105.3亿元，增长10.6%。文化旅游产业加快发展，创建省级旅游强镇2个，省级旅游特色村2个，省级农业旅游示范点2个，成功举办第三届全国休闲垂钓大赛，旅游人次和综合旅游收入分别达303.2万人次、4.3亿元，分别增长47%、121.8%。青云镇成为沂蒙淘宝第一镇，白旄西居、金柳、东朱崔成功创建中国淘宝村。电商发展、网商、网购3项指数连续两年居全市九县第一。金正阳公司被核准为建筑工程施工总承包国家一级资质。要素保障更加有力。金融机构本外币存贷款余额分别达245.7亿元、188.1亿元，较年初分别增长3.7%、11.4%。加强政银企合作，达成意向金额69.9亿元，到位资金74.1亿元。积极推动农信联社银行化改革，成立山东临沭农村商业银行股份有限公司。

社会事业 优先发展教育事业。深入实施“全面改薄”工程，完成改薄项目42个；努力解决城区“大班额”问题，新建北城实验学校，改扩建县第二实验小学、第三实验小学；投资902万元，完善22所学校教学设施设备；投资3254万元，完成18个标准化幼儿园建设项目。公共卫生服务均等化快速推进。各级各类医疗机构达349处、床位2063张，县医院新院、第三人民医院建设顺利，县妇幼保健院新院投入使用。开展城乡医院对口帮扶和百名专家援基层活动，初步形成基层首诊、分级诊疗、急慢分治、双向转诊、上下联动的医疗服务格局。落实“全面二孩”政策，综合治理出生人口性别比，出生人口质量稳步提升。开展“养老服务体系规范化建设年”活动，新建青云、石门、蛟龙和玉山4个镇级敬老院，改造提升郑山街道敬老院。启动“12349”居家养老服务信息平台，构建起“互联网+”养老新模式。大力发展文化事业，镇街综合文化站、文化大院、农家书屋实现全覆盖，“激情四季·唱响临沭”群众文化活动品牌深入人心。征兵工作保持连续56年无责任退兵的全国最高纪录，荣获全省双拥模范县“七连冠”。加大安全监管力度，强化隐患排查治理，安全生产形势持续稳定。妇女儿童、青少年、老年人权益得到保障，人防、气象、统计、外侨、机构编制、民族宗教、防震减灾、档案、史志、物价、科普、邮政、通信等事业取得新成绩。

城乡建设 城市化进程不断加快，城镇化水平达54.4%，居全市九县之首。编制完成《临沭县城市总体规划（2016—2030）》《临沭县县域乡村建设专项规划》，完成玉山镇、蛟龙镇总体规划修编工作。城市功能逐步完善。完成兴大街、顺河街、苍源河南岸道路、正源路、育新街等10条道路的综合整治和建设工程，总面积达22万平方米。新增和改造园林绿化面积40.7万平方米，苍源河湿地保护项目列入国家住建部“中国人居环境范例奖”备选项目。继续实施供暖扩容工程，新增供暖面积30万平方米，城区供暖入网总面积达553万平方米。持续推广普及天然气，共铺设中低压管道31.6公里，新增居民燃气用户6299户，燃气普及率达98.2%。污水处理厂在全市率先实施添加甲醇调节碳氮比技术，城市污水集中处理率达100%。开展城区交通秩序、渣土运输、露天烧烤等专项整治，渣土运输运营实现公司化、规范化，露天洗车实现入院进场集约经营。初步建成北城新区核心区，“两横六纵”道路框架基本建成，“四供两排”工程扎实推进，文化中心、便民服务中心、体育中心二期、森林公园等功能性项目顺利推进。全力推进镇村建设，实施农村道路“硬化+改厕”、连片整治和汪塘治理等工程，启动户户通硬化及改厕村居197个，完成硬化面积353万平方米、改厕3.1万户，打造美丽乡村示范片区11个，完成危房改造665户。朱村被列入全国“美丽乡村”建设示范村。“两区同建”扎实推进，启动2个项目区拆迁，搬迁腾空657户，新建和续建安置楼1970户，完成土地流转2985亩（199公顷）。

民生工程 完成民生支出27.5亿元，占一般公共预算支出的85.1%，高于全市平均水平3.8个百分点。城镇、农村居民人均可支配收入分别达31672元、11100元，分别增长7.6%、6.7%。新增城镇就业7000人，转移农村劳动力13411人。鼓励大众创业、万众创新，新发放小额担保贷款8596.5万元，直接扶持652户实现创业，带动就业3000人。继续推进社会保险征缴扩面工作，城乡居民基本养老保险和医疗保险实现应保尽保。城乡低保、农村五保、医疗救助、企业退休人员基本养老金都有新的提高。残疾人权益有效保障，扶持建设9处残疾人就业扶贫基地，安置269名残疾人就业。扎实推进脱贫攻坚行动，全年发放扶贫贷款2.2亿元，开工建设产业扶贫项目107个，脱贫15236人，10个贫困村实现摘帽。实施聋哑学校、果品公司2个片区棚户区改造项目，对花园社区320套棚改房进行货币化安置，改善低收入群体住房条件。畅通群众诉求渠道，继续办好市民服务热线服务平台，全年共受理诉求55830件，按期回复率、办结率、群众满意率分别达100%、99.9%、95.53%，树立良好政务服务品牌。生态环境质量持续改善，空气质量“四项指标”（PM2.5、PM10、二氧化硫、二氧化氮）分别改善7.4%、5.0%、28.1%、16.3%，优良天数同比增加41天；建立了县、镇街、村居三级河长制，2个国控断面、1个省控断面、3个市控断面水质稳定达标，获得水生态补偿金520万元。

“放管服”工作 深入推进简政放权工作，制定《2016年推进简政放权放管结合优化服务转变政府职能工作方案》，细化分解8大部分54项工作任务，明确时间表和路线图，确保各项改革任务按时完成。继续做好上级简政放权的衔接落实工作，先后分两批对应调整取消行政权力事项25项，承接上级下放权力事项8项，清理规范行政审批中介服务收费项目13项。不断加强事中事后监管工作，印发《临沭县关于推广随机抽查规范事中事后监管的通知》，积极推动建立随机抽取被检查对象、随机选派检查人员的“双随机”抽查机制，40个部门单位全部制定推广随机抽查实施方案，确定211项抽查事项，明确抽查事项名称、抽查依据、抽查主体、抽查对象、抽查内容、抽查方式、抽查比例和频次等。大力推进行政审批规范化建设，认真落实行政审批事项业务手册和服务指南制度、“三集中三到位”制度，大力推行一口受理制、首问首办负责制、一次告知制、限时办结制、申请人评议制，不断提高服务质量。积极推进县级政务服务平台建设，组织38个部门将全县256项（含近期已调整取消的4项行政许可事项）行政审批事项全部录入省级平台并正式运行。

县政府常务会议 2月2日，县委副书记、代县长刘飞在县政府招待所第一会议室主持召开第75次县政府常务会议，研究审议《2016年政府工作报告（讨论稿）》《2015年国民经济和社会发展计划执行情况与2016年计划草案的报告》《2015年预算执行情况和2016年预算草案的报告》《关于进一步做好新形势下就业创业工作的意见》《临沭县实施就业优先战略行动方案》《关于县公安局胡尊希等3名同志申请记个人三等功的报告》《关于给予胡建光行政撤职、宋振杰行政开除处分的审议报告》及2016年拟实施的民生工程和民生实事等事项。

2月22日，县委副书记、代县长刘飞在县政府第一会议室主持召开第76次县政府常务会议，研究调整居民生活用天然气价格和实行居民生活用气阶梯价格、给予部分单位和个人记三等功等事项。

4月16日，县委副书记、县长刘飞在县政府第一会议室主持召开第77次县政府常务会议，研究永久基本农田划定、新兴产业引导基金管理、信科环化公司国有股权转让、常林幼儿园托管、镇街欠缴养老保险费补缴、首席技师选拔管理等事项。

5月16日，县委副书记、县长刘飞在县政府第一会议室主持召开第78次县政府常务会议，研究纳税50强企业办理相关权证、禁毒工作、记功表彰等事项。

5月30日，县委副书记、县长刘飞在县政府第一会议室主持召开第79次县政府常务会议，研究国有土地上房屋征收与补偿、政府系统办公室工作等事项。

6月27日，县委副书记、县长刘飞在县政府第一会议室主持召开第80次县政府常务会议，研究公务用车制度改革工作。

8月13日，县委副书记、县长刘飞主持召开县政府第81次常务会议，研究调整政府投资项目招标标准、减免部分企业城市基础设施配套费、兑现有关企业优惠政策等工作，讨论审定《临沭县突发事件总体应急预案》。

10月28日，县委副书记、县长刘飞主持召开县政府第82次常务会议，研究政府系统党的建设等工作，讨论并通过《临沭县城乡困难群众医疗救助管理暂行办法》《临沭县县长质量奖管理办法》。

11月14日，县委副书记、县长刘飞主持召开县政府第83次常务会议，研究违法建设治理、部分工业企业申请兑现税收奖励政策、政府系统党的建设等工作，讨论并通过《关于已购公有住房出售等有关问题（征求意见稿）》。

12月20日，县委副书记、代县长张雷主持召开县政府第84次常务会议，研究常林集团土地转让相关事宜。

县政府工作会议提要 1月9日下午，县委副书记、县政府代县长刘飞在县政府二楼第一会议室主持召开全县城建和国土工作座谈会议。县公安局、县政府办公室、规划局、住建局、城管局、房产局、国土局、交警大队、临沭街道、郑山街道等单位主要负责人参加会议。会上，各单位汇报2015年工作开展情况和2016年工作计划，县人大常委副主任王景光，县委常委、县政府常务副县长宋玉智分别作补充讲话，最后刘县长作重要讲话。

1月18日，全县安全生产“大排查、快整治、严执法”行动动员会议召开，贯彻全市安全生产“大排查、快整治、严执法”行动动员会议精神，安排部署2016年安全生产工作任务。县委书记、县人大常委会主任任庆虎主持会议并讲话，县委副书记、代县长刘飞讲话，县政协主席钟华、县人大常委会党组书记、第一副主任姜自棠、县委副书记麻建东、县委常委宋玉智、武玉芹、刘飞、宋国山、王景美、李全义、刘军出席会议，副县长密长诚传达《临沭县安全生产大排查快整治严执法行动实施方案》，与会人员共同观看警示教育视频。

2月19日，全县扶贫开发工作会议召开，贯彻落实中央和省、市扶贫开发工作会议精神，分析面临形势，查找薄弱环节，安排部署全县扶贫脱贫攻坚任务。县委书记、县人大常委会主任任庆虎作重要讲话，县委副书记、县政府代县长刘飞主持会议并就扶贫开发工作作安排部署。县委副书记麻建东、李增民，县委常委、组织部长王京凯，县人大常委会副主任、经济开发区（郑山街道）党工委第一书记高希华，县政府副县长王峰立，县政协副主席朱孔科，县人大常委会党组成员王丙华出席会议。会上，县开发扶贫办、民政局、人社局、商务局和玉山镇、大兴镇、石门镇作交流发言。

2月22日，全县科学发展总结表彰暨“三引一促”百日会战动员大会召开，主要任务是深入贯彻全市科学发展总结表彰大会、全市“三引一促”工作会议精神，总结成绩、表彰先进、分析形势、部署任务，动员全县上下进一步统一思想、振奋精神，以破釜沉舟的勇气、决战决胜的信心，着力抓好“三引一促”工作，为打好开局之年主动仗、推动全县科学跨越发展奠定坚实基础。县委书记、县人大常委会主任任庆虎主持会议并讲话，县委副书记、代县长刘飞作讲话，县政协主席钟华，县人大常委会党组书记、第一副主任姜自棠，县委副书记麻建东、李增民，县委常委宋玉智、武玉芹、刘飞、宋国山、王京凯、王景美、刘军出席会议。

2月24日，全县消防工作会议在县政府招待所小礼堂召开。县委常委、县政府常务副县长宋玉智及各镇街、开发区管委会分管负责人、派出所所长，县消防安全生产委员会成员单位分管负责人以及消防安全重点单位负责人参加会议。会上，县消防大队主要负责人作消防工作报告；对消防工作先进单位和先进个人进行表彰；传达《关于进一步强化消防安全责任制的通知》；县政府与各镇街、县直有关部门、消防重点单位签订消防工作目标责任书，最后县委常委、县政府常务副县长宋玉智作讲话。

3月5日，全县城镇规划建设管理暨国土资源工作会议在县政府招待所小礼堂举行。会上，县人大常委会副主任、县总工会主席王建华宣读表彰决定，对先进单位和个人进行表彰；县规划局、住建局、城管局、房产局、国土局、交通运输局、交警大队、两区同建办、临沭街道等单位作表态发言；县委副书记、代县长刘飞作重要讲话。

3月9日，县政府全体（扩大）会议在县政府招待所小礼堂召开，县政府领导班子全体成员，各镇人民政府、街道办事处主要负责人，县政府各组成部门、各局级以上事业单位、省市驻沭各单位主要负责人，县经济开发区、苍马山景区、滨海高新区主要负责人，以及县政府办公室全体人员参加会议。县委常委、常务副县长宋玉智主持会议，县委副书记、县长刘飞作重要讲话

3月9日，全县环境保护暨畜禽养殖污染集中整治工作会议在县政府招待所小礼堂举行。会上，副县长李真宣读有关表彰决定，副县长王峰立传达《临沭县畜禽养殖污染集中整治工作实施方案》；县环保局、住建局、公安局、农业局、畜牧局、临沭街道、郑山街道等7个部门单位作表态发言；县委副书记、县长刘飞作重要讲话。

3月12日，全县财税工作会议在县政府招待所小礼堂召开，县领导刘飞、宋玉智、高希华、陈庆祥出席会议。会上宣读有关表彰决定，对先进集体、先进单位、先进个人进行表彰；县财政局、国税局、地税局、临沭街道、郑山街道等5个部门单位发言；县委副书记、县长刘飞作重要讲话。

3月18日，全县“12345”市民服务热线工作会议在县政府招待所东三楼多功能厅召开。县委副书记、县长刘飞，县委常委、县政府常务副县长宋玉智、县政府副县长于丽华、李真、密长诚等县政府领导班子成员出席会议。会上，县政府副县长于丽华宣读表彰决定，表彰2015年度热线工作先进单位和先进个人，县教体局、城管局、店头镇、石门镇4个单位作典型发言，县委

副书记、县长刘飞作重要讲话。

3月17日，全县民政工作会议在县府招待所东三楼多功能厅召开。县领导王景光、于丽华、冯树方，以及各镇街分管负责人、民政办主任和县直有关部门分管负责人参加会议。会议对在2015年度全县民政工作中做出突出成绩的个人和单位进行表彰，副县长于丽华作讲话。

3月21日，全县卫生工作会议在县府招待所小礼堂召开。县领导云雪飞、于丽华、朱梅，以及各镇街、县直有关部门分管负责人，各医疗卫生机构负责人参加会议。

3月17日，县政府残疾人工作委员会扩大会议在县府招待所东三楼多功能厅召开。县领导王建华、于丽华、陈庆祥，以及各镇街分管负责人、残联理事长、专职干事和县政府残疾人工作委员会成员单位负责人参加会议。会议对在2015年度残疾人工作中作出突出成绩的个人和单位进行表彰，副县长于丽华作讲话。

3月29日，全县“两区同建”暨户户通硬化及改厕工作现场推进会议召开。县委副书记麻建东，县委常委、常务副县长宋玉智，县人大常委会副主任、县总工会主席王建华出席会议。各镇街、县直有关单位主要负责人参加会议。会上，王建华通报各镇街两区同建、户户通硬化及改厕工作进展情况，有关镇街作表态发言，宋玉智作讲话。

3月29日，全县“两会”建议、提案交办工作会议在县政府招待所北一楼会议室召开。县委常委、常务副县长宋玉智，县人大常委会副主任王景光，县政协副主席冯树方出席会议。会议对县政协八届五次会议提案办理工作和县十六届人大五次会议建议办理工作进行安排部署，县直有关单位作表态发言，县委常委、常务副县长宋玉智作重要讲话。

3月31日，全县2016年清明节期间安全保障工作会议在县政府招待所北楼第一会议室召开。县政府副县长王峰立、李真，县政府党组成员、公安局局长韩新华出席会议；各镇街分管负责人，县直有关部门主要负责人参加会议。

4月1日，全县教育工作会议在县教体局二楼合堂教室召开。各镇街分管负责人，县教育工作领导小组成员单位分管负责人，县教体局领导班子全体成员及中层以上干部，县直学校校长，各镇街中学校长、中心小学校长，民办学校校长参加会议。县政府副县长李真出席会议并讲话。

4月8日，县委副书记、县长刘飞主持召开全县五大重点领域大快严专项调度会议。会议听取非煤矿山、危险化学品、消防、建筑施工、道路交通五大重点领域和学校、特种设备领域“大快严”行动开展情况汇报，并就当前安全生产工作进行安排部署。县委常委、常务副县长宋玉智，副县长李真、密长诚出席会议。

4月9日，县委副书记、县长刘飞主持召开全县环保工作调度会议。会议听取各镇街、县直有关部门单位今年以来环保工作情况汇报，县政府分管负责人对分管领域的环保工作进行安排部署。县委常委、常务副县长宋玉智，副县长王峰立、李真出席会议。

4月12日，全县依法行政工作会议在县政府招待所东三楼会议室召开。各镇街、县直行政执法部门分管负责人和法制科（室）负责人参加会议。会议简要传达2016年全县依法行政工作要点并对有关工作作安排部署。县委常委、常务副县长宋玉智出席会议并讲话。

4月22日，全县“三引一促”暨重点项目建设调度会召开。县委副书记、县长刘飞，县委常委宣传部长武玉芹，副县长于丽华、王峰立、李真、密长诚，县政协副主席陈庆祥，县直有关部门和各镇街主要负责人参加会议。会议现场观摩各镇街（区）产业集中区建设、新建和新签约项目，通报了全县“三引一促”和重点项目建设情况，刘飞作重要讲话。

4月25日，县委副书记、县长刘飞主持召开全县一季度经济形势分析会议。县委常委、常务副县长宋玉智，副县长于丽华、李真、密长诚，各镇政府、街道办事处主要负责人，县直有关部门、单位主要负责人参加会议。会上，相关部门汇报一季度经济运行情况，各位副县长就分管工作作补充讲话，刘飞作总结讲话。

4月28日，临沭县召开扶贫开发现场推进会议，主要任务是分析当前脱贫攻坚面临的新形势，查找薄弱环节，安排部署下一步工作，动员全县上下进一步统一思想、凝聚共识，明确任务、精准发力，全力打赢新时期扶贫攻坚战。会议分两个阶段进行，第一阶段，县级班子有关成员，各镇街、县直有关部门主要负责人、分管负责人现场先后观摩青云镇道德扶贫和电商扶贫，店头镇和石门镇新型农业经营主体扶贫，以及石门镇医疗卫生扶贫等情况。第二阶段，县委书记、县人大常委会主任任庆虎出席推进会议并讲话，县委副书记、县长刘飞主持会议，县委副书记麻建东、县委副书记李增民，县委常委、组织部长、统战部长王京凯，副县长王峰立，县政协副主席冯树方等县领导出席会议。

4月29日，县政府办公室“两学一做”学习教育工作座谈会召开。县委副书记、县长刘飞，县政府领导班子其他成员于丽华、王峰立、李真、密长诚、周伟出席会议，县政府办公室全体党员干部参加会议。会上，传达学习习近平总书记关于“两学一做”学习教育重要指示精神、全县“两学一做”学习教育工作座谈会精神、县委关于在全体党员中开展“学党章党规、学系列讲话，做合格党员”学习教育具体实施方案。

5月13日，全县秸秆禁烧与利用工作会议召开。各镇街政府（办事处）主要负责人、分管负责人，县大气生态治理组成员单位主要负责人及相关部门负责人，县秸秆禁烧与综合利用督导巡查组全体人员参加会议。副县长王峰立出席会议并讲话，县人大党组成员王丙华出席会议。

5月18日，全县“两区同建”现场推进暨土地卫片执法检查工作会议召开，总结上次现场推进会以来工作进展情况，安排部署当前工作任务。县委常委、常务副县长宋玉智，县人大常委会副主任、县总工会主席、县两区同建办公室主任王建华出席会议。各镇街、县直有关单位主要负责人参加会议。会上，通报各镇街两区同建、土地卫片执法工作进展情况，各镇街作表态发言，宋玉智作讲话，会议由王建华主持。

5月24日，县委副书记、县长刘飞主持召开全县安全生产委员会扩大会议。副县长密长诚，各镇政府、街道办事处主要负责人，县安委会成员单位主要负责人参加会议。会上，通报全县安全生产工作情况，部分镇街、单位就安全生产工作作汇报发言。刘飞、密长诚分别作讲话，对安全生产进行安排部署

5月25日，全县文化建设推进会议在县文广新局六楼多功能排练厅召开，各镇街分管负责人、文化站站长，县直有关单位分管负责人，部分文艺团队代表、文化工作者代表参加会议。副县长李真出席会议并讲话。

5月26日，国务院消防工作考核情况通报会议暨全省夏季消防检查动员部署电视电话会议召开，县委常委、县政府常务副县长宋玉智及各镇街、开发区管委会分管负责人、派出所所长，县直有关部门、单位分管负责人以及消防安全重点单位负责人在临沭县分会场收听收看。会议结束后，随后召开全县夏季消防工作会议，县委常委、县政府常务副县长宋玉智作讲话。

5月30日，县政府党组中心组开展“两学一做”学习教育第一次集体学习。县委副书记、

县长刘飞主持会议，县委常委、常务副县长宋玉智，副县长于丽华、王峰立、李真、密长诚、周伟及政府办公室部分人员参加学习。

5月31日，全县财税工作调度会议召开。县委副书记、县长刘飞，县委常委、常务副县长宋玉智出席会议，各镇政府、街道办事处主要负责人、财政所长、国税分局局长、地税分局局长，县直有关部门主要负责人参加会议。会议由县委常委、常务副县长宋玉智主持。会上，通报1～5月份全县财政收入情况，4个部门和各镇街分别发言，刘飞作重要讲话。

5月31日，县委副书记、县长刘飞主持召开全县秸秆禁烧与利用工作调度会议。县领导王峰立、周伟出席会议，各镇政府、街道办事处主要负责人、分管负责人，县直有关部门主要负责人，县秸秆禁烧与综合利用督导巡查组全体人员参加会议。会上，各镇街汇报前期秸秆禁烧与利用工作开展情况及秸秆收储点建设情况，刘飞、王峰立分别作讲话。

6月7日，全县主要农作物生产全程机械化推进现场会议在店头镇召开，传达贯彻全国主要农作物生产全程机械化推进行动现场会议精神，总结工作，分析形式，安排部署下一步全县主要农作物生产全程机械化工作任务。县委书记、县人大常委会主任任庆虎，县委副书记、县长刘飞，县委副书记麻建东，副县长王峰立，县政协副主席朱孔科参加会议。

6月7日，全县城市防汛工作会议在县政府招待所北一楼会议室召开，县委常委、常务副县长、城市防汛指挥部指挥宋玉智，县城市防汛指挥部各成员单位分管负责人参加会议。会上，传达《临沭县2016年城市防汛工作实施方案》《临沭县城市防汛应急预案》，宋玉智作讲话。

6月16日，全县三引一促工作调度会议召开。县委书记、县人大常委会主任任庆虎，县委副书记、县长刘飞，县委常委、宣传部长武玉芹，县委常委、组织部长、统战部长王京凯，县人大副主任高希华，副县长王峰立，县政协副主席陈庆祥出席会议。会议由县委副书记、县长刘飞主持，县委书记、县人大常委会主任任庆虎作重要讲话。

6月28日，临沭县召开脱贫攻坚暨城乡环境综合整治工作现场推进会议，对相关工作再部署、再推进，为全面完成各项任务目标打下坚实基础。县领导任庆虎、刘飞、麻建东、宋玉波、王京凯、范玉江、高希华、朱孔科以及各镇街、县直相关部门主要负责人参加会议。与会人员首先观摩各镇街脱贫攻坚和城乡环境综合整治现场，观摩结束后在县政府招待所召开会议，县委副书记、县长刘飞主持会议，县委书记、县人大常委会主任任庆虎作讲话，县委副书记麻建东就观摩情况做点评。

7月1日，全县危险化学品生产安全事故应急救援演练在史丹利临沭分公司举行。县委常委、县政府副县长王景美出席活动。这次演练科目为液氨缓冲罐管道泄漏事故应急处置演练。演练按照计划先后启动班组级、公司级、县级应急救援预案，企业、消防、卫计、交运、环保等相关救援队伍参加演练活动。整个演练参演、观摩人员200余人，持续约60分钟。

7月5日，全县环境保护网格化监管工作会议召开，副县长王峰立出席会议。

7月7日，全县招商引资工作座谈会议在县政府招待所南三楼会议室召开。各镇街（区）分管负责人、招商办主任；各产业推进工作线牵头单位分管负责人、专职招商员参加会议，副县长密长诚出席。会议听取各镇街、单位有关负责人关于上半年三引一促工作情况汇报。

7月8日，全县加强医疗卫生服务能力建设暨实施健康扶贫工作会议举行。县委书记、县人大常委会主任任庆虎，县委副书记、县长刘飞，县委副书记麻建东，县委常委宋玉智、武玉芹、宋国山、宋玉波、王京凯、韩新华，副县长于丽华、王峰立以及各镇街、县直相关部门主要负责人参加会议。

7月12日上午，全县残疾人两项补贴发放暨社会救助专项整治工作会议在县政府招待所小礼堂召开。各镇街分管负责人、民政办主任、残联理事长和专职干事，以及县直有关部门负责人参加会议，副县长于丽华出席会议并讲话。

7月15日，全县工业经济暨化工产业转型升级工作推进会议召开。县化工产业转型升级工作联席会议成员单位分管负责人，各镇街、经济开发区分管负责人及企业办、安监办和环保办负责人，全县化工生产企业负责人参加会议。会议由县政府党组成员、滨海高新区管委会主任刘彦华主持。会上，县经信局、环保局、安监局分别发言，县委常委、县政府副县长王景美出席会议并讲话。

7月26日，全县半年经济形势分析会议召开，科学分析研判临沭上半年经济运行情况，安排部署下半年经济发展工作任务。县委副书记、县长刘飞，县委常委、常务副县长宋玉智，县委常委、副县长王景美，副县长密长诚，各镇街、县直有关部门主要负责人参加会议。相关部门汇报上半年经济运行情况，刘飞作重要讲话。

7月26日，全县安全生产工作调度会议召开，县委副书记、县长刘飞，县委常委、副县长王景美，各镇人民政府、街道办事处主要负责人；县安委会成员单位主要负责人，部分重点行业领域的企业主要负责人参加会议。会议通报上半年全县安全生产工作情况，安排当前安全生产重点工作，部分单位作汇报发言，刘飞作重要讲话。

8月9日，全县环保工作调度会议召开。县委副书记、县长刘飞，副县长王峰立，各镇人民政府、街道办事处主要负责人、分管负责人、环保办主任，县直有关部门主要负责人，县大气污染防治攻坚行动各专业治理组、综合督查组全体成员，环保局中层以上干部参加会议。刘飞主持会议，会上听取各镇街、有关部门前期环保工作情况，王峰立对下步全县环保工作进行安排部署。

8月12日，全市供销社综合改革观摩会与会人员到临沭县观摩。市供销社理事会主任颜廷湘、监事会主任巩明文等带领全市供销社综合改革观摩会与会人员，先后到曹庄镇华侨为农服务中心、店头为农服务中心、青云赵窝村社共建点进行实地察看，听取相关汇报，详细了解临沭县供销社综合改革工作开展情况。县委副书记、县长刘飞，副县长王峰立陪同。

8月13日，临沭县政府党组举行“两学一做”学习教育第二次专题研讨会。县委副书记、县长刘飞主持会议，县委常委、常务副县长宋玉智，县委常委、副县长王景美，县政府党组成员、副县长王峰立、李真、密长诚、周伟出席会议，县政府副县长于丽华列席会议。

8月16日，临沭县召开2016年金融联席会议，总结2016年以来全县金融工作情况，分析形势，查找不足，安排部署下步工作任务。会议由县委常委、副县长王景美主持。会上，各金融机构分别汇报工作开展情况；县人民银行、金融办、银监办提出工作意见、建议。县委副书记、县长刘飞出席会议并讲话。

8月16日，全县城市管理提升重点工作调度会议召开。县委副书记、县长刘飞，县委常委、常务副县长宋玉智，县委常委、政法委书记、公安局长韩新华，县城管委有关部门主要负责人参加会议。会上听取住建、规划、城管、交通、公安等城管委部分成员单位近期城市管理工作情况汇报，刘飞对下步全县城市管理提升重点工作进行安排部署。

8月17日，全县“两区同建”工作现场推

进会议召开，对“两区同建”工作进行再调度、再打紧板，全面加快“两区同建”工作，确保如期完成各项目标任务。县委常委、副县长王景美，县人大常委会副主任王建华参加会议。与会人员首先观摩临沭街道陆河社区李桃园安置区和店头镇措庄社区安置还建现场，然后进行座谈。

8月18日，全县“全面改薄”工作推进会议在县政府招待所北楼第一会议室召开。县委副书记、县长刘飞、副县长李真出席会议。各镇人民政府镇长、街道办事处主任，县直有关单位主要负责人，各镇街中心小学校长、中学校长参加会议。

8月19日，全县畜禽养殖污染整治工作现场推进会议召开。与会人员首先观摩各镇街畜禽养殖污染整治工作现场，然后召开会议。会议由副县长王峰立主持，县委副书记、县长刘飞出席会议并讲话。

8月23日，县委副书记、县长刘飞主持召开全县重点民生工程调度会议。县委常委、常务副县长宋玉智，副县长于丽华出席会议。临沭街道、郑山街道和县直有关部门主要负责人参加会议。

8月31日，全县棚户区改造工作座谈会在县政府二楼第一会议室召开。县委常委、常务副县长宋玉智，县人大常委会副主任、县总工会主席王建华，县直有关单位以及驻城街道办事处主要负责人参加会议。会上，各有关单位作了工作汇报，县委常委、常务副县长宋玉智作讲话。

9月1日，全县安全生产工作调度会议在县政府招待所北一楼会议室召开。会议由县政府党组成员刘彦华主持，县委常委、县政府副县长王景美出席会议并讲话。各镇街、经济开发区主要负责人，县安委会成员单位和部分重点行业领域的企业主要负责人参加会议。会议通报全县安全生产形势，传达全市遏制重特大安全事故暨非煤矿山转型升级会议精神，并对有关工作进行安排，传达学习省政府张务峰副省长对安全生产的批示精神，各镇街依次作交流发言。

9月2日，全县召开城乡环卫一体化工作现场推进会议召开，县委常委、常务副县长宋玉智，县人大常委会副主任、县总工会主席王建华，县城乡环卫一体化工作领导小组部分成员单位主要负责人，各镇人民政府、街道办事处主要负责人、分管负责人及县城乡环卫一体化办公室、镇街环卫所、保洁公司等相关部门负责人参加会议。与会人员首先利用一天的时间，采取现场抽村、现场检查、现场打分的形式，对全县城乡环卫一体化工作进行集中检查。在随后召开的会议会上，通报了全县8月份城乡环卫一体化工作考核结果及本次现场检查成绩，各镇街汇报了城乡环卫一体化工作开展情况，县委常委、常务副县长宋玉智作讲话。

9月2日，全县食品药品、集贸市场整治、特种设备安全管理工作推进会议在县政府二楼第一会议室召开。会前，与会有关人员查看盛合食品、至尊肥牛火锅店、一实小幼儿园、华诚超市、杨楼月饼加工作坊等现场。各镇街（区）、县直有关部门负责人参加会议，县政府副县长密长诚出席会议并作讲话。

9月8日，县委副书记、县长刘飞带领临沭县党政考察团到兖州区、邹城市考察学习美丽乡村建设工作。县委副书记麻建东、李增民，县委常委、常务副县长宋玉智，副县长王峰立、周伟及各镇街（区）、县直有关部门单位主要负责人参加考察。

9月13日下午，全县安全生产工作会议在县府招待所东三楼会议室召开。会议主要任务是传达学习全市安全生产紧急会议精神，通报市内两起较大安全生产事故情况，结合开展“大快严”行动，安排部署安全生产专项执法检查和当前特别是中秋、国庆期间的安全生产重点工作任务。各镇政府、街道办事处、经济开发区管委会分管负责人、安监办副主任，县安委会成员单位分管负责人；建筑施工、危化品、道路交通等重点企业主要负责人参加会议。县委常委、县政府副县长王景美出席会议并讲话，县政府党组成员刘彦华主持会议。

9月14日，全县秋季秸秆禁烧与综合利用工作会议召开。县委副书记、县长刘飞，副县长王峰立，县政协副主席冯树方，县人大常委会党组成员王丙华出席会议。会上，有关部门、镇街作表态发言，刘飞作重要讲话。

9月27日，全县外向型企业座谈会议在县政府第一会议召开。县政府副县长密长诚，部分外向型企业、县直单位，相关镇街以及经济开发区的负责人参加会议。会上，金正大、史丹利等外向型企业提出企业发展存在的困难和问题。相关部门、镇街提出工作建议和服务措施。

9月28日，全县安全生产工作调度会议召开。总结2016年以来的全县安全生产工作，调度安全生产“大快严”专项行动及安全生产专项执法检查开展情况，安排部署下步安全生产工作任务。各镇街党（工）委书记、镇长（办事处主任），经济开发区、苍马山景区主要负责人，县安委会成员单位主要负责人；部分重点行业领域企业主要负责人参加会议。会议由县委副书记、县长刘飞主持，县委常委、常务副县长宋玉智，县委常委、副县长王景美，副县长于丽华、王峰立、李真、密长诚出席会议。会议通报全县安全生产专项执法检查情况，县质监局、交运局、住建局、消防大队、交警大队作交流发言。

9月28日，全市民政系统脱贫攻坚现场推进会在临沭县召开。市民政局副局长乔守金以及全市各县区民政局负责人参加会议。与会人员在副县长于丽华陪同下，先后到青云镇社会救助大厅、青云镇华山社区、郑山街道敬老院和临沭县华裕服装有限公司实地调研，了解临沭县民政系统助力精准扶贫工作情况，并进行座谈，临沭、兰陵、沂水、蒙阴和沂南五个县区作典型发言。

10月10日，全县“全面改薄”工作现场推进会议召开，各镇街分管负责人、中心小学校长、中学校长以及县教体局有关负责人参加会议，县政府副县长李真出席会议并讲话。

10月11日，全县环保突出问题治理攻坚行动暨秸秆禁烧与利用工作调度会议召开，深入贯彻全市有关会议精神，加快推进环保突出问题治理，着力改善环境质量。各镇街镇长（办事处主任），县直有关部门单位主要负责人，以及县环保局、大气办、攻坚办全体人员参加会议；县委副书记、县长刘飞，副县长王峰立出席会议，刘飞作重要讲话。

10月12日，云南省“科技入滇”考察团来我县开展推介活动。云南省科技厅副厅长王学勤一行，在副县长密长诚陪同下，先后到史丹利公司、金正大公司实地参观考察，听取相关情况介绍，详细了解企业发展现状、生产规模、项目规划和科技创新等相关情况。

10月20日，全县计划生育工作推进会议在县卫计局五楼会议室召开。各镇街分管负责人、计生服务中心主任、服务站长、卫生院长，以及县直有关部门和单位负责人参加会议，副县长于丽华出席会议并讲话。

11月4日，全县第三次农业普查领导小组成员（扩大）会议召开。副县长王峰立出席会议并作讲话。会上还通报全县农业普查前期工作开展情况；与各镇街签订目标责任书。

11月8日，全县冬春火灾防控工作会议在县政府招待所小礼堂召开，县委常委、常务副县长宋玉智，县委常委、政法委书记、公安局长韩新华；各镇人民政府、街道办事处、经济开发区管委会、县直有关部门分管负责人；消防安全重点单位主要负责人参加会议，会议由韩新华主持。会上，通报2016年以来消防安全工作；传达《2016年全县冬春火灾防控工作方案》；临沭街道、教体局、县人民医院、银座超市作表态发言，县委常委、常务副县长宋玉智作重要讲话。

11月17日，全县“先照后证”后加强事中事后监管会议在县政府招待所北一会议室召开，县政府副县长密长诚，各镇人民政府、街道办事处、经济开发区管委会、县直有关部门分管负责人参加会议。会上，传达学习《县政府办公室转发〈临沂市政府关于“先照后证”改革后加强事中事后监管的实施意见〉的通知》《市政府办公室关于实施“双告知”制度做好市场主体登记注册信息查询认领工作的通知》等文件，县政府副县长密长诚讲话。

11月23日，全县脱贫攻坚工作推进会议在县政府招待所东三楼多功能厅召开，传达贯彻落实全市第九次脱贫攻坚现场会议精神，调度全县“脱贫攻坚百日会战”工作情况，安排部署下步脱贫攻坚工作和迎接全市脱贫攻坚年终考核工作。县委副书记、县长刘飞，县委副书记麻建东、副县长王峰立出席会议。会上，副县长王峰立通报全县脱贫攻坚工作考核情况，县委副书记、县长刘飞作重要讲话。

11月23日，全县安全生产工作调度会议召开。各镇街、经济开发区分管负责人、安监办副主任、开发区安监局局长，县安委会成员单位分管负责人，部分重点行业领域企业主要负责人参加会议。参会人员首先实地参观县便民服务中心施工工地、县汽运公司和华盛化工公司，听取各现场点安全生产工作情况介绍。会上，县安监、住建、交运等部门分别就行业安全监管情况作交流发言，传达学习《临沭县安全生产大检查行动实施方案》《县安委会〈关于转发鲁安办发〔2016〕38号文件关于近期三起事故情况的通报〉》《县安委会〈转发鲁安办明电〔2016〕10号关于淄博市周村区淄博嘉周热力有限公司“11.8”爆炸事故情况通报的通知〉》以及省委、省政府办公厅《关于切实加强市县换届期间安全生产工作的通知》。会议由县政府党组成员刘彦华主持，县委常委、县政府副县长王景美出席会议并讲话。

11月26日，全县违法建设治理行动动员会议召开，安排部署全县违法建设治理工作，动员全县各级统一思想，凝聚共识，全力以赴打赢违法建设治理攻坚战。县委书记、县人大常委会主任任庆虎主持会议，县委副书记、县长刘飞作讲话，县委副书记麻建东传达全省、全市城市违法建设治理行动电视动员会议精神，县委常委、县政府常务副县长宋玉智传达《临沭县违法建设治理行动实施方案》（讨论稿），县领导武玉芹、宋国山、王京凯、韩新华、高希华出席会议。

12月9日，全县无偿献血工作会在县府招待所南三楼会议室召开。各镇街分管负责人、卫生院院长，县直各大口牵头单位负责人参加会议。副县长于丽华出席会议并讲话。

12月19日，全县重点项目调度会议召开，县委书记刘飞主持会议，县委副书记张雷，县政协主席钟华，县人大常委会党组书记、第一副主任姜自棠，县委副书记李增民，县委常委武玉芹、宋玉波、王景美、杨明、孙运峰、王建平出席会议。

12月20日，全市2016年度计划生育年终督查考核临沭汇报会议召开。市卫计委党委委员、市干部保健办主任刘瑞恩，县委书记刘飞，副县长于丽华、县政协副主席朱孔科参加会议。检查组首先听取临沭县计划生育工作开展情况的汇报，现场查阅工作资料并到妇幼保健院和临沭街道卫生计生办等现场实地检查。

12月20日，县委副书记、代县长张雷主持召开第九次县长办公会议，学习中央经济工作会议精神，研究县政府领导成员工作分工，安排部署当前和今后一段时间的重点工作。县委常委、副县长王景美，副县长于丽华、王峰立、韩新华、王淑军、周伟，县政府党组成员、办公室主任周超出席会议。

12 月 27 日，全县 2017 年小麦种植面积核定暨政策性农业保险工作会议召开。各镇街分管负责人、财政所长、农技站站长，县农业局、保险公司主要负责人、分管负责人及相关科室负责人，财政局分管负责人及相关科室负责人参加会议。县政府副县长王淑军出席会议并讲话。会议传达了《关于核定 2017 年度小麦种植面积的通知》《关于印发临沭县 2017 年度政策性农业保险工作实施方案的通知》。

12 月 28 日，全县第三次农业普查清查摸底工作调度会召开。各镇人民政府、街道办事处分管负责人、农普办业务主任，县第三次农业普查领导小组成员单位分管负责人，县农普办全体人员参加会议。副县长王淑军出席会议并讲话。会议通报全县第三次农业普查前期工作情况，并对下一阶段农业普查工作进行安排部署。

12 月 29 日，全县安全生产工作会议在县政府招待所小礼堂召开，县政府领导班子全体成员出席会议。会上，通报全县安全生产工作情况，经济开发区、临沭街道、县住建局、质监局、消防大队、交警大队分别作交流发言。县委常委、县政府副县长王景美主持会议，县委副书记、代县长张雷作重要讲话。

12 月 30 日，苏鲁边界环境保护联合会第十三次联席会议在临沭县召开。徐州、连云港、日照、临沂 4 市 18 个县区的环保部门负责人参加会议，县委副书记、代县长张雷，副县长王峰立陪同参加。会前，与会人员参观考察柳编艺术馆等现场，对临沭县注重生态环境保护，加快生态环境建设，推动经济社会持续健康发展的做法和取得成效给予充分肯定。

临沭县人民政府重要文件选目

表 3

文　号	文 件 名
沭政发〔2016〕1 号	临沭县人民政府关于进一步做好新形势下就业创业工作的意见
沭政发〔2016〕2 号	临沭县人民政府关于加强安全生产工作的意见
沭政发〔2016〕3 号	临沭县人民政府关于印发临沭县国有土地上房屋征收与补偿实施办法的通知
沭政发〔2016〕4 号	临沭县人民政府关于印发临沭县突发事件总体应急预案的通知
沭政发〔2016〕5 号	临沭县人民政府关于印发临沭县国民经济和社会发展第十三个五年规划纲要的通知
沭政发〔2016〕6 号	临沭县人民政府关于印发临沭县县长质量奖管理办法的通知
沭政发〔2016〕7 号	临沭县人民政府关于印发《临沭县全民健身实施计划（2016—2020 年）》的通知

临沭县人民政府办公室重要文件选目

表 4

文　号	文件名
沭政办发〔2016〕1 号	临沭县人民政府办公室关于印发临沭县实施就业优先战略行动方案的通知
沭政办发〔2016〕2 号	临沭县人民政府办公室关于印发 2016 年县政府重点工作任务分解的通知
沭政办发〔2016〕3 号	临沭县人民政府办公室关于印发临沭县新型职业农民资格认定管理暂行办法的通知
沭政办发〔2016〕4 号	临沭县人民政府办公室关于修订《临沭县政府投资工程建设项目招投标及标后监管暂行办法》的通知
沭政办发〔2016〕5 号	临沭县人民政府办公室关于印发《临沭县首席技师选拔管理办法》的通知
沭政办发〔2016〕6 号	临沭县人民政府办公室关于印发县政府党组开展"学党章党规、学系列讲话，做合格党员"学习教育具体工作方案的通知
沭政办发〔2016〕7 号	临沭县人民政府办公室关于修订《临沭县政府投资工程建设项目招投标及标后监管暂行办法》的通知
沭政办发〔2016〕8 号	临沭县人民政府办公室关于印发临沭县新兴产业引导基金管理暂行办法的通知
沭政办发〔2016〕9 号	临沭县人民政府办公室关于修订《临沭县政府投资工程建设项目招投标及标后监管暂行办法》的通知
沭政办发〔2016〕10 号	临沭县人民政府办公室关于进一步加强安全生产监管执法工作的意见
沭政办发〔2016〕11 号	临沭县人民政府办公室关于印发临沭县城乡困难群众医疗救助管理暂行办法的通知
沭政办发〔2016〕12 号	临沭县人民政府办公室关于印发临沭县审计局主要职责、内设机构和人员编制规定的通知
沭政办发〔2016〕13 号	临沭县人民政府办公室关于印发《临沭县〈乡村教师支持计划（2015—2020 年）〉实施方案》的通知

撰稿：张洪振　审稿：周　超

县政府办公室工作

县政府办公室领导成员

主　任：周　超

副主任：王统华　胡文杰　韩宝军

王　鹏　崔广祥　高　详

王夫强（7 月任职）

党组成员：邢连强

尹继利（2 月离任）

金融办主任：王　鹏

金融办副主任：李俊江

县域镇域办主任：李新生

县域镇域办副主任：袁　敬

副主任科员：王　杰

“12345”市民服务热线管理办公室主任：房　磊（2月任职）

县政府办公室（加挂县人民政府法制局牌子）是县政府工作部门，按照有关职责，下设秘书科、机要文书科、督查科、信息宣传科、值班接待科、人事财务科、综合科、政府信息公开办公室、电子政务中心（副科级）9个职能科室和应急办公室、外事和侨务办公室、县域镇域经济发展办公室3个正科级单位以及机关事务管理局、“12345”市民服务热线办公室2个副科级单位，法制服务中心1个股级单位。

2016年，县政府办公室紧紧围绕县委、县政府中心工作、重要决策和工作部署，以“争一流、创品牌、抓改革、促发展”为目标，充分发挥“综合协调、督查落实、信息调研、参谋决策”的职能作用，狠抓作风建设，创新工作方式，加快工作节奏，不断提高服务水平，保障政府工作高效有序运转。先后获得全省政务信息报送工作先进单位、全市政务信息工作先进单位、全市应急管理工作先进单位等称号。

综合文秘　坚持吃透上情、把握下情、了解外情，坚持贴近领导思路、贴近群众意愿、贴近基层实际，努力增强文稿的指导性、针对性和实效性。全年共起草政府工作报告、经济工作会、县政府全体（扩大）会、重点项目建设调度会以及各类专业会议讲话、工作汇报、典型材料等综合性、专业性文字材料300多篇。严格规范办文，完善规范性文件公布方式，认真审核政府和县政府办公室各类文件、专题会议纪要，保证政府制度建设的合法性。全年共制发县政府文件269件、县政府办公室文件125件，印发《会议纪要》33期。

信息调研　加强综合分析研判，调整优化信息结构，上报信息采用量和县领导批示率明显提高。全年共编发《政务信息》55期、《信息摘编》142期。向市政府报送各类信息1200余篇次，被市及以上采用信息212篇。作为省政府办公厅信息直报点，直报信息223条，被采用13条。按照“贴近领导搞调研，服务决策谋大事”的思路，起草《关于进一步加强调查研究工作的意见》，确定85个年度重点调研课题。积极推行“网格化调研”工作机制，与经信、商务、科技、住建等经济主管部门联合调研，形成30多篇质量较高的调研报告，在《山东经济战略研究》《现代文秘》《临沂工作》等刊物发表领导署名文章、调研报告16篇，有6篇调研报告在省市优秀调研成果评选活动获奖。

政务督查　突出中心工作、领导部署事项等内容，针对城市管理提升、重点民生工程等工作实行定期通报制度，全年共下发通报300余期。针对民生工程、民生实事在周调度、月通报的基础上，创新实施视频和图片督查通报，被评为2016年度《临沭改革创新奖》。积极回应民众诉求，办理省长信箱、市长信箱、县长信箱和县长批示件231件。认真办理人大代表议案、建议和政协委员提案，全年督促县直有关部门办理人大建议105件、政协提案129件。

网络管理　扎实做好政府网站保障维护与升级改造工作，对中国临沭网站进行栏目调整和内容填充，共调整栏目20余处，更新网站信息150余条，维护账号300余次，并按照要求将政府网站迁移到市级电子政务云平台。深入推进政务专网建设，进一步扩展协同办公系统各项应用，积极推广手机客户端使用，政务专网接入终端达到800余台，协同办公账号达到4700多个，手机终端达到200余台。积极推进政府信息公开，利用政府网站、政务微博和微信发布各类政府信息 9000 余条。

金融管理 金融业发展有新的起色，新增齐鲁股权挂牌企业 2 家，累计达 8 家，1 家企业正式启动新三板挂牌。农信社成功改制农商行。积极解决企业融资难、融资贵问题，为中小企业解决融资 7 亿元。开展全省首批新型农村合作金融试点，新纳入试点合作社 4 家。开展保险市场清理整顿。小额贷款公司、融资性担保公司、民间融资机构达到 13 家，居全市前列。加强对常林集团等重点骨干企业资金链风险化解，防止区域性、系统性金融风险发生。

“12345”市民服务热线 深入开展热线工作“质量提升年”活动，积极畅通社情民意诉求渠道，着力解决事关群众切身利益的实际问题。全年共承办热线工单 55830 件，工单按期回复率达 100%，办结率达 99.9%，群众满意率达 95.53%。严格落实县热线办一级督办、县政府办公室升级督办、县纪检监察机关效能督办“三级督办”制度，全年共下发督办通知书 21 份，专题会办 34 件，现场督办 872 件，解决一大批热点难点、互相推诿以及久拖不结问题。定期对带有全局性、苗头性的热点难点问题进行分类汇总、分析研判，以专报的形式呈报县级班子有关领导，为县委、县政府科学决策提供参考依据，共印发周报 52 期，月报 12 期，工作通报 18 期，集中供热、大气污染等舆情专报 24 期。

行政接待 本着严格标准、规范程序、健全制度、节约经费的原则，认真做好接待工作。全年共接待上级、周边县区到临沭县参观视察 1500 余人次，全部达到组织周密、秩序井然的要求。简化公务接待程序，严格执行接待函、公务接待清单制度，严格执行餐饮接待标准，公务接待费用明显下降。积极主动地加强与几大班子办公室、常委部门及上下左右的联系沟通，做好各项重大会议、重要活动的协调安排。全年下发各类会议通知、明传电报 300 余次，参与筹备政府常务会议、县长办公会议及各类专项会议 100 余次。

机关事务管理 加大公务用车管理和改革力度，制定并印发《临沭县公务用车制度改革实施方案》，圆满完成公务用车制度改革工作，处置各类车辆 299 辆。对年限长、车况差、达到报废标准的 60 辆车，严格按照程序予以报废。对全县各级党政机关所属事业单位、垂直管理单位和派出机构办公用房进行清理整治，共腾退办公用房总面积 13188.62 平方米，统筹使用面积 3657.02 平方米。积极推进后勤服务社会化改革，将县政府 4 个住宅区物业平稳推向市场，有效减轻政府公共性支出负担。

撰稿：张洪振　审稿：周　超

政务服务

政务服务中心管理办公室领导成员

主　　任：崔广祥

党组成员：赵志国

副主任、公共资源交易中心主任：于　超

临沭县政务服务中心位于县城兴大东街259号，总面积5000平方米，2008年5月9日正式启用，是临沭县人民政府集中办理政务的服务场所。一楼为行政审批服务窗口和综合服务窗口，共入驻部门22个，二楼为县公共资源交易中心（县农村综合产权交易中心），三楼为政务服务中心管理办公室。

临沭县政务服务中心管理办公室县政府派出的正科级行政单位，有行政编制6名，下设综合科、督查考核科、业务指导科3个科室，及公共资源交易中心1个副科级事业单位。

临沭县公共资源交易中心为县政务服务中心管理办公室下设副科级财政拨款事业单位，有编制18人，2016年7月20日加挂临沂市公共资源交易中心临沭分中心牌子。内设审批服务科、交易信息管理科、工程交易科、产权交易科（农村产权交易科）、政府采购科和财务科（资金结算中心）。

政务服务 围绕“放管服”改革工作，深化行政审批制度改革，落实简政放权和上级下放事项的承接工作，加强县镇村三级便民服务网络建设，促进县级政务服务工作向基层的有效延伸。

落实“三集中三到位”，规范政务服务中心运行。会同编办开展进驻事项梳理、规范工作，凡与企业和人民群众密切相关的行政权力和公共服务事项具备条件入厅的均应全部纳入政务服务中心管理。规划窗口布局及优化智能化方案，把全县所有审批职能和便民服务全部纳入中心。因场所面积等原因暂时无法进驻中心的，全部进驻部门专项工作服务厅，纳入县政务服务中心统一管理，初步形成县政务服务中心、部门专项工作服务厅和综合服务窗口“三块合一”的行政审批服务格局。着力优化审批流程，推进审批标准化、规范化，建立岗位职责明晰、流程优化、审批权限明确、工作标准具体的行政审批运行机制。按照企业注册、基建项目和便民服务“三条服务线”对窗口进行布局，建立三个服务区，科学设置工商注册、税务登记、组织机构代码证“三证合一”办理流程，把公章刻制单位引入大厅，进一步缩短企业注册时间。积极推进网上政务大厅建设，将部门行政审批事项向政务服务网上大厅集中，并逐步将所有适合网上运行的行政权力、公共服务事项实行网上办理。

创新审批服务方式，提高行政审批效能。构建以项目为核心的审批服务模式。强化审批为发展服务、为企业服务、为项目服务的理念，大力开展审批服务进企业、进项目建设现场活动。服务全县重点项目建设，积极推行并联审批，推动预约服务、代办领办服务、上门服务等服务模式规范化、标准化和常态化。进一步优化工业项目、城建项目手续办理流程图，能简化的一定简化、能取消的坚决取消，互相不为前置，做到流程优化、审批简化、群众便利化。

继续推进县镇村三级便民服务体系建设。重点规范镇街便民服务中心的管理与运行，不断提升镇街便民中心服务基层、服务群众的水平。将便民服务点建设与服务型党组织建设相结合，按照“试点先行、重点打造、以点带面、全面推进”的工作思路，进一步加强村级便民服务点改造提升，落实对村级服务点和代办员的考核和奖补政策，加强业务指导和考勤管理工作，利用网络平台督查代办员在岗情况，确保村级便民服务点有场所、有人员、有制度，打通便民服务“最后一公里”。

公共资源交易 县公共资源交易中心按照“统一平台、资源共享，分类交易、全程监督，整合流程、高质高效”的要求，着力实现公共资源交易监管集约化、配置市场化、运作阳光化。2016年，累计完成交易项目239宗，实现交易总额3.84亿元，增收节支2656万元。

梳理工作流程，强化交易监管。实施交易规则流程再造，梳理整合建设工程、政府采购、产权交易等业务流程，强化对建设工程、政府采购、产权交易等重点领域监管。推进规章制度创新完善，继续执行《关于严厉查处工程建设领域挂靠借用资质违规行为的通知》《临沭县政府投资工程建设项目招投标及标后监管暂行办法》，明确工作流程和部门职责分工。在工程招投标方面，严格落实建设工程“五大员”信息采集，通过实行中标约谈制度、交易信息公示、“五大员”岗位考勤、履约担保、变更监管、竣工回访等6项制度，加强标后监管，有效控制借用资质挂靠投标行为，规范招投标市场。实施《投标企业失信惩戒管理办法》，加强诚信体系建设，强化对竣工工程的回访，多管齐下，共同规范招投标市场。

推广项目代建，探索PPP采购模式。针对当前实行的建设项目主体工程和配套设施分散招标，各分项工程施工过程中互相干扰、协调不畅的实际，探索工程建设项目主体及相关配套设施整体招标，由专业化的项目管理单位建设管理和实施。针对校舍工程等政府投资公共服务项目实施项目代建制招投标办法，2016年，第一中学综合楼、第二实小幼教楼、第三实小改扩建、第六实小等4个项目实行代建制，总投资额1.5亿元，总建筑面积7.5万平方米。探索实施政府投资项目PPP采购模式，利用社会资本参加政府公共服务项目建设。新政务服务中心、北城实验学校、体育中心二期3个项目采用PPP采购模式，总投资额2.5亿元，已完成建筑面积6.69万平方米。

完成市县公共资源交易平台整合。为贯彻落实《国务院办公厅关于印发整合建立统一的公共资源交易平台工作方案的通知》(国办发〔2015〕63号)、《山东省人民政府办公厅关于贯彻国办发〔2015〕63号文件整合建立统一的公共资源交易平台的实施意见》(鲁政办发〔2015〕52号)、《山东省公共资源交易平台管理暂行办法》(鲁政字〔2016〕218号)等文件精神。2016年7月20日，县公共资源交易中心按照市编委关于完善公共资源交易体制管理的要求，在临沭县公共资源交易中心加挂临沂市公共资源交易中心临沭分中心牌子，分中心接受市中心的业务指导，统一按照市中心的管理制度和交易规则开展工作。其他机构编制事项不变(沭编〔2016〕27号)。各部门的招投标和交易活动从原部门分离出来，纳入分中心集中受理。

政务服务网上大厅建设 为适应“互联网+政务服务”发展的新常态，根据山东省政府关于全省政务服务平台建设要求及实现省与市、县政务服务平台互联互通的工作部署，临沭县大力推进县级政务服务平台建设。成立政务服务平台建设工作协调小组，下发《关于印发临沭县政务服务平台建设工作实施方案的通知》(沭政办字〔2016〕61号)文件部署县级平台建设工作。依托“四张清单”梳理工作，规范部门行政许可(审批)事项，出台《临沭县行政许可(审批)事项目录》，明确承诺时限、审批要件、责任主体，优化办事流程，并向社会公开；完成信息采录工作，全县38个部门252项行政许可事项按照“应尽必进”的要求，全部纳入网上政务大厅，实现行政许可事项的网上申请、网上查询、咨询投诉、网上审批或预审。

政务服务平台于2016年10月上线启用，同时完成省市县三级联网，为群众提供便捷高效的信息服务，构建政府与公众之间桥梁，实现政府信息资源与社会公众共享，开拓政务服务工作便民利民新模式。除行政许可审批系统功能外，该平台还建立比较完善的电子监察、法制监督、投诉举报系统，集行政权力运行、政务公开、便民服务、法制监督、效能监察“五位一体”，实现全省行政权力“一张网”运行和网上政务服务与实体大厅的一体化管理。方便群众办事的同时，强化监督制约，增强行政许可工作透明度，提高政务服务效率。

政务服务中心新址建设 新县政务服务中心建设工程项目是临沭县2016年度重点民生工程，项目占地约72亩（4.8公顷），总建筑面积27580平方米，其中地上七层、地下一层。采用PPP采购模式，由金正阳建筑公司承建，计划工期2年，工程概算投资8000万元，2016年4月正式开工建设，将于2017年11月建成使用。

功能规划包括：便民服务、行政审批服务、公共资源交易、“12345”市民服务热线及部分政务服务功能。同时为适应“互联网+”新要求，计划采用高标准的信息化设计方案，构建完善的技术平台，确保真正实现场所建设到位、设施配套到位、人员进驻到位。建成后将构建一个服务集中、保障有效综合性政务服务平台。

撰稿：王　琨　审稿：崔广祥

地方史志

史志办领导成员

主　任：王敬涛

副主任：商继曙　王庆彬

临沭县地方史志编纂委员会办公室为隶属县政府的正科级事业单位，编制6人，下设综合业务科、志鉴指导科两个科室。

2016年，县史志办在志、鉴、库、馆建设等方面均取得可喜的成绩。7月，《临沭年鉴（2013）》在全国地方志优秀成果（年鉴类）评选中，被评为三等县区级综合年鉴；12月，《临沭年鉴（2015）》在第六届全省优秀年鉴评选中荣获二等奖。

年鉴编纂 对年鉴初稿编纂实行责任制，编纂任务分工负责，定期进行调度。在编纂中突出临沭特色和部门实际，合理调整年鉴篇目，积极拓宽年鉴为当地经济服务、为民服务、为宣传临沭服务的渠道，力求提高年鉴品位，做到社会化、大众化。4月，《临沭年鉴（2015）》出版发行。同时，面向全县征集《临沭年鉴（2016）》的稿件资料。是年底，《临沭年鉴（2016）》出版发行，全面完成一年一鉴、公开出版的目标。

网站和方志馆建设 依据《临沭县地情网站管理规定》，进一步加强地情网站管理，突出服务功能。主页设县情概况、魅力临沭、临沭经济、历史文化、大事记、方志馆、图片库、地情库、政务公开等几个大板块，浏览点击总量累计超过30万人次。临沭县方志馆收集各类志书、年鉴3000余册，另有需保存的临沭县志、年鉴等志书近5000册，所存志书、年鉴名录均在县情网站予以发布，供社会查阅之需求，面向社会开展服务。

镇村志编修 稳步推进《青云镇志》《朱村志》编修工作，对编修人员进行业务培训指导，保证村镇志书的编纂质量。《朱村志》已基本完成初稿，《青云镇志》初稿撰写也过半。

史志事业发展规划 7月，临沭县人民政府办公室印发《临沭县地方史志事业发展规划（2016—2020年）》（以下简称《发展规划》）。《发展规划》依据《全国地方志事业发展规划纲要（2015—2020年）》《山东省地方史志事业发展规划纲要（2016—2020年）》和《临沂市地方史志事业发展规划纲要（2016—2020年）》，结合临沭县实际，从指导思想与基本原则、总体目标与主要任务、保障措施三个大方面全面系统地对此后五年临沭县地方史志事业进行规划与指导，明确时间表、任务表。

地方志鉴管理 以加强县域志书编纂指导管理为目标，将县域内志书、年鉴的编纂、出版、开发应用纳入规范管理。通过业务培训、现场指导、评议志稿等形式，加强对部门志书编写的指导，并组织《山东年鉴》《临沂年鉴》等的撰稿供稿工作。

撰稿：高　洁　审稿：崔　平

政府法制

法制局领导成员

局　长：邢连强

副局长：周大勇

2016年，临沭县政府法制局紧紧围绕全县中心工作和年初确定的依法行政工作重点，开拓创新、真抓实干，较好地完成各项工作任务，为全县经济社会发展创造良好法制环境。县政府被市政府命名表彰为依法行政先进集体。

法制服务 不断深化依法行政工作。印发《2016年依法行政工作要点》，强化依法行政工作统筹和组织推动，不断推进依法行政决策科学化、民主化、法治化，不断深化依法行政工作，加快法治政府建设。大力加强政府法律顾问工作。继续与三家律师事务所建立合作关系，选聘3名律师担任县政府法律顾问，充分发挥政府法律顾问在政府进行重大行政决策、处理法律事务和推进依法行政方面的积极作用。

规范性文件管理 严格按照《临沭县人民政府规范性文件制定程序规定》和《关于进一步规范规范性文件统一登记统一编号统一公布制度的通知》要求，对规范性文件的计划编制、起草送审、合法性审查以及审议与签署等程序进行完善，并明确规范性文件的效力期限制度。2016年，共审查各类规范性文件6件，及时上报市政府法制办和县人大法工委备案，切实做到有件必备，有备必审，有错必纠。

行政执法监督 严格行政执法证件管理。2016年组织136人参加山东省行政执法证考试，85人顺利领取执法证，通过率63%。435名行政执法人员参加审验培训，清理223名不合格执法人员，对302名执法人员进行审查备案。创新行政执法监督工作。开展执法全过程记录试点工作，在城管、交警、工商等12个行政执法单位开展试点工作，出台行政执法全过程记录指导意见。

行政复议 不断畅通行政复议渠道，提高行政复议案件的纠错率。全年共受理行政复议案件

52起，办结51起，其中，确认行政行为违法的3起，撤销行政行为的18起，责令履行法定职责2起，行政机关改变行政行为后申请人撤回行政复议申请的4起，综合纠错率达到52.9%，行政复议在化解行政争议、法律救济、层级监督等方面的重要作用得到充分发挥。

行政应诉 高度重视行政应诉工作。2016年，共办理行政诉讼案件50起，对每一起行政诉讼案件均积极应诉答辩，政府相关负责人出庭应诉，认真全面履行法院裁判文书。

撰稿：陈　静　审稿：邢连强

外事侨务

外事与侨务办公室领导成员

主　任：韩宝军

外事与侨务办公室为挂靠县政府办公室管理的正科级事业单位，主要负责全县因公出国手续的审核转报，落实外事侨务法律、法规和政策。有编制3人。

外事工作 坚持管理与服务并重，认真贯彻落实省、市关于加强外事管理工作意见，加强外事归口管理，进一步规范全县因公出国（境）和邀请外国人来访管理工作，理顺外事管理体制。按照上级要求，做好临沭县因公出国人员手续的审核和转报工作，对前来办理因公出国（境）手续的人员，只要符合要求的，做到随到随办，不推不拖。2016年，共办理因公出国审核和转报手续2批2人次。充分发挥外事侨务部门信息网络和对外联络广泛的优势，积极做好“请进来”和“走出去”工作，努力为招商引资、引智和开展对外交流合作搞好服务。

侨务工作 充分发挥职能作用，搞好《中华人民共和国归侨侨眷权益保护法》和《山东省实施〈中华人民共和国归侨侨眷权益保护法〉办法》等侨务法规宣传普及，深入开展多系统、多形式、多层次的宣传学习活动，不断增强全社会的以法护侨意识。做好重点侨眷的走访慰问和贫困侨眷的帮扶工作，听取他们的意见和建议，把为侨服务落到实处。与外籍人士、华人华侨、侨眷侨属建立经常性的联系，对其反映的困难问题，严格按照政策规定，最大限度地予以倾斜照顾，对不符合政策和条件不成熟暂时无法解决的问题，做好深入细致的解释工作，确保做到事事有着落、件件有回音。结合“两区同建”，在全县开展“侨务进社区、服务零距离”活动，制定《关于开展创建社区侨务工作示范单位的实施意见》，在华南社区成功创建为“全省社区侨务工作示范村居”的基础上，继续做好南沟头社区推荐上报工作；对华人华侨及侨眷侨属来信来访，均已妥善接待并积极帮助其协调解决完毕。

撰稿：陈允静　审稿：高　详

应急管理

应急办领导成员

主　任：胡文杰

副主任：谢斌锋

2016年，临沭县政府应急办围绕应急平台提升、应急体系建设两个重点，扎实推进制度落实、流程细化、预案演练、队伍建设、危险险源管控等工作，初步形成“政府统筹协调、群众广泛参与、风险监管到位、处置快捷高效”的应急管理工作机制，应急处置能力明显提高。

应急保障体系建设　一是改造提升应急示范点建设。坚持“科学选点，精心育点，示范带点”，使应急示范点具备“应急值守、联席会议、隐患排查、信息报告“四项”制度，以及“有组织机构、有应急预案、有应急队伍、有应急保障、有宣传培训”的“五有”标准，在示范点建设上，由制度建设、组织机构、管理制度向更加重视预案健全、应急队伍建设、突发事件应对等方面转变，确保建设的示范点职能全、标准高，示范效果明显，着力提升应急示范点建设应急处置水平。二是强化物资储备保障。按照平战结合、资源共享的原则，制定救灾物资储备目录和计划。水利、交通、公路等部门配备技术含量高、处置效果好的新型器材、装备，保障本领域突发事件处置需要，基本满足各类突发事件应对需要。

应急联动体系建设　扎实做好应急平台、应急救援队伍、预案演练等应急性工作，确保科学应对各类突发事件。一是建设专业性设应急救援队伍。以“应急队伍专业化、科技装备高端化、技术水平专家化”为目标，重点提升“一队多用、一专多能”的综合应急救援队伍水平，加快建立以公安、消防为主要力量的突发公共事件应急队伍。以金正大、史丹利应急救援队伍为依托，建立危化品专业救援队伍。二是完善提升应急平台建设。对县应急平台进行改造提升，完成与环保、安监、交通等部门平台的对接，实现上下左右贯穿联通。三是科学制定演练预案。根据市政府应急办下发的应急预案及演练，结合临沭实际，下发《临沭县人民政府办公室关于切实做好应急预案修订和演练工作的通知》，对《临沭县突发社会安全事件应急预案》等13个专项预案进行重新修订。积极探索实施“三无演练”，在金正大、史丹利等企业，开展无固定脚本、无预先号令、无过程干预的“三无”演练，做到应急演练的重心从对照脚本向对照应急预案、从注重可视化现场化效果向注重预案运用效果的转变，实打实地检验锻炼参演人员在突发事件发生时的临危配合能力，进一步增强预案的实战性。2016年，共组织开展各行业组织26项应急演练。

应急知识宣传　一方面是强化社会宣教。全面加强应急管理的宣传培训，重点对存在隐患的村社群众宣传预防、避险、自救、互救、减灾等方面的知识和技能，对各中小学校开展公共安全知识和应急预防知识的宣传和培训。目前，全县中小学每周开展1次应急知识讲座、每周开展1

次应急演练。大力开展公益广告宣传，在临沭县电视台黄金时间，长期滚动播放《道路交通安全》《消防安全》等公益广告；积极利用地震局、气象局、交警等部门的飞信平台广泛向群众发布预警信息，及时向社会发布应急知识、应急事件，提高群众的应急减灾意识。另一方面是提升领导干部处置突发事件能力。在全县领导干部以及青年后备干部等培训时，将应急管理知识纳入党校培训的必要课程，通过培训，切实加强全县领导干部的应急处置水平，确保领导干部在突发事件发生时，能够做到快速反应、果断决策、高效执行、及时善后，努力将突发事件危害降至最低。

撰稿：葛成龙　审稿：谢斌锋

政府接待

政府招待所领导成员

所　　长：朱孟英（女，2月离任）
　　　　　李新生（2月任职）
副 所 长：陈　飞　何雯雯（女）
工会主席：朱孟建

临沭县人民政府招待所（临沭县沭河宾馆）为三星级宾馆，占地面积1.3万平方米，建筑面积2万平方米，由四栋主楼组成。有中高档餐厅27间，宴会厅2处，多功能厅1处，可容纳近千人就餐；拥有各类型客房147间；设有大、中、小型会议室7个；另外还配有洗衣、美容美发等服务项目。

2016年共接待会议500余场次；高标准完成高考、组织部安排的农村干部培训、县人代会等重要接待任务，取得良好社会效益和经济效益。先后荣获“省级青年文明号”“临沂市三八红旗集体”“临沂市价格诚信示范单位”“市级卫生先进单位”等称号，连续十八年被评为市级文明单位。

经营创收　适时调整营销方案，分解营销任务，加大市场营销力度，瞄准各大企业订货会等节点加大宣传力度，虚心听取客户意见和建议，积极对接市场，签订消费协议，不断发展新客户，分类定期回访老客户，增进交流，跟进服务。在传统营销与网络营销上拓宽思路，继2015年上线“携程网”“去哪儿网”实现网上售房后，2016年又与“美团网”继续合作，并开通微信公共账号大力宣传，通过网上营销既增加客源又提高知名度。创新菜品研发机制，着力提升饭菜质量，增加饭菜花色品种，不断充实完善菜品库建设，新增外卖送餐业务，受到各大县直机关单位欢迎，仅此一项营业额高达9万元；并定期推出特价活动；开源节流，降耗增效，树立节能降耗意识，在物资使用上，坚持修旧利废，回收再利用，杜绝跑、冒、滴、漏和物品浪费，切实降低经营成本，增加利润空间。各职能部室认真做好本职工作，全力配合经营部位做好后勤保障，凝心聚力，为经营创收创造良好的环境，提供有力的支持。2016年共实现营业收入848万元，其中，餐厅实现营业收入504万元，客房实现营业收入276万元，保证接待、经营正常运转。

管理工作　注重员工培训，提高综合服务质量。完善培训制度，制定学习培训计划，从基础理论知识到服务技能，集中培训和灵活培训相结合，现场演练和视频教学相结合，业务技能比武展现结果，加强同行业交流、厨艺切磋，提高饭菜质量；做好员工招聘工作，拓展招聘方式，培养和储备更多复合型优秀人才。丰富员工业余文化生活，工会、团委、妇委会积极发挥职能，组织一线员工进行健康查体，举办“庆五四”歌咏比赛、拔河、羽毛球比赛等活动，为员工营造一个团结和谐、健康向上、爱岗敬业、干事创业的工作氛围和工作环境，推动全所员工服务质量和服务水平的再提高。高度重视食品卫生和食品安全工作，严格按照食品安全操作规程进行各项工作。全年紧抓安全工作不放，强化员工安全意识和安全知识水平，落实安全责任，增加保安部人员力量，加大巡查力度，杜绝各类安全生产责任事故发生。扎实开展党费收缴专项整治、党员组织关系管理、党员年度记实等工作，重新采集党员信息完善登记表，梳理2010至2016年党员组织关系转移名单，完善党员年度记实记录工作，保障党建工作正常有序开展。

撰稿：何雯雯　郑兰芳　审稿：李新生

中国人民政治协商会议临沭县委员会

政协临沭县委员会领导成员

主　席：钟　华

副主席：王维玺　朱孔科　孟庆然

陈庆祥　朱　梅（女）

冯树方

党组成员：朱　涛

秘书长：高　翔

政协各委室领导成员

办公室主任：高永军

办公室副主任：王庆胜（3月任职）

经济委员会主任：孙连田

经济委员会副主任：朱时英

提案委员会主任：薛宝林

提案委员会副主任：李洪旺

科教文卫体委员会主任：李　霞（女）

科教文卫体委员会副主任：王庆秀（女）

社会联络和法制委员会主任：

陈彦芬（女，3月离任）

卢炳德（3月任职）

社会联络和法制委员会副主任：王秀云（女）

人口资源环境委员会主任：张建军

委员活动工作室主任：刘玉峰（女）

老干部服务中心主任：高义勇

政协临沭县委员会（简称县政协）机关内设办公室、经济委员会、提案委员会、科教文卫体委员会（文史资料委员会）、社会联络和法制委员会、人口资源环境委员会、委员会活动工作室7个正科级职能委室以及老干部服务中心（副科级事业单位）和9个镇街政协联络室。

2016年，在中共临沭县委的坚强领导下，县政协牢牢把握团结和民主两大主题，紧紧围绕全县中心工作，团结带领广大政协委员齐心协力谋发展，尽心竭力惠民生，凝心聚力促和谐，努力开创政协工作新局面，为建设和美幸福临沭作出积极贡献。

建言献策 上半年，围绕精准扶贫工作，开展专题协商，通过调研和考察学习，并进行充分论证，形成《关于促进我县精准扶贫工作的建议案》，从 7 个方面提出 23 条建议。县委、县政府主要领导对此建议案分别作出重要批示，由县政府组织扶贫开发办、财政、教育、医疗卫生、农业、水利等单位牵头，针对政协建议，分别提出落实意见，并不断创新扶贫方式方法，在金融、医疗、电商、教育扶贫等方面创出临沭县特色，取得明显成效，为 2017 年实现整体脱贫打下坚实基础。

为做好企业二次创业，下半年，县政协通过外出学习和本县调研，分别形成《关于企业二次创业的考察报告》和《关于加快转型升级，推动企业二次创业的建议案》，县委、县政府主要领导对两个报告都给予签批，县政府牵头组织经信、发改、科持等有关单位认真抓好建议的落实，先后出台一系列政策和文件，加大三引一促力度，促进临沭县企业实现二次创业。

以县政协各专门委员会为依托，在各部门大力配合下，先后围绕安全生产、广播电视、养老服务体系建设、美丽乡村建设、农业园区建设、城市管理、食品监管、公共卫生服务能力提升科技等工作开展 12 次对口协商或提案办理协商活动。组织相关政协委员、专家学者、群众代表与县政府领导、有关部门负责人坐到一起，共同协商，提出意见和建议，并形成相关的协商成果，促进决策的科学化、民主化。

全体委员会议 2016 年 3 月 6 日—8 日，政协第八届临沭县委员会第五次会议在临沭县城举行，县委、县人大、县政府、县纪委、县人武部、县人民法院、县人民检察院的领导，往届政协副主席及其他县级领导，县直各部、委、办、局和局级以上企事业单位的负责人出席、列席开幕大会。会议听取并审议政协第八届临沭县委员会常务委员会工作报告和八届四次会议以来提案工作情况的报告；列席临沭县第十六届人民代表大会第五次会议，听取和讨论县政府工作报告、临沭县国民经济和社会发展第十三个五年规划纲要（草案）及其他有关报告；审议通过政协临沭县委员会 2016 年协商计划、政协第八届临沭县委员会常务委员会关于八届五次会议提案审查情况的报告和政协第八届临沭县委员会第五次会议决议。会议对 2015 年度优秀县政协委员和优秀提案和承办提案先进单位进行表彰。本次会议共收到立案提案 140 件，团体、委、组提案 29 件，委员提案 111 件。

县政协常委会议 *八届二十四次常委会议* 3 月 1 日下午在县政府招待所北楼第一会议室召开，县政协主席钟华主持会议，副主席王维玺、朱孔科、孟庆然、陈庆祥、朱梅、冯树方，党组成员朱涛，秘书长高翔和八届县政协常务委员出席会议，县人大副主任王建华，县政府副县长密长诚应邀出席会议。会议听取《政府工作报告》起草情况和临沭县“十三五”规划纲要（草案）说明，审议通过关于召开政协第八届临沭县委员会第五次会议的决定，审议通过政协第八届临沭县委员会第五次会议的建议议程、日程（草案），审议通过政协第八届临沭县委员会常务委员会工作报告和提案工作报告，并推举报告人，通报 2015 年度优秀提案、承办提案先进单位和优秀政协委员名单，审议通过《2016 年度政协协商计划》（草案）和有关人事事项。各镇街政协办主任和县直各工作组组长、县政协机关各委室负责人列席本次会议。

八届二十五次常委会议 3 月 7 日下午，在常林会议中心召开，县政协主席钟华主持会议，副主席王维玺、朱孔科、孟庆然、陈庆祥、朱梅、冯树方，党组成员朱涛，秘书长高翔和八届县政

协常务委员出席会议，县委书记、县人大常委会主任任庆虎，县委常委、县委组织部长、统战部长王京凯出席会议。会议听取任庆虎书记关于县十六届人大五次会议选举的人事安排说明，听取各组关于《县政协 2016 年协商工作计划（草案）》讨论情况汇报，审议通过县政协常务委员会关于八届五次会议提案审查情况的报告（草案）和八届五次会议决议（草案）。各镇街政协办主任、各工作组组长、机关各委室负责人列席会议。

八届二十六次常委会议　3 月 30 日，县政协召开八届二十六次常委会议，县政协主席钟华出席会议并讲话。县政协副主席王维玺、朱孔科、陈庆祥、朱梅、冯树方，县政协党组成员朱涛，秘书长高翔和八届县政协常务委员出席会议，县人大副主任王景光应邀出席会议。会议传达学习全国“两会”精神和市政协十四届二十三常委会议精神，审议通过《县政协 2016 年工作要点》《关于继续深化政协委员岗位创优活动的实施意见》和《关于开展优秀八届县政协委员评选活动的实施意见》。各镇街政协办主任（党（工）委副书记）、县直各工作组组长、县政协各委室主任列席会议。

八届二十七次常委会议　5 月 25 日，县政协召开八届二十七次常委会议。县政协主席钟华，副主席王维玺、朱孔科、孟庆然、陈庆祥、朱梅、冯树方，党组成员朱涛，秘书长高翔等出席会议，县人大常委会副主任云雪飞应邀列席会议。会议审议通过《关于我县精准扶贫工作的建议案》《关于充分发挥县政协委员在精准扶贫工作中作用的实施意见》和有关人事事项，县政协主席钟华作讲话。各镇街政协办主任（党（工）委副书记）、县直各工作组组长、县政协各委室主任列席本次会议。

八届二十八次常委会议　8 月 10 日，县政协召开八届二十八次常委会议，县政协主席钟华，副主席王维玺、朱孔科、孟庆然、陈庆祥、朱梅、冯树方，党组成员朱涛出席会议，县人大副主任王景光、县政府副县长密长诚应邀出席会议。会议书面传达学习市政协十四届二十四次常委会议精神；听取县政府关于上半年全县经济社会发展情况通报；审议通过《政协临沭县委员会委员履职工作规则》和有关人事事项，钟华主席讲话。各镇街政协办主任（党（工）委副书记）、县直各工作组组长、县政协各委室主任列席会议。

八届二十九次常委会议　9 月 19 日，县政协召开八届二十九次常委会议。县政协主席钟华，县政协副主席王维玺、朱孔科、孟庆然、陈庆祥、朱梅、冯树方，党组成员朱涛，秘书长高翔出席会议，县人大副主任高希华应邀出席会议。会上陈庆祥副主席作《关于加快转型升级，推动企业二次创业的建议案（草案）》起草情况说明，审议并通过《关于加快转型升级，推动企业二次创业的建议案》，朱孔科副主席主持会议，钟华主席讲话。各镇街政协办公室主任或党（工）委副书记、各工作组组长、县政协机关各委室负责人列席会议。

八届三十次常委会议　11 月 15 日，县政协八届三十次常委会议召开。县政协主席钟华，副主席王朱孔科、孟庆然、陈庆祥、朱梅、冯树方，党组成员朱涛，秘书长高翔出席会议，县人大副主任王建华、县政府副县长李真应邀出席会议。会议书面传达中共十八届六中全会精神和市政协十四届二十五次常委会议精神，听取李真副县长代表县政府所作的关于政协提案办理工作情况的通报，审议通过优秀八届县政协委员名单和《政协临沭县委员会提案办理协商办法》，表彰八届优秀县政协委员。钟华主席讲话，就学习十八届六中会全精神和省市政协常委会议精神，认真做好年底前政协工作和换届工作提出要求。各镇街政协办公室主任或党（工）委副书记、各工作组组长、县政协机关各委室负责人列席会议。

调研视察 3月29日，县政协组织部分政协委员对临沭县安全生产工作开展专题视察。县政协主席钟华，副主席王维玺、孟庆然、陈庆祥、朱梅、冯树方，党组成员朱涛，秘书长高翔参加视察活动。县政府副县长密长诚、县安监局负责人陪同视察。

4月15日，县政协组织部分政协委员视察全县社会养老服务体系建设工作。县政协主席钟华、副主席冯树方参加视察活动。县政府副县长于丽华陪同视察。视察组一行先后到郑山街道敬老院、临沭街道孙岭农村幸福院、兴安社区日间照料中心、临沭县"12349"居家养老服务信息平台和临沭县社会福利服务中心等地实地查看，听取县民政局关于全县社会养老服务体系建设情况汇报，并进行座谈讨论。

4月20日至22日，县政协主席钟华、副主席冯树方带领考察组，赴菏泽市鄄城县、河南省兰考县、安徽省灵璧县进行参观学习。考察组在相关县区政协领导陪同下，先后实地参观鄄城县陈王街道、郑营镇、彭楼镇、兰考县爪营乡栗西村、灵璧县渔沟镇等扶贫点，听取各县区扶贫开发工作开展情况，并通过座谈交流和探讨政协围绕扶贫开发工作协商议政的经验。

4月15日，市政协副主席钱迎伟带领部分市政协委员到青云镇调研精准扶贫工作。县委副书记、县长刘飞，县政协主席钟华，县政协副主席陈庆祥、秘书长高翔和青云镇党委负责人陪同调研。调研组通过座谈，详细了解青云镇精准扶贫工作进展情况、并深入青云淘宝第一村，与淘宝员工亲切交谈，详细了解淘宝村发展情况，钱迎伟代表调研组就下步扶贫工作提出意见。

4月26日，县政协组织部分政协委员视察全县广播电视事业发展工作，县政协主席钟华、副主席朱梅参加视察活动。委员们先后到店头镇永安社区广播村村响现场、县广播电视台广播部和技术部现场观摩，听取县广播电视台关于全县广播电视事业工作情况汇报，并进行座谈讨论。

5月10日，县政协召开精准扶贫调研座谈会，县政协主席钟华、副主席陈庆祥、朱梅、冯树方、县政协党组成员朱涛、秘书长高翔及机关各委室负责人和县扶贫办负责人参加座谈。座谈会上，县政协各调研组分别汇报到乡镇的调研情况，其他与会人员分别就精准扶贫做发言，钟华主席总结并作重要讲话。

5月13日上午，县政协视察全县精准扶贫工作暨驻沭市政协委员集中活动座谈会召开，县政协主席钟华，副主席孟庆然、陈庆祥、朱梅、冯树方及住沭市政协委员参加活动。

5月18日，县政协组织部分政协委员视察全县农业现代园区建设工作，县政协主席钟华、副主席陈庆祥参加视察活动。县政府副县长王峰立陪同视察。视察组先后到山东金易德农场、临沭县统一农业科技示范园、临沭县农泰现代农业示范园和陆合家庭农场现代农业示范园现场观摩，听取县农业局关于全县现代农业园区建设工作情况汇报，并进行座谈讨论。

5月19日上午，县政协组织部分政协委员、提案人带案协商留守妇女就业创业工作。县政协主席钟华，县政协副主席朱孔科参加活动，县政府副县长于丽华陪同活动。

6月15日，县政协召开全县农村面源污染防治工作对口协商座谈会。县政协主席钟华、副主席朱孔科参加座谈，县政府副县长王峰立出席座谈会。

6月17日上午，临沭县政协在县政府招待所北一楼会议室组织召开住建局政协提案面对面答复协商会议。县政协提案委成员、相关提案的提案人、各镇街政协办主任（或分管副书记）、县住建局及规划局、财政局、城管局、交警大队、供电公司、临沭街道办事处等提案承办单位的负责人参加会议。会议由县政协副主席朱孔科主持，县政协主席钟华、县委常委王景美到会并讲话。

6月21日，县政协组织经济界委员视察全县招商引资工作，县政协主席钟华、副主席陈庆祥参加视察。视察组一行先后到青云镇路友年产360套再生资源装备项目、鹏曦年产5万套红木家具项目简介、经济开发区哥俩好粘剂等精细化工产品生产项目、富朗（中国）生物科技有限公司项目、诺贝丰高端水溶肥及氟化盐二期项目和石门镇观光农业产业园、统一千亩瓜蒌示范园项目，在石门镇会议室展开座谈。

6月24日，县政协组织部分政协委员对全县普法依法治理工作进行界别协商。县政协副主席冯树方参加协商活动，县委常委、政法委书记、公安局长韩新华陪同。委员一行先后到临沭县体育场、苍马山景区云溪谷法治文化广场、玉山镇法治文化广场、玉山镇东朱仓村、玉山司法所等地实地查看，听取县司法局关于全县普法依法治理工作开展情况汇报，并进行座谈讨论。

7月5日，县政协组织召开全县城市管理工作对口协商座谈会，县政协主席钟华、副主席朱孔科参加座谈，县委常委、常务副县长宋玉智出席座谈会。

7月26日，县政协对全县美丽乡村建设工作进行带案视察。县政协主席钟华，副主席王维玺、朱孔科、陈庆祥，秘书长高翔参加活动，县委副书记麻建东陪同视察。视察组先后到青云镇周官庄、郑山街道沟北村、临沭街道后高湖、玉山镇李庄、蛟龙镇东塘子村等村进行实地察看。

7月27日，县政协组织部分经济界政协委员，对地税工作进行视察。县政协主席钟华、副主席孟庆然、陈庆祥、朱梅、冯树方及秘书长高翔参加了视察活动，县委常委副县长王景美陪同视察。

8月8日上午，县政协视察全县征兵体检工作。县政协主席钟华、副主席王维玺、朱孔科、孟庆然、陈庆祥、冯树方、朱涛、秘书长高翔参加视察。县委常委、人武部政委李全义陪同视察。

8月16日，县政协召开“产业二次创业”专题协商调研座谈会，县政协主席钟华、副主席朱孔科、陈庆祥、朱梅、冯树方、县政协党组成员朱涛、秘书长高翔及机关各委室负责人和县发改局、县经信局、县科技局、县商务局负责人参加座谈。

8月17日，市政协党组副书记、副主席钱迎伟带领市委督导组到临沭督查省、市委政协工作会议贯彻落实情况。县委副书记、县长刘飞，县政协主席钟华，县委常委、县委办公室主任宋玉波，县政协副主席陈庆祥陪同活动。督导组听取临沭县关于省、市委政协工作会议贯彻落实情况汇报后，实地到临沭街道政协委员活动室、佛光照明公司、临沭街道高湖居美丽乡村建设现场、华裕服装公司、孙蒿科农贸市场等地进行实地查看。

8月19日，县政协组织部分县政协委员到县水利局集中督查政协提案办理工作。县政协主席钟华，副主席王维玺、朱孔科、朱梅、冯树方，秘书长高翔参加活动，县政府副县长密长诚陪同检查。

8月20日，广东省政协考察团在全国政协常委、广东省政协副主席、九三学社中央常委、九三学社广东省委会主委姚志彬，广东省政协委员、人资环委副主任、省海事局局长梁建伟，广东省政协委员、人资环委专职副主任黄小汕带领下来临沭参观考察。山东省政协人资环委副主任曲晶晶，临沂市政协经济工作委副调研员王开峰，临沭县委书记、县人大常委会主任任庆虎，县政协主席钟华，县委常委、县委办公室主任宋玉波，县政协副主席朱梅等陪同考察。考察团一行先后到刘少奇在山东纪念馆、北城新区规划展示中心、柳编文化艺术馆现场实地参观考察，详细听取相关项目的情况介绍。

8月23日，市政协关于“加快转型升级，推动企业二次创业”的调研组专题来临沭进行调研，市政协经济委员会主任范秋艳、市政府二次创业办公室副主任、市经信委经济运行办主任秦明参加调研，县政协主席钟华、副主席朱梅陪同。调研组实地到金正大、山田研磨等企业进行现场调研，召开座谈会，就临沭县企业“二次创业”工作提出意见和建议。

8月23日至26日，县政协组织部分政协委员和发改局有关负责人，由陈庆祥副主席带队，到企业“二次创业”先进地区江苏省丹阳市，安徽省肥东县，湖北省武汉市黄陂区、襄阳市襄州区实地调研和考察学习“二次创业”工作。

8月25日，县政协副主席冯树方带领部分政协委员对全县食品药品安全工作进行视察，县政府副县长王峰立陪同视察。

9月9日，县政协组织部分县政协委员对全县公共卫生服务工作进行视察。县政协主席钟华，副主席王维玺、朱梅参加视察活动，副县长于丽华陪同视察。视察组一行先后到县妇幼保健院新院区、临沭街道卫生院、城南社区卫生服务站进行了实地视察，深入了解全县公共卫生服务能力发展水平、工作开展情况以及存在的困难，视察结束后召开座谈会。

9月22日，县政协视察法院工作。县政协主席钟华，县政协副主席陈庆祥、冯树方、党组成员朱涛参加视察。县人民法院院长候雷的陪同视察。视察组一行先后到蛟龙法庭、临沭法庭在建工地和县人民法院便民诉讼大厅等处实地视察并举行座谈。

11月24日至25日，山西省阳城县政协秘书长吉朝阳带领部分政协常委、委员一行11人到临沭调研扶贫攻坚工作，县政协副主席朱孔科、县政协秘书长高翔陪同调研。调研组围绕柳编产业扶贫工作先后到柳编艺术馆、金柳工艺品有限公司、青云镇白旄西居电商孵化中心以及东朱崔、金柳村部分柳编加工点进行重点考察和了解。考察组对临沭县扶贫攻坚工作给予高度评价。

12月8日，广西隆安县政协主席杨雪敏、副主席杨梅莉带领部分政协常委、委员来沭考察供销社改革工作。县政协主席钟华、副主席朱孔科，秘书长高翔和县供销社负责人陪同考察。杨主席一行先后到店头镇为农服务中心、曹庄镇朱村社区服务中心、青云镇华山社区服务中心、县土产公司和县供销商务中心等现场考察，听取临沭县供销社改革有关工作情况介绍。

12月14日，县政协主席钟华，副主席王维玺、朱孔科、孟庆然、陈庆祥、朱梅、朱梅、冯树方带领部分政协委员到县交通局集中督办提案，县政府副县长李真陪同。委员们实地查看有关现场，听取县交通局关于政协提案办理情况的工作汇报，对下步的交通工作提出意见和建议。

创新工作 常委会始终坚持问题导向，鼓励创新性建议，支持创新性实践，积极探索履行职能的新方法新途径，进一步增强协商议政实效。

积极创新协商民主方式方式。常委会把协商民主建设作为带动全年工作的重要抓手，贯穿于履行职能的始终，不断提高协商实效。围绕专题协商、对口协商、提案办理协商和界别协商四种方式，进一步细化协商规定，完善协商程序。围绕年度计划中的调研、视察课题，召开事前协商议政座谈会，邀请县政府分管领导、部门负责人与政协委员面对面交流，分析情况，研究对策，形成共识。注重搭建协商平台，适当增加协商密度，推进多方参与协商、多层互动协商，全年开展各类协商活动16余次，参加委员200余人次。深入镇街政协联合推动调研视察等工作，引导基层政协委员增强政协意识、积极履行职责，提升政治协商、民主监督、参政议政实效。

进一步深化委员岗位创优活动。八届二十六

次常委会上，县政协印发《关于继续深化政协委员岗位创优活动的实施意见》，从“深化思想武装提高履职能力、做好本职工作勇当行业标兵、增强政协意识争做优秀委员、关注民生民利努力奉献社会、遵守法律法规树立良好形象”等五个方面，鼓励全县广大政协委员要主动适应新常态对政协工作的新要求，牢记使命、珍惜荣誉，勇于担当、积极作为，切实做到懂政协、会协商、善议政，守纪律、讲规矩、重品行。为促进委员岗位创优、充分发挥政协委员在精准扶贫工作中的优势和作用，进一步凝聚全县扶贫工作合力。在八届二十七次常委会议上，县政协出台《关于充分发挥县政协委员在精准扶贫工作中作用的实施意见》，并组织文化艺术界的政协委员先后在青云、石门、大兴、店头等镇街举办4场“传承孝道·精准扶贫”文艺演出，通过各种形式，进一步动员全县广大政协委员要准确把握新阶段精准扶贫工作的总体要求、主攻方向、工作重点和政策举措，切实把思想行动统一到县委部署和要求上来，把智慧和力量凝聚到扶贫攻坚任务上来。

加大文史、宣传和联谊工作创新力度。加大临沭本土文化研究和资料征集力度，与有关单位密切配合，开展《临沭历代诗词选》《沭水流韵》等编辑工作，配合市政协文史委组织好《沂蒙抗战重大战事纪实》编辑工作，更好地发挥文史资料“存史、资政、团结、育人”的重要作用。加大政协工作宣传力度，充分运用各类媒体，有计划、有重点地宣传政协工作取得的新进展、新经验、新成效，不断强化“网上政协”建设，进一步加强与省市政协的联系，及时向《人民政协报》《联合日报》等报纸、刊物投稿50多篇。密切与社会各界的联络联谊，争取最广泛的理解和支持，先后在科协、团委、妇联、民宗局和残联等单位开展6次政协参加单位主题联谊活动，增强参加单位和政协委员的政协意识和参与意识。以组、界别和专委会为载体，组织政协委员积极开展卫生、科技和文化“三下乡”活动和精准扶贫宣讲活动，继续开展捐资助学、扶贫济困、法律援助等社会服务活动，进一步深化“结亲连心”和“第一书记”工作，在实打实的为民谋利中做好凝聚人心汇聚力量的工作。

积极促进社会和谐稳定。县政协开展帮扶弱势群体系列活动，先后开展“关注弱势群体、帮扶困难家庭活动”“关注少年儿童，手拉手圆梦行动”“关注乡村教师、促进教育发展活动”和“关注弱势群体爱心大回访”等系列活动，在走访慰问和帮扶的基础上，建立常态化、规范化的长效帮扶机制。组织委员开展“让群众了解政协，让政协走进群众”活动和“社情民意大走访”活动，广泛宣传政协知识，深入联系服务群众，架起党委、政府和群众联系的桥梁和纽带。县政协企业家协会、文化艺术工作者协会委员创新活动形式，在“六一”儿童节期间，组织开展“情暖特校·共享阳光”关爱残疾儿童献爱心活动，给县特殊教育学校送去价值4万多元的生活和教学用品。县政协企业家协会和县教体局、残联、老龄委等单位联合开展“冬日暖阳行动”，集中帮扶了12名残疾贫困户、12名困难老人、10户县政协“第一书记”任职村困难群众和56名贫困学生，为他们提供大衣、棉被、防寒服等生活用品，并建立结对帮扶机制，受到社会各界的好评。

自身建设 领导班子率先垂范，认真落实中央“八项规定”精神和省、市、县委实施办法，严肃整治“四风”，努力推进“学习型、服务型、创新型、和谐型”政协机关建设。加强机关党建工作，严格党内政治生活，加强理想信念教育。建立《机关党员年度记实制度》和《机关干部月度记实制度》，出台《进一步发挥政协委员队伍中共产党员模范带头作用的实施意见》，引导党员干部强化党员意识和党性锻炼。按照县委统一部署，认真开展“强党性、重品行、敢担当”作风建设提升和“受教育、亮承诺、见行动”主题活动，使政协委员和机关干部队伍作风建设不断取得实效，树立了为民、务实、清廉、担当的良好形象。强化制度建设。按照创新性和可操作性相统一的要求，县政协先后建立完善《全体会议规则》《政协委员履职规则》《县政协协商民主工作实施办法及流程》以及《县政协委员视察（调研）工作实施办法》《镇街政协办公室工作规则》等28项规章制度；修订完善19项政协机关工作规范，完善重点工作、重大事项向县委请示报告制度，健全协商议题提出、活动组织、成果采纳和反馈机制；进一步做好服务群众工作，出台《县政协领导班子和机关干部联系基层政协和基层群众实施办法》和《政协委员联系各界别群众的实施意见》，通过建立委员与群众的经常性联系，做好解疑释惑、问计于民的工作；重新修订《县政协专门委员会通则》《县政协各专门委员会工作职责》，更好地发挥专门委员会在协商民主工作中的重要作用。加强对委员履职情况的考核管理，根据考核情况，每年都对主体作用发挥好的政协委员进行表彰，2016年县政协对五年来履职业绩突出的23名优秀政协委员进行集中表彰，并将事迹编入《八届优秀县政协委员风采录》，激励先进，调动委员“岗位创优”的积极性。

撰稿：高永军　　核稿：高　翔

中共临沭县纪律检查委员会

纪委领导成员

书　　记：宋国山（12月离任）
孙运峰（12月任职）

副 书 记：刘文军（12月离任）　李　慧

常　　委：张孝明　吴　超　赵　勇

监察局局长：刘文军（12月离任）

监察局副局长：吴　超
张　慧（女，回族）

办公室主任：刘景国

组织部部长：孙丽丽（女，5月任职）

正科级纪律检查员、案件审理室主任：
王统洲

信访室主任：徐大鹏（5月任职）

党风政风监督室主任：
王　彬（2月任职）

廉政教育中心副主任：
张锐东（5月任职）
袁艺文（女，5月任职）

正科级纪律检查员：孙同连

正科级纪律检查员、第二纪检监察室主任：
孙凯阳

第一农村工作室主任、纪工委书记：孟　涛

第一农村工作室副科级纪律检查员：吴　勇

第二农村工作室主任、纪工委书记：胡顺勇

第二农村工作室副主任、纪工委副书记：
陈久文

第三农村工作室副主任、纪工委副书记：
张　伟（主持工作）
杨　芳（女）

派驻第一纪检组书记、监察室主任：苏保颂

派驻第一纪检组副书记、监察室副主任：尹纪行
派驻第二纪检组书记、监察室主任：何宗骞
派驻第二纪检组副书记、监察室副主任：王磊磊（女）
派驻第三纪检组书记、监察室主任：赵康平
派驻第四纪检组书记、监察室主任：张志龙
派驻第四纪检组副书记、监察室副主任：李　成

中共临沭县纪委内设办公室、组织部、宣传部、党风政风监督室（临沭县纠正行业不正之风办公室）、信访室（临沭县国家行政机关工作人员违法违纪举报中心）、案件监督管理室、第一至第三纪检监察室、案件审理室（案件申诉复查室）、纪检监察干部监督室11个副科级行政职能室，1个正科级事业单位廉政教育中心，下设3个农村工作室和7个县直派驻纪检组，在编人员64名。县纪委常委由6人组成。

2016年，临沭县纪委在市纪委和县委的正确领导下，深入贯彻党的十八大和十八届历次中央全会精神，把习近平总书记系列重要讲话精神作为思想武器和行动指南，准确职责定位，强化监督执纪问责，党风廉政建设和反腐败工作取得新进展新成效。

党风廉政建设　制定《临沭县党风廉政建设“一案双查”工作暂行办法》等制度文件，完善党风廉政建设制度体系。出台《县委党风廉政建设主体责任重点任务分工意见》，细化分解35项重点任务，明确牵头单位、完成时限，层层压实责任。开展履责谈话活动，县委常委、党员副县长按照工作分工对9个镇街党（工）委和99个县直部门单位党委（党组）主要负责同志进行履责谈话。组织12名县级党政班子成员、17名镇街党政主要负责人向县纪委全委会述责述廉，接受询问质询。县委常委亲自带队对各镇街、县直部门落实全面从严治党主体责任情况进行检查考核。加大问责工作力度，实施党风廉政建设“一案双查”7起，追究领导责任11人。

纪检体制改革　顺利完成县纪委及其常委会换届和机关内设机构改革，撤销干部室、宣传教育室，分别设立组织部、宣传部；撤销监察综合室、执法和效能监督室，设立案件监督管理室、纪检监察干部监督室，班子结构进一步优化，机构、人员力量进一步向监督执纪问责倾斜，一线人员占比达到85%以上。严格落实镇街纪（工）委、县纪委派驻纪检组、县管企业纪委书记、副书记提名考察办法，在年底镇领导班子换届中，提任交流纪（工）委书记9人、副书记7人。制定《关于进一步加强镇街纪检机关建设的实施意见》，健全组织设置、基础保障、任务目标“三个清单”，投入90余万元改善镇街执纪审查条件。会同县委组织部出台《关于进一步加强村级纪检组织建设的意见》和《关于加强非公有制企业纪检组织建设的意见》，选配村纪检委员263人，7家企业成立纪检组织。

正风肃纪　严明政治纪律，加强对换届纪律执行情况监督检查，回复换届党风廉政建设意见1240余人次。狠抓中央八项规定精神贯彻落实，组织开展廉洁操办婚丧喜庆事宜承诺、“反四风、树新风”典型征集活动，出台《党员领导干部“八小时以外”行为规范》。开通纠“四风”网上举报邮箱，在“沭水清莲”微信平台设置举报功能，构建信、访、电、网、微“五位一体”群众监督举报平台，多层次、多渠道受理“四风”问题举报。加大执纪监督力度，建立直查快办机制，重要节点重点查、每月两次突击查、突出问题专项查，严查严打不收敛、不收手的顶风违纪行为。共组织明察暗访57轮，查处违反中央八项规定精神案件20件，党政纪处分21人，点名道姓通报4

次、18人，不断释放执纪越来越严的强烈信号。围绕“两学一做”学习教育，开展群众身边不正之风和腐败问题集中整治，查处损害群众利益案件68件，党政纪处分69人。

执纪审查 始终保持惩贪治腐高压态势，全县纪检监察机关共受理信访举报651件次，立查案件151件，党纪政纪处分179人，其中科级干部11人。认真办理中央和省委巡视组转办交办信访举报122件次，立查案件37件，党政纪处分34人，组织处理6人，移送司法机关3人。科学运用监督执纪“四种形态”，建立问题线索集体研判、动态清理机制，扩大谈话函询覆盖面，约谈、函询党员干部34人。加强反腐败组织协调，对内健全机关主导、镇街合办、派驻协办的“一体两翼”机制，整合系统力量资源，对外充分发挥县委协调领导小组作用，完善与司法、行政执法、审计机关协调协作机制，相互移送案件76件。

权力监督制约 强化对“一把手”监督，严格落实党政正职“六个不直接分管”制度，进一步完善正职监管、副职分管、集体领导、民主决策、监督有力的权力运行机制。开展县纪委常委廉政谈话活动，对15名新任职“一把手”进行廉政谈话，督促廉洁从政、履行主体责任。加大巡察工作力度，启动第三轮对蛟龙镇、青云镇和店头镇3个镇的巡察，实现镇街巡察全覆盖。自巡察工作开展以来，立查案件22件，党政纪处分15人。开展财政扶贫项目资金专项巡察，涉及扶贫项目210多个，扶贫资金5100余万元，针对发现问题督促责任单位抓好整改。

案件审理 2016年，共受理各类党政纪案件143件，审结102件，给予党纪处分90人，其中开除党籍14人，留党察看1人，撤销党内职务6人，党内严重警告26人，党内警告43人；给予政纪处分8人（双重处分5人）；免予党纪处分5人；恢复党员权利4人。改进纪律审查方式，坚持快查快结，缩短审查时限，涉嫌违法犯罪具备移送条件的，先期作出党纪处理，杜绝“狱中党员”现象。开展2015年度及2016年上半年党纪政纪处分决定执行情况专项检查，涉及镇街和县直单位34个、受处分人员288人，督促整改处分决定执行不到位问题39个，切实维护党纪政纪的严肃性。做好省纪委审理工作联系点工作，发挥案件审理工作联系点的示范、引导、带动作用。

宣教工作 深化党章党规党纪学习教育，印发《关于在全县开展学习贯彻〈准则〉〈条例〉专题教育活动的实施意见》，组织开展全县知识竞赛活动，在全市知识竞赛中获二等奖。开展《准则》《条例》“集中宣讲月”活动，县纪委监察局领导班子成员带头作辅导报告25场次，在全县营造学纪律守纪律热潮。开展德廉知识学习测试活动，编发学习资料2400余本，测试党员干部16000余人次。加大警示教育力度，在《临沂日报·临沭新闻》开设“以案释纪”专栏，转发中央和省市“四风”、侵害群众利益等案件通报35期，教育震慑效果明显。

纪检监察队伍建设 深入开展“两学一做”学习教育，制定《关于加强县纪委（监察局）领导班子自身建设的意见》，明确遵守党纪条规、落实民主集中制、服务联系群众等“八个带头”要求，充分发挥班子示范带动作用。扎实开展“素质提升年”和“制度建设年”活动，组织集中学习32次，举办全县纪检监察业务培训班，队伍整体素质和执纪能力进一步提升，在全县《准则》《条例》知识竞赛中获得第一名。加强机关党的建设和精神文明建设，完成机关党支部换届，在纪检监察系统开展“青春梦·纪检情”演讲比赛活动，不断提升委局凝聚力和向心力，树立素质过硬、敢于担当、清正廉洁的良好形象，被评为省级文明单位。

撰稿：刘景国　胡顺贤　审稿：孙运峰

社会团体

SHEHUITUANTI

总 工 会

领导成员

主　　席：李守彬（2月离任）
　　　　　王建华（2月任职）
党组书记、常务副主席：袁清光（2月任职）
副 主 席：王正荣（女）
　　　　　靖美涛（2月离任）
　　　　　王庆东（2月任职）

临沭县总工会下设办公室、组织部、生产保障部、法律工作部、宣教部、女工部、财务部、民管部8个职能部室，隶属总工会的二级事业单位有工人文化宫。县总工会编制6人，文化宫编制8人。

2016年，县总工会以开展“两学一做”学习教育为动力，围绕中心工作，服务大局、履职尽责、发挥优势、主动作为，较好完成各项工作任务。先后被评为山东省总工会2016年“齐鲁文化大道”品牌创建工作先进单位、全县科学发展先进单位、三引一促工作先进单位、安全生产工作履职先进单位、平安临沭建设先进单位，在市对县科学发展定性考核中获“好”等次。

工会组织建设　以非公有制经济组织和社会组织“党工共建”为抓手，按照“哪里有职工，哪里就要建立工会组织”的原则，通过制发《全县工会规范化建设工作评选办法》《模范职工之家创建标准》，规范创建标准和考核考评，依考核结果评先树优等措施，不断扩大基层工会组织建设覆盖面，实现工会组建科学化、规范化和常态化。2016年，全县新建工会组织99家，新发展会员7360人。进一步规范企业职工代表大会的召开，充分发挥企业职代会在维护职工合法权益、促进企业科学发展中的作用。全县建立职代会制度单位累计1337家，实行厂务公开单位累计1449家。

创新开展“会、家、卡”工程，借助微信平台服务全县会员。把建立完善工会组织，作为维护职工权益的基础；把建好职工之家，作为满足职工物质和精神文化需要的载体；把办好用好工会惠员卡，作为普惠全体会员的关键。把建会、建家和办卡作为工作项目，系统化、规范化、长期化抓住不放，彰显工会组织优势，把“会、家、卡”项目打造成为全县工会的品牌工作。借助微信平台搭建“临商工会惠员卡公众平台”，实现与持有临商工会惠员卡的会员进行互动，及时向广大工会会员发布各类商家的促销信息，方便工会会员及时了解相关的优惠措施，让广大工会会员消费更实惠。2016年，全县建立基层工会组织累计1610家，工会会员累计116653人；开展职工之家创建累计623家，符合“六有”标准的累计514家；办发惠员卡累计2万张，签约服务单位达86家，覆盖公交、购物、餐饮、旅游、保险、电影、保健等与职工关系密切的衣食住行多个领域，其中3个旅游景点纳入全市签约服务基地。

困难职工帮扶 依托职工服务中心，开展多项帮扶救助活动，助力职工解困脱困。规范运作信访接待、帮扶救助、权益维护、工友创业、劳动争议调处以及综合服务等六大服务平台，向全县广大职工提供一站式、全方位、多元化的综合服务。通过工会帮扶工作管理系统，实现对全县困难职工档案的动态管理，为开展帮扶救助活动提供基数。深化“四季送”活动，推动帮扶工作常态化、长效化发展，开展困难职工职业介绍和再就业培训，在高温作业天气为职工送清凉，对劳模、困难职工进行节假日走访慰问，在职工生病、遭受意外灾害或因经济原因子女就学困难等时及时开展帮扶救助。2016 年，元旦春节期间共救助困难职工 600 余人、发放救助金额达 48 万余元，走访劳模 16 人、发放劳模慰问金额达 12 万余元；开展“夏送清凉”活动，为环卫工人送去包括绿豆在内的价值近 2 万元的防暑降温物品；开展“金秋助学”活动，投入救助金额 2.8 万元资助 11 名困难职工子女上大学。开展驻村“第一书记”工作，为驻点村争取水利灌溉工程，投入 6 万余元用于铺路和水利基础设施建设；做好帮扶治安基础薄弱村工作，资助 1 万元为东大于科村安装治安设施。

维护职工权益 按照“抓规范、提质量”的要求，开展区域性（行业性）工资集体协商和“集中要约”活动。3 月 22 日，召开镇街、开发区专职工会干部工资集体协商专题会议，制发《关于印发〈临沭县深化工资集体协商工作实施意见（2016—2018 年）〉的通知》，部署安排工资集体协商三年工作规划。至年底，全县规模以上企业单独签订工资专项集体合同 168 份，覆盖职工 34085 人；签订区域性工资专项集体合同 9 份，覆盖企业 1075 家、职工 97151 人；签订率在 86% 以上。圆满完成市对县科学发展考核目标任务。

职工教育和培训 突出安全主题，深入开展“查保促”活动和职工全员安全培训工作，在教育职工、发动职工、组织职工上下功夫，提高职工积极性、主动性和能动性，实现群众性安全隐患排查治理普遍化、制度化、常态化、全员化、长效化。连续召开了“查保促”活动集中行动动员会议、全县加强职工全员培训促进企业安全发展动员大会，制发行动方案，明确任务目标、时间节点、行动内容和工作要求，部署签订承诺书、开展培训、建立档案等方面的工作。联合县安监局、县经信局组成 3 个督导组，定期对全县 9 个镇街、经济开发区职工全员安全培训工作进行现场督查。市总工会副主席宗丽一行督查全县“查保促”工作开展情况时，给予充分肯定。山东工人报 3 月 24 日以《临沭县全力打造企业安全生产“升级版”》为题报道了县总工会的做法。配合市总工会做好对金沂蒙集团职工全员安全培训的新闻专题采访，联合县广播电视台对曹庄镇金源管业、经济开发区卡特重工等企业职工全员安全培训工作进行专题报道，宣传普及安全生产知识，提升职工安全防范意识，展示职工全员安全培训工作的进展和成效。

每两年一届的职工技能大赛，通过制定推进步骤和奖励办法，达到工作定位实、任务目标实、办法实施实、取得成效实。6—7 月份，举办第二届临沭县职工技能大赛，在机械、柳编、教体、卫计、农机、家政等行业开展竞赛，300 多家企业、3 万多名职工参与竞赛。县总工会撰写的《职工技术创新与劳动竞赛调研报告》获得 2016 年度全省工会优秀调研成果优秀奖。

联合多家单位举办全民健身月职工运动会，开展羽毛球、登山、赛龙舟等多种职工文体活动。

劳模管理 继续完善省级以上劳模信息电子档案，深化劳模创新工作室创建工作，根据《临沭县劳模工作室管理办法》，开展劳模评选、培养、宣传和管理工作，发挥劳模示范带领作用。3月份，县政府办公室下发《关于评选临沭县劳动模范的通知》，通过层层评选推荐全县各行各业候选人56名，通过纪检、卫计、综治等部门的审核把关。本着侧重一线职工和侧重于贡献的原则召开劳模评选会议，评选出劳动模范30名。4月29日，召开全县庆祝“五一”国际劳动节暨县劳动模范表彰大会，会上隆重表彰了县劳动模范、振兴临沭劳动奖章、工会工作先进单位和个人、女工作先进单位和个人。五一期间，联合县广播电视台，开辟“先模风采”栏目，对全县6名先模人物进行专题报道，弘扬先模精神，激活和传递蕴藏在职工群众中的正能量。6月份，出资5万余元为全县200余名先进模范人物进行健康查体。

女工工作 在巩固建会成果、完善组织机构、规范管理、健全制度上开展工作，充实完善机构、制度不健全的女职工委员会，与新建工会组织同步建立女职工组织，吸收大量女农民工入会。深入开展“创建学习型女工组织，争做知识型女职工”和形式多样的技术比武、劳动竞赛、献计献策等活动，评选表彰先进女职工组织及个人。10月，召开专题会议，组织女职工开展健康查体工作，建立女职工健康档案，共为全县2000多名女职工进行妇科查体。开展关爱行动，对在档特困女职工进行大病救助活动，帮扶6名困难女职工，发放帮扶资金9000元。继续实施结对帮扶工程，注重困难女职工特别是单亲特困女职工帮扶工作，对全县22名单亲特困女职工进行一对一帮扶救助，送钱送物送技术，救助金额达2万余元。号召各基层工会女职工组织大力实施爱心救助行动，通过建立“互助互济基金会”，开展“姐妹献爱心”等活动救助困难女职工。

撰稿：杨翠翠　李桂芬　审稿：袁清光

共青团临沭县委员会

领导成员

书　记：王　陈（2月任职）

副书记：王　陈（2月离任）

　　　　伏海东（2月离任）

共青团临沭县委员会下设办公室、组宣部、工农青年部、学少部，共有干部职工5人。全县7个镇、2个街道设有专职团（工）委书记。

基层团组织建设 分别召开两期“1+100”工作管理系统培训会，对建立全县“1+100”团干部直接联系青年制度的参与对象和标准、工作主题和时间、工作任务和途径、工作机制和要求作了安排部署。召开2016—2017学年团员发展和管理工作部署会议，下发《关于做好2016—2017学年团员发展管理工作的通知》及《临沭县团员发展“千分制”考核办法》，根据年度上报计划及阶段性材料上报时间安排，按时高质量的发展团员，并规范学校团费收缴额度。联合县编办、县直机关工委，对全县县直机关团员数及35周岁以下青年数进行摸底，对县直单位团组织情况梳理汇总。2016年，县财政为团县委批复6万元“基层团组织工作专项经费”、3万元

"党建带团建工作专项经费"。组织各镇街团(工)委书记,企业、县直机关团委、团(总)支部书记,中学团委书记,少先队大队辅导员,部分村新任团支部书记等共100余人参加为期2天的2016年全县团干部培训班。评选表彰"临沭县优秀共青团干部",提高学校团干部工作积极性,与教体局联合评选"临沭县优秀学校团干部",扩大典型示范带动力。

青年之声 "青年之声·临沭"实行轮班制度和考核制度,安排团组织负责人领班做好后台值班工作,定期进行通报,有效保证平台的更新率。成立临沭县青年之声心理服务联盟,实现了线上线下服务的有效结合。至2016年底,"青年之声·临沭"建有县级组织11个,下级组织10个,开展线下活动12次,覆盖2200人次,线上累计提问7294个,回答问题10009个,点赞数3378个,专家数1334个,浏览量16583159次。依托微博、微信平台等青年群体使用度高、关注度集中的媒体,展示工作状态,指定一名管理员,对公众账号定期更新维护,确保微信公众号每周至少更新3次,微博官方账号每天至少发布4条状态,把握青年话语导向。全力推进青年网络文明志愿者队伍建设,加强对网评员、意见领袖等新媒体领域从业青年和青年网络热点人物的联系,有效壮大主流声音,目前共登记青年网络文明志愿者4500余人。

"小手拉大手,共筑碧水蓝天"行动 团县委召开2次推进会,组织100余名少先队员参加开展"小手拉大手,共筑碧水蓝天"义务植树活动。学校少先队组织通过"少先队活动课"、主题队会、创意大赛、正当环保小卫士等形式,引导少年儿童争当保护生态的小卫士和环保宣传的小使者,提高全民绿色环保意识。全县79所小学、16所中学,共计3万多名少先队员参与到此次活动实践中,有效提高了少年儿童绿色环保意识,为建设美丽、环保校园打下坚实的基础。

志愿扶贫 "青春扶贫·志愿有我"志愿扶贫工程自实施以来,共招募志愿家庭2138户,实现与贫困户结对的911户,其中"红领巾集结号"结对39户。针对孤寡老人,设计开展"爱心全家福""暖心电饭煲""爱心夏凉被"等项目;针对贫困青少年设计开展"希望小课桌""爱心小饭盒"、心理课堂进社区、农村孩子看城市活动等项目,共入户走访孤寡老人、贫困青少年260余人次,捐款捐物约35000余元。积极争取上级扶贫资金10万元,其中4万元,按照每人500元标准资助80名建档立卡贫困青少年,其余6万元用于公益组织和贫困小学建设。争取上级"圆梦行动"助学金12万元、贫困中小学生助学金1.5万元华杰仁爱助学金2.2万元,惠及26名贫困大学新生、21名中小学生。与教体局、民政局等单位联合,募集100万元帮助100名贫困大学新生圆梦大学。此外,组织青春扶贫的主要骨干力量,走出去到扶贫工作先进县蒙阴、沂南学习,借鉴经验,开拓眼界,丰富自身工作内容。

青年之家建设 在全县9个镇街分别建设10处"青年之家",分别建档注册,按时报送月报计划、总结及图片资料,并对工作突出的镇街进行资金倾斜,其中青云镇白旄西居、曹庄镇朱村成为团省委第一批挂牌"青年之家"。投入5万余元重点在店头镇东措庄社区、青云镇白旄西居、玉山镇营子村等3处打造"青年之家"建设并正常运行。自10月份开始,加大对贫困青少年心理健康问题的关注,已在各镇街"青年之家"陆续开展心理健康咨询讲座10余期。在立足自身职能的同时,积极争取上级资金2万元,用于"青年之家"再规范再完善工作。紧紧围绕精准扶贫工作中心任务,按照"一对一""多对一"结对帮扶机制,激发和调动社会各界参与的志愿活动。组织志愿服务队对蛟龙镇8个行政村

（社区）、35户贫困家庭进行实地走访慰问，详细了解贫困家庭目前的生活情况、贫困原因、贫困学子学习情况以及资助期望等相关信息，并及时建档立卡。组织53名青年志愿者，为“临沭杯”第三届中国·临沂休闲垂钓大赛等活动提供志愿服务。充分利用全国学雷锋宣传月，组织各学校团委开展“学雷锋 树新风”活动，通过黑板报等表现形式激发学生学雷锋热情，促进校园精神文明建设。

少先队管理 对所有的辅导员进行备案存档，将辅导员工作落实到人；做好少先队干部队伍的培训工作帮助辅导员抓好学校的日常工作。以校园文化建设为契机，抓好大、中队黑板报、宣传栏、红领巾广播站的建设。以《山东少先队》、《齐鲁少年报》为交流、学习的平台，做好少先队工作的宣传。深入开展“我们是共产主义接班人”主题团、队宣传教育活动，引导广大少先队员树立共产主义远大理想。组织各学校学生参加网上“国学达人”挑战赛，共有9名选手进入市级决赛，1名选手进入省级决赛。

预防青少年犯罪 创建校外德育基地，充分利用青少年警示教育基地、青少年活动中心、2处青少年社工示范点、青少年维权岗和64处模拟法庭，开设24门课程，先后组织1300余名学生代表参观学习，提高青少年学生学法守法的自觉性和主动性。将法制宣传、禁毒防骗宣传、自护宣传、理想信念教育融入“奋斗的青春最美丽”“我们是共产主义接班人”等主题教育实践活动，引导和帮助广大青少年增强法律意识，增强未成年人自我保护意识。扎实推进“创业临沭”工作，积极吸引闲散青少年通过培训走上就业和创业道路；建立救助联动机制，及时发现并将流浪乞讨少年儿童护送到救助站接受救助和医疗救治。

希望工程 开展“春暖童心”公益行动，2016年已累计向全县51名贫困留守儿童发放“春暖童心”爱心资金1.1万元；开展“牵手关爱行动”，组织参观学习、为31名留守儿童购买心愿物品40件，约0.53万元。临沭新建希望小学——临沭县明行足希望小学已于2016年10月递交竣工报告（草案），现阶段正针对报告中出现的错误进行修改，涉及门牌的重新制作、县政府审核盖章等工作。市青联向店头镇民族小学新建图书室捐献图书1万余册；立邦投资公司为玉山镇半里村益海小学捐建“立邦希望工程快乐美术教室”1处。

撰稿：李　晶　审稿：王　陈

妇女联合会

妇联领导成员

主　席：庞　芳（女）

副主席：葛艳军（女）　李春秀（女）
　　　　郝聚芳（女）

妇儿工委办公室领导成员

主　任：庄　丽（女）

副主任：卢海青（女）　宋　伟（女）

县妇联设办公室、组宣部、发展部、儿童维权部。有工作人员13人。

2016年，在县委、县政府的正确领导和市妇联的精心指导下，县妇联深入贯彻落实党的十八大和全国妇女第十一大精神，紧紧围绕全县中心工作，着力提升妇联组织依法履职能力，维护妇女儿童合法权益，荣获省“幸福进家”活动先进单位、省“我的感恩故事”征文优秀组织奖、市创业担保贷款工作先进集体、县科学发展先进单位、县城乡环境综合整治工作先进单位、县信访工作先进单位、县平安临沭建设先进单位等荣誉称号。

妇女儿童维权 一是妇女维权宣传推动有力。组织司法等部门及“好之姻”志愿服务团成员及有关专家开展“三八”妇女维权宣传活动，共举办培训班15场，培训1000余人次。启动临沭县实施女性安康工程仪式，联合县食药监局等开展“食品安全进课堂”活动，举办关爱女性健康知识讲座等11场次，培训妇女4000余人次。二是“幸福家庭”引导机制建设工作创新发展。以临沭街道桃官社区妇女儿童活动中心、县法院高晓家事工作室史丹利等单位于企业为示范，推动我县“幸福家庭”引导机制建设工作的进一步提升。认真接待来信来访，调处涉及婚姻家庭的矛盾纠纷62起，调解成功率达100%。三是困境妇女儿童得到更好救助。在救助贫困妇女方面，为54名贫困“两癌”母亲发放市县资救助金11万元；联合县农业银行等巾帼文明岗走访12名贫困母亲，并为她们送去1.2万元慰问金以及米面等生活用品。在救助贫困儿童方面，为1名白血病儿童筹集善款4万余元；为1名遭遇车祸男孩筹集善款3万余元；联合县农业银行、县烟草公司开展“欢度儿童节送温暖”活动，为400名贫困儿童送去6万元慰问金，并赠送书包、书籍等学习用品；县妇联12名干部每人长期资助1名贫困儿童；联合佳贝艾特羊奶粉厂为52名贫困婴幼儿捐助价值五万余元的羊奶粉及衣物。四是开展丰富多彩的关爱儿童活动。发动社会各界力量，开展各种形式的关爱儿童活动。联合邮政部门组建“留守儿童之家”2处；举办家庭教育进社区培训班15期，培训人次1000余人；组织公安女干警40余人开展爱心妈妈结对帮扶活动；联合团县委、县教体局等联合开展30余名农村贫困留守儿童及其结对的爱心志愿者参加的“牵手关爱行动”系列活动之“感受城市”活动。“六一”期间，组织“好之姻”幸福家庭服务团成员深入到学校举办了家庭教育报告会；组织开展“每天半小时、书香伴成长”亲子阅读活动、“文之星儿童文化体育艺术节”才艺大赛、“感恩母亲”征文、“食育”推动计划进校园活动及“鲁艺舞韵”庆“六一”大型汇报演。

组织宣传 组织工作：一是深入推进“第一书记”工作。班子成员到“第一书记”任职村临沭街道苍前社区（山里）进行现场办公，详细了解群众的生产生活状况和村工作规划、发展等问题，并就村环境综合治理方面提出建设性建议，要求驻村干部发挥妇女“半边天”的作用，想方设法为群众办实事、办好事。组织优秀妇女代表到蒙阴学习妇女居家灵活就业工作，到村开展移风易俗、创业就业、科学教子等方面的培训4期。二是着力提升基层妇女干部综合素质。联合县委组织部印发《全县基层妇联组织选聘兼职妇女干部工作实施方案》，在全县选聘9个镇街妇联兼职副主席和236个村居（社区）妇代会兼职副主任（副主席），增补执委并对选聘的基层兼职妇女干部进行任前培训。向县人大、县政协、县委、县委组织部上报报告，就提高“两代表一委员”中的女性比例提出明确要求，通过举办优秀妇女先进事迹报告会、发放各类宣传材料等形式，多种方式宣传妇女典型，营造了妇女参政的良好舆论氛围。三是加强妇女儿童活动阵地建设。为丰富妇女儿童精神文化生活，新建县级妇女儿童家园3处，建设服务型妇联组织72个，以女性为主的社会组织7个,创建县级规范化“妇女之家”6处。加强网上阵地建设，开通“巾帼临沭”微信订阅号，增强了妇联组织的影响。在各类新闻媒体刊发信息稿件65条。四是扎实开展干部作风建设。扎实开展“两学一做”学习教育、“受教育、亮承诺、见行动”主题活动，通过各种活动，增强全体党员干部的规矩意识，提升了党性修养。

宣传工作：一是三八庆祝活动丰富多彩。召开庆祝“三八”国际劳动妇女节106周年暨表彰大会，表彰县三八红旗手57名、三八红旗集体14个、“最美家庭”28户、“扶贫助童”先进个人13名、县“美在农家”示范村（社区）9个、示范户200户。联合有关镇街、单位举办团队登山比赛、跳绳比赛等活动。二是“美在农家”活动创新发展。按照“新农村新生活”培训要求，结合全县乡村文明行动移风易俗工作精神，开展移风易俗、婚姻家庭和“美在农家”等专题培训，举办培训讲座96场次，发放各类宣传材料及倡议书20000余份。全县打造9个“美在农家”连片整治示范片区，有33个村居参与“美在农家”示范村创建，指导1050户争创“美在农家”示范户，并将临沭街道示范片区9个村作为全市连片整治示范片区进行高标准打造。编印“美在农家”宣传手册1万份并发放到农户手中，扎实推动全县“美在农家”活动的深入开展。9月13日，全市深化“美在农家”活动现场推进会在我县召开。三是寻找“最美家庭”活动常态化推进。常态化推进“最美家庭”寻找活动，通过召开“最美家庭”故事会、评议会、好家训•好家风故事会、设立光荣榜等形式生动传播“最美家庭”故事、展示最美家风家训，切实以好的家风支撑起好的社会风气。1个家庭被评为全市“最美家庭”荣誉称号。推荐4个家庭参与省市级文明家庭评选活动。与广电台联合在县电视台开设“魅力女性与幸福临沭”庆“三八”活动专栏，对涌现出的市县“最美家庭”、县三八红旗集体、县妇女居家灵活就业示范基地等先进典型进行宣传报道。四是文明创建活动丰富多彩。与县纪委等联合开展“树立良好家风，建设廉洁家庭”教育实践活动，举办了演讲比赛初赛和决赛，选拔优秀选手参加全市总决赛，营造了风清气正的家庭环境和社会环境。联合县文广新局、县老干局举办第二届妇女广场舞大赛、第七届“邮爱夕阳、激情飞扬”广场舞大赛、“庆国庆、迎重阳”中老年文体活动展演等活动。组织志愿者到社区开展“道德扶贫”志愿服务活动，积极参与减盐防控高血压“百日行动”，组织志愿者深入社区、农户开展宣传活动,引导广大妇女树立健康生活的理念。

妇女创业就业 一是妇女创业就业技能不断提升。结合“新农村·新生活”培训，举办各类科技致富培训班5期，培训农村妇女700余人。开展电商培训，山东女子创业大学电商创业训练营暨村妇代会主任电商创业培训试点在临沭启动,培训妇女300人；与县商务局开展电商培训3期，培训妇女187人；依托沂蒙大姐创业就业服务中心，开展巾帼脱贫培训，开展培训20期，培训妇女2500余人；与县一诺培训学校联合开展巾帼扶贫家政技能培，培训贫困妇女60余名。二是妇女创业发展渠道不断拓宽。联合县人社局举办“春风行动”春季大型招聘会，50家县内外的企业用人单位提供就业岗位3000余个，有700余人达成就业意向。依托县沂蒙大姐创业就业服务窗口，登记在册人员3000多人，为380多名妇女提供就业岗位。新建新时代蓝莓基地等8个妇女创业就业示范基地，对15个县巾帼文明岗、67名县“巾帼岗位”标兵、8名县巾帼电商带头人及6个妇女居家灵活就业示范基地进行表彰。三是资金扶持力度不断加大。争取省巾帼贷款贴息5万余元，发放市级资金15万元、县级资金4万元，对妇女居家灵活就业示范基地进行补助。加大对妇女小额担保贷款、扶贫担保贷款政策的推广和宣传。为全县521名妇女发放小额担保贷款4882万元，为12家企业发放贴息贷款1930万元。四是巾帼脱贫工作进展顺利。开展“企业对接 岗户联动”帮扶活动助推巾帼脱贫行动，与6个贫困家庭结成帮扶对子，推荐省“第一书记”驻点村1508名贫困妇女参加保险，帮助困难家庭解决生产生活中的困难。组织镇街妇联主席、部分巾帼带头人、贫困妇女等一行20余人，到蒙阴县参观学习精准扶贫及妇女居家灵活就业工作，为妇女做好示范、带动作用。

“两个规划”工作落实 一是加强组织领导，完善工作机制。调整了临沭县妇女儿童发展“十二五”规划监测评估领导小组及专家评估组、统计监测组成员。专拨经费6万元，确保了妇女儿童工作的正常开展。修订了《临沭县妇女儿童工作委员会工作制度》，进一步明确34个成员单位的职责，完善了“两个规划”实施工作年度统计、监测评估制度，全县形成了统计部门年度监测、妇儿工委办监测评估、人大政协定期视察检查和成员单位专项检查相配套的动态管理机制。二是强化督导检查，积极推进重点指标完成。积极做好2016年度科学发展综合考核“维护妇女儿童合法权益”考核工作，对有关成员单位“两个规划”实施情况进行督导检查，以督查推动解决涉及妇女儿童切身利益的突出问题。召开妇儿工委成员会议，研究解决规划实施中存在的重点难点工作，将涉及成员单位的重点难点问题，进行责任分解，列入单位重点工作计划，加快推进规划实施，确保规划目标如期全面完成。三是围绕妇女儿童发展需求，科学确定实事项目。从解决妇女儿童的合法权益和发展需求出发，县委、县政府制定并下发《关于2016年为妇女儿童办六件实事的通知》，确立并实施有针对性、带动性强的实事工程。包括实施继续开展农村适龄妇女“两癌”筛查、新生儿遗传代谢性疾病筛查及农村妇女增补叶酸预防神经管缺陷等项目。等。四是注重长效，做好两癌救助。积极推进救助工作。2016年，为40名“两癌”贫困母亲发放县级救助资金4万元；争取市级救助金7万元，救助“两癌”贫困母亲14人。五是强化宣传培训，营造良好环境。充分利用电视台、网络、宣传栏等，大力开展以“贯彻男女平等基本国策。举办妇女就业促进月招聘会、走访慰问贫困残疾儿童和贫困妇女等系列活动。加强与组织部、党校等部门联系，将男女平等基本国策纳入了全县妇女干部培训班教学内容，营造有利于妇女儿童事业发展的良好环境。

撰稿：房孔芬　审稿：庞　芳

工商业联合会

领导成员

主　席：密长诚

党组书记、第一副主席：朱孟范

副 主 席：万连步　马志广　石家明

吴锋清　邱炳胜　闵庆玉
张　超　张义华　郇学邦
徐兴敏　高文如　高文班
滕善华

临沭县工商联机关有在职干部职工 6 名。全县设 9 个镇街商会、14 个行业商会。非公有制经济代表人士副主席 11 名，执行委员会委员 92 名。

2016 年，临沭县工商联坚持团结、服务、引导、教育的工作方针，深入开展各项活动，为促进两个健康做出新的贡献。

思想政治及非公党建　一是开展主题教育，引导企业家诚信守法。4 月组织召开全县工商联工作会议，通过学习座谈，加深对习近平总书记讲话精神的理解和认识，帮助非公经济人士准确把握中央和省市有关重大决策部署，引导广大非公经济人士认清形势，提振信心。继续开展以守法诚信为重点的理想信念教育实践活动，下发《关于开展“守法诚信、坚定信心”争做优秀社会主义事业建设者活动的实施方案》，引导非公经济人士依法经营、诚信守法，廉洁从业，以非公经济人士个人诚信促进整个企业诚信水平的提升。二是树立模范典型，加强宣传力度。积极与宣传媒体合作，深入宣传非公企业科技创新、转方式调结构的典型事迹，鼓舞和激励全县非公经济人士的创业精神和创新精神。推荐金正大党委及 2 名非公经济人士参加全市非公党建工作先进典型的评选，推荐 10 余家企业参加省、市工商联“三项表彰”评选，充分发挥典型以点带面、示范带动作用。三是加强非公党建工作，塑造和谐企业。扎实开展“建组织、扩覆盖”活动，积极引导企业党组织按照“八有”标准化模式做实党建基础工作。6 月临沭县糖酒食品商会成立党支部。为进一步提高乡镇“两新”组织党务工作者的综合素质和抓党建工作的能力，9 月石门镇商会举办“两新”组织党务工作者培训班。结合非公有制企业实际，引导企业广泛开展“两学一做”活动。史丹利公司组织党员赴中山陵、南京大屠杀纪念馆、雨花台等红色教育基地开展“两学一做”主题教育活动，接受爱国主义教育和革命传统教育；山东金宝诚集团召开“庆八一暨金宝诚集团退伍军人座谈会；金沂蒙集团组织开展建党 95 周年党的知识竞赛活动。积极推进企业文化建设，金正大集团开展“百万亲情献父母活动”，为职工子女发放“爱心助学金”。

组织建设　一是以“五好”工商联创建为抓手夯实基层基础。紧紧围绕县级工商联“五个好”创建标准，争取县委县府的支持力度，及时调整领导班子，将工商联对外联络、培训费纳入财政预算项目支出，今年新发展会员 101 个。加强商会培育和规范化建设，做好商会发展规划，完善基层商会工作制度，实行规范化管理。引导各行业商会开好年度总结表彰大会，切实发挥好、体现好商会组织的引领作用。4 月份，成立临沭县粉条商会。11 月份，完成县工商联铸造商会换届工作。做好县工商联换届筹备工作，起草换届实施意见，积极向县委主要领导作专题汇报，发动镇街推荐优秀人选，并上门走访考察，确定初步人选；通过开展摸底工作、召开不同层面座谈会，了解企业家在换届中的所思、所想、所盼，为换届队伍建设打好基础。二是突出制度落实，加强机关建设。进一步完善党组制度，结合会员企业发展、推进精准帮扶等重要议题多次召开党组会议，确定工作目标，明确职责任务分工，党务政务财务公开，完善党组议事规则。按照县委部署，扎实开展“两学一做”活动。及时召开动员会议，成立活动领导小组，制定实施方案，明确活动的意义和方法步骤。同时结合“三严三实”教育实践活动查找出的问题和不足，及时整改，力求实效。

经济服务及对外交流 一是搞好培训服务。除多次组织企业参加临沂市工商联举办的“民企健康大学堂”培训外，先后组织有关企业参与了山东省中青年企业家培训班、传统企业品牌化布局峰会培训、信息化建设经验交流会等活动，3月县纳税人协会组织举办2016年度企业所得税汇算清缴培训会。二是推进“三引一促”。组织金宝诚参加第二期海外高层次人才交流对接活动。2月积极组织50家会员企业参加春季招聘会，有700余人达成就业意向。4月参加中国临沂第三届资本交易大会暨山东省民营企业助推临沂“三引一促”工作洽谈会，发放宣传材料100余份。三是组织经贸活动。4月参加“2016中国厨具业发展高峰论坛暨‘一带一路’战略下临沂商城助力中国厨具业发展峰会”，邀请参加峰会的企业家来沭实地考察园区建设情况。引导柳编、石材、五金、劳保等商会参加广交会、青交会、文博会等经贸活动，有效降低参展费用，提高商会影响力。指导县柳编商会举办第三届中国（临沭）柳编商会交易会，邀请100余名外地贸易商参展，现场成交额突破100万元。四是做好招商引资工作。充分发挥自身优势，以商招商，目前招引的临沂宏泰化工公司肥业大气污染项目及临沂农宇机械有限公司投资年产2万吨新式温室大棚加工项目正在建设中。五是广泛开展对外交流。1月赴北京参加北京临沂商会兰陵分会成立大会，加强北京与临沭的经贸交流，全国工商联厨具业商会会长钟建民一行受邀到临沭汇商工谷考察。4月东营区工商联考察团到临沭县开展交流学习。7月通过山东陕西商会临沂分会联系，上海东浩国际商务有限公司来沭考察光伏发电项目，并与金正大集团、春雨肥业签订引进投资意向书。11月宁夏固原经贸考察团到临沭县考察，洽谈对接项目。

调查研究和参政议政 一是积极履行参政议政职能。结合我县实际，在年初的县人大、政协会议上，工商联界别的人大代表、政协委员共提出关系社情民意的议案提案近20余份，得到党委、政府的高度肯定；十二届全国人大代表、市工商联副主席万连步在参加全国人大四次会议时，共提交了5项涉及土壤健康、环境保护和绿色农业健康发展等方面的建议，充分发挥了企业界代表的作用。在人大、政协换届工作中，与临沭县委统战部协作，共同做好非公经济人士综合评价工作，在非公经济人士中发现人才，做好对他们的政治推荐。二是深入调查研究。配合临沂市工商联做好上规模民营企业调研、光彩事业、青年企业家组织情况、民营企业调查等工作，为党委、政府科学决策提供参考。

光彩事业 积极推进精准扶贫。按照县委县政府统一部署，县联对负责联系的3户贫困户进行摸底调查，详细了解贫困户的生产生活、家庭收入来源和致贫原因，并帮助制定脱贫计划。6月成立“百企精准扶贫联盟”，动员全县91家爱心企业加入“百企精准扶贫联盟”，精准帮扶91个贫困村，通过开展九大“同德共愿爱心行动”，共同推进农村精准扶贫工作。同时，县联通过宣传发动、思想教育，积极动员和组织全县非公经济人士投身光彩事业。春节期间金沂蒙集团走访慰问困难职工，史丹利公司携手姚基金出资88万元捐助甘肃定西市安定区黑山中心小学，金正大集团向广西壮族自治区象州县受灾种植户捐赠价值100万元的肥料，金正阳集团向临沭县郑山街道办事处捐赠100台环境清洁设备。

撰稿：顾晓昆　审稿：朱孟范

科学技术协会

领导成员

主　任：丁宝岩

副主任：胡尊华　刘　丽（女）

　　　　王　健

临沭县科学技术协会有干部职工 9 人；2 个街道办事处及 7 个镇均设有专兼职科协主任。

大型科普活动　举办全县青少年科技创新大赛。2016 年年初与临沭县教体局联合举办 2016 年度青少年科技创新大赛，共收到参赛作品 250 件，120 人获奖。其中，获省级一等奖 1 人，三等奖 2 人。

开展“七巧科技”培训。5 月 11 日，培训在临沭县第一实验小学举办，由省科协青少年科技活动中心刘红艳老师主讲，对全县各中小学科技辅导员 40 余人进行专题辅导，用多媒体教学方式向与会辅导员们详细介绍“七巧科技”系列活动的发展过程。

开展科普大篷车进校园进村庄活动。4—6 月份，临沭县科协“科普大篷车”对全县 8 个镇街的中心小学进行巡展，共展出展品 18 件、24 台仪器，约 7000 名师生参与。科普大篷车开进曹庄镇朱村、店头镇东措庄，以科普展览、科技咨询、扶贫结对等方式开展活动。

举办七巧板科技竞赛活动。5 月 21 日，临沭县第一实验小学的 60 余名学生参加了智力七巧板比赛，激发孩子们的科学兴趣，开发他们的智力，启迪他们的创新意识和空间想象力，受到师生们的广泛欢迎。

开展“全国科普日”系列活动。一是科学健康进社区。9 月 17 日，2016 年临沭县“全国科普日活动”在石门镇大官庄村启动。临沭县科协、县营养师协会等相关部门进行营养知识、医疗健康、生活科技等多方面的科普宣传，免费为群众测血糖血压，现场咨询，进行营养餐制作的实际操作展示，科普大篷车进行了展览。活动发放科普图书 500 册、宣传资料 600 册(份)，现场参加群众 1000 余人。二是水乡科普行动。9 月 19 日在沭河古道举办，临沭县科协全体人员、有关协会、科普带头人以及当地群众约 100 余人参加。组织科普工作者在沭河古道实地调查，了解当地水资源以及生态环境，水利专家向与会人员讲解沂沭河东调工程，引导大家节约水资源、保护生态环境。三是科普助力精准扶贫。9 月 22 日，组织科普工作者 20 人，利用科普大篷车送科普入村，结合第一书记驻村、干部包户精准扶贫等工作，到石门镇大官庄村开展科普展品展览，通过咨询答疑、发放宣传品等方式宣传节约能源资源、保护生态环境、科学健康的生活方式等科普内容，用科普理念和知识助力精准扶贫工作。受益群众 1200 余人。

联合相关部门开展科普宣传活动。配合县委宣传部、县科技局开展科技周活动，联合县农业局等开展“学雷锋、树新风”志愿服务活动，联合地震局开展防震减灾科普宣传月和科普进社区活动，配合县食品安全委员会等单位举办食品安全宣传月、“食品安全周”活动，共发放科普挂图2000份，接受咨询人次2000余人，出动科普大篷车15台次。

科普惠农 申报“基层科普行动计划”项目。2016年曹庄镇葛福香获中国科协和财政部表彰。

积极做好精准扶贫工作。在省科协实施的精准扶贫专家服务行动中，临沭县有3名科技工作者被省科协确定为精准扶贫项目专家。开展“三问三清”精准扶贫中，县科协联系干部对玉山镇东石河村的16户贫困户进行了多次入户走访，对贫困户情况托清了底子并及时录入平台数据。

扎实做好“第一书记”驻村工作。2016年圆满结束在玉山镇东石河村为期两年的第一书记工作，两位担任第二批“第一书记”的同志顺利通过检查考核。县科协担任第三批“第一书记”的一名同志，派驻石门镇大官庄村，县科协领导多次召开现场办公会，视察村情、了解具体情况，探讨研究该村工作。

积极推进“结亲连心”活动。县科协9人共联系玉山镇东石河村344户，及时更新、完善联系户情况数据。按要求定期加强同联系户的联系沟通。并把联系户的诉求通过工作区网格上报玉山镇网格。

科普阵地建设 继续推进科技馆建设。积极优化设计方案，为下一步科技馆的内部设施、布展工作打好基础。

发挥好已有科普学校、科普画廊的作用。继续开展好校园数字科普工程的建设，维护好已有科普画廊、科普宣传栏，定期更换科普挂图，充分发挥其科普宣传载体的作用。

做好科普大篷车的运行维护及车载展品的保护维修，确保其作用的发挥。

管理维护好数字科普终端。针对乡镇数字终端开机率低的现状探讨解决办法，要求各社区、村居管理维护的同志积极靠上，每天定时开机，检查设备运行状况，及时更新节目，保证科普知识及时传达给群众。

创新智库建设 为充分调动全县科技工作者从事科技创新智库研究的积极性，在全县开展科技工作者建议征集评选活动，在2016年度山东省科协优秀科技工作者建议评选中，我县袁洋、袁培博《改良土壤生态是解决耕地污染的治本之策》的科技建议被评为二等奖。

机关自身建设 继续保持市级文明单位称号。自创建市级文明单位以来，积极巩固创建成果，进一步加强干部职工职业道德教育，优化办公环境，改进工作作风，2016年底顺利通过复查。

开展“两学一做”活动。通过固定学习日、专题党课等方式开展学习教育，科协班子及全体党员在《中国共产党廉洁自律准则》《中国共产党纪律处分条例》集中测试中取得优异的成绩，全体党员持之以恒纠正“四风”，推动作风进一步好转。

撰稿：季晓莹　审稿：丁宝岩

文学艺术界联合会

领导成员

主　席：李守鹤

副主席：张奉松

临沭县文联下设办公室、创联部，有工作人员三人。全年共召集主席会议6次，各协会全体人员会议4次，通过调度各协会的工作开展情况，了解掌握全县的文艺界活动方向。组织各协会对领域内优秀人才梳理摸底，收集资料进行存档备案，较详细掌握全县人才储备情况和全县历年来优秀节目，为文艺演出和创作提供较为详实的第一手资料。编辑出版内部文学杂志《临沭文学》2期，分别批复成立临沭县音乐家协会钢琴专业委员会、临沭县音乐家协会打击乐协会、临沭县书法家协会硬笔书法专业委员会、临沭县朗诵艺术家协会等。

2016年，与县委宣传部联合在冠山举办“寄情山水，诗意人生”诗歌朗诵会，歌从水上来“印象沭河 古道风情”水上文艺演出，与县扶贫办联合在店头镇东措庄村举办“ 喜迎七一 精准扶贫 文化惠民”文艺演出，与县体育中心、县文广新局、县书法家协会联合举办临沭县首届书法临帖与创作大展，联系临沭籍书画家孙中和老师以临沭印象为主题，开展以“抹不去的记忆、忘不了的乡愁”系列活动。反映临沭自然风景，乡村民俗、四季景观等为内容的百幅山水画展。县书法院吴书宝书法作品入选山东省工商业联合会和山东省书法家协会联合举办的“大海杯”民营企业家“聚力十三五、共圆中国梦”书画作品展，入选山东省书法家协会、中共菏泽市委宣传部主办的第三届“牡丹奖”山东省书法作品双年展。结合临沭“钻石文艺奖”评选活动，举办原创文艺作品比赛，评出一等奖、文艺奖41个，歌曲《那片槐花海》荣获沂蒙文艺奖音乐类一等奖，诗歌集《我们的记忆》荣获文学奖三等奖。与市文联和各县区文联互动，参加了河东区书画展，组织美术家协会、书法家协会等进行文学艺术交流，深入基层创作活动。

撰稿：王亚飞　审稿：李守鹤

社会科学界联合会

领导成员

主　席：杨翠国

副主席：崔　平

临沭县社会科学界联合会（简称县社科联），是临沭县委、县政府领导下的群众性学术团体，成立于2002年6月，是正科级参照公务员法管理单位。县社科联设事业单位编制5名，实有干部职工2人。

2016年，临沭县社会科学界联合会深入实施理论教育、载体建设，着眼于认知认同，着眼于贯穿融入，各项工作全面展开，全县社会科学事业取得长足进步。

理论宣讲　围绕习近平总书记系列重要讲话精神、党的十八届五中、六中全会精神、"两学一做"、党风廉政建设等主题，抽调人员成立各类宣讲团赴县直有关单位、理论大众化示范点、镇街开展宣讲1200余场次。积极邀请上级理论专家、学者举办9场专题报告会、百姓宣讲报告会，形成层次丰富的宣讲格局，提高学习的针对性和实效性。

理论调研　为充分发挥社科理论对经济社会发展的指导作用，对社会主义核心价值体系建设、道德扶贫、党组织建设、经济发展等重点工作进行深入细致的调查研究和思考，形成《高举党旗，紧跟党走》《山东省转变经济发展方式研究》《浅谈沂蒙精神人民性特质》等一系列有深度、有价值的调研报告。

社科普及　联合县委组织部、县委宣传部、县委党校、县委党史征委等部门，筛选上报市级社科研究课题选题5组，上报市级社科研究课题26组，立项19组，在全市名列前茅。成功申报省第三十次社科优秀成果1项，市第二十二次社科优秀成果4项。市社科联专家库入库专家7位。参加第二届市优秀社会科学普及读物评选活动，上报作品《发现临沭》《解密"临沭现象"——一个省界老区县的发展纪实》，两部作品均获得二等奖。坚持把社科普及与形势政策教育相结合、与弘扬地方优秀传统文化相结合，与现代传媒相融合，不断创新传播平台。做好入驻"今日头条"客户端组建全省社科联头条号矩阵工作。积极组织参加山东省社科界第三届人文艺术作品大赛，报送绘画、书法类作品6幅。举办社科普及周活动，与县新华书店联手组织开展"全民阅读·书香临沭"读书系列活动，邀请上海作家"章鱼"、江西作协副主席彭学军、临沂市兰山区教育局副局长儿童作家边存金来沭为老师和学生开展专题讲座四场，并开展签名赠书、赠阅活动。配合市社科联、鲁南商报、沂蒙文化学会一行赴曹庄镇进行百集大型纪录片《大美新临沂》采访拍摄，县社科联编写《大美新临沂》专题片拍摄素材。组织参加"大美新临沂"全国歌曲创作征集评选活动，上报歌曲《那片槐花海》。

社科阵地建设　建立省社科普及教育基地群，打造社科普及教育基地。按照省市社科联要求，认真开展社科普及示范体系建设，2016年，曹庄镇朱村、蛟龙镇利城社区被省社科联命名为首批省科普教育基地，曹庄镇被市社科联命名为市级社科普及示范乡镇，店头镇东措村、临沭街道兴安社区被市社科联命名为市级社科普及示范村，临沭县青少年实践中心被市社科联命名为市级社科普及示范基地。

撰稿：崔　平　审稿：杨翠国

残疾人联合会

领导成员

理 事 长：徐勤举

副理事长：付用全　王裕斌　葛　扬

2016年，临沭县残疾人工作积极融入大局，以抓好残疾人民生为重点，以提升残疾人幸福指数为主线，以重点带全面、以经常求突破，主动作为、拼搏实干，积极推进残疾人事业与经济社会和谐发展，取得了明显成效。先荣获“全省基层残疾人组织建设示范县”“全市残疾人工作先进单位”等称号。在2016年度全市科学发展目标责任制考核中，获得全市前三名；在全县科学发展综合考核中名列前茅，被评为“全县科学发展先进单位”。由县残联实施的残疾人“康复扶贫”工作模式被评为县委、县政府改革创新奖。

康复、教育和就业　自主实施白内障患者免费复明手术650例；自主实施精神病患者免费服药180人，住院医疗救助70人；成人助听器适配18例；自主购置轮椅、拐杖、助行器等辅助器具免费向残疾人发放，全年累计发放1100余件。实施残疾儿童送教上门36人；发放残疾大学生学费补助7人。开展葡萄种植、电子商务、绒绣加工、创业培训等培训项目，免费培训360人。通过各种形式新增残疾人就业176人。以就业安置型和扶贫带动型模式为主，扶持12处残疾人就业扶贫基地，安置269名残疾人就业，残疾职工的年收入都在2万元以上，并全部签定劳动合同、购买五险。其中4处基地还以在各镇街建立代加工点的形式，辐射带动2100余名残疾人在家门口实现就业，年人均增收1万元以上。建设1处梦想小镇，吸纳10名创业带头人集中创业。成功培育1处淘宝村，扶持12名残疾人实现网络创业。成立临沭县冬日暖阳残疾人辅助性就业中心，有10名智力、精神和重度肢体残疾人就业。

社会保障　执行各级资金补助政策，坚持应助尽助、应补尽补。全年发放低保残疾人生活补贴和重度残疾人护理补贴14631人；发放重度残疾人居家托养补贴100人；代缴农村重度残疾人养老保险3269人；代缴残疾人城乡居民基本医疗保险11639人。投入46万元为全县持证残疾人购买意外伤害保险，全年共为39名遭受意外伤害残疾人争取赔付资金26万余元。

残疾人体育　输送5名残疾人运动员参加全省残疾人乒乓球锦标赛，获得两金一铜的好成绩，在全市实现历史性突破。

康复中心　临沭县康复中心自2014年投入使用以来，探索创新运营模式，形成一套完善的运行机制，效果明显，得到了广泛认可。3 月份，德国 SES 退休专家组织的 3 名专家在康复中心进行为期三周的残疾儿童康复业务指导交流，对我县康复水平的提升起到极大的推动作用。全年共接纳 58 名 0 ～ 9 周岁残疾儿童入住接受免费抢救性康复。在成人康复方面专门制定优惠政策，对在康复中心治疗的持证成年残疾人每住满一个月给予医疗补贴 2000 元、生活补贴 300 元，全年共接收成人康复住院治疗 430 人次。依托乡镇卫生院建成并成功运营临沭街道、店头镇 2 处镇街残疾人康复中心，使周边镇街的残疾人能够就近就便享受到康复服务。

残疾人维权 全年共接待残疾人来信来访（咨询）150 余人次，12345 热线办理 63 件，始终保持办结率 100%、群众满意率 100%。实施 30 户贫困残疾人家庭无障碍改造；发放贫困下肢残疾人机动车燃油补贴 180 人。

残疾人组织建设 年初，落实村级残疾人专职委员每人每月不少于 50 元的误工补贴。设立专门协会办公室，配齐办公设施，健全协会工作制度，为各专门协会更好地开展工作夯实基础。对残疾人证办理实行定期办理、随到随办和不定期入户办理相结合的方式，定期办证遇节假日、周末不顺延，并承诺 20 天办结，全年共办理残疾人证 4029 本。被评为“全省基层残疾人组织建设示范县”，有 1 处镇街残联被评为“全省基层残疾人组织建设示范乡镇”。

撰稿：禚朝霞　审稿：张孝明

军 事

JUNSHI

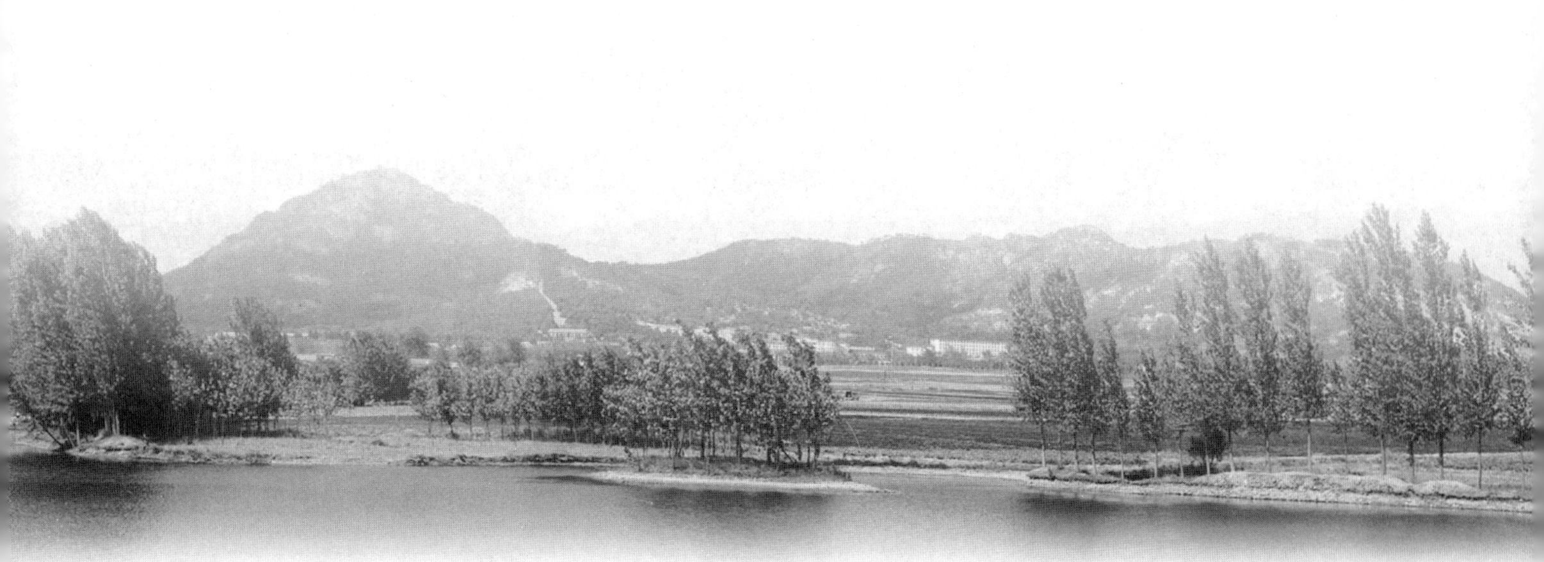

地方军事

人民武装部领导成员

部　长：李玉国（3月离任）

政　委：李全义

副部长：王　磊

2016年，在临沂军分区和县委、县政府的领导下，全县人武系统认真贯彻上级关于加强民兵预备役建设的一系列指示精神，紧紧围绕强军目标抓建设，始终牢记职责使命谋发展，全面建设呈现出稳中有升、持续发展的良好局面。临沭县被山东省政府、省军区表彰为“全省征兵工作先进单位”，人武部党委被山东省军区党委表彰为“先进团级党委”，县委书记任庆虎被山东省委表彰为“党管武装好书记”，县武装部政委李全义被军分区记三等功一次。

思想政治建设　认真学习党在新形势下的强军思想和习主席系列重要讲话以及全军古田会议精神，不断加深对重大理论观点、重大战略思想和重大工作部署的理解把握。扎实深入开展改革强军主题教育、“两学一做”学习教育和“维护核心、听从指挥”主题教育等学习教育活动。通过理论授课、集中辅导、参观见学和自查整改等方法，有效激发民兵预备役人员爱武兴武的政治自觉，增强了广大民兵履行国防义务的积极性与主动性。

军事训练　严格贯彻落实中央军委《关于在党委领导工作中贯彻落实战斗力标准的意见》，坚持党委议训、主官主抓，坚持以问题为牵引，以“能打仗、打胜仗”为标准，把主要精力向军事训练聚焦，把有限财力物力向军事训练倾斜，国防动员和应急应战能力有了明显提升。2016年，在军分区组织的军事考核中，县武装部5名现役干部全部达标，名列全市第二。围绕遂行多样化军事任务，修订完善本级作战预案和应急处突行动方案。为确保方案实战化，人武部以防汛、防暴两项内容为重点，分两批组织全县民兵应急连集训，极大提高了民兵应急队伍快速反应能力和执行任务能力。2016年，在军分区组织的全市民兵应急分队防汛演练考核中，我县取得第一名的好成绩。

人武部建设　深入落实中央军委改革工作会议精神，坚持按照新《军队基层建设纲要》抓基层打基础、抓重点带全局，基层全面建设整体推进，全县2个单位和2名个人被临沂市表彰为“民兵工作先进单位和先进个人”。突出抓好人武部本级全面建设，对保密室、文印室、值班室进行系统升级；对民兵训练基地和征兵体检站进行配套设施建设；对家属院及营区进行环境改造，人武部整体面貌焕然一新。编实建强民兵队伍。

兵员征集　2016年征兵工作，在县委、县政府的领导下，严格标准、严格程序、严密组织，全县新兵无一例退兵，实现了“连续56年无责任退兵”的目标。高中学历青年和大学生入伍比例保持稳步增长，分别达到65.3%和42%，大学生征集比例全市第一，征兵“五率”评比全市第一。

党管武装 深入贯彻《关于进一步加强党管武装工作的决定》，认真抓好各项制度落实，党管武装质量有新的提高。县委、县政府带头履行党管武装职责，积极参加重大活动，协调解决重点难点问题，为各级武装工作开展提供有利条件，创造良好环境。各镇街党委、政府自觉把民兵预备役建设纳入经济社会发展的总体规划，坚持一手抓经济、一手抓武装，形成党委统揽、政府主抓、军地联动、上下合力抓武装工作的良好局面。坚持组织民兵营教导员述职，每年评选表彰一批武装工作先进单位和个人，有效激发各级党政领导抓武装、管武装的积极性。

军民融合 军民融合发展是习主席面向国防动员系统发出的伟大号召，也是实现军民共建的现实要求和实际举措。县人武部立足自身实际，主动作为，积极投身地方经济建设，充分发挥部队机关的特有优势，在党委议政方面建言献策，当好参谋助手；在执行急难险重任务中，立标杆，打头阵；在担负创城主体单位工作中，一线督导，带头执行；在扶贫帮建工作中，积极开展“帮四老、奔小康”活动，与蛟龙、石门 5 名“四老”人员签订帮扶协议；在落实退伍军人政策方面，主动担当政策讲解员，倡导正能量，牵头组织完善全县 15500 余份退伍军人档案资料。在国防动员建设方面，时刻关注我县军民通用企业的发展，2016 年，县人武部将“山田研磨公司”的研发项目向装甲兵工程学院进行了引荐，搭建军民融合发展的良好平台。

撰稿：李高升　审稿：李全义

消防工作

消防大队领导成员

教导员：宋卫东

大队长：曾庆猛

临沭县公安消防大队为副团级单位，有政治教导员、大队长各 1 名，消防大队下辖南古中队和郑山中队，现有现役干部 8 人、士官 9 人、义务兵 1 人、消防文员 16 人、政府专职消防员 60 人；有水罐消防车 3 辆、泡沫消防车 1 辆、抢险救援车 1 辆、高喷消防车 1 辆、城市多功能主战消防车 2 辆、32 米云梯消防车 1 辆，总载水量 61 吨、泡沫 6.5 吨。主要担负全县 254 家消防重点单位、2 个街道办事处、7 个镇和 236 个行政村的消防安全保卫任务。

2016 年，积极推行消防安全责任制，以开展夏季消防安全大检查、人员密集场所、劳动密集型企业、易燃易爆危险品场所、冬春火灾防控等专项整治活动为载体，全力构筑社会消防安全“防火墙”，不断推进消防工作社会化，累计检查单位 1794 家（次），督促整改火灾隐患 1162 处，临时查封 12 家，责令三停 11 家，罚款 102.7 万元，拘留 3 人，提请政府对 3 家存在重大火灾隐患的单位挂牌督办，维护了全县消防安全形势的持续稳定。全县共接警出动 424 起，其中火灾 345 起，抢险救援 74 起，社会救助 5 起，出动消防车 876 台次，消防官兵 5354 人次，抢救被困人员 53 人，保护财产 8560 余万元，圆满完成重大节日和活动期间的消防安全保卫任务。

在曹庄镇、玉山镇、大兴镇依托派出所建立乡镇专职消防队，建设执勤车库等配套设施，并购置车辆器材装备，构建以消防大队为中心，镇街专职消防队为副中心，覆盖城乡、互相支援的消防灭火和应急救援体系。在县城商业繁华地段、人员密集区域和城市道路改造区域新建市政消火栓 170 具，不断完善消防基础设施建设工作，夯实灭火救援基础。

2016 年，临沭县公安消防大队被县政府评为“安全生产履职先进单位”，被市消防支队评为“全市五四红旗团总支”“信息调研工作先进大队”“队列会操获奖单位”，大队报送的典型案例获得全省填补“消防执法空白点”暨评选典型执法案例二等奖；南古中队被省消防总队评为“全省夏季消防检查暨 G20 峰会消防安保先进单位”，郑山中队被市消防支队评为“条令条例暨安全知识竞赛活动获奖单位”；大队多名官兵受到省消防总队、市政府、市消防支队的表彰嘉奖。

撰稿：臧梦雨　审稿：曾庆猛

人民防空

防空办领导成员

主　任：王统华

副主任：赵西侠（2 月离任）

李克见　吴　莉（女，2 月任职）

临沭县人民防空办公室成立于 2002 年 6 月，为正科级事业单位，下设综合科、规划财务科、指挥通信科 3 个职能科室。

2016 年，临沭县人民防空办公室以争创“全市一流人防”为目标，坚持以军事斗争人防准备为牵引，积极推进防空袭核心能力建设和人民防空融合式发展，突出重点，全面推进，促进全县人防事业科学健康发展。

指挥通信警报建设　严格执行警报器检查管理维护制度和无线电通信执勤管理工作制度，对防空警报器定期检修维护，日常管护责任到人，严格落实战备值班制度，实行 24 小时战备值班。通信警报网络始终处于良好战备状态，防空警报网建设和管理实现了规范化、制度化、法制化。成功举行了临沭县第十四次“9·18”防空警报试鸣，警报鸣响率达 100%，音响覆盖率达 100%。结合“9·18”试鸣，组织部分中小学生开展了防空防灾演练活动。

人防工程建设　坚持把人防工程建设作为人防工作的重中之重来抓，积极推进人防建设与城市建设同步规划、同步建设、同步管理，确保人防工程建设依法规范进行。工作中注意加强政策引导，做好跟踪服务，并注意加强人防法律法规的宣传，提高了人们依法履行人防法定义务的自觉性。2016 年规划结建人防工程 1 处。

人防依法行政　规范人防执法行为，将所有人防行政执法收费项目和审批事项纳入县政务大厅人防办窗口办理；把工作职能、办事程序、收费标准和项目向社会公开，接受监督。建立执法责任制和错案追究制。严格执法，对违法建设的单位和个人，依法进行查处。严格执行省、市核定收费标准，全年共办理人防行政审批事项 18 件，收缴防空地下室易地建设费 102 万余元。

人防宣传教育 一是积极做好人防宣传教育“六进”工作。把推进人防“六进”工作作为做好人防宣传教育的重要抓手，着力培养和提升一批“六进”典型，并注重发挥其示范带动作用，有效地扩大“六进”工作的覆盖面。二是抓好人防科普教育馆建设。临沭县人防科普教育馆建设年内全面建设完成，已正式投入使用。三是利用重要时间点，开展人防宣传教育。结合防灾减灾日、警报试鸣日等有利时机，通过多种形式，开展了防空防灾知识的宣传。四是注意搞好日常宣传。利用广播、电视、报刊、网络等媒体加大日常人防宣传力度，增强了社会各界的国防观念和人防意识，营造了人人参与、关心、支持人防的良好氛围。

撰稿：高鹏飞　审稿：吴　莉

法　治

FAZHI

政法委及综治

县委政法委领导成员

书　　　记：刘　飞（6月离任）
　　　　　　韩新华（6月—12月）
　　　　　　杨　明（12月任职）
常务副书记：张凤昌（2月离任）
　　　　　　唐建华（2月任职）
副　书　记：唐建华（2月离任）
　　　　　　徐春敏
　　　　　　王　静（女，12月任职）
　　　　　　田　超（2月任职）

县综治办领导成员

主　　　任：徐春敏
副　主　任：田　超（2月离任）
　　　　　　高　达

县维稳办领导成员

主　　　任：唐建华
副　主　任：王一顺

临沭县委政法委下设办公室、执法督查科、政治处、国安办四个科室，临沭县维护稳定工作领导小组办公室为正科级内设机构，县委政法委信息网络中心为副科级内设事业单位。临沭县社会治安综合治理委员会办公室是临沭县社会治安综合治理委员会的日常办事机构，与政法委合署办公。全委共有干部职工19人。

2016年，全县政法综治维稳工作以确保政治安全和社会稳定为底线，以提升社会治安群众安全感满意度为目标，以强化政治稳定、矛盾化解、治安综治、社会治理、基层基础为重点，深入推进平安临沭、法治临沭、政法队伍建设，取得显著效果。全县刑事案件、治安案件下降14.8%，未发生重特大安全生产事故、去省进京重大信访事件、重大恶性刑事治安案件、重大群体性事件和影响恶劣的涉黑涉恶团伙犯罪，群众安全感和满意度进一步提升。

平安建设　深入开展平安镇街、平安村居、平安家庭等基层平安创建活动和平安行业、平安单位、平安企业、平安学校等平安创建活动，实现平安建设全面覆盖，全县95%以上的村居、企业、单位达到平安标准。严格政法综治信息报送，健全重大事项报告制度，各项工作规范有序推进。高标准推进县、镇、村三级综治中心和信息平台建设，对县综治中心和9个镇街综治中心进行提升改造。不断加强基层组织建设、镇街综治组织建设、基层政法单位建设、村居社区综治组织、农村社区警务室、单位内保机构建设。加大平安创建宣传力度，政法各部门开展送法活动20余次，发放宣传资料5万余份。利用手机短信、“今日头条”公众号和微信公众号，发送各类普法信息700余条。同时，在电视、报刊上开辟“平安临沭”专题专栏，在报刊、网站、电视等各类新闻媒体上发表政法综治和平安建设宣传稿件400余篇。

严打整治斗争　以“双无”创建活动为载体，开展“亮剑清网”“打盗抢、保民安”等专项行动，为经济社会发展保驾护航。公安机关破获各类案件 1609 起，抓获违法犯罪嫌疑人 1327 名。检察机关共批捕刑事犯罪嫌疑人 329 人、起诉 707 人。法院机关共审结各类刑事案件 592 件，判处罪犯 739 人。司法机关开展判前调查 344 起，对全县 500 名社区矫正人员实现实时位置监控，对 1572 名刑释解教人员实现一人一档。大力推进社区戒毒及康复工作，全市禁毒工作暨社区戒毒社区康复工作现场推进会在临沭县召开。

治安防范 坚持片区化巡防常态化，按照要求配足配强专职巡防队伍，协调解决巡防队伍经费。结合警务区、工作区，将全县划分为 34 个巡防片区，安排镇街机关干部带队，专职巡防队员和村居治保主任为主体，开展片区巡防、村级联防；充分发挥党员、干部带头作用，坚持每天由 1 名以上党员（干部）值班带班，组织开展村级站岗巡逻工作。按照市综治委和县委、县政府的统一部署，狠抓“雪亮工程”建设。县镇两级成立“雪亮工程”建设工作领导小组，印发《关于在全县推进综治“雪亮工程”建设的指导意见》《全县推进综治“雪亮工程”建设十项措施》，成立 6 个工作督导组，确保全县“雪亮工程”建设工作有人抓、出实效。新建、改建综治中心 10 处，新建三级综治信息平台 250 处；新增镇村数字高清探头 3828 个、治安监控卡口 22 处；新增城区数字高清探头 2013 个、公共场所治安监控 414 处、治安监控卡口 53 处，基本实现城区、镇街、村居视频监控全覆盖目标。建立“雪亮工程”建设和运维经费保障机制，及时协调解决工程建设中人财物等实际困难和问题，全县总投资 1600 余万元。

基层基础 推进三级综治平台标准化建设，完成县、镇（街）、村三级综治中心提升改造和综治信息平台建设，实现“县、镇、村”三级互联互通。大力开展社会治安基础薄弱村帮扶工作，市县两级综治委成员单位到位帮扶资金 147 万元。健全完善调解组织建设，全县成立专业调解组织 15 个，各类调解组织 439 个，聘任专职人民调解员 27 名，调解矛盾纠纷 1232 件，调处成功 1221 件。扎实开展律师参与涉法涉诉信访和代理申诉工作，全县共选派 17 名律师分别到法院、检察院、公安局为群众提供法律咨询和法律帮助，化解纠纷 70 余起。积极开展司法救助工作，对符合条件的 28 起案件当事人实行司法救助，发放救助资金 57 万元，妥善化解一批涉法涉诉信访案件。严格落实重大决策社会稳定风险评估制度，对 40 个项目开展社会稳定风险评估工作，其中，可以实施 39 项，暂缓实施 1 项，经过稳评的项目，在实施过程中未发生影响社会稳定问题。深化网格化管理应用，全县实有人口、房屋信息录入率达 95% 以上，通过网格化管理系统上报诉求信息 349 条。

专项秩序整治 扎实开展“矛盾纠纷大排查大调处”专项行动，共化解信访积案 279 起，化解率 98%。加快社区矫正制度化、规范化建设，对每名社区矫正人员落实监管责任人，对不服从监管的 28 名社区矫正人员给予警告处罚。严格执行判前社会调查审查审核制度，开展判前调查 271 起。全年协调有关部门解决 12 名困难帮教对象的就业问题。注重青少年法制教育，坚持学校、家庭、社会联动，有计划、有步骤地对青少年进行全方位的法制教育。加强重点领域管理，加大暂住人口出租房屋管理力度，清查流动人口 18000 余名，整顿出租房屋 3500 余户；排查整治社会治安重点地区 15 个，清查客车、校车、危化品运输、渣土运输车辆 1258 辆（次），清查旅馆、洗浴场所、KTV 等重点场所 320 处，整改治安隐患 129 处；检查超市、学校、医院、人员密集场所等 120 余处，整改隐患 58 处；加强安全生产监管，定期开展安全生产大检查活动，共检查企业 968 家次，排查隐患 977 条，对 45 家企业进行处罚。坚持虚拟社会现实化管理，成功破获各类网络传销案、网络赌博案等重大案件，开创临沭公安打击网络犯罪先河；开展以信访秩序、重点行业场所秩序、道路交通秩序、市场经营秩序等为主要内容的整治和规范活动，为经济社会持续健康发展保驾护航。加强重点行业物品管控，强化对枪支弹药、危化物品的管理，连续21年枪支弹药、爆炸物品管理无事故。

政法队伍建设 组织广大政法干警、综治干部学习党的十八大、十八届历次全会和习近平总书记系列重要讲话精神，深入开展“结亲连心”和“两学一做”教育，切实增强广大干警、综治干部为民服务意识和廉政意识。全县政法干警通过走村入户、提供法律咨询等方式化解各类矛盾纠纷230余件（次）。深入推进纪律作风集中教育整顿活动，印发《关于加强全县政法队伍纪律作风建设的意见》。全面推进司法体制改革工作，圆满完成首批法官40人、检察官29人入额工作。健全执法制度、规范执法程序、强化执法管理，定期召开法、检、公、交等部门参加的案件分析研判会议，政法各单位执法规范化水平不断提高。强化执法督查，集中开发网上在线考试、网上督察、音视频资料管理、短信回访四大信息系统，实现执法培训、网上督察、上传资料、回访群众的常态化。大力开展案件评查工作，全年对10起案件进行评查，未发现一起瑕疵案、错案等有问题案件。

见义勇为 全县各级各部门积极参与社会治安综合治理和“平安临沭”建设，人民群众自觉维护社会治安的积极性进一步高涨，涌现出一大批见义勇为先进典型。同时，进一步加大宣传力度，在县电视台开辟专栏，定期播放《大义沂蒙》，及时宣传见义勇为先进事迹，弘扬社会正义。2016年，授予蛟龙镇赵锡山“临沭县见义勇为模范”荣誉称号，并颁发奖章、奖金。做好见义勇为人员走访工作，发放慰问品和14000元慰问金。推荐大兴镇宋法虎、宋瑞民、宋祥民、徐夫全4人，被省综治办、省见义勇为基金会授予“山东省见义勇为英雄”荣誉称号。

附：见义勇为事迹

赵锡山 41岁，蛟龙镇前蛟龙村人。

4月初的一天，三株希望小学四年级学生王科程和几个同学午饭后在前蛟龙村西河边玩耍。由于护坡陡且湿滑，王科程掉进河里。当时正值河下游发电厂蓄水，河水深约2米，很快没过小科程脖子，不会游泳的他在水里用力挣扎着。一起玩耍的孩子们吓坏了，沿着河堤边跑边大声呼救。家住河边的赵锡山刚从县城买完装修饭店用的材料回家，正吃午饭。家里的装修工人听到孩子呼救声便告诉赵锡山可能有孩子落水了！赵锡山跑出门，见一个孩子在距桥十几米的河水里挣扎着，他来不及多想，身上的现金、车钥匙没顾得上往下拿，衣服鞋子也顾不得脱，沿着护坡跳到河里。4月的河水刺骨冰凉。赵锡山游到孩子身边，一把托起孩子，河水已经淹没赵锡山脖子，身上的衣服也已经被河水浸透，他连游带走，艰难地拖着孩子向岸边移动，孩子求生的欲望使得他紧紧抱住赵锡山，孩子的重量再加上身上湿透的棉衣，让赵锡山感到很吃力，有好几次他都感觉自己快支撑不住了，但他心里明白，一旦自己放弃了，这个孩子怕就没救了。凭着坚强的意志力，赵锡山咬着牙拖着孩子继续前行。好不容易靠近岸边，但河岸的岩石上长满苔藓，特别湿滑，加上抱着孩子行动不便，他尝试了几次也没能上岸。岸边群众折了几根柳树枝，递给赵锡山，才将赵锡山和孩子拉上岸。上岸后，直到确认孩子没事了，赵锡山才回到家中，换下被河水湿透的衣服。县政府研究决定授予赵锡山“临沭县见义勇为模范”称号。

撰稿：徐海鹏 审稿：田 超

公　安

公安局领导成员

局　　长：韩新华

政　　委：姜金利

副 局 长：伏　磊　赵士永　李学军

　　　　　王孝儒

副 政 委：胡怀光　李　峰　景　健

纪委书记：王恒贤

党委委员、交警大队大队长：孙　澎

党委委员、巡警大队大队长：侯俊严

2016年，县公安局主动适应经济社会发展新常态，聚焦风险防控，深化改革创新，坚持问题导向，着力补齐短板，强化能力建设，全面履行职责使命，有力维护全县社会大局和谐稳定。县公安局在全市县级公安机关年度综合考核中获得第六名，先后被评为平安临沂建设先进单位、全市信访工作先进集体、全市关心国防建设十佳单位。在全省科学发展观群众安全感测评中，临沭县由2015年的全省138名上升到93名，上升45个名次。

维护政治稳定　立足大局，主动履职，圆满完成各级“两会”、杭州G20峰会、十八届六中全会等敏感节点、重大活动安保任务。充分发挥职能作用，严厉打击“非访”行为，依法打击“非访”人员33名。抓早、抓小，共处置各类群体性事件12起，保障全县重点工作顺利进行。加强隐蔽战线斗争，密切关注敏感群体动向，维护政治领域稳定。

打击刑事犯罪　牢固树立主业意识，坚持严打方针不动摇，“打侵财、扫毒害”攻坚会战、“打击盗抢诈骗、确保财产安全”安民行动、打击电信诈骗、情报追逃等一系列专项行动，成功侦破“1·10”赵某东故意杀人案、“11·18”曹某故意伤害致死案、“11·23”孟某龙故意伤害致死案、“8·12”宋某宁被诈骗案、“6·13”网络赌博案等有影响的大要案件。年内，共破案1609起，行政拘留827人，刑事拘留955人，逮捕372人，移诉701人，刑拘、逮捕、移诉数分别同比上升4.37%、3.62%、21.49%。

治安巡逻防范　坚持科学用警、动态用警、显性用警，切实提高街面见警率、管事率，震慑违法犯罪，增强群众安全感。全年刑事发案数同比下降23.4%，无可防性刑事警情日累计达到42天。深入实施科技强警战略，对天网一期工程进行改造，重新布局，改造车道卡口25处90个，新增卡口6处，监控点2处。投资379万元建设公交站点视频监控工程，建有公交站点及路面监控254处、人脸识别设备20套、高空枪机8处、苍源河道监控14处、地下通道监控2处，增强动态防范能力和震慑力。深入开展网络社会管理，投资76万元安装无线网络管控系统各类设备160个。

公安行政管理　为全面提升群众满意度，专门成立创满意考核办公室，具体负责指导、调度、监督、考核全局创满意工作。实行民警实名标识上岗和辅警实名胸牌上岗制度，安装评价器、自动叫号机，统一悬挂投拆提示。全年接报警电话共计 4.1 万起，有效警情近 2 万起。户政部门全年受理户籍变更 1.8 万人次，发放身份证 8.4 万张。出入境大队受理审核出国境申请 6227 人次，民生警务平台受理群众诉求 7510 件。严把征兵政审关口，实现连续 56 年无责任退兵的全国最高记录。

基层基础建设　社区戒毒康复办公室、城南派出所、开发区派出所、新看守所、拘留所、武警中队营房、民警培训中心投入使用。大兴、青云、曹庄、朱仓等派出所户籍室进行改造。消防大队执勤楼主体已经完工，进入内装饰阶段。公安机关业务技术用房、毒品预防教育中心、民警培训中心射击场馆建设正在施工。全年共投入 800 万元购置执法记录仪、网上督察系统、350 兆数字集群、网络信息安全管理等执法办案装备及办公器材。

公安队伍管理　以“两学一做”和“受教育、亮承诺、见行动”专题教育活动为主线，积极开展集体学习、党性修养、业务技能和“纪律作风集中教育整顿活动”等教育培训活动，先后举办 110 接处警技能、大数据平台应用、吸毒检测、银行资金查询、电信诈骗侦办等 14 个培训班，组织民警赴外地参观学习，选派业务骨干参加公安部、省公安厅举办的业务培训班，增强民警政治素养和业务能力。认真落实年休假和职务与职级并行等从优待警措施，全面兑现警衔补贴。

典型案例　“8·12”宋某宁被诈骗案　2016 年 8 月 12 日，临沭县发生一起电信诈骗案件，受害人山东理工大学学生宋某宁被骗 1996 元，8 月 23 日，宋某宁猝死。在公安部、省公安厅、市公安局统一指挥和大力支持下，县公安局成立以副县长、公安局长韩新华任组长的专案组，全力开展案件侦查取证工作。经过六个多月艰苦努力，专案组共打掉 13 个犯罪团伙，抓获犯罪嫌疑人 37 名，逮捕 33 名，实现对电信诈骗犯罪的全链条打击。该案查实犯罪团伙发送诈骗信息 1000 万余条，诈骗金额 550 万元以上，受害群众遍布全国 26 个省、自治区、直辖市，107 个地市。该案的成功破获受到省、市、县各级领导高度赞扬，被评为全省侦破侵财案件十大精品案例。

撰稿：裴秀坤　审稿：韩新华

检　察

检察院领导成员

检　察　长：汲广虎

副检察长：冯金华　卢文平　赵应柱

　　　　　刘乃如　王福臣

专职检委：吴　超　朱　璐

政治处主任：于志恒（女）

反贪局局长：赵　海

反贪局副局长：谢春晓

反渎局局长：李广永

2016 年，临沭县人民检察院积极落实“以点带面提升业绩，严管队伍提升执行力，外树形象提升满意度”工作思路，不断强化法律监督，强化自身监督，强化“三项建设”，强化队伍建设，深入推进司法改革和检察改革，各项工作取得新的发展和进步。

预防和查办职务犯罪 坚持有案必查、有腐必惩。坚决贯彻中央、省、市、县委和上级检察机关的决策部署，严肃查办和积极预防职务犯罪，共立查各类职务犯罪14件17人，其中，贪污贿赂案9件11人，渎职侵权案5件6人。坚持突出专项工作，在社保领域立查3件3人，追回被冒领养老补贴170余万元；在惠农扶贫领域立查4件5人；在教育卫生领域立查4件4人。职务犯罪预防工作深入发展。组织警示教育宣讲10场次，2000余人受到教育。积极发挥行贿犯罪档案查询的预防作用，提供查询813件次。深入政府投资项目开展同步预防，保障政府投资安全。认真落实预防志愿者、廉政风险防控、年度报告等制度，有力促进反腐倡廉建设。

刑事检察 依法打击各类刑事犯罪。共批捕241件329人，起诉555件707人。其中，批捕严重暴力犯罪、多发性侵财犯罪和毒品犯罪嫌疑人166人、起诉180人。在办理在读大学生宋某宁“被诈骗案”过程中，县检察院提前介入、引导侦查，全面审查证据，快速办理，依法批捕26人。深入落实宽严相济刑事政策。创建轻微刑事案件犯罪嫌疑人、被告人认罪认罚从宽机制，依法对102名犯罪嫌疑人作出不捕不诉决定。该创新项目获全市创新成果一等奖。

法律监督 强化刑事诉讼监督。共监督立案3件3人，监督撤案3件3人；纠正漏捕4件4人，不批准逮捕90件133人，不起诉10件12人，提请抗诉2件。强化对民事审判和行政诉讼活动监督。受理民事申诉案件10件，办理市院交办案件2件，法院再审改判案件1件；办理诉讼行为违法调查案件3件，支持起诉案件2件；办理行政执法检察监督案件19件。强化对刑罚执行和监管活动监督。纠正监管违法6件次，纠正脱管漏管违法案件10件，开展羁押必要性审查24件24人次，被建议单位对24人变更强制措施，维护司法公正和社会公平正义。

检察制度改革 根据《山东省全面推开司法责任制改革检察官入额工作指导意见》《山东省全面推开司法责任制改革检察官入额考试考核工作指导意见》《山东省全面推开司法责任制改革检察官入额考试考核考察工作方案》规定，坚持以中央、高检院和省市县委、省院司法责任制改革精神为指导，深入推进检察官专业化、职业化建设，通过公开、公平、公正、科学的选拔程序，将符合办案需要的检察人员选任为员额内检察官，为实行检察人员分类管理，落实检察官办案责任制奠定基础。入额考试考核考察工作，坚持党的干部路线和方针，坚持任人唯贤、德才兼备、以德为先，坚持客观、公平、公正、公开原则；坚持突出检察业绩、办案能力和司法经验原则；坚持综合考察、整体评价、严格标准、优中选优原则。对检察人员分别采取以下方式，遴选为纳入员额管理的检察官（以下简称“遴选入额”）：（一）检察长经省遴选委员会遴选程序后，直接计入检察官员额。（二）分管办案工作的副检察长、其他担任检察委员会委员的党组成员和检察委员会专职委员采取考核方式遴选入额。不分管办案工作的副检察长、其他担任检察委员会委员的党组成员、检察委员会专职委员，纪检组长和政治处主任，本人可以提出申请，经考核遴选入额，但不再保留原有领导职务，按照干部管理权限和规定程序办理免职手续。领导成员中属双重管理的，须经相关部门同意后方可报名参加入额考核；经考核后按统一的比例、标准和程序参加省遴选委员会统一遴选。（三）其他检察委员会委员、检察员、助理检察员，采取考试与考核相结合的方式遴选入额。综合部门正副职领导干部，本人可以提出申请，经考试、考核遴选入额，但不再保留原任领导职务。遴选入额的检察官，应当在办案岗位上履行职责两年以上。遴选出首批员额制检察官29名。

三项建设工作　一是抓好司法规范化建设。深入开展规范司法行为专项整治工作，组织案件质量评查3次，评查案件86件，发现不规范问题100余个；做好涉案财物专项清理检查工作。二是抓好检察信息化建设。完善信息化基础设施建设，加快推进信息技术与检察工作深度融合，制定驻看守所监控系统建设技术方案，及时完成统一业务应用系统升级任务。加强新媒体建设和应用，共发布微信284篇、微博963篇、新闻客户端今日头条282条。三是抓好基层基础建设。派驻检察室积极开展案件办理工作；实施“检察村村通”工程，实现检察服务全覆盖；创建“精准预防涉农职务犯罪”机制，推动基层廉政建设，推进基层治理法治化。

队伍建设　突出思想政治建设。深入学习党的十八大、十八届三中、四中、五中、六中全会和习近平总书记系列重要讲话精神，系统学习党章党规，扎实开展“两学一做”专题教育和“受教育、亮承诺、见行动”主题教育，牢固树立“四个意识”，坚决维护以习近平同志为核心的党中央权威。二是突出纪律作风建设。系统学习党章党规，落实党风廉政建设“两个责任”，通过签订责任书、个人重大事项报告、党风廉政联席会、检务督察等强化监督。三是突出专业化建设。实行司法责任制改革，顺利完成员额检察官遴选工作。开展教育培训、岗位练兵活动，培训干警120余人次；选派30余人次参加县委和上级检察机关举办的培训，队伍综合素质进一步提高。

撰稿：张皓原　审稿：卢文平

法　院

领导成员

院　　长：侯　雷（12月离任）
　　　　　张星磊（12月任职）
副 院 长：王绍良　王旭波　谢耀军
　　　　　杜勇剑
纪检组长：任洪波
政治处主任：段培房
执行局局长：禚　山
执行局副局长：季文涛　张锦文
审委专职委员：刘晓光　滕海燕（女）

临沭县人民法院设诉讼服务中心（下设立案庭、速裁庭）、刑一庭、刑二庭、民一庭、民二庭、民三庭、行政庭、审监庭、执行局（下设办公室、执行一庭、执行二庭）及政治处（下设组织人事科）、办公室、监察室、研究室、技术室、法警大队，辖临沭、蛟龙、店头、南古、青云、经济开发区6处人民法庭。全院共有编制数111人，在职干警111人，其中，法官69人；研究生以上学历9人。

2016年，临沭县人民法院积极适应经济发展新常态和法治建设新要求，以“审判效能提升年”活动为抓手，突出均衡结案、强化科学管理、扩大司法民主与公开、强化队伍建设，依法履行宪法和法律赋予的职责，全年新收案件9714件，审执结9993件，案件结收比102.9%，同比分别上升5.47和4.84个百分点。

刑事审判 共审结刑事案件576件591人。其中，判处五年以上有期徒刑30人，重刑率5.07%。依法打击金融诈骗、合同诈骗、非法经营等破坏市场经济秩序犯罪14件22人；重点打击交通肇事、危险驾驶、寻衅滋事等多发性犯罪232件268人；依法惩治故意杀人、伤害、抢劫等暴力性犯罪53件60人；判处贪污、贿赂、滥用职权、玩忽职守等职务犯罪18件18人。严格落实宽严相济的刑事政策，依法对362名罪行较轻的初犯、偶犯、过失犯或有自首、立功等情节的被告人判处管制、拘役等较轻刑罚或宣告缓刑。妥善审结未成年人犯罪案件12件28人。

民商事审判 依法审结民商事案件5257件。其中，审结婚姻家庭、赡养、继承等纠纷1171件；审结借款、票据、保险等金融纠纷433件；妥善化解交通事故纠纷779件；及时审理农民工讨薪、土地承包、房屋拆迁补偿、商品房买卖等涉民生领域案件796件。针对企业涉诉重点问题组织开展调研走访，并就企业管理、劳资纠纷、合同签订、销售担保等方面提出司法建议4条。在全县机械制造行业发展困难期，依法运用司法手段，帮助企业追回损失9200余万元。

行政审判和非诉执行 审理结行政诉讼案件72件，判决维持具体行政行为或驳回原告诉讼请求26件，判决撤销或确认具体行政行为违法7件。审查非诉行政执行案件209件，裁定准予执行167件，不准予强制执行42件。进一步发挥司法能动作用，对行政争议进行源头预防，邀请县直部门执法机关人员75人旁听庭审3场，与县法制局联合举办培训班2期，培训210余人次，促进行政机关依法行政。

执行工作 执行结案2167件，实际执结1295件，过付标的款5134.69万元，到位率59.79%。优化执行资源配置，建立执行小组，实行2+2团队模式，强化警力保障。升级执行案件管理系统，实现银行账户、房产、车辆信息实时反馈，确保第一时间采取控制措施，及时保障当事人权益。充分发挥失信名单制度，依法将1964名被执行人列入失信名单并曝光。加强与公安局、检察院等部门的配合，司法拘留191人，以拒执罪移送公安机关立案侦查7件7人。加大执行案款清理力度，确定专人负责，建立专用账户，落实台账管理，查清每一笔案款的来源、去向，清理已收取但未过付案件690件1774.86万元。

司法为民 成立以全国法院办案标兵、速裁庭庭长高晓名字命名的法官工作室，坚持第一时间立案送达、第一时间调解裁判、第一时间督促履行的办案理念，加大立案分流、繁简分流工作力度，实行同类型案件要素化审理，工作室全年共审结案件847件，诉前分流纠纷236起，所结案件无一重大改判、发回重审、缠访闹访，平均结案周期22天。推进多元化纠纷解决机制建设。聘请2名专职人民调解员驻庭调解。建立立案分流室、人民调解室、司法确认室和法官工作室，完善诉调对接工作制度。由驻庭调解员负责立案甄别分流、诉前调解，达成协议的及时予以司法确认。驻庭调解员全年参与调解案件125件，司法确认43件。设立法律服务平台。全县执业律师和基层法律服务工作者轮流到诉讼服务中心值班窗口值班，为来诉来访群众提供免费法律咨询和服务700余人次。探索实行律师代理申诉制度，由值班律师协助接待化解涉诉信访案件，对依法导入申诉渠道的案件当事人提供专业法律服务。开展长期未结案件清理活动。在审管办牵头下，对所有长期未结案件进行拉网式排查，逐案建立清理台账，查明未结原因、制定结案措施，建立领导分片包干制度，党组成员分工督导分管的业务庭，将审判执行工作任务目标分解到每一个业务庭，量化到每一名承办法官，分别制定工作计划和进度表。强化工作调度，审委会逐案听取汇报，并对长期未结案件台账进行公示，层层传导压力，长期未结案件数量逐步压缩，由高峰时的160余件缩减至40件。

司法体制改革 优化审判资源配置。全面落实院庭长办案制度，院庭长带头办理疑难复杂和新类型案件，院庭长审理案件占比45%以上。办案力量向一线倾斜，调整5名综合岗位法官到一线办案，审结各类案件596件。开展集中办案月活动，一线法官年人均办案238件。做好首批法官入额工作。认真落实上级法院关于首批法院入额工作要求，及时召开司法责任制改革动员会，制定《首批法官入额工作实施方案》《首批法官入额工作公告》，严格按照程序组织入额报名、资格审查、考试、考核等程序，选出一批业务能力强、群众基础好的入额法官，完成首批40名入额法官公示。深入推进司法公开。升级审判流程、执行信息管理系统，实现案件流程信息在互联网公开，在中国裁判文书网公布生效裁判文书4497份。筹建上线官方微博和微信公众号，定期推送法律法规、审判动态、典型案例、干警风采。开通留言和评论功能，与群众双向互动。有效扩大司法民主。认真推行陪审制度改革，新选任62名具有广泛代表性、年龄知识结构合理的人民陪审员。在婚姻家庭、未成年人犯罪、医疗纠纷等案件中引入妇联、团委和专业技术人员参审。推进参审职权转变，让人民陪审员更多参与审理事实问题，认真倾听，主动发问，避免陪而不审，审而不议的问题。人民陪审员参审案件1186件。

基层基础建设 人财物向法庭倾斜。法庭庭长全部落实副科级待遇，安排5名新进干警到法庭成长锻炼。完成蛟龙法庭改扩建，征地新建临沭法庭、开发区法庭，监所法庭建设全面竣工。各法庭充分发挥联系群众桥梁纽带作用，年审理案件约占全院民商事案件的70%。加强信息化建设。院直10个审判庭和蛟龙、青云3个法庭都建成高清科技法庭，满足庭审直播、同步录音录像等功能。完善司法文书纠错、OA办公、智能辅助办案、大文件存储和掌上法院等操作系统，开通淘宝网司法拍卖平台，全年发布拍卖案件11件，成交6件。依靠信息网络建立起一套完整的审判流程管理平台，当事人可在司法公开服务平台和政务网站自助查询案件流程信息。

队伍建设 坚持专项培训、岗位培训和业务培训相结合，选派法官参加上级法院和各级党委组织的学习培训56人次，组织赴西南政法大学、中国政法大学等全国知名学府参加素质提升培训190余人次。开展中秋节诗文诵读，组织缅怀先烈、重阳节主题道德讲堂2次，举办青年法官读书会3期，开展首届青年法官辩论赛等文化活动，不断激发队伍的内生动力。深入推进党风廉政建设。制定党组主体责任、纪检监督责任实施办法，层层签订党风廉政建设责任状。深入开展司法廉洁专项教育活动，举办司法廉洁大家谈主题演讲活动，邀请律师、陪审员和本院干警代表作交流分享。完善干警八小时以外反腐倡廉监督机制，邀请县纪委常委张孝明作廉政专题报告，参观警示教育基地，观看警示教育片，进一步筑牢干警拒腐防变的藩篱。

撰稿：曹珊珊　王艳妮　审稿：张星磊

司法行政

司法局领导成员

局　　长：胡顺伟
副 局 长：杨化泉　张媛媛（女）
纪检组长：付学宽
普法办主任：张媛媛（女）
普法办副主任：张广场
公证处主任：阚怀学
法律援助中心主任：毛庆玺

临沭县司法局下设办公室、宣传科、基层科、政工科、财务科、社区矫正办公室6个职能科室。隶属于司法局的二级单位有法律援助中心、公证处，社会中介机构山东苍马律师事务所、山东金星伟业律师事务所，临沭县普法办公室与县司法局合署办公，全县设司法所9个、法律服务所11个。2016年临沭县司法局保持"市级文明单位"称号。

普法依法治理　2016年是"七五"普法启动年。6月，县政协对全县普法工作进行视察，召开普法依法治理界别协商座谈会；9月，县人大常委会调研全县普法依法治理工作，对县普法工作进行视察，召开普法依法治理界别协商座谈会，对"七五"普法提出意见建议。年内出台《关于在全县公民中开展法治宣传教育的第七个五年规划》和《临沭县2016—2020年依法治县规划》。全年组织开展"七五"普法调研活动12次，征求意见建议36条。通过普法短信平台每周发送一次普法短信，打造"玉山普法""青云司法"两个普法微信公众号和"临沭普法""临沭司法"两个今日头条公众号，发送各类普法消息300条。实施法治文化阵地拓展工程，加大法治主题公园、法治文化广场、法治文化街区等法治文化设施的建设力度，打造体育场、云溪谷和蛟龙镇利城社区等一批法治教育示范点。创新"法律六进"方式方法，以普法书屋、法制文化广场、学法园地、模拟法庭、法制文艺宣传等形式，加强法治文化建设。先后组织开展"金猴喜迎春普法进农村""送法进校园"等系列宣传活动20场次，共发放各类法治宣传资料5000余份、法治图书1000余册。突出重点对象学法守法用法，在县委党校举办学法用法专题讲座4次，在全县新任科级干部培训班、青年干部培训班开设法治课程。丰富青少年普法教育形式，组织开展全县首届中小学生法治手抄报比赛，评选出优秀作品150份。拓宽农村法治宣传渠道，利用农村广播"村村响"工程向农民群众宣传法律知识，覆盖全县所有村（居）社区。在第十二次全市普法宣传工作会议上，临沭县有7个集体、12名个人荣获市委、市政府"六五"普法先进单位和先进个人称号，2016年7月，临沭县被评为全省普法依法治理工作先进县。

公共法律服务　法律服务平台建设。积极争取临沭县委、县政府支持，将临沭县公共法律服务中心建设列入全县2016年度重点民生工程和为民实事项目，年内主体工程完工，开始内部装修。投入使用后，将把律师、公证、法律援助、人民调解等司法行政业务集中在一起，实行一口受理、分流办理、“一站式”服务，确保群众只进一个大门，解决“一揽子”法律服务需求，真正将法律服务中心建设成为运行高效、规范有序的公共法律服务综合枢纽和指挥协调平台。在镇（街）依托司法所建立镇级法律服务中心，打造成集法律服务、人民调解、法律宣传、社区矫正管理等功能为一体的公共法律服务一线平台，已建成玉山、青云、店头3个镇级法律服务中心，36个村居（社区）司法行政工作室。将“12348”法律援助专线升级为“12348”公共法律服务热线，打造具备法律咨询、人民调解、普法宣传、综合服务等多功能于一体的热线平台。年内热线月均受理群众法律咨询100余人次，有效满足人民群众基本法律服务需求。依托临沭县政府门户网站，梳理整合法律服务事项、服务资源以及行政权力事项资源，方便群众在线法律咨询。

发挥法律服务职能。出台推进法律扶贫实施意见，为全县30个重点贫困村和32个省、县派“第一书记”驻点村配备法律顾问。充分发挥律师队伍在维护社会稳定中的作用，完善律师参与涉法涉诉信访制度，在法院、检察院、公安局设立法律服务平台，安排律师和基层法律服务工作者轮流值班。全县律师为99家单位担任常年法律顾问，全年代理各类案件597件，免费解答法律咨询9011余人次。实行公证员“岗位目标责任制”，严格公证程序，主动参与重大项目、拆迁安置、城建建设等领域公证，狠抓办证质量，规范公证案卷，全年办理各类公证事项1935件，其中，民事1613件，经济312件。积极适应困难群众需求，不断降低法律援助门槛，法律援助覆盖面进一步扩大，办理各类法律援助案件315件，其中，公证16件，司法鉴定25件，刑事10件，民事259件，仲裁5件。加强基层法律服务队伍管理，组织开展“爱岗敬业奉献”主题活动，顺利完成法律服务工作者培训和年检工作。深入实施《山东省司法鉴定条例》，加强对司法鉴定从业人员监管，提高司法鉴定质量。

基层基础 加强基层基础设施建设，为每个司法所统一配备电脑、打印机、传真机等办公设备。投资20余万元，先后打造玉山、青云、店头等司法所，其中玉山司法所办公面积达300余平方。充实配备司法所人员，选拔三名司法所长为县司法局中层正职，各司法所人员均达到3人以上，其中临沭司法所达到6人、玉山司法所4人。深入开展规范化司法所创建活动，健全完善社区矫正、人民调解、普法依法治理等工作制度，制定出台《司法所目标管理考核细则》，协调县财政、人社等部门落实司法助理员补贴，充分调动司法所人员工作积极性和主观能动性。11月，省司法厅副厅长迟丽华率厅机关30余名党员干部到玉山司法所调研，对临沭县司法所建设取得的成绩给予充分肯定。

人民调解 形成县、镇（街道）、村（社区）三级调解网络，全县共有各级各类调解组织467个。扎实推进大调解机制建设，健全完善医患纠纷、劳动人事争议纠纷、物业管理纠纷、工程建设、消费者权益等14个专业人民调解委员会。大力推进人民调解员队伍职业化、规范化建设，选聘25名专职人民调解员，出台调解案件补贴管理办法，依托政法综治网络管理平台，建立人民调解网格化管理制度，对基层人民调解工作实行网格化管理。开展人民调解员培训4次，组织人民调解案卷评查活动2次，发放专职人民调解员生活补贴、调解案件补贴共计20万元；组织开展矛盾纠纷排查调处专项行动，共排查调处各类矛盾纠纷1195起，调解成功率达98%以上。

社区矫正 县司法局加挂临沭县社区矫正管理局的牌子，协调公安、法院、检察院等部门建立社区矫正联席会议制度和联络员制度，汇编

《临沭县社区矫正服务手册》，从工作职责、工作流程和工作档案等方面对社区矫正基础工作进行规范。切实加强社区矫正管理信息化建设，运用手机定位系统实现对对社区服刑人员全天候跟踪管理。为每个司法所配发人脸识别考勤机，进一步规范社区服刑人员监管。加强社区矫正执法规范化建设，年内各司法所全部开展一次社区服刑人员集中报到、集中学习教育活动。3月，省司法厅信息简报和网站对临沭县社区矫正工作进行宣传报道；5月与县检察院联合对全县9个镇街社区矫正工作进行监督检查。年内联合民政局、人社局等部门协调解决社区服刑人员就业、生活保障等问题，累计为社区服刑人员提供就业指导60余人次。严格执行判前社会调查审查审核制度，全年共开展判前社会调查280余件，依法向委托机关提出不适用社区矫正建议13件，至2016年年底，全县累计接收社区服刑人员2752人，解除2156人，正在矫正596人。建立刑满释放人员无缝化衔接、社会化帮扶机制，全县1572名刑释解教人员衔接率达100%，实现一人一档。

撰稿：李振华　审稿：胡顺伟

道路交通安全

交警大队领导成员

大 队 长：孙　澎

教 导 员：孙运营

副大队长：张志奎　王　磊　高　翔

车管所所长：徐继珂

临沂市公安局交通警察支队临沭大队（简称临沭交警大队）下设综合、装财、宣传、交管、肇事、车管所6个科所和城一、城二、蛟龙、店头、南古、青云、开发区7个中队，与临沂市公安局高速公路交通警察支队临沭大队合署办公，有民警94人。

2016年，临沭交警大队围绕“降事故、保安全、保畅通”，以城市管理提升年为契机，充分发挥职能作用，积极应对各种困难和挑战，有效提升事故预防、执法服务、保障民生、服务发展能力和水平，保持全县道路交通安全形势持续平稳。

交通设施建设和安全管理　完善交通安全隐患排查与整改机制，查找事故隐患点和风险点42处。深入推进智能交通安全防控体系建设，投入143.6万元在易发生交通事故点段增设电子警察16套、高清监控1套；投入160余万元安装交通信号灯23组、更新改造信号灯控路口18个。加强学校周边交通安全排查与整改，查找辖区78所中小学和幼儿园周边道路安全隐患23处，逐一进行整改。

认真分析研判辖区交通违法行为特点和规律，持续酒后驾驶等集中整治行动30余次，查处凌晨2时至5时通行的客运车辆、19时至次日6时通行高速公路的危化品运输车辆和酒后驾驶等严重交通违法行为。制定和落实清明节、劳动节、中秋节和国庆节等节日期间交通安全保卫措施，全力以赴压事故，保畅通。2016年，以来共开展集中行动27次，查处各类交通违法行为14.55万余起，酒后驾驶325起，醉酒驾驶71起，涉牌涉证257起，占用应急车道210起，刑事拘留47人，行政拘留38人。根据三轮车整治工作要求，抽调精干民警15人，固定警车1台，会同交通、城管等部门联合开展三轮车执法行动，累计查扣1500余台，其中，满一个月处理放行1200余台。

强化易发交通拥堵路段警力派驻。在水利局等10个路口和一小等6所学校周边实行高峰岗和助学岗。平峰时，以易堵点段为中心进行辐射巡逻，严查违法行为，及时化解交通拥堵。着力解决中山路中段周边道路通行问题，在邮电局路口开辟右转慢行车道，在中山路中段设置机非隔离护栏和隔离桩，在中山路→顺河南街→苍山路→顺河北街实行单向闭合交通微循环。投入42.6万元在育新街、顺河南北街和中山路增设4套逆行抓拍电子警察和8套高清违法停车自动抓拍，加上原有9套高清视频监控和12套电子警察，形成对该区域学校、医院、商场等人流密集区立体式和全方位管控。投资77.5万元对沭河大街和常林大街18个路口交通信号灯进行改造升级，实现交通信号智能管控。投入350余万元在沭新西街等道路安装护栏18.2公里。参与城区苏果、华诚和九州等超市停车场和公交线路规划，引导群众采取公共自行车等绿色出行方式，有效提高道路通行效率。

交通事故处理 完善肇事逃逸案件侦破机制，实行领导包案制度，7起有影响的肇事逃逸案件全部侦破。不断提高快速反应能力，配足配齐各类装备，全面提升110处警水平。坚持交通事故责任集体认定制度，确保事故案件认定公平、正义，切实维护群众合法权益。全年共追究交通肇事人员刑事责任63名，吊销驾驶证79名，抓获逃犯51名。

车辆管理服务 会同交通运输、安监等部门对全县“两客一危”企业进行全面检查，重点检查主体责任、车辆驾驶人状况和动态监控落实等情况，排查出存在隐患车辆6台、问题驾驶人1名，卫星定位不联网、不在线车辆7台，责令限期整改。7月26日，省厅高速总队政委左明亮到金沂蒙危险品运输责任有限公司检查工作，对危化品运输车辆监管和驾驶员培训教育工作给予充分肯定和高度评价。对省厅梳理出的交运临沭分公司、金沂蒙、顺兴和顺达等4家“两客一危”企业负责人进行集中约谈，要求其加强教育管理，及时处理交通违法。共处理违法行为47起，未处理的，临沭交警大队锁定其机动车和驾驶证业务。对统一校车公司44台校车进行严格审验，核定通行路线，发放校车标牌。对查处的3起校车违法行为全部予以顶格处罚，并将有关情况抄告县教体局。实行值日警官和导办制度，推行“一窗式”、微笑、延时和预约服务，严厉打击非法中介，营造风清气正办事环境。2016年，共办理车驾管业务6.1万余件，现场检查重点车辆责任单位9个，抽查车辆45台，关联重点驾驶人16498人。通知并审验逾期未检重点车辆43台，将12台逾期未检、未报废的隐患车辆录入缉查布控系统。采集B证以上驾驶人学习信息4900余人次，进行重点关注。

撰稿：卢西嘉 审稿：孙 澎

经济管理

JINGJIGUANLI

发展与改革

发展和改革局领导成员

局　长：苗　壮

副局长：王庆东（2月离任）

吴旭栋　李艳华（2月任职）

张思平（回）

县铁路建设办公室主任：丁庆沭（2月离任）

吴旭栋（2月任职）

县铁路建设办公室副主任：郑伯格（女）

县服务业发展办公室主任：

王庆东（2月离任）

县服务业发展办公室副主任：陈维涛

卢金瑞

重点项目管理办公室主任：仓恒光

2016年，县发改局围绕发展大局，紧盯总体目标，深刻研判全县经济社会发展新形势、新机遇和新挑战，积极把握和适应新常态，立足自身职能，突出工作重点，狠抓责任落实，各项工作稳步推进。在全县科学发展总结表彰大会上，荣获2016年度科学发展先进单位、“三引一促”先进单位；获全市发改部门综合考核第一名。

深入企业调查研究，发挥参谋助手作用。全面分析经济社会发展面临的各种有利条件和不利因素，研究制定2016年度计划目标和发展思路，县十六届人大五次会议予以审议通过。高度关注政策的针对性、灵活性、前瞻性，敏锐准确地把握临沭县经济运行特点和趋势，对影响本县经济社会发展的新问题、新情况进行跟踪研究，为县委、县政府决策提供依据。注重发现新情况、总结新经验、提出新思路，积极撰写信息和调研报告，在上级发改部门和县委、县政府主要媒体共发表宣传发改政策和工作亮点的信息75篇。《临沭县化肥化工产业发展情况调研报告》被评为全省发改优秀研究成果三等奖。

抓住重点事项关键环节，各项工作有序开展。扎实推进“两型”社会建设工作，着力加快生态文明先行示范区建设，切实抓好“两型”社会建设各项任务的落实。充分发挥牵头协调作用，稳步推行公车改革，7月份起，公务交通补贴开始发放，通过网上竞拍的方式，三批共拍卖取消车辆244辆。严格落实2016年全县科学发展综合考核，对承担的7项任务进行分解，针对存在的问题，认真剖析，并找出科学解决办法。

2016年计划编制落实情况　计划编制情况　2016年是实施“十三五”规划、全面建成小康社会决胜阶段的开局之年，是推进结构性改革的攻坚之年，也是经济转型升级的关键之年。做好2016年的经济工作，既面临着诸多困难和挑战，也蕴含着新的机遇和希望。根据各级经济工作会议精神，围绕建设“幸福临沭”升级版，实现与全省同步全面建成小康社会的总目标，突出提高经济发展的质量和效益，努力构建现代产业体系，增创发展新动力，促进经济保持稳中有进的态势，初步确定2016年全县经济社会发展的主要预期目标：

地区生产总值计划增长9%；一般公共预算

收入计划增长10%；规模以上固定资产投资计划增长15%；社会消费品零售总额计划增长12%；进出口总额计划增长7%,其中出口计划增长8%；城镇居民人均可支配收入计划增长9%；农村居民人均可支配收入计划增长10%；实际利用外资计划完成1000万美元；其他约束性指标均完成市政府下达的任务目标。

计划落实情况　2016年，全县上下以开展“两学一做”学习教育为动力，着力推进供给侧结构性改革，适度扩大总需求，加快发展动能转换，努力保障改善民生，有效防控各类风险，全县经济运行缓中趋稳、稳中向好，主要经济指标保持在合理区间，实现“十三五”良好开局。全县实现地区生产总值228.3亿元，同比增长7.6%；三次产业比调整为8.99∶47.66∶43.35，规模以上固定资产投资完成185.5亿元，同比增长3%；完成一般公共预算收入13.9亿元，同口径增长14%;实现社会消费品零售总额118亿元，同比增长10.5%；农民人均可支配收入达11443元，同比增长10%，城镇居民人均可支配收入达33350元，同比增长9%；高新技术产业产值占规模以上工业产值占比达35.2%；实现进出口总额36.1亿元，同比增长23.6%；其中出口26.8亿元，同比增长36%；万元GDP能耗和化学需氧量、二氧化硫排放量等约束性指标均完成市下达的任务目标。

项目资金争取与重点项目建设　创新实施“三引一促”，助推企业转型升级。密切关注中央预算内资金扶持重点,牢牢抓住“一带一路”“一圈一带”、沂蒙革命老区发展规划等有利政策，围绕主导产业发展、社会民生改善、重大基础设施建设等领域，不断加大向上协调、争取力度。2016年，共有21个项目获得上级1.3亿元无偿资金扶持。其中，社会民生项目15个，争取上级资金1.1亿元；企业投资项目6个，争取上级资金0.2亿元。积极做好国家专项建设基金项目储备工作，将政策研究深、把握准，宣传好、解读透，指导帮助项目单位对照国家投资重点和申报要求，有针对性的做好对接争取。以平台创建为重点，提升“三引一促”档次。按照局党组研究的“申报一批、培养一批、储备一批、发展一批”要求，扎实组织申报各类创新平台，常林集团省级高端液压元件及系统工程实验室顺利获批，金铭机械临沂市粮食干燥机工程研究中心顺利获批；指导企业规范创新平台建设，金正大获批首批山东省创新百强企业；积极争取2016年度西部经济隆起带和省扶贫开发重点区域引进急需紧缺人才项目，有2家企业列入2016度人才支持计划,其中常林集团获得补助资金150万元，金铭机械公司获得补助资金75万元；高度重视招才引智工作，成功引进B类人才4人，C类人才7人。以项目招引为方向，拓宽“三引一促”渠道。开展多种形式的产业招商活动，本着招大引强原则,积极做好铁路物流园区招商引资工作，与多家公司对接，推动铁路物流园区尽快由规划转为实际。加强重点项目管理力度，定期到项目建设现场查看项目进度，核实投资情况，了解存在的问题，做好总结和分析，定期就项目建设情况进行通报。2016年，全县共有24个省市级重点项目（其中山田研磨年产5000吨功能性系列纳米粉体材料建设项目和常林集团大型节能环保挖掘机产业化项目为省级重点项目），计划总投资160.8亿元，其中，年内计划投资48.4亿元。

投资项目管理　认真研究国务院、省、市取消、下放的行政审批事项，详细了解权限下放范围、程序，积极制定承接方案，扎实做好相关承接工作。坚持依法行政，严格项目审批程序，对有利于产业结构转型升级的好项目开辟“绿色通道”，对不符合政策要求的项目，给予合理解释说明。积极开展在线审批,推行“马上就办”制，把延时服务作为工作常态。共审批、核准、备案各类项目238件，按时办结率、群众满意率均达100%。2016年，全县完成规模以上固定资产投资185.5亿元，增长3.0%，其中高新技术产业投资占比达16.6%。

铁路管理和运输 2016年3月26日，临沭县货运班列首发，标志着沂沭铁路临沭站正式开通运营，运输货物23万余吨。积极做好进站道路的完善提升工作。临连铁路已纳入国家《中长期铁路网规划》，正积极协调对接江苏连云港方面筹备铁路建设前期工作。

服务业发展 把推进服务业发展作为转方式、调结构的支撑，努力促进服务业优化结构、扩大总量，积极培育第三方物流企业，加快生产性服务业的发展，用制造业发展带动服务业发展，促进现代服务业跨越发展。按照市对县科学发展考核的目标要求，参照市服务业专项考核办法，健全完善全县服务业发展绩效考核体系，明确各级各部门任务目标，形成目标层层分解落实、责任到人、工作到位、齐抓共管、奖罚分明的考核督查机制。2016年，全县实现服务业增加值98.85亿元，占GDP比重为43.35%，同比提高1.74个百分点。全县服务业共完成项目投资78.58亿元，占规模以上固定资产投资的42.37%。累计实现社会消费品零售总额105.3亿元，较去年同期增长10.6%。实现服务业税收8.57亿元，同比增长0.28%，占全部税收的43.94%。

全县重点工程项目介绍 2016年，重点建设项目24个，计划总投资160.8亿元，其中2016年计划投资48.43亿元，累计完成投资61.1亿元。

金正阳高压气瓶管加工项目 由临沂金正阳管业有限公司投资建设，计划总投资3.32亿元，2016年年度计划投资1.32亿元。建设规模为总占地面积130亩（8.67公顷），总建筑面积5.86万平方米。项目主要建设生产车间、辅助车间、物流库房，辅助生产系统产品仓库、供配电站、机修车间、办公综合楼、研发中心，辅助设施检测中心、职工生活中心。年产高压气瓶管10万吨。完成投资1.43亿元。

金正阳船舶用管生产项目 由临沂金正阳管业有限公司投资建设，计划总投资3.6亿元，2016年年度计划投资1.5亿元。建设规模为项目总占地面积130亩（8.67公顷），主要建设生产车间、仓库、配电所、循环水机房和循环水站及其配套设施，建设船舶专用管加工生产线1条。年产船舶用管10万吨。完成投资1.56亿元。

中超互联网＋冷链物流供应链云平台建设项目 由山东中超物流供应链管理有限公司投资建设，计划总投资3.12亿元，2016年年度计划投资8000万元。建设规模为占地10.53万平方米，建筑面积7.55万平方米。完成投资1.05亿元。

富朗水溶肥、专用肥生产项目 由富朗生物化学有限公司投资建设，计划总投资12亿元，2016年年度计划投资7000万元。建设规模为年产40万吨水溶肥、20万吨专用肥。完成投资1.46亿元。

诺贝丰高端水溶肥、黄腐酸钾生产（二期）项目 由诺贝丰（中国）化学有限公司投资建设，计划总投资7亿元，2016年年度计划投资2.3亿元。建设规模为年产30万吨高端水溶肥、年产3万吨黄腐酸钾、130吨/小时循环流化床锅炉及配套公用工程。完成投资3.07亿元。

山田功能性系列纳米粉体材料生产项目 由山东山田矿产精细加工有限公司投资建设，计划总投资13亿元，2016年年度计划投资4.3亿元。建设规模为新建纳米粉体材料生产线4条，年产功能性系列纳米粉体材料5000吨。完成投资5.54亿元。

金沂蒙高效聚元肥生产项目 由山东金沂蒙

生态肥业有限公司投资建设，计划总投资3.86亿元，2016年年度计划投资2.82亿元。建设规模为以氨作为吸收剂，吸收集团公司发酵废气、沼气以及锅炉烟道排放的CO_2，通过添加固化剂和硝酸还原酶抑制剂，生产共晶体高效聚元肥。项目特点：高效聚元肥常温状态下可减少氨挥发量52%，氮素利用率高达35%（与尿素相当），而且肥效长达90～110天，减少施肥工序和施氮总量及农业支出。年产高效聚元肥30万吨。完成投资3.27亿元。

信瑞德树脂、涂料、催化剂及助剂生产项目　由临沂市信瑞德树脂科技有限公司投资建设，计划总投资5亿元，2016年年度计划投资4亿元。建设规模为总占地面积170亩（11.33公顷），建设研发中心、检测中心、厂房、设备、仓储，建筑容积率不低于0.5，建筑面积5万平方米，建设2层以上厂房。年产树脂3万吨，涂料、催化剂及助剂5000吨。完成投资4.47亿元。

家家乐家用电器、橱柜生产项目　由山东家家乐电器科技有限公司投资建设，计划总投资10亿元，2016年年度计划投资3亿元。建设规模为高端整体厨房、厨卫和生活电器生产线，其中建设整体厨房生产线80亩（5.33公顷），厨卫生产线80亩（5.33公顷），生活电器生产线80亩（5.33公顷），办公楼和员工公寓60亩（4公顷）。年产家用电器、橱柜100万台（套）。完成投资4.3亿元。

哥俩好胶黏剂等精细化工品生产项目　由哥俩好（山东）新材料有限公司投资建设，计划总投资10亿元，2016年年度计划投资5亿元。建设规模为总占地约150亩（10公顷），建设期约为3年。主要建设内容为环保型装饰胶、改性丙烯酸酯胶、硅酮密封胶、乳胶漆、白乳胶等系列胶粘剂及精细化工产品生产线、以及办公楼、研发检测中心，辅助设施、仓储库等建设。完成投资5.6亿元。

常林大型节能环保挖掘机、大马力拖拉机及配套农机具产业化项目　由山东常林机械集团股份有限公司投资建设，计划总投资19.75亿元，2016年年度计划投资4.25亿元。建设规模为建筑面积21.79万平方米。主要建设车间、办公楼及其配套设施，完善公用动力设施；新购置设备461台（套）。项目达产后实现年产5000台大型节能环保挖掘机、大马力拖拉机及配套农机具产品8000台。完成投资6.35亿元。

华盛肟系列医药中间体生产项目　由临沭县华盛化工有限公司投资建设，计划总投资3.3亿元，2016年年度计划投资6000万元。建设规模为建设年产甲乙酮肟2万吨、盐酸羟胺4000吨、硫酸羟胺4000吨肟系列医药中间体生产线。完成投资1.2亿元。

沂蒙老区食品产业园微生物多糖及新型酶制剂生产项目　由山东沂蒙老区酒业有限公司投资建设，计划总投资5亿元，2016年年度计划投资1.9亿元。建设规模为总建筑面积5.2万平方米，新建研发中心办公大楼、结冷胶生产车间、成品库及配套设施，购置设备217台，建成后年产食用级结冷胶1500吨，医药级可得然胶300吨，新型酶制剂2000吨。完成投资2.1亿元。

金铭机械粮食干燥成套设备生产项目　由临沂金铭机械有限公司投资建设，计划总投资5亿元，2016年年度计划投资1.5亿元。建设规模为建设年产1500套粮食干燥成套设备。完成投资2.25亿元。

山里村度假区生态乡村旅游开发项目　由临沭街道办事处投资建设，计划总投资3.36亿元，2016年年度计划投资5000万元。建设规模为山里村50公顷范围内区域整治，6.1平方公里景观打造、田园观光、农家休闲、村风民俗等六大板块功能区，6.1平方公里范围内建成路网、硬化、两侧绿化美化、旅游基础设施全面升级改造，游客中心建设。完成投资 1.57 亿元。

奥德鲁功能性生物肥料生产项目 由山东奥德鲁股份有限公司投资建设，计划总投资 12 亿元，2016 年年度计划投资 3 亿元。建设规模为年产 20 万吨功能性海藻肥、多元素全水溶肥，年产 30 万吨新型生物菌肥、新型作物专用硫酸钾肥。完成投资 4.7 亿元。

山东新天地置业商贸综合体项目 由山东新天置业有限公司投资建设，计划总投资 10 亿元，2016 年年度计划投资 1.1 亿元。建设规模为占地 44 亩（2.93 公顷），主要建设首家奥特莱斯主力店、400 米风情步行街、380 套 SOHO 创业空间，1 万平方米大型地下超市，1 万平方米地下停车场。完成投资 1.83 亿元。

临沭县文化中心项目 由临沭县北城新区建设指挥部投资建设，计划总投资 3 亿元，2016 年年度计划投资 2.6 亿元。建设规模为占地 44 亩（2.93 公顷），主要建设总占地面积 49.9 亩（3.33 公顷），总建筑面积 3.58 万平方米。主要建设一栋 4+1 的综合性建筑，包括顶部的钻石穹顶在内整栋建筑总高度 38 米，建筑外观通过纹理与材质的灵活运用，充分展示临沭的钻石文化、柳编文化、丹霞地貌和近两年才发现的赤龙足迹等地方特色。主要场馆由文化馆、科技馆、图书馆、博物馆、团县委和妇女儿童活动中心六个部门组成。完成投资 2.98 亿元。

多美高档彩印包装箱生产项目 由临沂多美彩印有限公司投资建设，计划总投资 3 亿元，2016 年年度计划投资 5000 万元。建设规模为主要建设车间 1.2 万平方米，办公楼 2400 平方米，新上具有世界领先水平的德国海德堡彩印生产线 2 条，年产高档包装箱 6000 万条，辐射鲁苏豫皖四省，可用于名酒、食品及各类高档礼品的精致包装。完成投资 1.19 亿元。

朱村红色教育基地及岌山地质公园建设项目 由山东朱村旅游开发有限公司投资建设，计划总投资 2.5 亿元，2016 年年度计划投资 1 亿元。建设规模占地 475 亩（31.67 公顷）。完成投资 1.83 亿元。

路友废旧车辆拆解设备生产项目 由山东路友装备公司投资建设，计划总投资 3.5 亿元，2016 年年度计划投资 9000 万元。建设规模为占地 80 亩（5.33 公顷）厂房建设。完成投资 1.52 亿元。

东隆家纺服装加工自动化生产线（三期）项目 由临沂东隆家纺有限公司投资建设，计划总投资 3.1 亿元，2016 年年度计划投资 1 亿元。建设规模为建设厂房 1.3 万平方米，新上 6 条自动化生产线。完成投资 1.94 亿元。

高埠社区建设及蓝莓综合加工项目 由大兴镇政府、临沂蓝泽生态农业有限公司投资建设，计划总投资 3.4 亿元，2016 年年度计划投资 2.85 亿元。建设规模为总建筑面积 9.3 万平方米，建设多层住宅楼 28 栋；老年公寓 6 栋；沿街楼、小康楼各 6 栋。年产 1 吨蓝莓酒、3000 吨蓝莓果脯。完成投资 3.62 亿元。

博瑞光电产业园（二期）项目 由山东博瑞电子系统技术有限公司投资建设，计划总投资 13 亿元，2016 年年度计划投资 1 亿元。建设规模为总占地 120 亩（8 公顷），主要建设生产车间、科研大楼及职工宿舍，新上检测仪器及 100 余台自动化生产设备。完成投资 1.28 亿元。

撰稿：李　磊　李　真

审稿：苗　壮　吴旭栋

统计工作

统计局领导成员

局　　长：张英杰
副 局 长：季善杰　张云建
农调队队长：英成龙
企调队队长：胡怀宪（2月离任）
　　　　　王　侠（女，2月任职）

临沭县统计局内设办公室、综合科、投资科、法规科、计算站、能源科、城调队、服务业调查中心、社情民意调查中心9个科室；有农调队、企调队两个隶属的副科级事业单位。全局有在岗职工26名，全部具有大专以上学历，其中，高级技术职称3人，中级技术职称15人。2016年，先后被评为全省文明单位、全省统计系统文明单位、全市统计工作先进单位、全县政务信息工作先进单位。

统计业务与服务　围绕转方式调结构，做到主动服务、超前服务。把握经济形势，提高统计分析质量。加强月度、季度经济形势监测分析，突出时效性。开展调查研究，掌握真实可靠资料，摸清经济发展新情况，为领导决策及时提供参考依据。牢固树立“实事求是、不出假数、真实可信”统计工作理念，加强对基层单位的监督检查。按照统计制度要求，出色完成工业、农业、投资、商贸、核算、综合等16项统计报表工作。围绕临沭县经济社会生活中的热点问题，积极开展农村社会经济调查、城乡居民生活调查、1%人口抽样调查、规模以下工业抽样调查、限额以下贸易单位调查、重点服务业调查、农产品产量抽样调查、畜禽监测等定期调查工作。做好GDP核算、限额以上批发零售住宿餐饮业、资质以内建筑和房地产业统计工作，做好县域经济监测、社会消费品零售测算、外经外贸、原材料能源消耗、劳动工资、农业生产、农业总产值、城乡住户调查，农产品产量、农作物面积、畜牧业，特色农业和县、乡、村综合基本情况等统计工作。牵头组织全国第三次农业普查，取得阶段性成果。通过出版《临沭统计公报》《统计年鉴》等多种满足适时需要的统计产品，强化参谋助手作用，积极建言献策，把主要精力从以往单纯提供统计数据，转到为各级党政领导提供经济信息和决策依据，充分发挥统计为经济社会发展服务的重点上来。2016年，共撰写分析180篇，信息300余篇，其中多篇分析被国办和省专报采用。

为提高数据质量，重新修订统计基层基础工作规范化建设实施方案，专门下发统计基层基础规范化建设检验标准。从基础建设、组织建设、制度建设、业务建设、信息化建设、档案建设等方面入手，在全县范围内扎实推进企业统计基层基础工作规范化建设活动，正确录入、严格审核、按时上报，使基层报表收集完整，上报及时，确保统计数据质量。

社情民意调查　主要利用“12340”全国统一的社情民意调查热线，开展电话问卷调查，入户调查等。通过科学严谨的调查和分析方法，了解人民群众生存生活生产状态，认识人民群众对政府工作、决策、服务、绩效的评价。社情民意调查包括调查设计、调查资料搜集和整理、调查资料分析研究和撰写调查报告等过程。社情民意调查内容涉及政治、经济、社会、百姓生活、突发事件和干部绩效考核等多方面，调查结果是党和政府制定修正有关政策不可或缺的参考依据。2016 年，受县委、县政府和有关部门委托，分别开展镇街党员集中培训情况、党（工）委书记抓党建、结亲连心、村两委干部入户走访群众活动开展情况、移风易俗工作等电话调查工作。

企业调查　主要包括全县规模以上工业企业的产销总值及主要产品产量、主要工业产品销售与库存、财务状况、能源消耗、高新技术、生产能力、价格调查等情况的月报、季报和年报统计；全县规模以下工业的抽样框维护、规模以下工业样本点台帐的建立、样本报表的核实和验收以及数据的汇总、评估、上报等各项工作；全县中小微企业经济运行监测；全县工业品生产价格指数监测；同时包括企业景气调查、企业集团调查等临时性调查。2016 年企业调查队主要准确、及时完成全年工业产销总值及主要产品产量月报、财务状况月报、能源月报、月度价格调查、主要工业产品销售与库存季报、能源季报、生产经营景气状况、高新技术季报以及全县工业、交通、能源、企调、价格等专业的各种年报等各项定期统计工作任务。对全县规模以下工业抽样框进行全面维护，全面完成全县规模以下工业省、市、县三级样本的季度抽样调查工作，顺利完成市调查队和县局交给的全县规模以下工业抽样调查任务。

企业联网直报工作顺利开展。全县 202 家规模以上工业企业网上直报率达 100%、自报率 100%、纠错率 100%，提高工作效率和源头数据质量。

扎实做好节能减排统计工作。将做好全县节能减排统计工作作为企业调查工作的重中之重，加强重点企业能源利用状况、发展趋势跟踪、监测分析工作，进一步加强能源宏观监测管理，准确反映全县各行业能源消耗和单位 GDP 能耗情况，及时监测全县节能降耗目标实现程度。加大对全县能源生产、消费变动情况研究，有计划、有重点地开展全县能耗与生产运行和经济增长的关联分析，对重点耗能企业和行业，以及各企业主要耗能产品、产值能耗等指标进行动态监测。为全县圆满完成 2016 年度节能目标奠定良好基础。

及时、认真撰写统计调研分析。针对临沭县工业经济发展和县委、县政府关心的热点、焦点问题，积极开展调查研究努力提高统计服务水平，为领导决策服务。全队先后有多篇分析被市统计局采用。

农村社会经济调查　完成县卡、乡卡统计年报、农村住户调查、农林牧渔业产值统计、农作物产量及其播种面积统计、畜牧业统计、农村基本情况及农业生产条件统计、农林牧渔业产值报表及增加值的核算、农林牧渔业消耗等常规报表任务；圆满完成设施农业生产情况、蔬菜及特种作物种植养殖、土地流转、茶果生产情况、农村土地规模经营及托管情况等临时调查任务；完成畜牧和粮食抽样调查点的换点工作；深入田间，完成春季 2—4 月小麦长势情况调查。玉米 7—8 月份长势跟踪调查。小麦玉米定点监测，实际产量抽测，完成实测样本抽选、收割、晾晒、称重、测水杂，到实测地块督导工作，参与统计年鉴的收集、整理工作。

严把统计数据质量关。加强数据的评估分析，努力做到农业统计各项数据与宏观经济形势、历史数据、部门数据、实际情况的对比验证，报表内各项数据的匹配衔接，保障全县农业统计数据真实可靠。

提升农村统计基层基础规范化建设。加强队和镇街统计硬件建设，按照市统计规范化要求及工作需要，配备微机、打印机、档案橱等。加强镇街统计业务建设，建立和完善统计台帐，加强数据质量控制。对统计档案进行全面整理。农调队对有关档案及时进行整理入档，要求各镇街把有关档案也认真整理入档。

提升统计服务水平。及时、认真撰写统计调研分析，及时反映农业生产和运行情况，工作中，坚持“快、精、准”原则，对全县农业宏观运行态势的监测，关注农村经济和社会生活中出现的新情况、新问题，准确把握宏观经济运行态势，认真评估经济运行质量，及时研究提出对策和建议，为领导决策三农问题提供科学依据。

城乡一体化住户调查 主要就城乡一体化居民家庭人口、就业、收入、消费、储蓄、手存现金、商品需求和住房等变化情况，利用城乡一体化住户调查资料推断人均可支配收入、负担系数等有关指标，为计算社会商品购买力、研究国民收入分配比例以及确定零售价指数中各类商品权数提供依据。全县2016年设50户城镇记账户，30户城乡结合记账户，70户农村记账户，报表分为季报和年报。

第三次农业普查 2016年，第三次全国农业普查工作进入实质性前期阶段，按照上级统一部署，结合本地实际，精心组织，周密安排，认真抓好第三次全国农业普查机构组建、经费落实、物资准备、人员选聘、业务培训、宣传动员、清查摸底、农作物面积遥感测量等相关工作，为农业普查工作顺利实施打好基础。积极创新农业普查工作思路和工作方法，明确县农普办组成人员，印发农普办工作制度和农普领导小组成员单位工作职责，建立成员单位挂钩督查制度和农普办领导干部挂钩联系镇街制度，把责任落实到人，确保各项工作落到实处。召开领导小组全体（扩大）会议进行部署落实，县政府与各镇街签订农普工作责任书。扎实做好“两员”培训，培训分三期，对各镇街农普办业务人员、普查指导员共600余人进行系统的业务培训。通过培训为整体普查工作打下坚实基础。第三次全国农业普查将全面使用手持智能终端（PDA）、遥感影像资源及无人机等现代信息技术，创新普查方法和手段，提高普查工作效率和数据质量。

撰稿：伏广靖　审稿：季善杰

工商行政管理

工商行政管理局领导成员

局　长：马　勇

副局长：张　波（2月离任）　阚　鹏

临沭县工商行政管理局有干部职工100人，局机关内设7个职能科室，下设2个副科级直属单位、2个专业管理机构、6个工商所，设临沭县工商局个体私营服务中心和临沭县工商局消费者投诉中心2个事业编制机构。

整顿和规范市场经济秩序 全力提升执法监管效能，营造公平竞争市场环境，为企业发展营造良好发展环境。以创建无传销县活动为契机，深入开展“五进宣传”活动，密切与有关部门协作配合，增强对非法传销的打击力度。积极参与大气污染防治，对77个批次的成品油进行抽样监测。开展流通环节商品质量大检查活动，对装修材料、钢材市场、五金、成衣等商品进行抽检，监测169个样品。组织开展“红盾护农”专项整治行动，抽检农资91个批次，打假治劣，全力维护市场秩序。推进“线上线下”一体化监管，全县建档网络经营主体2640户，查处网络违法经营案件16起。

注册管理 扎实推进商事登记制度改革，放宽市场主体准入门槛。将人员、装备向登记窗口倾斜，完善登记服务制度，优化工作流程，积极创建群众满意窗口。2016年，新登记私营企业1733户、内资企业50家、个体工商户2637户、农民专业合作社197家，办理“个转企”206户。

消费者权益保护 密切“12315”与“12345”市民服务热线衔接，提高维权效能。2016年，共处结消费申诉、投诉1805件，其中，受理“12345”热线转办投诉1141件，办结率、反馈率100%。

服务辖区经济发展 综合运用登记注册等职能，助推市场主体快速健康发展。将发展后劲强、信誉好的企业商标列为驰著名商标培育重点，实施定人定点商标帮扶指导。2016年，帮助企业成功申报省著名商标2件，累计争创中国驰名商标8件、省著名商标25件、中国地理标志证明商标1件，驰著名商标持有量居全市各县区前列。全面推介动产抵押、股权质押等融资举措，帮助企业解决融资难题。结合推进企业信用体系建设，为企业和金融机构牵线搭桥。2016年，帮助企业实现融资20亿元，全县4家企业被公示为国际级“守重企业”，15家企业被公示为省级“守重企业”。

法制建设与依法行政 加强事中事后监管机制，全面推行“双随机、一公开”抽查制度。对查询认领平台的相关部门用户名进行分发认领。加快建立随机抽查事项清单、检查对象名录库和执法检查人员名录库，制定随机抽查工作细则。深化综合监管，推动建立跨部门执法联动协作机制，提高监管的及时性、精准性。继续强化“法治工商”建设，严格案件核审把关，全面规范执法行为。

队伍建设 以“两学一做”等活动为契机，全面提升干部队伍建设层次。建立考核按标准、责任能追究、考核有依据的平时考核工作新机制，有力增强干部职工干事创业积极性和能动性。通过周五集中学习、网络在线学习、测试考评等形式，提高干部职工履职尽责意识和能力。全面落实党风廉政建设主体职责，严格执行“八项规定”、防止“四风”反弹，完善公车、接待、岗位考勤等制度，着力打造“务实创新、廉洁自律”工商形象。

撰稿：李　萌　审核：马　勇

物价管理

物价局领导成员

局　　长：解学军（6月离任）
　　　　　黄振现（7月任职）
党组副书记：李荣顺
副 局 长：张兴龙　王乐涛
　　　　　万秀丽（女，2月离任）
　　　　　李善诚（2月任职）
纪检组长：李善诚（2月离任）

临沭县物价局下设办公室、财务科、监察室、收费科、价格科和成本室6个科室，下辖检查所、举报中心、认证中心和信息中心4个内设机构。共有干部职工37人，其中，中共党员27人。

2016年，县物价局以贯彻落实中央、国务院《关于推进价格机制改革的若干意见》为统领，以价格工作转型创新为重点，强化价格监督检查，清理整顿收费秩序，努力拓展价格公共服务职能，凝神聚力、创新进取，各项工作取得明显成效，先后荣获“全国价格宣传工作先进集体”“全市价格信息宣传先进集体”等称号。

价格监督检查　围绕全县经济发展大局，以政府关心、群众关注、社会反映强烈的价格、收费问题为重点，开展县级政府非税收入专项检查、商品房销售明码标价专项检查、药品价格和医疗服务专项检查、旅游市场秩序专项检查、中高考期间市场价格检查等工作。全年共查处价格违法案件7件，实行经济制裁金额32.90万元。围绕城乡公交、房地产中介服务收费、商品房销售、乡镇药店、电商等价格热点领域的明码标价和收费公示情况进行检查，联合县房产和住房保障局召开房地产中介服务机构明码标价整治会议，规范明码标价，防止价格欺诈。同时发放提醒函、告诫函500余份，指导经营者诚信经营。把“12358”价格举报平台、“12345”市民服务热线、行风热线和网上举报邮箱进行整合，畅通诉求渠道，规范工作程序。全年共受理各类投诉举报296件，都在规定时间内办结，办结率、满意率均达100%，较好地维护了广大群众合法权益，被评为“全县市民服务热线办理先进单位”。

收费管理　对全县行政事业性收费项目进行全面清理，编印《行政事业性收费目录》等4个目录清单，扩大企业和群众对价格政策的知情权和监督权。在骨干企业范围内，确定35家企业推行《企业交费登记卡》制度，把好企业交费第一关。完善行政事业性收费网上监管工作，通过落实“双随机”制度，加强事中事后监管，防止乱收费情况出现。认真贯彻落实上级价费政策，扎实推进行政事业性和服务价格收费管理工作。进一步落实简政放权。配合相关部门，继续对行政审批前置服务收费进行清理，重点清理规范住建、质监、气象等部门的经营服务性收费，督导放开、取消、停征、减免等收费政策的落实。全年共计发布文件18个，变更行政事业性收费项目标准16项。制定出台县级公立医院医疗服务价格调整实施方案，构建新型医疗服务价格形成机制。全面取消公立医院药品加成政策，降低大型医疗设备检查价格，先后放开知名专家诊查费、康复、生殖等多项医疗服务价格。加强医保支付政策和价格政策的衔接配套，调整后增加的医疗服务收费按规定全部纳入医保报销范围。放开自愿委托的产品质量检验费、公路及附属设施损坏赔偿费等14项市场竞争较为充分的行政事业性收费和服务价格项目，放开的收费项目，靠市场竞争机制形成价格。

价格管理 根据临沭县的监测任务，结合全县经济发展变化及监测点经营状况，对现有监测点、监测人员进行全面梳理，科学设点，建立价格监测点17个。重点加强与民生相关的粮、“菜篮子”和农资等品种的价格监测。开展花生、设施西红柿、黄瓜、露地马玲薯等5个农产品种养成本及收益调查及农资购买、农户存粮、种植意向等3个专项调查，共上报各类报表304余份，价格监测分析30余篇，为政府决策和上级宏观调控提供详实数据。按照规范运行和便民高效原则，优化成本监审流程，确保成本监审工作公正、合理、科学。对涉及民生的供热、供水、污水处理、经济适用房等4个项目分别进行成本监审。对自来水二次加压费用进行成本测算，为下步制定供水价格提供决策依据。受县政府委托，开展部分车辆运营成本测算，为政府公务用车改革提供服务。落实激励和约束政策，严格落实在8大过剩产能行业中，对能耗、物耗、水耗和生态环保标准不达标的企业，实施差别电价、惩罚性电价和超定额累进加价政策。

价格服务 围绕涉案、涉纪、涉税、涉政财物价格认定和价格争议调解创造性开展工作。全年共完成价格认定172件，标的物金额480万元。被评为“全省价格认定先进单位”。积极发挥价格认证中心资源优势，和县司法局联合成立“价格争议调解委员会”，参于价格纠纷调解。全年调解价格纠纷5起，有效化解双方当事人矛盾。充分利用报纸、广播、电视、互联网等新闻媒体做好价格工作宣传。全年向各类宣传媒体投稿500余篇，被采用452篇，在全市物价系统排名第四。“3•15”期间，在城区中心广场设立宣传台，下发宣传材料2000余份，接受各类咨询投诉30余件，提高经营者诚信经营意识和消费者的维权意识。

2016年临沭县居民生活消费品零售价格情况表

表5

商品名称	牌号规格等级	计量单位	零售价格											
1. 粮油			1月	2月	3月	4月	5月	6月	7月	8月	9月	10月	11月	12月
小麦	中等	元/500克	1.17	1.18	1.16	1.21	1.18	1.16	1.16	1.15	1.15	1.17	1.2	1.23
玉米	中等	元/500克	1	1	0.95	0.8	0.85	0.85	0.85	0.9	0.95	0.85	0.9	0.95
标准粉	丰之坊	元/500克	2	2	2	2	2	2	2	2	2	2	2	2
挂面	丰之坊	元/500克	2.5	2.5	2.5	2.5	2.5	2.5	2.5	2.55	2.5	2.5	2.5	2.5
粳米	中等	元/500克	2.5	2.55	2.55	2.5	2.5	2.5	2.5	2.5	2.5	2.5	2.5	2.5
小米	中等	元/500克	5.5	6	5.5	5.5	5.6	4.5	4.18	4	4	4	4	4
花生油	一级散装	元/500克	10.35	10.55	11	11	11	11.5	11.5	11.5	11.33	11.5	11.75	12
大豆油	一级散装	元/500克	5	5	5	5	5	4.8	4.5	4.5	4	4	4	4
2. 副食品														
食盐	精制含碘盐（袋装）	元/500克	2.5	2.5	2.5	2.5	2.5	2.5	2.5	2.5	2.5	2.5	2.5	2.5
食醋	当地主销	元/500克	5.5	5.5	5.5	5.5	5.5	5.5	5.5	5.5	5.5	5.5	5.5	5.5
酱油	当地主销	元/500克	5.5	5.5	5.5	5.5	5.5	5.5	5.5	5.5	5.5	5.5	5.5	5.5
绵白糖	当地主销（袋装）	元/500克	7	7	7	6	6	6	6	6	6	6	6	6
红糖	当地主销（袋装）	元/500克	6	6	5.5	5.5	5.5	5.5	5.5	5.5	5.5	5.5	5.5	5.5
3. 肉、禽、蛋														
鲜猪肉	去骨后退肉	元/500克	13.18	13.88	13.85	14	14.5	14.5	14	14	13.5	13	13.5	13.75
鲜牛肉	去骨	元/500克	27	30	28.5	27	26.5	26	26	26	26.5	26	28	28

续表 5

商品名称	牌号规格等级	计量单位	零售价格											
鲜羊肉	去骨	元 /500 克	35	35.5	30.5	30	28.5	28	28	28	30	28.5	30	30
肉食鸡	白条鸡、开膛、上等	元 /500 克	8	8.5	8	8	8	8	7.5	7.25	8	7.65	7.25	7.25
鸡蛋	新鲜完整（普通）	元 /500 克	4.15	4.05	3.5	3.5	3.6	3.4	3.2	3.5	3.6	3.4	3.7	3.55
5. 鲜菜														
芹菜	新鲜	元 /500 克	1.5	2.75	2.25	1.5	1	1	0.9	1.25	1.6	2	2	2
大白菜	新鲜	元 /500 克	0.55	1	1.2	1	0.9	0.9	0.7	0.9	1.15	1.15	0.9	0.8
油菜	新鲜	元 /500 克	2.85	3.25	2.5	1.85	1.5	1.2	1.25	1.5	1.25	1.5	1.75	1.5
黄瓜	新鲜	元 /500 克	2.85	2.85	2.25	2	1.5	1.75	1	1.5	1.6	2	2.25	2
白萝卜	新鲜	元 /500 克	1	1	1	0.8	0.75	0.75	0.75	0.9	1.1	1.1	1.1	1.25
茄子	新鲜	元 /500 克	3.15	3	3.5	3	2	1.5	1	1.2	1.25	1.5	2	2.25
西红柿	新鲜	元 /500 克	2.5	3.25	2.5	2.25	2.1	1.5	1.2	1.2	1.8	2.5	2.5	2.6
土豆	新鲜	元 /500 克	1.5	2	2.5	2.25	1.6	1.6	1.2	1.2	1.4	1.5	1.5	2.5
青辣椒	新鲜	元 /500 克	2.5	3.5	7	7	6	4	2	1.75	2.5	2.5	2.75	2.5
卷心菜	新鲜	元 /500 克	1.25	2	2.5	1.75	1.15	1.15	1	1.2	1.2	1.5	1.75	2.25
韭菜	新鲜	元 /500 克	3.5	4.5	2.5	2	1.25	1	1	1.25	1.35	1.85	2.5	3.5

撰稿：杨传民　审稿：黄振现

国土资源管理

国土资源管理局领导成员

局　长：周洪杰

副局长：张海英（女）　刘中华　郇恒发

城乡建设用地增减挂钩办公室主任：刘宪宝

城乡建设用地增减挂钩办公室副主任：

李方娟（女）　吴立宏

土地整理中心主任：胡怀东

土地整理中心副主任：张　莉（女）

纪检组长：李锦好（女）

执法监察大队大队长：骆泽山

土地收购储备中心主任：王维民

测绘地理信息局局长：苏　超

临沭县国土资源局内设7个科室，分别是办公室（加挂信访科牌子）、人事科（加挂纪检监察室牌子）、财务科、土地利用管理科、耕地保护科、地质管理科、执法监察科（加挂政策法规科牌子）。下设事业单位11个，其中，正科级事业单位2个，分别是城乡建设用地增减挂钩办公室、土地整理中心（加挂临沭岌山省级地质公园管理处牌子），副科级事业单位5个，分别是执法监察大队、土地收购储备中心、地租征收办公室、测绘地理信息局、不动产登记中心，股级事业单位4个，分别是信息中心、规划站、地籍管理所、直属矿产管理所。国土资源管理所9个，分别是临沭所、郑山所、蛟龙所、石门所、曹庄所、青云所、大兴所、玉山所、店头所。

2016年，临沭县国土资源局认真探寻国土资源与结构性改革的接口，全力保发展、保资源、保权益，扎实开展党的“两学一做”学习教育，先后荣获“全国地质灾害防治高标准十有县”“全市国土资源节约集约先进县”“全市信访先进集体”等称号。

2016年国土资源状况　全县土地总面积1010平方千米，其中农用地65372公顷，占总面积69%；建设用地25210公顷，占总面积27%；未利用地4244公顷，占总面积4%；人均耕地0.1公顷。

土地资产经营　招拍挂出让50宗，面积91.54公顷，土地资产经营总收入5.37亿元，政府纯收益4.13亿元，经营性土地使用权招拍挂出让率达100%。

耕地保护　实行最严格的耕地保护制度，落实基本农田保护“五不准”，开展永久基本农田划定工作。全县耕地面积65372公顷，基本农田面积57698.7公顷，基本农田保护率88.1%。耕地占用补充60.5929公顷，连续17年实现耕地总量动态平衡。实施高标准基本农田建设项目2个，总面积7033.33公顷。占补平衡指标入库56.66公顷。

土地和房地产用地供应　全年上报征收农转用6个批次和5个单独选址项目建设用地，总面积88.61公顷，其中新增建设用地面积60.58公顷；供应房地产用地9宗，面积23.44公顷。

矿产管理　开展非煤矿山安全生产“大快严”专项整治行动，结合大气污染防治，关闭矿山1家，停产整顿15家，查处超层越界开采3起。完成科技管矿系统建设，对矿山企业生产情况实行24小时不间断视频监控。深化矿产资源市场管理，年内出让采矿权1宗，征收采矿权价款170万元，矿产资源补偿费46.26万元。审核备案16家矿山企业地质环境保护和恢复治理方案。投资123万元，对曹庄镇大哨村、石门镇刘坞村两处地下采空区进行治理。完成岌山省级地质公园建设，通过省级验收。

测绘工作 临沭县有一级管护测量标志8个，二级管护测量标志9个。完成4个测绘资质单位注册年检。开展地理测绘市场秩序整顿执法检查2次，扣押销毁不合格地球仪7个、地图12张。完成“十三五”基础测绘规划编制，通过市级验收。

土地增减挂工作 全县新建、续建增减挂钩安置社区7个，新开工建设安置楼15栋510户，其中132户完成主体工程建设；续建安置楼1460户，其中1160户已具备入住条件。拆除旧房650宅。

不动产登记管理 2016年7月25日，临沭县不动产登记中心揭牌运营，不动产统一登记工作全面启动。全年共办理各类不动产登记业务9950宗；其中，颁发不动产权证书660份，不动产登记证明9290份。

2016年临沭县土地收储、招拍挂情况表

表6

年度	收　储		招拍挂出让		
	宗地数	面积	宗地数	面积	成交价款
2016	11宗	17.61公顷	50宗	91.54公顷	5.37亿元

撰稿：王家祥　审稿：吴清军

质量技术监督

质量技术监督局领导成员

局　　长：于腾金（女）

主任科员：张贵迎

副 局 长：王顶明　景　李

临沭县质量技术监督局（简称县质监局）设办公室、综合业务科、监督与法制科、特种设备安全监察科4个行政科室；临沭县质量技术监督局稽查队、临沭县计量测试管理所2个直属事业单位。2016年县质督局紧紧围绕全县经济社会发展大局，扎实推进质量兴县名牌战略，全面夯实计量、标准化、行政审批等工作基础，创新执法监督和“特种设备”安全工作，广大企业的质量意识普遍提高，质量管理工作进一步加强，全县产品质量整体水平和市场竞争能力不断提升，特种设备安全监管有力，质监行政执法更加规范，有力配合平安临沭和谐社会的构建。

质量管理 2016年，以建设质量强县为目标，以促进经济发展方式转变为主线，大力开展质量振兴工作，认真履行职责，全面提升质量管理和认证工作。县质监局深入推进品牌强县战略，进一步增强企业品牌意识，提高争创名牌的积极性和责任感，引导企业制定品牌创建目标和计划，完善各项基础工作。金正大集团的“缓控释肥农业标准化示范项目”成功申报“山东标准建设项目”，获批标准化专项经费30万元。继续深入质量提升和质量强县工作，帮助培育1个企业申报山东服务名牌；被国家质检总局授予“全国复混（合）肥产业知名品牌创建示范区”称号。

计量监督与管理 2016年，全县社会公用计量标准和企事业单位最高计量标准周期受检率达100%。主要对全县企事业单位、个体工商户在用的贸易结算类、安全防护类、环境检测类、医疗卫生类计量器具进行检定，共检定（校准）计量器具4580台件，其中：热工仪器仪表650台件，医疗卫生系统各类计量器具179台件，常用玻璃量器976台件，天平84台件，压力表1372台件，化学69台件，加油机631台件，衡器418台件。

围绕“抓科技、强能力、尽职责、促和谐”工作思路，先后组织计量技术机构管理人员参加省质监局和市质监局举行的实验室资质认定、计量检定员等培训，参加培训的10余名人员全部通过资格考试。组织技术机构10余名计量检定人员参加全市质监系统电子天平和精密压力表专业计量检定人员业务比对，计量检定人员的业务素质进一步提升。

为创造公平、公正的计量环境，让计量造福千家万户，县质监局开展“诚信计量进市场、健康计量进医院、光明计量进镜店、服务计量进社区”等“四个走进”活动，维护百姓合法权益，民生计量工作实现新突破。活动内容包括组织质监技术人员、专业眼镜店技术人员及医疗服务人员走进学校、社区，宣讲各类计量知识，免费提供视力检测、验光、眼镜清洗维修等服务，免费检修血压计、电子计价秤等计量器具，免费测量血压和健康咨询。走进超市和集贸市场，对在用的计量器具进行免费检定，并对从事零售商品称重计价的工作人员如何正确使用计量器具给与现场指导，充分让群众零距离接触计量、了解计量、关注计量和支持计量，宣传计量在构建和谐社会中的重要作用和在建设资源节约型、环境友好型社会中的重要地位。

为更好服务“节能减排”工作大局，确保2016年节能降耗目标顺利实现，成立以分管领导为组长，执法、技术机构负责人为副组长，相关业务骨干为成员的节能减排计量工作领导小组，按照“积极参与、加强指导、全面服务、务求实效”原则，通过采取各企业自查与监督检查相结合方式，指导全县重点用能企业建立完善的能源计量管理体系，强化能源计量管理信息平台建设，重点对企业的计量器具配备等情况进行检查。使企业在节约能源的同时降低生产成本，服务工作取得明显成效。按照省质监局《企业能源计量考核细则》，对全县重点能耗企业进行考核，增强全县重点耗能企业的节能意识，促进全县节能减排工作。

标准化工作 大力实施标准战略。强化和完善“企业为主、政府推动、市场引导、社会参与”的标准工作机制。引导企业强化管理，参与联盟标准和企业质量控制标准的制修订工作，引导企业引用国际、国内先进标准，开展质量攻关活动，加强企业内部全员、全方位、全过程质量管理，按标准组织生产，严格质量检验和计量检测。生产许可证到期换证 11 个。帮助 5 家企业通过实验室资质认定评审，指导帮助 2 家生产企业新办生产许可证 2 个。为提高标准化人员和专业标准化技术机构服务水平,平时注重标准化人员培训，为建设一支素质高、专业精、作风好的标准化工作队伍打下基础。

特种设备安全监察 2016 年，全县在用特种设备使用单位 290 家，在用特种设备 2791 台，其中锅炉 81 台,压力容器 1012 台,电梯 975 台,起重机械 551 台，厂内机动车 167 台，大型游乐设施 4 家 5 项。特种设备生产单位 4 家，压力容器设计、生产单位 1 家，压力容器、压力管道安装单位 1 家，压力管道元件制造单位 3 家。车用气瓶改装单位 8 家，CNG 加气站 2 家，液化石油气充装单位 1 家，工业气瓶充装单位 2 家。

特种设备使用登记。主要抓好年度内监检合格的特种设备，督促办理使用登记，重点是电梯、起重机和压力容器登记。共登记特种设备 620 台，其中锅炉 18 台、压力容器 100 台、起重机 84 台、电梯 371 台，厂内机动车 47 台。从登记情况看，机电类数量增加较大。做好人员培训和复审换证工作。2016 年是《特种设备作业人员考核》实施 5 周年，是换证高峰期。按照市局要求，对 610 多名到期的特种设备组织换证工作。为方便企业，积极与特检院培训中心协调，在县内举办 4 期特种设备培训班，培训压力容器、厂内机动作业人员 133 人，培训管理人员 129 人次。做好到期设备催检和配合市特检院的检验工作。结合金质平台，提前一个月向到期的特种设备使用单位采取下达《特种设备催检通知书》、电话通知、微信通知等办法通知到相关单位,做好报检工作，为提高检验率、及时消除隐患奠定基础。与特检院各检验科搞好协调，及时了解特种设备的检验情况，存在的隐患。全年检验各类特种设备 760 台次。做好停用设备检查和报废设备注销工作。对停用的坚持每半年巡查一次，防止不检验投入使用情况。对超过使用年限无改造维修价值、或已拆除的设备及时办理注销手续。2016 年，办理注销设备 110 台(强制注销 31 台)，停用 136 台。及时清理金质数据，为特种设备有效监管奠定基础。

各类专项整治工作开展情况。根据市局及县安委会要求，结合全县实际情况，开展恒低温库改造、电梯安全攻坚战、大型游乐设施、锅炉、气瓶充装、煤气发生炉等专项检查工作，全年共下达安全监察指令书 71 份，移交专职执法机构 39 起。恒低温库治理情况：坚持循序渐进、一抓到底的原则，结合 2015 年全县恒低温库改造基本情况，采取逐步推进的办法对各恒低温库进行检查。2015 年全县 20 家不符合特种设备管理要求的单位,改造完成 19 个库,正在改造 1 个库。大型游乐设施等人员密集场所的检查情况：每逢大节假日都对大型游乐设施市场、超市等人员密集场所进行检查，确保设备在检验有效期内，电梯使用单位有维保公司并按时维保，人员持证并全时段有人值班，对超期不及时报检的单位移交执法机构立案查处。煤气发生炉检查情况：全县共有使用单位 5 家，煤气发生炉 27 台(常压单段炉 8 台，承压单段炉 9 台，双段炉 10 台)，全部办理使用登记并定期检验，人员持证操作。气瓶充装单位情况：全县共有液化石油气瓶充装单位 4 家(其中曹庄一家正在建设中)，只有华星液化气公司符合要求，城南站和兴大站充装许可证均超期未换证(已上报县安委会)。工业气瓶充装单位 2 家。CNG 加气站 2 家，另 1 家因搬迁超期未换证。大气防治工作：按照县政府有关部署要求，切实抓好全县 10 吨以下承压燃煤锅整治工作，全县辖区内 138 台，已整治改造完成 95 台，剩余的 43 台全部停用改造。

执法打假工作 严厉打击假冒伪劣违法行

为。随着全县区域性产业迅速发展，高度重视产品质量状况，特别是对容易发生区域性质量问题的肥料产品、肉类加工产品、食品等采取相应措施，建立应对机制，并列为行政执法工作中的重中之重。集中力量、突出重点，有组织、有计划，分阶段、分步骤地开展行政执法工作。按不同时期、不同行业、不同区域，采用不同方法和手段，坚持日常监督和集中查处相结合，执法和教育相结合，监管和帮扶相结合，工作实践和总结推动相结合的方针，切实提高行政执法的有效性。产品质量监督抽查。国家、省、市共抽查60家工业产品120个批次，合格率95%，比2015年提高1.2%。民生计量监督检查。对10起举报加油机计量不准的违法行为进行查处。检查安全防护计量器具企业60家，建立安全防护台账500台件。要求24家医疗机构对本单位使用的计量设备进行自查，抽查7家医院的计量器具。参与城市提升年活动。抽出两人参与电瓶三轮车专项整治，查处1起非法生产窝点。对认证认可单位进行监督检查。联合交警大队对三家机动车检验机构进行专项监督执法检查。加强食品相关产品监督检查工作，开展食品相关产品监督检查工作。配合相关部门开展道路交通安全隐患大排查、大整治工作。做好危化品生产企业大排查严执法工作，配合特种设备大排查严执法快整治工作，全年查处特种设备违法行为23起。

全年共查处产品质量（含农资）、特种设备、检测机构认证机构、计量等违法行为100多起，立案查处50起，查处一处无证生产复肥的生产企业，没收不合格复肥21.95吨，受理各类举报投诉（含“12365”“12345”热线）案件35起。

撰稿：龚志军　高　雪　审稿：张贵迎

食品药品监督管理

食品药品监督管理局领导成员

局　　长：孟凡峰（2月离任）
　　　　　朱孟英（女，2月任职）
党组副书记：袁春波
副 局 长：刘金涛　吴兴霞（女）
　　　　　陈　杰

临沭县食品药品监督管理局加挂临沭县食品安全委员会办公室牌子，是县政府工作部门之一，正科级，对生产、流通、消费三个环节食品、药品、保健食品、化妆品和医疗器械实施监督管理，同时承担县食品安全委员会日常工作。内设办公室（人事科）、政策法规科（行政许可科）、食品安全协调督查科（宣传和应急管理科）、食品生产监管科、食品流通监管科、餐饮服务食品监管科、保健食品化妆品监管科、药品医疗器械监管科、财务科9个科室，下设11个镇（街）食品药品监管所，直属食品药品稽查大队和药品医疗器械不良反应监测中心两个事业单位。全局人员编制106人，其中，行政编制79人，事业编制24人，工勤编制3人。

日常监管　食品生产环节：完成企业食品安全信用等级评价。按照分级分类监督检查计划，全面检查53家食品、食品添加剂生产企业，共出动检查人员200余人次，检查食品生产企业73家次，立案查处8家。自食品生产许可审批发证权限下放后，建立健全食品生产许可审查管理制度和有效的工作运行、监督机制，严格标准、流程和时限，严把源头准入。以问题为导向，与日常监管相结合，实现食品生产企业风险排查整治常态化。引导食品生产企业建立、完善和实施食品安全追溯体系，实现质量安全顺向可追踪、逆向可溯源、风险可管控，发生质量安全问题时产品可召回、原因可查清、责任可追究。全县有2家生产企业已实现食品电子化追溯。组织开展食品抽检2次，抽取样品55批次，合格率100%。

食品流通环节：细分类别对食品经营主体进行再摸底统计，推行“一票通”追溯制度和分级分类监管制度；深入推进实施食品“一票通”，覆盖率达70%，着手探索实行“一票通”电子化管理。广泛宣传“食安山东”品牌效应，将已确立的示范单位推出市场，严把示范单位食品质量关。开展进口食品、走私水产品等检查行动，共检查食品经营店847家次，出动执法人员1429人次。在集贸市场、农贸市场、超市等食用农产品销售集中区域开展食品快检进市场活动，快检206批次，合格率100%。

保健食品、化妆品监管环节：组织开展美容美发经营使用单位化妆品质量安全状况调研工作；对化妆品、保健食品开展监督抽检，共抽检样品40批次，合格率100%。组织开展虫草类保健食品、阿胶类保健食品、祛斑美白祛痘化妆品专项检查，共出动执法人员980人次，检查经营店620家次。

餐饮服务环节：强化学校食堂监管，针对学校食堂开展季度检查、集中检查和飞行检查，下发责令改正通知书45份，没收未标注生产日期等信息的食用碱4千克，查处不合格食品原料麦米23千克。对26家学校周边的校外托管机构进行检查，并进行信息公开。组织开展学校食堂开放日活动。组织开展第三方网络订餐平台检查，并对入网的317家餐饮单位进行全面摸底建档。组织辖区内大中型餐饮单位和学校、医院等单位食堂参加减盐降压知识宣传培训。对全县餐饮单位和养老机构进行全面摸底，分类统计，并建立档案。全面推进“食安山东”品牌引领行动，与教体部门、商务部门推荐上报3家单位参加省级食安山东示范店（学校食堂）评选。加强高中考食品安全保障和学校食堂食品安全监管，组织开展学生饮用水、肉及肉制品、食用油、火锅底料、含铝食品添加剂、学生小饭桌等专项检查工作。组织开展食品抽检工作8次，抽检食品685批次，14批次不合格，合格率98%。

药品医疗器械监管环节：做好药品安全信用分类管理和医疗器械信用等级评定工作。对第一类医疗器械生产、二类医疗器械经营企业全面实施备案管理，配合市局做好现场核查。组织对通过GSP认证的药品经营企业进行跟踪检查和飞行检查，继续开展药品使用单位质量规范化管理“回头看”活动，强化对基本药物配送企业监管。对配送企业的监督检查每季度不少于1次，并将监督检查结果记入企业信用档案。健全风险监测、会商和控制等快速反应机制。加大对高风险品种的监管力度。继续开展“药品安全知识进乡村、社区、学校”和“清理家庭小药箱”活动。坚持问题导向，提高药品监督抽验工作靶向性。共抽验药品80批，不合格13批，比例占到全市的21.8%。创新监测方法，四项监测工作继续领跑全市。2016年，两次在市局组织的监测工作会议和质量报告评估会上做典型发言，在上半年四项监测考核中位居全市第一。

综合治理和专项整治 开展食用植物油专项整治。摸底清查，突出重点，逐一建档。共排查食用植物油生产企业 2 家，备案小作坊 11 户，责令改正 2 家。开展羊肉及其制品专项整治。印制通告 500 份，发放到全县销售羊肉及其制品的商场、超市、烧烤店等餐饮服务单位。联合电视台等新闻媒体对专项检查情况进行跟踪报道，对食品经营单位进行集中约谈，共检查火锅店、烧烤店等食品经营单位 146 个，下达责令改正通知书 26 份。开展疫苗、药品流通领域违法经营行为、中药饮片、含特殊成分复方制剂以及医疗器械专项整治行动。共检查药品经营使用单位 42 家次，医疗器械经营使用单位 36 家次，下达责令整改通知书 34 份。开展食品小摊贩专项检查、豆芽、阿胶制品、“五毛”食品、桶装饮用水、农村食品安全、集体用餐单位食品安全等专项整治 33 次。坚持打假治劣与规范服务并重，推行“稽查 +”模式，实现传统稽查向服务稽查、“一体化”稽查、“合力稽查”和“规范稽查”转变。共立案 125 起，取缔违法生产经营单位 2 家，抓获犯罪嫌疑人 13 人。其中，1 月，查获一起制售有毒有害狗肉案，成为省公安厅公布的食品安全违法犯罪典型案例之一。

行政许可 规范行政审批流程，完善行政许可网上受理、审批工作。2016 年，办理食品生产许可证 17 家；食品流通许可证 461 家；餐饮服务许可证 223 家，变更 5 家；受理药店申办 13 家，换证 9 家，变更 18 家，注销 1 家；完成 16 家连锁门店和 9 家单体门店的认证工作。

产业状况 2016 年，全县持证食品生产企业 64 家，食品添加剂生产企业 1 家；食品流通经营单位 1265 家，餐饮服务单位 573 家，药品经营单位 132 家。积极服务全县生物医药健康产业发展，做好“三引一促”招商引资工作，围绕“建链、补链、强链”目标，实施“走出去，请进来”战略。2016 年共签约项目 1 个，落地项目 1 个，在建项目 1 个，总投资 1.2 亿元，在谈项目 3 个。

宣传培训 采取各种形式强化宣传，普及食品药品安全相关法律法规，引导公众参与，营造食品药品安全监管社会共治氛围。提高“12345”“12331”热线投诉举报办结效能，共组织“食品安全宣传周”“食品安全进校园”“安全用药宣传月”等宣传活动 11 次，发放宣传资料 8400 余份，通过电视、微信、报刊等媒体逐步形成食品药品安全宣传常态化。接受“12331”咨询 233 人次，受理“12345”“12331”投诉举报 296 起，办结率 100%，群众满意率 100%。把定期开展的从业人员培训，与集体约谈、个别约谈相结合，首次实行“培训 + 约谈”模式，共开展培训活动 34 场，培训各类食品安全从业人员 3500 余人。组织召开食品流通环节、食品生产企业、药械经营使用单位等 4 次“培训 + 约谈”会议。

创新监管 分级分类监管促进行业梯队初步形成。建立信用档案，实行分级分类监管，对全县 53 家食品生产企业，3000 余家食品经营单位进行信用等级评价。其中餐饮服务单位量化分级 750 家，A 级 150 家 ,B 级 307 家，C 级 293 家。新增清洁厨房 78 家，总数达 388 家，明厨亮灶单位 359 家。印发《食品安全信用档案管理办法》，着手建立食品生产经营企业电子信用档案，根据不同企业具体分类评级确定监管重点、频次及措施方法，实施提升一批、整改一批、查处一批，逐步构建守信激励、失信惩戒机制，初步形成行业梯队。

撰稿：刘金涛　王　光　审稿：朱孟英

审计工作

审计局领导成员

局　长：徐金田

副局长：李文静　赵秀阳　李守亮

临沭县审计局内设办公室、财政金融审计科、行政事业审计科、经贸科、法规科和固定资产投资审计科；下设经济责任审计办公室、政府项目投资审计办公室(挂靠经责办的牌子)、村级经济责任直审办公室，全局共有干部职工42人，其中，中级审计师17人，中级会计师4人，高级审计师2人。2016年，按照全市审计工作会议精神，全面聚力“三大建设”，积极开展争创先进审计机关、先进基层党组织、省级文明单位“三争创”活动，有效发挥审计监督在维护县域经济社会健康发展等方面的积极作用。全年共完成审计项目71个，查出违规资金2132万元，管理不规范资金20.75亿元，促进增收节支和挽回损失6955万元，先后被授予全市信访先进单位、全市审计机关先进集体、全市三八红旗集体、全县基层先进党组织、全县科学发展先进单位等称号。

财政审计　全面贯彻落实“创新、协调、绿色、开放、共享”发展理念，紧扣全县经济工作中心和社会关注的热点、难点问题，以推动健全政府预算体系，提高资金使用绩效为目的，认真组织实施2015年度同级预算执行审计。继续实施财政数字化审计，深入推进信息技术与审计业务、审计管理的整合，提升财政审计成效。共对县财政局和7个部门单位2015年度预算执行、决算（草案）、预决算公开、中央八项规定执行和预算绩效管理情况进行审计，促进资金拨付到位3787万元，收回财政资金3.39万元；7个部门单位2015年度预算执行审计发现违规问题金额193.57万元，管理不规范问题金额404.6万元，针对预算执行中发现的问题，形成专项报告报县人大、县政府。对全县2015年度税收征管情况进行审计，重点对税收政策制定执行、税收征管质量等情况进行审计，延伸审计金明寓房地产开发有限公司、山东常林集团机械有限公司等9家企业，查出问题资金1218.89万元。针对地税审计过程中发现的未严格执行税收政策、税收管理不到位等问题，提出审计建议，帮助被审计单位建章立制、改进和加强内部管理，充分发挥审计建设性作用。

专项资金审计　为保障专项资金专款专用，切实发挥应有作用，组织精干力量，统筹协调，组成多个专项审计组先后对土地增减挂资金等项目开展专项审计调查。严肃查处违法违规问题，加大对挤占挪用、虚报冒领、中饱私囊等侵害群众切身利益问题的揭示和查处力度，推动各项政策落实，维护人民群众利益。根据县领导要求，对“营改增”清理展开审计调查，对7户企业进行审计抽查，重点从影响营业税的关键因素着手，逐项分析产生问题的原因，提出有针对性的审计建议4条，进一步促进税务稽查工作规范化、制度化。

政府重点建设项目审计 2016年，坚持“民本审计”理念，对县乡公路改造、苍山北路改造、特殊教育学校整体迁建等涉及群众切身利益和各方关注的5个政府投资建设工程开展决算审计。继续遵循“结算必审”原则，做到政府投资项目审计“全覆盖”，按照初审抽签、交叉复审、审计终审等方式，保证审计成果质量。全年共完成政府投资建设项目竣工决算审计140个，项目报审金额5.81亿元，审定金额5.32亿元，审减工程造价4882.69万元，平均审减率8.41%。通过开展税收征管审计、社会抚养费专项审计等，查缴应交未交税费5000多万元。

经济责任审计 认真贯彻落实省、市对领导干部经济责任审计的新规定和新要求，推行实施《领导干部履行经济责任赋分表》，研究修订完善经济责任报告模板和评价体系，进一步提高和规范经济责任审计质量，积极探索实施领导干部自然资源资产责任审计。2016年，共对30名领导干部实施经济责任审计，查出违规违纪金额1352万元，管理不规范资金1亿元，并及时将问题严重的违规违纪案件线索向纪检监察机关进行通报移送，有效规范领导干部履职行为。

村居干部经济责任审计 2016年，村居干部经济责任审计工作在理顺体制、整合资源的基础上，坚持创新思路，强力推进，持续督导检查和通报调度相结合,严格落实“三级复核”制度，定期对镇街审计项目进行审理指导，及时指出审计中存在的问题，总结审计工作经验。7月底，全面完成第一轮520个村居599名村居干部经济责任审计任务，查出各类问题资金8.84亿元，累计移送案件线索156起205人,化解信访78起。8月至10月，创新实施“百日集中整改”活动，对第一轮审计查出的问题进行集中整改，堵塞漏洞、建立长效机制，审计机关成为维护农村社会稳定的重要力量。村审工作的开展为维护全县农村社会和谐稳定做出卓有成效的贡献，临沭村审模式受到省、市、县领导的充分认可和高度赞扬。3月9日，全市村居干部经济责任审计工作表彰推进会议在临沭召开，推广“临沭经验”。

审计文化建设 2016年，以争创省级文明单位活动为载体，扎实做好规定动作，创新自选动作。紧紧围绕“忠诚、大义、责任、奉献”的沂蒙审计精神，以个人品德、职业道德、社会公德、家庭美德和廉洁自律为内容，深入展开“修学、修心、修礼、修德、修政、修廉”的“六修”工程，把文明单位创建贯穿于全局各项日常工作中。扎实开展“两学一做”学习教育活动，结合工作实际，创新开展“三凝、三抓、三创”活动，以实际行动践行“两学一做”，即凝心、凝智、凝力，抓学习、抓纪实、抓作风，创省级文明单位、创全市审计机关先进集体、创全县先进基层党组织。通过学习教育和活动开展引导全局党员干部职工争做讲政治有信念、讲规矩有纪律、讲道德有品行、讲奉献有作为的“四讲四有”合格共产党员。

审计结论落实 依据市政府《临沂市审计结论落实工作暂行规定》，继续严格实行审计决定落实到位。有计划的组织审计回访、后续审计和跟踪调查。对落实不到位和整改措施不力的，一经查出，由县政府给予通报批评，性质严重的，追究部门负责人和直接负责人的责任。临沭县审计决定落实率和审计回访率连续十年达100%。

培训教育 坚持把教育培训作为打基础、谋长远的大事来抓。以“学业务、提能力、强素质”为目标，采取集中学习与自学相结合、走出去与请进来相结合的形式，坚持落实中心组带头学习和固定学习日制度，推行“双学双考”、实务导师、“以干代训”“以评代训”等学习培训制度，使培训学习常态化、规范化，切实提高审计人员综合素质，为充分发挥监督职能作用提供人才保证和智力支持。全年组织各级培训30多人次，5人通过省级计算机中级培训。

对外宣传 利用国家审计署网站、山东省审计厅网站、《临沂日报》、市电视台、县电视台等宣传阵地，进行专题、专版宣传报道。2016年，全局发表信息168篇，其中，国家级4篇，省厅网站7篇，市级《临沂日报》《鲁南商报》等报刊发表157篇。审计工作成果被领导签批7篇。报送县委、县政府政务信息59篇，在中国临沭政府门户网站单位信息公开栏目中公开信息296篇。

撰稿：王　浩　审稿：赵秀阳

安全生产监督管理

安监局领导成员

局　　长：王广栋

副 局 长：刘彦彪（3月离任）

王子栋　孟凡卿

纪检组长：王统华（3月离任）

监察大队大队长：马西杰

应急中心主任：倪敬松

2016年，全县各级各部门各企业牢固树立科学发展、安全发展理念，按照“安全第一、预防为主、综合治理”方针，切实加强组织领导，逐级落实安全责任，着力强化安全监管，初步建立以“大、快、严”集中行动为主线、主体责任落实为重点、“两个体系”建设为支撑、应急管理为保障、宣传教育培训为基础的安全生产监管体系，全县安全生产形势平安稳定。11月2日，全县安全生产工作代表全市接受国务院安全生产巡查组督导验收，受到巡查组肯定。

安全生产责任制 落实组织领导责任。按照“党政同责、一岗双责、齐抓共管”原则，把安全生产作为最大的民生工程抓在手上、放在心上、落实在行动上、体现在制度上，将安全发展理念贯穿到产业政策落实、基础设施建设、重大生产力布局全过程，把安全生产和职业病防治列入“十三五”规划、政府工作报告等重要文件。县委常委会、县政府常务会议定期听取安全生产工作情况汇报，研究解决重大问题。年初，县委、县政府召开高规格的全县安全生产工作会议，安排部署安全生产工作。县政府每月至少召开一次调度会议。县人大、县政协多次组织开展安全生产专题调研和视察活动，提出针对性、指导性意见建议30多条。党政一把手认真履行第一责任人职责，做到重点任务亲自安排、重点事项亲自督办、重点问题亲自解决。领导班子成员认真履行“一岗双责”责任制，对分管领域业务工作和安全生产同重视、同部署、同推进。调整加强县安委会和10个专业委员会，政府主要负责人担任安委会主任，专职副书记及组织、宣传、纪检等部门负责人为安委会副主任。落实企业主体责任。深入开展“三个一”活动（企业主要负责人上一堂安全公开课、开展一次安全生产谈心对话、开展一次安全承诺宣誓），强化全县各类生产领域企业的安全生产主体责任。加强摸底调查，通过督促企业健全安全生产管理机构、配备专兼职管理人员、加强教育培训、加大安全投入、开展安全标准化达标建设等措施，提高企业安全工作水平。全面推行安全生产岗位管理实名制，以“网格化、实名制”系统为切入点，将全县划分为三级网格单元，将3221家企事业单位全部纳入网格化实名制管理、逐一明确责任。落实督导考核责任。把安全生产工作作为全县科学发展综合考核的重要内容，赋分权重从10分提高到30分，层层传导压力。领导力量下沉一级，县级领导包镇街开展督导，督促基层落实防范措施，协调解决工作中的问题。制定出台《安全生产目标考核奖惩办法》，对问题突出、工作不力的，实行黄牌警告、通报批评和约谈警示；对发生1起较大事故或2起一般事故的镇街以及发生一般事故的企业，坚决实行“一票否决”。县委、县政府将安全生产工作纳入督查重点，采取一周一调度、一月一汇总的方式开展督办检查。县安委会办公室充分发挥牵头揽总作用，将明查暗访情况编辑成警示教育视频，通过广播电视台、安全生产会议、安全培训等形式公开播放。

安全生产基层基础 高度重视和支持安监队伍建设，将安监执法队伍纳入县政府行政执法机构序列。充实基层安全监管力量。全县各镇街、经济开发区共有安监人员52名。其中，在各镇街设立安监办（安全生产服务中心），配备副科级副主任8名、专职工作人员35名；在经济开发区设立副科级安监局，配备局长1名，专职工作人员8名；县安全生产监察大队成立3支监察中队，配备执法人员14名。在车改中为安监局保留、增加执法应急车辆6台。提高基层安全生产经费。县财政安排100万元专项资金，确保应急救援、执法监察等装备设施落实到位。县财政统筹为镇街安监人员落实并发放每月220元的安全生产监管监察岗位津贴。提升执法人员业务素质。先后组织安监执法人员参加全市2016年度行政执法资格培训、全市安全生产执法监察人员培训、全市安全生产应急管理培训、全市安全生产执法监察人员集中培训等，培训人员560人（次）。狠抓制度建设。在认真落实《安全生产法》《山东省安全生产条例》等法律法规和部门规章的基础上，县委、县政府先后制定完善安全生产责任体系、落实企业主体责任、岗位管理实名制等25个规范性文件，并推荐金正大公司参与全省安全生产地方标准的制定，从制度层面为全县安全生产工作提供有力支撑。

安全生产检查执法 以遏制重特大事故为重点，紧盯危险化学品、非煤矿山、道路交通、建筑施工等重点行业领域，充分发挥10个专业委员会及其办公室的作用，深入开展安全生产“大快严”等专项行动，排查整治一大批安全隐患。深入开展“两个体系”建设活动。认真贯彻落实上级关于建立风险管控和隐患排查治理双重预防机制的决策部署，先后举办多期危化品、工贸企业、职业健康等领域的“两个体系”建设培训班，编印下发工矿商贸、危化品、涉氨制冷等行业（领域）风险分级管控与隐患排查治理体系建设实施指南（试用版）。2016年，共统计上报安全生产风险点12517处，其中，一级34处，二级303处，三级1840处，四级10340处。共有77家规模以上工贸企业和7家危险化学品生产企业被确定为“两个体系”建设标杆企业。深入开展安全生产“大快严”和“大检查”行动。年初，县政府组织召开“大快严”行动联席会和动员会议，成立以县政府主要领导为组长的行动领导小组，抽调安监、住建、质监、交运、消防、交警等业务骨干成立“大快严”行动办公室。11月份，按照上级统一部署，在全县范围内组织开展今冬明春安全生产大检查行动。对发现的隐患和问题，坚决按照整改责任、措施、资金、时限、预案“五落实”的要求，全力整改到位；对突出问题和重大隐患，列出清单、挂牌督办、跟踪整改，一时难以整改到位的，依法责令企业停产、停工整改并落实监控措施。2016 年，共检查企业 4595 家（次），检查发现一般隐患 8761 条，整改销号重大安全隐患 9 项，排查非法生产经营单位 3 家，罚款 340.8 万元，停产整顿 40 家。持续开展“打非治违”专项行动。在全面排查摸底基础上，确定整治重点和整改目标，保持“打非治违”高压态势。切实做到“四个一律”，对在检查、巡查中发现的非法违法生产行为，依法查处取缔。狠抓监管执法。严格安全生产行政执法，切实做到安全生产常态化、刚性化、规范化。实行暗查暗访、专项执法、异地互查、联合执法，扎实开展百日集中整治和“六打六治”等专项行动，始终保持打非治违高压态势。2016 年，全县共派出执法检查组 1386 个、出动执法人员 9390 人次。

安全生产行政许可 注重源头治理，强化制度落实，严把安全生产“准入关”，切实加强新建项目的市场准入、行政审批。2016 年，共发放烟花爆竹经营许可证 641 件，农药经营许可证 106 件，化工产品经营许可证 7 件。

安全生产应急救援 完善应急救援平台建设。在县安全生产应急救援指挥中心基础上，依托县消防大队和大型化工生产企业建立专业安全生产应急救援队伍。投资 140 余万元建设应急救援指挥与综合监管信息平台以及视频会议系统，对重点监管企业进行动态实时监控。在重点监管领域培养创建省级示范点 1 家，市级示范点 3 家。强化预案编制和演练。印发《临沭县危险化学品应急救援指导手册》，组织开展危险化学品事故应急演练、高层建筑消防演练、电网大面积停电事件处置演练、校园避震疏散演练等 30 余次大型演练，42 家危险化学品等高危企业应急救援预案通过市安监局评审备案。积极推进科技兴安。在事故预防、现场监控、抢险处置等方面，逐年增加资金投入，推广利用现代技术。全县露天矿山全部实现机械化装岩和中深孔爆破。16 家危化品经营储存企业使用 HAN 阻隔防爆技术，生产企业改造完成安全联锁和 DCS 集散控制系统改造 11 处。大力推进“机械化换人、自动化减人”等新技术、新工艺的应用，金正大集团、史丹利公司分别投资 4000 余万元，将包装岗位全部改为机械手自动操作。

安全生产宣传教育培训 充分利用宣传条幅、广播等传统方式和网络、电视、微信、微博等新兴媒体，大力宣传安全生产方针政策、法律法规、决策部署。在重大节假日期间，持续开展安全生产“五进”活动。通过各类安全培训平台，对全县所有企业的职工开展岗前应知应会培训、上岗后的实际操作培训和危险岗位从业人员的反复轮训。所有企业均建立职工安全培训花名册，重点岗位实行“一人一档”，凡未经安全培训并考核合格的员工，一律不准上岗工作。2016 年，各镇街、各有关部门、重点行业领域企业负责人和安全监管人员均已加入临沭安监工作微信群。发放《安全生产法》等各类宣传材料 2 万余份，举办各类安全培训班 20 多场次，培训职工近 10 万人次。

2016年临沭县安全事故情况表

表7

事故类型	事故起数	死亡人数	受伤人数	经济损失（万元）
道路交通	7	6	2	1.2
森林火灾	0	0	0	0
工矿商贸及其他	1	1	0	0
合计	8	7	2	1.2

撰稿：王　晓　王　迪　审稿：李学林

检验检测

检验检测中心领导成员

主　任：葛　磊

副主任：赵西侠（2月任职）

葛瑞强　崔　东（2月任职）

临沭县检验检测中心为县政府直属正科级事业单位，是集食品、农产品、畜产品、化工产品等产（商）品的质量监督检验、评价性检验、委托检验和司法鉴定检验等职能于一体的综合性检验检测机构。下设办公室、业务科、食品科、化工品科、农产品科、畜产品科6个科室。中心编制30人，实有人员33人（含聘用专业技术人员8人）。

2016年，通过实验室省级资质认定，在全市食品检验检测技能竞赛中获团体成绩第二名，被县委、县政府授予“科学发展先进单位”“三引一促”工作三等奖，被评为县级文明单位。

能力建设　实验室硬件建设方面：完成新实验楼建设，农产品、畜产品实验室装修和原有食品实验室改造工作，综合实验室面积达1100平方米。完成新购置原子吸收分光光度计、原子荧光光度计等设备的安装调试和培训任务。实验室仪器设备达到50余台套，总价值近700万元。

队伍建设方面：2016年，引进高学历人才1名，实验室专业技术人员增加到18人，全部为大学以上学历，其中研究生以上学历6人；具有中级以上专业技术职称或同等能力的人员9人。全年组织业务培训118人次，其中外出培训35人次。

实验室资质认定　2016年年初，着手安排迎接省级资质认定的相关工作，组织编写实验室质量手册、程序文件以及检验检测标准查新，对检验检测流程和仪器设备使用进行业务培训。在原有特色和能力基础上，新拓展出口柳编和城市污水两个民生项目，基本形成“食品安全检测为主体，突出肥料和出口柳编两大地方特色”

的能力格局。7月，顺利通过省专家组的现场考核。9月，共有食品类3个产品、339个项目、7916个参数;非食品类共61个产品、27个项目、444个参数，获得省级资质。

检验检测业务 2016年，实验室检验能力覆盖食品、化工、农畜产品等多个领域，能够满足理化、农残、重金属、污染物、食品添加剂、微量元素、微生物等检验需求。2016年度，共检验检测样品1128批次，其中，化工产品558批次、食品525批次、农产品67批次、城市污水18批次。10月，首次承担市食药检测中心下达的年度抽检任务，累计抽取临沭县、临沂经济开发区两个区域489批次的食品样品，承检酱油、食醋、糖果、坚果炒货各100批，共400批，实际检测404批。

内部管理 坚持用制度规范言行，制定出台《科室及人员考核细则》，为每名职工配套建立个人考核档案，把干部职工八小时之外言行纳入日常考评，实现对干部职工的实时动态监督管理。通过推行全员“三项教育”(“四德”教育、“党性”教育、“制度”教育)凝聚人心，队伍干事创业氛围浓厚。

撰稿：徐　钧　石景超　审稿：葛瑞强

农　业

NONGYE

种 植 业

农业局领导成员

局　　长：徐瑞前

副 局 长：刘汉忠　王新敏

高文祥（女）

党组成员：柏继德

农技中心主任：胡怀华

农经中心主任：刘建文（女，回）

农广校校长：冷本谦

农产品质量安全监管办公室主任：邱　磊

农业综合执法大队大队长：谢国华

临沭县农业局是临沭县人民政府所属正科级行政单位。下设办公室、人事科、财务科、法规科、综合科5个行政科室；农技中心、农经中心、农广校、农质监办、农业行政综合执法大队5个副科级事业单位；能源办、植保站、土壤肥料工作站、农业环保站、蔬菜办、品牌建设办、果茶办、种子管理站、种子技术中心等9个股级事业单位。全县9个镇街均设有农技站、经管站、果茶站。全局共有干部职工154人，其中，党员92人；大专以上学历130人；专业技术人员139人，其中，研究员1人，高级技术职称25人，中级技术职称58人，初级技术职称50人。

2016年，全县实现农业总产值20.52亿元，同比增长4.5%，农村居民人均可支配收入11100元，同比增长6.7%。获2016年省农业厅先进集体、全省农业行政处罚优秀案卷、2016年度省化肥零增长行动先进单位、全市农业行政处罚优秀案卷、政务信息工作先进单位、全县党委信息工作情况通报全县第一名、先进议案建议办理单位、统战工作先进单位、信访排名全市第一。2016年，全省美丽乡村建设水肥一体化典型经验现场会、全市美丽乡村建设水肥一体化现场会在临沭县召开。

种植业生产　临沭县属典型农业县，沭河沿岸和部分山间谷地为平原，面积242.5平方公里，占总面积的23.36%，土壤肥沃，适合小麦、玉米、大豆、地瓜等作物生长，是临沭主要产粮区。丘陵分布于低山平原之间，面积755.94平方公里，占总面积的72.82%，适宜小麦、地瓜、花生及其它杂粮生长。花生是临沭主要经济作物，年种植面积稳定在3万公顷，2016年花生种植面积达到48.01万亩（3.2万公顷），总产量达到18.34万吨。

基地品牌建设　紧扣全市“生态沂蒙、大德务农”的“产自临沂”区域公用农产品品牌打造有利时机，特色农业发展迅速，葡萄、草莓、食用菌、蔬菜等新兴产业基地蓬勃发展，全县改造提升优质农产品基地2万亩（1333.33公顷）。新（改扩）建农泰农业科技示范园、统一合作农场、后石门头蔬菜基地等特色园区5个。全市基地品牌现场观摩成绩位列全市第五名，其中店头镇为农服务中心列全市为农服务中心序列第二。品牌建设再创佳绩，新增绿色食品认证3个，“三品一标”认证累计62个。

农产品质量安全及农业执法　通过健全完善

农产品质量安全县、镇、村三级监管网络，实施农药经营两项制度，保障全县农产品质量安全，农产品检测合格率达100%，禁限用农药检出率为0，全年未发生重大农产品质量安全事件。全县共审核通过经营单位526家，审核农药经营告知2606个，驳回1574个，通过并公示1032个；检查农资经营单位850家次，出动执法人员460人次，下发整改通知书320份，查处各类农资违法案件47起，查获违规农资2.32万公斤，为农民挽回直接经济损失15.95亿元；培训农资生产经营人员和各级监管人员800余人次，上缴罚没款10万元。

新型农业经营主体培育 通过搭建农业贷款担保、土地流转、科技教育和农产品交易4个平台，不断加大新型农业经营主体培育力度。2016年，新发展农民专业合作社222家，累计达1448家；新发展家庭农场377家，累计达915家；新培育种粮大户96家，累计达206家。全县共有9家合作社被评为省级农民专业合作社示范社，1家家庭农场被评为省级家庭农场示范场。

农村能源建设 全县累计发展户用沼气池5.74万个。新增大中小型沼气工程15处，累计143处，推广生物质节能炉500套。2013年中央投资临沭县前庄奶牛养殖专业合作社大型沼气工程顺利通过验收。认真做好“三夏”“三秋”期间秸秆禁烧与综合利用工作，坚持“因地制宜、多措并举、疏堵结合、以用促禁”原则，以“秸秆不焚烧、资源不浪费、环境不污染”为目标，着力加大宣传引导力度、综合利用力度、机制创新力度、政策引导力度、执法检查力度，全面推进秸秆禁烧与综合利用工作。夏收、秋收期间全县无一例卫星监测通报。全年秸秆还田52万亩（3.47万公顷），青贮秸秆2.3万吨，建设秸秆固化场3个，消纳秸秆1万吨，建设利用秸秆收储点16个，收储秸秆7.25万吨。

农民科技教育 围绕新型职业农民培育工作重点，依托基层农技推广体系改革和建设补助项目、新型农民科技培训项目、高产创建项目、测土配方施肥项目、新型职业农民培育项目实施，建立健全新型职业农民培育、跟踪服务体系，积极开展农民培训工作。2016年，新建8处新型职业农民培育学校，1处新型职业农民创新创业孵化实训服务基地和2个新型职业农民培育创业园，培育新型职业农民8250人次，认定新型职业农民303人，培训农民1万余人次。

落实农村政策 2016年，全面落实强农惠农政策，完成小麦投保37.74万亩（2.52万公顷），玉米投保3.2万亩（2133.33公顷），花生投保0.97万亩（646.67公顷），受灾农户共获保险公司理赔款51.48万元。发放农业支持保护补贴54.7万亩（3.65万公顷）、补助资金6837.5万元，发放种粮大户补贴资金155.94万元，206户种粮大户受益国家大户补贴政策。小麦“一喷三防”实施面积54.7万亩（3.65万公顷）、补助资金252万元。审批一事一议项目19个、财政奖补资金366万元。强化减轻农民负担监管，受理减负案件3起、查处涉农信访案件21起。进一步规范农村“三资”监管，对各镇街农村集体“三资”管理工作进行专项考核，参照执行一票否决。深化农村产权制度改革，全县498个自然村开展土地承包经营权确权登记颁证工作，491个自然村已完成。

农业产业化 紧紧围绕一二三产业融合发展新理念，拓展柳编、脱水蔬菜、地瓜和蓝莓四大优势产业链条，引导农民参与产业发展并分享二三产业增值收益。积极组织农村人才创业创新，选派4家新型经营主体参加省农业厅举办的创新创意大赛。积极培植和壮大辐射能力强、市场前景好的农业产业化龙头企业，鼓励农业龙头企业建立自属基地，领办和创办合作社、家庭农场和社会化服务组织，开展代耕代种代收、大田托管、统防统治、烘干储藏等市场化和专业化服务。2016 年，全县共有市级以上农业产业化龙头企业 42 家，申报创新创业示范园区 1 个，对外合作项目 1 个。

土地流转　建立土地流转平台，及时对外发布农村土地流转信息，方便供求双方信息对接，增强土地流转透明度及规范性。县、镇街农村土地流转服务中心无偿提供流转程序咨询和法律咨询，指导流转双方签定规范的流转合同，接受外出农户委托，代办农村土地流转手续，定期收集和发布农村土地流转信息，督促流转双方履行合同义务。2016 年，全县新增土地流转面积 5 万亩（3333.33 公顷），累计 32.23 万亩（21486.67 公顷）。

2016 年临沭县农作物生产情况一览表

表 8　　　　计量单位：亩、公斤、公斤 / 亩

年　度					2016 年
农作物总播种面积					1372338
一粮食作物	合计			面积	835339
				产量	350656888
				单产	419.8
	（一）夏收粮食	合计		面积	552827
				产量	228401688
				单产	413.2
		1 谷物	（1）小麦	面积	543660
				产量	225048592
				单产	414
			（2）大麦	面积	9167
				产量	3353096
				单产	365.8
	（二）秋收粮食	合计		面积	183587
				产量	75617580
				单产	411.88
		1 谷物	合计	面积	156169
				产量	68849137
				单产	447.9
一粮食作物	（二）秋收粮食	1 谷物	（1）稻谷	面积	823
				产量	440345
				单产	535
			（2）玉米	面积	155346
				产量	69486292
				单产	447.3

续表 8

年　度					2016 年
一粮食作物	（二）秋收粮食	2、豆类		面积	27418
				产量	5668443
				单产	206.7
		其中：	大豆	面积	27418
				产量	5668443
				单产	206.7
		3、薯类		面积	98925
				产量	46637620
				单产	471.4
二、油料	合计			面积	480158
				产量	183405285
				单产	382
	其中：	花生果		面积	180
				产量	15300
				单产	85
三、棉花				面积	3220
				产量	574348
				单产	178.4
四、烟叶（烤烟）				面积	50953
				产量	136477948
				单产	2678.5
五、蔬菜				面积	7856
				产量	20425600
				单产	2600
六、瓜类	合计			面积	2488
				产量	7866472
				单产	3161.8
	1、西瓜			面积	1468
				产量	5122900
				单产	3489.7
	2、甜瓜			面积	195
				产量	501800
				单产	2573.3
	3、草莓			面积	793
				产量	2142572
				单产	2701.9

撰稿：王相玲　审稿：徐会社

林　业

林业局领导成员

局　　长：卢丙德（2月离任）

王绪华（2月任职）

党组副书记、防火办主任：宋永祥

副　局　长：刘长营　周洪刚　刘乃栋

防火办副主任：程月玲（女）

临沭县林业局是县政府职能部门，为正科级事业单位。下设办公室、计划财务科、资源林政科、造林绿化科、政策法规科、林业技术推广站、经济林管理站、森林保护站、林政站、种苗站、木材检查站、林果技术培训中心、场圃站、国有柳庄林场以及国有蛟龙苗圃、森林防火办公室、森林公安局。全局共有在职干部职工101人，其中，公务员6人，参照《公务员法》管理人员12人，事业人员83人；专业技术人员33人，其中，高级职称4人，中级职称16人，初级职称10人；中共党员62人；离退休人员51人。

2016年，全县完成新造林808公顷，其中，防护林66公顷，经济林633公顷，用材林109公顷；新建农田林网1334公顷；新发展花卉苗木240公顷；义务植树124万株。驻地绿化面积30万平方米，建设绿化模范村居18个，创市级以上龙头企业1个，实现林业总产值14.6亿元。

林业生产　春季造林进展顺利。植树节期间，县六大班子领导带领县直部门干部职工、青年志愿者等200余人到夹谷山参加义务植树活动，共栽植黑松、红叶石楠等苗木3000余株，掀起全县春季造林高潮。沿海防护林工程严格按照规划设计方案组织实施，共完成267公顷。组织验收中央造林补贴1252亩（83.47公顷）；新增育苗3000亩（200公顷），苗木种植经营专业合作社3家。加强生态林场森林抚育工作。为保证幼林成活，促进林木生长，改善林木结构和品质，提高森林生产率，对小蒙山、冠山等生态林场开展抚育作业，通过修枝、割冠、除草等工作，去弱留强，改善林分卫生环境状况，有效提高森林质量。荒山绿化稳步推进。对夹谷山、小蒙山等多处植被进行恢复，在临沭街道戴河结合旅游资源综合开发，抓好封山育林和退耕还林，营造防护林、景观林、经济林175公顷。村镇绿化全面提升。围绕全县生态文明建设及城乡环境综合整治工作，提升18个绿化示范村居绿化水平，创建沂蒙美丽乡村34个，村居绿化提升巩固116个。对国省道、县乡道绿色通道进行补植完善。突出重点整治穿村路段，对所有整治提升村居进行绿化补植提升，力求村内主次街道、房前屋后乔灌结合，花草相间，应绿尽绿。抓好绿化日常管护工作，确保绿化成活率。完成全省林地变更调查外业及内业整理工作，对临沭县森林资源保护与发展提供科学指导方向。

杞柳生产　临沭县立足资源和传统优势，围绕市场需求，紧紧抓住杞柳制品种植、加工、销售主线，逐步做大做强杞柳产业，提升“临沭柳编”区域品牌知名度和柳编产业竞争力，实现杞柳种植基地建设和产业发展良性互动，经济效益和社会效益同步提升，杞柳种植与加工行业成为全县支柱行业之一。临沭县杞柳种植面积4000公顷，年产量8.16万吨，农村家庭编织户达5万户，规模以上柳编加工企业30家，全部柳编从业人员10万人，形成柳木、柳铁、柳草、柳布等数10大类、2万多个花色品种。先后荣获“中国特色经济林杞柳之乡”“中国柳编之都”“中国区域特色名优产品奖”等称号。“公司加农户”、产供销一条龙的经营模式，成为全县杞柳产业的重要经营形式，杞柳产业成为全县农民致富奔小康的重要支柱产业，第三届中国“柳交会”在中国柳编艺术馆成功举办。

森林保护 积极探索创新林业资源保护工作新思路，围绕建设“幸福临沭”目标，严厉打击非法狩猎、盗伐滥伐林木等涉林违法犯罪行为，积极打造野生动植物的天堂和碧水蓝天的宜居生态环境。2016年，县林业局森保站与森林公安局多次开展联合执法，对辖区内集贸市场、酒店以及野生动物重点分布区域进行定期巡查，从重从严打击非法猎捕、运输、出售野生动物的各类行为。按时办结市、县行风热线83件。全年共发放林木采伐证1828份，采伐蓄积6.1万立方米，共查处各类林业案件75起，其中，行政案件69起，处罚69人；刑事案件6起，刑拘4人。

林业病虫害防治 为做好全县森林病虫害防治工作，县政府多次召开防控专题会议，研究部署防控工作。专题召开2016年美国白蛾飞防工作会议，对飞防工作进行重点安排部署，成立以分管县长为总指挥的美国白蛾飞防指挥部，制定《临沭县2016年美国白蛾飞防方案》。县政府与各镇街签订飞防责任书，提前周密做好飞防规划和宣传工作。成立专业队伍进行详细地面调查，设立监测点45个，在各镇街设立标准地90块，全面细致做好监测、预报和防治工作。在飞防过程中，县林业局组织技术人员全程坚守在飞防第一线，对飞防区域确定、飞机调动、药剂配制、飞防效果监测等各方面工作进行全程跟踪，发现问题及时采取补救措施。飞防工作共飞行150架次，防控面积45万亩（3万公顷），防治效果理想，取得良好生态效益、社会效益和经济效益，对保护全县林业生态发挥巨大作用，受到国家林业局和省林业厅高度认可。

森林防火 认真贯彻落实国家、省、市、县关于森林防火工作的部署要求，全面落实行政首长负责制，从加强森林防火能力建设、完善规章制度、强化宣传教育等方面着手，强化火源管理、预警监测等基层基础工作，健全完善应急处置预案，及时有效处置火情等方面实现新突破。建立县、镇街、村、组四级防火责任体系，扎实开展“森林火险隐患大排查活动”、打击野外违法用火专项整治行动、林下可燃物清理及开设防火隔离带等专项行动，全面排查森林防火工作的隐患和薄弱环节，认真解决存在的突出问题。全面加强基础设施能力建设，投资10万元对苍马山风景旅游区、冠山景区等重点区域视频监控系统进行维修并重新布局，全县重点林区视频监控率达70%以上，提高科技预警监测水平。新购置防火运兵车1辆，高压细雾灭火设备、高压串联水泵等大型装备和其他物资。加大宣传力度，重新喷刷防火警示牌和防火标语200余处。制定《临沭县林业局关于进一步加强护林员管理的意见》，与林业精准扶贫相结合重新选聘134名护林员，并及时开展护林员培训上岗等管理工作。森林防火能力进一步提升，取得连续多年无重特大森林火灾的好成绩，有效保护全县森林资源和生态安全。

林场情况介绍 国有柳庄林场经营总面积461.2公顷，其中有林权证294.2公顷，即苍山127.8公顷、冠山26.13公顷、啦子山14.13公顷、寨山48.67公顷、柳庄林区77.47公顷（包括望海楼0.47公顷、白常6公顷），代管面积167公顷，即凌山头林区127公顷、马山40公顷，土壤瘠薄（柳庄林地是粗沙土，其余皆为30厘米以下的薄土层）。有林地438.13公顷，其中生态公益林占有林地面积100%，森林活立木蓄积量2.3万立方米，森林覆盖率达96%。造林树种以黑松、赤松和刺槐、杨树为主。场内有乔灌木计52个科，115个种，为县内最大的树木资源库，也是全县重点生态林、防护林管护单位。

2016年临沭县林业生产统计表

表9　　单位：公顷

乡　镇	成片造林					农田林网	义务植树（万株）	绿化模范村居(个)	驻地绿化	花卉苗木	优质林产品基地
	合计	防护林	用材林	经济林	其中：海防林						
临沭街道	125	23.67	19.67	81.67	0	126.67	18	2	2	26.7	20
郑山街道	181.27	77.8	8.6	94.87	0	0	17	2	3	26.7	26.67
蛟龙镇	104.73	55	5.07	44.67	0	340	9	2	1	20	20
石门镇	168.33	56.67	17.67	94	56.67	333.33	14	2	2	20	53.33
曹庄镇	75	0	18	57	0	0	11	2	1.5	33.3	40
青云镇	269.8	100.67	31.53	137.6	68.67	0	29	4	4	53.3	53.33
大兴镇	48.67	9.33	2	37.33	0	200	14	2	2	13.3	40
玉山镇	122.93	42	3.67	77.27	15.33	230	15	2	2	13.3	26.67
店头镇	153.47	32	82	39.47	26	0	13	2	1	26.7	53.33
合　计	1249.2	397.13	188.2	663.87	166.67	1230	140	20	18.5	233.3	333.33

撰稿：殷方宁　审稿：王绪华

畜牧业

畜牧局领导成员

局　　长：李敬亭

主任科员：李兴硕

副 局 长：吴自玉　曹广兵

动物卫生监督所所长：陈学方

临沭县畜牧局为县政府直属正科级财政全额拨款事业单位，内设办公室、人事科、计财科、监察室、生产科技科、兽医药卫生科、畜产品质量安全监管科、畜禽屠宰管理科8个职能科室；

下设临沭县动物卫生监督所、临沭县动物疫病预防控制中心、临沭县畜牧站3个直属事业单位；在全县各镇（街）共设置9个基层畜牧兽医站。全县畜牧系统共有干部职工175人（其中，行政管理机构25人、行政执法机构24人、技术职称机构35人、基层畜牧兽医站91人），高级专业技术人员5人，中级技术人员42人，初级技术人员86人，大专以上学历94人。

2016年，县畜牧局紧紧围绕“转方式、调结构”重点任务，主动适应经济发展新常态，全面推进畜牧业转型升级，全力保障市场有效供给，努力克服生产成本上涨、用地和环境约束趋紧等不利因素，加快推进现代畜牧产业发展步伐，扎实开展畜牧行政执法、农作物秸秆青贮及粮改饲、重大动物疫病防控及畜产品生产安全监管、畜禽养殖污染综合治理和病死畜禽无害化处理、“第一书记”驻点帮扶等重点工作，继续保持全县畜牧业稳定发展势头，较好完成保供给、保安全、保生态的年度目标任务。全县畜禽存栏689.47万头（只）、出栏1425.17万头（只），肉蛋奶总产量14.78万吨。县畜牧局被市畜牧局授予全市重大动物疫病防控工作先进县区、全市畜牧兽医工作先进集体、全市畜产品质量安全监管工作先进单位等称号，被县委、县政府授予全县环境保护工作先进单位、县级文明单位等称号。

畜牧产业发展 推行退出散养、退出庭院、退出村庄，进入场（区）的“三退一进”发展模式，大力推进标准化、生态化养殖场（区）建设。2016年，全县新创建市级畜禽养殖标准化示范场7家、市级高效生态示范场2家、省级示范场2家，推广环保养殖发酵床面积2万平方米。积极开展“三品”认证，不断加大畜牧合作组织和家庭牧场创建指导力度。新发展无公害畜产品认证2个、家庭牧场20个，新发展畜牧专业合作社7个、创建市级示范合作社4个。积极推进“三引一促”，不断加大畜牧产业招商力度，新引进畜产品深加工项目2个，总投资5000余万元。

农作物秸秆青贮及粮改饲 结合农作物秸秆禁烧工作，积极推广秸秆青贮氨化技术，重点扶持引导奶牛、肉牛规模化养殖场配备与养殖规模相适应的标准化青贮池，大力开展秸秆青贮氨化，不断提高农作物秸秆饲料化利用水平。2016年，全县新建标准化秸秆青贮池1万立方米，累计建设青贮池5.1万立方米，共青贮玉米秸秆2.27万吨。积极推进粮改饲工作，通过调整优化种植结构，采取“养殖企业+种植大户”“养殖企业+种植合作社”“养殖企业+自有种植基地”等多种种养结合模式，大力推广粮改饲玉米种植，促进农牧业融合发展。是年，全县推广粮改饲玉米种植面积2000亩(133.33公顷)。

畜牧行政执法 全面落实畜产品质量安全“痕迹化”“网格化”监管，实现对全县11家畜禽定点屠宰企业视频监控全覆盖。加大动物卫生监督、兽药饲料监察等畜牧行政执法力度，狠抓投入品、饲养、检疫、运输等环节监管，严厉打击畜产品质量安全违法犯罪行为，取得显著成效。2016年，全县共检疫畜禽2406万头（只），动物产品2.3万吨；开展“瘦肉精”检测1.8万头（份），未发现“瘦肉精”阳性；立案查处畜产品质量安全违法案件99起（其中移交公安4起），查获病死畜禽48吨；检查兽药、饲料生产经营使用单位450个次，下达整改通知书30份，立案查处兽药经营违法案件14起，没收假兽药75个品种，针剂1200盒，粉剂1996包，兽用生物制品1079瓶。

重大动物疫病防控 2016年，县畜牧局按照上级有关部署要求，积极做好动物疫情监测和流行病学调查。认真开展春秋两季羊小反刍兽疫、高致病性禽流感、牲畜口蹄疫等重大动物疫病防控工作，全面完成各项防控工作任务。全县共落实防控经费113.46万元,免疫家禽508万只、猪105.8万头、牛7.06万头、羊12.52万只，应免畜禽免疫密度达100%。

畜禽养殖污染治理 按照县委、县政府部署要求，牵头县环保、农业等部门，在全县开展畜禽养殖污染集中整治行动。2016年，全县共出动宣传车400余台（次）、发放明白纸《致广大养殖户一封信》3万余份，与电视台联合制作播出专题片3期。划分“三区”分类整治畜禽养殖场（户）6726家，其中禁养区内关闭2858家、转产1家、拆除460家。

病死畜禽集中无害化处理 县畜牧局严格按照《动物防疫法》等相关法律法规，扎实做好病死畜禽及产品无害化处理工作。屠宰环节实现病死畜禽无害化处理全覆盖，由无害化处理厂统一收集集中无害化处理。养殖环节，无害化处理厂与部分规模养殖场签订协议，开展病死畜禽集中无害化处理工作。2016年，全县共集中无害化处理病死畜禽319吨，其中，养殖环节49吨，屠宰环节130吨、病害猪产品120吨，案件查获20吨。

2016年临沭县畜牧养殖主要指标情况表（存栏）

表10

项目 / 年度	一、猪（万头）	二、牛（万头）	其中：［奶牛］（万头）	三、羊（万只）	四、家禽（万只）	肉蛋奶总产量（万吨）
2016	41.05	5.54	3.40	8.06	634.79	14.78
2015	45.00	5.44	3.17	7.51	570.20	14.02

撰稿：张 剑 丁 源 审稿：李敬亭

水利和渔业

水利局领导成员

局　　长：王德军
主任科员：孙建瑞（2月离任）
　　　　　卞会德（2月任职）
副 局 长：刘敦贵（2月离任）
　　　　　伏广强
　　　　　郇昌华（12月任职）
　　　　　卞会德（2月离任）
水政监察大队大队长：赵勇侠（女）
防汛抗旱指挥部办公室主任：伏广强
防汛抗旱指挥部办公室副主任：王 勇
　　　　　王永动
沭河管理办公室主任：卞会德（2月离任）
　　　　　孙建瑞（2月任职）
沭河管理办公室副主任：李秀友（2月任职）
　　　　　王乐强
苍源河管理办公室主任：李长青
小型水库管理局局长：王军亮

临沭县水利局内设办公室、政工科、财务科、水政科、移民办、农村公共用水管理办公室、东调办等7个行政科室；下设水资源管理委员会办公室、水土保持委员会办公室、工程技术服务站、工程管理服务站、农田水利服务站、水利勘测设计室、渔业技术推广站、龙窝灌区管理所、凌山头水库管理所、龙潭水库管理所、淡水养殖试验场等11个事业科室及9个水利服务中心；与水利局合署办公的正科级单位有防汛抗旱指挥部办公室和沭河管理办公室；隶属水利局的二级副科级单位有水政监察大队、苍源河管理办公室、小型水库管理局3个。全局共有干部职工226人，其中，具有高级职称的13人、中级职称的54人。2016年，获全市水利工作先进集体、全市渔业工作先进集体、全市淮河流域水污染防治工作先进单位、全市现代渔业园区建设先进集体、临沭县城乡环境综合整治工作先进单位、临沭县改革创新一等奖等称号。

重点工程建设 *龙窝灌区续建配套与节水改造工程结余资金项目* 投资477.38万元，完成苍源河穿涵拆除重建，新建橡胶坝1座，泵站2座，五干三支清淤、加固、埋设管道2.91公里，节制闸维修等。

移民工程 2016年，共发放后期扶持资金4期（2016年1—4季度），直接发放后期扶持资金1041.615万元，年底核减后移民总人数为17145人。完成临沭县2016年大中型水库移民后期扶持结余资金项目等6个项目工程。完成街道硬化21757米，街道排水渠衬砌2478米，新修浆砌石灌溉渠道、维修浆砌石渠道410米，街道绿化920棵，新打大口井3眼，新修生产桥4座，建幼儿园操场硬化800平方米，学校新建围墙400米。2016年移民扶贫项目12处，总投资1393.96万元。新建各类温室大棚98座，新打机井24眼，新建蓝莓加工车间及冷藏库797平方米，购置农机3台套，木器加工设备10台套，架设高压输电线路1500米，帮助480名贫困移民脱贫。

城乡供水工程 临沭县2016年农村饮水安全巩固提升工程，总投资2000万元。工程于8月1日正式开工建设，11月30竣工。共铺设主管道40公里，村内管网提升改造34个村街，并网12个村街，设供水点32个，信息中心的提升改造等。

2016饮水扶贫店西村村内管网改造工程，总投资30万元。解决450户，785人饮水问题。工程5月15日开工建设，6月1日竣工通水。

农村饮水消毒工程，总投资283.5万元。工程于12月1日开工建设，12月31日竣工。工程对31个联村工程、156个单村供水工程安装消毒设施192套。

城区扩网工程，总投资1284.15万元，建设正大街、冠山路、兴大街、宝诚路、振兴南路、振兴北路、225省道等管道安装工程，完成七乐商城、盛德小区、杏林御园、沭河花园、振兴社区、阳光上城、沭中名苑等小区供水工程，共安装DN100以上各类供水管道1.2万米。保证经济技术开发区、北城新区及城区用水需求。

农田水利基础设施工程 临沭县2016年农田水利设施维修养护项目，工程建设内容为大口井维修2眼，塘坝工程维修1处，小型泵站工程维修养护1处，机电井120眼维修衬砌井壁，石渠工程输水工程维修1410米。项目总投资80万元。

2016年新一批农田水利项目县建设，项目区位于石门镇，发展高效节水灌溉面积4000亩（266.67公顷），其中微灌工程500亩（33.33公顷），管道输水灌溉工程3500亩（233.33公顷）。新建小水源工程12处，其中，新建塘坝6座，维修大口井5座，新建小型泵站12座，治理排涝沟道 20.74 千米，新建涵管桥 30 座。项目总投资 1100 万元，其中，中央补助资金 1000 万元、县级财政资金 100 万元。

临沂市农泰农业科技有限公司高效节水灌溉和水肥一体化工程建设项目，项目区建设喷灌、滴灌面积 500 亩（33.33 公顷）。安装变压器 1 台，购置安装圆形喷灌机 2 台、潜水泵 2 台，PE 管道 2.0 千米，PE 滴管带 89.6 千米。总投资 100 万元，其中上级补助资金 50 万元、公司自筹资金 50 万元。

曹庄镇朱村生态湿地建设工程，总投资 210 万元。位于曹庄镇朱村村西总干排，建设内容为：修建拦河堰 1 座，修建人行步道，跨河、沟槽 3 处木栈道，河堤混凝土道路硬化，绿化面积约 17469 平方米。

病险塘坝除险加固工程 2016 年有 17 座塘坝纳入市级投资计划，分别为：庙南 1 号塘坝、冠山塘坝、英里塘坝、园西塘坝、后湖子塘坝、郑黄峪塘坝、吴后塘坝、芦庄村塘坝、清泉塘坝、东岔河塘坝、大岱塘坝、白毛塘坝、黑山口塘坝、五里桥塘坝、于山塘坝、西雷官庄塘坝、后新庄塘坝。工程批复总投资 596.07 万元，市级补助资金 306 万元，县级配套资金 290.07 万元，实际完成投资 557.42 万元。工程于 7 月 10 日开工，12 月 20 日竣工。主要完成工程量：土方 11.85 万立方米，石方 0.56 万立方米，砼及钢筋砼 0.25 万立方米。

防汛抗旱 3 月 7 日，县防讯抗旱指挥部下达通知对防汛各项准备工作进行部署安排，开展各项防汛准备措施的落实，开展隐患自查整改。3 月 14 日，县防指下发《关于临沭县水利局防汛督导组检查防汛工作的通知》，县防指调整成立 12 个防汛职能组、5 个防汛工作检查组，县水利局成立 4 个防汛抢险工作督导组，建立包镇街包重点工程进行督导检查责任制。5 月 27 日，召开全县防汛抗旱工作会议，对全县防汛抗旱工作再部署，再动员。加强对中型水库、沭河、苍源河橡胶坝、龙窝灌区总干渠等其他县级重点工程检修和维护，做好各项度汛准备。投入 90 多万元对损毁部位、检修部位进行维修和养护，对相关启闭设施进行检修调试和泄洪演练。重新修订临沭县防汛、抗旱和防台风 3 个预案。对凌山头、龙潭两座中型水库，69 座小型水库，华山、青云橡胶坝，苍源河等重点水利工程防洪预案和控制运用计划进行修订和完善。结合山洪灾害防治非工程措施项目建设，重新组织修订 1 个县级、9 个镇街和 120 个村居防洪预案。对跨汛施工的涉河、涉水在建工程，按照有关规定要求，制定度汛施工方案和应急预案，确保度汛施工安全。落实三线队伍：专业常备队 824 人、应急抢险队 2760 人、后备队 3619 人。加强防汛料物落实，采取备、号料相结合形式，在补充备（号）料同时，加强号料。防汛物料共储备麻袋编织袋 19.38 万条、草袋 3 万条、钢丝 10.8 吨、木材 187 立方米、土沙石 6.08 万立方米、土工布 0.24 万平方米，锹镐 2.6 万把，救生衣 1313 件，雨衣 1585 件等物料，物料价值 400 余万元。对 49 处自动雨量监测站、40 处简易雨量站、41 处自动水位监测站、55 个简易水位站、15 个视频监控站进行检修维护，实现县级重点水利工程视频化，镇级重点工程信息化，防汛信息省、市、县、镇四级联通。

4 月份和 8 月份经历 2 个阶段旱情。水利局成立 5 个抗旱工作督导组，深入到各镇街对抗旱工作进展情况进行督导；县农业局成立抗旱工作技术组，并印发技术意见；农机、供销等部门组织抗旱机械维修服务队伍。平均每天投入抗旱劳力 3 万余人次，投入各类泵站、抽水机械 1 万多套。

水利综合执法 利用 3 月 22 日“世界水日”“中国水周”“12・4”法制宣传日，散发宣传单1000余份、宣传册500余份。全年共查处各类水事违法案件10余起，进行河道非法养鱼网箱巡查24次，形成通报12期。全年共征收各类水规费445.8万元。

渔业养殖 水产养殖面积2.2万亩（1466.67公顷），其中中小型水库1.3万亩（866.67公顷），汪塘、塘坝9000亩（600公顷）。水产品总产量6695吨，渔业经济总产值1.3亿元，其中，渔业产值8120元，渔民年人均纯收入15000元，水产品抽检合格率100%。

城乡供水 2016年，完成城区供水728万立方米，农村供水100万立方米，总供水828万立方米，较去年同期增长91万立方米。

水力发展情况 共有水力发电站5座，分别为金牛水电站、井店水力发电站、龙潭水电站、蛟龙水电站一级站、蛟龙水电站二级站。年发电量328万千瓦时。其中，井店水力发电站始建于1978年，于2010年改建，设计总装机量660千瓦，流量10立方米每秒，水头8.5米。2016年发电量70万千瓦时。

龙窝灌区管理 龙窝灌区南北长40千米，东西宽20千米，设计灌溉面积2.09万公顷，是山东省大型灌区之一。龙窝拦河闸为龙窝灌区拦河蓄水枢纽工程，位于莒南县龙窝村西沭河上，拦河枢纽以上流域面积3804平方千米。拦河闸正常挡水位为67米，总干渠渠首设计流量20.5立方米每秒，最大流量25.0立方米每秒。该灌区有总干渠1条，长30.5千米，干渠5条总长56.2千米，支渠46条总长105.8千米。灌区内有耕地面积2.48万公顷，占全县总耕地面积的40.3%，灌区涉及2个街道，3个镇，110多个行政村。有在编职工10人，其中，专业技术人员5人。

为满足灌区规范化管理要求，投入28万元对北岭闸、沟头闸和二干节制闸进行提升改造，新增沟头泄洪闸一处；投入35万元对干渠曹岭生产桥、王沙埠村生产桥和曹洼生产桥进行重建；投入27万元对总干（龙窝村）渠道和电站以南渠道进行护砌；投入22万元对总干所有存在安全隐患的生产桥桥面进行安全改造，全部使用砼结构防撞墙；投入7万元在河道干渠沿岸危险处配备240个警示牌，在河道两岸管理范围边界处配备650个界桩，并在管理所配置相应的宣传栏和宣传标识。2016年，灌区累计放水1000万立方米用于周边镇街农田灌溉。为龙潭水库、苍源河放水800万立方米，解决水体富营养化、水体污染问题。为渔业产业园和龙潭水库调水300万立方米，确保全国最大规模的休闲垂钓比赛在临沭县成功举办。

中型水库管理 *凌山头水库* 位于临沭县城北6千米处，苍源河上游，苍马山西北侧，控制流域面积33平方公里，1965年11月动工兴建，1967年4月竣工，2001年开始除险加固，2010年竣工验收。总库容1502万立方米，兴利库容1113万立方米，死库容115万立方米，调洪库容428万立方米，是一座以防洪、城市供水、农业灌溉等综合利用的中型水库。水库枢纽工程由大坝、溢洪闸、放水洞组成，坝长1160米，坝顶宽6米，最大坝高18米。凌山头水库管理所，隶属临沭县水利局，2008年水利工程管理单位体制改革时确定为准公益性事业单位，担负着水库防洪、供水和生态供水等职能。有在职职工5人，全部为事业编制人员。管理所连续多年被评为临沭县水利系统先进单位，并多次获得全省水利工程管理工作先进集体、全市水利系统先进集体等称号，在2014年1月7日成功创建省二级水利工程管理单位。2016年，凌山头水库完成中央财政补助地方水利工程维修养护资金投资45万元，主要实施项目有：主体工程的日常维修养护、闸门养护、启闭机养护、机电设备维修、附属设施维修养护、水面保洁。

龙潭水库 位于临沭县蛟龙镇西1公里处，蛟龙河上游，属新沭河水系。水库始建于1958年冬，2009年9月除险加固，2010年6月竣工，是一座集防洪、灌溉、发电及养殖等综合利用的中型水库。水库控制流域面积8平方公里，水库总库容1190万立方米，兴利库容1040万立方米，水库主要影响下游蛟龙镇1.2万人口、6万亩(4000公顷)耕地的防洪安全及327国道畅通，有效灌溉农田3万亩（2000公顷），年发电190万千瓦，水面养殖2400亩（160公顷）。水库枢纽工程主要由大坝、泄洪闸、放水洞、水电站组成。龙潭水库管理所隶属于临沭县水利局，准公益性事业单位，有在职职工5人。主要职能是以工程防洪、水源涵养为主，承担农田灌溉、水产养殖等综合经营任务，管理权限明确，实行内部管养分离。2015年1月21日成功创建省二级水利工程管理单位，完成省财政水利工程维修养护经费补助项目。2016年，龙潭水库完成中央财政补助地方水利工程维修养护资金投资30万元，主要实施项目有：主体工程的日常维修养护、闸门养护、启闭机养护、机电设备维修、附属设施维修养护、水面保洁。

水资源管理 2016年度用水总量10519万立方米。全县工业增加值99.87亿元，工业用水量1256万立方米，万元工业增加值取水量12.58立方米；农田灌溉水有效利用系数为0.63。对所有新建、改建、扩建需要取水的建设项目进行水资源论证，实现取水许可审批率达100%，共办理水资源论证批复4份。完善取水计量，并对全县54处水量远程监测站点进行系统维护与管理，征收水资源费428.64万元。

水土保持 宣传贯彻实施《中华人民共和国水土保持法》《山东省水土保持条例》等有关的法律法规，共办理水土保持方案审批手续10份。按照国家、省、市《水土保持补偿费的征收使用管理办法》要求及鲁价费发〔2015〕13号文《关于水土保持补偿费征收标准的通知》标准，在县委、县政府为优化发展环境，加大招商引资力度，大部分项目制定优惠政策，免缴县级行政事业性收费的情况下，2016年共征收水土保持补偿费17.16万元。

撰稿：英　峰　于文科　审稿：李长青

农机管理

农机局领导成员

局　长：徐会社

副局长：付成飞（2月离任）

袁堂学　黄层乐（女）

吴清平（2月任职）

纪检组长：吴清平（2月离任）

临沭县农业机械管理局是临沭县人民政府下属正科级事业单位，设办公室、财务科、监理站、推广站、维修管理站、农机化学校6个科室站校。下辖临沭街道、郑山街道、曹庄镇、石门镇、蛟龙镇、大兴镇、玉山镇、青云镇、店头镇9个镇街农机站。全系统有在职干部职工130余人，其中，县局机关50人。

县农机局以争创全国农业生产全程机械化示范县为目标，以提高小麦、玉米、花生三大主要农作物生产全程机械化水平为主要内容，加快促进农业机械化与信息化、农艺、农肥融合发展，走出一条资源节约、环境友好、产出高效的现代农业发展道路。3月19日，全省主要农作物生产全程机械化推进现场会议在临沭县召开。《农民日报》《中国农机化导报》《临沂日报》均以头版头条的形式报道临沭县推进全程机械化的做法。6月3日，全国主要农作物生产全程机械化推进行动现场会上，临沭县被授予"全国首批主要农作物生产全程机械化示范县"，县委书记刘飞在大会上做了典型发言。9月20日，全省三秋农机化生产现场观摩会在临沭县召开。先后获得"市级文明单位"、全市农机化工作一等奖（第一名），全县2016年度科学发展先进单位、全县2016年度三引一促工作先进单位（二等奖）、2016年度"临沭改革创新奖"（一等奖）等荣誉。

"三夏""三秋"农机生产 "三夏"期间，全县农机部门强化管理，完善服务，及早准备，合理调度，充分发挥农业机械主力军作用。全县有小麦53.9万亩（3.59万公顷），机械化收获超过53.7万亩（3.58万公顷），占小麦种植面积的99.9%；小麦切碎还田53.2万亩（3.55万公顷），占机收面积的99.1%。玉米总面积19万亩（1.27万公顷），机械化收获17.4万亩（1.16万公顷），占玉米种植面积的91.6%；玉米秸秆粉碎还田15.4万亩（1.03万公顷）、玉米秸秆青贮2万亩（1333.33公顷）。

"三秋"机械作业以适时种足种好小麦为主题，大力推广小麦免耕播种、机械化深耕、深松、精少量播种、化肥深施、秸秆还田等节本增效工程技术，显著提高"三秋"农业生产机械化水平和科技含量。全县完成小麦机播54.8万亩（3.65万公顷），其中免耕、保护性耕作面积达25万亩（1.67万公顷）。在冬季农田水利基本建设中，充分发挥系统优势，积极协调争取政府和有关部门支持，让农机合作社承担工程项目，组织600多台大中型机械进行施工，有效提高农田水利基本建设质量、效益，机械作业量占总作业量90%以上。

农机管理 全县拥有农机专业合作社56家、农机用户5.8万户，拥有各类农机具10万余台套，机械总动力79.88万千瓦，主要农作物生产全程机械化加快实现。小麦秸秆还田工作位居全市前列，玉米机收面积、小麦免耕播种面积较往年大幅增长。农业机械的发展，极大改善全县农业基础设施，优化农机装备结构，提高农机装备水平和全县农业机械化综合生产能力，为农机化由中级阶段向高级阶段跨越奠定坚实基础。

2016年，县农机局创新教育模式，由单一培训向组合式培训转变，引导企业和农机合作社共联共建，举办各类培训班20余期，参训人员达1500人次。成功举办首届"常林杯"农机手大赛，组织400余名农机手参加比赛，切磋操作技能，调动农机手比学赶超的积极性。监理工作方面，全年共检验拖拉机、联合收割机1780台，办理牌照1236副，办理驾驶证394人次。悬挂安全生产宣传横幅19幅，出动宣传车6次，发放资料2000余份，受教育人数达3000余人。

农机购置补贴 农机购置补贴资金1550万元，发放指标确认书1054份，受益户988户，补贴机具1117台（套）。县农机局按照"加快转变发展方式，优化农机装备结构"要求，突出重点，科学调整补贴方向，把玉米收获机械、免耕播种保护性耕作机械、深松及经济作物机械作为补贴重点，推动薄弱作物、薄弱环节农机化水平提高。真正落实国家惠农政策，把补贴政策落实到农民手中。

农机合作社建设　县农机局牵头制定《关于加强农机专业合作社建设的意见》，县政府设立现代农业贷款担保基金300万元，在资金、技术、场地等方面全力支持农机合作社发展。全县经工商注册的农机专业合作社共有56家，拥有各类高端农机具3000台套，作业范围涵盖耕、种、收及运输、维修各个环节。

项目建设　2016年全县共实施省市示范项目3个，项目资金共计357.5万元。其中，土地深松项目资金200万元，省级花生联合收获项目资金15万元，市级小麦玉米秸秆切碎还田补助资金142.5万元，项目涉及面积达6万亩（4000公顷）。通过建设项目区、召开现场会、举办培训班等措施，促进新机具、新技术在县内快速推广并得以应用。加快农机装备结构调整，促进农业生产方式转变。

2016年临沭县农业机械拥有量情况表

表11

项目	计量单位	数量
一、农业机械总动力	千瓦	798765
1. 柴油发动机动力	千瓦	744293
2. 汽油发动机动力	千瓦	5024
3. 电动机动力	千瓦	49448
二、拖拉机及配套机械	*	*
（一）拖拉机	台	56275
	千瓦	598326
1. 大中型（14.7千瓦及以上）	台	3753
	千瓦	159090
其中：14.7–18.4千瓦（含14.7千瓦）	台	1248
	千瓦	22679
18.4–36.7千瓦（含18.4千瓦）	台	590
	千瓦	20879
36.7–58.8千瓦（含36.7千瓦）	台	1257
	千瓦	71647
58.8千瓦及以上	台	658
	千瓦	43885
其中：轮式	台	1930
	千瓦	67606
2. 小型（2.2–14.7千瓦，含2.2千瓦）	台	52522
	千瓦	439236

续表 11

项目	计量单位	数量
其中：手扶式	台	47750
	千瓦	370576
（二）拖拉机配套农具	台	58780
1. 大中型	台	2620
2. 小型	台	56160
三、种植业机械	*	*
（一）耕整地机械	*	*
1. 耕整机	台(套)	125
	千瓦	193
2. 机引犁	台	31440
3. 旋耕机	台	1338
4. 深松机	台	111
5. 机引耙	台	12740
（二）种植施肥机械	*	*
1. 播种机	台	4711
其中：免耕播种机	台	789
精少量播种机	台	1590
2. 化肥深施机	台	144
3. 地膜覆盖机	台	1162
（三）农用排灌机械	*	*
1. 排灌动力机械	台	7339
	千瓦	57076
其中：柴油机	台	5615
	千瓦	42066
电动机	台	1724
	千瓦	15010
2. 农用水泵	台	5258
3. 节水灌溉类机械	套	2572
（四）田间管理机械	*	*
1. 机动喷雾（粉）机	台	3594
	千瓦	5024

续表 11

项目	计量单位	数量
（五）收获机械	*	*
1. 联合收获机	台	1150
	千瓦	50397
（1）稻麦联合收割机	台	687
	千瓦	27147
其中：自走式	台	570
其中：半喂入式	台	23
	千瓦	1206
（2）玉米联合收获机	台	463
	千瓦	23250
其中：自走式	台	259
2. 割晒机	台	4106
	千瓦	928
3. 其他收获机械	台	896
	千瓦	1850
其中：花生收获机	台	63
	千瓦	1540
秸秆粉碎还田机	台	163
秸秆捡拾打捆机	台	2
玉米收获专用割台	台	367
（六）收获后处理机械	*	*
1. 机动脱粒机	台	3320
	千瓦	9520
2. 谷物烘干机	台	13
	千瓦	650
3. 保鲜储藏设备	台（套）	15
	千瓦	33
（七）设施农业设备	*	*
1. 温室	平方米	164320
其中：设施总面积	平方米	161388
连栋温室	平方米	41968

续表 11

项目	计量单位	数量
日光温室	平方米	20840
塑料大棚	平方米	98580
四、农产品初加工机械	*	*
（一）农产品初加工动力机械	台	5081
	千瓦	43211
其中：柴油机	台	2013
	千瓦	15318
电动机	台	3043
	千瓦	27893
（二）农产品初加工作业机械	台	4903
其中：1. 粮食加工机械	台	3663
2. 油料加工机械	台	701
3. 棉花加工机械	台	131
4. 果蔬加工机械	台（套）	340
5. 茶叶加工机械	台（套）	38
五、畜牧养殖机械	台（套）	1568
	千瓦	10033
其中：饲草料加工机械	台（套）	1296
	千瓦	5642
畜产品采集加工机械	台（套）	17
	千瓦	280
其中：挤奶机	台	14
	千瓦	228
六、渔业机械	台	68
	千瓦	350
其中：增氧机	台	18
	千瓦	152
投饵机	台	50
	千瓦	198
七、运输机械	*	*

续表 11

项目	计量单位	数量
1. 手扶变型运输机	台	48910
	千瓦	48910
八、农田基本建设机械	台	162
	千瓦	14120
九、农业机械原值和净值	*	*
1. 农业机械原值	万元	56140
2. 农业机械净值	万元	40579

撰稿：李洪庆　审核：文学军

农业综合开发

农业综合开发办公室（2月成立）领导成员

主　任：刘崇宝（2月任职）

副主任：张为传（2月任职）

临沭县农业综合开发办公室成立于2016月2月4日，具体承担农业综合开发项目的实施等日常业务工作，设综合科、土地治理科、产业化科、财务科4个职能科室。共有干部职工8人，均为大专及以上学历。

2016年，临沭县农业综合开发办公室紧紧围绕全县“三农”工作大局，科学规划，标准实施，在促进农业增效和农民增收上取得新成效，为临沭县农业和农村经济健康、快速发展做出积极贡献。

土地治理项目　2016年实施高标准农田建设项目4个：店头镇高标准农田建设项目、玉山镇高标准农田建设项目、绿意家庭农场高标准农田建设项目和曹庄镇朱村高标准农田建设项目。项目共投资820万元，建设完成旱涝保收高标准农田6600亩（440公顷），为实现粮食增产，促进农民增收和农业机械化发展，发展现代农业发挥积极作用。

产业化经营项目　2016年实施产业化经营项目4个。其中，财政补助项目2个，总投资385万元，分别是年产200万公斤蔬菜种植基地扩建项目、年产7000万件套杞柳工艺品扩建项目；贷款贴息2个，分别是年产3万吨优质蔬菜加工贷款贴息项目、3万吨生猪加工贷款贴息项目。通过以财政补助、贷款贴息等方式改善经营主体生产条件，使经营主体向规模化、标准化、专业化发展。

创新试点项目　2016年，临沭县承担3个国家级试点，分别是高标准农田“先建后补”试点项目、农业综合开发产业化经营项目贷款担保基金试点项目和“一、二、三产业融合发展”高标准农田建设模式创新试点项目。

高标准农田“先建后补”试点项目 山东金易德农业科技有限公司3500亩（233.33公顷）高标准农田先建后补试点项目，总投资525万元，通过“先建后补”方式，激活各经营主体投资农业搞开发的热情与积极性，为农业综合开发土地治理注入新的活力与动力。

农业综合开发产业化经营项目贷款担保基金试点项目 2016年，共为38家新型农业经营主体发放贷款7108万元，使“三农”受保业户新增收入8900万元，增加利润2500万元，解决剩余劳动力380余人。切实解决各新型农业经营主体贷款难、担保难问题。

“一、二、三产业融合发展”高标准农田建设模式创新试点项目 项目于2016年8月份竞标成功，建设完成后将促进农民增收、农业增产，拉长农业产业链，完善利益联结机制，推动优势特色农产品生产、加工、销售、服务“四位一体”融合发展，促进农业相关产业联动集聚、生产要素跨界配置和调节规模经营、农产品销售等相关服务业有机整合的目标。

信息宣传 2016年，县农业综合开发办公室在《农民日报》《中国财经报》《临沂日报》《大众日报》等报纸报刊发表新闻稿件12篇。积极联系对接媒体，在临沂电视台和山东电视台农科频道乡村季风栏目宣传报导临沭县的“先建后补”项目试点项目，取得较好反响。

撰稿：马文斌　审稿：凌宗儒

扶贫开发

农业综合开发扶贫办公室（2月变更为县扶贫开发办公室）领导成员

主　　任：李守鹤（1月离任）
党组书记：凌宗儒（2月离任）
副 主 任：高希杰（2月离任）
　　　　　张为传（2月离任）
　　　　　王学胜（2月离任）
纪检组长：景善华（2月离任）

扶贫开发办公室（2月成立）领导成员

主　　任：凌宗儒（2月任职）
副 主 任：高希杰（2月任职）
　　　　　王学胜（2月任职）
　　　　　景善华（2月任职）

临沭县扶贫开发办公室于2016年2月由临沭县农业综合开发扶贫办公室变更成立，依托临沭县扶贫开发领导小组办公室工作，下设综合协调组、政策调研宣传组、规划财务组、项目管理组、社会扶贫组、金融扶贫组、督导考核组、信息统计组、党务人事组等9个科室，共有干部职工37人，其中，原有人员22人（退休职工7人），抽调人员15人。

2016年，临沭县扶贫开发办公室按照“走在前列、带个好头”目标要求，紧紧围绕增加贫困人口生产性收入、资源性收入和财产性收入，积极推进产业扶贫、行业扶贫和社会扶贫“三位一体”脱贫格局，实现脱贫贫困人口7516户、15236人，摘帽10个重点贫困村，超额完成年度脱贫攻坚任务。

建档立卡信息统计 开展“百村万户”民情大走访与脱贫攻坚“三问三清”活动（一问贫困户为什么贫穷，二问扶贫工作重点村为什么贫困，三问联系乡镇经济为什么落后；责任清、措施清和时效清），明确9名县级领导包镇，115名第一书记包村，1210名干部包户，实现镇、村、户全覆盖。发放“精准扶贫包”，制定脱贫方案，定期开展入户走访，完善国家、省、市三级平台的动态调整和信息采集录入，完成脱贫7516户、15236人，摘帽10个贫困村。经评估，建档立卡识别准确率99.07%，建档立卡贫困人口退出准确率99.74%。

扶贫项目资金管理 制定扶贫资金管理办法，实行专户储存、专人管理、专账核算，保证资金审批、拨付、使用、管理公开透明。2016年，财政专项扶贫资金4575.9万元，其中，产业项目资金2649万元，省特色基金1155万元，整合涉农资金8299万元。提前编制完成2017年扶贫资金计划。2016年度产业扶贫项目107个，全部开工建设，完成104个，完成率97.20%。

扶贫小额信贷 设立风险补偿金667万元，贴息资金428万元，担保费40万元，对135户贫困户发放富民农户贷431万元；为33家经营主体发放富民生产贷21557.92万元，帮扶贫困人口4312人，人均增收1500元。

互助资金协会建设 按照临沂市扶贫开发领导小组办公室“三个一批”（提升一批、整顿一批，退出一批）工作要求，对全县互助资金协会进行梳理和整顿，并对正在运行的52家互助资金协会进行审计考评和换证工作。2016年，已退出25家协会，剩余44家协会，发放借款2800万元，涉及3678户，农户累计增收近662多万元，户均增收1800多元。

“雨露计划”项目 对2016年春季学期在校接受职业教育建档立卡贫困家庭子女就读中高职、普通大专情况进行摸底统计，为66名贫困学生提供教育补助。

光伏扶贫项目 投资1879万元，建设分布式光伏电站62个，发电规模2609千瓦，帮扶58个贫困村，带动1555户贫困户，户均增收1900元。

社会扶贫工作 按照“一村多业、一户多策、一人多岗”的脱贫思路，探索实施道德扶贫、健康扶贫、基础设施建设扶贫、务工就业扶贫、农业产业扶贫、电商扶贫、光伏扶贫、残疾人扶贫、党建扶贫、教育扶贫、金融扶贫、政策扶贫等12种精准扶贫模式，建成精准扶贫示范点200个。其中，农业产业扶贫示范点36个，务工就业扶贫示范点26个，电商扶贫示范点3个，光伏扶贫示范点56个，健康扶贫示范点14个，残疾人扶贫示范点10个，金融扶贫示范点11个，基础设施建设扶贫示范点44个。

撰稿：景善华　朱孔正　审稿：刘崇宝

沭河管理

沭河水利管理局领导成员

局　长：郭爱波（5月离任）
　　　　郭宇锋（9月任职）
副局长：王金利　郭宇锋（9月离任）
　　　　周守朋（5月任职）　王俊华

沭河水利管理局隶属于水利部淮委沂沭河水利管理局，为中央派出的流域管理机构，正科级全民公益性事业单位，驻临沭县城。直管沭河、老沭河、新沭河、分沂入沭、总干排等河道堤防工程和黄庄穿涵、排灌闸、莒县官庄闸等闸涵工程，共计管理河道长180.62公里，堤防长231.47公里。流域跨日照、临沂两个地级市的莒县、莒南、临沭三个县和临沂经济开发区，沿河有24个乡镇228个村庄。局设机构8个，即：办公室、水利管理股、水政水资源股、财务股和莒县管理所、莒南管理所、临沭管理所、黄庄管理所。共有职工77人，其中，在职职工41人，退休职工36人。

工程管理　认真贯彻落实水利部治水新思路，全面推行水管体制改革，达到职责明确，调动各方面积极性。注重规范化管理，促进现代化管理水平，努力打造标准化堤段，将临沭范围内的堤防全部建成高标准“五化”堤防，成为全沂沭泗系统的亮点工程。对行洪河道突出控导工程建设和维修，提高河道防洪抗洪能力；重视护堤护岸林绿化美化，大力推行“万亩林”工程，将沭河两岸堤防及护堤滩地实施全面绿化覆盖，形成绿色长龙，既美化环境，又防止水土流失，还增加社会效益，连同高标准“五化”堤防，充分发挥工程的综合效益，被沿河群众誉为“便民工程”“富民工程”。

防汛工作　沭河防汛工作，坚持以“科学防汛”为宗旨，认真贯彻落实“安全第一，常备不懈，以防为主，全力抢险”的防汛方针。加强防汛责任制的落实，内外形成“横到两边纵到底”的防汛责任网络；根据工程变化情况，做好险工险段、重点河段、河道内建设项目抢险预案的修订；加强防汛值班，保持通讯联络畅通，及时提供防汛信息，当好地方政府的参谋；抢抓暴雨洪水过后工程水毁检查修复，保持工程完整。

2016年汛期，沭河流域多次出现降雨过程，沭河局平均降雨量为310.1毫米，较去年汛期偏多16.7%。其中，六月份降雨87.2毫米，较去年同期偏多32%；七月份降雨170.9毫米，较去年同期偏多1.4倍；八月份降雨33.8毫米，较去年同期偏少71%；九月份降雨18.2毫米，较去年同期偏多38%。降雨覆盖整个沭河流域，具有面广量大、时程及空间分配明显不均等特点。沭河重沟站流量以7月2日0时235立方米每秒为最大。期间沭河局积极做好各项防汛准备工作，实现连续四十二年安全度汛，为沿河地区的经济发展和社会稳定做出应有贡献。

2016 年 6—9 月份沭河流域降雨量统计表

表 12 单位：毫米

流域	6 月份	7 月份	8 月份	9 月份
莒县	20	156.0	36.0	0
莒南	26.0	138.0	8.0	0
临沭	111.6	210.8	80.2	45.8
黄庄	191.2	178.8	11.0	27
平均	87.2	170.9	33.8	18.2

撰稿：倪天华　审稿：郭宇锋

大官庄水利枢纽管理

大官庄水利枢纽管理局领导成员

局　长：温国玉

副局长：吴新海　单　府

大官庄水利枢纽管理局位于山东省临沭县石门镇大官庄村西北，隶属于水利部淮河管理委员会（以下简称淮委）沂沭河水利管理局，为中央派出的流域管理机构，全民公益性事业单位（正科级）。直管新沭河泄洪闸、人民胜利堰节制闸、分沂入沭调尾拦河坝及灌溉工程等防洪工程，下设办公室、财务股、水利管理股、水政水资源股4 个机构。有职工 37 人，其中，在职职工 18 人，退休职工 19 人；大学本科（含）以上 12 人，专科 5 人；高级工程师 3 人，工程师 1 人，助理工程师 5 人，经济师 1 人，技师 1 人，高级工 4 人。

2016 年，大官庄水利枢纽管理局以工程管理为中心，以防洪调度为己任，以依法行政为依托，把做好工程管理、防汛抗旱、科学调度作为落实科学发展观的具体行动，坚持“四个全面”“五位一体”发展思路，为沿河地区的改革、发展、稳定，做出应有贡献。通过“临沂市文明单位”复审。

工程管理与防汛　大官庄水利枢纽工程是沂沭河洪水东调的关键控制工程之一，主要作用是承接沭河来水和沂河部分洪水，在枢纽工程有效控制下就近入海；根据沂沭泗洪水调度要求，控制分泄洪水入新沭河和老沭河，提高沂沭河中下游地区、骆马湖和新沂河的防御洪水能力；拦蓄径流，充分利用雨洪资源发展灌溉，使枢纽发挥综合效益。2016 年汛期降雨偏少，共接到上级调度指令5个，共安全泄水2亿立方米。

积极推进工程管理考核，严格落实管理责任制。按照沂沭泗水利管理局和沂沭河水利管理局要求，工程管理大力推进规范化、法制化和现代化建设，努力实践水利部治水新思路。高度重视，科学决策，严抓防汛工作。落实防汛行政首长负责制、防汛检查制度、岗位责任制、技术人员责任制等；完善防汛值班制度、带班制度、交接班制度、汇报制度等，积极当好地方政府领导参谋，加强通讯联络，准确传递雨情、工情、汛情，及时检查、上报、处理工程存在的问题，保持近四十年枢纽工程安全度汛。

精神文明建设 按照属地管理要求，以“热爱临沭、奉献临沭、发展临沭”为根本宗旨，以服务社会维护当地人民利益为出发点，努力营造和谐临沭。根据县委、县政府统一部署，重视和加强精神文明建设。注重加强工程管理目标化、规范化建设，使枢纽工程始终保持启闭灵活、运用自如的良好状态，确保沭河两岸人民群众生命财产安全，深受当地人民群众称赞。以强化制度纪律为突破口，约束和规范职工行为。在层层落实责任制基础上，加强建章立制工作，将每个岗位每个工种和职业道德用制度确定下来，使之有章可循，有据可查。政务公开，接受群众监督。使各项工作逐步走向制度化、正规化、规范化管理的轨道。以创建国家级水利风景区为工作目标，保持各项工作全面发展。

撰稿：项鲁彭　审稿：吴新海

蚕桑业

丝绸公司领导成员

董 事 长：王建峰
总 经 理：郑连顺
副总经理：刘启中
财务总监：王法刚

2016年，临沭县实有桑园面积1100余亩（73.33公顷），开发区（王贺村、黄贺村）桑园面积700余亩(46.67公顷),桑园面积略有减少。全年公司共发放蚕种1932张，社会蚕种1600余张（蚕种经营暂未放开），全年生产蚕茧16.8万公斤，公司收购鲜茧10.7万公斤，收购均价45元/公斤，蚕农养蚕收入756万元。公司收购的蚕茧严格执行标准操作规范，所产蚕茧主要经济技术指标：蚕丝长在1030米，解舒率68%，上车茧率92%，干毛茧出丝率38.6%，净度94.2，部分庄口丝类质量为6A级，达到出口标准。

稳定与发展 2016年，大多数农副产品价格下滑，蚕茧价格一路走高，蚕农栽桑养蚕收益较高。公司积极引导蚕农转变观念，坚定信心，加强桑蚕生产知识的学习，稳定桑园。通过不断提高张产、亩产茧量，减少病害发生，提高蚕茧质量，增加收益。冬，更新桑园面积35亩（2.33公顷），新增桑园20亩（1.33公顷）。

市场管理与经营 2016年，鲜茧收购资格全面放开，对传统收购企业非常不利。公司从技术服务、业务指导、收购资金发放等方面赢得广大蚕农信任与支持，秉持市场价收购，价格一步到位，最大程度让利于蚕农，从而稳定桑园，赢得市场。公司实施多元经营之路，初现成效，"鑫丝润"品牌确立5年，"鑫丝润"蚕丝被成为临沭特产。

撰稿：王法刚　胡尊伟　审稿：郑连顺

烟　草　业

烟草专卖局（分公司）领导成员

局长、经理：李开华

副局长、副经理：杨吉刚（10月任职）

纪检委员、副局长：涂胜伟

副经理：赵永生　李　栋

临沭县烟草专卖局（分公司）主要负责临沭、郑山、青云、大兴、玉山、蛟龙、店头、石门、曹庄共9个镇（街道）的烟草专卖管理、卷烟销售、烟叶生产收购工作。下设综合办公室、财务科、专卖监督管理科、内部专卖管理监督派驻工作组、法制科、卷烟营销科、烟叶科、专卖稽查大队8个机关部门和4个基层服务站（稽查分队）、1个烟叶工作站。有从业人员124人，其中，聘用员工52人。辖区共有2288户卷烟零售客户、102户烟农。

2016年，企业上缴税收2946.44万元，列全县税收贡献第10位。先后荣获"山东省档案工作科学化管理示范单位""2011—2015年全市普法依法治理工作先进集体""全县科学发展先进单位""全县安全生产工作先进企业""幸福临沭建设特别贡献企业""平安临沭建设先进单位"，以及市局（公司）系统"2016年度卷烟营销技能竞赛先进单位""卷烟生动化陈列荣获二等奖"等称号，连续六年保持"省级文明单位"称号。

烟叶生产　以现代烟草农业建设为主线，推动烟叶生产由数量效益向质量效益转变。加大烟田规划布局调整力度，规模化种植比例达到70.64%。抓好集中移栽、田间管理、鲜烟分级、成熟采烤等配套技术措施的落实到位率，烟叶质量明显改善。2016年，全县收购烟叶0.95万担（47.5万千克），其中上等烟占43.69%，高于全市5.65个百分点；公斤均价24.24元，高于全市0.28元；实现烟叶税253.3万元，同比增加4.01%。

卷烟营销　深化营销改革，推广使用《客户订货指导单》，固化拜访流程、服务标准和跟踪问效，提升基层基础水平。常态化开展街头宣传、定点培训、驻店营销、消费品吸等活动，提升品牌培育水平。积极推进网上订货、信息采集和市场开发工作，密切关注形象店建设和中小客户经营能力提升，提升营销网建水平。2016年，销售卷烟16474.62箱，实现单箱值21215.13元。人工采集合格率、自动采集合格率分别达95%和90%以上。

专卖管理　联合公安、工商等部门开展"齐鲁之盾2016""南部防控区"等专项整治行动，保持卷烟打假打私的高压态势。深入推进APCD工作法，编织重点区域治理网，有力维护良好的市场经营秩序。以法治烟草建设为抓手，严格规范行政许可行为，推广应用执法记录仪，确保依法行政，切实防范法律风险。2016年，查获涉烟案件205起，涉案卷烟8138.6条，案值58.15万元；破获5万元以上案件1起，万元以上案件8起；刑事拘留9人，判刑7人。

公益事业 积极履行社会责任，参与社会公益事业。2016年，组织开展“慈心一日捐”“爱心助童”“结对帮扶”“治安薄弱村帮扶”等活动，共计捐款4万余元。开展捐资助学、节日慰问、困难救助等公益活动，组织干部职工30余人帮助烟农义务植烟40余亩（2.67公顷）。全年常态化“创卫志愿”活动，用实际行动担当社会责任，树立烟草形象。

撰稿：袁堂婷　审稿：徐广梓

工　业

GONGYE

规模以上工业企业管理

经信局领导成员

局　　长：王济壮

副 局 长：刘彦彪（2 月任职）　车家沂

李艳华（女，2 月离任）

高志方

纪委书记：刘清华（2 月离任）

党委委员：刘清华（2 月—7 月）　张贵华

经济运行办公室主任：车家沂

经济运行办公室副主任：张　美（女）

殷洪亮

能源监察大队大队长：伏祥文

临沭县经济贸易和信息化局（简称县经信局）下设办公室、综合科、市场科、科技科、电力科 5 个职能科室；隶属于县经信局的正科级单位有经济运行办公室、节约能源工作办公室；隶属于县经信局的副科级单位有能源监察大队；隶属于县经信局的股级单位有散装水泥办公室。全局共有干部职工 34 人，其中，硕士研究生学历 6 人。县经信局党委辖管 2 个行政事业单位和 2 个企业的 2 个党总支部、12 个党支部，共有党员 208 名。

2016 年，县经信局积极应对经济发展下行压力影响，牢牢把握建设“幸福临沭”工作重点，围绕“工业强县”奋斗目标，以企业二次创业与深化企业改制为契机，不断加压奋进，实现内强外拓，有力促进全县工业经济稳增长、提质效。先后荣获“全省发展散装水泥先进单位”“临沂节能突出单位”，临沭县“招商引资先进单位”“安全生产工作先进单位”“环境保护先进单位”“计划生育履行职责先进单位”等称号。

工业经济　工业经济受宏观经济形势、主导产业价格波动、部分骨干企业下滑较快、经济增长的内生动力不足等多种因素影响，波动起伏较大，工业经济下行压力持续加大。2016 年，全县 202 家规模以上工业企业累计完成产值 508.32 亿元，同比下降 3.29%；累计实现销售收入 558.25 亿元，同比下降 2.81%；实现利税 36.73 亿元，同比增长 5.7%，其中，利润 26.52 亿元，同比下降 9.89%。实现规模以上工业开票销售收入 234.66 亿元，规模以上工业企业入库税收 7.08 亿元。累计工业用电量 92165 万千瓦时，占全县的 66.92%，同比下降 2.8%。

产业发展　主导产业稳步发展，部分行业经营困难。2016 年，全县化肥化工、机械制造、钢管加工、食品加工、条柳编织 5 大主导产业共完成产值 455.81 亿元，同比下降 3.7%，占全县的 89.67%；实现销售收入 507.48 亿元，同比下降 2.8%，占全县的 90.91%；实现利税 32.02 亿元，同比增长 5.3%，占全县的 87.18%。复合肥行业影响全县工业经济走势。受 2015 年肥料行业复征增值税、农产品价格下滑等诸多因素影响，产值小幅下滑。随着煤炭价格上涨以及运输成本增加，单质肥料及复合肥价格持续上涨，效益保持较快增长。全年完成产值 228.21 亿元，同比下降 2.9%，带动全县产值指标下降 1.28 个百分点；实现销售收入 275.54 亿元，同比增长 1.0%；

实现利税 25.17 亿元，同比增长 11.69%，带动全县利税指标增长 8.95 个百分点。机械制造产业分化明显。一方面工程机械市场持续低迷，下滑幅度继续加大。全年实现销售收入 11.4 亿元，同比下降 42.39%，累计亏损 780 万元。另一方面农业机械两级分化明显。传统农机市场萎缩超过 50%，高端智能农机在道依茨法尔快速增长的带动下保持较快增长。常林道依茨法尔共销售各类高端农业机械 8513 台，较去年同期增加 475 台；常林农装共销售各类手扶、柴油机、大中拖拉机 23.35 万台，较去年同期减少 10.44 万台。农业机械累计实现销售收入 17.52 亿元，同比下降 28.45%；实现利税 1.18 亿元，同比增长 45.98%。钢管加工产业增长较快。12 月份，主要原材料管坯价格及无缝管价格继续上涨，企业生产经营稳定，盈利空间较大。全年累计实现销售收入 85.94 亿元，同比下降 1.7%；实现利税 1.19 亿元，同比增长 8%。化工产业效益下滑较快。全年累计实现销售收入 58.3 亿元，同比下降 1.3%；实现利税 1.58 亿元，同比下降 16.2%。出口型产业订单平稳增长。条柳编产业随着内销的增加和电商模式拉动，订单小幅增长。全年份实现销售收入 12.3 亿元，同比增长 0.4%；实现利税 6486 万元，同比下降 4.7%。脱水蔬菜加工行业中大蒜价格持续高位震荡，效益增长较快。全年份实现销售收入 8.27 亿元，同比增长 41.75%；实现利税 3556 万元，同比增长 13.18%。

剔除史丹利、常林影响，双“30”企业支撑作用较强。全县实现销售收入过亿元的企业 46 家，比去年减少 2 家，累计实现销售收入 501.34 亿元，占全县的 89.8%，同比下降 1.6%。列入全县重点培植“双 30”企业累计实现销售收入 488.03 亿元、利税 31.87 亿元，分别占全县的 87.42%、86.77%，同比分别下降 3.06%、增长 6.6%。列入全市重点培植的 16 家“双百”企业累计实现销售收入 421 亿元、利税 29.1 亿元，分别占全县的 75.41%、79.23%，同比分别增长 0.97%、1.1%。

经济运行 建立完善规模以上工业企业主要指标月报制度、重点企业产销存情况调度制度和重点行业月度分析制度，提高分析监测和预测预警水平。印发《2016 年全县经信工作要点》，将工业总产值、主营业务收入、利税等主要指标下达到各镇街（区），并对完成情况进行督导和通报。加强运行分析监测和预测预报。建立工业经济运行分析联席会议制度，会同有关部门加强对全县工业经济运行情况的跟踪监测，把握工业经济运行特点，及时发现工业经济运行中存在的倾向性、苗头性问题，高度关注产能过剩行业、大企业集团等领域风险情况，及时防范运行中可能出现的异常波动和系统性风险。加强规模以下成长型企业培育指导，抓好新增规模以上企业列统工作。探索建立工业运行质量评价体系，更加注重对结构调整、质量提升、绿色发展等评价，引导工业经济转型发展。积极推动汇商工谷物流园区及沂沭铁路物流园区建设步伐。建立工业企业融资工作会办制度，积极开展银企对接合作，每两个月召集一次银企洽谈会，做好工业资金协调保障工作。

技术进步 技术改造进展顺利。2016 年，临沭县共实施工业技术改造项目 102 个，累计完成工业技改投资 70.74 亿元，同比增长 20.3%。其中，过亿元项目 30 个，完成技改投资 46.27 亿元。技改完工项目 59 个，年内累计完成投资 31.18 亿元。上述项目完工达产后，年新增销售收入 120.63 亿元，利润 18.21 亿元，税金 5.84 亿元。列入市级百项重点技术改造项目 10 个，累计完成技改投资 16.21 亿元。累计向上级提报项目各类项目 29 个，17 个项目列入上级盘子。其中，山东山田矿产精细加工有限公司年产5000吨功能性系列纳米粉体材料建设项目等6个项目列入省企业重点技术改造项目导向计划，山东中川液压有限公司大马力轮式拖拉机电液提升器产业化及应用项目等10个项目列入市百项重点技术改造项目，山东常林机械集团股份有限公司大吨位高效节能环保挖掘机液压元件及系统产业化项目获批省工业提质增效升级专项资金，累计到位无偿资金120万元。技术创新稳步提升。按照各级创新平台要求，指导帮助企业完善创新平台软硬件建设，定期对平台建设进行指导，规范平台建设工作。高新技术创业服务中心获批国家级科技企业孵化器，新增省级一企一技术研发中心3家、市级企业技术中心4家、市级工程技术研究中心4家、市级重点实验室2家、市级工程研究中心2家。加大创新项目研发力度。围绕着高端产品、高档次及高附加值，引导企业开发具有自主知识产权的关键技术，搞好新产品、新技术开发和应用，全县共列入山东省技术创新项目26项。金正大完成国家级新产品新技术鉴定1项。新增省名牌1个、省著名商标2个。

资源综合利用和节能降耗　实施固定资产投资节能评估和审查制度。共通过5个市级节能项目审查、35个县级节能项目审查、105个县级节能项目备案；2个节能技术改造项目入选中央预算内投资备选项目，获批上级1580余万元资金支持。开展散煤清洁化治理工作。对全县33家散煤经营网点进行督导检查，全县拟保留规划建设17家，拟保留经营网点必须达到“封闭经营、地面硬化、清洁煤炭”要求。对于达不到标准要求的，由所属镇街依法予以清理取缔，共清理取缔不达标煤炭经营网点4家，停业整顿2家。共抽检9家煤炭经营网点和12家重点用能企业煤样，通报不合格煤样3个。加强节能监察工作。加强节能信息系统和节能监察机构软硬件建设，强化监察人员和能源管理人员培训，提升节能监察能力。配合市监察支队对全县12家重点用能企业及7家化工企业开展能源监察活动。积极做好淘汰落后产能工作。认真做好钢铁行业落后产能调研摸底，以及土小企业关停工作。2016年，根据县政府令，共关停土小企业24家。

电力与成品油行政监管　按照“预防为主、防治结合、综合治理、属地管理”原则，推行电力需求侧管理，下发《2016年临沭县有序用电实施方案》《关于进一步加强电力安全工作的通知》等文件。协调推进全县锡盟－泰州特高压建设工程。加强对电力设施和电能保护，清理全县线下树障5230棵。对不符合环保要求的47家石子厂、3家铸造（化工）企业终止供电，并彻底拆除供电设施，对3家电力重要客户进行用电隐患整改。加强成品油流通监管，联合县安监局、县工商局对辖区内加油站开展定期检查，重点检查加油站供油协议、进货票证、油品标识、发票及存在的安全隐患，发现并整改安全隐患29起。继续加大对非法加油站取缔监管力度，制定《临沭县成品油生产经营专项整治行动方案》，联合镇街取缔非法加油站点10家。全县74家加油站车用柴（汽）油全部置换为“国Ⅴ”标准，普通柴油置换为“国Ⅳ”标准。

肥料产业整合提升　积极应对肥料行情低迷、需求不旺、原料价格起伏不定等不利形势，制定出台复混肥产业政策及相关奖励措施，鼓励企业创新升级提升。加快肥料产业整合提升步伐，注重培植优势骨干企业，兼并淘汰落后企业。严把企业准入关，加大联合监管执法查处力度。积极协调相关部门，形成监管合力，采取定期检查与突击检查相结合，白天捡查与“零点行动”相结合，工作日正常巡查与节假日抽查相结合，接受群众举报与接待客户投诉相结合等方式，加大对制假售假企业的检查打击力度。全县肥料企业整合为10家大型集团，全县复合肥企业整合优化重组数量为20家，年产能达到1800多万吨，产品逐步向生态、有机、高效方向转型。全县复合肥行业拥有“金大地”“沃夫特”“施丹利”“金沂蒙”等中国驰名商标4件，省名牌11个、省著名商标13件。拥有国家级企业技术中心1家，国家重点实验室2家，省级企业技术中心2家，市级企业技术中心11家。

安全生产管理 牢固树立“安全红线意识”和“安全底线思维”，坚持“安全第一，预防为主，综合治理”方针，与相关企业及相关人员签定2016年安全生产目标责任书和“一岗双责”责任书；制定《县经信局安全隐患大排查快整治严执法行动方案》，督促指导企业落实安全生产主体责任，开展安全生产集中宣传和安全生产月活动，加强对辖区工业企业安全生产检查指导，通过联合安监局、属地政府等形成监控合力。深入开展化工产业“打非治违”专项治理和“三评级一评价”，摸清底数，做好一县一册工作。对全县92家化工企业开展由县政府组织的“三评级一评价”工作，66家企业完成安评评级评价，72家企业完成环评评级评价，73家企业完成能评评级评价工作。对成品油流通监管、输油（汽）管道检查、电力行业等进行“横向到边，纵向到底”的拉网式隐患排查，对于发现的问题及时督促、限期整改。

散装水泥管理 紧扣循环经济做好宣传工作。利用日常宣传与“活动周”相结合，通过采取县长电视讲话，租赁宣传车，在县文化广场、主要街道、房地产建筑工地张贴标语、悬挂横幅、放气球等方式，加大推散宣传力度。宣传周累计发放宣传材料1.3万多份，出动宣传车12台次，悬挂横幅100多条。加大对推广和发展散装水泥新技术、新工艺、新产品新建、扩建和改建预拌混凝土、预拌砂浆项目的政策资金扶持力度，向上争取资金20多万元，专项用于奖励水泥生产企业和预制品企业的技术改造，对于散装水泥事业发展起到积极引导和调节作用。

两化融合 继续加快企业信息化建设，推进工业化和信息化深度融合。组织11家企业开展两化融合整体性评估，推荐1家企业申报工信部2016年两化融合管理体系贯标试点企业，4个产品申报2016年度省首台（套）技术装备及关键核心零部件项目。全县已建成5个本地电商支撑平台（淘宝“特色中国·临沭馆”、京东“中国特产·临沭馆”“农商1号”“愚人码头”“初衷商城”），县内应用企业（商家）达1000余家；认证市级示范电商园区1个、电商示范企业4家。

机关作风及党风廉政建设 以“两学一做”专题教育为抓手，先后组织党委各单位（企业）开展专题研讨4次，为党员干部上党课4次，班子成员轮流上党课8次。严把党员入口关，集中对党委系统217名党员进行组织关系排查，并按规定除名1名党员；收齐补交党费3.11万元。对67名党员完成年度记实。强化对工作督查制度。针对企业、群众重点关注需求，梳理出对技改项目申报、电力成品油安全执法监管、“12345”热线办理等重点难点工作，由局主要领导、分管领导采取定期与不定期、重点督查与日常督办相结合等形式进行督查，切实落实重点工作重点防范要求。切实做好党风廉政建设，完善单位内部责任追究机制，将廉政责任落实融入到具体业务工作中。扎实稳妥地做好人大代表和党代表换届选举工作。坚持从严从实基调，按照教育在先、警示在先、预防在先要求，精心组织经贸口8个选区1.6万多名选民成功选出8名县人大代表；组织县经信局党委217名党员成功选出3名县党代表。

2016年临沭县纳税过百万元规模以上工业企业基本情况一览表

表13

序号	企业名称	主要负责人	纳税额（万元）
1	金正大生态工程集团股份有限公司	万连步	29535.81
2	史丹利化肥股份有限公司	高文班	19981.87
3	山东伟业棉油集团有限公司	闵庆玉	13665.86
4	山东金正阳集团有限公司	胡顺珍	12437.32
5	山东沂蒙老区酒业有限公司	滕善华	6727.79
6	金沂蒙集团有限公司	张立省	5631.34
7	山东常林机械集团股份有限公司	张义华	4911.06
8	山东雷华塑料工程有限公司	高　华	2869.99
9	山东金宝诚管业有限公司	吴锋清	2752.41
10	临沂东隆家纺有限公司	郭连学	1627.24
11	山田研磨材料有限公司	龚志刚	1353.01
12	山东福瑞达医药集团	马云鹏	1237.92
13	山东信科环化有限责任公司	李栋梁	851.81
14	临沭美艺工艺品有限公司	李景明	851.12
15	山东卡特重工机械有限公司	张士志	755.15
16	山东东盛伊思德食品有限公司	高　伟	638.67
17	临沂陆祥工艺品有限公司	陆汉祥	609.25
18	山东金源管业有限公司	沈金涛	600.31
19	山东三兴食品有限公司	张广利	573.51
20	临沂照兴工艺品有限公司	朱时照	544.86
21	山东宝田集团	李　营	543.00
22	临沂金柳工艺品有限公司	邱炳胜	520.67
23	临沂市金源化工有限公司	傅成龙	504.05
24	临沭晴朗工艺品有限公司	张东收	465.86
25	临沭佳柳工艺品有限公司	高树峰	460.06
26	山东兴大食品集团有限公司	徐兴敏	448.53
27	临沭县统一货运有限公司	张孝学	374.79
28	临沭县金盛源铸造有限公司	侯尔兵	333.78

续表 13

序号	企业名称	主要负责人	纳税额（万元）
29	临沭县鑫琪塑编制品有限公司	何　伟	306.70
30	临沂市正茂皮革有限公司	张思华	305.37
31	临沭县荣华工艺品有限公司	张志全	277.63
32	临沂杞宝工艺品有限公司	张立庆	277.56
33	山东兴华机械有限公司	郇学邦	272.69
34	临沂鲁美达工艺品有限公司	解自国	267.24
35	临沂启泰橡胶有限公司	王晓莹	251.13
36	临沂白云工艺品有限公司	朱崇举	248.41
37	临沂市颖汶杆塔有限公司	刘德福	238.95
38	临沭县鲁南制杆有限公司	刘德刚	220.09
39	特威泰克环保技术（山东）有限公司	袁　超	211.67
40	山东嵘兴工贸有限公司	杨久波	210.01
41	临沭县大山铸造有限公司	赵贵山	204.38
42	临沂中大工艺品有限公司	许冬梅	203.33
43	临沭华威工艺品有限公司	陆松文	197.37
44	临沭县高罗工艺品有限公司	高　明	194.66
45	临沭青源工艺品有限公司	邱永民	194.06
46	临沭冠山升华食品有限公司	单志远	188.58
47	临沭北大荒柳编工艺品有限公司	宋宗武	187.13
48	临沂市运通商砼有限公司	张秀鹏	185.32
49	山东盛合食品有限公司	葛排远	172.01
50	山东金蒙新材料股份有限公司	胡尊奎	171.69
51	临沭县凌云工艺品有限公司	朱孔晓	166.55
52	临沂华兴达工艺品有限公司	石连奎	163.21
53	临沭县华星纸业有限公司	王学东	159.85
54	龙源临沂风力发电有限公司	张宝全	155.98
55	临沭县恒达混凝土有限公司	王兰夫	145.49
56	临沭正大工艺品有限公司	陈庆团	142.80
57	临沭县云祥铸造厂	陈映光	137.24
58	山东百汇皮草制品有限公司	王绪庆	133.59

续表 13

序号	企业名称	主要负责人	纳税额（万元）
59	临沭县东泰机械有限公司	朱崇东	129.33
60	临沭虹源食品有限公司	李波	125.77
61	临沭友聚饲料有限公司	王言秋	125.64
62	临沭县美邦家具有限公司	李开峰	122.41
63	山东万华塑编有限公司	姚彬	114.48
64	临沂金铭机械有限公司	吴锋清	113.3
65	山东佛光照明科技有限公司	房雪峰	112.95
66	临沂连兴工艺品有限公司	王连兴	111.08
67	临沂常泰工程机械有限公司	马西娟	109.41
68	山东常林铸业有限公司	陈庆满	109.15
69	临沭县天华金属制品厂	闵庆友	107.96
70	临沂速程工贸有限公司	张杰	107.14
71	临沭六和饲料有限公司	张传营	102.92

2016 年临沭县销售收入过千万元肥料企业基本情况一览表

表 14　　单位：万元

企业名称	主营业务收入		利税合计		工业总产值	
	累计	同比增长 %	累计	同比增长 %	累计	同比增长 %
山东盛大生态肥业有限公司	22500	7.14	4660	427.15	49100	118.71
临沂中磷生物科技有限公司	20110	–0.03	1190	–1.00	20530	0.29
山东辰兰生物科技有限公司	786	0.38	371	0.27	786	–0.13
山东善德生态肥业有限公司	20190	–8.89	45	–83.99	20190	–8.89
山东大自然化肥有限公司	31370	–59.12	–3390	677.52	31455	–58.27
临沂高盛肥业有限公司	37637	–0.66	5228	2.55	37637	–0.66
山东赛宝珠生物肥业有限公司	44875	–2.34	80	–49.69	45839	–2.82
山东宝通肥业有限公司	22154	–46.14	1329	–33.08	29400	–24.16
中港化肥（山东）有限公司	16510	–19.15	80	–83.12	38000	85.37
山东利农肥业有限公司	34296	–0.98	948	50.96	34296	1.25
山东新沭化化肥有限公司	329100	16.14	1630	–30.28	329750	14.95
山东粮博士肥业有限公司	23600	–16.96	1550	–41.73	52300	11.28

续表 14

企业名称	主营业务收入		利税合计		工业总产值	
	累计	同比增长 %	累计	同比增长 %	累计	同比增长 %
山东旭洋肥业有限公司	4476	–63.09	69	–59.65	339	–97.18
山东永大肥业有限公司	162433	19.63	4793	58.66	162433	19.63
山东方正化学工业有限公司	5500	–84.81	32	–97.87	5500	–84.81
山东美可辛生态肥业有限公司	20919	–30.57	–9	–107.69	18919	–38.97
史丹利化肥股份有限公司	5372562	–15.34	838454	8.36	5457711	–14.75
金正大生态工程集团股份有限公司	19346937	9.62	1620950	17.42	15201400	4.52
山东华垦化肥进出口有限公司	1023760	–21.99	33372	–50.51	856249	–29.82
山东春雨肥业有限公司	53104	–62.10	596	–74.11	49518	–67.04
临沂康沃特生态肥业有限公司	12855	–37.40	860	–21.39	12725	–41.22
金莱福（山东）化工进出口有限公司	38980	–16.24	865	–1.82	38054	–22.26
山东中天生态肥业有限公司	165353	39.47	2310	2.99	166730	34.67
山东美高国际化工有限公司	38069	21.59	1432	54.98	38069	21.59
临沂育峰肥业有限公司	97620	–15.52	1917	11.45	134214	11.42

撰稿：王　欣　审稿：李根深

中小企业管理

中小企业局领导成员

局　长：李振祥

副局长：袁士朝　薛玉超

临沭县中小企业局下设办公室、财务科、发展规划科、企业管理科、科技管理科、企业成长培育科 6 个科室，共有干部职工 32 人，其中，高级技术职称 2 人，中级职称 9 人；大学以上学历 13 人；党员 25 人。

2016 年，临沭县中小企业局以企业发展需求为着力点，认真落实上级加快中小企业发展的决策部署，以服务中小企业为宗旨，继续实施中小微企业精准培育重点扶持“双百工程”，着力发展产业集中区，推进产业聚集，走创业创新驱动之路。全县中小微企业法人单位发展到6748家，个体工商户15316户，其中，当年分别新增1208户和2660户。

双百工程 对“双百工程”企业名单库进行评价更新，确保成长性好、发展潜力大的中小微企业持续得到精准培育扶持。4月1日，召开工业经济会议，对中小微企业各项工作做出专题安排。各镇街以辖区内“双百工程”中小企业为重点，特别是对创新型、成长型企业加大要素保障服务，使企业快速成长壮大。年内多次有针对性开展“双百工程”企业运行情况调研，重点了解掌握新形势下中小企业在结构调整、创新转型、股改上市、规模发展中面临的困难和问题，由县政府办公室协调各相关职能部门给予及时解决办理，让企业发展无后顾之忧，促进企业健康发展。抓大扶优不忘小，为实现全县工业经济可持续发展，修改完善小微企业发展机制，对规模以下小微企业实行一季度一调度，及时分析发展态势，了解发展困境，为制定相关帮扶政策和领导执政决策提供信息依据。

管理培训 认真按照省市发展中小微企业的各项要求，做好企业管理培训和提升活动，积极组织企业参加省局、市局举办的各类中小企业培训班。开展企业培训意愿调研，掌握企业对各类培训的需求意向。全年举办规模培训班4期，共培训780余人次。组织7名企业负责人参加由清华大学、上海交通大学为期一年的民营企业家培训；组织2名企业负责人参加省局组织的赴德国、英国考察学习，开阔企业家视野。积极开展“一企一策”专家咨询活动，提升小微企业管理水平。组织小微企业分别参加中小企业博览会、网络商品展示会等，积极为小微企业做好产品推介服务。

产业集群 县委、县政府出台《关于加快推进镇街产业集中区发展的意见》，对加快产业发展平台建设、集中区布局、行业推进等作了具体布署。按照“布局集中、产业集聚、土地集约、生态环保”原则，积极引导促进镇街突出特色，找准主业，做好小微企业聚发展。重点打造青云镇、石门镇两个小微企业创业基地，以产业龙头企业引领小微企业发展，引导小微企业向产业龙头靠近，为主导产业发展拉长产业链。围绕重点企业，抓好龙头带动，搭建产业平台，帮助产业公共服务机构积极发挥作用。10月份，在全省产业集群会议上，临沭县高端装备制造产业获批省级产业集群认定，成为全县第二个省级产业集群。

科技创新 实施中小企业创新计划，把工作重点放在科技型、成长型企业上，继续深入开展“一企一技术”创新活动。筛选50家成长型企业，在研发平台建设，人才引进上，重点支持。有3家企业获得省级“一企一技术”研发中心认定，4家企业获得市级“一企一技术”研发中心认定，6家企业获得省级“专精特新”中小企业认定，2家企业获得“一企一技术”创新企业认定。在全县工业发展大会上，坚持把科技型小微企业技术研发作为精准培育重点，分行业对小微企业进行技术创新引领，不断提升发展后劲。在经济下行大环境下，小微企业已逐步发展成为全县经济发展的重要支撑力量。

三引一促 按照全县总体要求，专门组织人员，认真制定落实本单位、县机械产业招引推进工作线的“三引一促”工作，落实“走出去、请进来”招商办法，先后到上海、广州、深圳、杭州、宁波、济南、淄博等地考察企业，拜访技术人才。促成浙江客商在县内投资5000万元落地异型钢管精扎项目；协调2位高科技人才与县内企业签订用人协议，顺利完成“三引一促”全年目标任务。

撰稿：赵 娟 审稿：薛玉超

二轻联社

领导成员

主　任：孙成文（2月离任）

副主任：高红卫

临沭县二轻联社为正科级事业单位，设党委办公室、综合办公室、资产财务科、安全保卫科4个科室，共有干部职工11人。设1个党总支，6个党支部，共有党员193人。

2016年，县二轻联社以抓服务促发展为重点，强化措施落实，全面推进各项工作开展，被省联社授予"全省联社系统先进集体"称号。

基层党建　根据中央和省、市、县委有关要求，在二轻联社党委全体党员中开展"学党章党规、学系列讲话，做合格党员"学习教育活动。把"两学一做"学习教育作为加强党的思想政治建设的重大部署，作为推动全面从严治党向基层延伸的有力抓手，着力解决党员队伍在思想、组织、作风、纪律等方面存在的问题，引导广大党员进一步增强政治意识、大局意识、核心意识、看齐意识，坚定理想信念，树立清风正气，强化宗旨观念，敢于担当作为。以此为契机，县二轻联社全面加强机关和企业党建工作，充分发挥联社党委的政治核心作用和领导核心作用，围绕全面加强二轻系统企业党建工作进行积极探索和实践，建立联社党委班子例会制度，健全完善党委党建工作目标责任制。理顺关、破、停产企业党组织关系，进一步建立和完善"三会一课"、民主评议党员、理论学习等党内生活制度，提高基层组织战斗力，发挥战斗堡垒作用。

社会稳定　按照"预防为主、教育疏导、依法治理、防止矛盾激化"原则，切实抓好系统社会稳定工作。抓服务促稳定。发扬敬老、爱老、助老和关爱弱势群体光荣传统，积极开展困难救济慰问工作，积极配合工会、人社局等部门专项慰问特困职工、系统企业军转干部及联社离休干部。重新核对系统特困职工情况并上报县工会备案，建立系统企业下岗单亲女职工档案，为她们排忧解难。为破停产企业职工办理医疗保险。抓信访促稳定，接待来访200多人次，耐心细致地做好解释工作，消除疑虑。成立信访接待小组，建立健全信访档案，做到信息及时沟通，及时掌握。抓排查促稳定，通过深入企业，有重点、有针对性地排查矛盾纠纷和不稳定因素，认真剖析原因、研究对策，从源头上化解和调处各类矛盾，把工作重点由事后解决转到事前排查化解上。运用说服教育、多方疏导，依法调处的办法，努力把各种社会矛盾化解在基层，确保二轻系统安定和谐。抓发展促稳定，引导企业牢固树立质量第一的观念，不断强化质量管理，切实提高轻工产品的总体质量水平。深入企业进行调研，帮助企业解决改革发展中遇到的难点和突出问题，促进经济健康发展。

柳编产业发展　临沭县杞柳资源丰富，是全国四大杞柳产地之一，柳编产业是临沭县出口创汇特色主导产业之一。县二轻联社以促进柳编产业发展为目标，积极参与柳编行业管理。积极参与中国（临沭）柳编进出口商品交易会有关工作，在交易会筹备和举办期间，抽调专门力量，积极参与柳编大赛、领导接待等相关工作。5月份，组织有关企业参加第八届山东省工艺美术博览会，对开拓柳编国内市场、宣传临沭柳边品牌发挥积极作用。

撰稿：李玉霞　审稿：高红卫

供　电

供电公司领导成员

总　经　理：盛福成

党委副书记：莫宗为

副总经理：贾爱平　凌　永　左仲坤

纪委书记：许向阳

工会主席：凌　永

2016年，县供电公司以实现“四个最好”（最好的电网、最好的企业、最好的服务、最好的自己）为工作目标，进一步规范企业管理，强化指标管控，狠抓改进提升，公司保持健康稳健发展。公司被县委、县政府授予“2016年度幸福临沭建设特别贡献企业”“2016年度环境保护工作先进单位”“财税工作先进单位”“环境保护和大气污染防治工作先进单位”等称号。

安全生产　认真落实强化本质安全100项重点工作，加强安全基础管理和风险预控。深化全员安全培训，常态化开展“安规”抽调考，公司在省公司月度调考中取得优异成绩。对9座变电站、64条输配电线路开展清扫检修，完成临沭站主变抗短路能力改造、曹庄站过负荷主变轮换、蛟龙等2座35千伏变电站综合自动化改造以及韩村等3座变电站开关柜、电容器改造，110千伏梅滨沭线改造解决20年线路防护顽疾，电网保持安全运行。县政府召开全县电力安全工作会议，对电力隐患集中整治工作进行部署，整改市安委会督办的大客户隐患2条。深入开展“三查三强化”、中低压配网隐患排查治理等专项行动，累计排查各类隐患9030项，整改8194项，清剪树障4万余棵。落实作业现场“三大措施”分级审批，强化查禁违章“硬约束”，公司领导和管理人员到位监督479人次，查处违章328起，公司实现全年安全生产无事故。加强现场值守、设备特巡和实时监控，高效完成高中考等10余次保电任务。

电网建设　结合经济社会发展需求开展“十三五”城乡电网规划滚动修编，城乡电网规划纳入全县经济社会发展规划，县政府与市公司签订小城镇（中心村）电网改造、“井井通电”等工程协议，为项目全面落地、提升电网健康水平提供坚实保障。结合“一流配电网”建设加快推进电网项目储备，顺利完成220千伏冠山配出工程、110千伏利城增容工程以及110千伏大兴站扩建工程的可研编制、项目核准等工作，储备中低压配网项目1.89亿元。在县政府及相关镇街支持下，高质量推进特高压民事协调工作，保障锡盟—泰州特高压工程39基铁塔组塔以及7.6公里线路架线等施工任务顺利完成。临沭主网工程实现“1投运、2开工”，顺利投运35千伏安蛟龙主变增容工程，新增主变容量1370千伏安，顺利开工建设总投资1.5亿余元的220千伏冠山输变电工程及110千伏周庄输变电工程。

供、发电经营管理 下发业扩报装实施细则，规范36项业务流程，高压业扩报装时长压减4.25天，低压业扩压减至2天，解决业扩受限2.1万千伏安。完成13个营业厅模板化建设和验收，营业厅实现视频监控、一柜通、预约服务全覆盖。积极向政府汇报协调解决老旧小区户表改造政策和出资难问题，制定8个老旧小区改造计划。完成20个小区配套工程建设改造任务，接收户表1.43万户。争取“多表合一”支持政策，完成“多表合一”信息采集建设714户。积极服务光伏新能源发展，开展光伏扶贫项目对接，累计并网光伏发电项目295个，并网总容量1.43万千瓦，全年完成发电量超过1850万千瓦时。积极推进充电站建设，建成投运汽车站、云溪谷等快充站5座、充电桩47个，24台充电设施接入车联网平台，充换电量156.2万千瓦时。积极推广以电代煤、以电代油，助力企业绿色生产，完成替代项目35个，替代电量4141万千瓦时。

低压电网改造 加快推进配农网建设改造，完成7个批次、349个配农网建设改造项目施工，新增变压器容量56.32兆伏安，新建改造中低压线路487公里，农村户均配电变压器容量提升至2千伏安以上。对低电压用户进行集中治理，整改重载线路3条，配变6台，消除低电压用户2500余户。实施低压台区综合维修，完成63个低压台区综合维修，改造进户线2.4万户、接户线4675处。推广典型工艺应用和标准化施工，强化工程质量管控，曹庄第二电源工程被省公司命名为“省级公司输变电优质工程”，青云10千伏安王蔡庄2号台区新建工程被评为省级公司配电网优质工程。

优质服务 加强窗口服务人员学习培训，组织开展普调考近500人次，窗口服务人员业务素质稳步提升。严格落实改进提升、服务监督和投诉管控措施，服务投诉数量稳步降低。建成业扩全流程管控平台，实现“线上受理、线下服务”业扩新模式，高压业扩时长压减10.49%。大力推广带电作业减少停电时间，带电抢修次数同比增长38%。开展约惠仲秋——电e宝交费送好礼、主题抽奖等活动，推广应用掌上电力、电e宝、彩虹营业厅等线上渠道，电子化渠道覆盖用户12.35万户，互联网渠道交费比例突破21.12%。

2016年临沭县行业用电量情况统计表（地区全口径）

表15

单位：万千瓦时

名称	本年累计用电量	比重(%)	2015累计用电量	比重(%)	同比增长(%)
全社会用电总计	137713.97	100.00	130787.00	100.00	5.30
A、全行业用电合计	106995.25	77.69	104270.00	79.73	2.61
第一产业	2920.92	2.73	2231.00	2.14	30.92
第二产业	93469.54	87.36	93140.00	89.33	0.35
第三产业	10604.78	9.91	8899.00	8.53	19.17
B、城乡居民生活用电合计	30718.73	22.31	26517.00	20.27	15.85
城镇居民	10356.31	33.71	8378.00	31.59	23.61

续表 15

名称	本年累计用电量	比重 (%)	2015 累计用电量	比重 (%)	同比增长 (%)
乡村居民	20362.41	66.29	18139.00	68.41	12.26
全行业用电分类	106995.25	77.69	104270.00	79.73	2.61
一、农、林、牧、渔业	2920.92	2.12	2231.00	1.71	30.92
二、工业	92165.44	66.93	91820.00	70.21	0.38
轻工业	13192.33	14.31	12240.00	13.33	7.78
重工业	78973.11	85.69	82580.00	86.67	–4.37
三、建筑业	1304.10	0.95	1320.00	1.01	–1.20
四、交通运输、仓储和邮政业	527.17	0.38	375.00	0.29	40.58
五、信息传输、计算机服务和软件业	1202.96	0.87	958.00	0.73	25.57
六、商业、住宿和餐饮业	4101.04	2.98	3661.00	2.80	12.02
七、金融、房地产、商务及居民服务业	1213.67	0.88	821.00	0.63	47.83
八、公共事业及管理组织	3559.95	2.59	3084.00	2.36	15.43

撰稿：付学乐　审稿：盛福成　高志远

供　热

供热服务有限公司领导成员

董 事 长：陈永兴

副总经理：马玉树（聘）

临沭县供热服务有限公司　2013 年 10 月成立，是集节能环保，综合利用，集中供暖、发电为一体的热电联产企业，有 2 台 6000 千瓦机组，2 台 45 吨 / 小时链条炉和 75 吨 / 小时循环硫化体锅炉。主要从事临沭县城市集中供暖工作。

1987 年，临沭县发电厂成立，隶属于临沭县供电公司，占地面积 7.9 万平方米，装机容量 2×6000 千瓦，职工 380 人，并于 1995 年实施集中供暖。由于同时经营城市供暖，2002 年 7 月，变更为临沭县热电厂。2010 年 8 月，临沭县热电厂与上海中际热电控股有限公司合作成立临沭中际热电控股有限公司。2013 年 6 月，与上海中际热电控股有限公司终止合同，临沭县经济开发投资公司投资 500 万元成立临沭县供热服务有限公司。

公司本着“真情服务，温暖万家”的理念，不断提高供暖质量，2016—2017 年采暖季供暖面积 340 万平方米，发电量 1827.56 万千瓦时。

根据环保部门要求，2016年投资1050万元完成超低排放设备改造，达环保要求。

撰稿：李娜　审稿：蔡学福

金沂蒙集团有限公司　有3台75吨循环流化床锅炉、2台130吨循环流化床锅炉，供气总量为485吨/小时。2013年11月，金沂蒙集团与县政府签订协议，按约定标准向临沭县供热公司供热，由其加压分配到县城南线用户。

2013年，一期供暖装置投入运营，当年开始供暖。2014年底，对供热系统升级改造，新上二期供热装置，以更好满足居民冬季采暖需求。2016—2017年供暖季，金沂蒙集团共有4台热泵向县城供暖，供热面积167万平方米，供暖时间110天。

供暖前做好设备检维修、系统注水、打压等系列准备工作，保证按时供暖；供暖中做好过程监控，确保供暖质量；供暖后认真总结，做好设备保养维护，为下一年度供暖打牢基础。

撰稿：郇恒琳　审稿：刘伯温

金正大生态工程集团股份有限公司

领导成员

董事长、总裁：万连步

党委书记：张晓义

工会主席：杨　艳（女）

CEO：高义武

副 总 裁：陈宏坤　罗文胜　李计国　颜明霄　郑树林　胡兆平　崔　彬

金正大生态工程集团股份有限公司成立于1998年，主营复合肥、缓控释肥、水溶肥、生物肥、土壤调理剂等土壤所需的全系产品及为种植户提供相关种植业解决方案服务。公司连续8年复合肥行业销量居首位。是全球最大的缓控释肥生产基地及国家创新型企业、国家重点高新技术企业、国家技术创新示范企业。总资产153亿元，员工1万余人，年生产能力700万吨。2010年，公司在深圳证券交易所上市（股票代码002470）。2016年，实现销售收入187.36亿元。

公司是国家重点高新技术企业和国家创新型企业，缓控释肥料行业、国家与国际标准起草单位，先后在山东临沭、山东菏泽、安徽长丰、河南郸城、河南驻马店、辽宁铁岭、贵州瓮安、云南晋宁、山东德州、广东英德、新疆阿克苏、湖北潜江、新疆阜康等地建有生产基地，并在美国、澳大利亚、印度、西班牙、挪威、以色列、德国、荷兰、越南、新加坡、中国香港等国家和地区设有分支机构。

企业文化　公司始终坚持“创新为魂、和谐为本”企业核心价值观，以“世界领先的植物营养专家和种植业解决方案提供商”为长远发展目标，以“帮助农民增收、促进农业发展”为己任，以“引领行业技术进步”为使命，努力实现企业“经济、行业、环境、员工、社会”五重责任和谐统一，推动公司取得更大发展，以不懈努力积极践行“发展企业、回报股头、造福员工、奉献社会”承诺。

公司始终以创新为发展的动力和源泉，不断引领行业技术进步，在国际化发展过程中承担更多社会责任，并以多种方式回报社会，形成公司、员工、社会之间和谐共赢发展局面。

企业荣誉 公司相继荣获“国家创新型企业”“高新技术企业”“国家重点高新技术企业”“全国工业品牌培育试点企业”“中国化工行业技术创新示范企业”“新农村建设中国十大贡献企业”“中国肥料百强成长企业第一名”“中国成长百强最佳自主创新奖”“年度中国最具成长性企业”“中国品牌100强”“2016中国社会责任杰出企业奖”等称号，产品相继荣获“全国消费者放心品牌”“中国肥料行业十大品牌”“最受消费者满意品牌”等称号，并拥有“金大地”“沃夫特”两项中国驰名商标。

科研开发 坚持自主创新、走产学研相结合的发展道路是金正大成立以来最大的特色和优势。公司建有国家认定企业技术中心、国家缓控释肥工程技术研究中心、复合肥料国家工程研究中心、养分资源高效开发与综合利用国家重点实验室、土壤肥料资源高效利用国家工程实验室、农业部植物营养与新型肥料创制重点实验室、博士后科研工作站等国家级高端研发平台。先后与山东农业大学、中国农业大学、中国农业科学院、农业部全国农业技术推广服务中心、中国科学院南京土壤研究所、国家杂交水稻工程技术研究中心、上海化工研究院等40余家科研院校建立长期合作关系，并与美国佛罗里达大学、挪威生命科学大学、以色列希伯来大学等国际名校，美国农业部3个试验站等单位建立长期合作关系，共同致力新型肥料在国内外的研发与推广应用。

公司先后承担“十一五”“十二五”国家科技支撑计划和国家星火计划、国家火炬计划、国家重点新产品计划等30余项国家级和省级重大科研项目。拥有专利210项，其中发明专利199项，并荣获国家科技进步二等奖2项、山东省科技进步一等奖3项，国家重点新产品3项、中国驰名商标2个。

撰稿：耿金花　审稿：华业英

史丹利农业集团股份有限公司

领导成员

董事长：高文班

总　裁：高进华

副总裁：密守洪　张　磊　冯伟光

杨其洪　古荣彬（5月任职）

胡照顺（5月任职）

王　臣（8月离任）

史丹利农业集团股份有限公司成立于1992年，是一家集复合肥生产销售、粮食收储、农业信息咨询、农业技术推广、农资贸易等于一体的综合农业服务商，是国家重点高新技术企业、全国科技创新示范企业、全国最大的高塔复合肥生产基地。总资产68.58亿元，员工8000余人，年生产能力600万吨。2011年，史丹利A股在深交所成功上市。2016年，公司实现销售收入

73.98亿元。2016年，公司荣获国家技术发明奖。公司在山东、河南、吉林、甘肃、江西、广西、湖北等地建有10大生产基地，在全国31个省、市、自治区建立以县级为单位的3000多个销售服务网点，实现在全国研发、生产、营销和服务的总体布局。

公司立足国内农业发展趋势，成立农业服务有限公司，建设全产业链服务平台，提供全产业链服务，种植大户、家庭农场、农业合作社等提供包括种子、化肥、农药、农机、农技、粮食贸易、金融、信息等一体化服务。公司在东北、内蒙、河北和山东等地成立12家合资公司，流转50多万亩耕地，拥有库容50多万吨的粮仓，初步实现产、收、销一体化。

科技创新 公司积极开展国际研发布局，在欧美国家和地区设立海外研发机构，主要负责跟踪国内外先进技术、整合专家资源，为技术中心提供智囊服务。公司为“国家肥料协会会员单位”“国际锌协会会员单位”，已与世界级农业学府美国普渡大学、荷兰瓦格宁根大学签署战略合作协议，与美国AgSource、美国应用化工、法国利马格兰等知名农业机构建立合作关系，公司在美国设立实验室。从欧洲现代农业考察到美国现代大农业实践，史丹利致力推进世界农业现代化进程。公司为“国际肥料协会会员单位”，多次参加国际学术交流与展览展示会，提高高塔肥产品在国际上的影响力。以企业技术中心为核心和载体，公司建有“国家企业技术中心”“功能性生物肥料国家工程实验室”“国家博士后科研工作站”“全国复混肥工程研究中心”“山东省高效复合肥工程技术研究中心”“山东省院士工作站”等一批具有行业影响力的创新研发平台，建立健全企业技术创新体系。

品牌建设 公司长期坚持品牌和科技创新战略，强化营销网络建设，坚持渠道下沉，服务终端。率先在全国31个省、市、自治区建立以县级为单位的3000多个销售服务网点，建立2万多个史丹利复合肥示范田、示范村，实现在全国农业县（市）全覆盖，使肥料进村，服务落地。公司通过逐步优化现有服务体系，使服务网点覆盖深入到县乡，成为史丹利与用户沟通的重要桥梁。史丹利产品畅销全国，优质的农化服务受到亿万农民群众的高度信任和深度认可。

自2008年率先提出“良种良肥良法”理念，先后与国家杂交水稻、玉米、小麦研究中心、棉花工程技术研究中心合作研发专用肥料，极大提高品牌美誉度。为搭建农资一体化服务平台，2016年公司收购安徽恒基种业35%股权，整合种植产业链资源，双方进行品牌共宣、渠道共享，开展“种肥一体化”方案的研究、开发、示范、推广，实现“良种良肥良法”配套技术应用，实现优势互补，提升公司整体竞争力。

公司先后与国内一线明星陈佩斯、赵本山、范伟、王宝强、郎平签订形象代言协议。整合央视黄金招标段、CCTV-2、CCTV-7、CCTV-8、CCTV-新闻等频道优势资源。在山东、河南等主要卫视以好位次、高频次的策略强化传播效果，并独家冠名《吉尼斯中国之夜》，赞助《挑战不可能》《欢乐中国行》等栏目，继续打造品牌行业高度。史丹利将传统媒体与新媒体相结合，大规模启用网络媒体宣传，立足微信与微博平台，并与广播、电视、报纸、户外、活动相结合，进行全方位、立体式传播。内部以产品为核心整合全球资源，进行外观包装设计及产品研发，三安、第四元素、劲素等主打产品及包装深入人心。外部以网络拓展和店面升级为核心，全力打造一流店面形象，使终端店面与史丹利中国驰名商标的形象相匹配。公司携手中国青少年发展基金会·姚基金专项慈善基金，陆续在山东临沭、湖北当阳、甘肃定西建设希望小学，助力姚基金希望小学进程。中微量元素学术会议、单株131个西瓜打破吉尼斯世界纪录，有力配合公司品牌推广。

公司始终坚持“品牌是企业的形象，质量是企业的生命”理念，不断健全品牌管理体系，公司先后通过ISO9001质量体系认证、ISO14001环境体系认证、ISO18001环境健康体系认证、环保生态肥料产品认证、知识产权管理体系认证和安全生产标准化二级企业。公司荣获“中国石油和化工行业技术创新示范企业”“中国农资质量万里行二十大畅销农资品牌”“中国土壤肥料业60年最具影响力产品”称号，公司“施丹利”“三安”商标被国家工商总局认定为中国驰名商标，“史丹利及图”“三安SANAN”商标荣获山东省著名商标，“史丹利”牌复混肥荣获山东、湖北、广西等名牌产品，“三安”“第四元素”牌复混肥荣获广西名牌产品。“第四元素”品牌、“劲素”品牌被市场认可。公司拥有注册商标114个，是中国复合肥制造业公认的龙头企业，“史丹利”品牌价值高达47.56亿元。

信息化建设　公司在行业内率先采用德国先进的SAP管理系统，构建基于集团升级为现代农业综合服务商发展方向的互联网、云技术及大数据平台。2016年7月，公司上线史丹利农服平台，是一个集农业服务、农村创业、渠道运营和农资、农产品展销为一体的平台，规划建设农资供应、会员管理、金融支付和农业服务等系统，以独有方式拓展农资市场。

公司注重工业化与信息化建设深度融合，先后实施上线EB电子商务系统、BO智能分析系统、经销商POS系统、高效管理平台、资金管理平台、HR系统、SRM采购管控平台、“掌上史丹利”系统和二维码系统等项目，实现信息流、资金流、物流、人事流“四流合一”，达到企业运营最优化。2016年，公司入选国家工信部“两化融合管理体系贯标试点企业”，引领全国复合肥行业信息化进程。

产品体系　史丹利公司专注高塔复合肥、功能性生物肥、优质作物专用肥、海藻肥、水溶性肥、硝基肥等新型肥料的研究和开发，并为农业丰产提供植物营养解决方案，年产能600万吨。主导产品有高塔熔体造粒复合肥、多肽稳定性肥料、同步型缓释水稻专用肥、多元素高效缓释作物专用肥、熔体造粒绿色海藻肥、功能性生物肥料等新型肥料系列产品。其中，“高塔熔体造粒复合肥”“同步型缓释水稻专用肥”“熔体造粒多元素高效缓释作物专用肥”“两步氨化法新型硫酸钾复合肥”“腐植酸功能性生物肥料”等6项新型肥料被国家科技部等四部委联合认定为国家重点新产品。据中国磷复肥工业协会统计，2014年、2015年、2016年市场占有率分别为6.5%、6.7%、6.5%，连续三年进入全国前三位，技术水平和产业规模处于同行业领先地位。

节能环保　公司以绿色、环保、创新为突破口，实现企业转型升级。公司采用绿色智能制造技术，先后技改布袋除尘、湿式静电除尘和高效燃煤锅炉节能环保等清洁生产项目，建立行业首个“企业能源管控中心”，全面提升公司研发、生产、管理和服务的智能化水平。高塔技术在国际上率先实现复合肥塔式清洁生产技术工程化，生产过程无“三废”排放，与团粒法相比，能耗降低50%，三年可节约标煤69万吨，节本增效4.8亿元，整体技术处于国际领先水平，被国家发改委列为“十大节能工程”，获山东省节能成果奖2项。公司被评为“全国质量管理达标单位”“山东省清洁生产先进单位”等称号。

2016年，公司牵头研发的“基于高塔熔体造粒关键技术的生产体系构建与新型肥料产品创制”项目荣获国家技术发明奖。项目发明高塔熔体造粒清洁生产工艺，无“三废”排放，解决高粘度含固体物料悬浮料浆的专用造粒的核心技术，在国际上首次实现复混肥塔式生产技术工程化，并创制系列新型多功能作物专用肥。高塔复合肥实际年产量约占全国复混肥产量的20%；近三年产品应用于4.5亿亩（3000万公顷）耕地，肥料利用率平均提高10.2%，为"十三五"国家减量化施肥提供技术支撑。

撰稿：赵　超　审稿：解学仕

山东常林机械集团股份有限公司

领导成员

党委书记、董事长：张义华

执行董事、总裁：黄　培（12月离任）

监事会主席：孙希奎

董事、副总裁：韩　斌

董事、工会主席：高建国

董事：张桂忠（12月任职）

武可运（12月任职）

监事：英　霄（12月任职）

陈庆满（12月任职）

朱云虎（12月任职）

吴霞忠（12月任职）

山东常林集团拥有农业机械、工程机械、高精度铸造、高端液压四大核心业务板块，是集生产、研发、销售为一体，多元化发展的国家大型高新技术企业、中国机械工业百强企业。公司主导产品有高端智能大马力拖拉机、手扶拖拉机、柴油机、高端农机具及收获机械、压路机、装载机、挖掘机、高精度铸造件、高端液压件等。集团是世界上最大的手扶拖拉机生产制造基地，"沭河"品牌为"中国名牌"，"沭河"商标和"力士德"商标为"中国驰名商标"。农业机械、工程机械系列产品畅销欧美、亚非拉等60多个国家和地区。高精度铸造是广汽、菲亚特、吉利、神龙、格力等多个国内外著名厂家的供应商。

集团打造的液压动力流和全程农业机械化两条产业链，与《中国制造2025》、"国家十三五规划"等产业政策和发展方向高度契合，具备不可替代的战略价值。其中，液压动力流产业链具备多项国内唯一的核心优势，多项技术打破国外垄断，已上升到国家战略高度，被国家发改委、财政部联合批准为"国家战略性新兴产业集聚区"，被科技部批准设立"节能液压元件及系统国家重点实验室"。全程农业机械化产业链在国内率先实现从产品供应商向解决方案提供商转型，在山东等地试点方案和示范项目取得巨大成功。

企业解困　2016年，是工程机械行业市场极其艰难的一年，业内效益和销量呈整体下滑趋势，常林集团遇到前所未有的资金困难，造成生产经营严重失血，企业处境艰难。期间，省、市、县各级都采取一系列救助措施，特别是6月2日、8月30日和9月25日，省长郭树清三次对常林解困情况做出重要批示，9月22日还亲赴常林集团实地调研。10月18日，副省长王书坚组织省有关部门和临沂市、临沭县、常林集团在省政府会议室召开常林集团有关情况专题会，提出按照“企业主体、市场运作、政府指导、政策支持”四个重要原则，推进企业债务重组。

县政府按照省、市领导提出的“保产业、保核心技术、保核心员工、保债务”指导思想，成立常林集团债务重组推动工作领导小组，并委派由金融办、发改、经信、审计等部门人员组成工作组进驻常林，协助推进债务重组工作。聘请50多人的审计评估团队，于12月底完成常林集团审计评估工作。多次征求相关金融机构、企业意见，牵头制定常林集团债务重组方案。

科技创新　借助高端液压元件研发优势，成功研发出新型液压混合动力挖掘机。该项目是液压挖掘机行业发展的方向性产品，填补国内液压挖掘机技术空白，是真正的中国创造，达到同类产品国际领先水平。

军民融合　集团认真贯彻党的十八大作出的“坚持走中国特色军民融合式发展路子，坚持富国与强军相统一”战略部署。1月13日，与武警交通部队签约，推进军民融合深度战略合作；10月19日作为临沂市唯一一家军民融合企业，受邀参加第二届军民融合成果展，参展的高端液压件得到国务院总理李克强等党和国家领导人肯定。

企业荣誉　被列入2016年度临沂市重点培植“双百”企业名单，荣获“中国两化深度融合应用最佳实践奖”“山东省档案科学化管理先进单位”“省级安全文化建设示范企业”，瑞典专家阿尔夫·卡西米尔·雷诺舟入选泰山产业领军人才名单。

撰稿：朱云虎　审稿：韩　斌

金沂蒙集团有限公司

领导成员

党委书记、董事长：张　超

党委副书记、副董事长：张立省

党委委员、总经理：张思武

党委委员、副总经理：马晓丽（女）

生产总监：崔德文

技术总监：王学波

基建总监：武希恒

行政总监：刘伯温

集团总监：李祥建

金沂蒙集团前身是1973年筹建、1975年建成投产的临沭化肥厂。总资产68.1亿元，员工2000余人，具备年产发酵醇、有机醛、醋酸酯、医药中间体等化工产品100多万吨、肥料100多万吨的生产能力，成为以生态肥、化工、物流三大版块为主导，以电厂、房地产开发、化工装备制造、驾驶培训、食品加工等版块为特色，跨地区、跨行业的大型企业集团。2016年，实现销售收入48.89亿元，实现利税1.205亿元。金沂蒙集团再次入选“中国化工企业500强”“中国民营企业制造业500强”，获评“山东省安全生产先进企业”，金沂蒙有机肥被评为“山东名牌”“农民心目中的好产品”；金沂蒙生态肥业公司入选“2016年农民信赖的肥料品牌五十强”，并成功入围中国十大诚信供应商，中超物流公司入选全国冷链物流标准化建设示范企业。

企业管理 2016年，是金沂蒙集团管理提升年。金沂蒙集团进一步完善企业法人治理结构，对产业板块及组织机构进行整体理顺，完成物流、肥料优化整合，进一步整合资源、优化配置、提高效能，加强统一管理。实施“九统一、多监管、一保障”管理机制，采取“统一化管理、差异化对待、个性化实施”相结合的管理办法，实施财务、人事、采购、销售、生产、技术、质检、物资、保卫、接待、车辆等统一管理。分公司资源实现有效整合，各项管理更加理顺、更加规范，效益逐步提升。

金沂蒙集团党委紧紧围绕“生产经营”主线，本着“生产所需、经营所需、员工所需”原则，从企业生产经营实际出发，充分发挥党组织战斗堡垒及工会桥梁、纽带作用，以服务生产为中心，以服务职工为重点，扎实开展“两学一做”“查身边隐患促企业安全”“七一演讲比赛”“三八节”运动会等系列活动，增强企业凝聚力，为企业营造积极向上良好氛围。

生产经营 生产管理水平稳步提升。2016年，金沂蒙集团按照“市场导向、效益中心”原则，合理调配装置生产，各装置实现平稳运行。全年共生产各类化工产品81万吨、各类肥料48.8万吨、医药化工产品6000余吨。严格执行国家安全生产法律法规，牢固树立“安全为1，其他为0”的安全理念，不断强化“红线”意识和底线思维，通过强化管理、明确责任，宣传教育、提高意识，加大检查、消除隐患，提高应急管理能力等措施，夯实安全生产基础工作，确保企业安全生产形势持续稳定。不断强化环保理念，认真贯彻落实国家环保政策和相关法律法规，坚持“与自然为友，同环境共生”的环保理念，多措并举，确保“三废”达标排放。实施锅炉超低排放及硫酸铵回收改造项目，对电厂3台75吨锅炉及2台130吨锅炉进行改造，确保达到超低排放标准。不断完善环保设施。生化车间对各类罐、泵进行检修、加固，进一步提高废水处理效果。全年共处理各种废水320万方，水质稳定，全部达标排放。

经营工作稳步开展。2016年，国内经济下行压力依然较大，全球经济增长乏力，市场竞争异常激烈。金沂蒙集团全力以赴、开拓创新，抢抓市场机遇、创新经营管理，推动经营工作水平不断提升。全年共销售各类化工产品63万吨，销售各种肥料产品49万吨，出口乙酯、丁酯产品9.4万吨。2016年，金沂蒙集团对采购工作进行创新，在统一采购管理整体思路下，因事、因地而异。并在临沂设立经营部，充分利用临沂丰富的市场资源和便捷的物流条件，进一步完善采购渠道，降低采购成本。全年进口木薯干69.2万吨。采购各类化工原料27.8万吨，采购各类小化工产品1.7万吨，采购复合肥原料24万吨、煤炭33.7万吨。

科技创新 金沂蒙集团着力推进创新驱动战略，坚持以科技创新作为企业发展的支撑力量，不断加大科技投入，充分发挥国家博士后科研工作站、省级技术研发中心等科技创新平台，不断提高企业科技创新水平，增强自主创新能力。2016年，金沂蒙集团依托企业科技创新平台，在技术创新、专利授权发明方面取得优异成果。金沂蒙生态肥业公司成功入选市级企业技术中心；金沂蒙生物科技公司木薯生物炼制醋酸酯产业化示范工程成功入选2016年山东省优秀节能成果奖；左旋苯甘氨酸的制备方法荣获山东省专利奖三等奖；酯化法合成乙酸乙酯强化分相生产装置荣获临沂市专利奖一等奖。专利申报工作有序开展。全年获得授权专利4项，其中，发明专利2项，实用新型专利2项。新提报发明专利4项，其中，发明专利3项，实用新型专利1项。

2016年，集团按照国家“转、调、创”总体要求，结合“供给侧”改革精神，采取“自建为主、引进为辅、主辅结合、融合提升”方式，抓好新上、技改项目建设工作，以技术进步推动企业效益提升。各项目用地规划、验收与核查等手续及时到位，为项目建设铺平道路。京津冀中央预算内投资项目——燃煤锅炉超低排放项目得到国家发改委批复。中超冷链物流建设示范项目获批准，“环保型内质控失肥料关键技术与产业化开发项目”被列入山东省重点研发计划。

人才管理 2016年，集团从组织机构、招聘配置、定员定编、薪资核算、劳动合同、土地房产、工商手续、保险管理等方面对人力资源工作进行规范，对分公司人事管理工作进行重点理顺。先后组织开展中层干部“新领导力与领导艺术”专题培训、三期封闭式干部能力提升训练营，以及其他各类外训，有效提升人员素质技能，为企业发展提供强有力人才支持和保障。

撰稿：郇恒琳 审稿：刘伯温

山东沂蒙老区集团

领导成员

党委书记、董事长、总裁：滕善华

党委副书记、执行副总裁：赵志刚

副总裁：高全仕、滕博、李培远

工会主席：张全和

酒业公司总经理：张贵选

酒业公司副总经理：王步利、于志忠

酒业销售分公司总经理：徐 勇

酒业销售分公司副总经理：刘 岩

华盛化工总经理：刘厚华

华盛化工副总经理：马建荃

山东沂蒙老区集团是以酒业为主，集矿泉水、化工、房地产开发、医药、精制甘薯淀粉等产业为一体的现代化民营企业，下设山东沂蒙老区酒业有限公司、山东沂蒙老区酒业销售分公司、临沭县华盛化工有限公司、山东沂蒙老区置业有限公司、山东华强农业科技发展有限公司、临沂市沂蒙山泉矿泉水有限公司、临沭县古泉春危险货物运输有限公司，以及与鲁商集团合作成立的海佑福瑞达制药有限公司等企业。2016年，进一步规范企业管理，对组织框架、业务流程、考核制度、股权激励等项目按集团化管理模式进行重新梳理和设计，提升管理水平。6月，经省工商局审批成立山东沂蒙老区集团。集团生产稳定，效益良好，全年实现销售收入6.8亿元；上缴税金6727.79万元，同比增长6.3%，经济效益稳步提升。

集团建设 2016年，集团加大改革力度，聘请北大纵横咨询管理公司科学谋划，确立主体框架，先后成立销售分公司、酒业公司，以及集团八大部门，理顺集团组织框架。集团新建技术研发、展厅为一体的综合楼，并投入使用。该建设项目被市经信委评为市重点建设项目及市级企业技术中心。研发中心将逐步引进国内外先进检测设备和优秀专业人才，为提高产品检测手段，提升产品质量打下坚实基础。

生产经营 酒业公司在白酒行业整体下滑的

大环境下，根据实际情况，及时改变经营策略、创新经营理念，统一思想，把握机遇，生产经营保持稳步增长。2016年，瓶酒产量同比增长6.7%。按照新的框架职责流程，对销售大区进行重新调整，由原来的“两个直营大区＋三个大区模式”，调整为“两个直营大区＋五个大区模式”。持续加强各市场网点建设，使渠道运作更加精细化。进一步落实“强化贵人道品牌，聚焦年份酒推广，经典V系列策略落地”做法，中、高档白酒销量大幅上升，华贵年份酒和皇冠销量同比增长12.3%，为企业发展起到积极推动作用。

华盛化工公司生产系统完成技术、工艺项目37项，降低生产成本，提高产品质量，公司主导产品原甲酸三乙酯国内市场占有率达45%，生产销售均有突破。

置业公司强化施工管理，提高服务意识。坚持以“良心地产，放心地产，咱老百姓的好地产”为主导口号，打造置业公司形象，逐步提升临沭人民对沂蒙老区置业形象的认知和认同。6月20日，大有建设正式取得国家二级建筑资质证书。

华强淀粉坚持做高端精制甘薯淀粉，销量再创新高。公司是中国淀粉工业协会甘薯专业委员会副会长单位，先后参加中国农科院、中国红薯淀粉协会在北京市、云南省昆明市主办的2016年薯类产业开发高层研讨暨成果发布会、国际薯类加工及检测技术研讨会，是红薯淀粉国家标准起草单位之一。

文化建设 组织参加全县端午节龙舟赛活动，取得好成绩。集团举行“五一”“十一”职工篮球赛、“酿酒技能比武”“包装技能比武”等活动，丰富职工文化娱乐生活，提高职工业务技能。公益活动方面，集团按照工会倡导的“五好”“六有”标准，开展职工“岗位建功”“爱心帮扶”活动。集团全年发放职工子女升学助学金25人次，并连续5年与临沂电视台、团市委联合举办“贵人道助力高考沂蒙优秀学子”大型助学公益活动，创建企业“和谐共进”良好氛围。

加强党建工作，规范行政后勤管理。2016年9月，完成集团党委及各支部的换届工作，对集团全体党员纳入信息化管理。

科技创新 完成沂蒙老区技术研发中心筹建。酒业公司对酿造生产工艺设备、锅炉超低排放、二次水回收、包装设备等均进行技术改造，提高生产效率和产品质量，真正做到节能减排，保护环境。2016年，根据市场需求，开发白酒新产品55款，其中，贵人道系列31款，沂蒙老乡系列11款，定制酒11款，保健酒3款，有效满足市场运作需求，丰富产品体系。华强农业与中国农业科学院农产品加工研究所合作的“甘薯淀粉加工薯渣综合利用关键技术的研究与应用”项目，被列为山东省重点研发计划项目。

华盛化工公司坚持以科技创新发展企业，被评为国家高新技术企业。充分发挥省级企业技术中心等创新平台作用，全年完成自主创新技术工艺研发40余项，其中“渗透汽化—肟水解反应耦合关键技术的研究与应用”等6个项目被评为山东省技术创新项目，“基于原子经济反应的新型盐酸羟胺生产工艺”被列为山东省重点研发计划项目。完成山东省科技发展计划项目“原甲酸三甲(乙)酯新技术研发”省级验收。完成“水解－蒸馏耦合结晶技术连续化制备硫酸羟胺”等3个市级科技成果鉴定项目，同时获得2项发明专利授权证书。

企业荣誉 企业先后荣获国家高新技术企业、山东省守合同重点信用企业、山东省安全生产工作先进单位、临沂市百姓放心消费企业、消费者信得过单位、临沂名优食品十大影响力品牌、临沂市安全生产应急管理示范点、2016年度幸福临沭建设特别贡献奖、全县环境保护工作先进单位、先进基层党组织等称号。2016年10月，企业四名领导分别获得“鲁酒大师”“鲁酒酿造大师”“鲁酒品评大师”“鲁酒营销大师”称号。11月酒业公司“菊花制曲关键技术及其在发酵产业的应用”获得中国食品工业协会科学技术奖一等奖。

撰稿：王利彬　审稿：滕善华

伟业集团

领导成员

党委书记、董事长：闵庆玉

总　经　理：闵彬彬

副总经理：周　艳（女）汪　伟　王顶明　黄西峰

党委副书记：闵凡红

监事会主任：刘绍国

工会主席：张凤华

山东伟业集团是集工程建筑、房地产开发、棉花储备、旅游开发等为一体的民营企业，其前身为始建于1983年的临沭县棉麻公司。集团下设10个职能部门，下辖临沭县金明寓房地产开发有限公司、临沭县金明寓建筑工程有限公司、山东通亚建设有限公司、临沭县金明寓物业管理有限公司、临沭县供销棉麻有限公司、山东兴宇旅游开发有限公司等10余家子公司。有员工1000多人，资产总额30亿元。其中，房地产开发、工程建筑均为国家一级资质；年均房地产开发面积30万平方米，总承建工程建筑面积130万平方米，商品房销售量居全县第一。

2016年，伟业集团大力实施企业二次创业，以改革为动力，坚持创新发展，稳健经营，强化企业管控治理，充分发挥全产业链条优势，经济实力显著增强，品牌建设明显提升，经济效益稳步增长。集团全年纳税1.44亿元，名列全县税收贡献前三甲，进入临沂市地方财政贡献30强企业，连续17年上缴税金进入全市100强。

棉花经营　作为传统产业，2014年临沭棉麻公司作为国家重点储备棉基地，通过老库改造及新库建设，9个棉花储备库共储存国家储备棉3.6万余吨，取得良好经济效益。2016年，棉花储备库根据中储棉要求出库8000余吨。出库结束后，储备库由动态转为静态管理，安全管理成为重中之重。严把入库关、值班人员巡查关、三级值班制度落实等一切措施。9月中旬，申报棉花交易市场交割仓库，所有资料手续已上报交易市场。棉麻公司被中储棉总公司评为安全管理先进单位和业务管理先进单位。

房地产开发　金明寓房地产开发公司抓住城市化发展战略这一历史性机遇，本着“以质量求生存，以创新求发展”企业理念，坚持“情系百姓安居，打造百年楼盘”企业宗旨，以不断提高居民居住水平为己任，实施精品战略，创建名牌企业。相继开发建设金明寓A区、玖楼小区、玉华亭小区、育德小区、景钰嘉园、鼎钰华居、颐和御园、育源华庭、育博苑、金明寓三期、育秀家苑、沭河花园、杏林御园、观御园等近30个小区。

2016年，7个售楼处共计接待客户过万批次，成交楼房2500套，销售面积超30万平方米，销售额近10亿元，全年批复贷款5.5亿元。观御园、育秀等多个项目加推新房源，盛德御园及杏林御园开盘。沭河花园、杏林御园等6个小区41栋楼2700户相继交付，同时缴纳业主契税及维修基金。

工程建筑 2016年，在建项目21个，总建筑面积127万平方米，其中，年内交付项目9个，新开工7个。共荣获10个省、市质量、安全奖项，总产值约16亿元。

通过过程管控、工序验收、分户验收、层层管控来提升质量，通过加大方木、模版周转降低成本，通过安全视频及现场观摩提升安全意识。地暖分集水器安装、通风排烟井用现浇板代替钢化玻璃、车库与主楼交叉施工、楼梯踏步加固、内墙抹灰满挂钢丝网等5个方面列入建筑公司统一做法。金明寓建筑公司所建项目经过上级部门验收全部合格，多个项目被评为优良工程。全年各在建工程共获2个市级安全文明工地、1个市级优质结构，分别是盛德御园一期、育博苑项目。妇幼保健院及县医院二期项目申报创建沂蒙杯奖。

物业管理 金明寓物业公司坚持“业主至上，真诚服务”工作宗旨和“规范管理、高效服务、业主满意、追求完美”服务理念，为业主提供一流物业管理服务。自我加压，提出“向市级物业管理服务目标看齐”的口号，工作不断上台阶、上水平。2016年，物业公司有职工270人，其中，秩序维护员129人、保洁90人、管理维修人员49人、收费员8人。共服务管理22个小区，服务人口5万人。全年完成沭河花园、杏林、育秀一二期、育德二期2600户，近一万余人的物业服务工作，并完成2532户车位划线及近1000处维修、疏通工作。电梯维保资质等待验收。

商品混凝土 山东通亚建设有限公司是在原伟业永固混凝土有限公司基础上建立，成立于2012年3月，为伟业集团子公司之一，主要业务有道路桥梁建设、房屋工程建设、混凝土生产经营、车辆运输服务等。全年销售商品混凝土38万立方米，外销16万立方米，得到哥俩好、户户通、一建、金大陆等公司认可，其中，泵送16.7万立方米，出送商混车次35760次。

兴宇旅游公司 2016年，在沭河古道景区种植各种苗木1.6万余棵，绿化5000平米，平整土地4万平方米。新增景点3处，成人扩展项目11处，新建古道露营地、竹林迷宫、儿童游乐组合等。举办大型水上活动一场，全年接待游客4000余人次，出船600余次。

金明寓工程安装公司 公司拥有各类技术人员近百人，经营范围包括钢筋加工制造、真石漆及铝合金门窗、中空玻璃生产、工程设施设备租赁、钢结构安装、工程安装、外墙漆粉刷等。2016年，安装公司承担集团全部水电暖、消防工程安装、钢结构、外墙真石漆等工程，并承建部分对外工程，经济效益初见成效。

石门苗木基地 2014年集团成立石门苗木基地，基地总占地500余亩（33.33公顷），土地租赁期三十年，计划总投资约3000万元，年出圃大小绿化苗木100万株左右。通过道路建设及管道铺设等，基地基本形成小苗区、移植区、大苗区、采穗区、办公区、防风林带等六大板块。全年种植绿化树木15万余棵。2016年，绿化沭河、杏林、育秀等8个小区，播种草坪35540平米，栽植广玉兰、海棠、石楠球、冬青等38万余棵。

撰稿：张国祥　审稿：闵庆玉

山东金正阳集团有限公司

领导成员

董 事 长：胡顺珍
党总支书记：丰国良
总 经 理：孙运祥
副总经理：卢西军
工会主席：孙永瑞

山东金正阳集团有限公司始建于2005年，是专业从事石油天然传输管、工程机械、保健品研发、生产和销售及矿产资源开采、现代城市商务居住楼房开发、汽车销售与国际贸易等多元化发展的大型民营企业。总资产50亿元。集团下辖临沂金正阳管业有限公司、山东金正阳建筑工程有限公司、江苏金正阳矿业有限公司、临沂美联重工有限公司、山东贯天下生物科技有限公司、临沭县运祥汽车销售有限公司、临沭县运祥民间融资服务有限公司等12家分公司。

集团下设总部办公室、财务部、资金部、审计部、技改部等处室。员工3100余人，其中，高级职称8人，中级职称92人，初级职称221人；一级建造师10人，二级建造师12人；项目经理36人。2016年，公司实现销售收入70亿元，利税6亿元。入选“临沂市纳税百强企业”，被评为“国家绿色矿山试点单位”“中国无缝钢管生产企业10强”“中国民营企业制造业500强”“山东自主创新模范企业”及“振兴临沭经济特殊贡献奖”。

生产经营 面对钢管行业严峻形势，金正阳管业公司积极落实应对措施，坚持以品种结构调整战略为重点，进行大无缝钢管生产线投入生产和新上高端合金智能制造项目初步建设，在生产和销售两条战线全面实行产销联动，严格按照订单组织生产作业，积极开拓市场，抢抓合同订单。建立完善的市场销售机制，努力增加战略合作伙伴，加强与重点客户沟通，不断拓展直销比例，做好售前和售后服务工作。2016年，全年共生产各种规格无缝钢管100万余吨，实现销售收入50亿元。

金正阳房地产项目建设稳步推进。2016年，公司除继续完成福町花园一期、二期，印象城二期建设外，又相继开发建设金盾花园，福町花园三期、四期，印象城三期、四期项目，承建临沭县北城实验学校、政务服务中心和第六实验小学项目，全年完成开发建设量30万平方米。金盾花园955套住房、印象城三期5#6#、9#10#、16#17#住宅楼开盘后迅速售完。筹备开发临沭北城高端住宅——凤凰郡项目。

山东金正阳建筑工程有限公司全年完成施工面积30万平方米，施工产值12亿元，工程合格率100%，优良率85%，定向优良率100%。12月12日，被住建部核准获得“建筑工程施工总承包壹级资质”。

江苏金正阳矿业公司2016年大理石料开采规模扩大，销量超前，经济效益与日俱增。广东、福建、台湾等国内外客户大批订单接踵而至，全年开采大理石荒料5万立方米。

山东贯天下生物科技有限公司新品发布会在湖南召开，揭开金正阳开发颗粒黑茶新篇章。临沂美联重工有限公司是国家认定的“中国首家微型工程机械生产基地”，市场逐步扩大，成立澳大利亚墨尔本分公司，扩大出口销量。临沭县运祥汽车销售有限公司与各大汽车品牌签约经销，全年销售汽车1.2万辆。

环境保护 金正阳集团2016年继续实施全面质量管理，加大产品检验力度，将质量管理工作由生产制造的小范围扩大到产品的市场调研、检验、销售、反馈等大质量范围，保证产品质量满足用户需求，在临沭县“首届临沭县县长质量奖”评选中，荣登榜首。

公司遵照环保部门下达的环境保护工作目标任务，结合公司实际，及时购买烟气脱硫除尘设备和污水处理设备等环保设施，下达公司所属各部门工作目标任务，明确所属各部门环境保护工作，层层落实。通过广泛开展环保宣传工作，采取悬挂横幅，制作环保宣传站牌，张贴环保宣传标语等方式，提高公司员工环保意识，增强保护环境的责任感和使命感。

江苏金正阳矿业公司积极履行安全生产、节能减排、科技创新和社会公益等方面的社会责任，大力建设安全环保、绿色和谐矿山，实现健康可持续发展，公司被认定为“国家绿色矿山试点单位”。

撰稿：史沛瑶　审稿：张宏凯

交通·邮电

JIAOTONG YOUDIAN

交通运输管理

交通运输局领导成员

局　　长：王守宪

副 局 长：刘汉林　曹　磊

党组成员：杨湘慧（女）王　艳（女）

临沭县交通运输局下辖道路运输管理所1个正科级单位和交通工程处、交通监察大队、客运管理办公室3个副科级单位。局机关设办公室、监察室、人事劳动科、财务审计科、政策法规科、路政养护科、规划基建科、运输管理科、安全监督科、海事所、科教宣传科、后勤办、保卫科、工会、计生办、团支部等16个职能科室，下设农村公路养护中心，以及郑山、店头、蛟龙、青云4个交通运输管理所和通达机动车检测有限公司。共有干部职工296人，其中，党员162人。

2016年，顺利通过"省级文明单位"复查，先后荣获"全市安全生产工作先进单位""全市普法依法治理工作先进集体""全市交通运输系统年度考核先进单位""平安临沭建设先进单位""全县城乡环境综合整治工作先进单位""全县信访工作先进单位""全县科学发展先进单位""全县消防工作先进单位""12345市民服务热线工作先进单位""全县政务信息工作先进单位""全县统战工作先进单位""全县淮河流域水污染防治工作先进单位"等称号。

交通基础设施建设　公路通车里程1385.2公里。投资483万元，完成全长20.5公里的沭郯路改线、山城路、烈大路北段、石门旅游路的改造建设。完成全长11.7公里的沭牛路北段的前期工作。沭河大桥连接高速青云出口道路路基工程完成98%，沥青路面完成6.1公里。完成镇村公交路线2条，共计16.3公里。投资2269余万元，对全县236.4公里的13条县道、180公里的23条乡道实施农村公路安全生命防护工程，处理县道隐患1539处、乡道隐患1527处。共施工道路标线12万余平方米，安装标志牌1220余块，道口桩和示警桩1.6万余根，混凝土防撞护栏和波形护栏2.8万余米，在13条县道的镇驻地、村庄入口处、交通事故多发地等处增设黄闪灯132处。协同临沂市知行设计院，对全县涉及的6个镇街，75个行政村进行交通基本情况摸底调查，确定省定扶贫村30个，拟改建道路32.1公里，为未通车的4个贫困村庄开通客车线路，项目估算投资2102万元。全县省直帮扶村28公里的道路建设任务全部完成，优美线路道路工程完成2.2公里，各类通村公路建设项目完成60余公里。

县乡公路管理与维护　编制交通"十三五"规划，明确发展方向。加大路政巡查力度，投资22万元，对排查出的15处小型隐患进行整改，清理障碍物300余处。排查出危桥6座，均已作为2017年重点民生工程上报县政府，村道危桥已通知乡镇及时采取限行、警告等措施，并及时进行重建设计等后续工作。加强重点路段综合整治，定期对150余公里路段进行路肩整理、路树刷白、道路划线等养护工作。投资300余万元对老省道、大册路、沭赣路、青石路、唐湾路、周大路、观石路、沭牛路南段等老油路进行挖补维修。规范路政处理流程，清理不规范审批事项1项,完成路政审批事项11项,查处路政案件8起，及时预防涉路案件6起。

城乡公交一体化建设 全县共有营运公交车194辆，公交线路15条，通车里程390公里，行政村通车率达95%。以县城为中心、7个镇和2个街道办事处为节点、236个行政村和36个社区为网点的城乡客运公交一体化格局基本形成。聘请临沂大学农业与城乡规划研究所开展城市公共交通专项规划，征求县人大代表、政协委员以及社会各界意见，召开听证会分析论证，报经县政府批准，城区公交线路由3条增加为7条，运营车辆由24辆增加至66辆，发车间隔高峰期10分钟左右、其他时间13分钟左右，统一票价1元，公交车前挡风玻璃均有途经站点标识，从2016年5月1日起三个月内免费乘车。开通掌上公交手机查询系统（电子站牌扫描二维码下载）。完善新增城区94个公交站牌建设。做好验收18处（36个）省定贫困村客运站点站牌工作。

县财政按每车每年约补贴13万元的标准保底经营，对60岁以上老年人、伤残军人、残疾人实行免票政策，学生实行半价优惠，持公交卡8折优惠且持卡市民在城区1小时内换乘公交车不收费。2016年，共办理各类公交卡11058张，其中，爱心卡8343张、普通卡798张、学生卡518张、年卡162张、季卡859张、月卡378张。全年客运量达1598597人/次。

对全县城乡公交线路重新进行综合规划和调整，合理编排车辆运行班次、时间，共运行8条公交线路，每天运营588个班次，全年客运量达3592400人/次，实现城乡“零距离”换乘。为方便市民出行，临沭至临沂城际公交，新增40辆纯电动公交车，分别于2016年5月和10月投入运营，平均12分钟一班。较原班线票价降低4～6元，时间缩短1小时。

货运行业管理 全县共有货运企业60家，其中4家AAA级企业，22家AA级企业，16家A级企业，9家B级企业，新增3家（2016年1月1日以后许可），取消6家。

全面推进质量信誉管理和运输品牌建设，开展道路运输企业质量信誉考核活动。加大市场监管力度，落实安全生产岗位实名制管理制度及事故隐患治理措施，要求货运企业层层落实安全责任。全县货运企业安全管理人员113人取得临沂市交通运输局和临沂市道路运输协会安全从业资格证书。督促运输企业严格按照《道路运输车辆动态监督管理办法》建立健全车辆动态监控管理体系，货运车辆安装定位系统4118辆。以“主体责任明确、岗位职责明晰、制度健全规范、措施有效落实”为标准，进一步加强危险货运的管理工作，规范和完善危险品运输企业基础资料，建立健全并落实各项管理制度和货运车辆基础管理台帐。

积极转变行业管理模式，倡导集约化、规模化、物流现代化和智能绿色交通发展，推进临沭县统一货运有限公司LNG燃气货运车辆和山东汇商工谷物流有限公司信息智能绿色交通项目建设。

出租市场管理 全县共有出租客运企业4家,全面推进质量信誉考核管理,评出AA级3家，A级1家。积极推进道路运输企业安全生产标准化建设，达标企业4家。组织4家出租公司分两期三批次进行区域科目考试,换发出租汽车驾驶员从业资格证发放232人,注册从业资格驾驶员210人。

客货运输 2016年，运输企业拥有货运汽车8415辆，9498.987吨位；客运汽车272辆，12283座位。客运量6394828万人次。

撰稿：张贵侠 审稿：徐瑞前

客　运

交运集团临沭分公司领导成员

经　理：翟昌玉

党总支书记：乔元坤

副书记：杨进亮

副经理：胡尊宾　刘宝松　杨进堂

工会主席：郑安强

汽车站领导成员

站　长：翟昌玉

党支部书记：乔元坤

副站长：朱玉光　孙继东

盛通客运出租公司领导成员

经　理：翟昌玉

党支部书记：乔元坤

副经理：蔡纯瑞

临沭交运分公司、临沭汽车站、临沭县盛通客运出租有限责任公司隶属于临沂交通运输投资集团有限公司。有营运车辆139辆，拥有15条客运线路，其中北京、上海、南京、常熟、新浦、东海6条省际客运线；济南、青岛、烟台、威海、黄岛、枣庄、日照7条市际客运线；临沂、莒南2条县际客运线。2016年，汽车站"微笑沭运服务班"被评为省级青年文明号，汽车站团支部被共青团临沂市委评为临沂市五四红旗团支部。

客运班线　投资2680万元，新购置40辆新能源纯电动公交车运行临沭至临沂线路，提高乘车舒适性。临沭至临沂总站快客每20分钟一班，城际公交每15分钟一班，实行公交票价，方便群众出行，取得良好社会效益。加快推进临沭汽车站旅游集散中心建设，为游客提供安全便捷、热情周到的服务，大力实施旅游兴县战略。

站务服务　全年发送旅客84.03万人次。实现网上售票，投入两台自动售取票机，建成联网售票系统，实现临沂三区九县各站全程售票、异地联网结算和查询。为满足城区居民换乘、购票需求，在玉华亭设售票处，售临沭汽车站全线票，满足北京、济南、日照、莒县等长途线路及城乡乘客换乘出行要求。

临沭汽车站站点里程票价班次时刻表

表 16　　　　单位：公里，元

止站	里程	上限票价	优惠票价	班次时刻	止站	里程	上限票价	优惠票价	班次时刻
北京	763	284	170	一日一班 16：30	烟台	494	154	120	一日一班 8：00
上海	654	252	170	一日一班 8：30	威海	544	172	130	一日一班 8：10
南京	400	128	100	一日一班 6：20	黄岛	242	75	65	7：50；13：00
新浦	76	24	20	6：40；8：00；9：40；12：10；13：10；14：40	日照	120	39	35	8：20；14：30
东海	68	19	16	7：00；8：50；9：50；10：50；13：30；14：50；15：50；16：50	枣庄	135	41	35	一日一班 6：50
济南	338	108	80	5：50；6：30；7：20；8：30；9：50；14：00	临沂	50	16	总站 12；隆达 8	流水发车 每 20 分钟一班
青岛	305	96	80	5：40 至 12：00 约一小时一班	莒南	45	13	12	6：30—5：00 每半小时一班

快速货物运输　快速货物运输依托于城乡衔接、城际连接、班线多的客运网络以及布局广的站场优势，发挥国有企业良好的“沂蒙快运”品牌、信誉优势，大力发展同城配送、城乡快递，加快小件物流和农村物流的业务拓展。

汽车维修　保修厂拥有二类机动车维修资质，坚持“以诚信为本”的经营理念，拥有一支技术过硬的维修服务团队，从事客车、货车、轿车及特型车辆的保养、维修；新购一批二级检测设备，实现全面升级改造。

撰稿：邢龙飞　审稿：乔元坤

公　交

盛通公交公司领导成员

经　理：翟昌玉

党支部书记：张玉祥

副经理：密术茂

临沭县盛通公交有限责任公司成立于 2010 年 8 月，由山东省临沂交通运输投资集团有限公司出资注册成立的法人独资有限责任公司。公司主要从事城市、城乡公交客运业务，公交客运业务覆盖全县 7 个乡镇、2 个街道，287 个行政村

（居、社区）。拥有节能型环保燃气公交车122辆、新能源纯电动公交车68辆，共计190辆。运行线路15条，其中，城乡线路8条，城区7条。

2016年，公司被市集团公司评为2016年度文明单位；被县总工会评为振兴临沭劳动奖状、十佳工人先锋号；被县运输管理机构评为企业质量信誉考核AAA级。

城乡公交 根据国家提倡新能源纯电动公交车实施要求，公司于10月份投资3350余万元购置新能源纯电动空调公交车50辆，加密改造城乡公交线路三条，改善城乡居民出行条件。开通定制公交运输业务，与金正阳、金沂蒙、鑫琦塑编、三星食品、大圣食品等多家大型中型企业及学校签订公交运输协议，投入定制公交车辆16辆次，每日接送企业上下班人员880余人次，接送学生上下学达600人次。为全县驻各乡镇党政、企事业、学校等在职工作人员办理优惠乘车卡3000余张，每日优惠人员1500余人，优惠额7500余元，全年优惠约200万余元。全年运行车辆3万余辆次，运行里程600余万公里，运行安全平稳，实现运营收入1303万元。

城市公交 新增新能源纯电动公交车20辆，投资1340万元，开通运行城市公交线路二条为M4、M5路，M4路为郑山广场至东城小区，每隔10～13分钟一班，投入车辆8辆，M5路为车站至临沭一中，每隔10～13分钟一班，投入车辆8辆。10月，开通城市环城公交线路二条为M6、M7路，M6路为颐和御园至颐和御园，每隔10～13分钟一班，投入车辆8辆，M7路为金都小区至金都小区，每隔10～13分钟一班，投入车辆3辆。加密原5条城市公交线路车辆，共投入18辆新能源纯电动公交车，投资1206万元。为全县60岁以上老年人、残疾人、伤残军人办理免费爱心卡7845张，为居民办理学生卡、月卡、季卡、年卡共2163张，全年累计优惠刷卡334263人次。与临商银行合作，持工会会员卡刷卡八折优惠乘车，方便居民出行。

投资360万元建设充电站一座，拥有充电车位78个，既保障内部公交电车正常运行，又方便电动私家车充电需求。投资80万元建设改造智能调度运营监控中心，构建一套实时监控、安全生产运营管理、指挥调度等功能于一体的智能公交系统。投资40万元为在职驾驶员定做统一服装，提高公交公司形象。充分利用智能公交调度系统，通过监控加强对驾驶员的检查力度。成立运营服务质量监督科，加强运行服务质量监督管理，对车辆运行班次、时间进行严格考核，对当月服务质量好、无投诉、车辆卫生保持较好的驾驶员进行月表彰奖励，对于连续保持较好，未发生服务责任投诉事件的车辆，开展“流动红旗车”活动。

撰稿：密术茂　审稿：翟昌玉

公　路

公路局领导成员

局　长：彭　华

副局长：石绍君　刘善涛

临沭县公路管理局为临沂市公路局派出机构，下设办公室、政工科、财务科、路政科、养护科、工程科、机料科、安全生产管理科、服务中心、应急中心10个科室和轩庄、店头2个公路站，拥有1个工程公司。主要担负着327国道、225省道两条干线公路临沭境内59.85公里的修建、养护和路政管理等工作。

工程建设 做好罗岚高速公路临沭段建设工程前期准备工作。组织实施225省道路面大中修工程建设，工程总投资1亿元，全长41.02公里。其中，临沭莒南界至327国道段13.59公里实施路面大修工程，327国道至江苏界段27.43公里实施路面中修工程，该工程于5月底正式开工建设，10月底完成主体工程建设任务，工程建设过程中同步实施安全生命防护工程，完善各类防护设施，全面提升路况质量和道路通行安全性，改善临沭段干线公路通行环境。

公路养护与路政管理 开展公路环境综合整治活动，及时处理路面坑槽、沉陷、裂缝等公路病害。2016年，累计完成路肩边坡整修96公里，绿篱及行道树修剪44千米，行道树打药灭虫30千米，坑槽应急垫补600余平方米；更换里程碑21块，百米桩82块，道口桩、示警桩470根，安装更换交通标志牌190块，更换波形钢护栏218米，行道树涂白累计完成160余公里，路缘石刷白累计完成60公里，粉刷桥梁护栏6600平方米，冷灌缝3.8万米，路面车辙铣刨处置1.2万米；对225省道及327国道部分路段平交道口斑马线等进行重新施划，共计2.2万平方米；完成各类绿化苗木补植7万余棵。组织实施327国道安全生命防护工程，通过完善各类公路标志标线，设置黄闪灯、减速带等，进一步提升公路通行能力。认真做好重大活动和恶劣天气、特殊情况下公路保洁保畅工作，及时启动应急处置预案，确保辖区干线公路高效畅通。

加大路政巡查和宣传力度，及时清理路面堆积物，打击占用公路进行集市贸易、摆摊设点、打场晒粮等行为。2016年，累计发放宣传材料5000余份，出动宣传车50余台次，清理拆除非公路标志65处，依法处理路政事案17起，处理占道经营等违法行为72次。积极开展桥下空间清理整治活动，对31座桥梁，33处涵洞进行排查，对桥下堆放的柴垛、垃圾等易燃物进行集中清理，共清理桥下杂物60余处，堆积物120余立方米，桥下环境明显改善。对干线公路防护设施进行修复完善，确保辖区干线公路安全畅通。

撰稿：刘　洪　审稿：彭　华

中国邮政集团公司山东省临沭县分公司

领导成员

总 经 理：米廷峰（回）

副总经理：刘　磊

许庆伍（5月离任）

孙　杰（6月任职）

李泽欣（10月任职）

中国邮政集团公司山东省临沭县分公司下设

综合办公室、市场营销部、代理金融部、渠道平台部、文化传媒部、快递包裹部等部门，下辖17个农村支局和4个城市支局。全县所有行政村、自然村实现村村通邮，县城区域内楼房基本实现通邮，部分居民小区和社区安装智能包裹柜，方便客户收发包裹、邮件，邮政的实物传递和物流配送能力逐步显现。

业务发展 快递包裹业务。2016年，快递包裹日均收寄量达600余件，日均进口量1200余件，现代快递业呈现井喷式发展趋势。

渠道平台建设。加大渠道平台建设力度，实现邮政各项业务渠道共享。以邮政便民服务站点建设为重点，加强三农服务站、精品站的培养与选拔工作，为广大农民服务，提高有效站点占有率，提高代收费业务量。

文化传媒业务。通过新媒体业务开发，拉动函件业务发展。召开集邮高端客户品鉴会，通过后期跟进，实现收入近60万元。与支局加强沟通联系，深挖老客户，开发新客户，通过多样化营销模式销售集邮产品。通过现场演示、免费试用等方式促进文创产品销售，同时，通过支局微信群进行线上宣传，将线上营销与线下走访相结合，积极推动报刊产品销售。以“图书巡展”为契机，搭载零售重点文化产品，开展小型图书展销活动，精选图书开展宣传，确保零售健康有序发展。

基础管理 坚持周PK制度，及时总结分析重点业务发展情况。实行“红黄牌”制度，优胜劣汰，培养干部队伍的危机意识，保持干部队伍合理流动。加强人才队伍建设，培养后备支局长、理财经理。开展支局网点改造工程。对青云、古龙岗、前庄3处网点进行翻建；玉山、朱仓、蛟龙、大兴、官庄、韩村、石门和店头8处网点进行扩建；白旄、常林2处网点新址进行装修；振兴支局新增网点1处。

撰稿：刘国梁　审稿：刘　磊

中国联合网络通信有限公司临沭县分公司

领导成员

总　经　理：董士猛（4月离任）
　　　　　　张海晨（4月任职）
副总经理：徐勤礼（4月任职）
　　　　　　李建伟　周汉卿（4月离任）
　　　　　　刘景贵　庄新国（4月任职）
维护中心经理：徐勤礼（4月离任）

中国联合网络通信有限公司临沭县分公司（简称临沭县联通公司）下设综合部、自有渠道中心、社会渠道中心、集团客户中心、中小企业客户中心、网络维护中心及乡镇、城区14处网格，城区设有沭新街中心营业厅，乡镇设有18处营业厅，共有员工180人，其中，合同制员工60人。

2016年，主干光缆通信能力达到7013.306皮长公里，全县所有自然村全部实现FTTH光纤入户接入，宽带城域网出口带宽容量达140G，接入端口10.6万个，拥有2/3/4G通信基站623处，移网信号覆盖率达99.6%，客户总数达18余万户，全年实现业务收入7000余万元。卖场门店、代办服务点覆盖全县城区、农村。

市场经营 按照国家“提速降价”要求，逐步将符合条件的客户宽带速率由原10兆提速至20兆或30兆。为满足不同客户群体需求，新推出46元神卡、50元巨牛卡、56元全国套餐、“美丽乡村”语音和流量套餐、“美丽乡村”APP应用、“青春修炼营”等产品，不断推进集手机、宽带、IPTV一体融合产品。针对集团客户和中小企业客户，运用集客线专属产品政策，推出信息化产品PTT、外勤管家、齐鲁兴业云、银管通、农机通、精准扶贫、移动执法等，组织信息化推介会及现场演示会，满足集客、中小企业的信息化需求，帮助集客、中小企业提升信息化管理水平。

网络建设 提升通信网络综合承载能力，扎实推进网络设施转型升级，深度开展网络覆盖再优化，各项网络运行考核指标继续向好。全年共完成通信建设投资951.46万元（不含移动和室内分布基站设备）。新增主干光缆20.96皮长公里，PON网络优化敷设光缆194.77公里，优化区域将达到100M用户接入能力；完成光改项目168个，改制用户5936户；白色区域新增宽带端口5034个；完成118个项目的光路调测、设备调整及带宽优化。一期建成LTE基站39处，2G广覆盖建设基站60处，室内分布基站12处。完成抢修项目214个，开展预检预修项目78个。

通信服务 完善服务质量考核制度，列入月度KPI考核。结合宽带三承诺，大力宣传宽带网络和服务优势，加强对一线员工业务和服务礼仪等方面的培训，全员坚持执行首问负责制度，服务窗口开展“NPS满意度”调查活动，月满意度达98.2%。继续加大对障碍及宽带无条件装移机管控，认真执行480服务制度，月工单处理及时率达到100%，月不满意工单二次处理满意率达到99%，月两网投诉率全市排名保持前3位。为用户提供24小时宽带专家咨询服务（服务热线：9600169），对重大会议、重大活动及重要时期实施重点通信保障。

撰稿：李　娟　审稿：张海晨

中国移动通信集团山东有限公司临沭分公司

领导成员

总 经 理：周　军

副总经理：孙守良

中国移动通信集团山东有限公司临沭分公司（简称临沭移动公司）下设综合部、业务运营部、建维部、集服中心四个职能部门；城区有中山路营业厅、常林路营业厅2个对外服务窗口；全县共设9个乡镇经营部。公司共有101人，其中，研究生3人，大专以上学历47人，中专以上学历51人。

至2016年年底，有基站891处，有线宽带站点728处，网络人口覆盖率达99.9%，地理覆盖率达99.2%，客户总数达39万户，市场份额达78%，业务收入2.1亿元。有指定专营店92余处，开拓邮政局、工行、农行、建行、农行信用社等众多缴费渠道，在全县所有自然村建设集中放号、缴费等多种服务于一体的村级信息服务站，全县共建有村级信息服务站500余处。

通信建设 全县新建LTE五期基站72余处，其中4G净增总数为39个，2G净增总数为33个，主要针对用户集中反映的信号薄弱区域。累计建设728处有线宽带站点，其中，农村站点已覆盖518处，自然村覆盖比例达100%，城区站点覆盖210处，覆盖比例93.5%。

市场经营 积极响应国家“提速降价”号召，为满足不同类型消费者的需求，推出4G飞享套餐、超牛卡、不限量套餐、冰激凌套餐等套餐型产品，移动4G用户已达23万。为满足家庭综合通信需求，推出集上网、打电话、看电视等一体的“和家庭”业务，移动宽带用户已达5.96万。推广集团彩铃、企信通、企业OA、位置通、校讯通、集团专线、语音专线、IMS座机（固定电话）、集团短信、IDS服务器托管等信息化产品，为客户提供高质量信息支撑。

客户服务 深入开展“用我百倍努力，换您十分满意”活动，聚焦差距，提升弱项，有效提升客户满意度。建立完善服务考核制度、星级班组建设制度，强化激励机制。对客户经理、营业员实行星级管理，开展星级营业员评选活动，调动窗口服务人员的积极性。中山路移动营业厅被授予省级青年文明号、巾帼示范岗、五星级营业厅等多项荣誉称号，常林路移动营业厅被授予市级青年文明号、三星级营业厅等荣誉称号。临沭县4G手机上网质量满意度79.8%、宽带装维质量满意度100%、短信客户满意度99.03%，均位于全市前三名。

撰稿：英平平　审稿：周　军

城乡建设·环境保护

CHENGXIANGJIANSHE HUANJINGBAOHU

城乡规划

规划局领导成员

局　　长：陈　飞

副 局 长：蔡学友　王仕宝

王兴佃（2月任职）

纪检组长：王兴佃（2月离任）

临沭县城乡规划管理局为正科级事业单位，内设办公室、政策法规科、城市规划科、建设工程管理科4个职能科室，下设规划技术服务中心、规划设计室2个正股级事业单位。在编职工35人，其中，副高级职称1人，中级职称6人，初级职称18人。

2016年，先后荣获“市级文明单位”“全市城乡规划工作综合考核先进单位”“全市城乡规划编制工作先进单位”“全市创新乡村规划试点工作先进单位”“全县承办政协提案先进单位”“全县环境保护工作先进单位”等称号。

规划编制　启动修编《临沭县城市总体规划（2016—2030）》并完成二轮方案汇报。启动编制《临沭县县域乡村建设规划》，并被省住建厅评为2016年度县（市）域乡村建设规划省级示范。启动规划示范村编制工作，并完成年度30个示范村居规划，其中，临沭街道山里村被住建部评为“全国规划示范村”。编制完成《临沭县城乡电网规划（2015—2030）》《临沭县集中供热专项规划》《临沭县城区热电联产规划》，经县规委会和省市专家组评审通过。加强县域旅游景区规划，编制完成《山东省临沭县曹庄镇朱村旅游总体规划》《沭河古道景区重点片区修建性详细规划》《临沭县龙潭湖旅游区控制性详细规划》。加大教育基础设施配套，编制完成北城实验学校、第三实验小学分校、第六实验小学修建性详细规划。完善生活居住区配套，完成临沭县金盾花园、盛德御园、孙蒿科农贸市场、振兴路农贸市场修建性详细规划。《临沭县曹庄镇朱村村庄规划》获得“全国优秀城乡规划设计奖（村镇规划类）”二等奖。全年共计开展建设工程定位放线106余次，现状测绘133余次，测绘面积约3000万平方米。

规划建设　县妇幼保健院新院投入使用，县文化中心建设完成。便民服务中心项目工程主体建设完成，室外景观和室内装饰方案设计完成，内外装饰启动。体育中心二期项目基础工程开挖。北城实验学校项目一期主体建设完成，二期主体完成50%。森林公园项目除气象局周围未拆迁地块尚未施工外，其他工程基本完成。在全县选派第三批“第一书记”工作中，县规划局驻点店头镇西措庄村，帮扶资金5万元购置安装路灯34盏及其他基础设施建设。

规划管理　共受理办结选址意见书56件，建设用地规划许可证62件，建设工程规划许可证209件。办理建设工程竣工规划验收合格证115件，向县城管执法局复函12件。办理乡村规划许可证36件，储备地块控制性规划43件。严格贯彻规委会制度。召开第三十八次、第三十九次规委会，审议16个项目，14个项目通过评审，总占地面积约611050平方米，总建筑面积约403370平方米。整理文书档案138卷，城建规划档案423卷。参加行风热线11次，接听解答群众咨询热点难点问题55件次，办理“12345”市民服务热线95件次。

撰稿：王　勇　侍冠军　审稿：陈　飞

城乡建设

住房和城乡建设局领导成员

局　　长：崔　强

副 局 长：沈太吾　韩宝向

党组成员：吴　昊　徐剑林

2016年以来，全县城乡建设紧紧围绕“建设和美幸福临沭”总体目标，以加快推进新型城镇化建设为重点，主动适应新常态，把握新机遇，推出新举措，全力抓好重点民生工程、城市管理、公用事业、镇村建设和建筑市场管理等各项工作，确保城乡建设事业又好又快发展，城乡建设面貌日新月异。县住房和城乡建设局先后荣获“全市城乡建设先进集体”、全市“‘十二五’公共机构节约能源资源工作先进集体”“全县平安临沭建设先进单位”“全县信访工作先进单位”“议案建议办理先进单位”“全县‘12345’热线办理先进单位”等称号。

临沭县城建成区面积达23.65平方公里，建成区人口21.86万，城镇化率达54.87%；城市绿化覆盖率、绿地率和人均公园绿地分别达44.91%、40.92%和12.55平方米。拥有冠山路、苍山路、光明路、沭河大街、常林大街、兴大街等标准化道路34条，总长度达120多公里，面积达238.26万平方米，安装路灯1.2万盏，形成功能完善的城市道路体系，城区道路硬化率达到98%以上，人均道路面积10.9平方米，道路亮化率达98%以上。全年启动户户通硬化及改厕村居197个，完成街巷硬化353万平方米，卫生改厕3.1万户，打造美丽乡村示范片区11个，完成危房改造665户，完成投资6.13亿元。

城市建设　启动并完成兴大街、顺河街、苍源河南岸道路、正源路、育新街等12条道路综合整治和建设工程，总投资3330万元，建设和整治道路总面积达22万平方米。对城区地下管线进行普查，建立技术服务平台，做好普查数据录入和编辑。全县累计普查城区地下管线1300公里，修、补测带状图10平方公里。实施森林公园建设、利城大街道路绿化、裸露土地绿化和城区园林绿化改造提升等一系列重点工程。继续推进中国人居环境范例奖创建工作，园林绿化建设总投资达5300多万元，新增和改造园林绿化面积40.7万平方米。启动滨海街管网延伸、兴南街至兴大街管网建设、供热公司超低排放改造以及二级换热站等工程项目。通过实施供暖扩容，城区供暖入网总面积达528万平方米，实际供暖面积341.5万平方米，完成投资1643.6万元。由山东建大建筑设计研究院编制的《临沭县城区集中供热专项规划》于4月28日通过省专家组评审。全年共铺设次高压管道54.8公里，中低压管道314.5公里，累计新增燃气用户6218户，工业户6户，公服户17户，定期开展燃气安全专项整治，下发限期整改、责令停止违法行为通知书25份，关停无证经营液化气站3个。

新接管大型综合公园1处，绿地养护面积达39.74万平方米。申报市级花园式单位和花园式小区2个，申报市级园林示范项目1个，省级园林绿化示范项目1个，“沂蒙杯”园林绿化工程项目1个。投资461多万元，启动并完成苍源河9座桥梁、红石湖公园、文化广场、金沂蒙广场等城区夜景景观亮化工程。对城区所有路灯进行全天候不间断巡查维护，全年新安装路灯1500盏，维修城市路灯1600多盏，更换电缆1000多米，维修变压器10台次，城市亮灯率保持在98%以上。全年共处理污水1069.5万吨，满负荷运转率为97.5%，处置污泥5133吨，污水处理厂在全市率先实施的添加甲醇调节碳氮比技术，在全市同行业中处于领先行列。“12345”受理咨询投诉1853件，结案率达100%。

建筑业管理 围绕“做大做强临沭建筑业”工作目标，以提高建筑业整体实力为主线，抢抓机遇，扎实工作，全县建筑业实现健康快速发展。2016年，全县建筑业完成总产值22.5亿元，企业总收入22.98亿元，实缴税金6732万元，建筑业增加值2.9亿元。全年安全监管和质量监督单位工程616个，建筑面积达347万平方米。验收主体工程244个，竣工验收112个。其中，省优质结构工程1个，市优质结构工程1个。培训“三类人员”和“特种作业人员”186人次。办理施工许可37件，完成工程报建项目50个，完善发包手续23项，政务服务中心住建局窗口共受理各类事件950件，办结950件，办结率为100%。坚持定期开展全覆盖、不间断的质量安全大检查活动，查出并整改各类安全隐患1202条，下达《停工通知书》及《责令限期整改通知书》511份，处罚项目部3个。先后开展“安全生产隐患大排查快整治严执法集中行动”“企业安全主体责任落实情况专项执法检查”等一系列活动，建立“一企一册”台账，对全县22家建筑施工企业的安全生产管理进行分工。全面开展大气污染扬尘治理和百日安全整治工作，签订扬尘治理目标责任书，对达不到标准的2个建筑工地和3家商混企业进行强制停工整改。对20家建筑企业120个项目部进行年检，收缴农民工工资保证金931.5万元，受理解决农民工投诉327起596人次，涉及工资760万元。

城市污水处理厂 2016年，城市生活污水处理厂（清源污水处理有限公司）结合“幸福宜居临沭”建设总体目标要求，从确保水质达标排放入手，重点抓好水质监测、安全生产、设备维修维护、污泥处置等工作，确保污水处理运营良好，出水水质实现达标排放。全年共处理污水1414.6万吨，每日平均3.86万吨，高峰时日处理污水4.6万吨，满负荷运转率为96.6%。共削减CODcr3134吨、削减NH_3-$N_3$72.2吨，处置污泥6844.8吨。

加大城区管网水监测力度，安排专业技术人员定时进行取样化验，认真进行分析和比对。发现问题，及时与环保部门联系，共同查找污染源，解决水质超标等问题。为解决总氮处理效果不佳的问题，多方咨询和邀请相关专家进行分析论证，并针对碳源不足、碳氮比失调问题，采取补充碳源措施进行技术公关。通过采取在进水口添加甲醇调节碳氮比的办法，有效解决碳源不足、碳氮比失调问题。全年出水总氮控制在5毫克/升以下，满足一级A标准要求，保证出水水质稳定达标。

定期组织专业技术人员对电机、鼓风机以及仪表进行维修保养，严格操作程序，严格监督检查，严格数据管理，对压滤车间和污泥棚进行综合改造，有效改善车间环境，提高工作效率。根据省住建厅统一安排和市城管局具体要求，积极做好城市污水处理厂运营质量评价准备工作。

村镇建设 引导各类优质资源向小城镇集聚，加快道路、广场、学校和便民服务中心等民生工程建设，全面完善小城镇基础设施配套和综合服务功能。全年累计硬化路面80万平方米，新修工业园区道路13万平方米,安装路灯86盏，铺设污水管网300米。栽植各类苗木20多万棵，新增绿化面积3.5万平方米，完成投资5.1亿元。

启动实施村居道路硬化及无害化厕所改造工程。建立村居道路硬化及改厕工作台账，制定专项规划和年度目标计划。争取利用3到5年的时间，完成村居道路硬化面积876万平方米，其中主次街道硬化面积420万平方米，巷道硬化面积456万平方米。农村无害化厕所改造完成6.8万户。2016年，全县共计完成硬化道路面积353万平方米，完成农村无害化厕所改造3.1万户。

扎实做好农村危房改造工作。先后对全县280户危房进行鉴定、验收。验收中严格做到三个不安排：即不符合条件的不安排，是在职村干部不安排，随机走访群众有争议的不安排。严格申请程序控制，确保低保房、五保户、残疾人贫困户的危旧房屋率先进行改造。对农改户的补助严格实行“惠农一卡通”，确保资金及时拨付到农改户手中，杜绝村干部套取或挪用资金等不良现象。

按照“五化八通八有”标准，抓好农村社区建设，完善社区基础设施配套，进一步提升居民幸福指数。桃官社区、滨海社区、华南社区和朝阳社区先后完成管道和环保锅炉安装，桃管社区优先进行冬季供暖。相继建成社区污水处理站18处，其中12处基本正常运行。

燃气管理 全年共铺设次高压管道54.8公里，中低压管道314.5公里，新增燃气用户6218户，工业用户6户，公服用户17户。全县燃气用户达51558户，总开通燃气用户37174户，工业40户，公服79户，日用气量约7万立方，全县燃气普及率达98.16%。定期开展燃气安全专项整治等活动，规范企业内部管理，纠正和杜绝服务意识淡薄、死管乱查、执法随意等现象。先后联合安监、消防、商务、质监、城管等单位，集中开展燃气安全专项检查4场次，查出各类安全隐患122条，下发《限期整改通知书》和《责令停止违法行为通知书》等25份，关停无证经营液化气站3个，对符合条件的1家CNG汽车加气站和3家液化气站建设申请进行批复，为中裕燃气有限公司店头汽车加气站办理燃气供应许可证，确保全县燃气企业持续、健康发展。

城市绿化 先后实施森林公园建设、利城大街道路绿化、裸露土地绿化、城区园林绿化改造提升等一系列重点工程，启动中国人居环境范例奖创建工作，园林绿化建设总投资达5300多万元，新增和改造园林绿化面积40.7万平方米。至12月底，利城大街道路绿化、城区园林绿化改造提升、裸露土地绿化等工程均已完成，森林公园建设工程基本完成。完善公共绿地规范化、标准化管理机制，建立分片管理、路段明确、责任到人的长效养护管理机制。组织疫情测报人员和病虫害防治机动队全天候巡回城区道路、公园和广场等区域，采取药车喷雾、药液涂刷等方式，对城区园林绿化病虫害进行统一防治，全面准确掌握病虫发生动态，明确防控重点区域、防治措施和最佳防治时间，不留管理“死角”，力争将病虫害损失降到最低限度。全年新接管大型综合公园1处，绿地养护面积达39.74万平方米。申报市级花园式单位和花园式小区2个，申报市级园林示范项目1个、省级园林绿化示范项目1个、“沂蒙杯”园林绿化工程项目1个。

城市亮化 启动并完成苍源河9座桥梁、红石湖公园、文化广场、金沂蒙广场等城区夜景景观亮化工程。全年改造和新安装路灯1500盏，维修城市路灯1600多盏，更换电缆1000多米，维修变压器10台次，城市亮灯率保持在98%以上。投资461万元，购买LED灯管和彩带，对横跨苍源河上的冠山路桥、苍山路桥、中山路桥、振兴路桥、光明路桥、常林大街桥和327国道桥等9座桥梁实施景观亮化。组织维修人员采取分段划片、逐一承包的办法，实行昼夜24小时不间断巡逻检修。重点对公园、广场和道路中损坏的路灯进行及时更换，对破坏路灯的不法行为进行严厉打击。

重点基础设施建设工程 兴大街道路改造工程（225省道至苍山路） 全长4060米，道路两侧混凝土路沿石更换为大理石路沿石，原有人行道板更换为景观烧结砖，完善盲道等无障碍设施，道路两侧未设置排水管道的路段，重新敷设排水管道，垒砌检查井、雨水井，完善道路排水系统，改造路段一并实施弱电下地工程。工程造价为1033万元。

顺河街综合整治工程（振兴路至常林大街） 全长2000米，两侧混凝土路沿石更换为大理石路沿石，原有人行道板更换为景观烧结砖，完善盲道等无障碍设施，结合沿河公园景观安装休息座椅、果皮箱等设施，结合公交车站牌修建停车港湾。工程造价为268万元。

苍源河南岸道路建设工程 西起正源路，东至苍山路，路段长350米，结合园区道路，修建6米宽沥青混凝土机动车道，道路结构形式为：页岩回填土路基，基层铺设两层20厘米厚水稳层，路面采用5厘米厚粗粒式沥青混凝土+4厘米厚细粒式改性沥青混凝土。道路采用单向坡，雨水直接排入河道。结合沿河公园景观安装休息座椅、果皮箱等设施，工程造价为60万元。

正源路（夏庄街至滨海街）道路改造工程 结合对武装部、电影院的改造，对该处沿街店铺建筑拆除后建设林荫停车场，育新街路口及顺河街路口增设右转弯车道。将原有老旧混凝土路缘石更换为大理石路缘石，将原有人行道板更换为景观烧结砖，完善盲道、雨水井，安装休息座椅等基础设施。工程造价为125万元。

育新街（中山路—冠山路）道路改造工程 全长1700米，道路两侧混凝土路沿石、人行道破损严重。将混凝土路沿石更换为大理石路沿石，原有人行道板更换为景观烧结砖，完善盲道等无障碍设施。同时实施弱电线路下地项目，拆除相关线路的地上线杆。工程造价为238万元。

临沭县中山路与沭新街交汇处渠化工程 为解决中山路与沭新街交汇处道路拥堵，在中山路与沭新街交汇处增设右转弯车道，宽度4米，两侧长度共计230米。合同价为24万元。

临沭县中山路人行道隔离栏杆工程（沭新街—常林大街） 为解决中山路由于店外经营及车辆乱停乱放造成道路拥堵的问题，防止机动车驶入人行道，拆除道路两侧混凝土坡道石，并在道路两侧路沿石外侧安装铁质隔离栏杆。采用机械钻孔，埋深35厘米，外露70厘米。工程造价约15万元。

县电影院景观停车场建设工程 保留电影院主体建筑，拆除电影院周边违法活动板房，规划停车位83个，停车位设置绿化分隔带或车档，在停车位栽植大规格乔木形成林荫停车场。主车道采用20厘米厚水泥混凝土路面铺筑，停车位采用景观烧结砖铺装。工程造价为75万元。其中土建工程65万元，绿化工程10万元。

城区基础设施维修维护工程 对城市道路的破损路面、路沿石、人行道板，增设盲道及无障碍设施、硬化出入口，对防汛设施进行维修维护，修缮雨水井、检查井及排水管道清淤等。工程概算600万元。

城市地下管线普查及综合管线信息管理系

统建设项目　普查区域为临沭县中心城区，西起225省道，东至城东一路，北起327国道，南至泰安路，面积约45平方公里，预计管线长度1800公里。工程内容为地下管线普查、系统建设两部分，工程概算710万元。

振兴路中段道路建设工程（沭新街—利民街）　北起利民街，南至沭新街，全长613米，规划道路横断形式为一块板，断面为2米绿化带+3米人行道+2米绿化隔离带+16米主路面+2米绿化隔离带+3米人行道+2米绿化带，道路控制红线30米。道路结构形式为：路基80厘米风化料换填，基层铺设两层20厘米水稳层，路面采用5厘米厚粗粒式沥青混凝土+4厘米细粒式改性沥青混凝土。工程造价为302万元。

振兴路南段综合整治工程（兴大街至沭新街）　北起沭新街，南至兴大街，全长1800米。道路两侧混凝土路沿石、人行道破损严重。将混凝土路沿石更换为大理石路沿石，原有人行道板更换为景观烧结砖，完善盲道等无障碍设施。由于这条道路原来未敷设弱电管道，同时实施弱电下地项目。合同价为180万元。

森林公园景观工程　南起沭河大街、北至正大街，西至光明路，东到振兴路，总面积约29.95公顷，合449.18亩。总投资3600万元。工程内容包括水系景观、道路及铺装、绿化、给排水、电气、公厕、附属工程等内容。该公园由杭州中翰建筑设计有限公司设计，功能定位为集自然景观、生态教育、市民休闲、文化交流为一体的城市综合性公园。按照建设海绵型城市要求，公园设计建设重点突出大绿地、大水面、大森林“三大”特点，乔、灌、花、草合理搭配，亭廊、栈道有机结合，彰显森林特色景观，成为北城新区的天然“氧吧”。

利城大街道路绿化工程　该工程共分两个标段。一标段西起顺河路，东至中山路，全长1060米，工程内容包含绿化、慢行系统建设。总绿化面积40280平方米，新建慢行系统10600平方米。总投资481万元；二标段西起演武山路东至冠山路，全长780米，工程内容包含绿化、慢行系统建设。总绿化面积26040平方米，新建慢行系统4800平方米。总投资366万元。

开发区雨水管网敷设城南一街苗木移植工程　为配合开发区雨水管网敷设工程实施，对城南一街路南（225省道至青云山路）绿化苗木进行移植，共计移植凤尾兰、迎春、红叶石楠、金叶女贞、龙柏、小黑松灌木等1500平方米，木槿、紫薇、桃树、碧桃等花灌木4200株，草皮1100平方米。总投资9.7万元。

主要建筑企业　临沭县金明寓建筑工程有限公司　位于县城兴大东街259号，于1999年5月成立，公司集房屋建筑施工、装饰装修、建筑材料加工于一体，具有房屋建筑工程施工一级总承包资质，注册资金5100万元，资产总额达4.39亿元。拥有施工项目部27个，在职职工710多人。其中，一级建造师15人，二级建造师35人；高级职称12人，中级职称81人，初级职称240人。2016年，先后承建第五实验小学、县人民医院、县妇幼保健院、大兴中学、名河家园二期、观御园、金明寓三期和风力发电等28个工程项目。其中交付承建项目11个，完成建筑面积107.5万平方米，实现产值4.52亿元，上缴税金4458.8万元。其中，县人民医院病房楼、名河家园二期、观御园一期、观御园二期、金明寓三期等工程项目，分别被评为“省、市级安全文明工地”。金明寓三期工程申报“市优质工程”；第五实验小学教学楼申报“沂蒙杯”工程。

山东金正阳建筑工程有限公司　位于临沭县常林大街西首（兰亭花园），原为临沭县泰和建筑工程有限公司，始建于2001年，2012年4月重新改组，为房屋建筑工程施工总承包一级资质。

企业注册资本金8000万元，有固定资产6026万元，流动资金1.22亿元。从业人员560人，其中，大中专学历129人，有各类工程技术职称人员290人（中高级职称30人）。下设7个科室，13个项目部，1个装饰分公司，1个水电暖安装分公司。2016年，主要承建并完成印象城银座商场、福町花园住宅楼、县公安局地下停车场、临沂鲁商中心商业楼、泰安鲁商中心商业楼、金盾花园住宅楼等工程项目。累计完成建筑工程面积20万平方米，完成产值4.9亿元，上缴税金670万元。公司先后荣获“山东省守合同，重信用企业”“山东省光彩之星”“AA级企业资信”“AA级纳税企业”及“全市建设系统安全管理先进单位”“明星企业”“先进企业”等称号。

山东春天建设集团有限公司 位于临沭县城沭河西大街北城花园B座，始建于1995年2月28日，前身为临沭县美华建筑工程有限公司。主项资质为二级房屋建筑工程施工总承包，增项资质为起重设备安装。公司注册资金6000万元，有固定资产2770多万元。拥有工程技术、施工现场管理、经济管理等专业人员200多人，其中，有专业技术职称人员160人，高级工程师2人、工程师21人、会计师3人、经济师2人、统计师2人、二级建造师30人、造价员16人。先后争创“泰山杯”工程2项，“沂蒙杯”4项，市优工程82个、省级安全文明工地2个、市级安全文明卫生工地22个。2016年，承建并完成郑山街道尤庄小学综合楼工程、史丹利科技研发中心（十二层）工程、史丹利学府名苑住宅楼、史丹利学府名苑住宅楼、史丹利景城花园住宅楼、史丹利文慧园住宅楼等工程项目。实现产值1.89亿元，上缴税金630万元。公司先后荣获“建筑业先进企业”“安全生产先进单位”“省级重合同守信用企业”等称号。

临沭县天泰建设有限公司 位于县城沭河大街西段阳光居小区院内，成立于1997年4月，主项资质为二级房屋建筑工程施工总承包，增项资质为三级起重设备安装。注册资金2060万元，固定资产达2560万元，资产总额2770多万元。拥有高、中、初级技术职称人员179人，二级注册建造师17人，各类大中型建筑施工机械100多台(件)。2016年，建设并完成沭河花园居民楼、玉山镇中心小学教学楼、李桃园社区还建楼等工程项目，年创产值8063万元，上缴税金304万元。公司多次荣获“安全管理先进企业”“质量管理先进企业”“优秀施工企业”等称号。

山东金大陆建筑工程有限公司 位于临沭县城育新街19号，下设8个行政科室，6个分公司，以及商砼、租赁材料分公司。公司成立于1995年，于2005年4月重新改组，拥有房屋建筑工程施工总承包二级资质，注册资本金5000万元，有固定资产1662万元。公司下设8个行政科室，32个施工项目部，6个分公司，1个装饰分公司，1个水电暖安装分公司，从业人员达3300多人，固定职工252人。拥有大中专文凭职工396人，其中，高级职称人员10人，中级职称人员36人。一级和二级建造师52人。2016年，建设完成临沭县文化中心办公楼、爱琴海居住小区住宅楼、文慧园居住小区住宅楼、临沂银河龙门花园居民楼和临沂卓新天月城居民楼等工程项目，总施工面积达20.9万平方米、年创产值2267万元，上缴税金998万元。公司先后荣获“山东省重合同、守信用企业”“山东省光彩之星”“山东省AA级企业资信”“山东省AA级纳税企业”及“全县安全管理先进单位”等称号。

2016 年临沭县建筑市场招投标情况表

表 17

序号	招标单位	工程名称	建筑面积（平方米）	招标方式	中标方	开标日期	中标价（元）	质量等级	工期（天）
1	临沭县经济开发投资公司	临沂金居商务中心 1#2# 宾馆楼及沿街楼建设工程	7898.43	邀请	临沭县镇南建筑公司	1.21	5652609.90	合格	210
2	临沭县司法局	司法行政综合服中心	807	公开	临沭县镇北建筑公司	1.29	988060.59	合格	90
3	临沭县人民医院	门诊综合楼—幕墙屋顶钢结构建设工程（一标）	9962.03	公开	山东嘉林建设工程有限公司	2.18	5313259.00	合格	120
		门诊综合楼—幕墙屋顶钢结构建设工程（二标）	1765.66	公开	江苏欧美钢结构幕墙科技有限公司	2.18	2211008.75	合格	60
4	山东金正阳集团有限公司	金盾花园 1#—13# 住宅楼、1#2# 商业沿街楼及地下车库	183774.73	邀请	山东金正阳建筑工程有限公司	2.22	163205033.91	合格	720
5	山东雷华房地产开发有限公司	爱琴海 5#、6#、7#、8#、23# 住宅楼	47455.77	邀请	山东金大陆建筑工程有限公司	2.16	47826038.82	合格	610
6	山东雷华房地产开发有限公司	爱琴海 B1#、B2#、B3#、B4# 住宅楼	23966.56	邀请	山东春天建设集团有限公司	2.16	21821581.04	合格	610
7	山东雷华房地产开发有限公司	爱琴海 1#、2#、3#、4# 楼及地下车库	42653.29	邀请	山东金大陆建筑工程有限公司	2.16	43495204.09	合格	610
8	临沭县住房和城乡建设局	2016 年城区道路改造工程二标段—顺河街道路综合整治（常林大街—光明路）	—	公开	临沭县市政工程公司	3.18	2681708.48	合格	100
9	临沭县住房和城乡建设局	临沭县利城大街道路绿化工程一标段	40280	公开	临沂舜方园林工程有限公司	3.21	4809897.24	合格	90
		临沭县利城大街道路绿化工程二标段	26040	公开	山东庄园园林工程有限公司	3.21	3657905.22	合格	90
10	临沭县住房和城乡建设局	2016 年城区道路改造工程一标段—兴大街道路改造（苍山路—S225）	—	公开	沂水县市政工程公司	3.31	10325667.80	合格	150
11	临沭县住房和城乡建设局	临沭县中心城区基础设施改造提升工程（一标段）苍源河南岸道路建设工程（苍山路—正源路）	—	公开	临沭县市政工程公司	4.05	595101.57	合格	60
12	临沭县住房和城乡建设局	临沭县中心城区基础设施改造提升工程（三标段）正源路综合整治工程（夏庄街—滨海街）	—	公开	兰陵县华安市政工程有限公司	4.05	1245213.84	合格	90

续表 17

序号	招标单位	工程名称	建筑面积（平方米）	招标方式	中标方	开标日期	中标价（元）	质量等级	工期（天）
13	大兴镇古龙岗初级中学	大兴镇古龙岗初级中学学生宿舍楼建设工程	3281.54	公开	山东金大陆建筑工程有限公司	4.11	3925830.05	合格	259
14	临沭县住房和城乡建设局	育新街（中山路—冠山路）综合整治工程	—	公开	山东枣建建设集团有限公司	4.15	2381686.71	合格	120
15	临沭县人民法院	临沭县人民法院临沭法庭审判楼工程	1775.03	公开	山东春天建设集团有限公司	5.27	2450256.54	合格	120
16	临沭县果品总公司	临沭县土地托管服务试点项目	9344.27	公开	山东春天建设集团有限公司	6.13	8558569.95	合格	240
17	临沭县人民医院	临沭县人民医院新院区病房楼工程监理	68331	公开	山东天元建设工程监理有限公司	7.05	585000.00	合格	910
18	临沭县人民医院	临沭县人民医院门诊综合楼内装饰工程一标段	10176	公开	临沂嘉成装饰有限公司	7.19	10226095.96	合格	180
19	临沭县人民医院	临沭县人民医院门诊综合楼内装饰工程二标段	17683	公开	临沂市中艺嘉合装饰工程有限责任公司	7.19	8620581.66	合格	180
20	临沭县人民医院	临沭县人民医院门诊综合楼内装饰工程三标段	18107	公开	山东理想建筑装饰工程有限公司	7.19	8654361.78	合格	180
21	临沭县住房和城乡建设局	临沭县振兴路南段综合整治工程（兴大街—沭新街）	—	公开	山东众通建设工程有限公司	8.04	1795908.85	合格	90
22	临沭县住房和城乡建设局	临沭县振兴路中段道路建设工程（沭新街—利民街）	—	公开	福建省金通建设集团有限公司	8.05	3019627.18	合格	90
23	临沭县住房和城乡建设局	临沭县滨海街中段综合整治工程（苍山路—光明路）	—	公开	费县市政工程公司	8.03	2826564.07	合格	90
24	临沭县粮油购销经营中心	临沭县粮油购销经营中心仓库改建工程	7348	公开	山东春天建设集团有限公司	8.22	13160771.44	合格	426
25	中国邮政集团公司山东省临沭县分公司	临沭县青云邮电支局营业楼建设工程（二次）	796	公开	临沭县第一建筑工程有限公司	8.31	978328.89	合格	93
26	青云镇人民政府	青云镇中心中学男生公寓楼	3428.26	公开	临沭县天泰建设有限公司	10.13	3903172.01	合格	360
27	临沭县公安消防大队	临沭县公安消防大队消防站执勤楼及辅助用房内部装修	7391.11	公开	山东春天建设集团有限公司	10.17	1290003.36	合格	100
28	临沭县第三实验小学	临沭县第三实验小学改扩建项目代建二次招标	—	公开	山东天元房地产综合开发有限公司	10.19	—	合格	18个月

续表 17

序号	招标单位	工程名称	建筑面积（平方米）	招标方式	中标方	开标日期	中标价（元）	质量等级	工期（天）
29	临沭第一中学	临沭第一中学教学综合楼建设项目代建二次招标	—	公开	临沭县方元房地产开发有限公司	10.18	—	合格	18个月
30	临沭县教育体育局	临沭县第六实验小学建设项目代建二次招标	—	公开	山东金正阳集团有限公司	10.18	—	合格	540
31	临沭县人民医院	临沭县人民医院新院区病房楼消防工程	68331	公开	山东天元安装工程有限公司	10.28	7613439.86	合格	210
32	石门镇人民政府	石门镇中心小学教学楼建设工程	3993	公开	郯城宇大建筑工程有限责任公司	10.31	3989041.28	合格	180
33	青云镇人民政府	青云镇青云完小综合楼工程	3995.52	公开	山东正安建设工程有限公司	11.02	3683968.12	合格	360
34	郑山街道办事处	郑山街道埠前小学幼教楼建设项目	1833.9	公开	临沭县第一建筑工程有限公司	11.08	1836399.64	合格	180
35	青云镇人民政府	青云镇青云完小幼教楼工程	2176.33	公开	山东正安建设工程有限公司	12.09	2733784.84	合格	360

撰稿：尹　强　英荣攀　朱孔荣　审稿：崔　强　徐剑林

城市管理

城市管理局领导成员

局　长：李怀东（2月离任）
　　　　尹继利（2月任职）
副局长：刘崇宝（2月离任）　吴清山
　　　　薛孝敏　陈志峰　侯俊严
环卫所所长：张志勇

临沭县城市管理局内设办公室、政策法规科、执法督察科、财务装备科4个职能科室，下设城管行政执法大队、商业步行街管理办公室、环卫所、城镇管理中队4个事业单位。全局在编在岗人员114人，其中，行政编制8人，参照公务员管理50人，事业编56人（其中环卫所事业编10人）。

2016年，荣获“全市城市管理信息宣传工作先进集体”“平安临沭建设先进单位”“2016年度生态文明乡村建设暨城乡环境综合整治工作先进单位”“2016年度科学发展先进单位”“2016年度环境保护工作先进单位”等称号。

城市管理执法　全年立案一般程序案件126件，其中，市容管理类84件，规划管理类37件，广告管理类2件，渣土管理类3件，依程序向当事人催告3件，依程序向县人民法院移交申请执行案件5件。投入资金20余万元，对步行街进行升级改造，为商户提供良好服务，增强发展活力。城管委考核办认真督导落实“门前五包”工作，督导检查12次，检查单位377个，印发通报12期。保障各级视察工作32次，立面粉刷沿街企事业单位墙面2.2万平方米，清洁面积7000平方米以上。

占道经营整治　坚持疏堵结合，开展市容市貌综合提升行动，打出取缔马路市场、清理违规占道经营、集市综合整治、便民市场建设等“组合拳”，加大对滨海街、顺河街、振兴路、光明南路等老城区原有市场和道路的整治管理力度。全年共开展各类专项整治行动20余次，清理流动摊点1.7万余次(处)，规范占道(店外)经营1.5万余次(处)，清理伸缩棚、铁皮屋110余处(次)，清理落地广告、条幅2000余个，曹洼集市、富源农贸、振兴路便民疏导点等几处市场均得到有效规范。

“野广告”整治　8月，县城管局联合公安部门启动城区“野广告”专项整治行动，全面查处清理随意张贴广告行为，并投资7万元，启用“城管语音追呼系统”。全年共清除野广告8000余处，输入违法广告电话号码800余个，总计追呼2000余万次，立案查处58起，罚款2.6万元，城区乱贴乱画现象得到有效遏制。

户外广告规范　将县城区4717处（块）户外广告全部纳入数据管理库，严格控制新增楼顶和墙体广告审批，收缴大型户外广告资源有偿使用费150万元，拆除不规范设置的广告牌、路灯杆广告415处。对周庄仿古一条街户外广告进行统一升级改造。项目全长3100米，涉及商铺420家，更换广告牌匾386块，面积3900平方米，财政补给资金34万元。

交通秩序管理 2016年，县城管局与有关部门共同开展城区三轮车整治、违停车辆抓拍、施划停车泊位、停车场建设等工作。全年共查扣闯禁区三轮车2703辆，对重点区域电动三轮车禁行实现有效管控，抓拍违停车辆13095辆，乱停乱放现象得到改善。新施划停车泊位5200个，安置指示标识57个，引入市场化运作，完成对华诚、苏果、九州、县电影院4个市场化管理停车场的验收和备案。

露天烧烤整治 3月，县城管、公安、卫计、食药监、环保等部门联合启动餐饮油烟及露天烧烤专项整治工作，对城区366家餐饮经营户，50家烧烤业户建立台账，按照管理标准进行严格管理规范。10月，启动对城区餐饮、烧烤经营户摸底调查工作，印发《餐饮油烟限期整改告知书》。全年共清理规范店外经营及流动摊点3600余次（处），依法处理不按规范经营、不服从管理的商户26户，扣押经营工具100余件。

渣土运输管理 县城管、公安、交警、交通等多部门组成联合执法队伍，严查渣土运输车辆抛洒遗漏、扬尘运输等行为，将全县8家渣土运输公司全部纳入管理，登记渣土运输车辆101辆。按照“洒水、覆盖、硬化、冲洗、绿化、围挡、密闭运输”七个要求，确保车走地净无扬尘。共扣押违规车辆86辆（次），规范指导渣土运输车辆300余辆。

违法建设治理 采取错时执勤、重点防控、动态巡查等方式，实现对城区违建全覆盖管理。抽调10余名业务骨干充实到各专项工作组，实行集中办公。印发治违通告，实施集中宣传，组织专题培训，开展全面排查摸底。全年共查处违法建设60余起，现场制止违法建设行为70余起，联合驻城街道拆除违法建设13处，总计面积800余平方米，罚没收入182万元。

市民热线办理 认真做好“12345”举报热线办理工作，全年办理投诉工单4725个，办结率达100%，催办、督办达率100%，满意度达95%以上，在全县综合评比中名列第一。政务大厅窗口全年共计办件267件，完成收费152万元。

环卫工作 临沭县城市环境卫生管理所共有人员381人，其中，事业编制人员10人，合同用工31人，临时用工340人。内设保洁公司、清运公司、办公室、财务科、人事档案科、环卫监察中队、垃圾转运站等科室。2016年，财政预算保洁经费共计518.16万元（含垃圾清运、公厕运行）。共有大型压缩车2台、中型压缩车6台、小型压缩车1台、20吨洒水车2台、8吨高压清洗车2台、8吨洗扫车2台、吸粪车2台、摆臂车1台、敞口式垃圾车3台、道路清扫车4台、扫路机1台、小型道路养护车2台、微型垃圾收集车6台、8吨钩臂车2台，叉车1台等各类专业机械共计37台套。

开展环境卫生大提升活动。优化垃圾收集点设置，规范和调整城区垃圾收集点29处，新增设垃圾收集点11处。投资20余万元，配置新式环卫三轮车380辆，垃圾桶2000个；投资16万元对商业集中区人员密集路段设置套袋翻桶式垃圾桶，先行试点中山路，采取早、晚集中收集的办法，做到垃圾日产日清。开展垃圾桶退出主路面工作，先行试点中山路步行街区域。提升改造设施陈旧、水电浪费严重的公厕15座，投资46万元新建2座公厕并投入使用。安排洒水车对县城区内主次干道进行每天不少于4次洒水冲洗，其中重点路段每天洒水6次以上，每天洒水不少于200吨，冲洗道路110万平方米。全年共出动洒水车3600余台次，洒水7200多吨。

环卫一体化 扩大保洁范围，彻底清除积存垃圾、零星垃圾、水面漂浮物，杜绝焚烧垃圾现象，全年清运垃圾10万吨，更换、新增垃圾桶8000余个，清理垃圾积存点600余处。成立考核小组，重点进行督导检查调度工作，组织考核32次，召开现场推进会3次，制作简报32期。落实经费保障。8月，由城管局、物价局联合印发《关于城乡生活垃圾处理费收取标准的通知(试行)》(沭价发〔2016〕7号)，筹措资金219.8万元，缓解镇村层面资金筹措难问题。

城区公共自行车系统 城区公共自行车系统项目采用服务外包的模式，由县政府进行投资建设，常州市永安公共自行车系统股份有限公司维护经营管理，县城市管理局负责对项目运营进行监督考核。公共自行车一期、二期工程共有站点110个，锁车桩2300个，投放公共自行车1769辆，2辆调度卡车全天候调度。站点设置主要涵盖县直机关单位、大型超市商场、学校（小学除外）、医院、公园、公交站点、广场、体育场、汽车站、居民小区以及重点企业周边，站点之间距离控制在1000米以内。

至2016年12月31日，累计办理公共自行车租赁卡14012张，累计骑行量达到3377686人次，其中，扫二维码骑行173654人次，日均骑行量3825人次，日最高骑行量7323人次。优化调整公共自行车站点18处，新增三实小、实验中学等8处站点。

垃圾处理 临沭县城市垃圾处理厂共有编制74人，内设办公室、收费科、保卫科、地磅房、垃圾渗滤液处理站。主要负责临沭县境内居民生活垃圾的填埋处理，企事业单位及县城区各沿街门店生活垃圾处置费的征收，生活垃圾处理厂填埋区垃圾渗滤液的处理。全年收取垃圾处理费215万元。对2#填埋区实施垃圾堆高，有效增加垃圾处理量。填埋区有50型装载机一台、220型挖掘机一台，23吨压实机一台，共三台作业机械。日处理进场垃圾320吨；垃圾处理液实行外运处理，日处理垃圾渗滤液100余吨。

环保能源发电项目 光大国际临沭环保能源发电项目由世界500强光大集团投资建设，占地91.4亩（6.09公顷），投资估算2.7亿元，全部为外资。项目总规模日处理垃圾800吨，分两期建设：一期日处理垃圾500吨，配套12MW汽轮发电机；二期预留日处理垃圾300吨。采用国际先进炉排炉焚烧技术，烟气排放全面执行欧盟2000标准，年提供绿色电力5600万千瓦时。该项目于2016年4月26日签约，2016年11月开工建设。

撰稿：吴清山　邹云亮　王瑞杰

审稿：尹继利

房产和住房保障

房产和住房保障局领导成员

局　长：尹相坤（2月—12月）

副局长：王德信（2月离任）

刘方伦（2月任职）

林　宇　禚高峰

临沭县房产和住房保障局下设房屋征收办公室（正科级）、住房保障中心（副科级）两个二级单位，局内设办公室、财务科、开发管理科、交易监理科、档案科、测绘中心、房政科、审核科、物业管理科、执法监察科、住房保障科、政策法规科12个职能科室。全局有在职干部职工40人，均为大专及以上学历。

房地产开发 结合全县房地产开发市场实际，从稳定房价入手，深入调研分析，强化制度建设，细化工作措施，切实加强房地产开发经营管理、规范开发企业经营行为。严格执行商品住房销售明码标价规定，严肃查处房地产开发市场违法违规行为。加强终端控制，对房地产市场加强季度综合检查和竣工验收备案。2016年，累计完成房地产开发投资24.32亿元，同比增长13.86%；商品房施工面积136.61万平方米，同比下降5.9%；商品房销售8580套，面积107.73万平方米，同比分别增长97.15%、112.12%；商品房市场累计可售38.32万平方米，同比下降50.68%；房地产企业纳税3.31亿元，占全县税收总额的23.75%。

物业服务 全县共有物业服务企业23家，其中二级资质1家（金明寓），三级资质20家，暂定资质2家；从业人员600余人，服务88个商住小区，面积300万平方米，业主2.6万户，7.3万人。稳步推进老旧小区综合整治改造工作。全县老旧小区改造共涉及12个小区760户，建筑面积6.45万平方米。改造项目于2016年8月下旬全部开工建设，截至12月底，各小区楼顶防水、墙面粉刷、路面硬化等改造内容已全部完成，小区居住环境明显改善。加快实施物业管理社会化改革。根据临沭县《关于加快推进住宅物业社会化改革的通知》，对达到实施物业管理条件的小区，及时选举成立业主委员会，选聘物业服务企业，实行物业社会化服务。有8个老旧小区选举成立业主委员会，并选聘物业公司入驻服务。探索学习物业联合执法。组织相关人员到滕州等地学习，借鉴外地先进做法，结合临沭县物业管理实际，拟定《临沭县关于进一步加强物业管理工作的意见》，明确物业管理重心下移方向和各职能部门在物业管理中的职权，进一步提升物业服务质量。处理好“12345”热线群众诉求。至12月底，共处理物业管理方面的诉求2151件，有效解决全县物业管理工作中存在的问题。

房屋征收 坚持统筹兼顾、合理补偿、妥善安置原则，稳步推进旧城旧村改造工作。2016年，省、市分配给临沭县的棚户区改造项目建设任务是366套，分别是聋哑学校片区10户，果品公司棚户区片区36户，花园社区三期片区320户。研究出台《临沭县国有土地上房屋征收与补偿实施办法》，成功实现旧城旧村改造补偿和安置方式转型。全年共拆迁519户，全面完成市里下达的366户任务，超额完成拆迁153户。果品公司、聋校还建工程完工，等待分配；花园三期全部为货币化安置。

产权产籍管理 加强房地产信息管理系统建设，利用信息化技术的先进性，完善房产交易管理，提升服务水平、提高办件质量、提高办事效率。2016年，共办理初始登记办证42件，面积7.6万平方米；房屋抵押登记706件，面积11.7万平方米；商品房办证登记704套，面积9.34万平方米；商品房预告登记、预抵押登记6834套，面积52.7万平方米；协助法院查封241件；补换证79本。截至12月底，共办理商品房预售许可4221套，面积56.43万平方米；网上签约房屋7184套，面积90.34万平方米；二手房交易611件，面积6.53万平方米；房改房上市交易77件，面积1万平方米，协助征收契税、营业税、增值税等1890万元。

住房保障 2016年，新增公共租赁住房100套，即佛光照明公租房100套。加强保障性住房信息管理系统建设，严格保障房分配和管理程序，实行“保障房源、分配过程、分配结果”三公开。2016年10月27日至28日，对符合公租房申请条件的231户进行摇号，分配房源103套。加强民馨家园配套附属工程建设。民馨家园是县政府建设的综合性保障房小区，已建设4栋经适房楼，6栋公租房楼。小区绿化、排水、院墙、监控视频等附属工程建设完毕。加强小区物业管理工作，选聘有实力的物业公司入驻服务，推行物业社会化管理，小区居住环境明显改善。

撰稿：陈 帅 审稿：王 鹏

环境保护

环境保护局领导成员

局　　长：陈贯波

副 局 长：杜洪仪 王学桂

总量办主任：高义学

监察大队大队长：刘佰增

应急和事故处理中心主任：仓 波

党组成员、主任科员：姚洪玺

临沭县环境保护局以改善环境质量为核心，以保障群众环境权益为目标，通过加强环境监管、大气污染防治、水环境治理以及生态文明建设等系列工作，有效保证辖区环境安全和环境质量改善，为建设美丽临沭提供良好环境支撑。全年县域空气质量“四项指标”（PM2.5、PM10、二氧化硫、二氧化氮）持续下降，与去年同期相比分别改善率为7.4%、5.0%、28.1%、16.3%，优良天数同比增加41天，综合指数排名居全市第7位，获得大气生态补偿金272.25万元。2个国控断面、1个省控断面、2个市考核断面水质均稳定达标，获得全市水生态补偿金519万元，争取苍源河生态修复无偿资金1200万元，水环境质量明显提升。6月，临沭县被授予“省级生态县”。2016年，先后荣获“2015年度临沂市大气污染防治工作先进单位”“2015年度全市环保系统宣教工作先进单位”“全市淮河流域水污染防治工作先进单位”等称号。

环境管理 按照“治、用、保”流域治污理念，构筑水污染防控体系。建立县、镇街、村居三级河长制，对重点河流实行“一河一策”的治污策略。先后组织实施牛腿沟尾水生态工程、苍源河多级生态塘水质净化修复等一系列环境综合整治工程，确保出境断面水质稳定达标。加大大气污染减排力度，深化工业企业废气污染治理，完善环境基础设施，建立健全政府主导、部门联动、区域控制、行业自律的大气污染防控机制，加强重点行业和重点领域执法，全面落实大气污染问题的督导检查和整改落实。共完成各类工业企业停产治理321家，对217家企业实施污染治理“再提高工程”，对11台燃煤发电机组实施超低排放，对30家企业实施挥发性有机物治理。完善重污染天气应急响应制度，全年共启动重污染天气应急响应9次。严格把关建设项目审批，执行国家产业政策和环保要求，引导建设单位采用先进的清洁生产工艺，规范建设项目环保审批程序，加大建设项目竣工环保验收以及跟踪检查力度，增强建设项目环保审批的科学性和规范性，2016年共审批建设项目120个，备案登记130个。把总量确认作为环评审批的前置性条件，按照“先算、后审、再批”原则，严格执行以环境容量为基础的污染物总量控制制度。实行结构减排、工程减排和管理减排相结合，认真编制年度减排计划，科学分配总量控制指标，认真开展总量减排核查、核算工作，污染减排工作都取得明显成效。全县化学需氧量和氨氮排放总量（含工业、生活、农业）分别控制在11194吨、998吨以内；二氧化硫和氮氧化物排放总量分别控制在5514吨、2326吨以内。开展危废集中整治专项行动，摸清全县32家危险废物重点企业基本情况，完成山东省固废和危险化学品环境管理数据库系统调查申报审核工作，组织开展危废集中整治专项行动，对全县32家危险废物重点企业全面检查整改，先后提出整改意见建议230余条，对存在违法行为的9家企业立案处罚。对全县核与技术应用单位25家，其中18家医院射线装置，4家企业射线装置（金沂蒙集团有限公司、常林集团、金正大股份有限公司、新汽车站）和3家放射源单位（德坤建材、华星纸业、长深高速苏鲁交界收费站）进行拉网式检查，申领《辐射安全许可证》，认真贯彻落实《山东省放射源安全监管办法》，建立全县放射源监管档案。加大环保宣传教育力度，向群众发放环保手册、法律法规等材料3万余份，在《临沂日报·临沭新闻》上发表专版文章100余篇，在山东环境、临沂日报等报纸杂志刊发表文章50余篇，借助网络、电视以及微博微信等平台发送环保信息近万条，组织志愿者开展健康徒步走、倡议使用环保购物袋、“环境知识科普课堂—生命之水”等活动20余次。

生态保护 以省级生态县验收为核心，开展生态环境保护和建设工作，编制十三五期间全县40个村环境综合整治方案，累计建成8个国家级生态乡镇、1个省级生态乡镇、3个省级生态村、市级生态村159个。组织开展苍源河湿地公园建设、牛腿沟深度生态治理以及岌山地质公园生态红线划定等工作，实现“治理一个流域、建设一个湿地、实现人水和谐”目标。先后获得中央农村环境综合整治项目30万元，省环保厅行业扶贫资金74万元，省级农村环境保护生态示范建设补助资金100万元。

环境监察 严格贯彻执行环保法律法规，加强执法装备建设，为监察大队各中队配备移动执法终端，实现监察工作科技化，企业监管动态化。深入排查环境风险隐患，严厉打击环境违法行为。加大日常监察和定期、不定期现场检查力度，制定公安环保联勤联动工作方案，运用移交移送、查封扣押、按日计罚、限产停产等措施，加大对企业违法行为查处力度，确保全县各排污企业治污设施正常运转和外排污染物稳定达标。全年立案80起，下达处罚决定77份，处罚额480万元。移送公安部门22起，其中刑事立案1起。以重复举报、多重举报案件和市级以上信访为重点，通过后督察、限时办结等措施，对信访案件深入现场核实，对超出环境行政职权范围的问题，做好群众解释和疏导工作；对查实的重大环境信访案件做到2天内调查出结果，7天内上报结案材料；对存在问题，整改仍不到位的企业依法依规进行严肃处理。全年办理“12345”市民热线以及来人来电信访350余起，并对2011年以来的省部级以上信访，进行全面清理再落实，规范案卷查处资料。

环境监测 加强污染源监测能力建设，每周定期对辖区内的各国控、省控和市控断面进行例行监测和必要的应急监测，对各重点污染源的废水、废气进行定期和不定期地监督性监测，及时掌握各断面的污染变化趋势。强化集中式饮用水源地环境质量监测，完成每月一次例行29项监测，每季度一次63项监测，每年6—7月份进行一次109项全分析，保质保量落实监测方案要求。加强动态监管工作，依托“环保智慧平台”，对辖区57家重点企业污染物排放情况实施全天24小时关注。制定完善重污染天气应急预案，依托建成区和经济开发区两个大气自动监测站点，对全县各项污染物浓度和温度、风向等13项基本指标实行24小时实时监控。在风险源单位车间排放口和总排口，污水处理厂进水口，风险源单位聚集区河流下游临近断面，合理确定预警监测点位。指导督促47重点企业和涉及危险化学品的企业完善企业应急预案，对重点区域、流域、企业、行业的敏感区域、环境敏感点、重点企业进行指导，做到“一厂一预案”。加强应急演练，围绕预防、预警、应急三大环节，建立环境风险评估、隐患排查、事故预警和应急处置机制，构建起环境安全防控体系。

主要环境指标监测情况

一、水质监测：临沭县境内地表水水质监测以国控断面大兴桥和烈疃河为主，经监测各项指标均达标。

2016年临沭县断面水质监测情况表

表18　　　　单位：mg/L

项　目	PH	化学需氧量	氨氮	总磷
大兴桥	8.23	25.6	0.55	0.23
烈疃河	7.78	24.7	0.62	0.24

二、环境空气：环境空气监测以临沭县实验中学空气自动站和临沭县开发区空气自动站为主，以下为监测数据：

2016年临沭县空气自动站监测情况表

表19　　　　单位：mg/m^3

项　目	SO_2	NO_2	CO	O3	PM10	PM2.5
临沭县实验中学	0.021	0.037	1.031	0.069	0.097	0.072
临沭县开发区	0.022	0.043	0.987	0.065	0.137	0.080

撰稿：张　磊　审稿：杜洪仪

商贸·旅游

SHANGMAO LVYOU

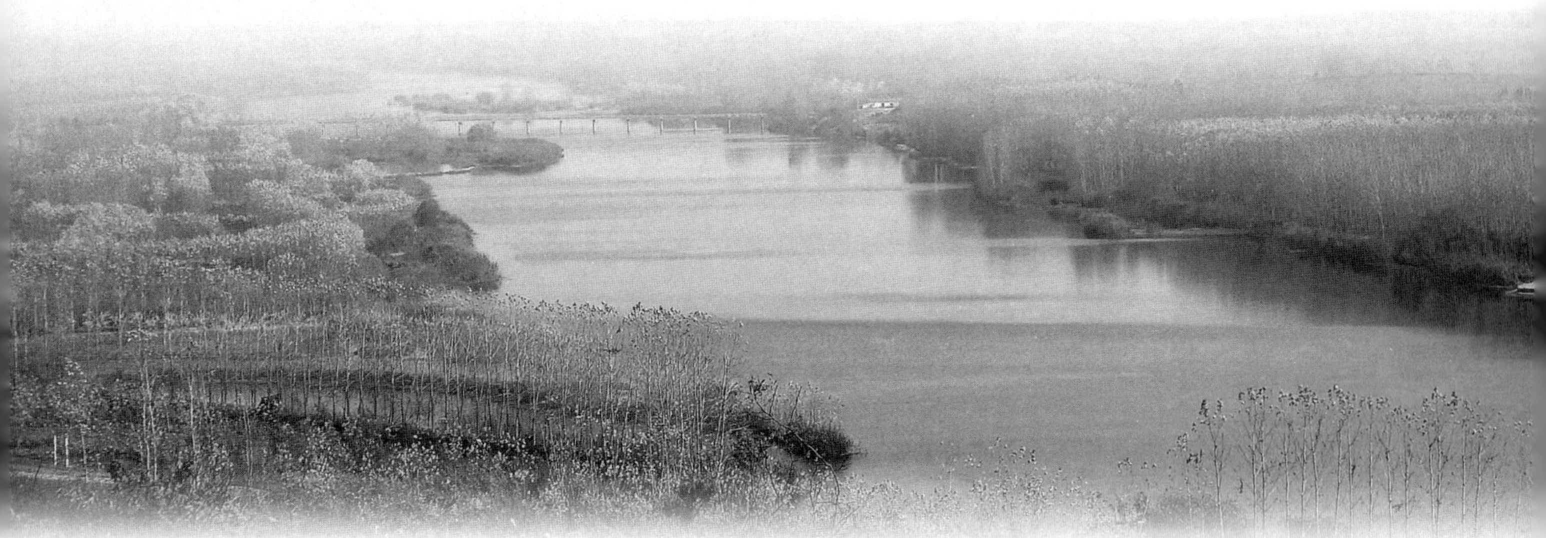

商业贸易管理

商务局领导成员

局　　长：李　瑞

副 局 长：胡文君（女，2月离任）

王桂礼　吴庆文（2月离任）

胡怀宪（2月任职）

吴绍林（2月任职）

纪检组长：吴绍林（2月离任）

临沭县商务局下设办公室、外贸科、外资科、外经科、流通科、市场秩序科、对外劳务服务中心等7个科室，共有干部职工18人。

2016年度，县外经贸工作荣获“全市外经贸工作先进县区”称号，位居全市第二。商贸流通工作荣获“全市商贸流通工作先进县区”称号，位居全市第三。临沭经济开发区再次被评为“先进省级经济开发区（园区）”，郑山街道、青云镇被评为“全市外经贸工作先进乡镇（街道）”，金沂蒙集团有限公司被评为“全市商贸流通工作先进企业”。县商务局被授予“科学发展先进单位”“‘三引一促’工作先进单位三等奖”“安全生产工作履职先进单位”“‘12345’市民服务热线工作先进单位”“统计工作先进集体”“平安临沭建设先进单位”“第十届职工职业道德先进单位”“县级文明单位”等称号。

对外贸易　2016年，全县有对外贸易经营者登记备案企业279家，其中，有出口实绩的企业150家。全县实现进出口总额371760万元，同比增长27.4%，分别位于全市15个考核单位中的第5位和第3位。其中，出口277536万元，同比增长41.1%，分别位于全市第4位和第3位；进口94224万美元，同比下降0.8%，分别位于全市第5位和第7位。临沭县举办第三届中国（临沭）柳编商品交易会，展会突出展示临沭“柳编之都”魅力，注重与电子商务等新兴业态的融合发展，集中展示以柳编为代表的手工非物质文化遗产发展壮大中的“工匠精神”。

在各类出口产品中，柳编出口119304万元，同比增长13.25%，占出口总额的44.4%；蔬菜制品出口69090万元，同比增长94.34%，占出口总额的25.5%；化工出口31736万元，同比增长113.64%，占出口总额的11.8%；机械出口8976万元，同比增长161.01%，占出口总额的3.3%；其它出口6023万元，同比增长1%，占出口总额的14.8%。（在各类出口产品中，柳编出口18094万美元，同比增长6.6%，占出口总额的44.4%；蔬菜制品出口10399万美元，同比增长82.02%，占出口总额的25.5%；化工出口4813万美元，同比增长101.55%，占出口总额的11.8%；机械出口1356万美元，同比增长145.65%，占出口总额的3.3%；其它出口6023万美元，同比增长1%，占出口总额的14.8%。）

在出口企业中，自营出口过1000万美元的10家，其中，过2000万美元的1家和3000万美元的3家。分别为：山东东盛伊思德食品有限公司出口3431万美元，同比增长46.67%；临沂东隆家纺有限公司出口3339万美元，同比下降

13.56%；金沂蒙集团有限公司出口3061万美元，同比增长282.62%；山东三兴食品有限公司出口2884万美元，同比增长85.56%；山东兴大食品有限公司出口1877万美元，同比增长65.65%；临沂中伟贸易食品有限公司出口1493万美元；临沭美艺工艺品有限公司出口1446万美元，同比下降9.07%；临沂陆祥工艺品有限公司出口1336万美元，同比增长44.88%；临沂金柳工艺品有限公司出口1121万美元，同比下降2.2%；临沂照兴工艺品有限公司出口1057万美元，同比下降8.77%。

利用外资　2016年，利用境外资金总额502万美元，位于全市第11位；外商直接投资额502万美元，位于全市第10位。其中，光大环保能源有限公司到位外资202万美元。

外经工作　2016年,新批境外投资项目3个，境外合同额1412万美元，境外投资额1805万美元，位于全市第2位。其中，金正大生态工程集团股份有限公司在香港设立金正大（香港）投资有限公司，境外增资1755万美元；史丹利化肥股份有限公司在美国设立办事处，境外投资50万美元。

国内贸易　2016年，实现社会消费品零售总额106.8亿元，同比增长10.9%。

电子商务　2016年，京东集团在临沭县建成集京东县级服务中心、中转仓储和“京东帮”服务中心为一体的县级综合服务区，建立专门配送队伍，实现全县行政村居配送全覆盖。苏宁云商在临沭县建成县级服务中心。金正大生态工程集团股份有限公司发起成立的“农商1号”电商平台成为国内农资电商的标杆性平台。10月，金柳村、东朱崔村入围“中国淘宝村”，青云镇成为临沂市首个也是唯一一个“中国淘宝镇”。

撰稿：张孝广　审稿：李　瑞

商贸总公司

领导成员

总 经 理：徐祗银

副总经理：王　艳（女）　门纪义

工会主席：侯建伟

临沭县商业贸易总公司下设办公室、财务审计科、企业管理科、安全生产科4个职能科室；辖百源大世界、百货大楼、饮食服务公司、金元商城、中央商城、糖业烟酒公司6个独立核算企业。负责商贸总公司的稳定及下属企业的日常管理工作。2016年，总公司有干部职工1190多人。

企业管理　加强制度建设。为规范各项工作，提高企业管理水平，推动商业稳定健康持续发展，总公司修改制定《商贸总公司工作考核办法》《人事资产财务管理办法》《公务用车》《公务接待会议费管理办法》《差旅费管理办法》等，修订完善《办公室管理制度》。认真执行红线手册规定，加强财务管理，严格控制“三公”经费，严格监管企业财务收支和日常费用开支。积极落实单位主要领导“六个不直接分管”制度。严格按照民主集中制原则研究“三重一大”事项，规范办事程序，促进重大问题决策程序化、制度化、科学化。对重大人事变动事项，严格遵守末位发言制度。加强国有资产管理。为防止国有资产流失，总公司结合实际，制订《内部控制制度》。按照国资局进一步规范行政事业单位国有资产处置行为的通知要求，严格规范国有资产处置。严格执行国有企业重大事项报告制度，对“三重一大”事项实行集体研究、民主决策。总公司根据县政府工作要求，多次召开党委会研究讨论百源大世界改制重建招商工作，及时上报县政府及相关职能部门，依法依规稳步推进。百源大世界改制重建项目通过公开招标，由苏果正大商贸有限公司中标。按照2016年5月9日县政府县长会议纪要要求，拟在百源大世界原址新建一座“项目建设既要美观大方，又要符合城市规划要求”的地标式营业楼，预计投资5000万元。项目的各项建设手续，有序推进。企业日常管理工作。以开展企业“六个好”领导班子创建活动为契机，严格落实总公司部署的城市精细化管理、“门前五包”、安全生产等责任性工作，做好信访维稳、安全生产管理等工作。

进一步规范党员组织关系转接、党费收缴管理，共清理补缴交党费7万余元。进一步增强党员干部的政治意识、大局意识、核心意识、看齐意识，坚定正确政治方向。增强党员党性修养和宗旨观念，坚定理想信念，争做合格党员。

“三引一促” 实行“走出去、请进来”的办法，去北京、上海、青岛等地考察调研，广泛收集、了解招商信息，持续跟踪、对接洽谈项目，成功就百源大世界重建项目与苏果正大集团达成协议。开展招才引智工作。为积极构建有效的人才、技术引进体系，更好促进商业发展，按照县里统一部署，总公司开展“万名人才回乡”活动，及时与省内外高校、院所，在外临沭籍人士联系沟通。已对30多位各类人才建档，并取得联系开展对接。

撰稿：刘瑞斌　审稿：徐祗银　侯建伟

供销合作社联合社

领导成员

理事会主任：文学军

监事会主任：井俊胜

理事会副主任：王　健　王济友　徐　雷

临沭县供销合作社联合社是临沭县人民政府直属的正科级事业单位。机关下设办公室、财务审计科、业务指导科、人事科、统筹统保科、水电科、资金互助办7个科室。下辖城关、曹庄、大兴、郑山、石门、玉山、蛟龙、白旄、青云、店头等10个基层供销社和果品公司、再生资源公司、供销商场、供销购物中心、农村经济组织联合会、农业生产资料总公司、汽车保养厂等7个直属公司。

农村现代物流服务体系建设 2016年，共信息化提升各类经营网点6个，新建或改造提升各类农家店16个。2015年新成立的供销联华电子商务公司开始运营，供销丰源农资公司进行网上农资销售尝试。初步形成线上线下融合发展，覆盖县乡村三级的现代流通服务网络体系。

合作经济组织体系建设 2016年，共新成立各类农民专业合作社10个，服务新型经营主体新增62个；新注册合作社联合社4个；培训新型农民5000余人次。

为农服务中心建设 2016年，新建郑山供销社南古为农服务中心和大兴供销社古龙岗为农服务中心。占地93亩（6.2公顷），总投资2000余万元的临沭县土地托管服务试点项目于7月份开工建设。2016年5月，店头为农服务中心与临沂金铭机械公司合作，在中心增添烘干机械展示和秸秆加工等服务项目。其他4处已建成的为农服务中心也在不断完善服务项目。2016年，实现土地托管服务1万亩（666.67公顷）。

农村金融服务新体系建设 7家农民专业合作社累计为3452名社员发放互助金2449万元，其中，有3个合作社获农民专业合作社信用互助业务试点资格，有效解决社员发展生产资金短缺难题，另外通过为贫困户提供生产互助金，有力推动当地精准扶贫工作开展。

企业和基层社发展 2016年，全县供销社企业发展态势整体向好，土产公司等供销系统传统优势企业继续保持行业优势，各项经济指标均有大幅度增长。联华、丰源和清源等新型公司制企业正在完成由弱到强的蜕变。各基层社在巩固传统业务前提下，通过实施社村共建等形式，不断增强服务“三农”功能，逐步成为当地农民生产生活服务的生力军和综合平台。

临沭县供销合作社联合社2016年12月主要指标统计表

表20　　单位：万元

序号	单位	销售净收入			上交税费			利润总额			上交管理费			本期利税合计
		本月	本期	同期	本月	本期	同期	本月	本期	同期	本月	本期	同期	
1	青云	42	42	44	—	—	—	—	—	—	24	24	38	—
2	白旄	4	40	18	—	—	—	—	—	—	4	40	16	—
3	玉山	24	44	49	—	—	—	—	—	—	16	35	41	—
4	蛟龙	6	20	30	—	—	—	—	—	—	4	18	27	—
5	大兴	18	35	56	—	—	—	—	—	—	11	29	47	—
6	石门	11	27	37	—	—	—	—	—	—	9	25	41	—
7	店头	0	12	36	—	—	—	—	—	—	5	15	24	—
8	曹庄	12	21	19	—	—	—	—	—	—	7	16	16	—
9	郑山	2	13	38	—	—	—	—	—	—	-1	10	35	—
10	城关	10	51	76	—	—	—	—	—	—	1	42	68	—
11	基层合计	129	305	403	—	—	—	—	—	—	80	254	353	—
12	土产	151	12449	12152	29	540	509	40	419	474	114	1328	845	60
13	棉麻	57685	149402	125853	2008	14429	12034	1137	8234	3369	113	3358	3793	5730
14	联华	-24	722	2151	0	5	9	-16	-158	-99	10	170	341	5
15	丰源	9	1051	878	0	31	0	-7	36	55	7	101	79	0

续表 20

序号	单位	销售净收入			上交税费			利润总额			上交管理费			本期利税合计
		本月	本期	同期	本月	本期	同期	本月	本期	同期	本月	本期	同期	
总计	57821	163624	141034	2037	15005	12552	1154	8531	3799	244	4957	5058	5795	

撰稿：于升强　审稿：李怀东

盐业经营管理

盐务局（盐业公司）领导成员

局长（经理）：张志顺

副局长（副经理）：徐淑峰　陆青松

临沭县盐务局、临沭盐业公司隶属临沂市盐务局、临沂盐业公司。依照国务院有关法规，临沭县盐务局是临沭县人民政府的盐业行政主管机构和盐业行政执法主体；临沭盐业公司依法从事本行政区域的盐产品生产、加工、储运批发经营业务，局司合署办公。下设办公室、财务科、盐政稽查大队、4个客户服务部、食盐专营科、商贸科、保卫科，共有员工88人，在全县设立食盐零售店1200个。

盐业经营　2016年，销售各类盐产品4607吨，同比减少1408吨。其中食盐购进3625吨，同比减少951吨；其他工业盐购进982吨，同比减少459吨，下降31.9%。

盐政执法　2016年，由于受“食盐要放开了”“食盐不再专营了”等社会负面舆论影响，县食盐市场出现较大波动。7月19日，县发展和改革局、县经济贸易和信息化局、县公安局、县农业局、县卫生和计划生育局、县工商行政管理局、县质量技术监督局、县食品药品监督管理局、县盐务局9部门联合签发《临沭县制贩假盐专项治理行动方案》。按照依法治理，标本兼治的要求，加强食盐生产、流通、使用全过程安全管理，打击生产、购销、使用假冒伪劣食盐以及在食盐中掺杂、掺假等违法违规行为，净化市场环境，推进盐业体制改革，保障人民群众食盐消费安全。年内开展专项整治活动3次，共查获各类盐业违法案件248起，罚款5.46万元。向公安机关移交案件3起，涉案3人。

撰稿：翟学文　审稿：张志顺

物资集团总公司

领导成员

总 经 理：张 炜

副总经理：曹恩民 高全礼

工会主席：李秀廷

临沭县物资集团总公司下设办公室、财审科、人事科、安全保卫科、纪检信访室、困难职工救助站等科室，下辖常林商城、金属材料总公司、昌隆商城、金鹰建材商城4家企业，全系统共有干部职工447人。2016年，以“抓好安全不出事，减少信访尽责任，管好企业求发展，攻坚克难学先进”为工作思路，积极作为，信访案件大幅下降、圆满完成招商引资任务，成功争创“市级文明市场”，先后被评为计划生育管理先进单位、工会工作先进单位、安全生产先进单位等称号。

企业管理 严格目标管理责任制，同各企业签订社会救助工作、党风廉政建设、安全生产、社会治安综合治理、信访工作、人口和计划生育目标管理责任书。定期进行内部审计，发现问题及时纠正。切实加强安全生产。常林商城实行昼夜24小时值班巡逻制度，定期开展消防演练，落实财产保险，强化安全隐患整改，确保商城消防安全。积极落实优惠政策营商招商，不断繁荣市场。认真开展“争一流、创品牌、转作风、惠民生”活动，所属企业常林商城积极发展电子商务，成功争创“市级文明诚信平安市场”，市场收益较上年有较大增长。

信访维稳和困难救助 充分发挥职工诉求接待室作用，抓好“12345”热线办理，做好信访矛盾化解。全年信访量大幅下降，没有出现集体访和越级上访案件。70名涉军人员没有参与群体上访。积极争取工会、民政等部门支持，多为困难职工办好事。春节前夕，争取扶贫济困资金5.42万元发放给137人次困难职工。认真落实“阳光低保”，惠及职工31户。

基层党建 落实党建工作责任，扎实开展“两学一做”活动，查找问题制定整改措施。开展党员基本信息采集及党员组织关系排查工作，党总支所属93名党员全部进行信息采集。加强党风廉政建设，压缩各项经费。认真做好党总支及所属5个党支部换届选举和党费收缴专项整治工作，对党总支及所属5个党支部进行换届。对2010年至2015年欠缴的党费进行清收，共补交党费26750.2元。做好老干部工作。积极筹集上交离休干部两费资金，帮助生活困难离休人员及遗属申请困难救助。搞好“结亲连心”工作。维护信息平台，做好第三次入户走访工作，群众满意度较高。

“三引一促” 注重发挥老经济主管部门人才优势，创新招商引资工作方法，用真心服务打动客商，引进湖北咸宁高档花纸生产二期项目，到位资金1162万元，经认定超额完成招商引资任务。

撰稿：井沛超 审稿：张 炜

粮食购销

粮食局领导成员

局　　长：孙鹏凌（3月离任）

副 局 长：于世华　张富中

王统华（3月任职）

总会计师：刘忠喜（6月离任）

粮食监督检查大队大队长：王寒秀（女）

临沭县粮食局下设办公室、政工科、财务科、安全保卫科、信息统计科、产业发展科6个职能科室和粮食企业经营管理办公室、粮食监督检查大队、粮油购销经营中心3个副科级事业单位。2016年，以践行“两学一做”专题教育活动为契机，以贯彻落实粮食省长责任制为工作主线，把粮食安全责任制贯穿始终，坚持“逐条分解、层层落实”的原则，认真贯彻落实国家粮食安全总要求，切实履行好抓收购、保供给、稳粮价职责，确保全县粮食供需基本平衡和粮食市场稳定，保障全县粮食安全。先后荣获全县“12345”市民服务热线工作先进单位、县级文明单位等称号。

粮食流通监督检查　承担粮食行政管理部门对从事粮食收购、储运、运输和政策性粮食购销活动以及执行国家粮食流通统计制度情况进行的监督检查。2016年，不断充实监督检查力量，注重执法队伍建设，确保人员业务熟练素质过硬。严格执法程序，依法办事，公正执法，切实履行好粮食行政主管部门责任。至2016年12月，持有行政执法证2人、行政复议及应诉资格证1人、粮油保管员中级国家职业资格证2人、粮油质量检验员中级国家职业资格证2人，执法人员持证率达100%，确保执法工作正常开展。继续坚持重大节日期间粮油质量安全检查，开展粮油食品安全检查，加强储备粮质量监管。全年共开展粮食流通监督检查20次，出动执法人员68人次，检查各类粮食经营户102个次，确保全县粮油质量安全。积极与县工商局完善“12315”联动执法，开展巡回检查，严厉查处各类违法粮油经营行为，保障全县粮食市场规范有序。积极探索区域联合执法，加强与东海、赣榆、郯城、莒南等毗邻县区的联合执法，维护区域粮食市场秩序。

社会粮食流通统计　按照社会粮食流通统计工作要求，认真开展对粮油经营户统计数据的收集、整理、汇总上报工作，为政府粮食宏观调控和行业指导提供可靠依据。认真做好粮食流通统计年报编制工作，严格执行粮食流通统计制度，提高统计数据质量。按时完成全社会粮油供需平衡调查工作，按照0.3‰～0.5‰的抽样比例确定城乡居民调查户数，切实提高样本的代表性和布局的科学性、合理性。扎实做好价格监测数据报送工作，实行粮油价格周报制度，准确、及时地反映粮油市场价格行情，为政府调控粮油市场提供信息。

放心粮油工程　推进放心粮油进农村、进社区，紧紧围绕放心粮油这条主线，以品牌建设为核心，以质量和安全监管为手段，以放心粮油店为窗口，积极打造群众满意的放心粮油工程。加强放心粮油销售服务网点建设，开展便民服务，把放心粮油送进千家万户，真正让广大城乡居民放心消费、安全消费、健康消费。2016年，新发展放心粮油店2家，取消1家（因拆迁停业），总数量达41家，逐步把放心粮油网络辐射到村居社区，把全县粮油供应体系建设提高到一个新水平。积极加快主食产业发展步伐，以朝阳早餐“放心馒头”生产线为依托，相继配套包子、锅贴生产线，逐步形成覆盖城区的放心主食供应链。为提升企业品牌形象，营造健康的粮油消费环境，9月29日由县粮食局牵头，县商务局、县教体局、县城管局、县卫计局、县招商局、县食药监局、县质监局等部门参与，以“美好生活，从朝阳早餐开始”为主题，启动“2016临沭县‘关注食品健康，享受美好生活’公益活动”。积极推进“放心食品进校园”“放心食品进家庭”活动，保障广大中小学生和城区居民吃上营养、安全的主食。

农户科学储粮 以精准化扶贫惠民生为宗旨，向产粮区贫困村倾斜，2016年重点帮扶玉山、蛟龙、石门3个镇37个省级贫困村2000户贫困家庭。彻底改变农户储粮装具简陋，保管技术水平低，受鼠害、虫害和霉变等因素影响造成粮食大量损失的现状。解决贫困农民储粮200万公斤，年可减少农户储粮损失15万公斤，相当于再造耕地300余亩（20公顷）。

粮安工程 维修改造危仓老库，全面提升粮食收储供应安全保障能力是“粮安工程”的一项重要内容。县粮食局抓住国家开展危仓老库维修改造有利机遇，扩征土地10.66亩（0.71公顷），投资2400万元，分三期建设总仓容3.5万吨，装备机械通风、粮情检测、环流熏蒸等国内先进储粮技术的现代化粮库。在一期工程完工并投入使用基础上，上半年完成二、三期工程的立项、规划、土地、环评等全部手续的办理，项目资金申请县农发行贷款解决，并列入县财政预算。多渠道争取国家补助资金，项目先后被省发改委列入省级惠民流通设施项目、国家发改委列入现代物流设施建设项目、省粮食局列入粮食库区信息化升级改造项目，获得补助资金470万元。二期工程3号仓库主体建设基本完成，三期工程预计2017年5月份开工，2017年底投入使用。

地方粮油储备 为进一步加强储备粮油管理，全面提升服务宏观调控和保障县域粮食安全能力，县粮食局积极采取有效措施加强对地方储备粮油的监督管理工作，定期对地方储备粮进行检查，分析粮情，做好粮情检测记录，发现问题及时处理，从未发生坏粮事故。继续执行月检查、季考核的管理办法，实行代储规模指标动态管理。确保应急保障能力的提高和成品粮油应急储备“储得实、管得好、调得动、用得上”。按照储备粮管理办法中关于储存年限规定，2016年，轮换县级储备粮3897吨、食用植物油储备200吨。

撰稿：袁　林　审稿：于世华

中石化临沂临沭石油分公司

领导成员

经　理：刘　伟

副经理：李　升

2016 年，临沭石油公司在营加油站 15 座，网络总体质量较高，占临沭零售市场占有率约 55%；共有员工 101 人；轻油累计零售量 37120 吨，其中汽油销售 18415.9 吨，柴油纯枪量销售 18704.2 吨。

2016 年，随着国内经济持续下滑，市场竞争激烈，面对竞争激烈的成品油市场，临沭公司紧紧围绕市公司制定的奋斗目标和工作重点，深入开展“多卖一吨油”“四比四创双提升”“规范化管理年”等活动，经营管理等各项工作取得较好成绩。临沭公司不折不扣认真贯彻落实上级公司的各项部署和要求，紧紧围绕经营促量和提升加油整体管理水平这个中心，扎实有效地开展了各项工作。认真贯彻落实省、市公司的工作部署，开拓经营、强化管理，狠抓薄弱环节，弥补管理短板，扩量增效，加油站管理未发生任何安全事故。

为保证对“三夏”及“三秋”用油的及时供应，临沭石油分公司成立以经理为组长，各站长为成员的保供领导小组，负责对农忙时节的农机用油保供活动的宣传、组织、协调、指导和检查工作。根据农业用油特点，开辟绿色通道，“三夏”“三秋”机械作业用户可凭行驶证、跨区作业证优先加油，优先保证供应。加油站还为农机用户提供开水、急救药品、防护物品等特色服务项目。对于不能到站加油的用油大户，由加油站“主动出击”进行走访，确定用油时间和用油数量，对农业用油户主动配送。临沭石油公司积极主动联系市公司车队，实行送油到“家”。

加强网络建设，优化网点布局。在网点发展上，抽调专人办理改建站（店头镇驻地 15 站）及新建站（长深高速临沭出口 4 站）手续，全力推进施工进度，两座施工站分别于 2016 年 12 月 24 日、12 月 30 日投入运营。

撰稿：于海洋　审稿：刘　伟

贸易促进会

领导成员

会　长：胡文君（女，2月离任）

临沭县贸促会坚持立足服务、履行职能、创新方法、科学发展的工作原则，充分发挥系统优势，发掘工作潜能，2016年度被评为临沂市贸促工作先进单位和2016年度境外网站建设先进单位。

贸易工作　在展览工作中，不断完善出展计划和出展商品结构，在争取摊位、协助签证、展品准备和运输、落实国家及省市各项补贴政策等方面，为所有参展企业提供专业化服务。积极组织县内企业入驻中国(临沂)国际贸易促进网(境外网)，有近20家企业入驻境外网。

宣传培训　积极组织会员企业参加2016年10月29日至11月4日的“一带一路”与临沂国际商贸城建设专题培训班。其中，县贸促会主要负责人及三兴食品有限公司总经理参加此次培训。

撰稿：胡　香　审稿：王桂礼

外贸公司

领导成员

经　　理：郑　杰

工会主席：靖玉娟（女）

临沭县外贸公司下设办公室、财务科、综治办3个职能科室，在职职工7人，下岗职工56人，离休干部2人，退休人员27人。

信访稳定　外贸公司下岗职工较多，并且涉军人员所占比例高，因各种原因上访时有发生。为有效解决问题，公司协调有关部门为部分涉军人员落实政策。为公司部分困难职工办理最低生活保障，申请办理公共租赁住房，为患病退休女职工申请办理大病临时救助，帮助解决生活困难。基本化解矛盾冲突，公司没有发生集体上访事件。

基层党建　认真开展“两学一做”活动，积极落实各项工作措施。做好“结亲连心”工作，及时开展入户走访和调研工作。进一步建立健全党建工作责任制，加强管理考核。建立健全党员教育机制、管理激励机制。

撰稿：王　刚　审稿：靖玉娟

旅　游

旅游局领导成员

局　长：王正河

党组副书记、主任科员：王　健

副局长：刘常霞（女）　吴燕华（女）

临沭县旅游局为正科级事业单位，设办公室、行业管理和旅游监察科、规划发展和市场营销科、旅游投诉服务中心4个科室，下设事业单位旅游投诉服务中心1个。核定编制12人，其中，参照公务员管理编10人，事业编制2人，有干部职工17人。2016年5月17日，县委安排抽调苍马山景区管委会6人，沭河古道景区管理处1人。2016年，全县AA级以上旅游景区共接待游客303.15万人次，实现门票收入4816.9万元，实现旅游综合收入4.28亿元，分别比去年同期增长47.03%、83.58%和121.76%。全县共建成AAA级旅游景区3个，AA级旅游景区6个，国家湿地公园（试行）1个，省级地质公园1个，三星级旅游饭店1家，三星级以上农家乐36家，省级旅游休闲购物街区1处，省级金牌旅游购物商店3家，省级旅游强镇3个，省级旅游特色村4个，山东省农业旅游示范点8个，省级精品采摘园2处，山东省自驾游示范点1个，发展旅行社3家，分社2家，门市部4家，持证导游40人，旅游相关从业人员3000余人。

旅游规划　2016年，临沭县着重抓景区规划编制工作。先后完成《临沂蛟龙航空小镇控制性详细规划》《山东临沭亿龙水上风情园设计规划方案》《沭河古道景区重点片区修建性详细规划》《临沭县曹庄镇朱村旅游总体规划》《山东天酥山庄旅游开发项目总体规划》《山东临沭冠山仙境旅游区规划修编及入口区详细规划》6个旅游规划编制工作，促进旅游向多业态发展，实现旅游产品多样化。做好在编规划论证工作。先后召开沭河古道旅游区规划座谈会、蛟龙航空小镇规划座谈会、天酥山庄旅游开发项目总体规划座谈会，邀请规划设计研究院来临沭实地考察、召开座谈会，有力推动全县旅游开发建设。

旅游项目建设　沭河古道景区　景区以古道漂流、生态观光、文化体验、休闲度假为主题，由山东兴宇旅游开发有限公司投资建设，为国家AA级景区。景区已完成三角洲区域内的游船码头、游客中心、停车场、古道乐园及古道沿岸部分绿化工程等项目建设。

夹谷关景区　景区是以“寻幽探古、休闲观光、军事体验、滑雪温泉度假”为主题的复合型景区，由山东金兰影视文化发展有限公司开发建设，为国家AAA级景区。累计投资约2.5亿元，主要建设有军事战备洞、沂蒙知青村、兵营会议中心、“枪声就是命令”实景演出剧场、滑雪场一期等项目。

蛟龙航空小镇　项目以龙潭湖和蛟龙通用机场为依托，以航空休闲、旅游观光、渔业垂钓、航空文化展示等为特色的通用航空、旅游产业园，由山东通用航空服务有限公司和临沂龙潭湖综合开发有限公司投资建设。累计投资约2亿元，建设完成渔业博物馆、标准化鱼池等项目并连续举办三届高水平垂钓比赛。机场项目完成土地流转、气象条件测试、地质条件勘探、无线电测试、华东民航局场址踏勘等工作。

朱村文化旅游区　景区为省级农业旅游示范点、市级旅游特色村、国家AA级景区，以“沂蒙水乡、红色朱村”为主题定位，打造红色教育、绿色采摘、古村落体验游。完成游客中心建设、抗日战斗纪念馆提升改造、A级厕所改扩建、采摘园打造、巷道美化等工作。

苍马山景区　景区以“生态休闲、养生度假”为主题，由南宇(集团)公司开发建设，为国家AAA级景区。累计投资约2亿元，主要建设有映翠湖水上乐园、慧济寺宗教文化区、鸟语林等项目。2016年积极申报国家AAAA级景区，在硬件方面突出和完善景区综合性功能配置与层次感，在软件方面着力改善旅游环境、规范旅游经营管理。

冠山景区　景区以“仙、道、茶”文化为主题，由山东盘古旅游开发有限公司投资建设，为国家AAA级景区。累计投资约1.2亿元，主要建设完成长春观文化区、冠山遇仙区、仙境漂流、仙境穿越等众多项目，景区运营良好。

亿龙水上风情园　项目依托沭河水域及金滩栗海等资源，打造以“高端水上娱乐、沭河生态家园”为主题的景区，由临沭亿龙水上风情园有限公司开发建设。累计投资约1200万元，主要进行土地流转、地上附着物清理、手续办理、基础设施建设以及设备订购等。

天酥山庄旅游开发　该项目以“休闲度假、生态观光、诗酒文化、养生养老”等为主题，2016年由山东天酥山旅游开发有限公司注资开发建设，项目规划已编制完成，正在流转土地。

旅游资源　根据全县旅游资源普查，临沭县共有七类旅游资源：第一大类地文景观有苍马山旅游景区、冠山旅游景区、夹谷关景区、岌山省级地质公园、羽山旅游区、松影湖旅游区；第二大类水域风光有沭河古道景区、石梁河水库湿地景区、龙潭湖万亩渔业园；第三大类生物景观有金滩栗海景区、春山绿茶文化园、朱村现代农业示范园、史丹利现代农业生态示范园；第四大类遗址遗迹有省级文物保护单位北沟头遗址、市级文物保护单位养麦涧大汶口文化遗址、北辛文化遗址、大官庄清代庄园遗址、齐鲁会盟遗址、样山马陵之战古战场遗址、朱村清代民居、新华社山东分社诞生地纪念园；第五大类建筑与设施有滨海革命烈士陵园景区、玉圣园景区、常林国际度假中心、红石湖公园、苍源河公园、大官庄水利枢纽；第六大类旅游商品有柳编工艺品园区、莫氏绒绣；第七大类人文活动有苍马山新春庙会、店头清真寺开斋节、柳毅庙会、钟华山庙会、冠山板栗采摘节。

旅游行业管理　2016年，旅游局加大行业管理力度，从“规范、素质、品质、安全”四方面着手，做好旅游市场规范和服务质量提升工作。紧抓旅游安全工作。印发《临沭县突发旅游公共事件应急预案》，与旅游企业签订安全工作目标责任书，指导并督促各旅游企业认真落实安全生产岗位实名制工作，切实将安全生产责任落实到岗、落实到人。积极开展“大快严”专项行动，针对春节、清明、五一、中秋、国庆等小长假，对全县旅游企业安全设施设备、安全防护措施等进行检查，组织开展打非治违、重大火灾隐患排查等专项行动。全年共组织各类安全检查20余次，及时排除各类安全隐患，实现旅游行业全年安全生产“零事故”目标。提高旅游服务质量。联合工商、执法等职能部门，对旅行社旅游合同、租车合同及黑社、黑导、黑车进行专项检查，净化旅游市场环境。妥善处理游客投诉，注重排查化解矛盾纠纷。全年共接到“12345”市民服务热线旅游咨询投诉21起，受理办结21件，结案率100%。抓住全省大力扶持乡村旅游发展机遇，共为河湾、李庄、前塘、小岱4个国家级旅游扶贫村争取全省旅游精准扶贫补助资金410万元，以扶贫村公益规划为基础，突出乡村旅游扶贫特色，合理利用补助资金开展项目建设，争取市级特色镇村奖补资金400万元，国家、省级旅游厕所奖补资金23.03万元。注重加强对各项乡村旅游专项资金自查，确保专项资金落到实处，用在实处。加大从业人员培训力度。制定全年培训计划，按照省旅游局安排，组织第四批乡村旅游负责人7人赴台湾、日本、韩国学习乡村旅游发展经验。组织重点旅游扶贫村、特色村负责人赴蒙阴、沂水等地参观学习。

2016年新增蛟龙镇、青云镇为省级旅游强乡镇，石门镇小岱村、蛟龙镇前塘村为省级旅游特色村，石门镇统一千亩种植示范园、玉山镇老庄户农场为省级农业旅游示范点，新增2家省级精品采摘园，2家四星级好客人家农家乐，25家三星级好客人家农家乐，为全县乡村旅游健康发展奠定坚实基础。

已建成旅游景点简介 苍马山旅游景区 为国家AAA级旅游景区，省级风景名胜区、省级森林公园、市级自然保护区，位于临沭县城北3公里处，由云溪谷游览区、慧济寺宗教园区、山花烂漫游览区和马山古寨游览区等部分组成。主要特点是集宗教养生、生态旅游、休闲康体、商务会议、饮食娱乐为一体的旅游区。旅游区内主要景点有云溪谷、苍山叠翠、慧济寺、玉虚仙境、鬼谷驻迹、始皇观海台、老子问天、五罐鼻、青檀谷、神龟回望、马山飞来峰、东夷古寨、惠民泉等。

冠山旅游景区 为国家AAA级旅游景区，位于临沭县城东北5公里处，由冠山和演武山两山组成。冠山因主峰状若凤凰之冠而得名，演武山因唐代名将罗成在此操练兵马，演习武艺而得名。景区主要特点可用“山幽、水秀、树古、泉灵、名人多、故事美”来概括。主要景点有仙人洞、长春观旧址、灵官殿、七真殿、三清殿、演武台、千年银杏树、珍珠泉、葫芦泉和龙凤泉等。集东夷文化之精华，山水与文化交融，远古与现代携手，构成千年传奇文化，是现代人休闲度假，康体养生的仙境圣地。

夹谷关景区 为国家AAA级旅游景区，位于鲁苏临沭、赣榆两县（区）交界处，由夹谷山、葫芦山、双山等十余座山峰组成，总面积20平方公里。景区历史悠久，文化厚重，主要历史名胜景点有齐鲁会盟遗址、圣人殿、老母奶奶洞、魁星阁、沂蒙知青村、兵营、长卿庐、尼山分秀、望海楼等十余处。景区风光秀美，如诗如画，主要自然景点有芙蓉湖、紫藤谷、百草园、桃花涧、夹谷莺啼、茶园春晓、栗林涛声、响石天鼓、孟良石等。景区还有惊险刺激的军事体验游乐园、影视特技实景演出《枪声就是命令》、洞内体验战《夜袭夹谷关》等多类体验参与项目。

玉圣园景区 为国家AA级旅游景区，位于临沭县蛟龙镇东盘村莲花湾畔，由玉圣园、观音禅寺、玉圣山庄、卧龙池、莲花湾等部分组成。园区集参禅拜佛、修身养性、休闲旅游于一体，主要景点有观音禅寺、宝田花园、根雕艺术馆、沂阳书院、百鸟园、奇石园、苍龙图腾、凤鸣宝塔等。

新华社山东分社诞生地纪念园 为国家AA级旅游区，位于临沭县蛟龙镇前利城村。纪念园由诞生地纪念碑、纪念廊、新华亭和纪念馆等部分组成，是一处集红色基地、革命战史、英雄事迹、文化长廊于一体的历史人文景观群。

钟华山景区 为国家AA级旅游景区，位于临沭县青云镇，西依沭河，南临327国道，北靠“万亩粟园”。景区主要有放生池、福寿合壁、老子亭、转运亭、奎星阁、奶奶庙等景点。

沭河古道景区 为国家AA级旅游景区，位于鲁苏两省三县交界处的临沭县西南部，距临沭县城15公里，距临沂市政府驻地38公里。古道北起大官庄水利枢纽工程人民胜利堰，南至郯城县清泉寺闸，全长14.25公里，水深4～6米，最宽处达300米。河道水路弯弯，芦苇丛丛，水鸟聚集，自然风光秀丽迷人，有“中国北方漓江”和“鲁南第一水乡”美誉。岱涧丹霞地貌、岌山恐龙遗迹和地质构造遗迹与沭河古道秀美的自然风光交相辉映，具有很高的科考价值和旅游观赏价值。

柳编文化艺术馆 为国家AA级旅游景区，是全国第一个以柳编文化为主题的艺术展馆。艺术馆分为历史、材料、工艺、产品、发展与展望五大部分，通过文字、图片、实物、影视及现代高科技信息系统等多种表现形式，全方位、多层次展示柳编发展历史进程。艺术馆共有文字、图片内容100余幅，以各类动植物、文物、人物等题材为造型的大型柳编特展展品12件，同时陈列全国各地柳编文物、实物2000多种，集收藏、研究、欣赏、实用于一体，种类繁多，内容丰富，文化底蕴深厚。

朱村文化旅游区 为国家AA级旅游景区，位于县西南部的曹庄镇境内，地理位置优越，生态条件良好。2013年成功入选全国“美丽乡村”试点，2014年被评为“山东省传统村落”，是市级文物保护单位，朱村现代农业示范园为省级农业旅游示范点。2013年11月25日，中共中央总书记、国家主席、中央军委主席习近平曾视察该村。朱村历史文化资源厚重，有50余户结构完整的明清民居建筑群，砖木结构，青砖飞檐，檩梁构筑，古色古香，别具韵味。抗日战争时期，朱村涌现出许多抗日名士，老四团钢八连朱村战斗名震苏鲁。为铭记历史，建设由朱村抗日烈士陵园、老四团钢八连纪念馆、朱村历史文化陈展室和朱村档案资料馆等四个部分组成的红色文化教育基地。

撰稿：杨彩霞　审核：王正河　刘常霞

苍马山风景旅游区开发管理

苍马山风景旅游区管委会领导成员

管委会主任：刘洪明

党工委书记：李善峰

管委会副主任：刘方伦（2月离任）

刘长青

庞佃宝（兼，12月离任）

王顶磊

宋加新（2月任职）

管委会副主任、纪工委书记：

王振剑（7月离任）

管委会主任助理：宋加新（2月离任）

农林发展局局长：李秀友（2月离任）

社会事务管理局局长：王桂江

旅游经济开发服务局局长：张　明

管委会办公室主任：李大伟（女）

滨海红色文化纪念园管理办公室副主任：

李建丰　宋　波

临沭县苍马山风景旅游区管理委员会（简称苍马山管委会）下设滨海红色文化纪念园管理办公室、党政办公室、社会事务管理局、旅游经济开发服务局4个局（室），是隶属县政府管理的副县级事业单位，主要负责景区规划、建设、开发、管理等工作。

景区规划 《苍马山风景名胜区总体规划》正在报批过程中。

景区开发 《山里乡村旅游规划》及山里美丽乡村建设。由浙江大学规划与环境设计研究院承担开展《山里乡村旅游规划》修编工作，配合临沭街道将山里村打造成2016年临沭美丽乡村的一个市级检查点。

《锦城生态园》规划与建设。该项目位于凌山头水库东岸，苍山主峰西侧，总用地约327亩。项目由临沂锦城红木公司投资，省规划院规划，规划以“生态山水、文化田园”为主题，打造集文化展示、民俗体验、田园度假、养生休闲为一体的综合园区。项目计划投资1亿元，已完成园区内道路交通、供电、塘坝整治、石亭廊架、看护房及管理中心等建设，完成投资约300万元。

景区建设 创建国家AAAA级风景旅游区。苍马山、冠山景区进行游客中心改造、指示牌更换、停车场标线划定、旅游公厕改造等一系列提升工作。完善景区网络，投资5万元，将宽带网络从朝阳村引入景区西部山后。

景区旅游公厕建设。在锦城生态园内，按照国家AA级旅游公厕标准设计旅游公厕一座，投资约18.5万元，建筑面积约75平方米。

景区道路建设。完成环山东路和旅游路西延对接老S225省道道路的现场勘察、定线和测量工作，测算出道路投资概算。

社会事务管理 安全生产和森林防火工作。按照省、市、县各级领导要求，及时召开安全生产、森林防火专题会议，制定相关实施方案和应急预案，与景区开发商签订安全生产、森林防火工作责任书，加强工作日、节假日值班巡查工作。

滨海红色文化纪念园接待工作。2016年，在“两学一做”学习教育活动开展情况下，滨海红色文化纪念园共接待各类教学活动504批，共计2.77万人，与2015年接待量增加1.03万人。

撰稿：吴书军　审稿：张　明

沭河古道景区管理

沭河古道景区管理处（沭河水利工程管理处）领导成员

主　任：刘家合

副主任：张明建　王　磊　袁　靖

旅游开发局局长：朱占义（2月任职）

规划建设局局长：陈延成（2月任职）

2016年，沭河古道景区管理处围绕建设生态休闲旅游景区的目标，统筹协调解决景区开发建设运营中遇到的各种问题，积极推动景区基础设施建设、绿化提升、国家级标准景区创建、资源保护等各项工作，景区运营逐步规范。

景区开发建设 配合兴宇公司和石门镇政府流转土地180亩（12公顷），为景区建设用地提供保障。在游客服务中心、停车场、景观大道、游船码头等附近栽植银杏、海棠、樱花、柳树、水杉、竹子1.3万余棵，同时栽植柿树、楸树等大型景观古树提升景区档次。完成景区绿化管护工程招投标工作及绿化苗木的第一次全面养护，河道周边景观效果大大提升。协调县财政、审计、政务服务中心等部门，对三角洲绿化、景观大道建设、游船码头等工程进行竣工验收、结算。

景区资源保护 出动宣传车60余台次，在古道沿岸旺南庄、曹庄、白毛、河口、大岱等集贸市场及有关镇、村进行广泛宣传，张贴《临沭县人民政府关于加强沭河风景区内旅游资源保护的通告》800份，发放资源保护明白纸1万余份，初步建立资源保护长效机制。共开展集中联合执法活动6次，出动执法车辆22台次，人员100人次，查处石门镇小冲村村民刘传贵非法圈占鱼塘一起，查处非法电鱼6起，网箱养鱼基本清理完毕。

国家AAA级景区创建 积极与市、县旅游局对接，按照《旅游景区质量等级的划分与评定》要求，成立创建工作组，抽调专门人员深入景区一线，实行集中办公，创造性地开展工作。完善硬件设施、优化软件服务，旅游的综合服务功能进一步增强，接待能力和接待水平不断提升。

其他工作 搞好与浙江国际旅游规划研究院对接，进一步抓好详规文本修改完善工作，防洪评价报告顺利通过专家评审并获得淮委批复（淮委许可〔2016〕59号文件）。下发《旅游安全生产工作的通知》，与兴宇旅游公司签订安生产责任书，严格执行景区安全生产运营各项制度，督促兴宇公司在景区险要位置设置安全警示牌，并在节假日安排专人到景区对安全运营情况进行及时督促检查，确保景区正常和安全运营。

撰稿：孟　丹　审稿：袁　靖

开发区建设 · 招商引资

KAIFAQUJIANSHE ZHAOSHANGYINZI

临沭经济开发区（郑山街道）

领导成员

党工委第一书记：高希华

党工委副书记、管委会常务副主任：胡怀权

党工委书记：王振启

郑山街道党工委书记：王晓峰（12月任职）

党工委副书记、郑山街道党工委副书记、办事处主任：王晓峰（12月离任）

郑山街道党工委副书记、办事处主任、政协委员联络室主任：徐勤生（12月任职）

党工委委员、管委会副主任：

张桂金（4月离任）

党工委委员、郑山街道人大办主任：

李　真（女，12月离任）

郑山街道人大办主任：

张学立（12月任职）

管委会副主任：丁孝峰　高志远

郑山街道党工委副书记：王晓峰（12月离任）

唐　克（12月离任）

王香令（女，12月任职）

郑山街道党工委委员、纪工委书记：

李晓勇（12月离任）

景善伟（12月任职）

郑山街道党工委委员：王　艳（女）

胡尊士　陈　雷

胡兴周（12月离任）

胡　涛（12月任职）

郑山街道办事处副主任：刘金明

王光娟（女，12月离任）

韦　涛（12月离任）

王保峰（12月任职）

张正云（女，12月任职）

张　伟（12月任职）

临沭经济开发区和郑山街道实行“区街合一”，实现人、财、物统一管理。开发区总控制面积100.33平方公里，建成区21.7平方公里，辖36个行政村居，7.8万人口。管委会下设1个正科级单位：高新技术创业服务中心；5个副科级单位：党政办公室、财政局、经济发展局、规划建设局、招商局，同时县公安局、国土局、环保局、国税局、地税局、工商局分别在经济开发区设立派出机构。综合排名位列全省开发区27位。先后被授予“国家级战略性新兴产业聚集区”“全国优质化肥生产基地”“国家火炬计划复合肥产业基地”“全国模范劳动关系和谐工业园区”“全国百佳科学发展示范园区”“山东省科学发展园区”“山东省知识产权园区”“全省重点服务业园区”“山东省新型工业化示范基地”“山东省高端装备制造产园”等称号，连续九年被评为“全市先进开发区”。

规划建设　县委、县政府下发《关于提升县经济开发区发展水平的意见》，管理体制进一步理顺，运行机制进一步规范。2016年，开发区完成金正大、金正阳等项目供地100余公顷。投资2000余万元完成金兴路、海佑路等多条道路绿化，绿化面积达50余万平方米。推进总长度7.2

公里的蒸汽管网建设，一期共投资 890 万元建设 5.2 公里，已全面供汽运营。投资 1000 余万元为金正大修建排水明渠，全长 1.3 公里。投资 80 余万为沂蒙老曲新厂区扩建牛腿沟桥。投资 80 万元实施总长度 2.5 公里的原南古镇驻地南北大街雨水管道疏通工程。投资 20 万元实施总长度 550 米的家家乐污水管网改造工程。投资 129 万元实施沿兴福街（滨海西街）雨水管道建设。投资 120 万元实施总长度 680 米的贯天下公司蒸汽管道建设。投资 1100 万元实施全长 3700 米的城南一街道路雨水、污水管网建设工程。园区基本达到“七通一平”，集中供水、供电、供气、供暖、排污、通讯等配套工程高标准推进，项目承载力进一步提升。

经济发展 高度重视项目投产达产，认真组织经济运行，着力提升运行质量，经济发展呈现健康稳定态势。2016 年，实现地方财政收入 40014 万元，同比增长 11.79%，其中，国税实现 19658 万元，同比增长 33.2%，地税实现 20356 万元，同比增长 5.6%。全区规模以上工业企业完成产值 343.2 亿元，实现主营业务收入 399.6 亿元，实现利税 22.5 亿元，实现利润 16.6 亿元，主要经济指标增幅均高于全县平均水平 1.4 个百分点以上。合同利用外资 5505 万美元，实际利用外资 502 万美元，对外投资 2.2 亿欧元，进出口总额 35974 万美元。完善服务机制，确保重点项目快速建设、投产见效。投资 3.3 亿元的金正阳管业高压气瓶管项目，投资 8 亿元的富朗（中国）科技有限公司富朗生物项目，投资 10.6 亿元的氟化盐及高端水溶肥生态化工（二期）项目，投资 10 亿元的年产 5000 吨功能性纳料粉体材料建设项目，投资 10 亿元的哥俩好化学精细化工产品项目，投资 5 亿元的年产 10 万吨树脂涂料项目，投资 3.86 亿元的金沂蒙高效聚元肥生产项目，投资 3.3 亿元的华盛肟系列医药中间体生产项目，投资 5 亿元的沂蒙老区食品产业园微生物多糖及新型酶制剂生产项目，投资 5 亿元的年产 1500 套粮食干燥成套设备生产项目，投资 20 亿元年产 100 万台套家家乐家用电器橱柜生产等一系列重点项目进展顺利。

招商引资 始终把招商引资作为开发区工作的生命线，创新招商方式，突出产业招商，坚持有目标“走出去”、有重点“引进来”，针对开发区“化工、高端装备、食品、医药生物”产业发展规划进行“建链、补链、强链”，增强招商引资针对性和实效性。新签约项目 6 个，其中过 5 亿元的项目 6 个，签约落地项目 5 个，计划总投资 20 亿人民币、1 亿欧元。与中国光大国际有限公司签约的投资 2.7 亿元的临沭环保能源发电项目，与中国光大环保固废处置控股有限公司签约的投资 5 亿元的 4 万吨 / 年工业废弃物综合处理项目，与意大利 SDF 签约的总投资 1 亿欧元的现代智能农业收获及畜牧机械产业化发展项目，与山东万华塑编有限公司签约的投资 3.3 亿元的 3 亿条 / 年新型纳米分解编织袋生产线项目，与香港 CBI 公司签约的投资 2900 万美元的山东煤基新能源项目等一批项目落户开发区。

产业特色 临沭经济开发区按照“超前设计，统一规划，滚动开发、分步实施”原则，全力推进项目建设和产业发展。特别注重人才和创新要素紧密结合，坚持“四轮驱动”，即“政策牵动、项目驱动、平台带动、服务促动”，实现对人才的“引、用、聚、留”。至 2016 年年底，开发区有国家级企业技术中心、国家级工程技术研究中心、国家级重点实验室等创新平台 14 家，省级创新平台 31 家。拥有专利明星企业 6 家，拥有发明专利 1000 余项。参与制定国际标准 2 个，国家标准 14 个，行业标准 6 个。区内有 56 家企业与国内外大专院校、科研院所建立产、学、研联合。共引进泰山学者、千人计划 15 人，博士

50余人。2016年，金正大集团主导制定控释肥国际标准颁布实施，出资2.2亿欧元成功并购世界知名肥料企业德国康朴公司等24家企业，与世界500强企业、化工行业巨头巴斯夫集团进行战略合作，并收购西班牙纳瓦萨公司70%股权，国际竞争力进一步提高。全区形成高端装备、化工（复混肥）、食品、生物医药、柳木制品、金属制管等为主的产业，集高端装备、新能源、新材料、新医药等门类较齐全的工业体系，培植出金正大公司、金沂蒙集团、常林集团、福瑞达公司、金正阳管业、卡特重工、兴大食品公司等一批产业关联度高、拉动力强的骨干企业，形成特色鲜明的优势产业集群。

社会事务 城乡一体化建设加速推进。在旧村改造方面，投资1100万元完成南沟头社区后期配套设施建设；投资490万元完成金堂社区三期剩余2栋青年安置楼建设工作以及社区配套设施建设部分。在两区同建方面，主要有华南社区（候官庄二期）、新埠社区两个项目区。候官庄二期项目占地2公顷，新建居民楼5栋，建筑面积2.19万平方米，绿化总面积1万平方米，硬化路面1.26万平方米，安置路灯39盏，实现“八通八有”；新埠社区项目总规划占地15公顷，一期已投资8000多万元，建设20栋安置楼和4套老年房，安置陡沟村1100名群众入住，社区服务条件完备，复垦耕地21.33公顷。美丽乡村建设硕果累累。以美丽乡村建设为总抓手，投资2000多万元突出硬化改厕、村庄连片整治、汪塘整治等工作，全年共完成琅东村、沟北村等14个连片村，沙店村等8个扩面村的户户通和改厕工作，硬化路面80万平方米，改厕2258户，修砌下水道9.2万米，绿化苗木20万平方米，美化墙面12.6万平方米，安装路灯1260盏；完成6个村的汪塘整治，建设文化广场和乡村大舞台15个，全力打造环境优美宜居宜业新农村。配合上级对寨东村村内管网进行改造；同时罗屯、大韩庄、寨西等9个村设置供水点，解决1万余人饮水问题；对琅东、官路、陆沙埠、张沙埠社区楼、华南社区楼实施城区并网。

种植业结构不断优化。通过改良和扩大蔬菜、花卉苗木、杞柳等高产、优质、高效作物面积，全年累计调整种植结构面积213.33公顷。顺利完成60万斤小麦良种任务，实现全街道2333.33公顷小麦面积的良种推广，并推广测土配方肥80吨；高效完成街道花生200公顷和小麦2333.33公顷良种补贴任务；积极引导村民实施秸秆还田及时实施耕耙还田，其中还田面积达933.33公顷；建立秸秆收储点2个，日处理秸秆达300余吨，另外与奶牛场合作，实行青储饲料加工，实现秸秆由单纯禁烧到综合利用的深层次转变。林业发展更有作为。2016年城区绿化工贸路绿化6.7万平方米，新发展琅东、新村、南古绿化示范村3个，新栽用材林13.33公顷，经济林86.67公顷；义务植树尽责率达100%；森林病虫害成灾率控制在3%以内，生物防治率96%。水利及配套设施建设持续加强。农业全程机械化全面推广。积极做好农机购置补贴工作，全年共为190台农机具补贴460多万元。全程机械化开展及示范田建设成绩显著，辖区合作社新增常林拖拉机、旋耕机、灭茬机等农用机械28台，其中，官路新村惠龙合作社与所在村居签订66.67公顷土地流转合同。灭茬还田和土地深松项目顺利开展，全年共灭茬还田965.13公顷，土地深松334.47公顷，超额完成县里制定的666.67公顷灭茬任务和333.33公顷深松任务。畜牧业绿色发展深入推进。推动养殖场管理规范化，有市级标准化养殖场13个；积极开展重大动物疫病防控工作，共免疫家禽70万余只，生猪10万多头，大家畜1万多头；严格动物产地检疫报检制度，检疫猪3万余头，家禽110万余只；集中整治畜禽养殖污染，畜牧业发展更加绿色环保，禁养区整治完成166户，限养区完成47户，适养区完成114户。

全面“改薄”教育实现均衡发展。街道科学规划出15个项目，总投入资金达5400万元，总建筑面积达4.7万平方米。街道实施并完成曹官小学综合楼及运动场等6个项目，投入资金1260万元，建筑面积17938平方米。翔雁小学幼教楼、中心小学餐厅楼、郑山中学综合教学楼项目等5个项目开始实施。

社会保障更广覆盖。2016年，全区收缴养老保险费717.2万元，覆盖率83.5%；收缴医疗保险费791.5万，覆盖率91.7%。整理完成2016年新增参保档案，为11198名60周岁以上老人发放养老金，办理丧葬金申报业务239人次。通过动态管理，全区共为2735户、3486人办理低保，审批大病、临时救助106人，发放救助资金40余万元；烈士纪念日为抗战烈属发放慰问金500元/人；为22名年满60岁的退伍老兵办理享受优抚金待遇。食药监管体系完善。在36个行政村设立49名村级食品药品安全联络员，着力完善村级食品药品监管体系。立案查处食品药品违法案件15件，罚没款12万余元，有效维护食品药品市场安全。奖补政策施惠农民。完成南古新村“一事一议”资金项目，筹资筹劳31.26万元，受益农户达3080人。农村医疗服务尽职到位。累计为64715人建立居民健康档案，建档率达82%；完成5459人次儿童保健管理工作；对6123名超过65周岁老人免费进行5大类20个项目查体，平均查体率71.5%。“雪亮工程”高标准推进。投资80多万元在辖区3个派出所建成视频监控平台，投资70多万元新增高清监控探头560个，建有10平米的高清大屏12块，打造总面积366平方米综治中心，构建起立体化、信息化、规范化的社会治安防控体系。精准扶贫事业持续发力。2016年，街道建成5个扶贫项目，可带动500多人就业，可实现日均收入40元，全年可为村民创收630余万元；街道帮助企业贷到4480万元的“富民生产贷”，带动896位贫困群众脱贫致富。其中，金沂蒙集团3000万元的“富民生产贷”可直接帮扶区内600位贫困群众，覆盖郑山街道近三分之一的建档立卡贫困户，被帮扶的贫困户2016年每人增收不低于1500元。

2016年临沭经济开发区（郑山街道）各行政村居基本情况表

表21

行政村	书 记	主 任	与驻地方位及距离	总人口（人）	耕地面积（公顷）	粮食总产（吨）	村集体收入（万元）
万人大社区	宋海廷	陈学勇	0	14345	1160.62	5806.5	325
杨沙埠村	杨化林	杨进刚	正北方4公里	2553	336.8	1545.6	24.26
陡沟村	臧书店	臧书申	正北方8公里	1120	174.75	718	50.68
龙溪村	胡顺芹	胡顺浩	正北方5公里	1533	123.4	485	19.73
沙店村	杜成桥	朱崇杰	正北方4公里	1080	131.4	573	51.7
西官庄村	张培伟	张培珍	西北方5公里	1240	160.75	755.5	2.54
官陆新村	王汉密	张 玲	西北方5.6公里	1349	171.42	966.8	20.5
朱沙埠村	张永强	朱崇解	西北方7公里	2086	357.51	1050	63.3

续表 21

行政村	书记	主任	与驻地方位及距离	总人口（人）	耕地面积（公顷）	粮食总产（吨）	村集体收入（万元）
张沙埠村	张孝泉	张开树	西南方 1 公里	2730	587.63	3535.5	30.11
王沙埠村	李春希	王珍松	西北方 8 公里	1087	175.42	742	14.2
北沟头村	李　娟	李守法	东北方 5 公里	2626	350.84	1358.5	50.57
中沟头村	高和希	赵友国	东北方 3 公里	1103	98.85	396	0
南沟头村	高志涛	臧守迎	东北方 2 公里	2182	171.42	819	11.78
尤庄街	陈卫松	陈　涛	东北方 1 公里	650	24	68.25	41.42
朱果村	吴兴磊	吴淑华	西南方 12.5 公里	2674	392.2	1912	83.81
曹庄子	王仕记	王俊坤	西南方 7 公里	1940	274.8	1423.5	18.7
和平村	班彦晓	班彦晓	西南方 6 公里	1228	191.83	973.5	46.13
班官庄村	班学军	班学军	正南方 4 公里	1802	330.83	1723	27.9
新村	王恒成	王恒成	西南方 10 公里	3870	347.5	1298.4	25.53
南古新街	于恒强	王磊	西南方 9 公里	5285	432.88	1934.5	591.28
寨和村	王贵宝	—	西南方 5 公里	4574	309.49	1214.8	4.17
埠前北村	王广平	张波	正西方 2 公里	2584	345.5	1691.5	10
华南社区	杨蕴铭	侯坤山	正西方 7.6 公里	1860	188.09	676	234
金堂社区	贺龙习	贺龙山	东南方 0.8 公里	1100	0	0	59.97
泉井村	古龙敬	于恒忠	西南方 4.5 公里	1309	138.4	515	2.47
高埠前村	魏俊宝	陈常胜	西南方 7 公里	2790	320.16	1153.2	17.21
徐埠前村	朱孟果	徐勤义	西南方 6.8 公里	1326	150.74	751	6.9
张南埠子村	庞士君	张桂峰	西南方 2 公里	2570	108.05	406	31.63
琅琳居村	吴西迎	张宝林	东南方 5 公里	3329	489.25	1755	29.5

撰稿：李大伟　　审稿：刘洪明

新型工业化实验区（滨海高新技术产业区）

领导成员

党工委书记：李根深（兼，12 月离任）

党工委副书记、主任：刘彦华（兼）

党工委副书记、副主任：

王济壮（兼，3月离任）
胡顺仓（兼，3月—12月）
杜洪伟（2月任职）
党工委委员：吴继成（兼，12月离任）
张明坤（兼，12月离任）
于　洋（兼，12月离任）
党工委委员、副主任：杨　力
张学金（2月挂职）
副　主　任：高雪梅（女）　韩宝杰（兼）

临沭县新型工业化实验区（滨海高新技术产业区）成立于2010年8月，为正科级事业单位，内设办公室、招商科、规划科、经济发展科、财务科5个科室，核定编制19名。位于临沭县城东6公里，距离临沂市区30公里，距离黄海直线距离38公里。地处鲁南经济带苏鲁两省交界地带。西连327国道、东接长深高速鲁南第一个出口，紧邻沂沭、兖石、陇海三大铁路，连云港、日照和岚山三大港口，半小时内可达临沂和连云港两大机场。

规划建设　产业园区规划总面积26平方公里，一期总体规划面积12.42平方公里，其中城市用地建设10.95平方公里，其它主要为林地及水域，建成用地规模约52公顷。根据产业布局规划重点发展的产业主要有：光电节能照明、电子信息设备制造、新材料及电动车、高端模具和现代物流等新兴高新技术产业。

实验区依据规划不断完善园区功能，紧抓基础设施配套建设，提升园区吸附力和承载力。园区已形成“三纵四横”的便捷交通网络，水、电、燃气和通信管网合理布局，基本实现“七通一平”。污水处理厂主体完工并进行绿化。

招商引资　2016年，实验区紧紧围绕加速发展电子信息、新能源及节能环保产业，打造LED产业基地，争创省级高新技术产业园区的目标任务，深入贯彻落实全县“三引一促”工作精神，大力实施“7+6”产业招商计划，进一步强化措施，抢抓机遇，在积极参加国内外各种大型专业展会的同时，组织招商人员多次赴上海、北京、广州、深圳、宁波等外商集聚地区开展招商引资活动。通过对在谈项目进行在梳理，攻坚克难，先后引进山东瑞能精密电路板、沭光LED贴片、玖凡LED节能照明灯具、山东冠宇新材料、碳纤维电热线、文升铝基板、山东菲牛太阳能生产、上海西蒙公司高端装饰材料制造等10多个项目。请进来客商80多批，取得较好成效。

在建项目中，冠宇新材料项目与温馨家园碳纤维项目签约并开工建设。温馨家园碳纤维项目生产车间一层基础砌砖完成，立钢结构中，办公楼钢结构框架搭建完成；临沂沭光照明产品实现量产；瑞能精密电路立围墙完成220米；临沂新兴产业园汇商工谷二期整体结构建设完成70%。

撰稿：陈延桥　杨　丽　审稿：杨　力

招商引资

领导成员

局　长：尹继利（2月离任）

胡文君（女，2月任职）

副局长：张　军　何　伟

朱占义（2月离任）　张劲松

临沭县招商局是县政府主管全县招商引资工作的部门，为正科级事业单位，内设办公室、考核奖惩科、招商联络科、项目信息科、财务科5个科室。2016年，全县共引建招商引资项目221个，亿元以上项目61个，到位县外资金73.62亿元，完成全年任务的104.66%。其中，镇街（区）到位资金34.02亿元，完成全年目标任务的97.20%；县直分配任务的85个部门单位完成投资39.6亿元，完成年度目标任务的112.04%。

考核管理　由县“三引一促”工作领导小组办公室牵头，按照《临沭县“三引一促”招商引资考核办法》，实行招商引资“月考核通报、年终总评”的考核认定制度。县招商局负责对各镇街（区）、县直及上级驻沭单位招商引资情况的日常调度、汇总工作，每月对新签约、新开工项目情况进行调度，核实汇总。县财政局负责对各镇街（区）、县直部门单位向上争取资金情况进行汇总；县金融办负责对全县融资情况进行汇总。由县招商局综合计算分数，排出名次。考核中做到“一把尺子”量准，做到实事求是，确保考实、考准，达到推进招商引资和项目建设的目的。

项目落实　变以往“剜到篮子都是菜”为现在的“选商选资”“招大引强”，在追求项目数量的同时更加注重项目质量，把招引重点放到国内外500强、民企500强以及行业龙头企业上。2016年，先后招引投资12亿元的亿龙水上大世界、1亿欧元的赛迈道依茨法尔现代智能农业收获等一批投资规模大的项目，以及投资10亿元的龙源风电三期、9亿元的国电风力发电、3.5亿元的光大集团环保能源发电等一批世界和国内500强项目，实现临沭“三引一促”引资工作新突破。

招商推介　积极组织和参加各类招商推介活动，主动介绍宣传临沭县产业优势、区位优势等，邀请有合作意向的客商到临沭考察投资环境，让更多客商了解临沭发展优势和潜力，为下一步开展合作奠定良好基础。2016年，先后参加青岛临沭商会年会暨临沭招商推介会、北京招商引资洽谈会、上海招商引资洽谈会、第七届商博会等活动。其中，北京招商会上签约项目5个，合同利用市外资金54.6亿元；上海招商会签约项目2个，合同利用市外资金8.5亿元；第七届商博会上签约项目2个，合同利用市外资金9.4亿元。立足本县产业实际，深度分析研究产业发展的方向和趋势，谋划一批重点招商项目对外宣传推介，提高项目对接成功率。开通临沭招商政务微博、微信，同时通过网站、电视、报纸等各种媒体，全方位地宣传“三引一促”工作，扩大宣传面，不断扩大临沭对外影响。

重大招商项目简介　意大利赛迈道依茨法尔

现代智能农机项目（CDF） 总投资16亿元，以山东常林农业装备股份有限公司为基础。9月14日，意大利赛迈道依茨法尔现代智能农业收获及畜牧机械产业化发展项目签约，在原有投资基础上新增投资1亿欧元，可实现年产大型智能玉米籽粒收获机械、收获与秸秆打捆多功能机械、青储机械及部分欧洲先进的高端智能收获机械2万台，实现年销售收入20亿元。

诺贝丰化学项目（三期） 由Harva Investment Co.,Limited投资22.6亿元建设，位于临沭经济开发区。建设内容包括：5万吨/年黄腐酸钾及腐植酸水溶肥装置（规模以干基黄腐酸钾计）；0.1万吨/年固体发酵制微生物菌剂装置。项目投产后，可实现新增加就业岗位200余个，年可实现销售收入10亿元，利润4469万元。同时，集成创新水溶性肥料生产技术，促进化肥行业技术进步，具有良好的经济、社会和生态效益。

金铭机械粮食烘干机项目 由北京客商投资10亿元建设，位于临沭经济开发区，占地7万平方米，公司拥有各类专业技术人员100余人。具有年产1500台套粮食干燥机械和2万件零配件加工能力。产品广泛用于稻谷、小麦、玉米、花生等粮食干燥，是粮库和大田粮食收贮必备的首选装备。项目二期将新建年产5000套烘干设备及环保装备生产线，新征用地10公顷，总建筑面积7万平方米，主要建设内容为办公楼、生产车间、原料仓库、成品仓库、组装车间及配套设施等。

年产2.6万吨树脂基复合材料项目 投资6.6亿元，位于临沭街道。建筑面积4万平方米，产品为联合国难民计划署订单加工。项目建成投产后，可实现新增就业400多个，出口创汇5000万美元，利税1300万元。该项目将填补临沂市塑编行业出口空白，实现经济和社会效益双赢。

温馨家园碳纤维年产550万平米电热线项目 由深圳市致臻品汇电子商务有限公司投资1.2亿元建设，位于滨海高新区，占地3.33公顷，主要产品为碳纤维电热线。项目计划建设4100平方米厂房三栋、3000平方米办公楼一栋，1000平米盐水池一座，建设碳纤维电热线生产线4条。项目投产后，可实现年产碳纤维电热线产品550万平方米，直接解决就业岗位500余个，销售收入5.5亿元，利税500万元。

博瑞电子系统技术项目 由济南客商投资13亿元建设，位于滨海高新区，是山东博瑞电子系统技术有限公司、上市公司浙江阳光集团以及中国照明协会就LED照明、LED驱动、高效HID电子镇流器、通讯控制系统及软件开发等方面深入合作的重点项目。公司占地8公顷，一期建筑面积3.3万平方米，是一家集科研、生产、贸易于一体的综合性科技型企业。博瑞电子拥有多项发明及实用新型专利，与浙江阳光集团合作专利技术共享，以全球领先的技术水平承担上海世博会D、E片区照明及控制系统的设计及施工，参与青岛跨海大桥控制系统项目设计，先后被授予中国照明电器协会理事单位、中国电子行业最具发展潜力企业、全国产品质量公证十佳品牌、中国著名品牌等荣誉，并在国内外10余个国家和地区建立起完善的营销和售后服务网络。项目建成后将实现年产各类LED灯3万支，高效HID电子镇流器200万支，年可实现销售收入3亿元，利税3000万元。

夹谷山金兰影视基地项目 由山东金兰影视文化发展有限公司投资3亿元建设，位于玉山镇李庄村与江苏省赣榆县交界处的夹谷山，规划占地20公顷，总建筑面积62638平方米，规划建设地下司令部、知青村、影视城等，计划安装山洞轨道车约1500米。在夹谷山悠久的历史文化遗产基础上，恢复重建圣人殿、圣庙、圣化亭、魁星阁和夹谷书院等建筑群，建设拓展训练基地、茶文化区、采摘园区、探古览胜区、山林观光区、休闲餐饮娱乐中心等配套设施，建设停车场、游客服务中心、导服标志牌、景点介绍牌等配套设施建设，打造鲁南苏北特色鲜明的旅游胜地和全国知名的红色教育基地。

再生资源装备项目 位于青云工业园，规划用地6.67公顷，总投资2.8亿元，主要生产制造再生资源装备。项目计划建设生产车间、综合办公楼等相关配套设施，总建筑面积3.15万平方米，引进大型龙门床、等离子切割机、进口车床、抛丸机等先进设备100余台（套），新上再生资源装备生产线4条。项目建成达产后，预计可年产再生资源装备360套，实现值5亿元，带动近百人就业，具有较好经济效益和社会效益。

2016年临沭县各镇街（区）三引一促招商引资工作情况表

表22 单位：万元

序号	单　位	目标任务	1–12月份认定金额	完成全年目标任务比例	综合得分	排名
1	临沭街道	50000	50132	100.26%	109.26	2
2	经济开发区（郑山街道）	120000	120263.95	100.22%	114.72	1
3	滨海高新区（蛟龙镇）	35000	26745.85	76.42%	82.42	9
4	大兴镇	20000	18900.31	94.50%	94.50	8
5	石门镇	20000	19616.44	98.08%	99.08	7
6	店头镇	20000	19837.24	99.19%	99.19	6
7	曹庄镇	20000	19174.6	95.87%	101.37	4
8	青云镇	45000	45519	101.15%	108.65	3
9	玉山镇	20000	20002.83	100.01%	101.01	5
小　计	350000	340192.22	97.20%	—	—	

撰稿：王　琛　审稿：葛　磊　何　伟

财政·税务

CAIZHENG SHUIWU

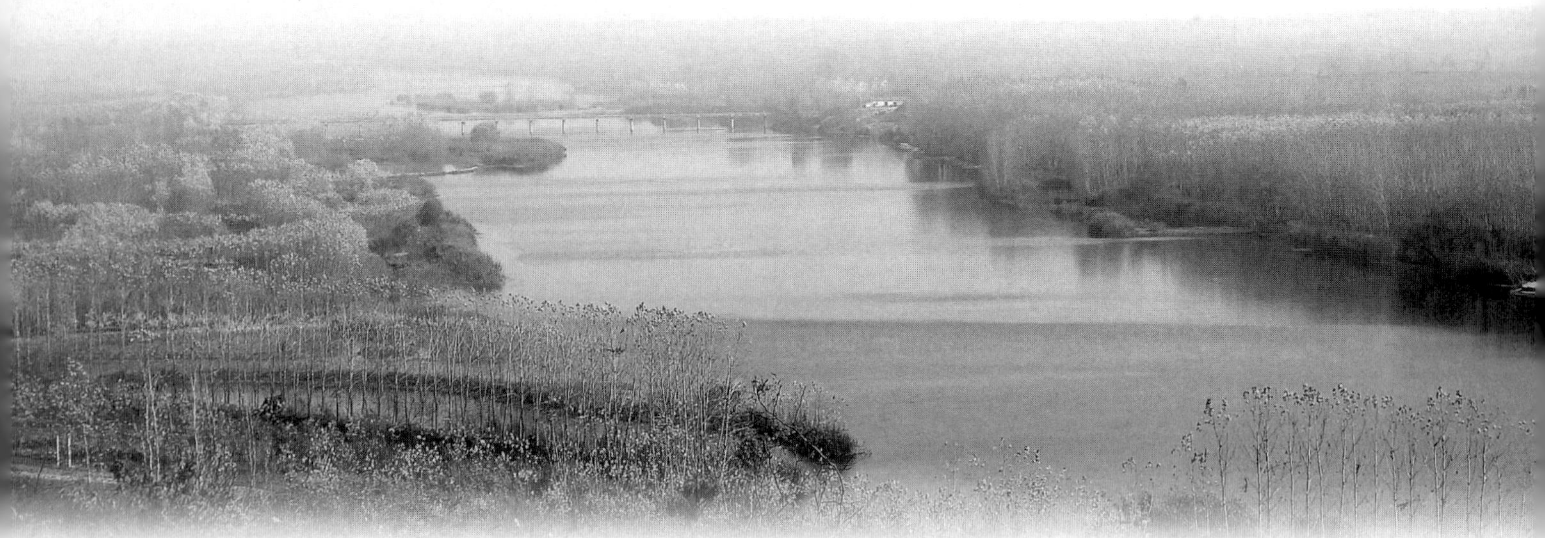

财　政

财政局领导成员

党组书记、局长：郭和法
党组副书记：徐　璇（女）　张福秋
党组成员、副局长：段广胜（2 月离任）
　　　　　　　　　赵应栋
　　　　　　　　　徐芝良（2 月任职）
党组成员：解现光　袁堂好
经济开发投资公司经理：徐　璇（女）
经济开发投资公司副经理：史玉鹏　刘常华
非税收入管理局副局长：张福秋　解朝华
财政监督检查局局长：段广胜（2 月离任）
财政监督检查局驻店头办事处主任：
　　　　　　　　　于建华（2 月任职）
国有资产管理局局长：解现光
基层财政管理局局长：徐芝良（2 月离任）
　　　　　　　　　张勤玲（女，2 月任职）
投资评审中心主任：袁堂好

临沭县财政局内设办公室、预算科、国库科等 14 个职能科室，下设经济开发投资公司、非税收入管理局和财政监督检查局 3 个正科级事业单位，基层财政管理局、投资评审中心和国有资产管理局 3 个副科级事业单位。全局共有干部职工 116 人，其中，离退休人员 26 人，在职人员 90 人。全县设 9 个镇街财政所。

2016 年，临沭县财政局紧紧围绕县委、县政府中心工作，坚持稳中求进工作总基调，主动适应经济发展新常态，凝心聚力，拼搏进取，顺利完成各项工作任务，为经济和社会事业跨越发展提供有力保障。全县一般公共财政预算收入完成 13.9 亿元，同口径增长 14%，增幅居全市第 4 位。其中，9 个镇街完成一般公共预算收入 9.2 亿元，同口径增长 23.4%。全县一般公共预算支出完成 32.3 亿元，增长 6.3%，增幅居全市第 9 位。县财政局连续 16 年被评为省级文明单位，被省财政厅评为全省财政信息工作先进单位；被市委、市政府评为平安临沂建设先进单位，被县委、县政府评为“三引一促”、安全生产履职、环境保护、“12345”市民服务热线工作先进单位等荣誉称号。

组织财政收入　大力推进社会综合治税，发挥财税联席会议、协税护税联动机制等作用，建立税收保障机制，及时采集涉税信息，加强信息分析比对，全年共采集涉税信息 51.3 万条，通过信息交叉比对和开展税务稽查，查补收入 7836 万元。深入开展非税收入专项检查，推广实施新版非税收入和票据管理系统，加强源头控制，遏制非税收入跑冒滴漏行为，进一步提高征缴效率。2016 年，全县实现一般公共预算收入 13.9 亿元，同口径增长 14%，增幅居全市第 4 位。在挖掘自身潜力的同时，认真研究上级相关政策，密切关注资金投向，加强分析研究，积极主动对接，凝聚部门合力，扎实做好重大项目、重点资金的争取工作。2016 年，全县共争取上级转移支付和各类专项资金 17.4 亿元，比上年增加 0.9 亿元、增长 5.6%，为促进地方经济发展、落实民生政策发挥了重要保障作用。

重点项目支出 用好用活省20条、市28条等财政政策，抓住国家和省市扶持经济转型升级的政策机遇，帮助企业争取上级扶持资金8120万元。制定实施“三引一促”、企业“二次创业”、返乡创业等一系列稳增长、调结构的扶持政策，助推经济转型升级。设立2300万元中小企业发展资金，用于中小企业技改项目贴息、环境污染治理、建筑节能改造等；设立200万元电子商务发展专项资金，支持电子商务企业，加快电子商务产业园区建设；设立500万元人才科技专项资金，重点支持高学历人才引进，高层次人才创业启动，企业研发机构建设。采取政府购买服务模式招引社会资本投入2.5亿元，实施县便民服务中心、北城区九年一贯制学校、体育中心二期等公共基础设施建设项目；采取“PPP”模式引导光大国际集团公司投资2.5亿元，新上垃圾焚烧发电项目；采取项目融资模式筹借资金11.4亿元，为“两区同建”、户户通和改厕、路网升级改造、医院新院区建设、解决“大班额”等重点项目建设提供资金保障。

民生项目支出 始终把保障和改善民生作为财政工作的出发点和落脚点，积极调整优化财政支出结构，集中财力落实好各项民生政策，持续办好民生实事。2016年用于民生领域的支出达27.5亿元，占一般公共预算支出的85.1%，高于全市平均3.2个百分点。其中，筹集资金7245万元，用于干部职工物业补贴、车改补贴以及增资政策的兑现，建立起工资正常增长机制。争取上级专项扶贫资金7263.9万元，同时，加大资金统筹整合力度，对其他涉农专项资金，按不低于20%比例统筹用于扶贫，有力推进精准扶贫工作顺利开展。提高保障标准。居民养老基础养老金提高到每人每月100元，基本公共卫生服务经费财政补助标准提高到每人每年45元，城乡居民基本医疗保险财政补助标准提高到每人每年420元，确保广大人民群众共享发展成果。

财政管理改革 积极开展“财税改革落实年”活动，推动各项财税改革落地生根，初步建立起“绩效导向、执行监控、透明预算、监督检查”为一体的管理模式。推进全口径政府预算体系建设，将部门所有收支全部纳入部门预算管理，实行一般公共预算、政府性基金预算、社会保险基金预算同步编报，加大政府性基金与一般公共预算结合力度，形成互为补充、相互融合的完整预算体系。进一步加大预决算公开力度，除涉密单位外，县直116个部门和单位通过政府网站或门户网站公开2016年部门预算和“三公”经费预算。建立健全财务一体化核算体系，将乡镇账套统一到基层数字财政管理系统，实现县乡预算执行数据“大集中”。深化政府采购制度改革，强化政府采购监管，完成政府集中采购项目142个，采购规模达3.2亿元，节约财政性资金4063万元，节支率达11.1%；审结政府投资项目预算196项，审定预算8.4亿元。开展非税收入、镇街财政财务收支、扶贫资金和严肃财经纪律、遵守“八项规定”情况等监督检查，规范资金使用，维护财经秩序。

2016年临沭县财政收入支出主要项目完成情况表

表 23　　单位：万元

一般预算收入		一般预算支出	
1、增值税（50%）	36884	1、一般公共服务	27516
2、营业税	15772	2、国防	289
3、企业所得税	10465	3、公共安全	12297
4、个人所得税	3644	4、教育	91897
5、资源税	1822	5、科学技术	4065
6、城市维护建设税	4959	6、文化体育与传媒	2776
7、房产税	2993	7、社会保障和就业	42899
8、印花税	2272	8、医疗卫生与计划生育支出	40512
9、城镇土地使用税	10834	9、节能环保	9788
10、土地增值税	8767	10、城乡社区事务	7019
11、车船税	1950	11、农林水事务	48680
12、耕地占用税	3580	12、交通运输	6537
13、契税	6762	13、资源勘探电力信息等事务	1597
14、烟叶税	253	14、商业服务业等事务	2899
15、专项收入	17687	15、金融监管等事务支出	68
16、行政事业性收费收入	5711	16、援助其他地区支出	166
17、罚没收入	3961	17、国土资源气象等事务	3730
18、国有资源（资产）有偿使用收入	997	18、住房保障支出	16651
19、其他收入	53	19、粮油物资管理事务	1474
—	—	20、其他支出	1239
—	—	21、债务付息支出	1019
收入合计	139366	支出合计	323118

2016年临沭县各镇街财政收入支出完成情况表

表 24　　单位：万元

单位	财政收入	财政支出
临沭街道	32437	16422
经济开发区（郑山街道）	40014	16711
蛟龙镇	2079	3917

续表 24

单位	财政收入	财政支出
石门镇	1993	6037
曹庄镇	2343	4974
青云镇	6622	8864
大兴镇	1775	5706
玉山镇	2530	7057
店头镇	2208	4792
合　计	92001	74480

撰稿：宋怀华　审稿：陈贯波

国家税务

国税局领导成员

局　　长：庄绪华（12 月离任）

　　　　　罗文选（12 月任职）

副 局 长：王通民　罗运波

纪检组长：刘西尧

临沭县国家税务局（简称县国税局）下设11个职能科室：办公室、财务管理科、政策法规科、税政科、收入核算科、纳税服务科、征收管理科、人事教育科、监察室、税源管理一科、税源管理二科；1个直属机构：稽查局；1个事业单位：信息中心；7个派出机构：城区税务分局、郑山税务分局、南古税务分局、石门税务分局、蛟龙税务分局、朱仓税务分局、青云税务分局。

2016年，全县国税收入突破11亿元，创历史新高。全年共组织收入110411万元，完成国内税收收入107947万元，同比增长27.6%，增收23351万元。完成县级收入44068万元，同比增长50.44%，增收14776万元。在经济大环境持续走低的严峻形势下，县级收入实现快速增长。县国税务局保持“省级文明单位”“档案工作科学化管理先进单位”等称号，被省委宣传部评为“全省四德工程示范单位”，被省档案局评为“档案工作科学化管理示范单位”，被省妇联评为“幸福进家活动先进单位”，被市委、市政府评为“2011—2015年全市普法依法治理工作先进集体”。

分税种收入　增值税完成82251万元，同比增长57.84%，增收30140万元，其中，增值税直接收入完成71740万元，同比增长65.81%，增收28474万元；消费税完成2042万元，同比下降24.94%，减收678万元；企业所得税完成18063万元，同比下降21.45%，减收4932万元；车辆购置税完成5591万元，同比下降17.41%，减收1179万元。其中，改征增值税完成19033

万元，同比增长102%，增收9611万元。

纳税服务 推进办税服务厅标准化建设。4月份为适应营改增服务压力快速增长需求，投资10余万元，对县局办税服务厅进行升级改造，新增服务窗口3个，新上服务评价设备3套、10余平方米的LED电子屏1个、发票认证扫描仪5台、UPS不间断电源设备1套，并对部分电脑和打印机进行更换，全面提升硬件支撑能力。科学规范区域设置。进一步规范办税服务区、咨询辅导区、表单填写区、自助办税区、等候休息区、纳税人之家、导税咨询台、公告栏区等厅内功能区。特别是营改增试点工作高峰期间，合理划分营改增和非营改增纳税服务工作区域，新增营改增标识，优化办税服务环境，提升办税服务功能。优化办税服务内容。实现包括税务登记、税务认定、发票办理、申报纳税、优惠办理、证明办理、宣传咨询7类44项涉税事项“全市通办”和7类40项涉税事项“全省通办”。积极开展纳税人需求征集工作。在纳税人培训期间，采集纳税人需求，累计收回有效问卷近400份，采集意见20余条；通过微信群发布需求调查问卷，系统自动采集数据，累计收回有效问卷150余份，采集意见10余条。提升风险意识，规范实务操作，前台人员人手1本纳服规范纸质版本、4个规范电子版本，所有依申请涉税业务严格按照规范执行，确保业务操作有依据、有痕迹、有规范。提升勾选认证占比。3月—6月针对AB级纳税人先后开展4次全员培训，勾选认证比例不断提升。推行二维码一次性告知制度。在利用网站、QQ群、微信等新媒体优势推送二维码告知宣传的同时，在办税服务厅、政务大厅、商业街投放宣传画报、宣传单页实物资料，并在所有办理或咨询业务环节随同发放“二维码”扫描卡片，便于纳税人随身携带，培养使用习惯。优化业务流程。充分发挥导税人员预审服务功能，将资料审核环节前置，提升办税效率，减少纳税人等待时间。

全力做好营改增服务工作。营改增试点工作重点阶段，建立“四位一体，环环相扣”营改增办税服务机制。通过双向预约，全程导税，预审辅导，业务办理，为营改增纳税人提供一条龙综合服务。认真执行值班制度、首问责任制度、预约服务、限时服务、延时服务、纳税人学堂培训、应急预案等配套制度措施，通过环环相扣的纳税服务流程，确保全程服务无断点，保障纳税人享受快捷顺畅服务。营改增期间，共计开展预约服务1000余次、政策宣传和实物操作培训近20场、上门集中辅导360余户次，培训人员近3000人次，现场答疑240余条，累计发放宣传单页2000余份、税企联系卡800余份。

深化合作，拓宽国地税联合办税内容。按照省市国税局部署，联合地税局完成2015年度信用等级评价工作，全县共有1126户参评，评出A级纳税人37户，B级纳税人893户，C级纳税人185户，D级纳税人11户。联合地税局与农村信用社、民丰银行、邮政储蓄银行、农业发展银行签订“税银互动”合作协议。联合地税局召开银税互动工作会议，全面推动“征信互认、银税互动”合作项目，做好“银税互动”宣传推广工作，为优信纳税人发放贷款5215万元。顺利通过市国税局组织的“联合办税服务厅”示范点验收。

强化涉税中介机构监管和服务。细查真纠，认真开展涉税中介问题自查整改工作。配合省国税局检查组，共开展3次涉税中介清理工作。通过畅通投诉举报受理渠道，公开投诉举报电话，与人事、监察部门协作，彻底纠正税务机关和税务人员违规插手涉税中介问题。提高纳税服务质量，切实维护纳税人权益。及时受理“12366”纳税服务热线、“12345”市民服务热线转办事项及纳税服务投诉，全部在规定时间内办理完毕，结案率100%。加快出口退税办理。落实《全国税务机关出口退（免）税管理工作规范（1.1版）》和《出口退（免）税分类管理办法》，对210户出口企业进行分类，其中A类1户、B类10户、C类196户、D类3户。严格按照分类管理办法要求实施管理措施。在退放心税、安全税的前提下，按照标准化、无纸化试点要求做好出口企业审核工作，全县共办理退税17122879.27元，同比增长14.90%，办理调库105108872.19元，同比增长18.83%。完成省国税局3、4批疑点企业预警评估工作。结合省国税局疑点企业名单加强对重点行业、重点嫌疑企业控制，对退税增长迅速、敏感货源、敏感口岸出口等情况加强管理，从严掌握。

依法治税 2016年依法治税重点部署三大举措：一是强化责任意识，通过春训培训依法治税知识，加大法制方面的培训力度。通过开展各种形式的法制培训、法制学习，全面提高全系统税务干部特别是各级领导干部的法律素质。二是开展法治国税机关示范点创建工作，制定法治国税示范点创建实施方案，组织、指导税源管理单位开展法治示范点创建。三是加强组织管理，成立依法治税领导小组，进一步落实领导负责制，强化组织领导，确保各项目标措施贯彻落实到位。坚持一手抓依法行政，打击骗税，一手抓优化服务，加快退税，圆满完成各项工作任务。全年共审理重大税务案件2户次。审批安置残疾人享受税收优惠政策资格认定7户，办理安置残疾人企业退税7户次，办理退税408.19万元。审批资源综合利用税收优惠政策资格认定3户，办理退税152.69万元。

2016年临沭县分镇街税收收入情况统计表

表25　　单位：万元

单　位	累计完成	去年同期	同比 ±%	增减额
合　计	107947	84596	27.60	23351
县　直	19110	18575	2.88	535
乡镇小计	88837	66021	34.56	22816
经济开发区（郑山街道）	46973	39373	19.30	7600
临沭街道	25039	9991	150.61	15048
曹庄镇	1942	2494	–22.14	–552
石门镇	1629	2223	–26.73	–594
店头镇	2177	2907	–25.12	–730
大兴镇	1466	1133	29.42	333
蛟龙镇	2037	1306	55.98	731
玉山镇	1791	1478	21.16	313
青云镇	5783	5117	13.02	666

撰稿：解建堂　审稿：罗文选

地方税务

地税局领导成员

局　　长：高　伟（女）

副 局 长：英瑞宝　刘景辉　王军吉

纪检组长：王新华（12月离任）

2016年，临沭县地方税务局积极应对各种困难挑战，以依法组织收入为中心，不断强化税收征管，优化税收服务，加强队伍建设，推进反腐倡廉，圆满完成以组织收入为中心的各项工作任务。

征收管理　全县地税系统累计组织入库各项收入84684万元，剔除营业税和代征增值税16945万元，可比口径增长25.28%、增收13670万元；剔除营业税和代征增值税，地方级收入完成57195万元，完成年初目标的110.15%，可比口径增长20.60%、增收9770万元，圆满完成全年任务目标，实现任务数量与收入质量“双提升”。加大存量税种精耕细作，企业所得税完成8099万元，同比增收1692万元，增长109.4%；个人所得税完成9109万元，同比增收906万元，增长33.08%；土地增值税完成8767万元，同比增收4943万元，增长129.27%；土地使用税完成10833万元，同比增收2612万元，增长31.77%。加大欠税清理力度，结合推进营改增工作开展营业税欠税清理，营业税入库14089万元，增收4730万元，增长50.54%。开展营改增后税收征管方式研究，强化存量税种管理，开展加强“营改增”后征管基础建设活动，对纳税人基础信息、房产土地信息进行调查核实，及时对金三数据库进行补充完善。

税源管理　强化对重点行业、重点税源、重点企业监控，尤其是对营改增重点企业逐户测算，摸清影响底数，加大收入调度，努力保持税收收入均衡入库、良性增长。强化各税种管理，扎实做好年所得12万元以上个人所得税自行纳税申报工作，112人补缴税款31.49万元。抓好企业所得税年度汇算清缴，357户共汇缴查补3179.98万元，汇缴面达100%。有序推进“以地控税、增税节地”工作，对省地税局延伸审计的三批次210余条信息逐一核实，累计补缴税款56万元。强化上市公司股权激励个人所得税管理，金正大公司共缴纳股票期权所得个人所得税1543万元。强化税收风险管理，认真落实省市地税局派发的税收风险任务，及时准确处理税收预警信息，处理预警信息1100余条，补缴税款1200万元。征管基础持续巩固，深入开展税收征管状况监控分析，根据市地税局征管质量排名及时提醒，对征管质量排名靠后单位的相关领导及责任人进行约谈，全县征管质量在全市排名中名列前茅。

税收执法　稳步推进“法治地税”建设，制定《关于加快推进“法治地税”建设的实施意见》及配档表，推动“法治地税”建设深入开展。完善稽查治理体系，充分发挥税务稽查和纳税评估职能作用，组织骨干力量开展重点税源企业检查、“营改增”清理检查、国地税联合检查和发票违法检查等，评估检查375户，查补入库税款2676.57万元，滞纳金12.14万元，罚款8.55万元。通过政府购买服务方式，聘用中介机构为重点检查提供涉税审计服务，进一步降低征收成本、提升检查质量。积极配合县审计局税收征管质量审计和“营改增”专项审计工作。依法加强财务行政管理，积极做好制度“清、改、废、立”工作，努力提高依法行政水平。扎实推进绩效管理，以绩效管理平台为载体，以指标定责为重点，以跟踪督导为抓手，充分发挥其“指挥棒”作用，推动整体工作效能提升。切实加强督导检查，围绕组织收入、绩效管理、“干在实处、走在前列”实践活动、“两个责任”“纪律行动”及重点工作推进情况等，不定期开展督导检查，深入查找和整改存在的问题和不足，有效提升各项工作质效。

纳税服务 释放政策红利，扶持企业发展，依法落实小微企业、高新技术企业和科技创新、环保节能等各项税收优惠政策，累计减免各项税收2100余万元。发挥“银税互动”作用，通过“银税互动”为36户小微企业提供贷款400余万元。积极推进国地税征管体制改革，应用国地税登记比对系统清理漏征漏管户200余户，补交税款40余万元。实行国地税业务一厅办理，全面落实税费相互委托代征，委托国税代征税款510余万元。全面优化营改增期间纳税服务工作，推行“午间办税”服务，被中国税务报刊登报道。认真贯彻全国税务机关纳税服务规范，大力开展便民办税春风行动，开展“精准服务”。开展纳税信用等级评定工作，评出A级纳税信用等级纳税人46户。积极做好行风热线、“12345”市民服务热线和“12366”服务热线办理工作，对群众投诉、涉税举报、咨询建议等，都按规定程序进行办理，群众满意率达100%。

2016年临沭县地税收入完成情况表

表26 单位：万元

税种	年初计划		实际完成		其中：地方财政收入	
	总量	地方	累计	占年初计划%	完成	占年初计划%
总计	111873.00	103040.00	84683.86	75.70	74140.29	71.95
剔除增值、营业税收入小计	60757.00	51924.00	67738.98	111.49	57195.41	110.15
1、增值税	—	—	83.66	—	83.66	—
2、营业税	51116.00	51116.00	16861.22	32.99	16861.22	32.99
3、企业所得税	6281.00	2512.40	8099.42	128.95	3239.77	128.95
4、个人所得税	8402.00	3360.80	9109.22	108.42	3643.69	108.42
5、房产税	3705.00	3705.00	2993.30	80.79	2993.30	80.79
6、车船使用税	2282.00	2282.00	1949.73	85.44	1949.73	85.44
7、印花税	2266.00	2266.00	2271.57	100.25	2271.57	100.25
8、资源税	3144.00	3144.00	1822.34	57.96	1822.34	57.96
9、土地使用税	9775.00	9775.00	10833.77	110.83	10833.77	110.83
10、土地增值税	4457.00	4457.00	8767.34	196.71	8767.34	196.71

续表 26

税种	年初计划		实际完成		其中：地方财政收入	
	总量	地方	累计	占年初计划 %	完成	占年初计划 %
11、城 建 税	5105.00	5105.00	4958.61	97.13	4958.61	97.13
12、烟叶税	248.00	248.00	253.30	102.14	253.30	102.14
13、教育费附加	3086.00	3086.00	2948.67	95.55	2948.67	95.55
14、文化事业费	—	—	0.37	—	—	—
15、地方教育附加	2054.00	2054.00	1964.80	95.66	1964.80	95.66
16、耕地占用税	3400.00	3400.00	3579.54	105.28	3579.54	105.28
17、契税	5277.00	5277.00	6762.48	128.15	6762.48	128.15
18、地方水利基金	1042.00	1042.00	982.79	94.32	982.79	94.32
19、罚 没 收入	1.00	1.00	1.93	193.00	1.93	193.00
20、残保金	232.00	208.80	246.43	106.22	221.78	106.22
21、工会经费	—	—	193.37	—	—	—

2016 年临沭县分镇街地税收入情况表

表 27　　单位：万元

单位	年初计划	实际完成	2015 年同期
总 计	111873.00	84683.85	103143.79
县 直	32485.00	22018.11	28443.28
临沭街道	34647.00	26966.79	29578.94
经济开发区（郑山街道）	26800.00	23479.56	23874.02
曹庄镇	2308.00	1473.59	2850.26
石门镇	1726.00	1267.63	2902.95
店头镇	1650.00	1195.94	1818.61
玉山镇	2691.00	1940.69	3499.87
青云镇	6002.00	4050.44	6286.68
大兴镇	1790.00	1097.73	2080.30
蛟龙镇	1774.00	1193.37	1808.88

撰稿：樊纪群　审稿：高　伟

金　融

JINRONG

银行业监督管理

临沂银监分局临沭办事处领导成员

主　任：凌再颂

2016年，临沂银监分局临沭监管办事处立足监管职责，有效发挥督导职能，较好完成各项工作，促进辖内银行业和地方经济的稳健发展。连续五年被临沭县委、县政府授予“金融工作先进单位”称号，连续四年被分局评为先进集体。

监管工作　2016年，协助临沂银监分局对9项行政许可事项进行审查，其中机构停业2处，机构变更名称1处，机构降格1处，高管人员任职资格5人次，均按许可规定在最快时间内予以办理答复，保证金融机构服务和管理连续性。

支持实体经济发展　通过加强政策传导、创新服务形式、强化引导等措施积极推动金融机构提高金融服务水平，加大信贷投放。至年末，全县金融机构各项贷款188.06亿元，较年初增加18.96亿元，增幅11.21%。临沭银监办强力推进四大措施见成效。协助协调维护常林集团资金链。2016年，银监办同金融办、人民银行等多部门一起，多方面多渠道协调解决常林集团面临的资金困难，做了大量工作。组织推进辖内6家企业债委会组建运营，帮助企业维护资金链，支持银行防范信用风险。监管办监督辖内银行业组织召开春雨肥业、正茂皮革等2个经营出现困难企业债权人联席会情况，组织金正阳等4家企业组建债委会。在企业困难时期，监管办加强在企业和银行之间的沟通协调，促进银行帮扶企业克服资金链困难，支持银行维护正当信贷权益。

金融生态环境建设　监管办联合县金融办、县人行组织开展2016年度临沭县防范打击互联网金融非法集资专项活动。信访事项较上年同比减少10件。2016年，临沭监管办妥善处置各类信访投诉，依法依规处理信访、12345热线投诉2次，其中市局2次，已解决2次，办结2次，较好维护银行声誉和金融消费者的正当权益。

金融风险防范　督促临沭农商行稳步完成农信社银行化改革工作，7月17日临沭农商行挂牌改制，标志着临沭农商行银行化改革工作完成。监管办注重强化非现场监管，督促民丰村镇银行完善“三会一层”架构，进一步发挥法人治理的管理监督和内部控制作用，对民丰村镇银行存贷款、信用风险和流动性风险等指标按月监测，督促村镇银行加强风险防范，保持稳健发展。组织推进辖内春雨肥业等6家企业债委会组建运营，帮助企业维护资金链，支持银行防范信用风险。

撰稿：庞怀宇　审稿：凌再颂

中国人民银行临沭县支行

领导成员

行　　长：陈仕庆（2月离任）
　　　　　梁雨舟（2月任职）
副 行 长：梁雨舟（2月离任） 石民邦
　　　　　刘艳青（8月任职）
纪检组长：王裕山

中国人民银行临沭县支行下设办公室（纪检监察室）、金融服务管理科、货币信贷调统科、金融稳定科4个职能科室，共有干部职工21人，中级技术职称11人，大专以上学历19人，中共党员15人。2016年，人行临沭县支行认真贯彻落实县委县政府和中支党委的工作部署，强化党建统领，以综合量化考核管理为依托，深入推进作风建设和执行力建设，各项工作实现新突破。先后被县委县政府授予行风建设、平安临沭建设、统计工作、经济普查、打击非法集资先进单位等称号，顺利通过省级文明单位检查验收。金融精准扶贫、支持中小微企业发展等创新工作得到县委县政府主要领导批示肯定，其经验做法被《金融时报》宣传报道。

存款　2016年，临沭县各金融部门采取有效措施，扩大资金来源，加大吸收存款力度，提高金融服务水平，各项存款大幅增长，2016年末，全县金融机构本外币各项存款余额245.67亿元，较年初增加8.74亿元，增长3.69%，存款增量和增长率均居全市九县第9位。

贷款　2016年，临沭县金融部门以支持地方经济发展为己任，优化信贷结构，坚持“有保有压、区别对待”原则，合理发放贷款，贷款总量大幅增加。2016年末，本外币各项贷款余额188.06亿元，较年初增加19.25亿元，增长11.4%；贷款余额、增量分别居全市九县第4位和第6位，增长率居第9位。

宏观调控　2016年，人行临沭县支行认真贯彻落实稳健的货币政策，坚持“稳中求进”总基调，通过召开金融联席会、信贷政策通报会、政银企合作推进会等形式，引导金融机构进一步优化信贷结构和融资结构，切实加大对实体经济特别是“三农”和中小微企业的信贷支持力度，实现货币信贷总量稳健均衡增长，有效支持全县经济平稳较快发展。

金融服务　加强现金管理，不断提升服务水平。认真做好假币收缴工作，累计收缴、上缴假币187505元，净化辖内人民币流通环境。强化培训学习，全面提升辖内现金从业人员素质。精心组织，周密部署，组织辖内金融机构积极参加全市人民币管理知识业务竞赛，其中临沭民丰村镇银行、临沭农村商业银行分获“人民币管理知识业务竞赛金融机构团体奖”一等奖、二等奖，临沭县金融机构参赛人员获个人奖一等奖8人，二等奖11人，三等奖18人，获奖人数占个人奖总数的61.67%。加强反假货币资格管理。组织辖内金融机构积极参加反假货币资格证书考试，对法人金融机构反假货币知识培训考试理论测试合格者开展实物测试，全县临柜人员持证上岗率达到95%以上。组织辖内各银行业金融机构开展防范打击“法轮功”制作传播反宣币专项工作。做好相关纪念币、纪念钞的发行及缴存款业务工作。健全完善反洗钱工作协调机制，促进反洗钱工作的合作与交流。主动与公安等部门联系，积极搭建反洗钱工作交流平台，健全完善反洗钱工作联动长效机制，充分发挥各部门职能作用，密切协作，共同打击洗钱犯罪。拓宽支付结算渠道，强化支付结算监管。根据上级行推进普惠金融发展部署，着力构建“六位一体”的农村金融综合服务点，作为支行2016年计划实施的重点民生工程和民生实事，推进辖区普惠金融发展。多次召开专题会议对助农取款服务点建设工作进行安排部署，统筹协调，组织对辖内助农服务点进行扩容改造，提质升级。在试点的基础上，全面完成辖内75个省级贫困村金融综合服务点建设任务。增强工作责任感和紧迫感，开展打击治理电信网络新型违法犯罪工作，切实保护人民群众财产安全和合法权益。扎实开展非银行支付机构风险专项整治工作。组织召开辖内有关机构联席会议，对非银行支付机构风险专项整治工作进行安排部署，对非银行支付机构认真进行摸底排查。对临沭民丰村镇银行青云支行和7家农村信用社加入大小额支付系统进行现场评估、约见谈话，两家机构共8个网点已加入支付系统。

金融改革　2016年，人行临沭县支行不断加强支行建设，强化对外履职导向，有力推动对外履职效能进一步提升。根据“中共中国人民银行济南分行委员会关于进一步加强辖区县支行建设的意见”（济银党〔2016〕77号）文件要求，将原来办公室、综合业务部、调查信息部、纪检监察室4个职能部室调整为4个科室，分别为：办公室（纪检监察室）、货币信贷调统科、金融服务管理科、金融稳定科，制定业务岗位设置规范，明确县支行应当履行好的12项职责。先后组织9人次到济南分行参加10个专题的对外履职业务培训，强化对外履职决策保障。优化人员配置，将素质较高的4名青年员工安排到对外履职岗位，不断推进综合服务大厅标准化建设，努力打造金融服务新平台。

金融扶贫　成立金融精准扶贫领导小组，制定《临沭县金融精准扶贫专项实施方案》，出台《依托条柳编产业和农民专业合作社推进精准扶贫的实施方案》。2016年末，全县金融机构发放“富民生产贷”和“富民农户贷”扶贫贷款余额2.32亿元，超额完成上级行下达的1.6亿元的指导性扶贫计划，带动贫困户7516户、15236人实现脱贫。其经验做法“小柳条‘编织’大梦想，山东临沭金融支持柳编产业助力农民致富”被《金融时报》和中央新闻联播报道。

外汇管理　2016年，全县进出口总额5.47亿美元，同比增加17.89%。其中，出口4.07亿美元，同比上升29.21%，进口1.4亿美元，同比下降6%。贸易项下收付汇总额4.97亿美元，同比上升13.21%，其中贸易收汇3.76亿美元，同比上升22.88%，贸易付汇1.21亿美元，同比减少9%。积极推进全口径跨境融资宏观审慎管理，引导鼓励外商投资企业及符合借债条件且有借债意愿的中资企业举借外债。临沭支局分别为山东狮玛德化肥有限公司及临沭华丰现代物流有限公司成功办理累计金额为人民币5.93亿元人民币的外债签约登记业务，为企业发展提供多元化融资支持，同时节约融资成本。坚持“一企一策”外汇服务，促进贸易投资便利化。坚持个案处理、急事急办、特事特办，有针对性地帮助涉外企业解决实际困难，为企业量身定制外汇服务措施。及时协调解决重点企业遇到的困难和问题，重点服务于规模大、影响大的企业，建立重点企业定期联系制度，强化对重点企业、重点项目的“一对一”服务。2016年助力辖内金正大公司实现跨国并购，引导企业通过内保外贷进行海外融资，为企业办理3笔总额8650万欧元的内保外贷登记业务，顺利实现境外兼并。加强督促，严格审核，按时完成企业存量权益登记工作。2016年完成存量权益登记申报信息的有44家，申报率为100%，境外投资企业申报率100%。加强企业分类管理,2016年将4家企业降为B类。积极探索货物贸易非现场监测和现场核查方法。不断创新货物贸易非现场监测分析方法，探索综合利用企业财务数据促进现场核查工作。

国库工作 强化国库监管，确保库款安全。2016年共办理国库业务12.91万笔，总额66.32亿元。其中办理各级预算收入8.23万笔，金额27.47亿元；办理财政拨款2.20万笔，金额34.89亿元；办理预算收入退库1012笔，金额2.74亿元，办理更正302笔，金额0.54亿元。通过事前监督和事中监督，全年共发现并堵截各类不合规业务35笔，金额878.87万元。实现全年国库业务安全无差错。更新服务观念，拓宽服务领域。在做好日常核算的同时，不断拓展服务领域，为客户提供优质服务。通过现代化支付系统，全年共办理水库移民资金18.75万笔，金额1042.46万元。与税务、工会等部门沟通协调，实现工会经费直接入库173.37万元。既方便客户，又取得良好的社会效果。做好国库集中支付管理工作。组织好国库集中支付代理行资格年审工作。通过对年初各代理行报送的年审资料的审查现场检查,结合平时柜面监督等日常业务情况，经过综合评审考核，各代理行都能够严格按照集中支付制度办理业务，没有发现不良记录，年审全部合格，国库与六家集中支付代理行重新签订集中支付清算协议。

2016年临沭县金融主要统计指标情况表

表28 单位：万元

指标（万元）	2016年	比上年+–	增长率%
金融机构本外币存款余额	2456707	87409	3.69
（一）单位存款	809513	–83438	–9.34
（二）个人存款	1646977	171050	11.59
储蓄存款	1646977	171050	11.59
#活期储蓄存款	440513	71694	19.44
#定期储蓄及其他存款	1206464	99355	8.97
金融机构本外币贷款余额	1880609	192463	11.4
（一）短期贷款	966286	32881	3.52
个人贷款	242439	110	0.05
单位普通贷款	723847	32771	4.74
（二）中长期贷款	858828	184078	27.28
固定资产贷款	324051	30343	10.33

撰稿：胡广延 审稿：梁雨舟

中国工商银行股份有限公司临沭支行

领导成员

行　长：秦　颢

副行长：田　勇

张玉芹（女，9月改任经理三级）

张海燕（女）

中国工商银行股份有限公司临沭支行（简称工行临沭支行）设办公室、市场一部、市场二部、风险管理部等四个内设部室，营业部、第一储蓄所等两个营业网点。附行式自助银行2处、离行式自助银行4处。全行共有干部职工42人，其中，本科及以上学历18人。

年末各项指标完成情况：存款余额155591万元，较年初增加17949万元；贷款余额290123万元，较年初增加54130万元。贷款收息率95.4%，实现经营利润6346万元。

信贷投放　2016年，临沭支行贯彻稳中求进工作总基调，严控资产质量关、经营转型关和改革创新关，实现全行经营业绩的平稳增长，有力支持地方经济建设。全年累计投放资金16.36亿元，为全县骨干企业办理银行承兑汇票211笔，累计11.27亿元。同时本着“抓大不放小”原则，积极支持小微企业的发展，累计向全县小微企业投放资金1.12亿元。至2016年12月31日，工行临沭支行个人贷款余额137321万元，较年初增加44740万元，完成计划的124.27%，

国际业务结算　2016年，工行临沭支行为企业办理国际业务结算2498笔，累计金额9439.23万美元；结售汇业务2383笔，累计金额5413.79万美元

撰稿：高树建　王向民　审稿：秦　颢

中国建设银行股份有限公司临沭支行

领导成员

行　长：邵珠才

副行长：刘　斌（7月离任）

纪检特派员：刘秀信

行长助理：朱利军　李保京

委派营运主管：王金霞（女）

业务经营　2016年建行临沭支行改变传统评级授信观念，着力培育信贷增长点，优先支持三农、节能环保、民生领域及临沭县支柱产业和

新农村建设，坚持大、中、小企业全面铺开支持的原则，大力拓展对小微企业的信贷支持，促进小微企业快速成长。同时，通过继续围绕个人新建住房贷款、个人住房再交易贷款、个人商业用房贷款、个人消费贷款、个人助业贷款、住房公积金委托贷款，拓宽个人金融融资产品需求渠道。

2016 年末各项贷款时点余额突破 29 亿元，时点新增 5 亿元，时点余额及时点新增均位居当地四行第二。其中：对公贷款时点余额突破 15.7 亿元，时点新增 1.9 亿元，时点余额及新增额均位列当地四行第一；个人贷款时点余额突破 9 亿元，时点新增 3 亿元，时点余额及新增额分别位列当地四行第三位、第二位。2016 年接受临沂市住房公积金管理中心临沭县管理部的委托，加大对住房公积金委托贷款的发放力度，全年发放住房公积金贷款 337 户，累计发放 10713 万元，年末委托性住房贷款余额达到 18617 万元。

在金融服务环境及渠道建设方面，通过营业场所拓宽、引进智慧柜员机等，不断满足客户分流服务需求和环境舒适度体验。2016 年完成对营业室及个人贷款中心的扩建改造，并在辖属两个网点投放智慧柜员机 10 台，有效减轻柜面服务压力。

内部管理　2016 年临沭支行对照“党的基层组织和生产行政组织同步建立，党务干部和生产行政干部同步配备，党建工作制度和生产管理制度同步制定，党建工作和生产经营工作同步考核”的党建工作四同步要求，对下辖四个党支部及支部书记进行实时调整，保障党建工作与业务工作的同步部署、同步落实，提升基层党支部的执行力。全年通过案例警示教育、学习考试、检查督导、责任考核等方式，不断提升全员按章操作能力。通过安全生产“七个一”排查和整改，全行安全生产的基础保障作用明显突出，安全生产无小事的经营理念深入人心。

2016 年建行临沭支行存贷款情况统计表

表 29　　　　单位：万元

全口径存款余额	213791	各项贷款余额	251694	住房公积金贷款	18617
其中：对公存款	126356	其中：公司类贷款	157617	—	
个人存款	87435	个人类贷款	94077	—	
同业存款	—	—	—	—	

撰稿：李　涛　审核：朱利军

中国银行股份有限公司临沭支行

领导成员

行　长：陈广文

副行长：郭　亮　吴广兴

临沭支行下设综合管理部、业务发展部、营业部、常林支行处四个职能部门；共有干部职工42人，其中内退员工4人；大专以上学历33人。2016年围绕市行党委提出的“增存款、控不良、上效益，全面提升市场竞争力”的发展思路，临沭支行突破发展瓶颈、奋力开疆扩土，实现存贷款余额双双突破20亿元大关，临沭县四大行市场份额占比攀升第二的跨步发展。在2016年年度考核中，临沭支行取得个金第一、公司第三、综合排名第二的好成绩。在百日竞赛活动中，获得竞赛优胜明星支行及总行级“电子银行一马当先奖”。荣获2016年度“绩效考核优胜单位”“公司金融条线优胜单位”“个人金融条线优胜单位”“文优服务条线优胜单位”“突出贡献奖”等称号。

负债业务　12月末，临沭支行本外币存款时点余额232398万元，人民币各项存款时点余额达到224852万元，较2015年同期新增29278.73万元，提升14.97%。其中：公司存款119841万元，较2015年同期新增13506万元；储蓄存款105011万元，较2015年同期新增15773万元。四大行市场份额占比25.37%，较2015年同期提升3.28%。本外币存款日均余额234120万元，较2015年同期新增27385万元，提升13.24%。

资产业务　全年全行人民币表内外贷款余额442867万元，其中人民币表内授信余额201505万元，较2015年同期新增20180万元，提升11.13%，四大行市场份额19.61%，较去年同期提升4.18%。其中：公司贷款表内余额124259万元，较年初新增4244万元；公司表外授信余额241362万元，成功续做金正大7.4亿元融资性保函业务，并续做全辖首笔非合资企业的海外直贷业务，相继实现金正大、史丹利共计6亿元的投放，开立承兑汇票93笔，余额共计107362万元；个人授信余额77246万元，较年初新增15935万元。

经济效益　全年实现营业收入9378万元，较2015年同期新增1631万元，提升21.05%。拨备前利润7923万元，较2015年同期新增1923万元，提升32.05%。税后利润5526万元，较2015年同期新增1249万元，提升29.2%。其中对公非息收入及对私非息收入均提前一个季度完成全年预算计划。

资产质量　全年临沭支行不良贷款余额45万元，全部为个人贷款不良，不良率仅0.02%。

客户群建设　全年临沭支行中高端客户折算后22293户，较年初新增4277户，计划完成率160.29%。对公有效户126户，较年初实现新增14户，超额完成市行5户的计划目标。国际结算量占比51.45%（11月数据，12月数据暂未出），较2015年12月提升9.83%

渠道建设 全年开办助农网点6个，实现储蓄存款时点新增427.19万元，日均新增338.24万元；11月中旬成功与临沭县供热公司签订代收协议，实现缴费8015笔，共计1570万元，吸收及沉淀存款3192元。中银E社区实现1户样板社区，初步绑定房间105户，实现35户线上缴费；开通ETC842张，全辖排名第一，计划完成率70%，是全辖唯一一家计划完成率达到市行要求的支行；电子银行新增交易客户数达到12184个，全年目标计划完成率106%。

党团建设 3月初，临沭支行举办民主生活会；6月末，获得省行级先进基层党组织荣誉称号，并启动“两学一做”学习教育活动；在建党95周年之际，组织全体党团员到孟良崮、大青山接受红色爱国主义教育；8月至9月重点组织团支部学习张驰事迹，并在10月到11月将其与实际工作相结合，督促全行员工积极利用节假日进行ETC外拓；获得建行三十五周年登山活动团体一等奖。

撰稿：万言怀　审稿：陈广文

中国农业银行股份有限公司临沭县支行

领导成员

行　　长：韩廷华
副 行 长：唐　明（8月离任）
　　　　　付信海　艾洪林
行长助理：王　伟（8月任职）

中国农业银行股份有限公司临沭县支行下设综合管理部、运营财会部、风险管理部、公司业务部、个人金融部五个职能部室；辖属营业部、沭新支行、常林支行、河滨支行、振兴分理处、郑山分理处、青云分理处七个营业机构，设有自助银行服务区7处，共有干部职工111人。

2016年，临沭县支行面对复杂的内外部经营环境，深入贯彻落实上级行发展战略和各项部署，抓班子强队伍，抓转型促发展，抓管理控风险，业务经营稳中向好，各项工作顺利收官。继续保持省级“文明单位”，被农总行授予“全国文明单位”称号。

业务经营 *存款* 年末，各项存款余额29.75亿元，存量份额33.11%，继续保持同业存量市场份额第1位。其中个人存款较年初增加3.06亿元，创历史最好水平，存量市场份额42.33%，增量份额52.1%，均居同业第1位。对公存款余额10.64亿元，存量份额23.79%，比年初下降10.08个百分点，居同业第3位。

信贷 各项贷款余额18.61亿元，较年初下降4.46亿元。其中个人贷款较年初增加1.73亿元，存量份额23.43%，居四行第2位，个人住房贷款较年初增加10735万元，存量份额21.26%，居同业第3位，农户贷款较年初增加334万元，剔除规模因素影响、增加525万元。

经营转型 全年存量加权个人贵宾客户7588户，较年初新增1255户，增长率19.82%、高于全市2.78个百分点。产品交叉销售率197.59%，增长20.19%、居全市第4位。四季度优质文明服务考核得分97.26分，居全市第5

位。中收结构不断优化，累计实现代理保险中间业务收入315万元，同比净增218万元；外汇中间业务收入、国际收支、跨境人民币、结售汇业务快速发展，国际结算手续费收入实现494万元，完成率系统内排名第5位，被省行评为“2015—2016年度国际业务营销先进行”，被市行评为“2016年度国际业务先进单位”。

内部管理　大力开展“金点子”活动，提高临柜人员学业务的积极性，全年共提报优化建议63个，被各级行采纳12个，提报和被采纳数量均居全市第1位。持续培育合规文化，全行100余名员工参加规章制度考试，其中管理人员30余名。扎实开展“两个加强、两个遏制”回头看，做好电信网络诈骗专项治理和印章专项清理，落实“双线整改”，有效揭示和化解一批风险隐患。“三化三铁”创建稳步推进，青云、振兴被评为全国“三化三铁”网点，“三化三铁”创建连续两年实现升级进位。全行运营管理综合考核全市排名第3位，被评为2016年度运营管理先进单位。

服务三农　不断加强服务“三农”的力度和深度，全年累放农户贷款3097万元，余额9869万元，发放创业人员小额担保贴息贷款1450万，连续7年保持无不良，农民安家贷全年累放11951万元，余额11575万元。全面提升农村金融支付结算环境，建设惠农通服务点335个、较年初增加109个，有效助农取款服务点258个，增加241个。银企共建升级版“施可丰”模式惠农服务点精品型开业6家，较好满足全县各乡镇村居的基本惠农金融服务需求。高度重视做好金融扶贫工作，目前已投放3200万元扶贫贷款（其中公司类3000万元、个人类200万元），帮助638户建档立卡贫困户脱贫。同时，对市行第一书记村临沭县石门镇小岱村进行重点帮扶，投资13万元为其安装太阳能路灯40盏，监控探头11个，覆盖率达到60%。

队伍与文化建设　认真开展“两学一做”专题教育，通过手抄党章、撰写心得体会、讲专题党课等活动，提高了全行党员干部创先争优意识、责任意识和担当意识。健全党建工作联系点制度，推动员工廉政教育常态化，“十个一”系列教育活动效果显著，员工受教育面达到100%。加强队伍建设，多层次、多途径搭建优秀年轻干部脱颖而出的平台，共培养青年英才6人，其中两人在市行锻炼，另两人走上中层管理岗位；完善后备干部人才库，有中层正职后备干部3人，中层副职后备干部3人。大力开展“创先争优”活动，崇尚先进、学习先进的氛围更趋浓厚，4个单位被评为县级先进单位，19人被评为县级先进工作者，其中2个单位和3名个人被评为市行先进，1人被评为省行先进工作者。进一步加强精神文明建设。荣获市行“安全随行 守卫平安”知识竞赛二等奖、青年读书心得汇报竞赛二等奖、对公业务知识竞赛二等奖。组织开展春季职工趣味运动会、与史丹利集团棋牌友谊赛、钓鱼比赛等活动，丰富员工生活。顺利通过省级文明单位复查，积极参与文明创城工作，开展庆“三八”“慈心一日捐”救助贫困母亲，庆“六一”关爱贫困儿童活动，进一步提升临沭县支行社会美誉度。

2016年农行临沭支行存贷款情况统计表（本外币）

表30　　单位：万元

各项存款		其中：个人存款		各项贷款	
余额	当年增量	余额	当年增量	余额	当年增量
297,567	-34,431	191,172	30,608	186,140	-44,624

撰稿：杨晓迪　审稿：艾洪林

中国农业发展银行临沭县支行

领导成员

行　长：王其禄

副行长：杨国强　黄　勇

中国农业发展银行临沭县支行是国有政策性银行，主要负责农业政策性金融业务，代理财政性支农资金的拨付和为农业和农村经济发展服务。信贷资金投向主要是粮棉油收储，水利建设、涉农棚户区改造、农村路网建设、扶贫开发、整体城镇化建设等领域。机构下设办公室、信贷业务部、会计结算部。现有正式员工22人，其中：大专及以上学历19人，具有中级职称资格人数6人。2016年年末，有贷款企业共11家，全年累计发放贷款7.65亿元、累计收回贷款6.00亿元，各项贷款余额12.57亿元，各项存款余额4.95亿元，实现账面利润0.33亿元。被县总工会授予工会工作“先进单位”，被县委、县政府授予金融工作“先进单位”“科学发展先进单位”，被市委、市政府授予“文明单位”，被市政府授予“花园式单位”，被农发行总行团委、农发行山东省分行授予“青年文明号”称号，被农发行山东省分行授予“文明单位”“粮油信贷管理工作标杆行”“档案管理工作先进行”“银牌行”等称号。

资金组织　农发行资金主要来源于人民银行再贷款、发行政策性金融债券、协定存款、同业存放款项、吸收企事业单位存款等。农发行临沭县支行主要职责是：组织办理辖域内企事业单位的活期存款、定期存款、同业存款等；办理粮棉油收购贷款、国家和地方储备贷款及其他涉农资金贷款；办理水利建设、涉农棚户区改造、农村路网建设、扶贫开发、整体城镇化建设项目贷款等。2016年度成功营销中长期贷款项目3个，金额9.6亿元（发放贷款3亿元），其中：农民集中住房贷款1个，金额5亿元；临沭县路网升级项目1个，金额3亿元；棚户区改造项目贷款1个，金额1.6亿元。

经营管理　2016年累计发放贷款7.65亿元，累计收回贷款6.00亿元；办理国际结算业务8026万美元（完成全年任务的101.6%）；中间业务收入100万元，实现账面利润3349万元。

是年末，各项贷款余额 12.57 亿元；各项存款余额 4.95 亿元。全部贷款余额除政策性挂账贷款 329 万元外，均为正常贷款，全行业务经营、贷款质量及管理状况良好。

2016 年农发行临沭支行支农贷款投放及余额情况一览表

表 31　　单位：亿元

科　目	金　额	期　限
产业化龙头企业粮食购销流动资金贷款	1.60	一年内
产业化龙头企业园艺类短期流动资金贷款	0.32	一年内
农业科技短期贷款	0.30	一年内
县级储备粮贷款	0.20	一年内
县级储备油贷款	0.03	一年内
进口押汇贷款	0.09	一年内
保护价粮价差亏损挂账贷款	0.03	一年内
产业化龙头企业园艺类固定资产贷款	0.26	三至五年
一般水利建设中长期贷款	1.74	五年以上
农村路网及贫困地区公路建设贷款	3.00	五年以上
其他农民集中住房建设中长期贷款	5.00	五年以上
合　计	12.57	—

撰稿：李金锋　黄　勇　审稿：王其禄

山东临沭农村商业银行股份有限公司

领导成员

党委书记、董事长：荣庆东

行　长：赵京才

监事长：赵怀志

副行长：王恩波　朱怀强　代生伟

山东临沭农村商业银行股份有限公司（以下简称临沭农商银行）内设 12 个部室，下辖 1 个营业部、21 个支行、10 个分理处，共有员工 478 人。

2016 年，临沭农商银行全面深入贯彻落实“四个全面提升”工作部署，坚持“双轮驱动”的工作理念，全面抓好业务发展和银行化改革工作，各项业务稳健快速发展，经营基础持续夯实。2016 年年末，全行各项存款余额 86.3 亿元，较年初增加 7.4 亿元，增幅为 9.34%；各项贷款余额53.3亿元，较年初增加2.3亿元，增幅为4.42%；实现各项收入3.88亿元，实现经营利润1亿元；全年累计缴纳各项税金3214万元，居全县第八，居全县金融机构首位。

机构改制 在4月29日取得省银监局批复筹建的基础上，于5月7日顺利召开临沭农商银行创立大会暨第一次股东大会，履行相关法律程序，5月14日向山东银监局提报开业申请，7月13日取得省局开业批复，临沭农商行于7月19日顺利挂牌开业，银行化改革工作圆满完成。

党建工作 坚持党委领导不动摇，以党的建设统领改革发展全局，进一步完善法人治理架构，把加强党的领导与完善公司治理进行有机结合；强化党委领导班子履职能力，牢固树立四个意识，不断加强党委中心组理论学习，深化“两学一做”学习教育，不断提升政治理论水平和依法合规经营能力；坚持以党建带动业务发展，创新党建工作方式和内容，把改革发展的热点、难点工作作为党建重点工作，进一步推动党建工作与业务发展互促互进。

业务发展 坚持以“双稳”理念为引领，业务规模持续扩大。至2016年12月末，各项存款余额86.95亿元，较年初增加8.02亿元，增长10.17%；各项贷款余额53.74亿元，较年初增加2.69亿元，增长5.26%；大力拓展电子银行业务，银行卡、电话pos、银联pos、农金通等业务增长较快，尤其是积极拓展优质商户入驻智e购平台，发动全员注册并体验智e购商城，倾力打造智e购商城平台。

内控管理 牢固树立“大内管”理念，将会计主管统一调至营业厅外作为内管行长管理，着重履行好内控风险管理、合同面签和规范化服务三大职能；全面提升全行规范化服务工作，制定服务标准和服务流程，不定期开展检查，对不规范服务行为进行监督追责，不断提升服务水平。

金融服务 听取民意，集思广益，广泛开展“社情民意”走访调研活动，对21家支行202名客户经理、柜员和105名农金员进行走访调研，收集各类意见、建议208条；重新梳理信贷产品线和操作流程，整合形成白领、富家、普惠等5大系列20款信贷产品；扎实开展“增提创”“进走访”活动，主动对接企业融资需求，加快“续贷宝”业务推广，为企业提供全方位“一揽子”金融服务；按照“六位一体”标准，加快社区金融服务点建设，切实打通金融服务“最后一公里”。

服务地方经济 紧跟县政府金融精准扶贫攻坚部署，创新推出“富民农户贷”“富民生产贷”，全年累计发放扶贫贷款267户、金额9553万元，间接带动1933户贫困户脱贫，扶贫贷款发放任务完成率居全县第一；诚信纳税，全年累计缴纳各类税金3184万元，居全县第8，居全县金融机构首位，被县政府授予“特别贡献企业”称号；深入推进“三大工程”建设，涉农贷款及小微企业贷款稳步增长，均实现“两个不低于”工作目标；文明创建工作实现新突破，2016年被授予省级文明单位称号。

撰稿：李　峰　审稿：荣庆东

中国邮政储蓄银行股份有限公司临沭县支行

领导成员

行　　长：田晓东

副 行 长：刘　丽（女）

行长助理：曹改革（12 月任职）

中国邮政储蓄银行股份有限公司临沭县支行（简称邮储银行临沭支行）成立于 2008 年 5 月，设县行营业部、大兴支行、兰亭支行 3 处自营网点。办理商业银行各种业务，包括：公司业务、信贷业务、基础金融业务、个人结算业务、个人理财业务、网上银行、电话银行、信用卡等业务。2016 年末，全行共有干部职工 73 人，其中，专科以上学历 69 人。

经营管理　2016 年，临沭支行积极响应国家促进就业、推动新型农业经营主体发展以及加大金融扶贫工作力度要求，突出抓好再就业小额担保贷款业务、家庭农场贷款、农民专业合作社贷款和扶贫贷款业务。以服务“三农”、服务社区、服务中小企业为战略发展定位，按照标准、合规的经营管理要求，加强客户维护，不断提升服务水平，推进企业文化建设，各项业务稳步发展。

存贷款　2016 年年底，储蓄存款余额达 8.3 亿元；理财业务保有量达 9603 万元；借记卡结存卡户数 13.4 万户；信用卡结存卡户数 3815 户；电子银行、手机银行等新型支付渠道得到快速发展；全年贷款累计发放 1.2 亿元，结余 1169 笔，金额 1.64 亿元，其中支持再就业、三农、小微企业贷款占比 52%。

临沭邮储银行以普惠金融，服务民生为企业使命，诚信立业创新为先为核心价值理念，超越自我，干事创业，追求卓越，提升员工的工作激情。加强员工队伍建设，将企业、部门个人的价值观容为一体，在和谐的文化氛围中，各司其职，形成企业的先进力量和先进文化。2016 年继续加强党的建设，密切联系群众，在全行开展“两学一做”专题教育活动。

撰稿：解玉田　审稿：田晓东

临商银行股份有限公司临沭支行

领导成员

行　　长：阚　岷

行长助理：季相征　付　战

临凭四海、惠泽千商、根植沂蒙、服务大众。临商银行临沭支行有干部职工36人，下辖两家二级支行常林支行和郑山支行，内设综合管理部、公司业务部、个人业务部、营业部四个部门。

2016年，临商银行临沭支行始终坚持“以客户为中心，以市场为导向”的原则，牢牢把握“服务地方经济、服务中小企业、服务城镇居民”市场定位，负债业务、资产业务、中间业务、国际业务、理财业务有很大发展。先后获临沭县金融服务示范网点、服务经济发展先进单位、金融工作先进单位等多项荣誉。

2016年年末，临商银行临沭支行各项存款余额15.17亿元，较年初增加1.87亿元，各项贷款余额11.91亿元，签发银行承兑汇票10.12亿元，完成国际结算业务量4584万美元。

撰稿：徐骁晖　审稿：付　战

临沭民丰村镇银行

领导成员

行　长：菅　伟

副行长：李方杰　王山峰　李云霞

临沭民丰村镇银行辖属营业部、青云支行、城北支行3个营业网点，下设市场拓展部、财务会计部、综合管理部、风险管理部、合规审计部5个职能部室，共有干部职工56人。

2016年，临沭民丰村镇银行牢固树立“以服务三农为中心，以支持地方经济发展为重点”的经营宗旨，以支持农户和农村中小企业发展为主要对象，以打造精品银行为目标，以安全性为核心，以流动性为保障，以效益性为重点，经营管理和风险管控水平不断提高，整体经营状况呈现出良好趋势。2016年度荣获“工人先锋号”等称号。

业务经营　2016年，临沭民丰村镇银行各项存款余额32833.11万元。其中：对公类存款25265.95万元，储蓄类存款7567.16万元。各项贷款余额35328.57万元，其中：农户贷款21028.57万元，小微企业贷款14300万元。实现各项收入2840.01万元，实现利润425.08万元。

拨贷比3.95%，拨备覆盖率266.59%，不良贷款占比1.48%，流动性比例31.98%，资本充足率18.92%。缴纳增值税48.23万元，缴纳营业税金及附加42.15万元，缴纳企业所得税397.61万元，其中补缴以前年度财政补贴所得税245.89万元。

网点建设 2016年3月，城北支行开始筹建，截至12月末，营业部搬迁及城北支行开业筹备工作已完成。青云支行开业近2年来，进村入户，利用集市效应，开展“念一念送鸡蛋”活动，各项工作取得较好效果。至12月末，青云支行各项存款余额1437.73万元，各项贷款余额2986.54万元，全部为个人贷款。

内控管理 加大内控管理，树立“规范先行、内控优先”的合规经营理念，梳理完善各项制度办法和操作规程，把制度保障贯穿到各业务条线、岗位和人员。加强信贷管理，严格执行贷款新规，做到现场调查实，双人面签实、借款用途实、制度执行实。建立案件防控长效机制，坚持发展与管控并重，开展案件风险排查整治活动，排查重点业务、重点人员、重点领域，切实从源头上防范各类案件发生。强化安全保卫，与当地公安机关及友邻单位签订安全保卫联防协议，组织开展突发事件应急演练，实现全年安全无事故。加强绩效考核管理，建立向“三农”倾斜的薪酬分配制度，充分调动员工工作积极性。组织员工学法规、学制度、学产品、学技能，鼓励员工参加各类金融经济职称考试，不断提高员工的政治和业务素质。实施“阳光信贷”，在业务开展上，秉承透明、公开的原则，坚决摒弃附加任何信贷条件，有效节约客户的财务成本，彻底改变贷户“有钱不敢还，还后再贷难”的观念。推行标杆网点规范化、流程化服务，加强前台与客户之间的交流，提高后台业务质量和效率。关心员工业余文化生活，经常组织员工参加有意义的活动，培养良好的凝聚力和向心力，创建“学习型企业，全能型员工”。加强教育培训，倡导廉洁勤政，使员工从内心真正理解和认识服务工作内涵，切实维护金融消费者的合法权益，将“用心服务”的文化生根落地。

撰稿：杨 哲 审稿：李方杰

中国民生银行临沂临沭支行

领导成员

行 长：朱敬东

副行长：庞志煜

中国民生银行股份有限公司临沂临沭支行成立于2013年7月5日，属临沂分行下设的第一家县域支行，辖属支行营业厅，商业步行街、阳光居、常林公寓3家社区支行以及1处自助服务银行，包括厅堂团队、公司业务部、零售业务部、社区支行团队、办公室等主要职能部门，共有干部职工40人。

2016年度，先后被评为“网点服务先锋”“平安支行”“消费者信得过单位”“巾帼文明岗”“三八红旗集体”“十佳工人先锋号”“振兴临沭劳动奖状”“先进单位”等称号。

业务经营 2016年，民生银行临沭支行各项存款余额 10.01 亿元，其中个人储蓄存款 4.79 亿元；各项贷款余额 12.44 亿元，较年初增加 6.97 亿元；实现净利润 2088.71 万元，缴纳各项税金 265.90 万元。

金融服务 2016 年度，民生银行临沭支行从实际出发，克服困难，充分利用我行多样化信贷产品以及灵活的信贷政策，“从一圈一链”到“聚焦两小微打通两翼”，不断寻找新的突破口，创新信贷模式，全力扶持中小企业以及实体经济的发展，全年表内贷款较年初新增 6.97 亿元，增幅高达 128%，有效解决中小企业资金周转困境。同时以阳光居、常林公寓、商业步行街便民店为依托，为周边提供各类金融服务 8 万余次，直接服务周边居民 4 万人。

撰稿：邵　勇　审核：朱敬东

中国人民财产保险股份有限公司临沭支公司

领导成员

经　理：高　潮

副经理：姚晓玲（女）　刘　蒙

人保财险临沭支公司设综合部、临沭理赔分部、三农保险服务部、电子商务部、重要客户一至二部、车商业务一至三部、营销业务一至六部。HR 系统在岗人员 36 人，专、兼职营销人员 145 人。公司党支部有党员 11 名，其中退休人员 5 名。

2016 年，人保财险临沭支公司立足卓越临沭公司建设，积极应对复杂多变的经济环境、监管形势和市场秩序，面对宏观经济下行、商车费改、“营改增”实施等重要变化，认真落实“七抓七促”，统筹处理“六个关系”，紧盯市场，全面撬动市场、真情赢得客户、全力推动发展，保持整体业务稳健发展良好态势。公司在 2016 年共上缴各项税金 1181.92 万元（含代扣代缴车船使用税），在全县纳税企业中排名前列，在同业中排名第一。

经营情况 按照上级公司工作思路，结合公司的实际情况，全体员工脚踏实地、埋头苦干。坚持目标导向，强化企划牵引，对标市场能力进一步提升。逐月制定企划案，围绕全年牵引、对标市场、聚焦车险、侧重县域、侧重家非车业务，适时动态调整目标任务及资源配置方式。狠抓过程管理，实施班子成员分片挂包帮扶制度，推行日通报、旬调度、月点评，以发展过程的有效跟踪确保目标达成。坚持真抓实干，加快资源下沉，进一步拓展县域发展空间。主动支农惠农，积极开办涵盖小麦、玉米、花生、能繁母猪等业务；按照监管要求，扎实开展农业保险专项自查整改，提升政策性业务合规经营水平。加强内控质量管理，严格依法合规经营。坚持“岗岗有责、人人有责，履职免责、失职问责”的内控合规文化，始终做到不碰红线、不越底线、不触高压线，严格落实政策性农业保险、大病保险等涉及各级政府财政的合规要求，不断强化对重点岗位和关键环节的管控能力，确保整体经营的依法合规。坚持以客户为中心，牢牢确立引领方向。将客户价值需求作为引领工作的方向，不断增强客户满意度和忠诚度。发挥政治优势，坚强组织保障，推进平安建设民生工程。大力推进治安保险、安全生产责任保险、校园方责任保险、新农合重大疾病医疗保险、政策性农险等政策性业务，努力在服务地方经济发展中做大做强。2016 年，全公司共实现实收保费收入 8743.07 万元。

客户服务 2016 年，人保财险临沭支公司继续以“标准化服务建设年”为切入点，努力实现服务新提升。不断拓展增值服务项目，完善设施建设。以“山东人保财险”微信公众号为载体，构建新型客户交互平台，为客户提供便利服务；积极做好 12345 市民服务热线案件处理，全年共接到案件 10 余件，已全部处理完毕。坚持从严治党，强化责任担当，政治保障功能进一步发挥。主动适应从严治党新常态，以十八届六中全会精神、习近平总书记在国有企业党建工作会议重要讲话精神为指引，深入推进“三学”和“两学一做”教育活动，制定全年党建工作规划，组织开展党支部换届选举；认真开展反腐倡廉教育，持续加强对办公用房、用车和四风问题的督查，将纪律挺在前面，把规矩立在前面，从严把握尺度，全年无违法违纪案件发生，全员工作作风和生活作风实现转变。完善技术管理，夯实发展根基。利用客户服务支持系统、电网销系统以及手机远程销售系统，不断提升客户管理水平，促进车险续保率提升，凭借品牌、服务、人脉优势，努力做好客户和重大项目的公关及承保服务工作。积极响应政府号召，拓展政府支持业务。政策性农业保险方面，努力扩大小麦、玉米、花生等险种承保覆盖面，优先发展大棚、能繁母猪、油桃等险种，确保政策性农险市场份额达到 50% 以上。大病保险方面，积极配合省级层面竞标工作，加强大病保险团队专业化建设，以较高的专业化水准提高健康险业务承接能力，进一步发挥大病保险对其他业务的辐射带动作用。强化服务升级，不断提升服务内涵。切实推进客户服务标准化建设落地，统一规范柜面及理赔人员举止礼仪、工作流程、服务标准，实现所有客户接触点的服务标准化；狠抓客户投诉处理，做好市民热线处理工作，妥善处理热线问题，确保件件有落实、件件有反馈。公司全年共承担各类风险责任金额为 210 亿元，全年累计赔付案件 3715 件，赔款支出 4544.22 万元。为广大人民群众的生产、生活提供全方位保障和经济损失补偿，充分发挥社会稳定器和经济助推器的职能作用。

2016 年收入和理赔情况表

表 32

年 度	业务收入（万元）	赔（给）付（万元）
2016	8743.07	4544.22

撰稿：蒋秀梅 审稿：高 潮

中国人寿保险股份有限公司临沭县支公司

领导成员

经　　理：郑益民（12月离任）
　　　　　周家武（12月任职）
副 经 理：彭善会（12月离任）
　　　　　周西刚（12月任职）
经理助理：张树生

中国人寿保险股份有限公司临沭县支公司共设5个职能部室：综合部、个险销售部、银行保险部、团体业务部、客户服务中心，在全县共设11个乡镇服务部（均两证齐全，即：保险营销服务许可证和营业执照），在银行、邮政等部门有兼业代理网点36个，可随时为城乡群众及学校、厂矿企业等团体单位提供保险投保和保险理赔服务。

人力发展　公司积极响应国家“大众创业，万众创新”号召，通过保险增员，大量吸纳社会劳动力。2016年，公司营销员队伍规模发展较快，营销员总人数达到1496余名。其中个险渠道业务员960人，银保渠道330人，团险渠道206人。公司从事管理岗位人员23人，在全县各乡镇均设有营销服务部，在全县银行、邮政系统共有兼业代理网点20多个，可为城乡客户及时提供优质保险服务。

经营收入及理赔　2016年公司各项业务指标实现较大增长，实现标保2226万元，同比增长41.59%，完成预算134.13%。首年保费8929.5万元，同比增长45.68%，完成预算105.79%。首年期交4723.2万元，同比增长58.59%，完成预算100.54%。五年期以上期交4303.7万元，同比增长62.7%，完成预算111.06%。十年期以上期交3027.48万元，同比增长66.6%，完成预算107.79%。短险1244.8万元，同比增长41.4%，完成预算90.8%。

2016年中国人寿保险股份有限公司临沭县支公司处理客户疾病医疗、意外伤害等各类理赔案件2100余起，向出险的城乡投保客户支付各类保险赔款3880万余元。

业务管理及优质文明服务　公司把内控合规管理和党风廉政建设摆在与业务发展同等地位，坚持两手抓两手硬，严格按照上级公司和保险监管部门要求，抓好依法合规经营，抓好党风廉政建设和精神文明建设。全年先后组织各种形式的内控合规学习、培训等活动13次，让员工及时学习掌握有关内控管理方面的新要求新规定，及时整改业务工作中与依法合规经营不相吻合的缺陷之处，做到坚持从落实制度入手，狠抓各项管理措施落实，全年无违规违纪现象发生。

2016年，公司注重优质文明服务建设，抓好前勤业务人员职业道德教育，利用固定晨会和不定期专题培训，组织一线销售人员学习法律法规，自觉做到依法合规展业，诚实守信做人；对公司后勤人员提出更高要求，既要严格执行总公司省公司和市公司制定下发的各项管理制度及规定，又要做到处理业务热情周到及时，促进服务质量全面提升。2016 年公司客服柜面共处理保全业务 4 万余件，新单业务 10622 件，团体短险新单共计 1368 件，理赔案件 3135 余件，收付共计 12282 件，收付金额 4568 万元。处理会办单、“12345” 共计 1871 件，收集客户信息 9000 余件，公司客服中心被评为“2016 年度省级青年文明号”称号。

撰稿：门继东　审稿：周家武

科学技术

KEXUEJISHU

科研与科研成果

科技局领导成员

局　长：王济壮

党组副书记、主任科员：张雪玲（女）

副局长：胡　伟　韩宝杰

张文杰（2月任职）

纪检组长：张文杰（2月离任）

知识产权局局长：王西民

临沭县科学技术局下设办公室、社会发展科等职能科室；隶属科技局管理的事业单位有知识产权局、生产力促进中心、技术市场管理办公室。在职干部职工19人（离岗2人），其中，公务员7人，事业人员12人（研究员2人、副高级职称1人、中级职称2人，工勤人员1人）；大专以上学历19人。

2016年，共完成市级以上科技计划项目19项，争取市以上科技研发经费2600万元。获国家技术发明奖1项，省科技进步一等奖1项；获市科学技术奖11项，其中，市技术发明奖2项，市科技进步奖9项。全县共有高新技术企业15家，高新技术产业产值占规模以上工业产值的比重达34.97%；各级各类专职科研开发机构达104家，其中，国家级科技研发机构12家，省级34家。全年申请发明专利141件，授权发明专利64件，申请PCT专利1件；获市专利奖5项。

工业科技　全县高新技术产业快速发展，高新技术产业领域覆盖精细化工、医药中间体、环保型复合肥、电子信息、高端装备制造等领域。高新技术产业产值占规模以上工业企业总产值的比重为34.97%，居全市15个县区第三。

高新技术产业项目情况：实施19个符合国家产业政策、具有较高科技含量的市级以上科技计划项目，其中，国家级1项、省市级18项，获无偿补助资金2600万元。依托常林集团建设的山东省液压件技术创新平台获中央引导地方科技创新专项200万元无偿资金支持；依托金正大集团建设的国家缓控释肥工程技术研究中心被认定为山东省创新公共服务平台，获无偿补助资金200万元；金正大集团董事长万连步和常林集团外国专家阿尔夫被评为山东省泰山产业领军人才，分别获得260万元和200万元人才和项目资金补助；临沂市新型肥料创新型产业集群获省科技厅认定，集群内金正大、史丹利、金沂蒙、福瑞达等公司获无偿资金总计1200万元；华强农业公司“甘薯淀粉加工薯渣综合利用关键技术的研究及产业化”、华盛化工公司“基于原子经济反应的新型盐酸羟胺生产工艺”和雷华公司“高强韧热塑性聚合树脂基复合材料关键技术研究开发与示范”等3个项目被列入省重点研发计划，分别获得100万元、100万元和50万元无偿资金支持；金德公司“特种碳化硅功能陶瓷研究及产业化”项目被列入市自主创新重大专项，获得30万元无偿资金支持。完成市级以上科技成果鉴定4项，获得市级以上科学技术奖13项，其中，史丹利集团申报的“基于高塔熔体造粒关键技术的生产体系构建与新型肥料产品创制”获国家技术发明二等奖；金正大集团申报的“百万吨级作物营养双平衡缓控释肥料创制及应用”获省科技进步一等奖；中讯通公司“微型SMD用陶瓷基座关键技术研究及产业化示范”等11个项目获市科学技术奖。

创新平台建设情况：新增国家级创新平台1家，省级3家；5家企业通过高新技术企业认定。临沭县高创中心被认定为国家科技企业孵化器，是临沂市第3家国家级科技企业孵化器；金正大、史丹利、山田3家企业的院士工作站获省科技厅备案；新申报市级企业重点实验室3家，市级工程技术研究中心5家；5家企业通过高新技术企业认定。全县共有高新技术企业15家。

政产学研合作情况：积极开展“企业进高校、专家进企业”产学研对接活动，解决企业发展过程中的技术难题。先后赴中国科学技术大学、南京航空航天大学、北京理工大学、山东省科学院、山东省农科院等高校、科研院所开展产学研对接，引进先进技术70项，38家企业分别与高校和科研院所签订产学研合作协议。

农业和社会科技 甘薯淀粉加工薯渣综合利用关键技术的研究与应用（山东华强农业科技发展有限公司）已获批，无偿资金100万元。史丹利化肥股份有限公司申报的泰山产业领军人才(高效生态农业类)项目名称：环境友好高聚物复合增效肥料研究与产业化，申报人选：武志杰，已获批，无偿资金200万元。山东行政总厨与临沂大学签订产学研合作协议，合作完成山东省农业厅科技创新项目“本色青芥辣的制备工艺与示范”，获得无偿资金30万元。山东统一农业科技有限公司与山东省农业科学院签订产学研合作协议，邀请山东农业科学院博士张卫华为统一农业科技公司客座教授，进行瓜蒌组培育苗。

县医院《消化道梗阻的产前超声定位诊断及妊娠结局研究》项目及中医医院《大骨瓣减压加颞肌切除联合硬脑膜成形术治疗幕上大面积脑梗死临床研究》项目获得临沂市科技计划卫生专项立项。县人民医院实施的“微创手术治疗腕管综合征的解剖与临床研究”项目获得临沂市科技进步二等奖。

2016年，继续实施科技下乡、科技活动周、科技特派员工程，共举办农业培训班26期，培训专业农民4600余人，赶科技大集13次，发放各种资料2.6万余份，科技挂图700多份。

2016年度临沭县科技成果获奖情况一览表

表33

序号	项目名称	完成单位	获奖情况
1	基于高塔熔体造粒关键技术的生产体系构建与新型肥料产品创制	史丹利农业集团股份有限公司	国家技术发明二等奖
2	百万吨级作物营养双平衡缓控释肥料创制及应用	金正大生态工程集团股份有限公司	山东省科技进步一等奖
3	新型水溶肥清洁生产关键技术及高效应用研究	金正大生态工程集团股份有限公司，诺贝丰（中国）化学有限公司，金正大诺泰尔化学有限公司	临沂市技术发明二等奖
4	酯化合成乙酸乙酯关键技术开发	临沂市金沂蒙生物科技有限公司，金沂蒙集团有限公司	临沂市技术发明三等奖
5	百万吨级作物营养双平衡型缓控释肥开发及高效施用技术	金正大生态工程集团股份有限公司，山东农业大学，山东省农业科学院农业资源与环境研究所，全国农业技术推广服务中心	临沂市科技进步一等奖

续表 33

序号	项目名称	完成单位	获奖情况
6	生物质炭基肥料关键技术研究开发与应用	史丹利化肥股份有限公司	临沂市科技进步一等奖
7	微型 SMD 用陶瓷基座关键技术研究及产业化示范	临沂中讯通电子科技股份有限公司	
8	碳化硅陶瓷防弹片工艺技术及高性能耐磨陶瓷材料在水泥球磨机中的应用研究	山东金德新材料有限公司	临沂市科技进步二等奖
9	高强度耐腐蚀宽幅土工复合材料	山东雷华塑料工程有限公司	
10	混逆流高效节能粮食干燥关键技术开发与产业化	临沂金铭机械有限公司，华南农业大学	
11	出芽短梗霉代谢途径的调控及普鲁兰多糖生产关键技术的研究	山东福瑞达生物科技有限公司	
12	本色青芥辣的制备工艺及大蒜渣中降血脂皂苷的分离提取应用研究	山东行政总厨食品有限公司，临沂大学	
13	微创手术治疗腕管综合征的解剖及微创复位克氏针冠状位横向内固定治疗掌骨骨折的临床研究	临沭县人民医院	

知识产权 2016年，全县共申请专利401件，其中，发明专利141件，发明专利授权量64件。全县有效发明专利350件，位居全市第2位；每万人口有效发明专利拥有量达到5.76件。

金正大生态工程集团股份有限公司一项发明专利荣获第十八届“中国专利优秀奖”；金正大生态工程集团股份有限公司“工业化生产包膜控释肥的方法和装置”和临沂市金沂蒙生物科技有限公司“酯化法合成乙酸乙酯强化分相生产装置”两项发明专利分别获“临沂市专利奖”一等奖；史丹利一项发明专利获“临沂市专利奖”二等奖，卡特重工、常林农装两项发明专利分别获“临沂市专利奖”三等奖。

实施省级知识产权优势企业培育工程。县知识产权局组织推荐史丹利、福瑞达参与国家《企业知识产权管理规范》贯标工作，并获得2016年度省级知识产权优势企业培育资格。面向全县小微企业征集知识产权质押意向专利项目，引导具有较好的成长性和发展前景的科技型小微企业开展知识产权质押融资。

撰稿：刘 淇 曹佑锋 李 杰 李善玲 戚振军

审稿：王济壮 王西民

地震监测

地震局领导成员

局 长：谌学锋

副局长：颜廷金 朱心广

临沭县地震局下设办公室、监测预报科、震害防御科3个职能科室；隶属地震局管理的事业单位是地震科普馆。全局共有干部职工12人，其中，本科学历 5 人、大专学历 6 人、中专学历 1 人，中共党员 10 人。

2016 年，临沭县地震局以最大限度减轻地震灾害损失为目的，紧紧围绕地震监测预报、震害防御、应急救援三大工作体系建设，认真做好地震监测预报和群测群防，广泛普及防震减灾科普知识，着力推进应急救援队伍和避难场所建设。

监测预报 加强地震监测台站建设与运行维护。在曹庄新建宏观观测点 1 处；对石门大岱井、大兴山西头井及朱仓井进行维修和维护。完成中国地震局国家地震烈度速报和预警工程 8 个观测点的选址工作。落实震情值班制度和震情会商制度。坚持 24 小时值班，落实周、月震情会商制度，特殊时期加密会商，发现异常及时落实，做到异常落实不过夜。全年共召开周会商会议 52 次，月会商会议 12 次，并及时编写会商报告，准确把握震情形势。加强地震群测群防体系建设。建立健全地震宏观异常测报网，对全县"三网一员"实行动态管理。根据人员变动及时调整充实"三网一员"队伍，撤销地震宏观观测点 1 处，变更 2 处，新增 2 处。震情跟踪及时到位。制定年度震情跟踪工作方案，成立工作领导小组，做好震情跟踪、异常情况收集和分析工作，确保数据采集、资料分析处理上报及时、准确。

震害防御 完善行政权力改革事项，制定行政权力责任清单，对行政审批、行政处罚等权力进行规范公开，及时清理审批中介服务。自 2016 年下半年起，取消行政审批收费。依法推进抗震设防要求管理。把建设工程抗震设防要求依法纳入基本建设审批程序，积极利用全县城区地震小区划成果和《第五代区划图》，加大对建筑工程抗震设防审批力度，加强对学校、医院等人员密集场所建筑工程抗震设防的管理，依法提高设防档次。全年依法管理一般性建设项目抗震设防要求 31 件。大力推进农村民居地震安全工程建设。开展农村民居抗震设防情况调查，积极进行农村民居抗震改造。

科普宣传 加强防震减灾宣传教育阵地建设。地震科普馆自建成使用以来，已接纳全县两万余名中小学生及社会各界人士。将 5 月定为防震减灾科普宣传月。开展地震科普馆周末开放活动，在县电视台和《临沂日报·临沭新闻》刊播防震减灾宣传标语，在临沭官方微信公众号发布防震避震原则和方法以及自救互救知识。利用"5·12"防震减灾日、"7·28"唐山大地震纪念日等特殊时段加大宣传力度，在店头镇东措庄社区、郑山街道新村和金堂社区制作防震减灾知识宣传图板和宣传栏，印制《防震减灾知识折页》送到每家每户，大力宣传地震灾害预防文化，促进防震减灾知识进机关、进学校、进医院、进社区、进企业、进农村、进家庭。2016 年，全县共有省级地震科普示范学校 7 所，县级地震科普示范学校 14 所，其中，新增省级地震科普示范学校 2 所。建立地震科普宣传教育长效机制。印制《地震科普知识百问百答》1 万册，并及时发放到全县各级、各部门、各单位。

应急救援 投资近 22 万元购置搜救装备、破拆装备、支撑装备和个人装备。规划建设二类避难场所 1 处，三类避难场所 12 处，编印《临沭县城建成区地震应急避难场所汇编》，购置应急避难场所所需的部分装备和设备。积极开展地震应急疏散和自救互救演练。重点在中小学、企业、医院等人员密集型场所进行防震避震应急疏散演练培训。1 月 8 日，临沭县突发 3.1 级地震，在上级地震部门和县领导正确领导和指挥下，地震局及时科学处置，有序开展震情速报、紧急会商、灾害调查、应急宣传等工作，较好地稳定群众的情绪，防止地震谣言发生。4 月份，针对世界强震频发的形势，通过县政府《政务信息》转载中国地震局专家在《人民日报》发表的《全球强震连发与我国地震形势无必然联系》，给领导和群众及时提供科学可靠的信息。5月6日，在三实小举行全县中小学地震疏散演练暨应急救护知识培训观摩会。9月21日，利用地震应急指挥平台，参加并顺利完成省局组织的省、市、县三级第三季度应急演练。积极应对和处置地震突发事件和地震谣言。

撰稿：张译文　审稿：刘金涛

气象工作

气象局领导成员

局　长：陈长新

副局长：范长征（5月离任）

　　　　王　雨（9月任职）

临沭县气象局新址位于临沭县郑山街道北沟头村，下设办公室、气象台、防雷中心、人工影响天气办公室、减灾科、气象服务中心。全局共有干部职工18人，在编职工8人，其中，高级工程师1人、工程师3人、助理工程师3人，研究生1人、大学本科7人。

气候评述　临沭县属于暖温带半湿润大陆性气候。寒暑交替，四季分明，冬季漫长、寒冷少雪，春季温暖、干旱多风，夏季湿热、光照充足、雨量充沛，秋季凉爽、昼夜温差大。

2016年平均气温14.6℃，较历年偏高1.0℃。年极端最高36.3℃，出现在7月25日，较历史极值低4.2℃；年极端最低-15.9℃，出现在1月24日，较历史极值低1.1℃。年降水量952.0毫米，较历年偏多95.0毫米，较历年最多值偏少300.4毫米，较历年最少值偏多428.8毫米。年日照时数2065.7小时，较历年偏少260.3小时。年一日最大降水量94.0毫米，出现在7月9日。年内仅出现4个暴雨日。2016年气温偏高，降水较历年偏度较多且时空分布不均匀，日照较历年偏少。1月极端最低气温-15.9℃，超该月三十年历史极端最低值。

气象服务　以提高预报预测准确率和公共气象服务为中心，以建设现代化气象业务体系为重点，以气象科技创新体系和气象人才体系为支撑，大力推进乡镇服务站建设工作。预报准确率保持较高水平，特别是短期气候趋势预报准确率较去年同期有较大提高。2016年，1—11月到报率、及时率和数据可用率均为100%，一般降水准确率为87.3%，晴雨预报准确率96.1%，高温预报准确率87.7%，低温预报准确率87.7%。全县9个区域站升级改造完毕，确保区域站数据信息传输及时畅通。注重服务手段多样化。遇有关键性、转折性、灾害性天气时采用书面、电话、电视、电子显示屏、短信等形式及时向各级领导和有关部门报告，并做好跟踪服务；制作麦收预报、周报和节假日预报、中高考预报、重要天气报等90余期，通过手机短信预警平台发布决策服务信息6万余条，共发布相关气象预警信号50次。与县广播局共建村村响工作平台，解决信息传播“最后一公里”问题。与县中小学生实践中心共建科普气象站，将气象科普知识纳入学生培训项目，并配备专职老师。

2016年临沭县主要气象指标情况统计表

表34

月份	降水量（毫米）	日照时数（0.1h）	气温（℃）			风速 (m/s)	
			极值最高气温	极值最低气温	平均气温	平均	最大
一月	6.7	1309	14.1	–15.9	–1.1	2.5	11.1
二月	25.2	1783	14.3	–8.6	3.1	2.9	12.7
三月	0.8	2156	21.9	–3.5	9.2	3.1	10.2
四月	24.9	1910	28.9	4.3	16.2	3.1	10.3
五月	80.6	2175	30.7	9.5	19.9	3.1	13.6
六月	175.8	2156	33.8	14.7	23.8	2.8	11.6
七月	246.1	1962	36.3	18.0	26.6	2.8	14.1
八月	32.5	2228	34.5	15.9	26.7	2.7	9.0
九月	131.7	1500	33.6	11.9	22.7	2.6	8.3
十月	175.5	720	27.0	4.9	26.0	2.6	8.8
十一月	4.5	1455	20.9	–4.5	8.4	2.5	11.1
十二月	47.7	1303	13.6	–5.1	3.5	2.5	9.8
全年	952.0	20657	36.3	–15.9	14.6	2.8	14.1

撰稿：吴　瑾　审稿：陈长新

教育·体育

JIAOYU TIYU

教育管理

教体局领导成员

局　长：陆永春

党委副书记：张庆贵（2月离任）

付成飞（2月任职）

副局长：孟庆然　石席山

武传国（2月离任）

卢清华（2月任职）

纪检组长：卢清华（2月离任）

党委委员：武传国　许子路

正科级督学：高志凌

县政府教育督导室领导成员

主　任：张庆贵（2月离任）

武传国（2月任职）

副主任：许子路　庞瑞堂

临沭县教育体育局共有干部职工128人，下设办公室、宣传科、党建办、人事科、安全卫生科、基础教育科、职成教科、计财科、招生办、学前办、教研室、电教室、仪器室、教科室、师训办、勤俭办、基建科、工会办、信访监察室等科室。挂靠教育体育局的正科级单位有县政府教育督导室。

全县共有普通高中3所，工业学校1所，教师进修学校1所，初中20所，小学79所，特殊教育学校1所，民办学校4所，幼儿园125所，各级各类学校在校生112314人，教职工6402人。全县适龄儿童、小学、初中入学率均达100%，小学生、初中生巩固率分别达100%、98%，残疾儿童少年入学率达99%。2016年，先后荣获"全市安全生产工作先进单位""全市教育督导先进集体""全市2016年普通高中教学工作先进县区"等荣誉。在2016年市政府教育综合督导评估和县区教育行政部门工作督导评估中，两项评估成绩均名列全市前茅。

办学条件和学校建设　全面改善教育民生，推动教育进位升级。2016年，落实资金1.6亿元，大力实施学校基础设施建设。其中，投资3639万元，完成"全面改薄"校舍建设项目42个，建筑面积32929平方米；投资902万元，进一步完善22所学校教学设施设备。投资3254万元，完成18个标准化幼儿园建设项目，建筑面积33716平方米。着力推进解决城镇中小学大班额问题。利用政策性融资破解资金瓶颈，落实规费减免政策，制定并出台临沭县解决大班额资金监管使用办法，按省、市节点要求，积极推进融资工作。投资8700万元，启动县第三实验小学、县第二实验小学扩建工程，启动县北城实验学校新建工程，总建筑面积7.7万平方米。解决城区中小学大班额工程开工率全市第一。12月1日，全市解决城镇普通中小学大班额问题现场推进会议参观临沭县施工现场。

学校管理　创特色、出亮点，精准打造办好人民满意教育的新引擎。创新落实立德树人根本任务，稳步打造德育新亮点；创新推进高效课堂建设工作，稳步打造课程改革新亮点；创新实施教育信息化工程，稳步打造信息化教育新亮点；

创新实验课程管理，稳步打造实验教学新亮点，不断推进全县教育优质、内涵、特色发展。努力营造办好人民满意教育的良好环境。稳步开展“平安校园”创建活动，不断加强交通安全、食品安全和防火、防盗、防触电、防溺水、防煤气中毒以及防治季节流行性疾病等宣传教育，合力整治校园及周边环境，及时整改消除各类安全隐患，确保全县教育大局稳定和谐。以教育发展共同体助推城乡教育均衡发展。组建城乡教育发展共同体，构建校际共同发展机制，认真探索教育教学共同体建设的成功经验，推进学校共同发展、均衡发展，实现师资教育资源共享。建立健全学生资助体系，落实各项资助政策。按规定比例、标准足额安排资金，逐步提高补助标准。2016年，共发放助学金733万余元，资助学生5121名。办理大学生助学贷款人数1169人，发放贷款金额797万元。对自愿到财政困难县艰苦行业工作满三年的92名应届毕业生，给予学费和贷款补偿136.1万元。

师资队伍 “县管校聘”管理改革全面推行，出台《关于推进全县中小学教师县管校聘管理改革的实施意见》，明确县教育行政部门依法履行对中小学教师公开招聘、职务评聘、培养培训、调配交流和考核等管理职能。积极推行校长教师交流轮岗，制定《关于推进全县义务教育学校校长教师交流轮岗的意见》，组建教师交流管理小组，依托教师信息管理平台，统筹全县116所中小学教师交流管理事宜。2016年，乡镇学校到县城学校交流学习111人次，县城学校到偏远乡镇学校帮扶轮岗28人次。落实中小学高级、中级岗位核定政策，职称评聘实现向乡村教师倾斜。设立临时周转专户，确保中小学教职工编制问题解决到位。出台《关于设立中小学教师临时周转编制专户的通知》，在总量内调剂部门事业编制分别用于补充城镇和农村中小学教师。制定实施《关于在各镇街设立中心幼儿园的通知》，全面解决中小学教职工编制问题。建立“以县为主”的教师招聘体制，按照“退补相当”原则进行招聘。2016年，公开招聘新教师160人，优化教师队伍结构，短缺学科教师得到补充，有效缓解师资力量短缺问题。妥善安置烟台支教教师7名、临沂大学支教学生24名。实施《关于做好2016–2017学年度教师支教交流工作的通知》，全县共有139名教师参与支教交流。校长职级制改革顺利推进。出台《县委办公室 县政府办公室关于推行中小学校长职级制改革的实施意见》。积极推进基础教育管理体制改革，理顺镇街学前教育管理体制。12月，面向全县教育系统公开选拔9名镇街中心幼儿园园长，完成镇街中心小学与中心幼儿园分立工作。

教育教学改革 在成功创建“全国义务教育发展基本均衡县”基础上，全面实施精致化管理，不断深化教育领域综合改革，推进素质教育。着力提升高中教育质量，以“创建高效课堂”为抓手，抓实常规管理，优化教学过程，全面落实课程方案，大力推进“选课制”“走班制”，教育教学质量稳步提升。2016年，高考本科进线人数1756人，一本进线人数643人，有3名学生被北京大学录取，被授予“全市普通高中教学工作先进县区”。

学前教育 认真贯彻落实学前教育三年行动计划，加快推进幼儿园标准化建设步伐，规范学前教育管理，提高学前教育保教质量。2016年，按照科学布点、就近入园原则，规划新建、改扩建幼儿园14所。幼儿园办学条件得到进一步改善，学前教育资源普惠性得到扩大，为每名适龄儿童提供办园条件基本均衡、入园机会基本均等的学前教育资源。被评为“全市学前教育工作先进集体”。

职业教育与成人教育 加强基础能力建设。

县职业学校2011年被确定为首批国家中等职业教育改革发展示范学校，2013年通过验收，2016年7月被确定为山东省第一批省示范校立项建设学校，成为目前临沂市第一所省示范校建设学校。做好中职招生工作。年初召开全县职业教育招生工作会议，出台招生工作意见，切实保障职教招生数量和质量。2016年，县职业学校招生1694人，超额完成市局下达的1520人招生计划。完善人才培养模式。县职业学校10个专业均成立专业建设指导委员会，与天元集团、苏州生益科技有限公司、昆山恒源机械有限公司等20多家企业开展定向培养、订单教育。“双元制”校企一体化办学合作企业达7家，专业方向9个，在读学生1000余人。2016年，县职业学校共获得全国技能大赛二等奖1个，山东省技能大赛一等奖2个、二等奖5个、三等奖4个，临沂市技能大赛一等奖16个、二等奖26个、三等奖13个，并获大赛总分一等奖第一名。高职对口升学连续14年位居全市第一。

2016年临沭县在校师生情况统计表

表35

单　位	教职工数	在园幼儿数	小学生数	初中生数	高中生数
临沭街道	767	3800	12041	3483	—
蛟龙镇	262	1043	2431	733	—
石门镇	344	1593	4011	1410	—
青云镇	561	2017	4752	1909	—
曹庄镇	292	878	2245	923	—
大兴镇	380	2103	3434	1238	—
郑山街道	442	1109	4008	1317	—
玉山镇	395	1305	2901	1255	—
店头镇	293	786	2528	853	—
一中	451	—	—	—	5384
二中	408	—	—	—	3688
实验中学	291	—	—	—	2624
临沂市工业学校	281	—	—	—	8630
第一初级中学	154	—	—	1738	—
第二初级中学	205	—	—	2750	—
第三初级中学	177	—	—	2904	—
进修学校	25	—	—	—	—
第一实验小学	148	671	2510	—	—
第二实验小学	69	472	1583	—	—
第三实验小学	95	664	2215	—	—

续表 35

单　位	教职工数	在园幼儿数	小学生数	初中生数	高中生数
第四实验小学	121	673	2834	—	—
第五实验小学	53	544	1259	—	—
特殊教育学校	35	—	116	59	—
县府幼儿园	22	960	—	—	—
实践中心	24	—	—	—	—
双语实验小学	—	—	667	—	—
新星学校	—	—	271	163	—
英才学校	—	—	200	187	—
兴华学校	—	—	855	312	—

撰稿：崔广河　审稿：王维庆　庞瑞堂

临沂市工业学校

领导成员

校　　长：李守贵

党总支书记：刘祥伟

副 校 长：张西臣　张天水　荣学文

　　　　　王玉军

工会主席：尹迎峰

临沂市工业学校下设办公室、教务处、政教处、总务处、招生就业处、实训处、教科室、培训办公室、安全办、电大办公室、团委、财务科12个职能科室，数控技术系、汽车服务系、机电技术系、信息与服务系、升学一部、升学二部和基础部7个系部。学校占地面积22.04万平方米（规划占地46.25万平方米），建筑面积9.5万平方米（规划建筑面积19.7万平方米），教职工365人。开设机电技术应用、数控技术应用、汽车运用与维修、软件与信息服务、服装设计与工艺等10个专业（群），在籍学生8632人，仪器设备总值近7000万元。

5月27日，学校正式被山东省教育厅、山东省财政厅确定为“第一批山东省示范性中等职业学校建设工程立项建设学校”，为临沂市唯一一所。先后被确定为山东省教育科学院教师发展研究示范基地（2016—2019），临沂市资源节约型环境友好型示范单位、临沂市就业精准扶贫定点培训学校、临沂现代商贸物流职业教育集团理事单位、临沂市卫生教育集团副理事长单位，荣获全市职业院校技能大赛特别贡献奖、全市职业院校技能大赛团体一等奖第一名。

学校建设　2016年，学校扩建改造工程陆续完成。建筑面积6000多平方米的3号学生公寓楼竣工投入使用；学术报告厅内部装饰工程完成80%，灯光音响工程完成50%；校园绿化用水管道铺设工程完工，可使用人工湖的水浇绿化苗木，节约绿化用水成本；完成培训楼内部装饰、设施配备并投入运营；完成大门外东西两侧绿化和景观施工工程。

教学工作 加强教育科学研究管理，扎实推进教育科研。坚持科研兴教、科研促教思想，转化教师教学科研理念。积极了解教师在教育教学中遇到的难点和问题，引领他们进行课题立项，开展思考、探索、研究。引进4名德国专家到学校进行教学方法指导，通过专家上课示范，教师上课专家指导，专家评课，指导教学方法、教学设计、技能工艺；专业教师积极参与指导过程学习，在课堂中实施适当的教学方法，贴近学生思维，加强师生互动。注重课题研究成果的质量提升，推广教师研究成果。2016年，结题省级课题5项、市级课题1项、县级课题10项，教师在各级刊物上发表论文20余篇。强化教学常规落实，教学过程管理不断加强。加强对系部和教师教学的全方位管理，严格落实教学常规，提高教学管理的流程化、规范化，制定《系部日常管理考核办法》《学生毕业证书管理条例》，修订《备课规范》《教师课堂行为规范》《教学检查管理办法》《利用视频监控进行教学检查办法》，细化考核分工和操作流程，完善学校值班领导、职能处室、系部三级检查制度，检查结果日公布、周汇总、月总结，纳入教师量化考核，课堂教学规范程度不断提高。深化培养模式改革，教学方式不断创新。不断深化校企合作、工学结合、顶岗实习的人才培养模式改革，广泛吸纳行业、企业调研和教育专家意见，积极构建更加贴近企业需求的课程体系和教学内容，深入推进“行动导向”教学方法的实施，使专业教学与生产实践结合更加紧密。创新考核评价模式，质量评价体系不断完善。进一步完善《教考分离制度》，修订《学生成绩考核与管理规定》，构建体现理论文化素养的知识能力评价、体现行为品质的德育千分制考核评价、体现实际操作水平的技能考核评价、体现特长与发展的技艺评价的学生综合考核评价体系，提升学生综合职业素养；积极探索教考分离制度，期末理论与操作考试全部由学校组织，理论考试由外聘专家出题，系部教师对调监考、外聘人员阅卷，操作考试全部由外聘校外专家出题，并且外聘评委对学生逐一进行考核评价。开展丰富多彩的教学活动，教学质量不断提高。举行教师优质课比赛、第四届技能比赛及展示周、教师信息化教学比赛、新教师讲课比赛等活动，推广优秀教学经验，加强听课、评课、以老带新活动，承办全市数控车、数控铣、车加工、焊接四个项目和服装设计与制作、建筑两个专业技能大赛，以及全省数控车、数控铣、车加工三个项目技能大赛，全市服装、种（养）植、建筑、汽修四个专业优质课比赛。在临沂市职业院校技能大赛中，学校师生共夺得19个一等奖（含15个第一名）、22个二等奖的优异成绩。在山东省职业院校技能大赛中共夺得一等奖2个、二等奖5个、三等奖4个。服装专业学生沈锐代表全省参加全国职业院校技能大赛，夺得二等奖。在全市优质课比赛中荣获9个一等奖、7个二等奖、1个三等奖。

德育工作 完善校园德育体系与管理网络，将“社会主义核心价值观”教育融于学生养成教育中。在完善“政教处—系部—班级（班主任）—学生”梯级校园德育管理体系和“学校—家庭—社会”三位一体育人网络的同时，加强班主任队伍建设，实施班主任跟班制，两休入住学生公寓楼，全方位管理学生。利用每学期新生入学系列教育和每周日班级例会课、周一国旗下演讲、周三德育小讲堂、周五回头看等渠道，加强对学生的思想品德教育。通过执行餐后餐具回收制度、上课点名、就寝人数上报、请销假等系列制度，从细微处入手，加强学生良好行为养成引导，学生不文明现象及违纪行为明显减少。开展丰富多彩的德育活动充实学生课余生活。组织开展新生军训、“迎新生·庆五四”晚会、职教活动周文艺演出和“我自信、我出彩”主题演讲比赛、志愿服务进社区、传统文化进校园、走访贫困生、辍学学生家访、“家风修身,家训树人”主题教育、“中秋节——我们的节日”经典诗文诵读、纪念红军长征胜利80周年红歌演唱会、抗战纪念日主题班会课、网络安全主题教育、防震安全演练、消防安全演练、教室文化评比、文明宿舍创建、评选团员先锋岗、广播操比赛、德育工作案例评选、班级例会课讲课比赛、道德讲堂、“苏州生益科技定向班”奖学金颁奖晚会、观看《开学第一课》、组织团课、团干部联系青年、组织表彰会、组织社会主义核心价值观培训、组织《中职生学生公约》教育、组织《中小学生守则》学习等，通过系列德育活动为学生搭建展示自我的平台，倡导文明和谐校园之风。多渠道做好德育宣传工作。充分利用学校网站德育专栏、“校园之声”广播站、《苍山风》文学社、宣传窗、电子屏幕等主流媒介进行思想道德教育引导，弘扬主旋律，传递正能量。

招生与就业 招生工作实现新突破。春季招生早计划、早宣传、早发动，招生数量超过800人；夏季招生积极主动，强化“三二连读”高职教育、“3+4”本科分段贯通培养教育招生工作，暑期招生突破1000人，全年实现招收全日制学历教育1694人。积极开展就业指导。利用职业教育宣传周、优秀毕业生报告会、企业家进教室进车间、开展就业知识讲座等活动，让学生充分了解就业形势，在思想、知识、技能等方面做好充分准备，提高学生爱岗敬业、吃苦耐劳精神，为顶岗实习、就业打下坚实基础。就业质量不断提升。学校积极主动与合作企业沟通，开拓就业渠道，开展定向培养和订单教育，与苏州生益科技等企业开展深度合作。先后组织众泰汽车、山东多功能汽车、天元集团工业公司、力诺光伏、临沂龙盛集团、道依茨法尔等企业以及临沂、临沭20余家幼儿园及早教中心来校开展校园招聘，为学生提供更多实习、就业渠道，学生被“抢购”一空，学生及学生家长非常满意。完善毕业生“就业承诺”及就业跟踪服务制度。对学生开始顶岗实习后三年内实行主动跟踪服务，保证学生三年内随时回校免费进行技能再提高培训，解除学生和家长后顾之忧。毕业生平均初次就业率始终保持在98%以上，专业对口率达90%以上。

实训管理与信息化水平 实训条件极大改善。2016年，学校完成投资613万元用于专业实训设施建设。其中，机电专业投资109万元，新增工业机器人、液压气压传动、机械装调等实训室；数控专业投资155万元，新建激光加工实训室1个；汽修专业投资80万元，新增大赛用实训室2个；畜牧养殖专业投资120万元，新建化学实训室1个，充实动物医院设备；学前教育专业投资38万元，新建电钢琴房2个；餐旅专业投资59万元，新建3D模拟导游实训室1个；会计专业投资40.5万元，新建会计电算化实训室1个。学校各专业实训条件基本趋于完善，教学大纲要求开出应开实训项目均能正常开出，学校实训设备总值达到6800多万元。教育教学信息化水平大幅提高。2016年，作为山东省教育信息化试点单位建设的收官之年，学校查漏补缺，对信息化方面投资约400万元，用于信息化建设。其中，投资72万元，更新第九、十两个机房，并且采用先进的“服务器＋终端”模式；投资80多万元，更新办公电脑46台、增加多媒体设备25套、女生宿舍楼等加装红外数字高清监控点32个、增加数控系校园数字广播系统分控点1个、改善两个会议室的会议设备；投资200万元，用于购置数字图书馆管理系统、购置纸质及电子图书、更新图书阅览设施、更新图书检索防盗等设备；创客教室投入使用；1000兆带宽的校园出口网络完成光纤铺设任务，即将开通使用。

平安校园建设 严格执行各项安全管理制度，强化安全工作责任制，与全体师生签订安全管理责任书，利用安全主题专栏、专家讲座、主题班会、温馨提示、致学生家长一封信、飞信通知等形式，对学生进行防火、防溺水、防电、食品安全、网络安全、交通安全、法制安全等教育，提高师生安全防范意识和安全预防能力。加强安全隐患排查和周边环境整治，及时消除各类安全隐患与盲点。多次组织防震、消防应急疏散演练，提高师生应急避险能力，加强校园警务室建设，配足配齐警用器械，确保保卫队员数量，严格落实24小时值班制度，提高校园安全防范能力。学校未发生安全责任事故。

社会培训与电大工作 社会培训职能进一步增强。积极承担各级各类社会培训，广泛开展社会各类人员创业培训、下岗职工再就业、电商培训、企业员工、复退军人培训、水利员培训、公安局巡防队员业务技能培训、农业普查业务培训及各类技能培训，培训学员4106人次，提高学校为当地经济社会发展服务的功能。开放教育工作稳步提升。认真完成2016年国家开放大学临沭电大春、秋两季招生、审核及建档，在籍学员301人。及时上报学员信息、发放入学通知、学生证、教材征订，按时上报学员选课、面授及安排网考、期终考试等常规教学管理等工作。积极和县委组织部协调沟通，完成全县农村两委成员专科学历素质提升班2016学年的集中面授、送教下乡、线上线下辅导、社会实践、考试安排等常规工作。认真组织其他专业电大学员辅导、网络考试、形成性测试、职业技能实训测试、论文答辩、实践性考核及期末考试等各环节具体工作。

撰稿：李玉成　审稿：李守贵

临沭第一中学

领导成员

校　长：张庆贵

党委副书记、常务副校长：杨大国

副校长、工会主席：庄长虹（女）

党委委员、副校长：王夫玉　臧书杰　吴绍锋

党委委员：李宝东　谢士年

纪委书记：谢士年（4月离任）

临沭第一中学位于临沭县城育才东街9号，占地面积22.13公顷，校园绿地率35%，绿化覆盖率45%，为省级规范化学校、省教学示范学校、省级绿色学校、省花园式单位。学校设党委、行政办公室、政教处、工会、团委、教务处、总务处、综治办、督查科、妇委会、档案室、宿管科、财务科、司务处、医务室、教科室、实验室、教学服务部等科室；高一、高二、高三3个年级7

个级部;语文、数学、英语、物理、化学、政治、历史、地理、生物、体育、艺术、信息12个教研组。有教职工445人，在校生5400人。

2016年，先后获省心理健康教育先进单位、省档案工作科学化管理工作先进单位，市级文明单位、市级先进基层党组织、市“普通高中教学工作先进学校”“普通高中教学工作卓越人才培养先进学校”“普通高中教学工作名优生培养先进学校”“普通高中教学工作优秀人才培养先进学校”“普通高中教学工作全体学生进步先进学校”等荣誉，被确定为山东省学校文化建设重点研究基地，成功承办县中小学生运动会和临沂市高三历史教学研讨会。

德育工作 坚持育人为本，德育为先，不断加强和改进德育工作，提升师生综合素质。积极推进禁止有偿补课活动、治理“庸懒散”、“千名教师访万家”，加强师德师风建设。加强学生思想教育。开展养成教育和主题教育，成功开展第八届“十佳学子”评选表彰活动，表彰奖励“十佳学子”“十佳团员”“十佳班干”“十佳团干”，举行第四届十八岁成人礼和毕业典礼、学生宣誓活动，增强学生成人意识、责任意识、奋斗意识。学校团委被评为县五四红旗团委。4月，学校健美操队获临沂市中小学生运动会健美操比赛高中组第三名。12月13日，60多名教职工参与无偿献血活动，成功无偿献血47人。

教学工作 坚持“让每一位学生都得到发展，让更多学生升入理想大学”的办学理念，坚持以教学、学生为中心，确立“一体两翼三线齐飞”的教学管理策略，实施年级阶段目标管理，既面向全体学生，全面育人，又因材施教、分层教学，促进学生全面发展。加强考情学情、高考形势命题研究，以学定教、以考定教，教学针对性和实效性不断增强。

学校加大“三自一新”教育教学改革力度，促进教师专业成长。2013年7月，学校全面启动“三自一新”(即学生自主学习、自我教育、自觉发展，教师教学创新)教育教学整体改革。2016年4月中旬，该项教育教学改革成果展示亮相全国试验区工作会议。5月，临沭一中《“三自一新”教育教学改革研究与实践》通过省专家鉴定结题。9月，《“三自一新”教育教学改革研究与实践》在临沂市普通高中教学工作会议上作典型发言。是年，该项改革成果获临沂市教学成果奖，并被临沭县委、县政府评为“改革创新奖”。

大力推进“教学管理规范月”活动，组织全员磨课活动，打造高效课堂，成功组织“十佳优秀教师”课堂教学展示、“一师一优课”“一课一名师”课堂教学活动，评选出“十佳备课组”。组织教师“走出去”，赴衡水中学、城阳一中、莘县一中、淄博等学校、地区考察学习，扎实做好“十万教师百万家庭连心育人”活动，有效促进家校联合，为学生主动发展创造空间。把王国香、宋玉柱等众多专家“请进来”作专题报告，及组织“一标一纲一题”考试、两周一次的业务学习等方式，提升教师综合素质。2016年学校引进研究生9人、考选优秀乡镇教师8人、外县调入研究生1人。

2016年高考再续辉煌。一本进线403人，二本进线998人。李寅、李洪伟两名学生被北京大学录取；曹梦璠、李泽同、李一诺等众多学生分别被南京大学，西安交通大学、南开大学、东南大学，武汉大学、国防科技大学等全国名校录取。理科A班共27名同学，一本进线率100%，平均分641.5分，超过一本线104.5分。文科A班一本进线37人，其中，590分以上3人，580分以上6人。音体美专业学生有47人专业课、文化课双过线，其中刘舒涵、孙祥栋、杨振三名学生分别被中央美术学院、北京电影学院、中国戏曲学院录取。临沭一中成为临沂市获得自主招生资格人数较多的中学之一，位居全国第151名、临沂市同级学校第2名；有80多名学生120多人次通过初审获得北京大学、清华大学、中国人民大学、南开大学等高校自主招生考试资格；40多名学生70多人次获得农村专项招生考试资格。

中考招生 2016年，临沭一中校录取分数线为547分（全县最低录取分数线为433分），远高于以往和兄弟学校，实际报到情况1817人。学校新高一设32个班编制，其中8个实验班，生源情况（素质和规模）好于往年和预期。

学校安全 坚持安全第一，预防为主的工作方针，突出工作职责，落实安全工作责任制和事故责任追究制，开展交通安全、消防、防盗、防震、防雷击、防触电、防溺水、防食品中毒、防食源性疾患和防重大传染病为主要内容的安全教育活动，建设平安校园。推进“健康校园”建设，开展阳光体育运动，普及健康知识，加强学校卫生工作，加强疾病预控，促进学生身心健康发展，取得显著成效。

后勤管理 学校加强教辅人员素质提升培训，完善工作人员绩效考核评估机制，坚持规范管理和规范流程，规范工作行为，落实岗位和工作职责，打造爱岗敬业、服务优良的服务形象。切实加强食堂超市管理，确保食品卫生安全；积极倡导勤俭节约，杜绝铺张浪费；严格执行财务制度，合法使用资金；加强校产管理，做好管理维护工作，为教育教学工作顺利开展提供可靠保障。

学校建设 工程总造价约3600万元的教学综合楼，于2016年10月公开招标，工期18个月，建筑总面积12329平方米，四层框架结构（其中报告厅为二层），基础采用筏板基础，合理使用年限为50年，抗震防烈度为80度，建筑高度21.35米，功能以容纳1664人报告厅为主，并设有开放式图书阅览室、30余口教室、容纳465人的会议室等功能室。

撰稿：袁强　审稿：杨大国　张庆军

临沭第二中学

领导成员

校　　长：段广强

党总支书记：李景涛

副 校 长：李守关　李守明　吴　坤

工会主席：曹广学

临沭二中管理体系由系统科室与年级管理委员会共同组成。系统管理体系设行政办公系统、教学系统、政教系统、总务系统和工会系统共5个系统。系统下设办公室、督察室、政教处、团委、教务处、教科室、工会、总务处及安全办等9个一级职能科室。年级管理体系设高一年级、高二年级、高三年级3个年级共6个级部及艺体部。班级70个，在校学生4000余人。学校共有教职工405人，其中，高级教师114人；国家级骨干教师1人，省骨干教师、优秀教师7人，沂蒙名师2人；省讲课比赛一等奖获得者7人，市级学科带头人14人，市级讲课比赛一等奖获得者10

余人。

2016年，学校被评为“全国生命教育科研先进集体”“山东省心理健康教育先进学校”“临沂市文明单位”“临沂市高中教学示范学校”“临沂市高中教学工作先进学校”“临沂市高中教学工作优秀人才培养先进学校”“临沂市高中教学工作卓越人才培养先进学校”等荣誉称号。

教育教学 2016年，学校在生源特别薄弱的情况下，高考实现新突破。高考文化课一本上线30人（600分以上有5人），二本上线183人，艺体类双过线69人，合计本科上线252人，本科目标完成率达138%，重点本科进线率为85%；学校实验班本科上线率100%。实现“高进优出，低进高出，成人成才”育人目标。自主招生硕果累累，徐铭被中国海洋大学录取，徐方舟被重庆大学录取，石坚被山东大学录取，李一含被北京航空航天大学录取，段皓铧被吉林大学录取。名生培养再创佳绩，继2014年王悦被清华大学录取之后，是年刘庆红又被北京大学提前录取。学校教育教学质量取得重大突破，社会声誉也得到进一步提升。

学校管理 完成职称评聘改革后的第一次职称评聘推荐工作。按照市县要求，学校制定2016年中高级职称评聘推荐工作方案，按照工作方案进行中高级人员推荐，确保推荐工作公平公正。实施全员、全程和全方位育人策略。加强学生学习习惯和生活习惯培养，继续开展“六无”校园创建活动，严肃查处学生携带手机、抽烟、旷休上网、男女生非正常交往、打架斗殴、吃瓜子等现象，严肃处理违规违纪学生，为学生提供优质的学习和生活环境。做好建校50周年校庆筹备工作。学校成立校庆办公室，以校庆50周年为契机，整理、编印学校历年校友通讯录，整理历任领导班子信息、编写校史、大事记、搜集珍贵影像材料，学校50年的发展有了基本脉络。举办校庆50年文艺表演，全体教师欢聚一堂，总结过去，畅想来来。

师资水平 学校采取多项措施更新教干教师教育教学理念，努力提升学校管理与教学水平。加强教师培训，提高教师队伍素质。学校通过定期开展学科业务培训、暑期远程研修、新教师培训等活动，引导教师更新教育理念，学习并运用好教育信息技术，不断提高自身专业发展技能，更好地开展好教育教学工作。为全体教师更新办公电脑，加大对教师信息技术培训，对网络带宽进行升级改造，信息化课堂教学成为课堂教学新常态。学校组建101信息教学班，发放教师及学生用平板电脑，对教室进行信息化改造，初步开始信息化教学。开展“学科教学课型优化”主题教研活动。学校召开“学科教学课型优化”主题教研活动动员会，制定实施方案，各学科组根据学科特点，深入研究各种课型教学规律，确立课型教学模式，确定各种课型教学思路，通过展示集体研究成果，为全体教师提供具体的示范课例，供各学科教师深入研究、学习。切实加强考试管理工作，抓考风考纪促学风带教风正校风。学校制定加强考风考纪工作方案，对学生和监考教师提出明确要求，对作弊学生和监考不力的教师提出明确处罚措施。加大对考风考纪查处力度，确保为考生创造公平公正的考试环境，保证学生成绩真实有效。

德育工作 加强德育阵地建设，增强育人效果。充分发挥“国旗下讲话”的育人主阵地功能。定期在双周周末组织学生收看青春励志和爱国主义影片，把观看教育视频作为道德情操培养的主要形式，增强德育工作针对性和实效性。结合“学雷锋纪念日”“母亲节”“父亲节”“清明节”“劳动节”“端午节”“国庆节”等重要节日开展感恩励志及传统文化教育，引导学生将个人梦想和“中国梦”结合起来，共圆中华民族伟大“中国梦”。

实施教育精准扶贫，落实好国家助学政策。为确保家境贫困的学生能够享受到资助，学校领导带队深入贫困生家庭走访，了解和记录贫困学生的家庭情况、生活状况，做到“精细资助，精准资助”。做好学生感恩励志教育，鼓励贫困学生在逆境中奋进，要相信困难是暂时的，把贫穷看作磨砺人生的宝贵财富，激励他们奋发学习。开展生命教育工作。学校邀请济南心理专家候翔允、青岛九中心理专家王国香到学校为师生作心理健康专场报告，邀请吸引力教育演讲家赵金磊到校做以“决胜高考 笑傲人生”为主题的高考励志演讲，邀请国家级教育专家王占伟到学校为高三学子做报告等方式为学生学情精准把脉，培养学生良好的学习习惯，优秀的学习品质，最大限度地调动学生的学习积极性、主动性。同时学校还积极做好生命教育学校创建工作，经过广大师生努力，学校被评为“2016年度全国生命教育科研先进集体”。

办学条件 2016年，学校投资140万元，由政府统一招标采购370余台台式电脑配发到教师手中。争取校园改造项目资金，考察、规划综合教学楼建设工作，前期工作已完成。改造沿街楼为学生新食堂操作间，建造新的体育用品用房，对老办公楼各办公室用电线路、网络进行改造，保障教学需要。加强对南北食堂及商店商品质量管理，让学生吃得安全、吃得放心。

撰稿：陈 钊 程 涛 审稿：段广强 李景涛

临沭县实验中学

领导成员

校　　长：袁秋晓

党总支书记：丁来瑞

副 校 长：傅用信　邢连绍　闫朝永

工会主席：赵康兵

临沭县实验中学为山东省规范化学校，有教职工293人，其中，硕士研究生22人；高级教师97人，中级教师125人；全国优秀教师1人，省特级教师、省级教学能手、骨干教师3人，市级教学能手10人。有49个教学班，在校生2745人。

2016年，先后获“山东省传统体育项目教育示范学校”“临沂市高中教学工作优秀人才培养先进学校”“临沂市高中教学工作进步先进学校”“临沭县高中教学先进学校”等荣誉，顺利通过“市级文明单位”复验。

学校管理 3月份，汇总编印了《临沭县实验中学管理手册》，共有6大篇章，分岗位职责和管理制度两大类，共计267项管理制度，进一步完善管理体系。值班督察工作，在每天一通报基础上，通过校委会进行跟踪落实，做到件件有反馈，事事有落实。信息宣传方面，充分利用不断完善的微信平台，及时发布新闻动态、教研成果、特色活动等，累计发布51条信息，编辑校报5期。12月24日，四届三次教代会召开，审议修改和完善关于职称评聘、优秀党员评选等5项规章制度，为学校工作有章可循、有法可依提供保障。

教学工作 2016年高考，高2013级科学备考，精准施教，成绩优异。重点本科过线207人，普通本科过线483人，高三10班李思洁以总分617分取得全县文科第一名、全市第三名、全省222名的好成绩，为近几年本县文科生文化课全省最好位次。刘志鹏、王鑫鹏分别获招海军飞行员和民航飞行员。卓彦汝以总分669进入全县理科前5名。600分以上考生达25人，圆满完成预定高考目标。自主招生工作成绩突出，有74人次通过高校自主招生初审，学校在全国自主招生500强中学中排名第274位，有55人次获得自主招生加分优惠，10余位同学获得一本线即录取资格。刘千瑞获中央财经大学农村专项财政学全国第一名，加30分优惠政策，被顺利录取；张静获中国人民大学农村专项全省第三名，并被录取。

学校依托《关于学科竞赛社团辅导的实施意见》《自主招生社团辅导管理与奖励制度》等系列规章制度，明确目标责任，细化管理流程，鼓励支持具有学科特长、创新潜质的学生参加各种竞赛活动。高2014级共有214人次在文、理科学科竞赛中获得省级三等奖以上奖项。科技创新活动实现突破，获得1项国家实用新型专利证书；在全国中学生创新作文大赛中，凌思达获全国一等奖，李宇航、李鑫获全国二等奖；全国化学奥林匹克竞赛中，王秋达获全国二等奖。

教科室在落实好常规检查、周研讨课讲评、周测等工作基础上，有序推进高考全国卷研究，形成了9大学科的《高考全国卷研究成果汇编》。采取“引进来和走出去相结合”的办法，组织骨干教师200余人次先后到青岛、济南、莱西一中、岚山一中、烟台、大连、衡水、石家庄等地考察学习。教师教科研取得较好成绩。丁元惠、高侠等6人获临沂市教学质量奖，王玉龙被评为市教学能手，张洪亮、王贵朋被评为市教学新秀。在全市课程资源评选中有6人获一等奖，6人获二等奖，3人获三等奖。

德育工作 全来共组织8次班主任培训及相应优秀班级管理论文评选活动。组织全体班主任参加大连德育报社组织的“如何做最好的班主任暨互联网+德育新途径”暑期研修班；组织各年级德育教干参加青岛班主任培训会议；组织全员育人责任教师家庭报告书撰写评选活动。一系列活动的开展，切实提高了班级管理水平和全员育人效果。德育处根据优良班集体检评细则和十佳班主任等评选实施细则，评选出王贵朋、孙飞、袁青峰、孟凡真、吴绍恒、沈庆习、景怀贵、李善勇、袁堂锋、陈令才等十佳班主任。在县级评选中，王贵鹏获县十佳班主任称号，孙飞、袁青峰获临沭县百名优秀班主任称号，王凯、王海波、李书刚、姚绍军获临沭县德育工作先进个人称号。年初，工会组织春游踏青活动，全体教师兴趣盎然、积极参加，感受春天的浓浓气息。活动的开展促进了老师们身心健康，陶冶了情操，增进了感情，调动了老师工作的积极性，创造了和谐融洽、团结奋进的团队氛围。

组织高2015级励志读信、校歌、红歌大赛和班徽设计大赛，教师学生四德评选，制作各类宣传图版，完善校园文化硬件建设等活动。暑假期间组织300余名师生参加“共同托起明天的太阳”大型慈善公益活动。

安全工作 在重视“人防”基础上，加大“技防”力度。在全县率先实行学生网上请假系统，班主任通过网上批假，学生在出入校门时用校园卡在门卫终端系统刷卡，系统自动发短信提示班主任和家长学生何时入校和出校，切实杜绝学生请假条造假现象，为校园安全提供有力保证。先后召开4次安全教育主题班会，利用主题班会及节假日共8次发放致学生及学生家长的一封信及承诺书。在2016年县教育安全工作考核中，获得驻城29所中小学中排名第二，高中学校排名第一的优异成绩。9月份，市药监局在县领导陪同下，视察学校食堂安全管理，给予了高度评价。11月，全县教育系统安全工作现场会在实验中学召开，与会代表参观了学生网上请假系统及大门道闸自动抬杆系统，对各项安全技防措施给予高度评价。

后勤管理 物品采购方面，累计投资35万余元。其中，投资16万元采购安装纯净水饮用设备，利用暑假进行设备安装和地下管道施工，暑假之后投入使用；投资12万元采购一体机和高速复印机，提高工作效率，降低使用成本。投资3.5万元完成食堂电子显示屏制作工作，及时公布菜谱和价格信息，方便学生就餐；完成无尘黑板贴膜施工，所有教室内部的黑板，全部更换为无尘黑板贴膜，每个教室配发专用黑板擦、清洁桶和无尘粉笔。无尘黑板的使用，改善了教室内部环境卫生。6月24日，承担县食品药品监督管理局组织的“学校食堂开放日”活动，受到好评。校产管理方面，根据财政局要求，完成校产软件系统更换和清查摸底工作，并配合中介机构做好最终审核。绘制水电暖地下管线图，完成地下管线绘制工作，及时入档，便于以后做好长期水电管路维护保养。

党建工作 按照上级党委要求，开展党员组织关系清理和接转工作，理顺和落实每一个党员的组织关系。如实填报《临沭县实验中学组织关系党员统计表》报送局党委备案。党建办和财务科对2010年以来各支部党员工资构成、党费实缴和应缴党费情况进行认真核算统计，差额部分在规定时限内及时组织补缴，共补缴党费38111.00元。根据县委、教体局党委统一部署，为进一步深化“两学一做”学习教育，开展“受教育、亮承诺、见行动”主题活动。成立领导小组，制定实施方案，并于10月21日召开“受教育、亮承诺、见行动”主题活动动员会。10月23日，组织党员近50人前往平邑县九间棚党性教育基地，重温入党誓词接受党性教育。全校78名在职在岗党员干部结合自身接受党性教育的收获和感悟，重点围绕继承发扬老一辈革命家的优良传统、传承弘扬沂蒙精神等内容，进行一次深刻的党性分析，剖析查摆在党性修养、道德品行、工作作风等方面存在的问题和不足，明确下步努力方向和改进措施。

撰稿：沈庆习 王信伟 审稿：袁秋晓 傅用信

临沭县第一初级中学

领导成员

校　　长：张立东

副 校 长：官修文　王仕栋　袁肖林

工会主席：马贵胜

临沭县第一初级中学建于1982年，有教学班32个，学生1700余人，教职工158人。学校大力推进素质教育，践行“树德立身 博学致远”校训，努力实现“为每一位学生提供适合其发展的教育”办学目标。学校是省级规范化学校、省电教示范学校、省教学示范学校、省文明单位、省地震科普示范学校、省创新教育实验基地、省综合实践活动课程研究与试验重点实验基地、省语言文字规范化示范学校。2016 年，学校蝉联山东省文明单位，先后获临沂市初中教学工作先进学校、临沂市中小学德育工作先进单位、临沂市教科研先进单位、临沭县初中教学工作先进单位、临沭县素质教育工作先进单位等 30 多项荣誉。

办学条件 2015 年 7 月，学校新教学楼开始重建，2016 年 4 月，新教学楼正式投入使用。新教学楼建设过程中，县委、县政府领导多次来学校视察，关注工程进展，关心工程质量。与新教学楼使用同步，进行教学辅助设施改造升级：新建高标准微机室 2 口，报告厅 1 座，云终端 32 套。学校按省规范化学校标准配备教学设施，有图书室、实验室、舞蹈室、探究室、录播室、德育室、音乐教室、书法教室、史地教室、通用技术教室、心理辅导室等。

教师队伍 学校坚持“树德立身 博学致远”校训，其内涵为：育人为本，德育为先，德才皆备，全面发展。学校通过各种途径加强教干教师队伍建设，理顺管理体制，提高工作效率。2016 年暑假，学校组织部分教干和班主任赴南京参加“中层干部能力提升培训班”和“中小学班主任能力提升培训班”。按照“重心下移，工作下沉”思路，学校教学管理实行年级负责制。由年级主任聘任年级副主任，明确分工的同时加强合作，形成年级责任实体，落实年级自主管理。

校园文化 学校不断完善校园文化规划方案，全面优化育人环境，努力实现校园设施出精品，文化活动出成果，使校园文化成为教育、激励全校师生和促进素质教育的有效载体。致力以“弘扬国学，传承经典”为主题的书香校园建设，并通过开展各色活动，促进学校精神文明建设。把经典诵读作为文化建设工程来抓，通过开展“时代杯”和“新华杯”等经典诵读活动对师生进行道德理想教育，在承担和完成责任的过程中磨炼完善自我，在回报国家和社会的实践中书写美好人生。学校对教学楼各阅览区进行图书更新，安置具有浓郁文化氛围的桌凳，鼓励同学们利用课余时间走出教室，进行阅读。

德育工作 加强德育队伍建设，通过组织班主任交流经验和外出学习，提高管理水平和育人能力。狠抓学生养成教育，进一步规范学生行为习惯，充分利用国旗下讲话、班会课、宣传栏等开展规范教育活动。通过全体教干和班主任共同努力，教育效果明显，达到预期目的。大多数学生能按照要求，规范自己的行为，在上下楼梯和进出校园时，不拥挤，靠右行，形成一道特有的风景。多渠道开辟育人阵地，坚持结合重要时间节点，有针对性地开展各种主题、专题教育活动。

精致化管理 按照教体局“六个精致管理”总要求，依法治校，科学管理，在硬件建设、师资建设、文化建设、年级管理、学生管理等方面实现较大提升和跨越。遵循学生成长规律，坚持“为每一位学生提供适合其发展的教育”办学目标，努力保障每一位学生肯上进、后劲足、发展好。在总结年级管理经验基础上，七、八、九三个年级的年级精神分别概括为“聪而好学、慧而明理 尊老敬师、惜时守纪”；“自信坚持，奋发向上，善于合作，敢于担当”；“超越自我，脚踏实地，无畏有为，只争朝夕”。扎实开展讲评课教学模式交流活动，不断总结、修正、提升。学校教科研注重理论和实践相结合。学校主导课题《小组合作学习方式研究》和省教育科学“十三五”规划重点课题子课题《初中网络课程资源的开发与利用研究》等的研究工作有序开展。

安全工作 学校安全工作做到严、细、实、活，受到兄弟学校和各级领导的好评和表扬。健全学校安全工作责任体系和组织网络，做到机构、人员、责任、经费“四落实”。重点落实保安人员工作职责，加强楼道安全管理，加强校园安全巡逻，加强消防和用电安全管理。通过完善制度、健全机制、创新举措，不断增强全校师生员工安全防范意识和防范能力，最大限度消除校园及周边安全隐患，全面地提升学校安全管理水平，杜绝重、特大安全事故和责任事故，有力防范一般事故，确保校园平安。切实加强师生人身安全，校园财产安全、教育教学各环节安全。

撰稿：李东华　吴霞成　审稿：张立东

临沭县第二初级中学

领导成员

校　　长：丁德友

副 校 长：韩宝剑　袁玉晓

工会主席：袁　永

临沭县第二初级中学位于县城中山路南路26号，占地5.92万平方米，建筑面积2.26万平方米。有48个初中教学班，在校学生2600人，教职工206人。

2016年，学校坚持“践行精致化管理理念，打造信息化生态课堂”办学理念，以工作业绩为目标导向，以竞争促提高，以集体明荣辱；立足科学规范管理，突出教育教学中心，强力打造品牌学校，实现教育又好又快发展。获评省中小学课堂文化建设重点实验学校、省科技教育创新发展实践基地、市第七届中小学读书系列活动先进集体、县初中教育综合督导评估先进单位、县新华杯首届初中学生学科素养展示大赛语、数、英、理、化团体奖、县教育信息宣传工作先进单位等荣誉，语文教研组获第三届临沂市“读书杯”中学征文大赛组织奖。

教育教学　坚持抓教学质量提升“四个不动摇”。即坚持教学中心地位、质量核心地位不动摇；坚持向教学常规管理要质量不动摇；坚持以校本教研促质量提升不动摇；坚持弘扬二初校风、教风、学风，向“三风”要质量的思想不动摇。2016年，中考再续辉煌，有35名同学进入全县前100名，有5名同学进入全县前10名。其中，白耘溪以692分获得全县第一名，黄晨乐、李东晓两名同学分别以690分和687分获全县第三名、第四名。高零壹被山东省实验中学录取为航空实验班学生。七、八年级学情调研测试中，成绩优异，前10名，前700名和前3000名进线人数均名列前茅。学校被评为“临沭县初中教学工作先进单位”，张敏等3位教师被评为“优秀备课组长”，庄修龙等13位教师被评为“优秀班主任”，左德芳等32位教师获“教学质量奖”。

教师管理　提高学校精细化管理水平，大力提高教育教学质量。坚持以人为本，将目标管理、常规管理、过程管理、民主管理和全员管理有机结合，要求管理人员做到“五管理”即懂管理、会管理、敢管理、善管理、勤管理，形成“聚精会神抓管理，凝心聚力抓教学，一心一意谋质量”的良好局面，促进学校可持续发展。促进教师专业发展和学生学习成绩提高，实现“规范管理，整体优化，提升质量”目标。以“信息技术与课堂教学深度融合”项目为推手，以校本资源为依托，大力开展教学研究、课题研究，推动提升教师信息化课堂教学理论认识和专业水平。

德育管理 把德育工作放在教育教学工作首位，通过加大督查力度，加强德育队伍建设和常规管理，强化师生责任意识和创新意识，克服等靠作风和观望守旧态度，有效制止个人有偿补课、体罚学生现象发生。通过强化德育队伍建设，开展诚信学习活动，通过革新班主任选拔任用，对新班主任进行培训，按照《班主任工作评定考核条例》，落实班主任职责，纳入班主任奖惩体系，综合评价班主任的工作实绩，提高班主任工作热情和德育工作实效。通过“我们的节日”主题活动，利用国庆节、教师节、中秋节、重阳节等，开展征文、诵读、手抄报等活动，对学生进行爱国主义教育、感恩教育、传统文化教育。开展“禁毒宣传教育”主题教育活动，通过观看视频《致青春》、撰写观后感等活动，教育学生远离毒品，并通过“小手拉大手”，由学生向家长及其亲朋好友宣讲毒品的危害及远离毒品的重要性。开展“预防艾滋病”主题教育活动，开展《志愿服务在身边》征文活动，教育学生热爱公益，学做好人。团委积极组织学生参加上级团委组织的“国学达人挑战赛”，其中八年级四班徐璐获得市级一等奖。九年级二班王韶阳获得宋庆龄奖励基金和证书。

后勤服务 营造良好育人环境，着手进行校园绿化、景点建设和道路整治。配合校园绿化、净化、美化计划，新设立10处宣传栏，各系统及年级都有一个宣传栏，及时上传相关通知、文件。对综合楼图书馆、阅览室和实验室进行装修改造，添置设施，并根据省级达标要求配齐实验室设备。新上一套净水设备，为师生提供优质饮用水。严格执行财务管理制度、购物申报审批制度和财产管理制度，进一步规范学校财务管理，认真执行2016年收支预算，实行收支两条线和政府集中采购等制度，做好财务收支公开工作，增大财务工作透明度，避免支出盲目性，保证教育教学活动正常运作和重点项目经费。成立招投标小组和验收小组，经校内外公开投标、商议、考察等程序而确定中标单位，在施工过程及时跟踪反馈，施工完毕反复检查整改，保证公开规范，保质保量。加强后勤各岗位工作布置、指导、检查和协调，不断改善和提高服务质量，不断完善办公室及教室必要设备和设施。继续加强固定资产管理的规范化和制度化，完善固定资产的造册和责任制。

平安校园 全力做好安全稳定和综治工作。进一步健全学校安全制度和安全应急预案，把校园安全稳定作为常规工作的重中之重，多层次深入开展防传染病、防火、防汛、防雷电、防食物中毒、防交通意外事故、防意外伤害等安全知识教育，提高师生安全意识和树立互救能力。继续加强校园安全联系制度和督促检查制度，实施校园安全月报告制度，深入开展学校及周边治安综合治理活动。

撰稿：王右刚　审稿：丁德友

临沭县第三初级中学

领导成员

校　　长：王晓晨

副 校 长：李叶飞　房军战

工会主席：景洲法

临沭三初管理体系由系统科室与年级管理委员会共同组成。系统管理体系设行政办公系统、教学系统、政教系统、总务系统和工会系统共5个系统。系统下设办公室、政教处、团委、教务处、教科室、工会、总务处及安全办等8个一级职能科室。年级管理体系设七年级、八年级、九年级3个年级共7个级部。班级54个，在校学生3300余人。学校共有教职工184人，其中，高级教师20人；省讲课比赛一等奖获得者1人，市级讲课比赛一等奖获得者5人。

2016年，学校获得“临沂市读书活动先进集体”“市级五四青年团委”等荣誉称号。

德育工作　加强德育教育队伍建设，营造和谐德育环境。学校组织教师认真学习《教育法》《教师法》《中小学教师职业道德规范》《未成年人保护法》《预防未成年人犯罪法》等教育法规，增强遵纪守法、依法施教的自觉性，提高教师科学育人水平。重点利用“国旗下的讲话”，充分主题教育阵地作用，每周确定一个主题，通过学生演讲、校园短讯、新闻时讯、领导讲话、集体宣誓等环节，结合各种纪念日、节假日开展系列活动，丰富校园文化生活和学校内涵，提高学生道德水平，让学校德育工作行成一条有序的网络。遵循素质教育发展规律，注重学生综合素质提高。按照“六五”普法规划和县委、县政府，县教体局、县司法局有关要求，制定学校普法计划，通过各种形式、多种活动，通过听、说、读、写、践、讲六步，让学生学法、知法、懂法、用法，提高同学们的法制意识，做守法小公民，把法制教育引进校园，营造遵纪守法、稳定和谐的教育教学环境。

安全工作　创建安全、和谐、诚信校园。坚持以班主任为安全教育工作的中坚力量，负责本班安全教育和安全防范工作。坚持长期领导、教师全员值班制度，发现校园中存在的及不可预见的安全隐患，做到对突发事件的早汇报、早处理。安全领导小组建立定期与不定期自查机制。即重大节日、长期放假必查，阴雨天气、发现隐患自查。建立学校安全意外事故处置预案制度。学校建立以校长为组长的重特大安全事故应急处理领导小组，制定重特大安全事故应急处理预案。坚持把安全宣传作为工作的支点，开展丰富多采的安全教育活动，将“安全”二字印在学生心中。学校加强校园安全文化建设，通过学生制作手抄报和学生书写书法作品等形式加强校园的安全普及范围，让安全教育深入人心。家校联合，形成教育合力。通过印制各种形式的致家长的一封信等，让家庭教育与学校教育共同形成教育合力，收到良好安全教育效果。加强学生校纪、校规教育，安全知识教育，全面增强学生安全意识，提高自我保护能力。政教处多次利用班会、班主任会、黑板报进行法制观念、安全知识教育。开展常规检查。学期开学后，学校把安全教育工作作为重点检查内容之一，对消防、用电等设施进行检查。上半年对微机室、实验室、围墙、厕所等进行详细检查，同时，加强对校园周边的综合整治。对存在的隐患及时向上级反映，及时整改。

教学工作 以教学为中心，推进素质教育发展。在教育教学中以“减负增效、规范办学”为主旋律，以“推进高效课堂构建”为突破口，以“提升教师业务能力发展”为切入点的工作思路，在抓实工作的基础上逐步创新，注重过程管理，深入规范教与学的每个环节，突出“以生为本”的教育思想，做到教与学和谐发展，逐步开展一系列活动，顺利完成教育教学任务。抓好级部管理和班级管理，调动级部管理积极性，突出级部管理时效性，让级部管理成为学校管理的排头兵。学校级部成为落实学校科室工作，解决实际问题的第一责任人。在级部管理带动下，班级管理水平也得到很大提升。班主任早到晚归，管好班级各个细节。关注七年级学习习惯培养工作，努力打好七年级学习基础。降低教学起点，让学生易学易会。狠抓七八年级补弱补差工作。防止学生出现两极分化问题，严格按照省规、县教体局关于切实减轻学生课业负担的要求，规范办学，不允许教师、学生早到校、迟到、旷课、溜堂。更不准上班时间上网聊天、玩游戏、看电影、购物等。狠抓教学常规管理，突出教学常规的实效性，加强教研组工作力度，突出三抓：抓重点，即抓常规、抓课堂、抓课程、抓教研、抓教师队伍建设；抓落实，即力求做到各项工作有计划、有布置、有检查、有反馈、有实效；抓质量，即各年级学期监测、期中期末校级监测、单元达标测试，充分发挥教导处承上启下的作用。

分层次召开家长会，就不同层次的学生与家长进行不同的交流。各班主任不间断的与家长沟通，小规模分层次不间断地与家长进行沟通交流，就孩子成长交换意见，沟通看法。经过多角度多层次的努力，家长对学校工作充分理解并给予肯定，班主任任课教师也得到家长理解和支持，为教育教学工作注入一股强劲力量。

大力支持教师参加县级以上的观摩研讨、专题培训活动，鼓励教师参加学历进修，继续教育学习，努力提高自身业务素质。根据市县教研室要求，积极、足量选派教师参加教学研讨会。每次都安排外出学习教师上好还原课、做学习报告，及时学习先进的教育教学思想。通过不断学习《教师法》《教育法》《教师职业道德》《临沭教师十不准》《治理有偿家教》等，提高教师用科学发展观指导本职工作的水平，增强教师爱岗敬业、务实创新能力。

学校在暑期研修培训中获得省级一等奖，高国庆等三名教师被评为省优秀指导员，李芳香等20名教师被评为省优秀学员。季永新等四名教师在市优质课评选中荣获一等奖；崔园园等36名教师在省级刊物上发表论文30多篇；朱崇玉等2名教师在县白板教学优质课评选获一等奖。学业水平总结表彰中，莫颖等4名教师荣获市教学质量奖；金怀振等28名教师获县级教学奖励或县优秀班主任。王瑾华被评为省读书活动先进个人，王官友等15人被评为县读书活动先进个人。

办学条件 2016年，对教学楼各办公室用电线路、监控进行改造升级，对办公楼、教学楼供水系统进行改造，保障教育教学正常需要。

撰稿：王　飞　张青春　审稿：王晓晨　李叶飞

驻城小学选介

临沭县实验小学 始建于1976年，直属于临沭县教育体育局。学校占地26961平方米，校舍面积达18379平方米。小学部有41个教学班，在校学生2525名。有国家级骨干教师2名、省级教学能手2名、市县级教学能手50余名。学校先后获得山东省规范化学校、山东省教学示范学校、山东省绿色学校、山东省少先队示范学校、山东省素质教育示范学校、山东省素质教育工作先进单位等荣誉称号。

学校不断加强校园基础设施建设和校园文化建设，积极改善办学条件。学校育人环境优美，文化氛围浓厚。学校设施齐全，乒乓球室、形体教室、心理咨询室、卫生保健室、科学实验室、综合实践活动室、计算机网络教室、信息化教学实验室、高标准录播室等各种专用教室齐全，各类仪器均按国家一类标准配备。

学校坚持教学中心地位，大力推进素质教育，严格规范办学行为，以全面提升教育教学质量及师德建设活动为依托，以学生养成教育、高效课堂创建和学校特色课程开发为重点，教育教学质量持续提高，各方面工作均取得优异成绩。学校在写字教学、阅读教学、校本课程开发和建设、特色体育课程等方面形成鲜明特色。

学校以“精美环境、精心教育、精品学校、精彩人生”作为全体师生努力奋斗的发展愿景。学校积极倡导“尊重他人，超越自我”的校风，“民主、博爱、严谨、创新”的教风，“自主互助，笃思善辩”的学风。“做最好的自己”是全体师生时刻不忘的校训。

临沭县第二实验小学 2011年开始建设，2012年秋季建成并招生。学校位于利民大街西首，环境优美，布局合理。校园占地2.13公顷，校舍建筑面积12060平方米。为解决大班额，经上级批准，在学校对过新建高标准幼儿园1所，占地1.33公顷。对现有幼儿教室进行改造，学校达到36个教学班的规模。学校各项基础设施齐全，塑胶操场、功能室、仪器设备等按规定配置；建有校园网络空间，实现班班通多媒体教学、数字化校园。图书馆藏书33575册。校园环境做到绿化、净化、美化、人文化，文化氛围浓厚，育人环境优雅。

学校有一至五年级26个教学班，学生1665人，平均班额65人；附属幼儿园为省级规范化幼儿园，共有9个教学班，入园幼儿475名。有教职工68人，教师学历全部达标，其中，副高级职称2人，中级职称26人；省特级教师1名，市级教学能手（新秀）4名。

学校以“做小事、成大器”为核心办学理念；“厚德 求真 知书 明礼”为校训，确立以“知书明礼”为校园文化建设目标，努力实现让学生读圣贤书，做品行人，为学生终身发展服务，努力把学校打造成“适合师生共同成长的幸福家园”。

学校重视课程建设，结合自身实际开发三大类32门课程，共48个班的校本课程，分为体育健康类，涵盖学生发展的全方位，对学生综合素质的提高具有很强的推动效果。学校先后获得省清洁食堂、市级小学教学工作先进学校、市县示范食堂、县教育综合督导先进单位、县小学教学工作先进单位、县学前教育工作先进单位、县学校安全工作先进单位、全县云平台建设先进单位等荣誉称号。

临沭县第三实验小学 位于县城兴大路以南，振兴路以东，教师住宅小区以西，兴南路以北，是县委、县政府投入3000余万元建设的一所现代化小学，2012年秋季建成启用。学校占地5.47公顷，建筑总面积17605平方米。2016年，学校有36个教学班，在校学生2312人。有专任教师97人，其中，市级教学能手、新秀12人，县级教学能手30人。

学校建筑美观，设施现代。综合楼由6座东西向的楼房连接而成，集教学区、办公区、科技宫三位一体。有录播室、科学实验室、科学探究室、综合实践活动室、多媒体网络教室、书法教室、绘画教室、泥塑教室、心理咨询室、图书阅览室，配有7万余册图书，报刊杂志102种，生均藏书量30余册。

体育馆总建筑面积1500平方米，是实施艺体教育的优良场所。操场设300米塑胶环形跑道、100米直跑道和4个硅PU材质篮球场地、2个排球场地，足球场地绿草如茵，成为孩子们健康快乐的成长乐园。

学校办学以面向现代化、面向世界、面向未来为指导，秉持“没有学不好的学生”的教学理念，围绕“创建儿童成长乐园”办学目标，以“乐以求真，止于至善”为校训，以“乐健、尚善、博学、创美”为校风，通过“文化立校、质量立校、制度立校、课程立校、研究立校、服务立校、特色立校”等途径，不断实践培养“世界之中国人”的教育理想！

学校先后获得省规范化学校、省绿色学校、省示范食堂，市规范化学校、市教学工作先进学校、市教学工作先进单位、市一类规范幼儿园，县教育综合督导先进单位、县教学工作先进单位等称号，多次被市、县电视台报道。

临沭县第四实验小学 位于县城苍马东街中段，占地面积2.98万平方米，创建于1995年8月，前身是临沭县教师进修学校附属小学，2013年9月更名为“临沭县第四实验小学”。学校师资力量雄厚，有教学班38个，学生2916名，专任教师120人，教师学历达标率100%，中级及以上教师86人，县级及以上骨干教师69人。

学校环境优美整洁，教育配备现代化。学校先后投资现代信息化建设，电化教学设施齐全，各教室、功能室安装交互式电子白板，开通校园局域网，实现“班班通”。办学条件优越，设有微机室、图书室、阅览室、实验室、素质教育展室、音乐教室、舞蹈室、乒乓球室等近20个专用教室。教学仪器、电教设备等严格按照山东省中小学基本办学条件标准配足配齐，图书室现藏书73209册，学生用计算机达256台，专任教师人手1台计算机。

学校秉承“为学生的人生奠基”办学理念，立足新课程改革，坚持“课堂高效化、课后低负化、学生个性化、教师专业化”办学目标。重视微课程培训与使用，取得可喜成绩。在全国第二届微课程大赛中，刘秀艳、王云两位教师荣获一等奖，19位教师分获二、三等奖。教师微课程作品已成为教师上课资源，在教学中发挥巨大作用。以“每天进步一点点，做更好的自己”为育人目标，以活动为载体，开展系列主题教育活动，广泛开展中华民族传统美德教育，利用系列化、渐进化习惯养成活动，引导、激励学生养成正确的人生观和价值观。大力开展晨诵午练活动，全面提高学生素养，为广大师生发展奠定坚实基础。独有的人文情怀和文化底蕴，使学校成为师生幸福成长、成就美丽人生的绿色家园。

市县教学工作现场会多次在第四实验小学召开，学校先后获得教育部“基础教育微课程资源共建共享联盟成员共享单位”，省“教学示范学校”，市“教学工作先进学校”“教育科研示范学校”“教育信息化示范学校”“少先队工作先进单位”，县“文明单位”“文明校园”“教育教学工作先进单位”等荣誉。

临沭县第五实验小学 位于北城区正阳街与光明路交汇处，是县委、县政府为缓解北城区就学压力，满足人民群众对教育需求而实施的一项重点民生工程。学校占地4.18公顷，建筑面积24652.6平方米。其中，综合楼建筑面积为8374.4平方米，报告厅建筑面积为2271.6平方米，风雨操场建筑面积为1574.9平方米，教学楼建筑面积为7496.1平方米，幼儿园建筑面积为4935.6平方米。学校各项基础设施齐全，塑胶操场、功能室、仪器设备等按标准化学校配置；建有校园网络空间，实现班班通多媒体教学、无纸化办公、数字化校园。

学校设计办学规模为小学36个教学班、幼儿园12个教学班。2016年，学校小学部共有一年级9个教学班、二年级7个教学班、三年级4个教学班、四年级1个教学班、六年级2个教学班，在校学生1306人；附属幼儿园有11个教学班，在园幼儿490名。学校校园环境做到绿化、净化、美化、人文化，文化气氛浓厚。

学校通过教学常规管理创新，不断提升课堂教学质量和效率，通过专业引领、同伴互助、自我反思以及请进来、走出去等研训机制的建构与实施，不断促进教师专业化发展，在“细”字上做文章，在“实”字上下功夫，努力打造“幸福教育”特色学校。

先后荣获省中小学电脑制作活动优秀组织奖、市课改实验区“学校课程领导力”建设项目实验单位、市课改实验区“校本课程”建设项目实验单位、市第七届中小学读书系列活动先进集体、县优秀基层党组织等荣誉。

撰稿：崔广河　审稿：王维庆　庞瑞堂

体育工作

体育中心领导成员

主　任：袁清光（2月离任）

　　　　付成飞（2月任职）

副主任：谭道群　付信江

2016年，临沭县体育中心贯彻落实《全民健身条例》和《全民健身实施计划（2016—2020）》，以完善体育设施为重点，以开展群众体育活动为主线，以健全组织体系为保障，积极推动全民健身活动深入开展，各项工作均取得长足进步。

全民健身活动 按照《2016年临沭县第六届全民健身运动会实施方案》，成功举办近20项群众体育赛事活动。3月30日至4月1日，成功举办“中国人寿杯”临沭县第六届全民健身运动会暨中小学生春季运动会；4月26日，在冠山景区成功举办2000人参加的“冠山仙境穿越”登高健身活动；5月5日，成功举行2016年全民健身月启动仪式，并向全县236个行政村发放羽毛球网架及羽毛球拍；5月5日至7日，成功举行临沭县第六届全民健身运动会暨羽毛球比赛；5月12日至13日，举办临沭县第六届全民健身运动会暨老年人门球比赛；6月1日，市体育总会工作座谈会在临沭县召开，市体育局、市体育总会领导和各县区体育总会领导参观临沭县体育总会工作现场；6月9日，在苍源河成功举办临沭县第四届端午节龙舟赛，市体育局及县委、县政府主要领导出席活动并致辞;6月10日，临沂市纪念毛泽东题词“发展体育运动、增强人民体质”发表64周年全民健身展示活动在县体育中心举行；6月15日至17日，成功承办临沂市第六届运动会普通组门球比赛，临沭县荣获团体第一名;7月10日，“临沭杯”第三届中国·临沂休闲垂钓大赛在临沭县龙潭湖开赛，共有340支钓队（1000余名钓友）开展竞钓，为推动全县钓鱼运动快速发展奠定良好基础；7月17日，2016年CAA国家级四类积分赛“好鱼情”杯大自然钓友联赛第一站在郑山街道大自然生态垂钓园举行，全国180余名垂钓高手参加；7月22日，山东省副省长王随莲带领省政府办公厅、省体育局相关领导到县体育中心、东诚乒羽馆、鸿威武术学校等实地调研群众体育工作；8月8日“全民健身日”，成功举办300余人参加的省全民健身志愿宣讲暨临沭县三级社会体育指导员培训会议；8月13至14日，山东省第八届千乡乒乓球（临沂赛区）比赛在县体育中心乒乓球馆成功举办，省体总秘书处副处长郭绪华，市体育局党组成员、体育总会常务副会长李宏，临沭县委常委、宣传部长武玉芹出席开幕式；9月4日，积极组队参加临沂市第六届运动会龙舟比赛，获得标准龙舟男子300米直道竞速第五名，标准龙舟男子500米直道竞速第三名的好成绩；10月14日至18日，参加临沂市第六届运动会田径比赛，荣获普通组总分团体第一名，少儿组团体总分第二名的好成绩，获得“体育道德风尚奖”“最佳赛区奖”等荣誉称号;12月3日,成功举办姚记·万盛达扑克大赛山东赛区升级比赛，来自8个市的23支代表队140余名选手参赛。

竞技体育 组织三处高中学校（一中、二中、实验中学）运动员参加省锦标赛文化课考试。选拨400余名优秀运动员参加临沂市第六届运动会，普通组和少儿组均取得总成绩第五名的好成绩。临沭县培养输送到市射击队的运动员孙文鈺，在省射击锦标赛中获得女子甲组10米气手枪第一名，女子甲组25米手枪第一名。临沭籍运动员郇志尊在全国田径大奖赛中获400米栏冠军。

体育产业 县体育总会强化组织领导，加大管理，充分发挥职能作用，大力扶持体育产业，体育协会、团体迅猛发展，全县社团组织达66个。重点扶持发展东诚乒乓俱乐部、轻羽飞扬羽毛球俱乐部、巨风单车俱乐部。相继成立乒乓球、羽毛球、钓鱼、围棋4个体育协会。全县体育专卖店发展到36处，不断增强健康消费在拉动全民消费中的作用。体育彩票在售网点31家，有效网点25家，其中竞彩店13家。体彩销量总计2500万元。在市体彩中心驻点帮扶干部指导下，完成4家商超店建设，收益显著。

体育健身设施 3月，通过多渠道积极申请上级扶持，先后成功申请石门镇、店头镇、大兴镇三个镇街共30个村居的山东省千村扶贫工程。县体育中心二期工程施工方3月进驻工地，做好工地围栏、进出大门道路硬化及工程建设办公室建设和水电两通等工作，工程破土动工。5月，临沭街道桃官社区获山东省体彩公益金资助新型农村社区健身工程建设项目，年底峻工，总投资20万元。7月，在帮扶朱村新农村建设项目中，发放健身路径2套，篮球架2幅，室内乒乓球桌1副，羽毛球网架1副等健身设施，共计15万余元。积极参与美丽乡村建设，分四批发放健身路径46套，篮球架4副，羽毛球网架236副，羽毛球拍236副，室内乒乓球桌10副，共发放健身器材900件。

城区大型健身广场有苍源河健身广场、文化广场、金沂蒙广场、体育中心等，县体育中心对健身器材设施进行及时更新维护。根据城区体育发展规划，在正大路南、苍源河西岸，规划建设全民健身活动中心一处，科研报告、立项、规划、土地等手续已经完善，总占地9546平方米，建筑面积3800平方米，总投资800万元，计划2018年底投入使用。

撰稿：石沛东　审稿：付成飞

文化·传媒

WENHUA CHUANMEI

文化工程

文化广电新闻出版局领导成员

局　　长：王志银

副 局 长：吴自霞（女）

　　　　　李舍松　解学芳（女）

纪检组长：徐福田（3月离任）

临沭县文化广电新闻出版局下属单位有文化馆、图书馆、文物保护管理所、文学创作办公室、书画院5个事业单位，1个国有企业——电影发行放映公司。全局有职工55人，其中，公务员8人，事业人员45人，工勤人员2人。

2016年，全县文化工作紧扣“强人文、强阵地、强基层、强产业、强队伍”总体要求，构建现代公共文化服务体系，提升群众文化满意度，谱写文化临沭建设新篇章。“激情四季·唱响临沭”群众文化活动品牌深入人心，是临沂市唯一一个“国家公共文化服务体系示范项目”；“星辰乐农行动”文化志愿服务工程被文化部评为“文化志愿服务推进年”示范项目。文化服务在全市科学发展综合考评中名列第三位；局机关连续六年蝉联“省级文明单位”荣誉称号；被评为“临沂市2016年度文化工作先进单位”“临沂市乡镇综合文化站建设先进单位”“临沂市群众文化活动组织先进单位”“临沂市农村公益电影标准化放映工作先进单位”“临沂市广播电影电视工作先进单位”。6月22日，新华社、人民日报等国内20多家主流媒体到临沭县集中采访文化精准扶贫工作。7月31日，央视《新闻联播》以“山东临沭：传承传统，精细精准扶贫”为题报道临沭扶贫工作。

公共文化服务体系　印发《关于落实2016年度文化民生实事的实施方案》，圆满完成全年文化建设任务。“临沭县文化中心”项目建设顺利推进。建设124处文化广场，其中“贫困村”文化广场23处，占省定贫困村的76.67%。投入260万元，建成村级广播室525个，联网村高音喇叭2000多支，实现广播“村村响”自然村全覆盖。建设提升16处综合文化服务中心。政府采购51套锣鼓家什、496台移动音响、162台电脑、5.95万册图书、140节书架、100张阅览桌等文化设备，配送镇村。镇街综合文化站、文化大院、农家书屋和电子阅览室全覆盖，形成横向15—20分钟公共文化圈、纵向县镇村三级覆盖、城乡一体化的公共文化服务格局。

群众文化生活　大力开展“激情四季·唱响临沭”群众文化品牌活动，组织开展2016“幸福临沭”春晚、第八届“龙腾虎跃闹新春”舞龙秧歌会、“迎新春·闹元宵”猜灯谜、第十四届“钻石之乡”广场文化艺术节系列专场等重大文化活动。印发《临沭县2016年度“一村一年一场戏工程”实施办法》，全年演出253场次。开展送图书、送春联下乡活动，编辑出版《临沭县首届中小学生“最美临沭”摄影集》《临沭县2015少儿书画创意交流大赛获奖作品集》，打造书香临沭。全年完成放映农村公益电影2977场次，免费安装电影放映架20副，实现农村公益电影标准化放映。

文化遗产 巡查田野不可移动文保单位79处，国保单位北沟头遗址规划初稿已完成。滨海革命烈士陵园入选第二批国家级抗战纪念设施、遗址名录。大力弘扬优秀传统文化，建成9处镇街历史文化展示室。曹庄镇朱村、店头镇陈巡会村、玉山镇河湾村、临沭街道山西村、石门镇刘巡会村等村级文化记忆馆初具规模，发放补助资金25万元。利用节庆日开展传统文化展示活动，苍马山新春庙会、舞龙秧歌拜年巡演、元宵节猜灯谜、三月三柳老爷庙会等活动深受群众欢迎。传统音乐《小桃红》、传统手工技艺《莫氏绒绣制作技艺》等2项非遗项目成功入选第四批省级非遗保护名录，2项入选第五批市级非遗保护名录。编辑出版临沭县优秀非物质文化遗产项目辑录《临沭记忆》。民办博物馆事业取得重大突破，莫氏绒绣民俗博物馆获得省批复。

培育文艺人才 打造“星辰计划”文艺人才培训品牌，在全县9个镇街设立“基层优秀辅导培训基地”，开展广场舞培训活动2期，培训学员200余人。选送“星辰计划”少儿学员参加临沂市第四届“文知星少儿艺术大赛”，选派人员参加山东省乡镇综合文化站站长培训班，提升业务人员的政治、业务素质。

文化精准扶贫 建成贫困村文化广场23处、社区综合性文化服务中心6处。建成10个贫困村农家书屋，配送100个“农家书箱”。配送75套移动音箱、30套锣鼓家什，建设6处健身路径，着力改善农村文体活动条件。延伸“一年一村一场戏”演出、“一月一村一场电影”放映，覆盖所有贫困村，让群众看上戏、看上电影。在青云、石门、大兴、店头4个镇街进行孝德扶贫文艺汇演4场次。免费培训贫困村广场舞领队36人，扶持建设广场舞队伍30支。充分挖掘利用非遗资源，免费举办非遗传承培训班2期，培训贫困人员60多人。开展“孝德扶贫”，组织创作小品《补瓢》《新编墙头记》，微电影《争父》等作品，弘扬真善美，传递正能量。

打造文艺精品 原创歌曲《我的家乡》获第八届山东省“泰山文艺奖”音乐类三等奖。《那一片槐花海》获“沂蒙文艺奖”一等奖。非遗舞蹈《扑蝴蝶》获第九届“小荷风采”全国少儿舞蹈展演“小荷新秀”奖。《中国梦》获临沂市“文艺精品工程”优秀作品奖。小合唱《阳光乐章》《共圆中国梦》荣获“感动中国”全国首届群众文化艺术节银奖第一名。小品《双喜临门》获第五届“全国小戏小品”曲艺大赛优秀奖。小品《幸福一家人》，表演唱《姐妹啦幸福》分获山东省群众文化学会作品二、三等奖。创作情景剧《赠锦旗》、快板《赞八连》、歌曲《美丽临沭》、音乐剧《沂蒙情·民族魂》等一批优秀文艺作品，结集出版《“沭水清莲”廉政文艺作品集》。

撰稿：邱　彪　审稿：王志银

文化市场监管

文化市场管理执法局领导成员

局　　长：闫朝利

副 局 长：卢　伟　何　莹（女）

主任科员：陈德乾

临沭县文化市场管理执法局下设办公室、证照科、执法中队、法制科、财务科。全局共有干部职工18人，其中，公务员4人。2016年，以“繁荣文化市场、发展文化产业、规范管理行业”为重点，落实一岗双责职责要求，积极开展文化市场监管与“扫黄打非”执法工作各项专项整治行动，开展移风易俗专项整治行动，巩固全国文明城市成果，确保全县文化市场管理安全有序繁荣发展。荣获全市“扫黄打非”工作先进集体、全市文化市场管理执法信息先进集体、全县安全生产工作先进集体等称号。

扫黄打非　深入开展扫黄打非“净网2016行动”“清源2016行动”“秋风2016行动”“固边2016行动”“护苗2016行动”五大专项行动。开展“扫黄打非”进企业、进社区、进校园、进农村四进活动，实行“关口前移”，加大“扫黄打非”宣传、培训和警示力度。组织协调“扫黄打非”工作成员单位集中检查行动5次。重点开展查缴封堵非法印刷出版物专项整治行动，开展集中整治印刷复制企业及打字复印店专项行动。严厉打击违法违规网络直播平台和传播淫秽色情文学作品专项行动。打击非法报刊、非法报刊机构、违法违规编印传播的内部资料性出版物及侵权盗版印刷出版物、音像制品专项整治执法行动。不定期检查380余次，出动检查2160余人次，700余车次；收缴各类非法出版物2300余本(册)，非法音像制品1130张(盘)，非法宣传画150张；办理处罚案件16件，警告8家，取缔无证印刷经营单位10家和流动出版物摊点20个；收缴各类作案专用电子卫星电视传输设备1台(套)，保持打击违法违规经营行为高压态势。

文化市场管理　开展全县文化市场领域安全生产隐患检查行动。重点对网吧、娱乐场所KTV、出版物市场、印刷市场、电影放映场所、营业性演出市场、艺术品市场、卫星广播地面接收设施单位等人员密集场所安全生产隐患作为常态化和巡视化检查，确保文化市场重点行业安全生产。开展创建文明城市行动，深入开展移风易俗新风尚专项执法行动和“三引一促”招商引资工作。开展校园周边文化环境专项治理行动，加强中小学教辅读物工具书专项整治，开展网吧、娱乐场所游艺厅专项整治，强化农村集贸市场非法演出专项整治，开展打击侵犯知识产权和制售假冒伪劣商品专项整治行动，开展农村文化市场专项整治行动。开展非法安装使用地面卫星接收设施专项整治行动，开展非法设立电视台专项整治和宾馆(饭店)非法传送广播电视节目专项整治等专项执法行动。全年共出动检查人员1.9万余人次，检查文化经营场所3680家(次)，行政处罚违规经营单位36家(次)，警告16家，对4家场所下达整改通知书，办结案件29件，收缴非法出版物 2300 余册（盘），查缴地面卫星接收设施 190 台（套），依法取缔无证黑网吧 9 家、取缔 7 家无证游艺娱乐场所和取缔 22 处无证出版音像经营摊点，对 10 处营业性演出商业庆典活动现场跟踪检查，取缔 8 场未经报备审批的营业性促销演出活动。

撰稿：解方毅　审稿：闫朝利

广播电视播出

广播电视台领导成员

台　　长：文　平

总　　编：张智慧

副 台 长：王燕青（女）　杨进鑫　张　鑫

纪检组长：李成彬（2 月离任）

副 总 编：马彩霞（女）

临沭县广播电视台为全额财政拨款正科级事业单位。下设办公室、后勤办、财务科、新闻中心、总编室、新媒体中心、广播部、广告文艺部、录制中心、“民生聚焦”栏目组、技术播出部、专题部、“农村广播编播”办公室、党建办 14 个科室。在编职工 86 人，其中，高级职称 5 人，中级职称 22 人；临时聘用人员 9 人。连续 15 年被评为市级文明单位；实现全市广播、电视新闻宣传先进集体一等奖，全省电视新闻宣传先进集体一等奖、广播新闻宣传先进单位 6 连冠的“争一流、创品牌”工作目标，超额完成“三引一促”等工作任务，被县委、县政府授予“2016 年度科学发展先进单位和改革创新三等奖”等荣誉称号。

新闻宣传　围绕县委、县政府工作重点，积极报道新常态下经济转型发展、三引一促、移风易俗、美丽乡村建设等重点工作，开办各类工作专栏 21 个。改进新闻报道内容和形式，精心办好《临沭新闻》品牌栏目，共编辑播出广播、电视《临沭新闻》各 304 期，制作新闻稿件 2922 篇。围绕重点工作制作专题片 9 部，宣传全县特色亮点工作。深度挖掘临沭县历史人文和民俗风情及各行各业领军人物，新开办《发现临沭》《360 行》《中医养生》等特色栏目。实现《行风热线》直播 271 期、《民生聚焦》播出 182 期、《同城资讯》直播 115 期、《城乡纵横》播出 156 期、《百家讲坛》播出 182 期、《天气预报》播出 366 期、《健康与生活》播出 156 期、《广播书场》播出 1464 期、《故事广场》播出 1098 期、《城管之声》播出 222 期、《请您欣赏》播出各类乐曲 7500 多首。强化与各级媒体联系，大力宣传临沭县改革发展新成果，提高临沭对外知名度。在《新闻联播》《朝闻天下》等栏目发稿 5 条，其中，在中央新闻联播发稿“传承传统，精细精准扶贫”等重头稿件 2 条；在《山东新闻联播》发稿 35 条，省电台发稿 167 条；在市电视台发稿 428 条，市电台发稿 156 条。制作 15 秒临沭形象宣传片，常年在《临沂新闻》前播出，很好地宣传推介临沭。

事业建设　2016 年是广电工作“基层基础建设年”，也是临沭广电创新创业发展的新起点。总投资 900 万元的新无线广播电视发射塔建设工程稳步推进，完成项目立项、土地征用、地质勘探、规划设计和图纸设计工作，筹备工程建设施工招投。投资300万元的全县广播“村村响”工程全面建成并投入使用，率先在全市实现自然村广播全覆盖，满足群众政策解读、生活服务、文化娱乐等多方面需求。中央补助116万元的地面无线数字电视覆盖工程基本完成，城区开始试播。投资21万元率先在全市上线运营广播电视手机客户端——临沭手机台，实现广播电视节目在手机端的直播和点播，总访问量突破百万大关。投资60万元更新部分录制播出设备，对新闻综合频道进行全面改版升级。投资15万元引进3挡优质日播节目。举办“走进春天”2017临沭电视春晚，活跃节日文化生活。

创收工作 进一步整合、挖掘广告资源，拓展创收渠道。拓展广播电视合作空间，通过办精品栏目吸纳更多的广告客户，实现创优创收互惠共赢双丰收，全面完成年初制定的创收任务，较去年增长10%。继续过滤和净化声讯、荧屏，增大公益广告制作播出比值，全面杜绝医疗保健等虚假违法广告，公益广告播出比例提高到35%以上。

安全播出 严格执行《广播电视管理条例》等行业管理法规，净化荧屏声频。与各级单位加强沟通协调，正确引导处置负面报道35起。加强安全管理，严格落实节目播前审查和重播重审制度，严格把关，分级负责，责任到人，当好传播“守门人”，确保广播电视节目内容安全、健康、向上，全年播出零差错。

撰稿：张学玉　审稿：文　平

广电网络

广电网络公司领导成员

经　　理：燕冠华（9月离任）
　　　　　黄　宏（9月任职）
副 经 理：李广伟
财务总监：解丁仕
工会主席：张建军

山东广电网络有限公司临沭分公司主要负责全县有线数字电视、广电铁通电话、广电宽带、天网、信访系统、平安监控、智能公交、城区公交站厅、雪亮工程、村村响广播等业务的设计、规划、安装、维护、维修等工作。公司有职工105人，主设综合部、工程技术部、市场客服部。

经营管理 2016年，临沭分公司紧紧围绕“转型升级年”这一主题，强化基础业务，拓展增值业务，搞好优质服务，抓好党的建设和安全播出，搞好精神文化和企业文化建设，全年实现收入1778余万元。

转型升级 招标承担临沭县智能公交系统建设。5月6日，临沭县智能公交系统正式建成启用。临沭县智能公交系统建设由智能指挥系统、智能电子站牌、掌上公交手机查询、智能车载终端、数字电视APP等部分组成。分布在县城公交线上、交通路口、繁华地段的87个智能电子站牌上的LCD电子屏幕和前后滚动灯箱。

临沭分公司中标由临沭县政法委牵头的全县

"平安乡镇视频监控传输工程"。该项目包括建设网络摄像机3800个、网络硬盘录像机136个、4T硬盘816块及全县所有乡镇视频监控线路传输、维护。该项目已建成验收。每年传输、维护费89万元。

临沭县广播"村村响"文化惠民工程是临沭县委宣传部牵头建设的惠民工程，临沭分公司凭借过硬的技术、健全的网络和专业的队伍取得工程建设权。广播"村村响"工程建成县级播控中心1个，镇级播控中心9个，村级广播室450个，联网城乡接受终端和高音喇叭2000只，建成县、镇、村三级广播"一张网"，实现全县广播"村村响"全覆盖。

优质服务 实行"1+4"服务方式和"5个1"服务承诺，即做到对故障维修等要在电话受理后1小时内做出响应，工作日4小时内解决故障，不能限期解决的要做出书面说明的"1+4"服务承诺；严格实行上门服务时统一着装、统一工具箱，配戴工作牌、自带1双鞋套、1块抹布、1张垫布、1张服务联系卡的"5个1"服务方式。在城区分设五个广电营业厅，方便用户就近办理业务。实行领导带班制、服务电话24小时值班制、延长维修服务时间等以提升服务质量和水平。不定期对职工进行岗位培训，提高从业人员服务水平和文明素质，以用户对广电网络营业服务、入户服务、热情服务满意率达到99%以上为考核标准，提升网络服务质量。

安全传输 成立安全生产和优质传输领导小组，签订安全生产和优质传输目标责任书。做到主机房24小时有人值班，县城4个机房和15个镇街机房全部新更换UPS备用电源，保证停电不停信号。进行全县双向网改造，县城所有小区实现光缆到楼头，高层实现光缆到楼道，光缆到村、到楼头芯数最低4芯，保障信号安全传输。

撰稿：黄雪天　审稿：黄　宏

新华书店

领导成员

经　　理：戴秀军
党支部书记：李向永
副 经 理：解桂芝（女）
工会主席：付青林

山东新华书店集团有限公司临沭分公司设工会、财务科、办公室、教材公司、门市、物业管理科。全店共有职工29人。

2016年，先后荣获"山东省书刊发行业协会守法诚信先进单位""劳动关系和谐企业""正版产品经营示范单位""山东省新华书店系统先进集体""市级文明单位""全市文化科技卫生三下乡活动先进集体""临沂市出版物发行企业双优诚信单位""理论大众化示范点""科学发展先进单位"等称号；被山东新华书店集团授予"十八届六中全会文件发行先进单位""《习近平谈治国理政》发行工作先进单位""2016年度全省新华书店经营管理（双效）先进单位"称号。

教学用书发行 强化规范管理，加强服务理念，履行服务承诺，维护全县教学用书发行秩序，圆满完成“课前到书，人手一册”的政治任务。全年共发行教学用书2118万元。

政治读物发行 组织发行十八届六中全会学习文件、《习近平总书记系列重要讲话读本》《胡锦涛文选》等重要政治理论书籍，征订发行辅导读物4.1万余册，确保全县干部群众学习需要。

门市建设 新华书店临沭分公司有城区门市1处，营业面积900平方米，主要经营图书、电子产品、音像制品、电脑软件、文化用品等。2016年，先后邀请章鱼、彭学军、边存金、管家琪等四名著名儿童作家开展公益校园讲座及现场读者见面活动，激发临沭县未成年人阅读兴趣，提升青少年综合素质。

爱国主义读书教育活动 2016年，县委宣传部等部门开展“暑假、寒假读一本好书”“百年追梦、全面小康”二十四届爱国主义读书教育活动，临沭分公司高度重视，精心组织，按照推荐图书目录积极备货，活动共发行读本十万余册，推动青少年读书教育活动的深入开展。

撰稿：陈伟霞 审稿：戴秀军

医疗·卫生

YILIAO WEISHENG

卫生与计生

卫生和计划生育局领导成员

局　长：崔　浩（1 月离任）

孟凡峰（2 月任职）

副局长：李　尊（女）

张玉金　解修良　刘金涛（兼任）

计生协会常务副会长：王丽英（女）

计生协会常务副会长：刘德迎　武丽君（女）

计生协会常务秘书长：武丽君（女，兼任）

爱卫办主任：李学山

爱卫办副主任：吴淑霞（女）

疾控中心主任：付鹤迎

疾控中心副主任：王良瑛（女）

计生综合服务中心主任：李善伟

计生综合服务中心书记：刘乃伟

流动人口计划生育管理站站长：马成芳（女）

计划生育执法监察大队大队长：曹广颂

卫生监督所所长：李祥华（2 月任职）

临沭县卫生和计划生育局下设办公室、人事科、规划财务科、政策法规与监督科、行政许可科、医政医管科、疾病预防控制科、药政科、妇幼健康服务科、基层服务科、科技教育与宣传科、中医药管理科等 12 个职能科室以及机关党务办公室；隶属管理的事业单位有县人民医院、县中医医院、县计划生育综合服务中心、县疾病预防控制中心、县卫生监督所、县皮肤病防治站、县结核病防治所、县计划生育协会、县流动人口计划生育管理站、县人口和计划生育执法监察大队、县计划生育药具管理站；挂靠卫生局的正科级单位有县爱国卫生运动委员会办公室。全局共有职工 62 人。

至 2016 年年底，全县有医疗卫生机构 355 处，其中，县级综合医院 1 处，中医医院 1 处，妇幼保健院 1 处，专业公共卫生机构 4 处，县直门诊部 2 处，镇街卫生院 12 处（中心卫生院 5 处，一般卫生院 7 处），社区卫生服务中心 1 处，社区卫生服务站 2 处，院设诊所 7 处，村卫生室 295 处，民营医疗机构 29 处（其中一级医院 3 处，门诊部 4 处，诊所 22 处）。全县公立机构卫生人员 1825 人（镇街卫生院卫生人员 683 人），其中，卫生专业技术人员 1652 人，占比 91%；民营医疗机构从业人员 179 人；乡村医生 799 人。执业（助理）医师 875 人、注册护士 960 人。床位 1836 张。

国家基本药物制度　坚持把基本药物制度实施作为民生建设的重要内容，做到政策执行到位、工作措施到位、群众受益到位。进一步坚持国家基本药物制度，全部网上配备和使用基本药物并实行零差率销售，严格落实基本药物使用监管责任，组织举办国家基本药物合理使用培训班，不定期对基层医疗机构基本药物使用情况进行督导检查，严格杜绝私自采购、使用目录外药品等违规行为发生。基层医疗机构综合改革同步推进，进一步完善基层医疗机构财政补贴、绩效考核等政策，在基层医疗卫生机构全面推行“双考核、双挂钩”绩效考核制度，建立维护公益性、保障可持续性的新运行机制。

公共卫生服务 稳步推进公共卫生服务均等化。全县共建立城乡居民健康档案53.2万份，家庭医生式服务签约7.3万户、22万人。全年共为全县2.1万名农村户籍妇女进行“两癌”免费检查；为5835名农村孕产妇发放分娩补助204.2万元，为5234人免费发放叶酸2.82万瓶；积极实施新生儿疾病筛查项目，为5234名新生儿进行4种遗传代谢性疾病免费筛查。

公立医院改革 全县公立医院改革不断深化、基层医疗体系建设全面推开。县级公立医院改革全面启动,公立医院法人治理工作扎实推进，成立公立医院改革小组，落实政府对基层医疗机构的补助政策，积极开展“国医堂”建设工作。优化医疗资源配置、鼓励民营资本进入医疗市场，新批准设立民营医疗机构5家。

卫生单位重点建设项目 县卫生系统6处重点建设项目顺利推进。县医院新院一期门诊综合楼、二期病房楼、感染楼建设项目顺利推进；县计划生育综合服务中心暨县妇幼保健院新院区建成，并搬迁投入使用；县精神病院建设项目完成主体工程建设。计划改建、新建9处镇街卫生院、96处村卫生室，维护提升196处村卫生室。

医疗质量管理 加强医疗质量管理，强化医疗标准化建设，广泛开展抗菌药物临床应用专项整治和医院感染、药事专项治理。做好乡镇卫生院标准化建设，加强村卫生室建设，对乡村医生进行基本医疗卫生服务强化培训，组织人员对村卫生室基本情况以及乡医人员进行全面摸底。积极开展医疗门诊“三增一禁”便民正风行动、“五好服务”活动。

基层卫生工作 加强村医管理，促进村医依法执业，保证医疗安全。认证乡医3165人，其中，在岗乡医1025人，不在岗乡医2140人；进行医师、护士资格变更、注册653人次；对全县1025名在岗乡村医生开展培训。2016年，首次采取以镇街卫生院编制向大中专毕业生招录乡医的办法补充乡医队伍，共成功招录18名乡医。将村医培训纳入年度计划，统一安排在岗乡村医生参加“在线网络培训”。积极探索实施“双百双挂”工程，提升县域医疗服务能力。2016年，继大兴中心卫生院之后，临沭街道卫生院荣获全国“群众满意的乡镇卫生院”称号。

疾病预防控制 严格落实重点传染病防控措施，2016年，全县医疗卫生单位疫情网络直报率保持100%。积极开展手足口病、结核病、人感染H7N9禽流感、埃博拉出血热疫情等重点传染病防控，加强疫情培训和研判工作。切实加强免疫预防管理，开展四价流脑疫苗、乙脑疫苗接种和麻疹疫苗查漏补种，完成67所学校8.2万名学生健康查体工作。

卫生监督执法 全面加强卫生计生综合监督工作，进一步规范服务市场。全面推行“双随机一公开”，编制县级随机抽查事项清单。2016年，全县共监督检查监督对象1265家次，监督覆盖率达100%。严厉打击无证行医、违法执业、违章生产经营行为，行政处罚127起，罚款45.9万元，吊销医疗机构执业许可证1家，移送司法机关2人。代表临沂市参加全省卫生监督提升年活动，受到省、市卫计委表彰。开展餐饮具消毒专项整治，抽检样品合格率100%。

中医药工作 巩固全国基层中医药工作先进单位创建成果，继续实施中医药服务能力提升工程，大力培养镇街卫生院中医药人才。2016年，共组织2批中医五级师承培训学习；组织3名中医住院医师参加住院医师规范化培训；组织53名中医人员参加中医确有专长考核，17人通过考核，通过率32.1%；共有5家医疗单位获得2016年度临沂市中医药工作先进单位称号。继续巩固“国医堂”建设成果，加强镇街卫生院“国医堂”内涵建设，提升中医药服务能力和水平。

爱国卫生工作 认真履行综合协调职能，积极促进全县各级卫生创建。2016年，复审成功的市级卫生单位3个（临沭县地方税务局、金正大集团、常林集团），创建省级卫生乡镇1个（郑山街道），创建市级卫生乡镇4个（蛟龙镇、石门镇、青云镇、曹庄镇），创建市级卫生村47个。通过“健康山东”“灭蚊防病、清洁家园”“爱国卫生月”“世界无烟日”“卫生单位创建”“健康教育宣传周”“秋季爱国卫生运动”等活动发放各类宣传页8000余份、宣传册5000余份，禁烟标志1万余份。指导村级卫生厕所改建2000余所。发放鼠药1500公斤，协调各部门开展各类除四害活动30余次。

人口计划 认真执行育龄妇女进站查体、长效节育措施，落实生育计划审批、目标管理责任制考核等制度，保障全县人口发展水平。2012年1月至2016年12月，全县人口年平均自然增长率为8.1‰，完成规划内指标。考核评估体系不断完善，严格执行对单位和个人“一票否决”制度，至2016年年底，共审核把关2000余人次，其中否决个人26人。严格落实国家全面二孩政策。信息化建设进程不断加快，逐步完善信息化网络，建立和完善人口基础信息共享机制，提高基层信息质量，拓宽开展人口计生综合协调工作信息来源。

妇幼保健和计生服务 开展国家公共卫生妇幼项目及其他妇幼项目。稳步推进公共卫生服务均等化，扎实落实12类45项基本公共卫生服务项目。2016年，全县共建立城乡居民健康档案53.94万余份。全面做好国家基本公共卫生妇幼项目及农村孕产妇增补叶酸预防神经管缺陷、农村孕产妇住院分娩补助和预防孕产妇乙肝、梅毒、艾滋病项目等重大妇幼项目，全县共发放叶酸30487瓶，惠及育龄妇女5501人，为农村户籍孕妇住院分娩补助350元，累计为6412名产妇补助224.42万元。启动第二轮农村妇女“两癌”筛查项目，全县共筛查2.1万余人，确诊乳腺癌9人，宫颈癌1人，宫颈高级别病变7人，共补助资金200万元。

开展国家免费孕前优生健康检查项目。全年完成免费孕前优生健康检查夫妇9350对，优生检查覆盖率为100%。开展出生缺陷干预工程。全县共开展新生儿遗传代谢性疾病筛查9781例，免费筛查9312例，复查阳性296例，召回率100%；确诊葡萄糖-6-磷酸脱氢酶缺乏症（G-6-PD）患儿3例；先天性甲状腺功能减低症患儿（CH）7例。2016年8月11日起，实施为新生儿听力筛查及产前筛查免一半费用项目，听力筛查补助专项资金5.74万余元，产前筛查专项资金17.61万余元。认真做好“母婴三证”的发放和管理工作。为全县15家医疗卫生机构母婴保健技术服务执业许可证进行校验，为全县121人颁发母婴保健技术服务合格证书。共签发出生医学证明9533例，签发率达92.23%，补办出生医学证明76例。继续推行农村育龄妇女免费健康查体活动，为已婚育龄群众提供国家基本项目的免费技术服务，开展节育手术落实、计划生育手术并发症鉴定、终止妊娠审批等工作，开展病残儿医学鉴定工作。初审、上报参加市级病残儿医学鉴定人员58人，58人通过市级鉴定。

性别比治理 利用报刊、电台、学校等宣传渠道，开展宣传活动，倡导树立“关爱女孩”“男女平等”的社会观念，消除性别歧视。对2100名独生子女户和双女户家庭子女在中考中给予加10分奖励。加强孕情跟踪服务。镇街上报孕情次月指导孕妇到县计划生育综合服务中心进行B超监测。对符合政策怀孕流引产的，落实专人审批、个案调查、定点施术。严厉打击“两非”行为。联合卫生、药监、公安等部门成立“两非”

治理办公室，开展集中整治活动，落实有奖举报措施，严肃查处非法鉴定胎儿性别和选择性别私自终止妊娠等违法行为。2016年，共查处“两非”大要案1起、普通案件11起，结案10起；没收B超机10台、药品1件；下达行政处罚13.6万元、没收非法所得0.1235万元，已全部执结到位。

城区和流动人口管理 规范省流动人口信息平台和国家PADIS流动人口子系统的管理和使用，实现流动人口婚育证明电子化。做好流动人口生育服务登记，规范登记流程，落实流入地、流出地服务责任。开展流动人口健康促进行动，全面落实国家规定的卫生计生免费服务项目，提高流动人口基本公共卫生计生服务均等化水平。做好各企事业单位、社区和所辖流入人口基本公共卫生计生服务均等化工作

利益导向机制建设 2016年，共计为24214个计划生育家庭提供奖励扶助资金发放、学生中考加分、高考救助等服务，发放资金1067.94万元。在坚持做好已有各项利益导向机制基础上，尝试建立更加全面、更加人性化的利益导向政策。实施村级计生专职人员星级化管理机制，对全县村级计生专职人员实行星级评定，将工资待遇与星级水平挂钩。全年共为全县524个自然村居的524名村级专职主任发放工资188.55万元，为村级专职主任发放特岗补贴25.14万元，星级补贴19.32万元。发放独生子女父母奖励费14792人，169.5万元；发放农村部分计划生育家庭奖励扶助7079人，发放资金618.12万元；发放计划生育家庭特别扶助198人，114.72万元。

计生协会工作 加强协会组织建设。着力对镇村两级协会组织网络建设进行加强和规范，做到事业有人管、工作有人干。建立完善协会工作调研、督导、评估制度。提高群众自治水平。指导全县各镇街、村居进一步修订群众自治章程、合同以及村规民约，推动计划生育责任落实，引导群众自觉实行计划生育，促进计生工作重心下移。完善利益导向机制。积极开展计划生育困难家庭和独生子女死亡伤残家庭奖励、扶助、救助等活动，认真落实独生子女父母奖励、农村独生子女户及双女户父母60周岁奖励扶助、计划生育家庭特别扶助、困难企业退休职工中独生子女父母一次性养老补助兑现发放等优先优惠政策。2016年春节期间，在全县范围内对304户计划生育特困家庭进行帮扶救助，共发放帮扶资金13.3万元；落实困难企业退休职工中独生子女父母一次性养老补助政策，为138人发放补助金209.38万元。开展计生宣传活动，组织开展“5·29计生协会会员日”“7·11人口日”等一系列计划生育宣传服务活动，通过举办书画比赛、设立计生宣传站、印发宣传材料、举办免费义诊等形式，集中宣传计划生育政策法规、优先优惠政策和计生保健知识。

撰稿：单朋华　审稿：孟凡峰

临沭县人民医院

领导成员

院　　长：郑淑欣

副 院 长：张兰春　何　健　徐敏建
　　　　　孙向阳

工会主席：陈　燕（女）

临沭县人民医院建于1949年，位于临沭县城中心，苍源河北岸。医院占地面积1.6万平方米，业务用房建筑面积3.9万平方米，开放床位800张。正式职工583人，其中，高级职称69人，中级职称315人。是国家级爱婴医院、山东省立医院远程会诊合作医院、中国人民解放军海军总医院医疗技术合作医院、青岛阜外医院医疗技术合作医院、中国人民解放军火箭军医疗技术合作医院、中国中医科学院眼科医院技术协作医院。全年完成急、门诊数45万人次，比2015年增长6.3%；出院病人4.2万人次，比2015年增长3535人；病房手术病人9738人次，比2015年增长1200人次；床位使用率98%；治愈好转率达90%。

医疗护理　批准17个科室开展31项新技术、新项目，并规定开展例数。新技术准入范围以腔镜等微创技术、心脑血管介入和其他介入技术为主，全年完成220例，其中，肿瘤介入治疗完成32例，腹腔镜下子宫全切完成19例，腹腔镜经腹膜前疝修补术完成13例，钬激光碎石成功开展29例，均超出规定例数。介入室共完成手术39例，较2015年增长一倍，手术效果显著，其中，经皮肝穿胆道引流术、经皮椎体成形术、脑动脉造影术、经皮经肝胆道球囊推石术的开展填补医院介入技术空白。开展市级重点专科申报工作，对申报重点专科的科室加大资金投入。2016年，儿科被评为市级重点专科，泌尿外科被评为市级重点专科创建单位。

严格落实《医院患者安全目标实施方案》，加强护理质量、重点环节和护士长质控管理。发挥护理质量管理委员会监管作用，病区质控督查形成常态化，落实夜间高危时段责任护士分级护理制度，加强对重点病人和护理不良事件的监管，有效保障护理安全。开展优质护理绩效考核，将考评结果与护理人员薪酬分配、科室评先树优相结合，体现多劳多得，优劳优酬。坚持患者一级随访服务，对随访发现存在问题及时分析整改。加强护理人员业务培训，对各级护士、应急、机动护士进行定期培训考核，年培训护理人员1800人次，参加省市级以上管理培训的护士长43人，参加省市级专业培训的护士长及护理骨干20人。2016年，院内一级护理合格率97.96%，基础护理合格率97.69%，危重病人护理合格率99.92%。

医疗合作　巩固完善体检中心、血液透析、影像、眼耳鼻喉等项目对外合作，合作带来的经济效益和社会效益持续增长。血液透析中心年治疗人次7736人，业务收入同比2015年增长45.28%，体检中心体检人次较2015年增长5000人，月收入同比增长6.56%。

业务培训 全年安排外出进修 8 人次，接受来院进修 14 人次，实习 159 人次。与沂水中心医院建立对口帮扶关系，沂水中心医院每月派出神经内科和骨科医师来院开展专业指导。邀请上级专家来院手术 45 台次，会诊 110 人次，学术讲座 6 次，带动科室业务水平提升。开展新职工岗前培训和院内职工学习培训活动，实行院内学分制度，邀请院外专家来院讲座，职工培训结果与个人职称、晋升、评先树优等挂钩，提高职工培训积极性。年内举办院内培训 18 场次，专家讲座 3 场次，培训人员 8800 人次。

信息化建设 积极利用信息化手段开展技术帮扶。与临沭县第二人民医院联通远程医疗系统，通过信息平台，实现影像诊断远程会诊，使该院患者更加便捷地享受优质医疗资源。互联网＋医疗项目达到一定规模，“趣医网”挂号人数达 1.8 万人次，“金蝶”微信支付人数 62 人次，自助机挂号发卡 1.9 万人次。

医院文化 开辟优秀医师、星级护士及先进人物宣传栏，召开护士节庆祝表彰大会，组织中层干部聆听赵志全先进事迹报告会，在院内营造学习先进人物事迹的文化氛围。举办应用文写作大赛，提高青年职工应用文写作能力。先后举办“两学一做”专题教育党课、“庆三八”趣味活动比赛、大学生欢送会、职工羽毛球比赛、参加县全民健身运动会、服务百姓健康义诊等活动，用健康向上的医院文化，建立医务人员共同的精神家园。2016 年，病人满意度有较大提升，收到病人锦旗 26 幅，感谢信 16 封。

新院区建设 新院区门诊综合楼土建工作已经完成，正在开展内外装施工。已经完成设计招标并进入施工的有：消防、中央空调、医用气体、医院信息化、计算机机房、手术室、医学检验实验室、放射防护、电梯、门诊大厅钢结构、血透室、玻璃幕墙、内部装修等工程项目。

病房楼土建工程于 2016 年 5 月 20 日正式动工，由临沂市建筑设计院设计，总面积 68331 平方米，设床位 900 张。该楼主楼 12 层，裙楼 3 层，地下室 1 层，18 部电梯，通过 50 米连廊与一期门诊综合楼连接，符合现代化医院的人流、物流要求。

综合服务楼和感染楼由临沂市建筑设计院设计，总建筑面积分别 2.55 万平方米和 4500 平方米，已完成图纸设计。因土地和资金等原因，尚未开工。

附属配套道路管网绿化工程，由临沂市建筑设计院设计。设机动车停车位 1500 个，包括地上停车场和地下停车场，已完成假山、盆景水池、中国结雕塑、休闲广场、杏林、二十四孝石刻、松石小景、思邈亭等景点打造。

撰稿：黄　凯　审稿：郑淑欣

临沭县中医医院

领导成员

院　　长：解自新（3 月离任）

刘瑞林（3 月任职）

党总支书记：刘瑞林（3 月离任）

解自新（3月任职）

副 院 长：李承功　刘善京

纪检组长：崔　东（3月离任）

临沭县中医医院下设办公室、医务科、护理部、门诊部、人事科、宣传科、科教科、财务科、设备科、病案室、供应室、内科、外科、妇产科、儿科、骨伤科、急诊科、ICU、传染科、眼科、耳鼻喉科、口腔科、肛肠科、麻醉科、手术室、针灸科、推拿科、皮肤科、康复医疗科、男性科、女性科、药剂科、检验科、影像科、特检科、胃镜室等40多个科室。共有干部职工194人，其中，高级技术职称20人、中级技术职称106人。2016年，获得全市中医药工作先进单位、市级文明单位（复核）、全县残疾人工作先进单位及全县选派第二批第一书记工作先进单位等荣誉称号。全年业务收入同比2015年增长20.78%，医院业务保持较好发展态势。

医疗质量管理　充分发挥院科两级质控检查组作用，完善医疗质量控制体系，推动各科室建立全过程质控理念。加强医疗质量安全防控工作。6月，开展医疗安全知识测试和技术比武活动，成绩优异者直接与绩效工资挂钩。定期进行全院医疗护理质量和安全工作检查，做到周检查，月通报；强化院科两级质控管理模式，推行药占比、中医非药物疗法、单病种和临床路径等核心指标管理；完善医院各项规章制度，充分发挥医院综合管理、医疗质量、质控、院感、安全、后勤保障等医院管理机构的作用，逐步实现全方位、全过程的全面质量和安全管理。

公立医院改革　作为县级公立医院改革试点单位，中医院积极推进去行政化和法人治理结构工作，制定医院章程，成立理事会。建立医院内部决策和制约机制，实行重大决策、重要干部任免、重大项目实施、大额资金使用集体讨论并按规定程序执行。实行院长负责制，院长执行理事会决策事项，负责医院日常管理工作。全面实行编制和新增人员备案制，2016年招聘的12名高校毕业生不再占用编制，实行聘用合同制管理。原编制内人员事业身份记录在案，按照退休进度自然缩减编制。加大医院选人用人自主权，由医院根据业务需要，按规定公开招聘，实行分类管理。采取考试考核方式自助招聘6名急需专业人员。实行竞聘上岗、按岗聘用、合同管理，变固定用人为合同用人，变身份管理为岗位管理。制定医院绩效工资总量核定标准，合理确定医务人员收入水平，着力体现医务人员技术劳务价值，重点向临床一线、关键岗位、业务骨干和突出贡献人员倾斜。医院根据内部绩效考核制度自主进行收入分配，多劳多得、优绩优酬、同工同薪。建立动态薪酬调整机制，逐步提高人员经费支出占医院总支出比例。全面实施药品零差率销售，所有西药和中成药全部按进价销售，同时对部分检查费、诊疗费、床位费、治疗费等作相应调整，通过调整服务收费补偿药品差价。对药品和一次性耗材实施托管，与罗欣医药公司和威高医疗集团签订托管协议，药品由罗欣医药公司托管配送，一次性耗材由威高集团负责采购配送，提高工作效率，避免商业贿赂风险。

重点专科建设　按照建设“名院名科名医”思路，积极发展重点专科。已有骨伤科、肿瘤科2个省级重点专科，针灸科、急诊科为市级重点专科建设单位。在外科、儿科、肾病内科、不孕不育科等科室中选择部分科室，继续创建省级重点专科建设，充分发挥临床重点专科示范带头作用和技术辐射作用。积极开展新技术新项目，不断拓宽业务范围。2016年，新开展椎间孔镜技术、气压弹道超声碎石取石术等手术。新安装高压氧仓，在县养老中心设立老年病科。

撰稿：王庆国　审稿：刘瑞林

临沭县红十字会

领导成员

会　长：王丙华（兼）

常务副会长：谢　超

副会长：李祥华（2月离任）

　　　　李成彬（2月任职）

社会救助　开展春节送温暖活动，走访困难家庭33户，发放棉衣72件，慰问金9900元。6月份，全县红十字会、卫计系统慈心一日捐共募集善款共计8.87万余元。7月份，为全县红十字志愿者和部分困难群众发放雅戈尔西服230件、帆布鞋168双、女装50件、奶粉84听。

救护培训　1月上旬，对全县800余名乡村医生进行应急救护培训活动。5月6日，联合县地震局、县教育局，在县第三实验小学举办全县中小学地震疏散演练暨应急救护培训观摩会议，组织2000名师生进行地震应急避险演练和应急救护培训。5月11日，对县第一初级中学300名学生进行应急救护知识培训。7月26日，县红十字会联合县直机关工委下发《关于在县直机关开展"珍惜生命、关爱健康"机关干部学救护活动的通知》。8—12月，共举办应急救护培训进机关专场12个，58个县直单位部门1200余名干部职工参加培训。

志愿队伍建设　建立临沭县赈济救援队（16人）、临沭县应急救护培训志愿者队伍（9人）、临沭县红十字应急救援队（50人）。

无偿献血及造血干细胞捐献　利用"红十字博爱周"等活动，发放宣传彩页，积极普及无偿献血相关知识。5月17日，在县文化广场开展造血干细胞血样采集工作，40名志愿者参加造血干细胞血样集中采集，全年共计初筛相合志愿者13例，完成高分辨检测3例。

公益项目　11月11日，临沭县"博爱齐鲁健康行"农村肝病防治救助公益项目启动仪式举行，项目计划用三至五年时间，对全县12岁至65岁人群免费进行慢性肝病筛查，对检查出的慢性肝病患者免费提供3个月免费药物治疗，免费药物治疗期结束后治疗费用由项目办不低于40%的标准进行补贴。

撰稿：王曙光　审稿：李成彬

社会事业

SHEHUISHIYE

民　政

民政局领导成员

局　长：冯夫方

党组副书记：李　勇

副局长：刘子峰　李学林（2月离任）

孟凡美（女）　唐利华（2月任职）

王福营（2月离任）

军队离退休干部休养所所长：

李学林（2月离任）

刘子峰（2月兼任）

军队离退休干部休养所副所长：韩　迅

临沭县民政局设办公室、财务审计科、优抚安置科、区划地名科、救灾救济科、基层政权和社区建设科、社会事务和社会福利科、民间组织管理科8个职能科室；隶属民政局的事业单位有军队离退休干部休养所、滨海革命烈士陵园管理处、殡仪馆、城市最低生活保障办公室、婚姻登记处、社会福利服务中心、慈善总会办公室和退役军人帮扶办公室。全局共有干部职工78人。全县设9处镇街民政办公室、9个乡镇敬老院、1处综合性社会福利服务中心。

2016年，县民政局在服务大局中打基础、在保障民生中谋发展、在规范管理中求突破，全县民政事业健康快速发展，圆满完成各项工作任务，为“和美幸福临沭”建设增添光彩。代表山东省在国家民政部、财政部联合开展的2015年度低保工作绩效评价中获得“优秀”等次，受到省厅和市委通报表扬；连续十五年被评为“省级文明单位”，2016年7月获全省爱国拥军模范单位称号，连续三年被市民政局表彰为优秀等次，连续两年被县政府授予集体三等功，在全县科学发展观考核、人大建议、政协提案办理、全县生态文明乡村建设暨城乡环境综合整治、平安临沭建设、信访和计划生育等工作考核中均被评为先进单位（集体）。

社会救助　制定出台《临沭县城乡困难群众医疗救助管理暂行办法》等制度，完善社会保障标准动态调整机制。城乡最低生活保障标准和农村五保供养标准再次提高，五保集中供养标准位于全市前列，“阳光低保”回头看活动取得扎实成效，县级“一门受理、协同办理”救助服务大厅建成并投入使用，各镇街都在便民服务大厅设立社会救助综合服务窗口。全年按时为2.8万城乡低保对象发放低保金5544.36万元；为200名五保老人发放五保供养资金110.84万元；实施医疗救助3127人，发放医疗救助款546.92万元；实施临时救助1097户3638人，发放临时救助金164.56万元；实施低保家庭大学生救助47人18.8万元。

双拥优抚安置　双拥宣传全面深入，双拥活动扎实有效，积极开展军民共建，推动军民融合发展。积极落实各项双拥优抚政策，及时足额发放各类抚恤补助优待资金。2016年，发放优抚对象抚恤补助资金、义务兵家庭优待金、退役士兵自主就业一次性经济补助、抗战老兵一次性生活补助金等5178.25万元。积极开展关爱革命功臣活动，全面做好优抚对象生活、医疗、住房保障工作。退役士兵安置工作稳妥有序，维稳形势趋向稳定。完善双拥优抚制度建设，全面建立双拥优抚服务站，搭建村、镇、县三级服务网络。规范优抚业务办理流程，提高精细化管理水平。加强优抚阵地建设，组织开展优抚对象健康查体和康复疗养，光荣院管理走向规范化、标准化。2016 年 7 月，临沭县被省委、省政府、省军区命名为“省双拥模范县”，实现双拥模范县七连冠。县民政局被省委、省政府、省军区评为“全省拥军优属拥政爱民先进单位”。

基层政权和社区建设 积极落实“四社联动”机制，推进城乡基层群众自治，规划建设 22 处社区综合服务中心。临沭街道富民社区、利民社区、苍源河社区、河滨社区、振兴社区完成区域化党建工作。农村社区服务中心覆盖率比 2015 年增长 9.4%，城市社区综合服务设施覆盖率达 100%。严格执行“四议两公开”制度，全县镇街村务公开面、村（居）依法自治率均为 100%。启动社会工作试点，通过广泛宣传社工知识、引导开发社工岗位、培育发展社区专业人才、鼓励扶持社会公益组织、政府购买社工服务等方式，社会工作迅猛发展，社会工作人才数量逐步增加，社会工作的社会知晓度和认同度不断提高。全县社会工作人才数量达 300 余人，其中，持证社工 15 人；注册登记社会工作组织 2 个，发展志愿者队伍 1000 余人。

区划地名和勘界 大力实施地名公共服务工程，加强城区道路标志牌设置与管理，推进地名信息化服务工作。结合文明城市创建，根据临沭城区发展情况，依法加强行政区划和地名管理工作，完善地名数据库建设。行政区划和地名工作创新发展，按时间节点完成第二次全国地名普查工作任务，边界联检工作有序进行。

社会事务和社会福利 深入开展移风易俗工作，大力推进红白理事会建设和公益性公墓建设，对全县 9 个镇街红白理事会进行培训，建成红白事服务场所 38 处。有公益性公墓 26 处，约 1.53 万个墓穴。2016 年 6 月，召开留守儿童摸底排查工作会议，制定《临沭县关于农村留守儿童摸底排查工作实施方案》，成立督导组，多次到各镇街、村（居）进行业务指导、督导，全县共排查农村留守儿童 1141 人。福利中心运转良好，率先在全市推行“公建民营”运营模式，成为公建民营试点机构。全年新建 1 处城市社区日间照料中心和 9 处农村幸福院。临沭县“12349”居家养老服务信息平台于 2016 年 4 月份投入使用，在部分社区开展试点服务，通过政府购买服务的方式为孤寡困难老人提供各类养老服务，以居家为基础，社区为依托，机构为支撑的社会养老服务体系初步成型。全面落实各项福利制度，在孤儿基本生活费、困境儿童生活补助、80 周岁以上低保老人高龄津贴、60 周岁以上失能老人护理补贴和城镇三无人员生活补助的基础上，新增困难残疾人生活补贴和重度残疾人护理补贴，全年累计发放各类生活补助 2484 万元。

社会组织管理 社会组织登记全面实施统一社会信用代码制度，对新成立和变更的社会组织赋予统一社会信用代码。社会组织统一社会信用代码制度建设和存量代码转换工作开展顺利，统一社会信用代码新政换发达 100%。新成立社团 4 个，民非 16 个，撤销社会组织 44 个。开展 2015 年年检工作，参加年度年检的社会组织共 238 家，其中，社会团体 130 家，年检合格 90 家，不合格 1 家；民办非企业单位 108 家，年检合格 90 家，不合格 13 家。积极优化社会组织发展环境。培育社会组织，带动产业扶贫。推动社会组织将精准扶贫与社区特色产业相结合，带动产业扶贫新途径。为激发社会组织活力，开展全县“万众益心，服务民生”社会组织公益服务行活动。

婚姻登记 以开展婚姻登记规范化建设为着力点，在服务中实施管理，在管理中体现服务。在抓好规范化建设同时，围绕全省联网工作抓设备配备、人员培训等系列工作，重点开展依法行政和文明服务、热情服务、优质服务等活动。县婚姻登记处严格按照婚姻登记管理条例的规定执行，合格率达100%。开展群众满意度评比工作，满意度达100%。县婚姻登记处被评为国家三级等级婚姻登记机关。2016年，办理结婚手续5115件，办理离婚手续1507件，补办证件1208个，办理收养5人。

殡葬管理 出台《关于在全县加强殡葬管理倡树殡葬新风的实施意见》《关于加强红白理事会建设促进移风易俗的意见》，全县各村居均成立红白理事会。新建殡仪馆按照国家二级殡仪馆设计，占地3.33万平方米，县财政投入1300多万元，新建殡仪馆搬迁新建项目的主体工程和附属工程已全部完成，县殡仪馆被评为国家级三A殡仪馆。继续推行殡葬惠民政策，对死亡低保、五保户进行丧葬补助，全年共补助全县9个镇街1338人、50.11万元。

撰稿：方　燕　审稿：冯夫方

人力资源和社会保障

人力资源和社会保障局领导成员

局　长：刘　健
副书记、行政学校副校长：李玉勤（2月离任）
副局长、社会保险工作办公室主任：
王德信（2月任职）
副局长、社会保险工作办公室书记：屈　伟
副局长：朱红霞（女，2月任职）
劳动保障监察局局长：于志排
劳动人事争议仲裁院院长：刘　江
农村社会养老事业保险处书记：马宗华
农村社会养老事业保险处主任：
刘晓光（5月离任）
人力资源工作办公室主任：胡吉胜
人力资源工作办公室副主任：
公绪光　刘剑峰　禚宪光（2月任职）
社会保险工作办公室副主任：
于永波　李华祥　石　磊
考核奖惩办主任：武　玲（女）
考试培训中心主任：王仕成
高新技术创业服务中心副主任：
周小石（5月划转）
医疗保险工作办公室主任：刘佰国

临沭县人力资源和社会保障局设党政办公室、人事科、规划财务科、政策法规科、基金监督科、工伤认定科、劳动关系科、信息中心、档案管理科、人才工作科、机关事业单位人事管理科、专业技术人员管理科、工资与离退休科、军转干部安置办公室、创业指导中心等15个科室。隶属人社局管理的行政事业单位有人力资源工作办公室、社会保险工作办公室、医疗保险工作办公室、劳动人事争议仲裁院、劳动监察局、农村社会养老保险事业处、考试培训中心、考核奖惩办公室、干部职工医疗服务中心。隶属人社局管理的企业有常林劳务合作有限公司、劳动保障事务服务中心。全县设镇街人社所9处。全局共有干部职工246人（含离退休），其中，党员147人。

2016年，县人社局按照“坚持一条主线（民生为本、人才优先）、建设两处中心（农民工综合服务中心、创业孵化中心）、建立三个体系（工作任务执行管理体系、公共权力管理体系、教育培训管理体系）、实施四大计划（创业创新提升计划、全民参保登记计划、人才高地构筑计划、和谐劳动关系创建计划）”的工作思路，深入推动就业创业工作，不断完善社会保障体系，稳步推进人事人才工作，努力构建和谐劳动关系，全县人力资源社会保障工作呈现健康发展新局面。

公务员队伍管理 根据省、市统一部署和要求，按照公开、公平、公正原则，组织开展2016年度国家公务员招考录用工作，招录国家公务员53名、参照管理事业单位工作人员6名。对2015年招录的75名公务员及4名参照管理事业单位工作人员进行试用期满考察，并办理转正定级审批手续，为完成转正定级的公务员进行公务员登记。

大学生就业和军转干安置 以县人力资源市场主导就业，及时开展“就业援助月”“春风行动”招聘会、“送岗位进乡村” 等活动。全县公共就业服务机构全面开展“微笑服务·和谐就业”活动，免费为企业和求职者提供岗位招聘、政策咨询、求职登记、就业援助等便捷服务。免费组织农村劳动力、高校毕业生等群体专场招聘会10场，有55家用工单位提供招聘岗位3792个，共接待各类求职人员4812人次，求职登记1945人，职业指导1612人次，成功就业1524人。组织实施高校毕业生就业见习，累计接收大中专毕业生146人参加见习。招募30名高校毕业生到农村基层从事支教、支农、支医和扶贫服务工作。

2016年，计划安置军转干部1人，安置到县安监局；随调家属1人，安排到县残联。自主择业5人。

专业技术人员管理 严格专业技术职务任职资格评审考核。开展17个专业技术职务系列评审，包括：卫生技术、工程技术、农业技术、中等专业学校教师、中小学教师、经济专业、会计人员、统计人员、体育教练、出版人员、图书（资料、文博、档案）人员、新闻专业、播音员、律师人员、公证人员、翻译人员、艺术人员等。2016年，全县专业技术人员达26981人，其中，高级2111人（正高级22人），中级10180人，初级14690人。

创业就业服务工程 扶持创业，促进就业。继续深化巩固省级创业型城市创建成果，积极加强省级创业型镇街、社区创建工作。经过两年时间对“一镇两社区”省级创建进行强化督导。12月中旬，店头镇、临沭街道徐兴社区、桃园社区全面通过省厅评估验收，获得“全省首批省级创业型镇街、社区”称号。通过政府扶持、全民参与，加强创业园区孵化基地政策服务、创业培训提升，落实政策扶持，创业带动等措施促进就业。全县城镇新增就业6943人，完成年计划的126%；失业转就业2658人，完成年计划的127%；困难群体就业696人，完成年计划的155%；城镇登记失业率为2.2%；转移农村劳动力13411人，完成年计划的103%；新增创业个体工商户2687户，新增创业企业2131家，新增带动就业8724人；新增“淘宝村”县级创业孵化示范基地1家；拨付各类就业创业资金1055万元，创业贷款担保基金累计1764万元。

合同鉴证 开展企业薪酬调查，完成全县20家企业薪酬调查工作。完成城镇退役士兵和转业士官安置计划工作。根据临沭县安置工作实施方案，有四家企业提供9个安置计划岗位。做好国有企业调资备案工作，对清源污水处理有限公司、自来水公司调资进行备案。继续使用劳动用工网络备案系统，切实做到劳动合同动态管理。积极推进集体合同签订和工资集体协商制度。全年共备案企业422家，劳动合同备案职工23036人。做好退休审批工作，共审报退休1358人，其中，正常退休人员1313人，病退32人，特殊工种13人；审报遗属补助62人。

劳动仲裁 继续加强预防调解体系建设。加强企业劳动人事争议调解组织建设工作，加强企业劳动人事争议调解力量，不断扩大基层调解组织的覆盖面，提高用人单位自主解决争议能力。进一步规范镇街调解组织建设，在大部分镇街设立调解室，青云镇、大兴镇、临沭街道设立派出庭，实现调解标识、工作职责、工作程序等图版上墙。充分发挥机关事业单位和行业组织的调解组织作用。积极到各机关事业单位协调，分析机关事业单位潜在的劳动人事争议形势，动员其真正重视劳动人事争议调解工作，充分发挥调解委员会的作用。完善仲裁办案制度。根据省厅及市局指导意见，不断加大“一裁终局”方面法律适用研究，切实提高“一裁终局”率。根据上级要求对于符合“一裁终局”的案件稳慎使用“一裁终局”，加强对一裁终局案件处理的审查，对每一起一裁终局案件严格把关，有效解决在争议案件处理过程中存在的终局裁决“不敢用、不愿用、不会用”的问题。全年共接待用人单位或劳动者前来或电话咨询有关法律法规政策1000余人次，立案受理劳动人事争议案件212起，其中，调解结案58起，裁决结案154起，按时结案率达100%，为当事人挽回经济损失1123万元。

职业培训 充分发挥县人力资源市场、镇街人社所平台作用，周密部署培训工作。突出学员个人直接申领培训补贴的模式，督导1家定点培训机构加强软硬件建设投入，严抓培训管理和培训质量。2016年，以高校毕业生、农村转移劳动力为主，组织就业创业培训3748人次，鉴定2897人，其中，高级工567人、中级工1241人、初级工812人；共拨付培训补贴164.8万元。共组织19人参加市局“劳动之星”比赛。组织金蓝领培训106人，考试合格率高于去年。评选出首批5名临沭县首席技师，并推荐2人参加临沂市首席技师评审，其中，金沂蒙集团马晓丽被评选为临沂市首席技师。高级技师评审选拔3人参加。通过技能培训和创业培训提升劳动者就业创业能力，促进就业创业。

劳动监察 积极开展专项活动，切实保障劳动者合法权益。先后开展“农民工工资支付情况专项检查”“清理整顿人力资源市场专项检查”“用人单位遵守劳动用工和社会保险法律法规情况专项检查”等。共检查用人单位94户次，涉及职工1.12万人，帮助追回农民工工资155.81万元。主动监察用人单位450户次，涉及职工22532人。切实抓好年审工作。全年共年审用人单位1226户，下达劳动保障年审限期改正通知书97份。受理日常举报案件，全年立案137件，结案137件，涉及职工人数156人，帮助追回被拖欠工资47.56万元，补缴社会保险费41.87万元；移交法院强制执行案件18件。接到“12345”督办案件830起，均及时做好案件处理和回复工作。

社会保险管理 2016年，加大社会保险制度改革、推进和落实力度，养老、医疗、失业、工伤、生育五大险种全面发展。企业职工基本养老保险制度进一步完善，参保人数进一步增加，离退休人员养老金100%按时足额社会化发放，根据国家、省、市规定及时上调企业退休金。机关事业单位基本养老保险制度稳步实施，基金管理逐步规范化、制度化，机关单位缴纳比例进一步提高。基本医疗保障体系进一步完善和健全，运行效果良好，医疗保险待遇进一步提高，在实现统筹范围内就医即时结算的基础上逐步实现异地就医的即时结算。失业保险、工伤保险、生育保险征缴管理机制逐步健全，失业人员、伤残职工、生育女工的保险待遇得到及时支付。全县企业养老保险、医疗保险、工伤保险、失业保险、生育保险分别参保53080人、59381人、52761人、38515人、31533人。共征缴各项社会保险费5.83亿元，按时足额兑付各类社会保险待遇5.8亿元。

城乡居民参加居民基本养老保险总参保人数34万人，有17.6万人适龄城乡居民参保缴费，征缴保费6260万元，省、市共拨付到县基础养老金9558万元，县财政拨付基础养老金补贴1781万元、个人缴费补贴830万元，市、县两级共代重度残疾人缴费22.6万元。累计为102020人次符合待遇领取条件人员发放养老金11506万元，社会化发放准确率100%，为3270人拨付丧葬补助金196.2万元，基金累计结余36536万元。

2016年居民基本医疗保险总参保人数503473人，参保率99.01%。六类人员免缴费73393人，其中优抚2550人，五保651人，低保16987人，残疾15816人，70岁以上老年人35307人，贫困2082人。共筹集基金29179.60万元，支出基金25998.83万元（含大病保险支出2080.42万元），年度基金使用率89.09%。当年基金结余3180.77万元。

2016年临沭县各项社会保险情况表

表36

项目	参保人数（人）	征缴金额（万元）	支出金额（万元）	年底基金累计结余金额（万元）
企业养老保险	53080	33119	29344	68031
机关养老保险	14373	21219	25998	2231
职工医疗保险	59381	17425	25281	12467
居民医疗保险	503473	29179	25998	14700
失业保险	38515	2255	672	1047
工伤保险	52761	1212	1189	284
生育保险	31533	427	763	1379
居民养老保险	340661	6260	11998	36536

撰稿：刘乃元　卢兆耀　审稿：刘　健

民族宗教

民宗局领导成员

局　长：高立夫

副局长：吴书昕　朱孔高（3月任职）

临沭县民族宗教事务局设办公室、民族工作科、宗教事务科3个职能科室，有行政编制7名，机关工勤编制1名。2016年，县民宗局认真贯彻落实民族宗教政策法规和各级民族宗教工作会议精神，紧紧围绕中心工作，把促进少数民族经济社会发展、维护民族宗教界安定稳定作为工作重点，民族团结、宗教和顺的良好局面进一步巩固。

民族工作　明确目标任务，打好少数民族脱贫攻坚战。认真贯彻落实市委民族工作会议精神，坚持把发展作为第一要务，加大投入和扶持力度，不断加快少数民族经济社会发展。年初，深入基层开展调研，了解掌握少数民族贫困村经济社会各项事业发展情况。结合实际，筛选上报项目2个。其中，店头镇店西街民族扶贫绿色种植示范基地项目，申报使用市民族宗教事业专项资金50万元。项目流转土地60亩（4公顷），实施大棚蔬菜种植，为30户贫困户提供增收项目。店头民族小学民族团结进校园项目，申报使用市少数民族教育专项资金20万元，用于学校民族团结进步教育宣传工作。从县级少数民族发展资金拿出10万元，用于店头镇店东回族街民族集贸市场宣传和店头镇店头南回族街基础设施建设。

严格落实党和国家的民族政策，切实维护少数民族利益。4月份，落实少数民族考生优惠政策，完成全县12名少数民族高考学生资格认定工作，并对审查合格的少数民族考生情况进行公示。认真贯彻落实《山东省清真食品管理规定》，规范清真食品市场管理。全年对全县60多家清真食品生产、经营场所及设清真食堂或清真灶的学校进行集中检查5次，进一步规范清真食品生产加工、经营秩序，避免清真食品安全事故产生。在店头民族小学新建一处清真食堂，满足少数民族师生生活要求。严格民族成分政策和程序，完成1名群众的少数民族成分变更。完成全县586户穆斯林农户和穆斯林城镇低保户2016年度的认定、统计工作，联合财政部门发放春节牛羊肉补助款17.58万元。

认真开展宣传教育活动，积极营造民族团结进步良好社会氛围。在店头民族小学建设民族团结进步宣传长廊，加强学校民族团结进步知识宣传教育；印制《伊斯兰教基本知识》2000本发放到民族村街和民族学校；制作安装不锈钢宣传牌和大型宣传栏在民族村街集中开展宣传教育活动。9月份，全市民族团结进步宣传月期间，在民族工作重点乡镇店头镇及民族村居、民族学校、民族企业和店头清真寺开展集中宣传活动，通过悬挂宣传标语，在城区主要路口和广场电子屏幕上，滚动播出民族团结进步宣传内容等形式，积极开展民族政策法规、民族团结知识和民族风俗习惯等内容的宣传教育活动。引导各族群众树立加强团结、和睦相处、依法办事、依法维权的思想观念。

宗教工作 深入贯彻落实全国宗教工作会议精神。召开专题动员部署会，认真学习习近平总书记在全国宗教工作会议上的重要讲话精神，提高认识，统一思想，明确目标责任。把深入贯彻全国宗教工作会议精神作为一项政治任务，在全县宗教界大力弘扬社会主义核心价值观，引导宗教与社会主义社会相适应。在宗教界人士和信教群众中广泛宣传，营造浓厚氛围。

扎实开展“两规范、两提高”等各项活动。以活动为契机，将全国宗教工作会议精神与活动的具体要求相结合，召开会议进行专项安排部署，统一思想，明确目标责任。以市民宗局下发的宗教活动场所规范标准和宗教教职人员行为标准为依据，对各宗教活动场所和教职人员实行严格管理。对全县主要宗教活动场所进行摸底排查，通过组织开展民主评议、个别谈话、走访座谈等多种方式，了解掌握宗教教职人员队伍和宗教活动场所中存在的问题，并建档立卡，列出问题清单，拿出整改意见。扎实开展宗教政策法规宣传月活动、宗教界慈善活动等相关工作。针对活动开展的情况进行定期检查与不定期抽查，对发现的问题严格督促解决，整改到位。

依法管理宗教事务，维护宗教和谐稳定。依法做好抵御境外宗教渗透工作。把抵御境外宗教渗透作为宗教工作的长期任务，从抓基层、打基础入手，在实践中探索建立长效机制，筑牢防渗透防线。加大执法力度，依法治理基督教私设聚会点。本着“保护合法、制止非法、抵御渗透、打击犯罪”原则，在以往工作基础上，对私设聚会点采取合并、取缔、以堂代点等措施纳入管理，防止成为境外宗教渗透的落脚点。全年共清理基督教私设聚会点4处，清理佛教私设聚会点2处，下达整改通知书6份，依法纳入管理6处。促进执法规范化，完善科技防腐行政执法体系建设。依据《宗教事务条例》《山东省宗教事务条例》规定将行政处罚权量化分解，逐一细化自由裁量权，全程接受法制、监察部门网上监督。扎实开展宗教领域非法出版物和互联网有害信息专项整治活动。净化宗教领域环境，促进各宗教健康发展，全面提升宗教事务管理水平和能力。

加强宗教团体和宗教活动场所自身建设。以团体和场所班子建设促规范，以规范促教职人员素质和场所管理水平提高。2月份和9月份，通过征求意见和民主选举，在县民宗局指导帮助下，临沭县慧济寺、临沭县观音禅寺分别完成对民主管理委员会的选举、换届工作，制定民主议事制度，细化民主理财程序，有效提升依法管理水平。结合“两规范、两提高”“宗教政策法规学习月”等活动，将全国宗教工作会议精神与活动的具体要求相结合，全面提升新形势下临沭宗教工作水平。

撰稿：王　波　审稿：高立夫

老龄事业

老龄委办公室领导成员

主　任：解自玉

副主任：吴　芸（女）　袁　向（女）

临沭县老龄委办公室（简称县老龄办）为正科级事业单位，列县委序列，属县老龄工作委员会办公机构，有人员7人。全县老龄工作以实现“五个老有”为工作目标，以为老服务、老年民生为工作重点，真抓实干，切实维护和保障老年人合法权益，促进全县老龄事业发展。

老年法规政策贯彻落实　县老龄办通过开展结亲连心活动、老龄工作会议、下基层调研、发放宣传材料等方式方法，加强老年法规政策宣传教育和贯彻落实。母亲节前，参与县人寿保险公司举办母亲节荣誉宴，鼓励业务人员以业绩孝亲敬老。5月中旬，参与县政协主办的“传承孝道·精准扶贫”青云专场文艺演出活动。开展第四届全县“十大孝星”评选表彰活动，进一步弘扬孝亲敬老文化。做好老年维权、老年人信访、“12345”市民服务热线工作，进一步维护老年人合法权益，全县老年人的生活和法律保障措施不断得到加强和完善。

为老服务工作　认真做好老年民生工作。2016年，为6000余名高龄老人发放高龄津贴约219.9万元；为39名百岁老人发放长寿补贴金及慰问品15.8万元。积极推进银龄安康工程，为59031名老年人提供意外伤害保险，实现投保金额1772085元，比去年增长46.3%。贫困老年人自愿购买银龄安康，在县财政按20%补贴的基础上，每份再给予4元补贴，所需资金由县老龄办从工作经费中解决。为3633名贫困老年人，补贴14564元。

开展便民办证服务。1月1日起，老年优待证由县老龄办登记办理，3月中旬，实行老年证当场办理，办理时限由原来一个月改为五个工作日又发展为当场受理办好，受到老年人欢迎。全年共免费办理老年优待证3000份。

开展孝亲敬老典型评选活动。在全县范围内组织开展沂蒙十佳敬老楷模、沂蒙十佳模范老人、县第四届十大孝星的评选推荐工作。并在全县庆“九九”老人节联欢会上为“临沭县十大孝星”举行隆重颁奖仪式。

开展“冬日送暖”走访慰问活动。1月份，筹集资金万余元，购买6台空调、1台电视机及猪肉、面条等慰问品，赠送给石门镇、玉山镇敬老院的老人们。2月份，走访慰问结亲连心联系村8户困难户，发放慰问金2400元。

积极争取上级扶持政策。为石门镇怡康老年公寓争取省财政无偿扶持资金18万元。市级资金赠送贫困老年人银龄安康工程　1.7万元。为石门镇陈官庄村老年人广场舞队争取到省资助老年文艺团体的电视机1台、组合音响1套。

参加省第八届“老博会”　第八届中国（山东）国际老龄产业博览会于5月上旬在济南舜耕国际会展中心举行。县老龄办积极协调组织临沭县宗荣手工艺品有限公司和夹谷山旅游风景区两个企业参展，现场共发放宣传手册3000余份，咨询200余人次，达到互相学习、交流、借鉴的参展目的。

“敬老月”活动 临沭县于10月1日—31日，开展以“敬老爱老，全民行动”为主题的敬老月活动。活动紧紧围绕老年人需求开展，大力宣传慈孝文化、老龄工作的重要意义，在全县营造尊老敬老优待老年人的浓厚氛围。“老人节”前夕，县、镇街分管领导和老龄办对县内百岁以上老人走访慰问，给他们送去长寿补贴金、慰问品和节日的美好祝愿。各镇街、各单位都在节日期间，深入到敬老院、老年公寓、孤寡特困老人家中进行走访慰问。县老龄办与县委组织部、老年体协、老干部局等联合筹办“庆重阳·迎国庆”中老年文体展演活动、庆“九·九”老年节文艺联欢会。各镇街、村居和敬老院都在节日期间立足各自条件，组织老年人开展形式多样、健康向上的自娱自乐活动。

老龄调研工作 3月中旬对老龄事业发展“十三五”规划开展调研。4月中旬对老龄事业发展状况开展调研。6月上旬开展建档立卡贫困老年人摸底统计工作，统计内容包括贫困老年人的姓名、性别、民族、政治面貌、身份证号码以及户籍所在地等。全县贫困老年人共11965人，为下一步做好精准扶持贫困老年人提供翔实统计数据。11月中旬，对全县老年人权益保障工作进行专题调研。

老年文体活动 与县委老干部局、县老年体协等联合组织县第六届全民健身运动会“体彩杯”暨十八届老年人门球赛、第二届红石湖广场舞大赛、第二届邮政“银龄杯”暨第七届广场舞大赛、“庆国庆·迎重阳”中老年文体展演活动、“十大孝星”颁奖暨庆“九·九”老年节文艺联欢会、第五届省老年书法美术大赛等活动。筹集资金2.3万元，扶持4支基层老年文艺团队，进一步提升全县老年文艺骨干专业水准。

临沭县百岁老人情况表

表37

年度	人数
2016	39

撰稿：袁　向　审稿：解自玉

镇街概况

ZHENJIEGAIKUANG

临沭街道

领导成员

党工委书记：崔　浩（2月—12月）
　　　　　　孟　芳（女，12月任职）
党工委副书记：尹相坤（2月离任）
　　　　　　庞佃宝（7月任职）
　　　　　　王　静（女，12月离任）
　　　　　　高冬子
党工委委员：于华帅（12月离任）
　　　　　　英昌征（12月离任）
　　　　　　万言明（12月离任）
　　　　　　井元花（女，12月离任）
　　　　　　王绪军（12月离任）
　　　　　　张永现（12月离任）
　　　　　　葛　浩（12月任职）
　　　　　　文晓琳（女，12月任职）
　　　　　　顾士亮（12月任职）
　　　　　　刘　永　伏　国（12月任职）
　　　　　　张　卫（12月任职）
　　　　　　王　峥（12月任职）
人大工委主任：庞佃宝（7月离任）
　　　　　　王　静（女，7月—12月）
　　　　　　张明坤（12月任职）
办事处主任：尹相坤（2月离任）
　　　　　　庞佃宝（7月任职）
办事处副主任：英昌征（12月离任）
　　　　　　伏　国
　　　　　　张　卫（12月离任）
　　　　　　袁九玲（女，12月任职）
　　　　　　李环峰（12月任职）
　　　　　　吴广东（12月任职）
政协委员联络室主任：
　　　　　　王　静（女，12月离任）
　　　　　　庞佃宝（12月任职）

临沭街道办事处因作为县城驻地而得名。2016年，临沭街道把促进全街道健康快速发展放在首要位置，依托区位优势，从实际出发，以项目建设为抓手，突出工业转型发展、镇域经济提升、项目建设突破等重点工作，创优环境抓招商，全力以赴促发展。完成财政收入3.24亿万元。先后荣获全国县（市）域乡村建设规划和村庄规划示范村、沂蒙美丽乡村、全县统计工作先进集体、1%人口抽样调查先进集体等荣誉称号。

政区、人口　全街道总面积142平方公里，其中耕地面积7722公顷。辖30个行政村，78个自然村。2016年末总人口9.5万人，人口出生率19.46‰，死亡率3.62‰，自然增长率15.85‰。全街道少数民族有满族、回族、彝族、壮族、朝鲜族、哈尼族、黎族等。

农业和新农村建设　2016年，农林牧副渔总产值5.1亿元，其中粮食总产3.63万吨，新造林面积173.33公顷，全年绿化10.2万平方米。小麦直补面积核定4080公顷，农民参加政策性农业保险参保率达88%。回迁安置崔蒿科小区等还建区4处，青年安置楼2处，安置784户。对6个村居自来水进行改造升级，全部更新村管线并接入全县自来水管网，实现环卫一体化全覆盖，社会管理网格化全覆盖。

工商业 2016年，企业达998个，个体工商户1.2万户。实现规模以上企业工业总产值65.99亿元。完成固定资产投资12.3亿元。招商引资达到4.36亿元，走出去拜访企业196个，请进来客商98批，在谈项目47个，签约项目17个，合同资金13亿元，有15家企业实施技术改造项目21个，技改投资7.8077亿。

科教文卫、社会生活 2016年末，共有学校14所，在校生15320人，在职教师764人。农村文化大院、图书室建设基本实现行政村（居、社区）全覆盖，有线电视覆盖率80%。农民人均纯收入达16500元，比去年增加10%，人均生活消费支出7620元，新农合参合人数达到99.46%。社会低保覆盖率4.5%，救助困难户407户。

2016年临沭街道各村（居、社区）基本情况表

表38

行政村名	书　记	主　任	距镇驻地距离（公里）	总人口（人）	耕地面积（公顷）	粮食总产（吨）	村集体总收入（万元）
河滨社区	毛胜贵	高艳群	0.9	1589	0	0	404
曹村社区	曹传峰	曹允华	0.6	1828	9.33	34.94	75.4
后杨楼村	杨化涛	杨大学	0.9	1510	59.47	461.82	28.6
于店居	于生伟	吴　涛	2.1	3660	265.33	1674.88	22.3
滨海社区	于加平	井沛平	2.7	3930	313.33	2200.25	34.02
龙河村	陈守库	辛成东	4.8	2388	233.00	2048.45	8.01
镇北社区	李加辉	吴双喜	3.1	2931	1.33	214.02	44.6
振兴社区	尤作坤	王清风	1.6	2675	5.00	17.79	271.7
利民社区	高　震	高明祥	2.8	2594	12.00	66.82	255.1
苍河社区	李修坤	李守连	3.2	1694	0.00	0	19.3
兴隆社区	高希块	高志江	1.3	1959	1.33	0	24
孙蒿科社区	孙成龙	孙　峰	1.9	1480	18.40	354.69	40.33
崔蒿科社区	崔会都	崔庆印	2.9	1712	53.33	454.66	266.26
薛疃社区	崔广亮	崔社林	1.8	1319	0.00	0	9.5
花园社区	刘徐州	刘连平	3.6	2755	122.00	805.12	232.14
李蒿科社区	李　明	李宝队	3.1	1969	38.00	237.95	12.8
益民居	王绪金	杨大钱	3.8	2575	161.33	1406.72	51.3
孙岭村	孙廷良	孙廷良	3.1	1668	153.33	1178.24	60.5
兴安社区	徐敏迎	李祥树	1.2	9405	907.73	267.65	505.09
富民社区	云雪峰		6.8	3511	10.00	0	139.1

续表 38

行政村名	书　记	主　任	距镇驻地距离（公里）	总人口（人）	耕地面积（公顷）	粮食总产（吨）	村集体总收入（万元）
苍源居	杨翠华	曹天飞	5	3072	186.67	1047.17	87.7
曙新村	张连辰	董自兴	12	2298	190.00	1074.18	11.17
前官庄村	陈修善	李贞东	10	2421	226.67	1690.88	16.4
桃官社区	毛卫峰	杨同宝	8	5980	722.33	3847.55	286.73
西河口村	张宝春	王勤明	7	1775	219.67	1481.34	194.14
西盘村	肖增光	胡丰义	9.3	3505	328.00	2673.66	23.09
月庄社区	杨冠祥	胡　楷	8.3	3885	315.00	1743.9	45.76
苍前社区	胡德华	李凤富	6.7	5601	561.33	3142.75	112.08
山西村	凌沛浩	凌思省	5.5	4733	436.00	612.35	34.65
界前新村	王敬利	李东华	9.4	3169	311.87	2001.54	23.4

撰稿：钱昌德　审稿：顾士亮

蛟龙镇

领导成员

党委书记：李根深（12月离任）
尹相坤（12月任职）
党委副书记：胡顺仓
张明坤（12月离任）
王兴壮（12月任职）
党委委员：于　洋（12月离任）
李严勋（12月离任）
胡兴周（12月任职）
张　磊　杨大武
崔兆霞（女，12月任职）
刘恒江　赵志强（12月离任）
人大主席：吴继成（12月离任）
王官帅（12月任职）
人大副主席：蒋　萍（女，12月任职）
镇　长：胡顺仓
副镇长：杨大武　赵　利
尹久龙（12月任职）
于婷婷（女，12月任职）
上官修义（12月任职）
政协办主任：张明坤（12月离任）
主任科员：李严勋（12月任职）
井元花（女，12月任职）

蛟龙镇因境内有蛟龙汪（现名龙潭水库）而得名。

政区、人口　辖区总面积69.58平方公里，2016年末耕地面积3933公顷。全镇辖21个行政村，34个自然村。2016年末总人口4.9万人，其中城镇人口数765人，有少数民族14个，72人；人口出生率14.09‰，死亡率3.51‰，自然增长率10.28‰。

农业和新农村建设 2016年，农林牧渔业总产值4.3亿元，粮食总产2.37万吨，肉类总产338.71吨，造林面积共142公顷，农机总动力7857.82千瓦。2016年全镇累计流转土地1000余亩（66.67公顷），龙潭万亩渔业生态综合产业园、前蛟龙季节蔬菜基地、后石门头大棚蔬菜基地为主的三大农业特色产业基地初步形成。2016年，全镇34个自然村全部通上自来水，入户率99%以上。

工商业 2016年，有企业67家，个体工商户517家，企业产值达5.7亿元，利税5501万元，实现社会消费品零售总额4.34亿元。其中工业企业44家，规模以上企业13家，工业总产值5.69亿元，同比减少3.45%，主营业务收入5.6亿元。完成固定资产总投资10.9亿元，外贸出口233万美元，同比增长10%。地方财政收入2079万元，同比减少0.62%。坚持把引进大项目、好项目，打造LED产业基地作为做大经济总量、增强发展后劲的重中之重来抓，全年新签约项目10个、在谈项目8个，实际到位资金7.4亿元。引进菲牛太阳能项目、山东沐光LED贴片项目、温馨家园碳纤维项目等一批投资大、质量高的重点项目。

交通、邮电、财政、金融 2016年末，公路通车里程91.6公里，年末固定电话数2262部，移动电话用户6.9万户，互联网用户5937户。金融机构人民币各项存款余额5.61亿元，其中，储蓄存款余额1.95亿元；实现财政总收入2939万元，其中，地方财政收入2475万元。

教科文卫、社会生活 2016年末，共有学校7所，其中，初级中学1所，小学6所，教学点1所。学生共计3130人，其中，小学生2400人，中学生730人。共有教师251人，其中，中学老师125人，小学教师126人；高级教师26人，中级教师90人。全镇共有幼儿园5所，幼儿教师58人，在园幼儿1137人。社区综合文化中心15处，农村文化大院12个，建设农家书屋15个。2016年新增广播电视2140户，有线电视入户率达95.5%。全镇共有卫生院1个，村卫生室18个；卫生院共有12个科室，65个床位；共有卫生技术人员54人，其中，中级以上（含中级）11人，村医40人。农民人均纯收入10292.18元，人均生活消费支出10000.06元，人均住房面积约45.3平方米，新农合参合人数5.52万人。敬老院占地面积6700平方米，建筑平房面积1400平方米，共有30个床位，2016年集中供养18人。2016年，全镇共计发放各类救济资金42.7万元，享受社会低保的人数为2102人，全镇60周岁以上老人享受社会养老保险人数为7270人。

特色产业选介 山东菲牛太阳能科技有限公司太阳能组件系列及LED照明生产项目 由山东光助力光电照明有限公司投资建设。公司是专业从事LED照明相关产品的厂家，拥有设备先进的光源生产车间和半流水式的组装车间，营销体系健全，产品类别繁多，主要产品有厨卫灯、投光灯、吸顶灯、工矿灯、T5-T8支架以及LED系列光源。该项目于2016年10月份引进，一期投资2000万元，新上太阳能组件用光伏支架系列生产线2条，铝框系列生产线2条，LED照明生产线2条，项目一期已试生产。项目投产后，可解决就业岗位300余个，年产值可达1.5亿元，年税收可超400万元。

2016年蛟龙镇各村（社区）基本情况表

表39

行政村名	书　记	主　任	距镇驻地距离（公里）	总人口（人）	耕地面积（公顷）	粮食总产（吨）	村集体总收入（万元）
蛟龙社区	宋瑞利	韩　光	镇驻地	7291	667.99	4662.90	115.2
山子村	徐加彬	万发密	西南3.5公里	3149	423.78	2736	14.11
王山子	王思尚	王　鹏	西南4公里	918	109.55	790.2	1.12
坡石桥	吴元庆	吴元庆	西南4.2公里	1465	190.95	768.6	35.19
黄金沟	刘长青	李德轩	南3公里	2728	338.75	2260.8	31.05
烈疃新村	李宝光	沈大勇	南3公里	3358	349.47	1769.4	15.24
万松山村	李现市	—	东南7公里	3441	304.91	1585.35	21.41
后石门头	胡文万	胡　江	东4公里	1949	185.59	895.05	2.51
张疃村	袁清涛	张孝生	东2.5公里	1923	125.89	1101.15	4.25
利城社区	李运祥	谢兆华	东北6公里	4254	318	1917.90	25.4
小湾村	相艳飞	相振永	东5公里	1744	142.17	896.85	6.59
吴家后	徐国臣	吴自敢	东北2公里	1665	150.75	886.95	0.82
康平村	张为杰	张为杰	东北2公里	2432	256.3	1243.35	7.20
富康社区	田家洪	—	东北1公里	2365	189.6	1081.8	2.35
杨庄村	郑夫树	陈秀学	东北4公里	2078	200	1066.95	33.51

撰稿：宋权衡　审稿：尹相坤

石门镇

领导成员

党委书记：王利锋（8月离任）
　　　　　吴国华（12月任职）
党委副书记：周丙启（12月离任）
　　　　　　刘　扬（12月任职）
　　　　　　马宗涛（12月离任）
　　　　　　李宝云（12月任职）
　　　　　　李俊江（挂职，3月任职）
党委委员：葛　浩（12月离任）
　　　　　张江涛（12月离任）
　　　　　吴清涛（12月离任）
　　　　　王香令（女，12月离任）
　　　　　吴永红（女，12月离任）
　　　　　王云杰

张　波（12月任职）
周振东（12月任职）
张立达（12月任职）
人大主席：陈青华（12月离任）
马宗涛（12月任职）
人大副主席：丁　薇（女，12月任职）
张海景（女，12月任职）
镇　长：周丙启（12月离任）
刘　扬（12月任职）
副镇长：王克忠（12月离任）
王云杰（12月离任）
李俊峰（挂职，3月离任）
周振东（12月任职）
李荣伟（12月任职）
李晓飞（12月任职）
李　磊（12月任职）
主任科员：张江涛（12月任职）

政区、人口　石门镇地处临沭县南部，鲁苏两省三县（区）交界处，属丘陵地貌。全镇总面积128.3平方公里，耕地面积6481公顷。辖24个行政村，50个自然村。2016年末总人口55561人，其中城镇人口1058人，人口出生率13.1‰，死亡率6.57‰，自然增长率6.53‰。

农业和新农村建设　2016年，农林牧渔业总产值42475万元，粮食总产43275吨，肉类总产7543吨，农机总动力9.6万千瓦。新造林170.68公顷。农业专业经济合作社130家，农业专业经济合作组织成员700人，家庭农场80家。2016年，全镇蔬菜种植205.6公顷、金银花40.02公顷、杭白菊25.33公顷、葡萄40.05公顷、苗圃54.35公顷，中药材23.62公顷。种植紫薯146.67公顷、黑花生150.06公顷、烤烟27.33公顷，新增养殖大户45户。2016年，完成农村危房改造25户。

2016年，土地流转733.33公顷，建设金易德、金顺泰、金明寓、天龙、统一等6个现代农业示范园区。农民人均纯收入达13279元，同比增长12%。建设金岭社区刘坞项目区安置楼8栋。是年将东南埝列为项目拆迁区。东南埝安置楼，总投资1500万，占地面积0.6公顷，总建筑面积13040平方米，由金明寓公司承建，建设社区服务中心1栋，占地2300平方米。居民安置楼3栋90户，占地面积22222平方米。

工商业　2016年，全镇共有个体工商户数782户，企业个数392家，其中，工业企业68家，“个转企”315家，企业从业人员8868人。全年完成固定资产投资10.6亿元，实现工业总产值25.2亿元，销售收入24.8亿元。“三引一促”工作全年新签约项目16个，计划总投资18.6亿元，过亿元项目4个，实际到位资金2.6亿元。飞绮服饰、兴宇旅游、腾牛牧业、新宝五金4个项目投产见效。华星纸业、颖汶杆塔、东升磨料、英盛机械等15家规模上企业投入技改资金2.7亿元，推进传统产业向中高端迈进。

交通邮电、财政金融　2016年，公路通车里程93公里，邮政业务量198万元、电信业务量312万元，年末固定电话用户2578户，移动电话用户3.37万户，电话普及率56.7户/百人，互联网用户数1400户。完成地方财政收入1860.34万元，完成计划的104%，比去年同期增收338.99.65万元，增长22.28%。金融机构人民币各项存款余额37125.77万元，其中，储蓄存款余额35064.39万元。

教科文卫、社会生活　有学校9所。其中，小学8所，在校学生4018人，小学教师216人；中学1所，在校学生1409人，中学教师108人。有文化站1所，农村文化大院24个，农家书屋24个，广播电视覆盖3.02万人。有卫生院1所，有床位90张，卫生技术人员87人，其中，执业医师22人。

2016年，全镇农民人均纯收入11772元，同比增长9%，人均生活消费支出4200元，人均住房面积33.25平方米。新农合参合人口数47674人，新农合参保率95%。新农保征缴622万元，参保人数21028人。享受居民最低生活保障人数2294人,享受低保率4%。有敬老院1家，收养人数13人。

全年共计发放各类低保救济金373.34万元，发放救灾救济、残疾补助等资金83.4万元，发放居民养老金1192.85万元，参合受益人数11万余人次，报销资金420万元。实现50个自然村赡养老人四德榜全覆盖,上榜人数达21063人，推出市级四德典型人物2人，打造模范村6个。

投资200余万元在小岱村建设寨门、文化广场、停车场、红石一条街等基础设施，积极打造红色小岱旅游点，扎实推进“旅游名镇”建设步伐。投资55万元对白毛、欧疃等11个村进行农村公共服务运行维护建设；对大岱、刘棠、小岱等3个村进行饮水安全工程改造。投资824万元在小岱、大岱、西新庄等村硬化生产路30公里，建设平板桥8座，过路桥涵56处，进地涵60座；实施驻地亮化提升工程，投资60万元安装太阳能路灯236盏。

2016年石门镇各村（居、社区）基本情况表

表40

行政村名	书　记	主　任	距镇驻地距离（公里）	总人口（人）	耕地面积（公顷）	粮食总产（吨）	村集体总收入（万元）
西石门社区	刘崇刚	刘崇刚	南2公里	2144	2846	554	10.32
后石门居	张学光	薛金敏	南1公里	1605	2620	649	4.23
中石门居	刘庆荣	王庆勇	南1.5公里	1630	1532	170	14
界沟村	陈久宝	—	南2.6公里	1530	1909	799	6.57
徐庄村	徐广玉	—	东南2公里	1615	2969	718	0
刘棠村	刘月迎	刘桂勇	北1.5公里	2170	3372	1139	0
陈棠村	陈延虎	—	北1.5公里	2233	3571	1587	0
吴棠村	吴淑华	—	北1.5公里	2874	5533	2108	11
宋棠村	宋计高	—	北1.5公里	1100	2258	623	2.12
后湖村	张克勇	—	北1.5公里	1029	1391	534	0
大官庄村	陈冠生	—	西北7.5公里	3810	5058	2378	0
陈官庄村	陈　伟	—	西北8公里	1720	2621	844	0
白毛村	刘堂坤	—	西北6公里	2040	3794	1304	5.5
小冲村	刘中新	王经玉	西6.5公里	1060	2132	731	0
金岭村	刘贵科	张广胜	西3.5公里	1537	6417	1852	1
左官庄村	—	颜士松	西5公里	1200	2600	930	7.3
大岱村	何敬现	李广训	西南7公里	2540	4850	2253	0
小岱村	路平亮	—	西南7公里	1310	2200	706	0.42

续表 40

行政村名	书　记	主　任	距镇驻地距离（公里）	总人口（人）	耕地面积（公顷）	粮食总产（吨）	村集体总收入（万元）
西新庄村	李守民	—	西南 7.5 公里	1403	2805	947	3.4
转林新村	陈久常	刘西波	东南 5.5 公里	2830	4486	1383	4.9
西泉子埠村	王庆乾	王广永	东南 6 公里	2670	4716	1875	0.03
东新庄村	孙宗民	—	东南 6 公里	1061	1540	706	0
羽泉村	王庆礼	—	东北 7 公里	1880	5098	2454	2.23
大峪子村	王广强	张荣宝	东 7 公里	1405	3077	1302	0.67
欧疃村	王庆苗	刘忠效	东 4 公里	1685	2834	1003	0
前门村	赵连永	门玉宝	东 5.5 公里	1460	2638	1170	8.11
岔河新村	孙　兴	文兰明	东北 6 公里	3570	5005	1614	0
大巡会村	—	付红彩	东北 3.5 公里	3350	6682	3025	17
王岔河村	王　静	—	东北 7 公里	1990	3839	1706	0

撰稿：郭学朋　审稿：吴国华　刘　扬

曹庄镇

领导成员

党委书记：李强强（12月离任）
　　　　　杨　洋（12月任职）
党委副书记：吴国华（12月离任）
　　　　　　王绍龙（12月任职）
　　　　　　张学立（12月离任）
　　　　　　王　娜（女，12月任职）
党委委员：孙　峰（12月离任）
　　　　　李宝云（12月离任）
　　　　　景善伟（12月离任）
　　　　　文晓琳（女，12月离任）
　　　　　刘仁刚　陈久彬（12月离任）
　　　　　王庆彬（挂职，3月离任）
　　　　　张清东（12月任职）
　　　　　韦　涛（12月任职）
　　　　　王克忠（12月任职）
　　　　　姜自菲（女，12月任职）
　　　　　李　平（女，12月任职）
人大主席：王绍龙（12月离任）
　　　　　于华帅（12月任职）
人大副主席：孟凡荣（女，12月任职）
　　　　　　邢玉宝（12月任职）
镇　长：吴国华（12月离任）
　　　　王绍龙（12月任职）
副镇长：陈久彬（12月离任）
　　　　仓恒茹（女，12月任职）

李　超（12月任职）
赵桂增（12月任职）
主任科员：孙　峰（12月任职）

政区、人口　曹庄镇位于临沭县城西南部，镇政府驻地距县城18公里，是山东省政府首批命名的中心镇。人口4.6万人，面积82平方公里，耕地4251公顷。共13个行政村，32个自然村。西靠205国道，濒临临沂高新技术开发区、临沂经济开发区，交通便利。多属平原，岌山贯穿全镇境内，举世闻名的"常林钻石"发现于镇内常林村，素有"钻石之乡"称号。

农业和新农村建设　农业生产发展稳定，经营模式逐步产业化。按照农业产业化经营发展模式，引导群众规模化生产，信息化经营。至2016年年底，共发展国家级高产示范田1处，过百亩苗木花卉基地6个，标准化养殖场4个，现代农业示范园区1处，农民专业合作社83个，特色农业发展迅速。各类农民专业合作社不断发展，由2012年的26家增长到2016年的193家。合作社在扩大经营规模、提供技术服务、拓宽销售渠道等方面向农户提供支持，促进农民增收。不断加大畜禽养殖污染综合治理力度。按照标准要求，扎实推进全镇畜禽养殖场，特别是沿河沿路养殖场整治工作。

两区同建稳步推进，新农村建设成效显著。2016年，先后在岌山花园社区、沭马社区、大哨社区和华桥社区开展两区同建工作，建成社区4个。涵盖16个自然村，辖区人口6431户、20901人。通过不断加大投入，社区配套设施和服务功能不断完善，社区已全部完成绿化、亮化、美化工作，水、电、燃气全面入户，全部配备污水管网、污水处理站，社区均配备高标准卫生室、幼儿园。岌山花园社区先后三期拆迁，腾空土地11.33公顷，建设居民楼14栋，老年公寓1栋，岌山文化广场1处，岌山商贸步行街1处，建成岌山农贸市场1处。沭马社区先后三期对旺南庄村实施整村搬迁，共腾空土地24.89公顷，建设居民楼15栋，小康楼30栋，老年房136户，新社区服务中心1处，共增加土地指标18.62公顷。大哨社区先后两期拆迁，腾空土地9.48公顷，建设居民楼6栋。华桥社区先后两期拆迁，腾空土地10.67公顷，建设居民楼12栋，小康楼12栋，老年房77户。

工商业　大力开展"三引一促"工作。先后引进欧硕实业、安信建材、振洲五金工具、温馨家园碳纤维等企业，增强镇域经济实力。在建项目3个。河北嘉禾碳纤维电热线项目，2016年进行厂房建设，预计2017年初建成投产。联诺机械制造有限公司年产200万件石工凿加工项目，厂房建设完成并购置安装机械设备。临沭县荣华工艺品有限公司投资2000万元新上电子商务平台项目，利用"柳编产品＋花卉"商业模式，采用线上线下相结合的经营模式，拓宽销售渠道，提高效益。

百企改造升级有序推进。全力推动金源管业、荣华工艺品、德坤建材等优势骨干企业提质增效，带动相关产业发展提升，延伸产业链条，逐步形成钢压延加工、建材和柳编三大产业链，有效带动全镇经济发展。2016年，全镇共有规模以上企业11家，实现工业总产值16.2亿元，实现利税4100万元。

岌山商业步行街加快装修进度，大部分商铺已投入使用。结合岌山花园社区建设和中心商贸区规划，对集贸市场、沿街商铺等进行规范管理，推动全镇商贸服务业蓬勃发展。

交通　围绕小城镇发展，加快推进基础设施建设。配合县委、县政府完成对沭郯路、大册路和黄岭路三条道路的硬化、绿化。投资1143万元对东王疃、西王疃、东萨庄、西郭疃、谭庄、解庄等14个村总计28.1公里村内道路进行硬化及沿路绿化。投资100万元实施1540户农村改厕工作，在12个村实施户户通硬化工作，硬化路面22万平方米。扎实开展连片整治和环卫一体化工作，道路两旁、社区绿化亮化美化工作取得新进展。

财 政 2016年，全镇固定资产投资由2012年的10.4亿元增长到19.73亿元，增幅189.7%；公共财政预算收入由2012年的1459万元增长到3103万元，增幅212.7%；农民人均纯收入由2012年的11511元增长到12987元，增加1476元。

教科文卫、社会生活 大力推进“全面改薄”工作，加快推进教育设施建设。新建中心小学教学楼、中心幼儿园幼教楼、中学餐厅楼、中学宿舍楼、旺南庄小学教学楼等，均已投入使用。朱村、大哨、华桥、山前、萨庄、河口、金沂蒙等7所幼儿园完成标准化建设。围绕医疗体制改革，推进卫生室明晰产权。整合优化镇卫生院就医环境，新建病房楼1栋，公共卫生服务区1处，停车场1处，对输液大厅扩建改造，全镇17个村级卫生室全部完成标准化建设。严格落实各项惠民措施，保障新农合政策和公共卫生服务政策良性运转。围绕为民服务提升，逐步完善社会保障体系。便民服务中心和计生服务中心和敬老院先后完成改造。结合新型养老体系，投资1100万元建设郭庄老年公寓1栋。围绕平安曹庄建设，逐步提高服务群众工作。高度重视和加强为民服务工作，完善镇村群众诉求接待和便民服务两个体系建设，及时解决群众各类诉求。健全“12345”市民服务热线督查落实反馈机制，提高群众诉求受理率、办结率。建立健全社会矛盾纠纷排查化解和风险评估机制，努力把事情解决在基层，矛盾化解在基层，化解在萌芽状态。加强基层派出所建设，强化站岗巡逻值班，预防和依法严厉打击各类违法犯罪活动，进一步提升群众安全感，确保社会和谐稳定。

特色产业选介 山东金源管业有限公司2007年在原临信合钢管厂基础上盘活兴建的大型钢材加工企业。占地420亩（28公顷），总产值过12亿元，税收过1000万元。

公司先后投资约4.2亿元，分三期进行建设。自西向东分别是投资1亿元，占地70亩（4.67公顷）的一期工程，共有4条生产线；投资1.2亿元，占地70亩（4.67公顷）的二期工程，共有4条生产线；投资1.5亿元，占地160亩（10.67公顷）的三期工程，共有8条自动化生产线。公司采取边建设、边生产的方式，建筑面积6万平米，共8个车间，每个车间引入一条自动生产线，该工程主要生产直径20～159毫米高、中、低压锅炉管、流体管和机械用无缝钢管，销售市场遍布全国，部分产品出口美国、韩国、欧洲等国外市场。2009年，三期工程全部建成，年生产能力达到40万吨，产值20亿元，实现利税4000万元，税收1500万元，增加就业岗位826个，实现镇域财力增强、公司得以增效、就业岗位增加的三赢局面。面对竞争日益激烈的市场，公司遵循产品生产标准化、企业管理人本化、企业经营规模化发展策略，构建以品牌理念、服务理念、创新理念为基础的企业文化核心价值体系，培育以顾客为关注焦点的质量意识、以环境为关注焦点的环境意识、以安全为关注焦点的职业健康安全意识。

2016年曹庄镇街各村（社区）基本情况表

表41

行政村名	书　记	主　任	距镇驻地距离（公里）	总人口（人）	耕地面积（公顷）	粮食总产（吨）	村集体总收入（万元）
岌山花园社区	上官修义	孙国平	镇驻地	8810	731	941	198.9
黄庄村	杨化龙	周成坤	北2千米	2610	250.53	614	55.9
朱　村	王济钦	王济钦	东南2.5千米	2710	141.53	264	335.3
后店子村	李明智	李学民	南3千米	1770	141.13	389	49.2
大哨社区	李　华	卢丙银	西4千米	4310	442.2	1169	60.8
四疃社区	李　超	李延忠	西南6千米	2616	568.1	922	19.3
华桥社区	张　伟	刘玉军	西南5.4千米	1892	431.73	634	44.9
山前村	曹守军	孙玉波	西南7.0千米	2467	323.33	868	27.3
常林村	刘汉廷	张云涵	西南9.8千米	3480	349.4	926	35.0
文家埠村	钟景哲	钟景哲	东南11.7千米	2242	150.47	384	19.6
沭马社区	丁建光	张孝忠	东南11.3千米	4542	521	824	328.3
河口村	赵　建	赵志生	东南10.2千米	3670	155.53	414	104.9
前店子村	韩明宽	韩明春	南9.1千米	1300	152.8	257	9.7

撰稿：王　振　审稿：杨　洋

青　云　镇

领导成员

书　记：张伟峰（12月离任）
　　　　陆永春（12月任职）
副书记：孟　芳（女，12月离任）
　　　　刘　扬（12月离任）
　　　　伏海东（挂职，3月离任）
　　　　袁　顼　李　玉
委　员：李国宝（12月离任）
　　　　李　玉（12月离任）
　　　　王　艳（女，12月离任）
　　　　张清东（12月离任）
　　　　于　洋（12月任职）
　　　　徐勤蕾　李晓林
　　　　冷夏梅（女，12月任职）
　　　　郝会会（女，12月任职）
　　　　李永贵
人大主席：袁　顼（12月离任）
　　　　张卫伟（12月任职）

人大副主席：冷夏梅（女，12月任职）
刘翠翠（女，12月任职）
镇　长：孟　芳（女，12月离任）
袁　顼（12月任职）
副镇长：李晓林　王　峥（12月离任）
高　辉（12月任职）
丁建光（12月任职）
邢雨亭（12月任职）
政协办主任：袁　顼（12月任职）
主任科员：李国宝（12月任职）

青云镇位于县域西北部，因境内青云山而得名，取其青云直上之意。西隔沭河与临沂经济开发区相望，北与莒南县板泉镇、相沟镇接壤。先后被确定为临沂市优先发展重点镇、山东省百镇建设示范行动示范镇、全国重点镇。

政区、人口　全镇辖36个行政村（82个自然村），总面积170平方公里，其中耕地面积12594公顷。人口近10万人，其中城镇常住人口31667人，人口出生率20.67‰，死亡率4.88‰，人口自然增长率15.79‰。

农业与新农村建设　2016年度，农林牧渔业总产值69401万元，粮食作物以小麦，玉米为主，粮食总产63380.25吨，其中小麦28541.45吨，玉米12267.6吨。主要经济作物花生，种植面积2386.33公顷，产量13055.6吨。肉类总产18010.8吨。畜牧业以猪、羊、家禽为主。2015年生猪饲养量26.27万头，年末存栏6.3万头，牛饲养量1.12万头，年末存栏3902头，羊饲养量2.55万只，年末存栏6680只，家禽年末存栏50.74万羽。农业产业结构调整加快，新增杞柳种植面积1533.33公顷。因地制宜，做大做强条柳编、畜牧养殖、林果生产三大支柱产业。

确定"一主一次两翼、八大农村社区"城镇规划格局。先后投资4800万元对坊口、卢官庄、柳庄等20个村居进行连片集中整治。投资6000万元对王场、后哨等33个村居进行"户户通"和改厕集中连片整治。投资180万元对前赵窝、坊口村等5座乡村汪塘进行整治提升。投资237万元进行环卫保洁，率先实现了城乡环卫保洁一体化全覆盖。成功创建省级生态镇街，共建成省级生态文明乡村17个、沂蒙美丽乡村7个。

工业　2016年，规模以上工业产值达到22.45亿元，同比增长10%，主要业务收入18.81亿元，同比增长15%，利税1.29亿元，同比增长33%。固定资产投资完成18.28亿元。共签约各类招商引资项目12个，合同金额26亿元。

金融　2016年，境内农村信用社存款余额13亿元，贷款余额2亿元。

交通、邮电　镇境内有长深高速，西距临沂机场40千米，225省道纵横南北，青柳路、青石路、朱韩路等便民路贯穿全境。长深高速公路连接线全长12公里，宽18米，途经7个村居、辐射周边几十个村庄，2016年，路基已整理完毕，腾马－东白旄段敷油已完成。

有邮政局3处，邮政业务量820万元，其中计费10万元，杂志累计期发8万余份。电信企业4家，服务网点179个，电话交换机总容量16万门，移动电话用户9.1万户，固定电话及互联网用户23826户，全年电信业务收入1885万元。

教科文卫　2016年，全镇共有中学2处，在校生1857人，教师223人；小学15处，在校生4752人，教师296人；幼儿园36所，在校生1732人，教师92人。全镇农村文化大院52处，农家书屋31处，广播电视人口覆盖83%。卫生院开放床位95张，下设村级卫生室41处，在职职工100人，其中执业（助理）医师40人，注册护士26人，乡村医生124人，新农合参合率达100%。

社会生活　2016年，农民人均收入18466.78

元。参加新型农村养老保险 52461 人，参保率 %。城镇最低生活保障人数 4214 人，比上年增长 15.2%，月人均 166 元，比上年增长 10.67%. 医疗救助 218 人次，支出 55.94 万元。民政部门减免合作医疗 3967 人次，共支出 49.99 万余元。国家抚恤补助各项优抚对象 361 人，抚恤事业费支出 58.3 万元，比上年增长 17%。共有敬老院 2 处，床位 70 张，收养农村五保人员 41 人。

成功打造“沂蒙淘宝第一镇” 青云镇大力发展电子商务，借助青云“杞柳之乡”资源优势，将传统杞柳产业对接互联网市场，激发出新的活力。继 2015 年白旄西居成功创建“中国淘宝村”之后，投资建成柳编小镇电子商务孵化中心和华山社区电商发展服务中心，举办 19 期电子商务培训班，培训学员 6500 人次。2016 年 10 月，在第四届中国淘宝村高峰论坛会议上，金柳村、东朱崔村入选“中国淘宝村”，青云镇获评“中国淘宝镇”，在会议上，青云镇作为 135 个淘宝镇的代表上台领奖。青云镇是山东省第 7 个成为淘宝镇的乡镇，成为“沂蒙淘宝第一镇”，也是目前全市唯一获评此称号的乡镇。至 2016 年年底，青云镇电商已发展到 800 余家，实现线上交易额近 2 亿元。

2016 年青云镇各村（居、社区）基本情况表

表 42

行政村名	书　记	主　任	距镇驻地距离（公里）	总人口（人）	耕地面积（公顷）	粮食总产（吨）	村集体总收入（万元）
青云居	孙士强	—	镇驻地	1747	83	559	7.84
朝阳社区	孙士强	李守亮	镇驻地	4539	316	2014	147.41
于家山村	于恒江	于恒江	东北 3 公里	1231	81	528	29.67
贾山村	季相峰	季相峰	东南 3 公里	1830	131	913	89.99
郭家山村	吴佚绍	吴佚绍	东北 3 公里	1421	85	508	32.52
莲花社区	张　伟	王士来	镇驻地	6190	344	2292	154.54
黄河村	杨作同	黄福龙	西南 3 公里	2887	173	1169	38.89
刘疃村	顾邦信	孙永飞	南 7 公里	3059	220	1482	58.63
庙　庄	张宗欣	赵广华	南 3 公里	2932	211	1538	60.31
界前社区	张宗欣	王德龙	东南 6 公里	3643	234	1459	252.01
官庄社区	王济强	李富全	西北 5 公里	3552	182	1095	52.57
凤凰岭村	董书厚	董书厚	西 1.5 公里	2163	103	655	6.51
双岭村	季文彬	季文彬	西 5 公里	3182	171	1921	40.96
赵窝村	王泽峰	张文法	西北 4 公里	1749	108	728	19.41
史岭村	史沛轩	史沛轩	西北 5 公里	1590	78	519	2.59
前齐庄	朱崇新	朱孟阶	西 8 公里	2273	47	355	29.87
后齐庄	朱崇韶	周云龙	西北 7 公里	1061	17	134	1.57
云白常	李开龙	朱崇巨	西北 10 公里	1163	30	224	5.51

续表 42

行政村名	书　记	主　任	距镇驻地距离（公里）	总人口（人）	耕地面积（公顷）	粮食总产（吨）	村集体总收入（万元）
柳园村	闫林宝	车喜远	西北 8 公里	2102	39	289	43.75
兴柳村	张立奎	闫凡喜	西北 8 公里	1458	41	235	4.17
白旄西居	刘居文	刘志成	西南 7 公里	3016	160	1481	33.53
白旄东街	刘乃江	房永乐	西南 6 公里	4175	340	2178	46.01
河北新村	朱崇侠	刘兆会	西南 6 公里	2931	180	1853	3.47
刘　屯	刘宝忠	刘贵根	西南 8 公里	1598	152	879	2.4
柳河社区	陈维利	陈维利	西 6 公里	3612	281	2052	141.24
华山社区	周志爱	周德全	西南 11 公里	3325	232	1417	199.27
石埠子	姚立春	姚兴强	西南 10 公里	1904	186	1322	89.25
金彭村	彭德洪	—	西南 10 公里	998	70	577	53.76
腾飞村	李宝堂	李宝堂	西南 9 公里	1368	77	718	75.81
埠东村	曹广文	—	西南 9 公里	1816	151	1068	3.0
腾马村	庞习昌	庞运计	西南 9 公里	2772	120	1303	8.06
东朱崔	解贞亮	解清学	西南 9 公里	1484	92	592	12.07
朱崔社区	吴清斌	解志生	西 10 公里	4403	155	1703	56.44
沙　窝	—	孙成立	西南 11 公里	2396	101	619	2.28
银马庄	李守忠	李善俊	西南 11 公里	1320	64	615	2.74
柳　庄	马玉林	靖美军	西北 7 公里	5620	378	1791	23.8

撰稿：孙　丽　审稿：冷夏梅

大兴镇

领导成员

党委书记：吴清军（12月离任）

　　　　　刘国栋（12月任职）

党委副书记：尹昌明　王官帅（12月离任）

　　　　　　吴　勇（3月挂职）

　　　　　　车树山（12月任职）

党委委员：车树山（12月离任）

　　　　　张　波（12月离任）

　　　　　周振东（12月离任）

　　　　　石敬玲（女）

　　　　　崔兆霞（女，12月离任）

　　　　　赵公明　吴清涛（12月任职）

张　奔（12月任职）
付　国（12月任职）
陈久斌（12月任职）
人大主席：郇昌华（12月离任）
唐　克（12月任职）
人大副主席：毛广霞（女，12月任职）
禚宝宏（女，12月任职）
镇　长：尹昌明
副镇长：周振东（12月离任）
付　国（12月离任）
谢国华（挂职，3月离任）
陈久斌（12月任职）
焦　蕾（女，12月任职）
王须启（12月任职）
张　奎（12月任职）
政协办主任：王官帅（12月离任）
尹昌明（12月任职）
主任科员：王绪军（12月任职）

大兴镇因“兴武安邦镇守”之意而得名。2016年，大兴镇获全省安全生产先进乡镇，全县生态文明乡村建设暨城乡环境综合整治工作先进镇街，全县脱贫攻坚先进镇街，全县环境保护工作先进镇街，全县信访工作先进集体等荣誉称号。

政区、人口　大兴镇位于临沭县东南部鲁苏交界处，面积114平方公里，耕地面积8142.6公顷。辖30个行政村，65个自然村。2016年末，全镇总人口67858人，其中城镇人口24200人，人口出生率17.28‰，死亡率5.46‰，人口自然增长率11.82‰。镇内人口以汉族为主，少数民族为黎族、苗族、布依族等，共155人，占总人口的0.23‰。

农业和新农村建设　大兴镇是临沭县农业强镇。2016年，农业总产值3.97亿元。粮食作物以小麦、玉米为主。是年，生产粮食42750吨，其中，小麦36846吨，玉米3281吨。畜牧业以猪、羊、家禽为主。是年，生猪饲养量60870头，年末存栏36986头，羊饲养量9000只，年末存栏6545只，家禽年饲养量629275只。农业结构调整初见成效，全镇初步形成“北部瓜菜、中部苗木蓝莓、南部茶叶”的特色农业种植格局。专业合作经济得到长足发展，发展种养加农民专业合作社累计896家，其中，2016年新发展家庭农场5家，其他专业种植及养殖合作社100家，带动6500余户农民实现增收。新农村建设以宜居为核心稳步推进，新社区建设进一步加快。共改造危房46户，驻地万人大社区建设已经初具规模，东部分金花与西部分芦格庄遥相呼应。城镇化建设项目顺利推进，高埠社区占地8公顷，建设多层楼8栋、老年房6栋，幼儿园1所，社区服务中心1栋，安装光伏发电。农村环境居住条件显著改善，绿化覆盖率达31%。

工商业　2016年，有工业企业45家，工业生产总值达7.1亿元。有商业网点30家，城乡集贸市场11个，个体工商户1175家，社会商品零售总额达4.22亿元。

交通、邮电、财政、金融　2016年，财政总收入5615万元，其中，地方财政收入3026万元，居民人均现金可支配收入11558.06元，人均生活消费支出1785.28元。各项事业稳步健康发展。共有中国邮政储蓄银行、农村信用合作社2家银行和金融机构开设分行或设立办事处，各类存款余额8.8亿元，各项贷款余额1.65亿元，储蓄存款余额9.23亿元。邮电业规模扩大的同时，服务水平显著提高，满足老百姓多样化需求。有邮政局2处，代办所65处，邮政业务总量240万元。报纸、杂志累计期发2700份。电信企业3家，服务网点125个，电话交换机总容量1.78万门，固定电话用户5862户，移动电话用户2.3万户，互联网用户1.2万户，全年电信业务收入563万元。全镇县乡公路里程110公里，村级道路硬化面积40万平方米。

教科文卫、社会生活 2016年末，有幼儿园15所，在园幼儿2209人，专任教师48人；小学13所，教学点5处，在校学生3260人，专任教师220人，小学适龄儿童入学率100%；初中2所，初中在校学生1463人，专任教师164人，适龄人口入学率、小升初升学率、九年义务教育覆盖率均达100%。

有各级医疗卫生机构37个，门诊部（所）5个，校园医务室2所，床位80张，每万人拥有病床11.9张，固定资产总值724.43万元。专业卫生人员73名，其中，执业医师25人，执业助理医师6人，注册护士23人，其他19人。全年医疗机构（门诊部以上）完成诊疗79830人次，住院1930人次。

有镇文化站、体育站、广播站各1处，有村级文化活动中心26处，6个庄户剧团，55支广场舞代表队，各类图书室30个，村级新建图书室16个，藏书5.86余万册，实现村级全覆盖，新建乡村大舞台、文体小广场18处，音乐、美术、书法、摄影及文学业余创作队伍达368人，镇级综合文化站有文化广场2处。

农村最低生活保障户数2502户，人数2526，人，支出388.8万元，月人均166元。国家抚恤、补助各类优抚对象631人，抚恤事业费支出319.91万元。敬老院床位46张，收养农村五保人员21人。新型农村合作医疗参合人数5.73万人，新型农村社会养老保险参保人数2.41万人，领取人员1.2万人。

特色产业选介 *沿沭河万亩绿色现代农业长廊* 长廊规划东至大兴一村，西到西日晒，南到新沭河，北到政府驻地南，占地666.67公顷（1万亩）。已栽植花卉苗木80公顷，蓝莓533.33公顷，大棚葡萄21.33公顷。涌现出高埠瓜菜、大兴蓝莓2大特色农产品基地。

高埠瓜菜基于2007年开始发展，以英高埠为中心，辐射带动周边王高埠等5个村共同发展，注册“兴英”“蓝美人”“金立鹏”“康冠”等商标，完成“绿色产品”认证。园区依托专业合作社统一流转土地，用以发展大棚西瓜及蔬菜种植，已建成200公顷，年实现亩产值1.4万元～2.2万元，利润0.8万元～1.4万元，是传统种植业的3倍～6倍。年内完成投资900万元，建电灌站3座，铺设输水管道26千米，明渠3.6千米，架设“一纵九横”电路8千米，硬化道路4.5千米，种植绿化树8000棵，基地年实现产值8000万元，人均收入过万元。

大兴蓝莓基地是大兴镇沿沭河万亩绿色现代农业长廊的重要组成部分，蓝莓发展面积533.33公顷，占全县面积的80%。大兴蓝莓于2007年由大兴三村李新文、李华刚等人引进。2012年以来，蓝莓始终保持高价位，调动了农民发展蓝莓的积极性，特别是近年来，大棚蓝莓价格平均保持在每斤20元～40元，大棚刚上市市场价可达60余元，尾果价格在10元以上。一亩蓝莓大约产蓝莓600公斤左右，大棚蓝莓亩产值在3万元～4万元，每年出果从5月中旬至7月中旬。万亩蓝莓产业园集生态观光园、高效示范园、旅游采摘园于一体，已初具规模。成立多个蓝莓种植合作社，其中临沭县花满田种植合作社、山东卡卡种植合作社被评为省级示范合作社。

兴盛手机配件商城 位于大兴镇政府东侧、西林路西侧，占地0.73公顷，于2010年建成投入使用，共建设标准化商铺216间，总建筑面积4000平方米，投资600余万元。以临沂西郊批发城模式为参照，主要吸纳全国各地从事手机配件批发业务的经营商家，致力于打造高规格手机配件批发商场。商城有商户28家，主要从事手机配件、手机挂件、音响、手机内存卡等通讯电

子产品的批发零售，通过全镇8000余辆货运车销往全国各地，辐射带动周边从事手机配件的销售的人员达6000余人，2016年交易额达4.5亿元。

2016年大兴镇街各村（社区）基本情况表

表43

行政村名	书　记	主　任	距镇驻地距离（公里）	总人口（人）	耕地面积（公顷）	粮食总产（吨）	村集体总收入（万元）
大兴社区	赵志坤	刘立强	驻地	10187	1144.16	5683	146.16
盐店官庄	孟庆波	—	东5公里	4019	458.47	3350	14.28
李格庄	李成清	李宝国	东3公里	1918	227.7	1179	38.3
时宫新村	李军浩	—	东北3.5公里	1840	249.34	1942	10.82
王宅子	王通爱	—	东北7公里	1275	158.17	773	4.53
大兴村	安伯磊	—	南2.5公里	4451	437.54	2114	18.06
日晒社区	刘年伟	王建亮	南2公里	2888	228.38	1618	41.53
育新村	许洪玉	王庆达	西南5公里	2004	169.63	939	43.96
永康村	郇恒玉	—	西南3.5公里	2970	268.4	1278	27.92
大高埠	伏庆官	伏庆官	西北5公里	4546	507.96	2604	73.69
高埠新村	英荣江	英昌文	西北4.5公里	1883	184.03	869	47.41
西林村	尹克彦	陈　强	西5.5公里	3065	339.41	1445	17.25
陈　宅	王通德	曹玉华	西5公里	1670	175.1	898	14.33
嘉禾村	杨　伟	范太辉	西5公里	2066	248.91	1058	30.48
古龙岗村	谢春鹤	谢春鹤	南7公里	2486	294.65	1738	14.48
双槐树	左夫启	谢士涛	南6公里	950	131.62	620	12.33
新尧村	王广雷	王开峰	南5公里	1510	156.18	927	0.66
日晒新村	谢　琳	—	西南5.5公里	1121	223.37	744	2.54
港头社区	李　豹	王玉祥	东南7公里	4802	778.21	3823	82.59
清泉村	王成连	谢冰华	南8公里	1310	286.76	1119	18.30
涝枝街村	谢　强	英荣强	南11公里	1644	270.35	1230	0.63
宋涝枝	陈福武	宋开京	南11公里	1607	210.23	1123	0.62
涝枝新村	张计强	张计强	南9公里	2516	310.78	2165	0.63
沈埠村	杜玉峰	苏保来	西南10公里	1517	233.68	1001	2.78
观堂前村	王　磊	宋家军	东南10公里	1501	180.05	968	0.1
观堂新村	臧甲满	荣广兴	南8公里	2112	253.28	1542	12.66

撰稿：时博茂　任玉晓　审稿：刘国栋

玉 山 镇

领导成员

党委书记：李　伟
党委副书记：刘国栋（12月离任）
李　真（女，12月任职）
张卫伟（12月离任）
高　峰（12月任职）
党委委员：陈友华（12月离任）
王　娜（女，12月离任）
高　峰（12月离任）
高树洪（12月离任）
顾士亮（12月离任）
张　奔（12月离任）
伏祥文（挂职，3月离任）
张永现（12月任职）
武宜霞（女，12月任职）
赵志强（12月任职）
张　萍（女，12月任职）
宋瑞利（12月任职）
英成涛（12月任职）
人大主席：徐勤生（12月离任）
陈香波（12月任职）
人大副主席：解志荣（12月任职）
沈艳绪（女，12月任职）
镇　　长：刘国栋（12月离任）
李　真（女，12月任职）
副 镇 长：高树洪（12月离任）
张　萍（女）
尹久龙（12月离任）
英成涛（12月离任）
吴广东（12月离任）
崇　文（12月任职）
张彦芳（女，12月任职）
政协办主任：张卫伟（12月离任）
李　真（女，12月任职）
主任科员：陈友华（12月任职）

玉山镇因境内玉山而得名。

政区、人口　全镇总面积160平方公里，耕地面积6800公顷，辖36个行政村，71个自然村。2016年末总人口7.6万人，其中城镇人口1.8万人，人口出生率9.2‰，死亡率5.1‰，自然增长率4.1‰。少数民族16个，42人。

农业和新农村建设　2016年，农林牧渔总产值3亿元，粮食总产3682万吨，肉类总产14.2万吨，造林面积5.8平方公里。农机总动力4.8万千瓦。新发展优质葡萄150公顷，烤烟146.66公顷，林木320公顷，标准化养殖场14家。申请绿色认证2个。结合“两区同建”工作，积极发展大棚蔬菜基地，在崔薛、金顶村发展大棚蔬菜6.67公顷。自来水供水能力达到5.9万吨/日。新建、扩建道路面积13.8万平方米，公交营运车辆达到120标台，园林绿地16公顷，建成区绿化覆盖率达到28%。新型农村社区建设取得新进展。

工商业　年内共洽谈项目6个，新建项目3个，在谈项目4个，招商引资认定2.2亿元，顺利完成全年任务。夹谷山影视基地、东隆家纺三期等一批好项目大项目不断发展壮大。企业总产值14.2亿元，实现社会消费品零售额3.3亿元，利用外资1.9亿元等。“三引一促”工作位居全县镇街第4名，较好完成上级分配的任务目标。推动企业扩能增容，转型升级，全镇22家规模以上企业均实施技改，完成投资3.2亿元，圆满完成全年任务目标。不断完善工业集中发展区，进一步盘活土地、厂房等闲置资源，筑巢引凤，全力打造招商引资洼地。同时，积极谋划石材产业发展区，完善水、电、路等基础设施，打造工业发展新载体。

交通、邮电、财政 2016年，公里通车里程300公里，邮政业务量完成190万元，电信业务量230万元，年末固定电话数0.7万户，移动电话数量6.9万个，电话普及率100%，互联网用户3.8万户。地方财政收入2580万元。

教科文卫、社会生活 2016年末，有学校29处，在校生4969人，教师359人。教师队伍82%以上为本科学历。利用资金1250余万元规划建设中心中学、唐岭小学等6所中、小学校教学楼、食堂；投资20万为石河完小幼儿园等3所村级幼儿园配备幼儿玩具及保教设备；争取市级专项资金10万元，初步建成唐岭小学乡村少年宫。加大投入，改善看病就医环境。卫生机构共有床位400个，卫生技术人员有240多人。扩大农民养老、医保覆盖面，保证新农合、新农保参合率和参保率达95%以上，完成乡医认定工作，进一步做好低保工作。每个村建有至少1处文化大院、1处图书室，广播电视人口覆盖率99%。

2016年玉山镇街各村（居、社区）基本情况表

表44

行政村名	书　记	主　任	距镇驻地距离（公里）	总人口（人）	耕地面积（公顷）	粮食总产（吨）	村集体总收入（万元）
唐岭村	唐　峰	唐仪灼	东5公里	2387	277.6	169.72	18.36
尹岭村	尹士信	尹士信	东7公里	1380	160.8	61.25	0.9
隋沟村	冯绪方	隋同龙	东南9公里	1705	208.53	74.53	5.75
朱黄峪	朱孟实	朱孟实	东南8公里	779	67.73	74.81	7.35
李庄村	李春庄	袁翠荣	东南8公里	1826	189.67	253.25	29.35
郑黄峪村	郑佳华	郑佳华	东南8.5公里	1068	170.67	99.93	17.25
袁黄峪居	袁春同	袁春同	东南8公里	1476	171.27	129.88	64.25
营子村	张　超	张　庭	东南7.5公里	1134	93.87	181.23	160.85
黄峪村	李春庆	李春庆	东南7公里	2449	438.93	203.28	19.98
金顶村	时步平	时步平	东南7公里	1367	131.2	61.25	5.35
坊联村	袁春强	丁元桥	东北11公里	2511	298.53	181.39	22.32
百久村	袁照自	李秀军	东北9公里	1070	83.07	94.28	20.23
镇武村	张秀邦	张秀邦	东北8.5公里	1811	141.33	83.56	10.9
金鸡墩村	孙运涛	孙　杰	东北9公里	904	80	64.44	3.89

续表 44

行政村名	书　记	主　任	距镇驻地距离（公里）	总人口（人）	耕地面积（公顷）	粮食总产（吨）	村集体总收入（万元）
陈林村	刘善运	汪贵峰	东北 8 公里	1817	169.93	108.28	16.2
玉山村	景作法	石海霞	东北 8 公里	2727	320	113.89	22.95
前石鼓岭村	刘高常	刘乃伟	东北 8.5 公里	1499	208.67	141.23	35.63
后石鼓岭村	石　伟	张孝华	东北 9.5 公里	680	86.27	241.18	27.56
河湾村	李大省	李大前	东北 7 公里	2416	189.47	65.87	0.93
早科村	李圣堂	李学璋	东北 9 公里	2548	173.87	129.91	19.21
苍盛社区	王　浩	刁玉军	西 0.5 公里	2548	269.27	133.51	31.23
西朱仓东村	杨圣玖	刁玉军	西 2 公里	4467	220.13	74.91	47.6
关河村	李锦兵	李培宽	南 6.8 公里	1882	179.6	59.99	0.89
水官新村	张　华	马继刚	东南 3.5 公里	3154	328.8	190.28	5.87
凤阳村	李兰永	朱孔水	东南 6 公里	2393	213.27	182.93	15.99
姚官庄	姚广田	姚广田	南 5 公里	1226	112	205.39	2.26
前穆疃	伏开文	伏开冲	南 4.5 公里	1805	150	160.45	4.57
后穆疃	袁守堂	袁清春	南 4 公里	1868	196.67	52.29	1.06
刘　庄	王从波	王从波	南 3 公里	1125	104.87	94.18	9.97
岔河村	李方晓	袁春贵	南 4 公里	2512	222.4	83.26	16.81
东朱仓村	王须申	王须申	东 4 公里	1599	154.73	45.94	2.75
东埠村	刘长今	李顺现	东 2 公里	1128	111.8	68.88	0.95
湖子前村	李世华	李方帅	东 2 公里	1475	119.4	114.69	59.57
湖子后村	徐进友	李宏娟	东北 1.5 公里	2484	248.13	140.13	16.25
东石河村	姜启珏	姜启珏	北 4.5 公里	2437	237.2	182.19	23.78
上石河	张　斌	胡顺涛	北 4.5 公里	1346	97.33	194.28	25.17
圆岭洞	刘文明	王兴福	西北 8 公里	1944	170.67	183.26	22.37
英里村	吴沛瑞	吴沛明	西北 4 公里	1472	145.2	74.51	5.91
东　盘	李书强	王修申	西南 5.6 公里	4704	563.4	255.63	163.24
丁　庄	丁利聪	丁利法	西南 4.9 公里	1695	216.07	177.88	4.69

撰稿：李国栋　审稿：李　伟

店 头 镇

领导成员

党委书记：李光宇

党委副书记：杨　洋（12月离任）
吴继成（12月任职
陈香波（12月离任）
谢　彬（挂职，3月任职）
李晓勇（12月任职）

党委委员：朱琳清（女，12月离任）
吴爱民（12月离任）
王兴壮（12月离任）
武宜霞（女，12月离任）
胡尊尚　高　祥
陈学方（挂职，3月离任）
高树洪（12月任职）
王　艳（女，12月任职）
吴永红（女，12月任职）
朱孔铭（12月任职）

人大主席：袁　军

人大副主席：李晓双（女，12月任职）
彭淑敏（女，12月任职）

镇　长：杨　洋（12月离任）
吴继成（12月任职）

副镇长：武宜霞（女，12月离任）
王路荣（女，12月离任）
高树洪（12月任职）
王光娟（女，12月任职）
胡　波（12月任职）
卢朋朋（12月任职）
许林果（回）

政协办主任：陈香波（12月离任）
李晓勇（12月任职）

主任科员：朱琳清（女，12月任职）
吴爱民（12月任职）

政区、人口　店头镇位于临沭县城南部，新G327国道和S225省道纵横交叉穿过境内，距县城10公里，面积85平方公里，耕地面积5600公顷，共有27个行政村（45个自然村），共1.5万户，5.2万人，其中镇驻地有回族居民2000余人。

农业和新农村建设　全镇小麦种植面积3866.67公顷，玉米种植面积1200公顷，花生种植面积2466.67公顷。新发展优质土豆生产基地666.67公顷，优质黄金桃生产基地333.33公顷，蔬菜生产基地333.33公顷，鲜切花生产基地333.33公顷，花卉苗木生产666.67公顷。投资500万元发展高标准农田建设项目，新硬化道路17千米，垒砌大口井9眼，新建桥涵220座。临沂农泰农业科技示范园、临沭民生瓜菜种植示范基地、迦南农场、地添力农场等特色园区发展势头较好，以点带面带动周边农户致富。注重发挥传统养殖优势，突出畜牧养殖规模化、标准化和生态化，兴建店头养殖小区、圣德养殖场，实现畜牧业产业化发展。利用远程教育、农家书屋等平台，对养殖企业进行技术指导和培训。充分利用镇工业集中区内饲料加工企业，为群众提供质优价廉的饲料供应，形成“企业＋养殖基地＋农户”的产业链条。2016年，全镇牲畜禽年存栏量达3万头（只），出栏量达16万头（只），畜牧业产值达2000万元。全镇村村实现五通（通水泥路、通电话、通有线电视、通自来水、通公交客车）。交通、通讯、电力等基础设施完善。

工业 全镇有个体私营企业72家，规模以上企业27家。以总投资5000万元、占地200公顷的镇工业集中区为依托，全镇形成机械铸造精加工、皮革、纺织、肥料、木业等为主导的产业集群，涌现出兴华机械、育峰肥业、中天肥业、速程工贸、木震东方等一批市、县级重点企业，培育出各类电机、机床、五金工具、肥料、高档皮革材料、纺织品等具有较强市场竞争力的主导产品，铸造产业2016年度实现铸件产量38万吨，产值20亿元，成为电机壳、电机端盖、机床床身和液压件的全国生产基地，被称为“鲁南铸造第一镇”。

交通、邮电、财政、金融 2016年末，公路通车里程350公里，邮政业务量265万元，固定电话1600部，平均百户15部，移动电话44300部，平均百人83部，互联网用户8000户。金融机构人民币各项存款余额增至37698.51万元，其中，居民储蓄存款余额35569万元。实现财政总收入2208万元。

商贸、旅游 全镇商贸物流业发展迅速，新发展淘宝商店、微商30余家。充分挖掘旅游资源。着力打造滨南红色文化纪念园，培育新型特色旅游点。依托东西八里、吴家月庄万亩桑园，建设蚕馆，打造桑葚采摘产业。借助沭河滨河大道建设机遇，发展沿线水域观光旅游项目。挖掘白涛井文化、吴家月庄祠堂，打造文化旅游新亮点。

教科文卫、社会生活 2016年，有中学1处，在校学生859人，教师105人；完全小学及教学点8处，学生2430人，小学教师180人；成教中心1处，幼儿园5处。全镇教职工总数310人。适龄儿童入学率、初中入学率、在校生巩固率、教职工学历达标率均为100%。有农村文化大院40处、农家书屋26个，广播电视人口覆盖率100%。全镇共有卫生院1处，职工74人，其中，医务人员70名；设25个科室，有病床60张。村级医室27处，乡村医生70名。年门诊量80567人次，营业额640万元。新农合参保率达98%，共报销医药费365万元。农民人均可支配收入10352.36元，人均生活消费支出5664.57元，其中，食品消费支出1558.11元，衣着消费支出676.91元，居住消费支出209.92元，家庭设备消费支出285.36元，交通通讯消费支出2038.66元，文化娱乐消费支出487.06元，医疗保健消费支出355.46元，其他消费支出53.09元。

2016年店头镇各村（居、社区）基本情况表

表45

行政村名	书 记	主 任	距镇驻地距离（公里）	总人口（人）	耕地面积（公顷）	粮食总产（吨）	村集体总收入（万元）
店头南回族居	仲崇云	高敬卫	驻地	980	103.8	670.34	3.1
店头西居	凌佩成	凌佩成	驻地	760	107.87	657.71	18.47
店头北居	张教德	张树松	驻地	73	88.87	566.88	4.5
店头东回族居	马荣光	李 康	驻地	1049	62.8	522.15	18.66
措庄社区	班夫华	班 超	东南3.5公里	3653	457.4	1920.06	46.52

续表 45

行政村名	书　记	主　任	距镇驻地距离（公里）	总人口（人）	耕地面积（公顷）	粮食总产（吨）	村集体总收入（万元）
东八里巷村	刘恩志	张明华	北 3 公里	2195	333.53	2732.75	13.85
西八里巷村	刘　欣	崔社财	西北 4 公里	1720	192.6	1361.85	13.19
吴家月庄村	吴兴灯	吴清树	西 3.5 公里	2538	218.27	2688.45	18.45
沭东村	赵青龙	—	西 3.5 公里	748	67.73	520.45	5.1
于庄子村	马善春	马计玺	西 4 公里	1204	158.47	969.1	2.9
顶子村	王柱昌	王仁昌	西 4 公里	865	27.2	769.35	25.29
西沈马村	王仕党	王优生	西 4 公里	1739	110	1165.6	9.15
大垛庄村	吴建强	刘洪华	西南 4 公里	1391	141.13	949.6	5.6
小垛庄村	张少民	王　彪	西南 2.5 公里	1367	187.47	848.53	17.29
东沈马村	刘学庆	张平东	西南 4 公里	920	82.67	876.91	2.56
仓巡会村	仓世峰	仓世峰	东南 6 公里	1237	144.2	687.75	19.31
东大于科村	王广选	王广友	东南 12 公里	2080	185.8	1154.18	17.6
西大于科村	赵增寿	赵增寿	东南 10 公里	767	126.53	491.8	2.86
张楮林村	张宝华	王景立	东南 5 公里	1310	187.6	1095.54	8.69
郇楮林村	郇庆如	郇昌法	东 4 公里	1299	168.6	1126.7	8.36
袁闵庄村	李洪奎	—	北 3 公里	1431	184.47	798.66	1.43
新张庄村	张俊庆	张　林	北 3.5 公里	1559	181.93	1344.35	8.36
龙兴汪村	王贵昌	吴　超	东 1.2 公里	1936	324.93	1448.82	8.36
永安社区	王庆贺	高　博	东北 2.5 公里	5971	701.6	2565.35	32.84
丁楮林村	郇庆行	郇恒国	东南 5.5 公里	2441	387.13	2559.8	23.1
官庄村	樊纪民	李维强	东南 6.5 公里	2543	276.2	1576.6	13.09
陈巡会村	李相美	陈　勇	东南 5 公里	2036	268.8	1630.93	7.26

撰稿：周瑞星　审稿：谢　彬

人　物

RENWU

县级领导

（按姓名笔划为序）

于丽华　女，1973年6月生，蛟龙镇井店居人。1993年7月参加工作，省委党校研究生学历。

1990年7月，在郯城师范学习；1993年7月，任县建委城建科、办公室科员（其间：1994年12月至1998年6月，在山东师范大学汉语言文学专业专科班学习）；1998年12月，任周庄乡政府副乡长（其间：1999年9月至2001年12月，在山东省委党校经济管理专业本科班学习）；2001年1月，任临沭镇政府副镇长；2007年12月，任县政协副主席、临沭镇政府副镇长；2010年11月，任县政协副主席、临沭街道办事处副主任；2011年2月，任县政府副县长、临沭街道办事处副主任；2011年7月，任县政府副县长（其间，2011年9月至2014年6月，在山东省委党校在职干部研究生班学习）。

王丙华　1959年7月生，江苏省东海县人。1977年10月参加工作，1982年12月加入中国共产党，省委党校大学学历。

1977年10月，任江苏省东海县南辰中学教师；1980年10月，任临沭县南古镇供销社办事员；1980年12月，任县土产公司文书；1981年4月，任县供销联社收发员；1988年9月，任县委组织员办公室办事员；1990年6月，任县委组织员办公室组织员；1993年6月，任县党员电化教育中心（副科级事业单位）主任；1994年8月，任县党员电化教育中心（正科级事业单位）副主任；1998年4月，任店头镇党委副书记、镇长；2003年3月，任店头镇党委书记、人大主席；2004年11月，任县国土资源局党组书记、局长；2009年10月，任市国土资源局副调研员，县国土资源局党组书记、局长；2010年12月，任市国土资源局副调研员，县国土资源局党组书记、局长，县测绘与地理信息局局长；2012年8月，任县人大常委会党组成员。

王京凯　1970年8月生，山东省沂源县人。1997年6月参加工作，2000年12月加入中国共产党，文学硕士。

1989年9月，在临沂师范专科学校中文系汉语言文学专业学习；1991年9月，在曲阜师范大学中文系汉语言文学专业学习；1993年9月，在山东师范大学中文系中国现当代文学专业学习；1996年7月，毕业待安置；1997年6月，任临沂市委宣传部科员；2002年

4月，任市委宣传部副主任科员；2004年11月，任市委宣传部主任科员；2005年12月，任市文明办综合科科长；2007年3月，任市委宣传部理论科长；2008年8月，任市委宣传部理论科科长、市委《当代沂蒙》杂志社主编；2009年10月，任市委宣传部理论科科长；2011年4月，任市委宣传部副调研员；2013年8月，任市外宣办主任；2014年1月，任临沭县委常委、组织部部长、县“两新”组织党工委书记；2015年8月，任县委常委、组织部部长、县“两新”组织党工委书记、县委统战部部长；2016年12月，任县委常委、组织部部长、县“两新”组织党工委书记。

王建平 1974年6月生，临沂市兰山区人。1998年5月加入中国共产党，1998年8月参加工作，山东省委党校研究生学历。

1994年9月，在临沂师范专科学校历史教育专业学习；1996年9月，在曲阜师范大学历史教育专业学习；1998年8月，任罗庄区盛庄镇镇长助理；2000年10月，任罗庄区双月湖办事处副主任（挂职）；2000年11月，任罗庄区审计局党组成员、副局长；2002年1月，任罗庄区劳动和社会保障局党组成员、副局长；2003年7月，任罗庄区罗庄街道党工委副书记；2006年11月，任罗庄区汤庄街道人大工作联络办公室主任；2008年1月，任罗庄区汤庄街道党工委副书记、办事处主任；2010年3月，任沂堂镇党委副书记、提名政府镇长人选；2010年9月，任罗庄区沂堂镇党委副书记、政府镇长（其间，2011年9月至2014年6月，在山东省委党校在职干部研究生班法学理论专业学习）；2014年1月，任罗庄区沂堂镇党委书记、人大主席；2015年11月，任罗庄区罗庄街道党工委书记；2016年12月，任临沭县委常委、统战部部长。

王建华 1962年11月生，大兴镇人。1978年10月参加工作，1987年9月加入中国共产党，省委党校研究生学历。

1981年9月，在临沂师专学习；1984年7月，任临沭一中教师；1988年10月，任临沭一中团委书记；1990年12月，任共青团临沭县委副书记；1993年12月，任前庄乡党委副书记、乡长；1997年4月，任醋庄乡党委副书记、乡长；1998年4月，任醋庄乡党委书记；2001年4月，任县招商局局长；2002年6月，任县委宣传部常务副部长；2005年3月，任县供销联社理事会主任、党委副书记；2006年3月，任县供销联社党委书记、理事会主任；2012年2月，任县人大常委会副主任、党组成员；2016年2月，任县人大常委会副主任、党组成员，县总工会主席。

王峰立 1966年2月生，白旄镇人。1988年7月参加工作，1988年7月加入中国共产党，山东省委党校研究生学历。

1986年9月，在临沂师专历史系学习；1988年7月，任临沭一中教师；1993年7月，任郑山乡党委组织干事；1995年5月，任醋庄乡党委组织委员；1998年12月，任临沭镇党委副书记；2003年3月，任临沭镇党委副书记、镇长；2006年3月，任石门镇党委书记、人大主席；2006年11月，任石门镇党委书记；2007年3月，任石门镇党委书记、沭河古道景区管理处主任；2009年3月，任县财政局党组副书记、局长；2010年5月，任县财政局党组书记、局长；2011年12月，任临沭县政府党组成员；2012年2月，任县政府副县长。

王振启 1962年9月生，江苏省徐州市人。1981年7月参加工作，1985年5月加入中国共产党，省委党校大学学历。

1979年8月，在临沭师范学习；1981年8月，任县教育局办事员；1985年8月，在省电视大学临沭班学习；1987年8月，任县委办公室办事员；1988年9月，任县委办公室秘书；1993年3月，任县委办公室副主任、政策研究室副主任；1993年12月，任县委办公室副主任；1998年8月，任县委办公室副主任、政策研究室主任；2002年6月，任县委办公室常务副主任；2003年3月，任县劳动保障局局长、党组书记；2010年5月，任县人力资源和社会保障局党委书记、局长；2011年11月，任沭河水利工程管理处主任，县人力资源和社会保障局党委书记、局长；2012年2月，任县沭河水利工程管理处主任，县人力资源和社会保障局党委书记；2012年11月，任县经济开发区党工委书记。

王淑军 1982年6月生，山东省莒县人。2009年7月参加工作，2003年12月加入中国共产党，博士研究生学历。

2009年7月，任临沂市水利局试用期干部（其间：2009年8月至2010年8月，在临沂市兰山区水务局挂职）；2010年8月，任市水利局办公室主任科员；2012年12月，任市水利局农村水利科科长；2014年12月，任市水利局水资源科科长；2016年12月，任临沭县政府党组成员、副县长。

王维玺 1956年3月生，青云镇王官庄村人。

1974年11月参加工作，大专文化程度。

1974年11月，在青云乡王官庄卫生室当赤脚医生；1976年8月，在沂水医学专科学校学习；1978年12月，任韩村卫生院医师；1982年8月，任县人民医院内科医师；1991年3月，任县人民医院保健科副主任；1995年12月，任县人民医院内科主任；1998年2月，任县政协副主席，兼任县人民医院内科副主任医师。

王景光 1960年6月生，石门镇白毛村人。1976年6月参加工作，1984年8月加入中国共产党，市委党校大专学历。

1976年6月，任石门镇白毛小学民办教师；1978年9月，在临沭师范学习；1980年7月，任古龙岗乡中心小学教师；1982年8月，任石门镇教育组扫盲干事；1983年4月，任石门镇管委文书；1984年6月，任白旄乡政府文书；1984年12月，任白旄乡党委秘书；1986年5月，任白旄乡纪检委员；1987年2月，任白旄乡党委组织委员；1988年1月，任朱仓乡党委副书记；1993年1月，任朱仓乡党委副书记、乡长；1995年5月，任南古镇党委副书记、镇长；1997年4月，任韩村镇党委书记；1998年4月，任韩村镇党委书记、人大主席；1998年12月，任韩村镇党委书记；2001年1月，任曹庄镇党委书记；2001年12月，任曹庄镇党委书记、人大主席；2002年6月，任县计生局党组书记、局长；2005年7月，任县人口和计划生育局党组书记、局长；2006年3月，任县政府党组成员、县长助理，县人口计生局党组书记、局长；2007年11月，任县教育局党组书记、局长，临沭一中党委书记；2008年4

月，任县教育体育局党组书记、局长，临沭一中党委书记，县政府教育督导室主任；2011 年 2 月，任县政协党组成员、副主席，县教育体育局党组书记、局长，县教育督导室主任；2012 年 2 月，任县人大常委会副主任。

王景美 1972 年 6 月生，郯城县人。1993 年 7 月参加工作，2002 年 7 月加入中国共产党，中国政法大学硕士研究生学历。

1991 年 9 月，在曲阜师范大学外语系英语专业学习；1993 年 7 月，任郯城县重坊一中教师、团委书记；2000 年 9 月，在中国政法大学法律硕士专业学习；2003 年 5 月，参加省委组织部选调；2003 年 7 月在临沂市委政法委工作；2005 年 4 月，任临沂市委办公室科员；2005 年 11 月，任临沂市委办公室综合二室副主任；2007 年 3 月，任临沂市委办公室综合一室副主任；2007 年 5 月，任临沂市委办公室秘书一科副科长；2008 年 8 月，任临沂市委办公室秘书一科（市委监督考核办公室会议活动科）科长；2011 年 11 月，任临沭县委常委；2011 年 12 月，任临沭县委常委、县委办公室主任；2016 年 6 月，任县委常委，县政府党组成员、副县长；2016 年 12 月，任县委常委，县政府党组副书记、副县长。

云雪飞 女，1961 年 11 月生，临沭街道人。1983 年 7 月参加工作，大专文化程度。

1980 年 9 月，在枣庄卫校学习；1983 年 7 月，任朱仓乡卫生院医生；1984 年 10 月，任县妇幼保健院医生；1997 年 4 月，任县妇幼保健院院长；2003 年 2 月，任县政协副主席、县妇幼保健院院长，2004 年 7 月，兼任县计划生育服务中心主任；2007 年 12 月，任县人大常委会副主任。

冯树方 1962 年 3 月生，玉山镇人，1981 年 7 月参加工作，1985 年加入中国共产党，大学学历，学士学位。

1979 年 8 月，在临沂师范学习；1981 年 7 月，任玉山联中教师；1984 年 8 月，任芦庄乡教委会计；1987 年 5 月，任芦庄乡党委组织干事；1990 年 4 月，任芦庄乡党委宣传委员；1991 年 11 月，任芦庄乡党委组织委员；1995 年 5 月，任大兴镇党委副书记；1998 年 4 月，任东盘乡党委副书记、乡长；2001 年 1 月，任朱仓乡党委副书记、乡长；2001 年 12 月，任朱仓乡党委书记、人大主席；2005 年 3 月，任县科技局局长、党组书记；2012 年 2 月，任县政协副主席、党组成员。

朱孔科 1968 年 2 月生，青云镇西黄河村人。1991 年 7 月参加工作，大学学历。

1987 年 8 月，在山东农业大学学习；1991 年 7 月，任县农业局植保站技术员；1996 年 5 月，任店头乡副乡长（聘任）；1998 年 12 月，任醋庄乡副乡长；2001 年 1 月，任南古镇副镇长；2001 年 2 月，任县政府副县长候选人；2001 年 3 月，任县政府副县长；2011 年 2 月，任县政协副主席。

朱　涛 1959 年 10 月生，苍山县人。1977 年 8 月参加工作，1983 年 11 月加入中国共产党，省委党校大学学历。

1977 年 8 月，临沭县玉山

公社营子大队下乡知青；1978年8月，任县地震台办事员；1984年10月，任县科委办事员；1985年2月，任县科委科员(其间:1985年9月至1987年7月，在山东电大党政干部专修班学习);1992年9月，任县委组织部干训科科员(其间:1994年9月至1996年12月，在山东省委党校学习)；1997年2月，任县委组织部干训科科长；1998年8月，任县人事局党组成员、副局长；1999年4月，任县直机关党委委员，县人事局副局长、党组成员；2002年8月，任县委组织部副部长、县直机关党委委员;2003年3月，任县委组织部副部长、县委老干局局长；2006年3月，任县委组织部副部长，县人事局党组书记、局长；2010年3月，任苍马山风景旅游区党工委书记，县委组织部副部长，县人事局党组书记、局长；2010年5月，任苍马山风景旅游区党工委书记，县委组织部副部长;2011年9月，任苍马山风景旅游区党工委书记；2012年6月，任苍马山风景旅游区党工委书记，县政协党组成员；2012年11月，任县政协党组成员。

朱　梅　女，1961年8月生，玉山镇人。1977年11月参加工作，1983年加入中国共产党，省委党校大学学历，高级工程师。

1977年11月，任县印刷厂工人；1980年8月，任县针织厂技术科技术员；1985年7月，任县针织厂织袜车间副主任；1987年1月，任县针织厂技术科副科长；1988年1月，任县针织厂技术科科长；1991年5月，任县针织厂织袜分厂副厂长；1994年3月，任县针织厂副厂长、党委委员；1996年5月，任县常林制衣厂厂长；1998年12月，任郑山镇党委副书记；2003年3月，任县妇联主席、党组书记；2006年3月，任县妇联主席、党组书记，县妇儿工委主任；2009年3月，任县妇联主席、党组书记；2012年2月，任县政协副主席、党组成员。

任庆虎　1974年12月生，济宁市汶上县人。1996年7月参加工作，1994年11月加入中国共产党，大学学历。

1992年9月，在山东工业大学材料科学与工程系锻压工艺及设备专业学习；1996年7月，任沂南县砖埠镇党委秘书；1997年4月,任沂南县砖埠镇党委宣传统战委员；2000年7月，任临沂高新技术产业开发区党工委委员、管委会主任助理（正科级）；2001年2月，任平邑县委常委、组织部部长；2002年9月，任共青团临沂市委书记（其间：2003年2月至12月，在山东省委党校第13期中青年干部培训班学习）；2004年7月，任共青团临沂市委书记、党组书记；2008年10月，任临沭县委副书记、县长候选人;2008年11月,任县委副书记，县政府党组书记、代县长；2009年1月，任县委副书记、县政府党组书记、县长；2011年11月，任县委书记、县委党校校长、县政府党组书记;2011年12月，任县委书记、县委党校校长；2012年2月，任县委书记、县人大常委会主任、县委党校校长。2016年12月调离临沭。

刘　飞　1966年10月生，临沂市河东区人。1989年9月参加工作，1992年12月加入中国共产党,省委党校研究生学历。

1985年9月，在兰州大学管理科学系行政管理专业学习；1989年9月，任临沂地区军转干部培训中心培训科办事员；1993年1月，任临沂地区人事局办公室科员；1993

年7月，任临沂地区人事局考试中心教务科副科长；1997年4月，任临沂市人事局考试中心综合科科长（其间：1998年6月至2000年6月，在山东省委党校党政干部研究生班学习）；2001年3月，任费县政府副县长、县政府党组成员（其间：2004年2月至2005年2月，挂职乳山市副市长）；2006年1月，任费县县委常委；2007年1月，任费县县委常委、纪委书记；2011年1月，任费县县委常委、政法委书记；2011年12月，任费县县委副书记、代县长；2012年2月，任费县县委副书记、县长；2015年12月，任临沭县委副书记、代县长；2016年3月，任县委副书记、县长；2016年11月，任县委书记、县委党校校长。

刘　飞　1969年9月生，莒南县人。1990年7月参加工作，1994年6月加入中国共产党，省委党校大学学历。

1987年7月，在莒南师范学校中师专业学习；1990年7月，任莒南县委办公室公务员；1993年4月，任莒南县委办公室秘书；2000年1月，任莒南县委保密局副局长；2001年3月，任莒南县岭泉镇党委副书记、镇长；2003年3月，任莒南县涝坡镇党委副书记、镇长；2005年2月，任莒南县涝坡镇党委书记；2007年12月，任莒南县政府党组成员、副县长；2008年10月，任临沂市临港产业区建设办公室副主任、党组成员；2009年7月，任临沂市临港经济开发区管委会副主任、党工委委员；2011年1月，任临沭县委常委；2011年2月，任临沭县委常委、县政府党组成员、副县长；2011年12月，任县委常委、政法委书记；2012年6月，任县委常委、政法委书记。2016年6月调离临沭。

刘　军　1963年11月生，单县人。1982年7月参加工作，1992年12月加入中国共产党，大学学历。

1979年9月，在临沂市师范专科学校中文专业学习；1982年7月，任临沂地区罗庄中学教师；1984年1月，任临沂第九中学教师（其间：1983年9月至1987年7月，在曲阜师范大学中文专业本科班学习）；1988年8月，任临沂地区民政局地名办公室科员；1992年7月，任临沂市（地区）民政局烈士事迹编纂办公室主任；1998年5月，任市民政局编纂办公室主任；2003年3月，任市民政局双拥办公室副主任；2008年8月，任市民政局救灾科科长；2008年12，任市民政局双拥办主任；2012年5月，任市民政局党组成员、双拥办主任；2014年1月，任市民政局副局长、党组成员、双拥办主任；2014年7月，挂职临沭县委常委、市选派“第一书记”工作临沭县大组长。2016年3月调离临沭。

刘洪明　1966年10月生，青云镇人。1989年7月参加工作，1990年3月加入中国共产党，大学学历，学士学位。

1987年7月，在临沂师专汉语言文学专业学习；1989年7月，任朱仓乡中心中学教师；1990年8月，任朱仓乡党委秘书；1993年6月，任朱仓乡党委宣传委员（其间：1993年9月至1995年7月，在首都师范大学思想政治教育专业本科班学习）；1995年5月，任大兴镇党委统战委员；1997年4月，任大兴镇政府副镇长；1998年12月，任蛟龙镇党委副书记；2001年12月，任南古镇党委副书记；2003年3月，任店头镇党委副书记；2005年3月，任石门镇党委副书记、镇长；2006年11月，任临沭镇党委副书记、镇长；2009年3月，任白旄镇党委书记；2011年3月，任临沭街道党工委书记；2014年1月，任苍马山风景旅游区管理委员会主任、临沭街道党工委书记；2015年1月，任苍马山风景旅游区管委会主任。

刘祥伟　1964年6月生，沂南县人。1983年7月参加工作，1986年1月加入中国共产党。

1981年9月，在临沂师范专科学校外语系学习；1983年7月，任临沭第二中学教师；1985年8月，任临沭第二中学团委书记；1989年8月，任县党史征委办事员；1990年8月，任县人武部政工科干事；1996年3月，任县人民法院工会副主席；1998年3月，任县人民法院政工科科长；2002年6月，任县人民法院政治处主任；2003年4月，任县人民法院副院长；2006年3月，任县纪委副书记；2009年12月，任县纪委副书记、县监察局局长；2014年1月，任县职业中专党总支书记；2015年7月，任临沂市工业学校党总支书记。

刘家合　1964年10月生，日照市东港区人。1982年7月参加工作，1984年12月加入中国共产党，省委党校研究生学历。

1980年7月，在临沂农校学习；1982年7月，任朱仓公社农技站技术员；1983年3月，任韩村公社农机站技术员；1985年9月，在山东电大干修科临沭班学习；1988年10月，任县经研中心办事员；1989年10月，任县经研中心科员；1993年12月，任县政府办公室秘书；1994年4月，任县政府办公室经研科科长；1995年5月，任蛟龙镇党委副书记；1997年4月，任华桥乡党委副书记；1998年12月，任石门镇党委副书记、镇长；2001年12月，任玉山镇党委副书记、镇长；2003年3月，任玉山镇党委书记、人大主席；2005年3月，任白旄镇党委书记、人大主席；2006年11月，任县政府党组成员、县长助理；2010年11月，任县政府党组成员；2012年11月，任县沭河水利工程管理处（沭河古道景区管理处）主任。

汲广虎　1969年12月生，莒南县人。1993年10月参加工作，1996年6月加入中国共产党，大学学历，法学学士。

1989年9月，在西南政法学院学习；1993年7月，在山东省人民检察院临沂分院工作；1994年8月，任临沂检察院书记员；1996年6月，任临沂检察院助理检察员；2002年6月，任临沂检察院公诉处检察员；2003年10月，任临沂检察院公诉处副处长；2005年1月，任苍山县检察院党组成员、副检察长；2006年12月，任临沂检察院侦查监督处处长、正科级检察员；2011年12月，任临沭县人民检察院党组书记、代检察长；2012年2月，任县检察院党组书记、检察长。

孙运峰　1971年5月出生，临沂市河东区人。1993年7月参加工作，1991年11月加入中国共产党，大学学历。

1989年9月，在山东师范大学数学系数学专业学习；1993年7月，任苍山县小岭乡党委组织干事；1995年11月，任苍山县小岭乡党委组织委员；1998年4月，任苍山县南桥镇党委副书记；1999年1月，任苍山县三合乡党委副书记、政府乡长；2001年3月，任苍山县鲁城乡党委副书记、政府乡长；2003年5月，任苍山县长城镇党委副书记、政府镇长；2005年5月，任苍山县兴明乡党委书记、人大主席；2006年11月，任苍山县兴明乡党委书记（2006年12月，公务员登记）；2007年3月，任苍山县政府党组成员、县政府办公室主任；2011年6月，任苍山县委办公室主任；2014年1月，任兰陵（苍山）县委常委、办公室主任；2014年9月，任兰陵县委常委、办公室主任，总工会主席；2016年12月，任临沭县委常委、纪委书记。

李　真　1975年3月生，沂南县人。1998年7月参加工作，1995年12月加入中国共产党，省委党校研究生学历。

1994年9月，在东北大学学习；1998年7月，任沂水县院东头乡乡长助理；2000年10月，任沂水县龙家圈乡副乡长（挂职）；2003年4月，任沂水县黄山铺镇党委副书记、镇长；2006年12月，任沂水县许家湖镇党委副书记、镇长；2008年1月，任沂水县院东头乡党委书记；2010年11月，任沂水县院东头镇党委书记；2011年6月，任沂水县委宣传部常务副部长；2011年12月，任临沭县政府党组成员、副县长。2016年12月调离临沭。

李玉国　1970年8月生，高密县人。1990年12月入伍，1994年10月加入中国共产党，大学学历，上校军衔。

1990年12月，任中国人民解放军55611部队战士；1993年9月，在西安通信学院学习；1996年7月，任济南军区第三通信总站三营六连分队长；1998年3月，任济南军区第三通信总站三营四连副连长；1999年3月，任济南军区第三通信总站三营四连指导员；2000年3月，任济南军区第三通信总站三营六连连长；2001年3月，任济南军区第三通信总站教导队队长；2002年3月，任济南军区第三通信总站二营副营长；2003年3月，任济南军区第三通信总站军务股股长；2004年3月，任济南军区第三通信总站三营营长；2006年3月，任济南军区第三通信总站副主任；2010年3月，任济南军区军事调研室三处处长；2011年6月，任济南军区军事调研室专职干部；2012年3月，任临沭县人民武装部部长。2016年3月转业。

李全义　1971年5月生，莒南县人。1989年3月入伍，1996年6月加入中国共产党，大学学历，上校军衔。

1989年3月，任济南军区警卫营战士；1992年9月，在南昌陆军学院后勤干部大队学习；1995年7月，任步兵第一三八师高炮团修理所司务长；1996年3月，任步兵第一三八师高炮团指挥连司务长；1997年2月，任步兵第一三八师高炮团司令部管理股管理员；1998年2月，任步兵第一三八师高炮团三七营五连指导员；1998年12月，任步兵第一三八师高炮团司令部管理股管理员；2000年1月，任莒南县人民武装部政工科正连职干事；2002年6月，任莒南县人民武装部政工科副科长（主持工作）；2004年6月，任莒南县人民武装部政工科科长；2007年4月，任莒南县人民武装部后勤科科长；2008年12月，任郯城县人民武装部副部长兼军事科长；2012年2月，任郯城县人民武装部副部长兼军事科长、县政协常委；2012年9月，任临沭县人民武装部副部长兼军事科长；

2014年2月，任临沭县委常委、县人民武装部政委。

李守贵 1972年12月生，青云镇人，大学学历，中学一级教师，1990年8月参加工作，1995年6月加入中国共产党。临沂市职业教育协会副会长，全国职教协会理事，临沂市现代制造业职业教育集团理事长，临沭县职业中专校长。

1987年，在莒南师范学习；1990年7月，在临沭县韩村中学任教；1995年7月，在临沭五中任教；1996年6月，任临沭五中教务处副主任；1999年6月，任临沭五中政教处主任；1999年8月，任临沭县职业中专总务处主任；2001年8月，任临沭三中校长；2006年8月，任县职业中专党总支副书记、校长；2015年7月，任临沂市工业学校党总支副书记、校长。

李善峰 1962年9月生，临沭街道人。1981年8月参加工作，1985年1月加入中国共产党，大学学历。

1981年7月，任临沭一中教师；1984年5月，任共青团临沭县委副书记；1991年3月，任县物资局副局长、副书记；1995年10月，任县物资局局长、书记；1999年5月，任县经济体制改革办公室副主任；2001年4月，任县政府办公室副主任、体改办主任；2005年4月，任县发展和改革局副局长、副书记，县粮食局局长、党组书记；2007年11月，任县环保局局长、党组书记；2010年8月，任县民政局局长、党组书记；2012年11月，任苍马山风景旅游区党工委书记。

李增民 1971年3月生，潍坊市诸城市人。1994年7月参加工作，1993年4月加入中国共产党，省委党校研究生学历。

1990年9月，在山东大学社会学系学习；1994年7月，任山东省第一监狱政治处科员；1998年7月，任山东省女子监狱政治处科员、副主任；2001年12月，任山东省司法厅纪委监察室副主任科员；2003年2月，任山东省司法厅纪委监察室主任科员；2011年3月，任山东省司法厅监察室副主任；2014年1月，任山东省司法厅纪委副书记、监察室主任；2015年2月，挂职任中共临沭县委副书记。

杨 明 1974年11月生，郯城县人。1995年参加工作，1995年6月加入中国共产党，大学学历。

1993年9月，在临沂师范专科学校物理系学习；1995年7月，在郯城县公安局工作；1999年7月，任郯城县委政法委科员；2002年8月，任郯城县委政法委副主任科员；2004年2月，任郯城县综治办副主任（其间：2002年9月至2005年7月，在山东政法干部管理学院法律专业本科班学习）；2006年7月，任临沂市综治办综合科副主任科员；2007年8月，任市综治办综合科主任科员；2008年9月，任市委政法委研究室主任；2012年9月，任市社会管理综合治理委员会办公室副主任；2016年12月，任临沭县委常委、政法委书记。

宋玉波 1975年2月生，潍坊市青州市人。1998年8月参加工作，1996年1月加入中国共产党，省委党校研究生学历。

1994年9月，在临沂师范专

科学校中文系学习；1996年9月，在聊城师范学院中文系学习；1998年8月，任临沂市罗庄镇政府镇长助理；2002年9月，任临沂市人大常委会办公室人秘科科员；2003年5月，任市人大常委会办公室人秘科副主任科员；2005年4月，任市人大常委会办公室人秘科副科长；2005年12月，任市人大常委会财政经济工作委员会预算科科长（其间：2006年9月至2009年6月，在山东省委党校在职干部研究生班经济管理专业学习）；2010年1月，任市人大常委会办公室副主任；2016年6月，任临沭县县委常委、县委办公室主任。

宋玉智 1965年12月生，郯城县马头镇人。1983年7月参加工作，1985年8月加入中国共产党，省委党校大学学历。

1981年9月，在临沂商业学校财会专业学习；1983年7月，任郯城县小埠食品站会计；1984年8月，任郯城县委办公室机要科机要员；1986年1月，任郯城县港上乡整党联络员；1986年6月，任郯城县委办公室机要科机要员；1988年11月，任郯城县委办公室秘书；1993年5月，任郯城县委办公室副科级秘书；1993年8月，任郯城县委办公室秘书科科长；1996年8月，任郯城县委办公室副主任；1998年11月，任郯城县红花乡党委副书记、乡长；2001年5月，任郯城县新村乡党委书记、人大主席；2004年2月，任郯城县林业局局长、党组书记；2006年7月，任郯城县财政局局长、党组书记；2007年1月，任郯城县政府党组成员、副县长候选人；2007年2月，任郯城县政府副县长、党组成员；2007年11月，任临沭县政府副县长、党组成员；2011年11月，任临沭县委常委，县政府党组成员、副县长；2011年12月，任县委常委，县政府党组副书记、常务副县长。2016年12月调离临沭。

宋国山 1969年5月生，莒南县人。1985年10月参加工作，1990年11月加入中国共产党，中央党校大学学历。

1985年10月，任烟台警备区后勤部战士（其间：1987年9至1989年7月，在天津运输工程学院储运系学习）；1989年7月，任济南军区滕县汽车油料仓库一队正排职管理员；1991年3月，任济南军区莒南综合仓库政治处正排职干事（其间：1991年9月至1992年12月，在济南陆军学院政治理论专业学习）；1992年12月，任济南军区莒南综合仓库政治处副连职干事；1994年2月，任济南军区莒南综合仓库政治处副连职管理员；1995年4月，任济南军区莒南综合仓库管理处保管一队副队长（正连）；1995年8月，任济南军区第146医院政治处正连职干事（其间：1994年9月至1996年12月，在山东省委党校经济管理专业学习）；1997年6月，任济南军区第146医院政治处政治协理员（副营职）；1999年8月，在临沂市纪委监察局工作（其间：1999年12月过渡为机关工作者）；2002年4月，任临沂市纪委监察局副科级检查员（其间，2000年8月至2002年12月，在中共中央函授大学本科法律专业学习）；2004年11月，任临沂市纪委第一纪检监察室副主任（其间：2004年4月至2005年4月，挂职沂南县孙祖镇党委副书记）；2006年6月，任临沂市纪委审理室副主任；2008年7月，任临沂市纪委干部室副主任；2008年12月，任临沂市纪委副县级检查员；2010年1月，任临沂市纪委干部室主任；2011年6月，任临沭县委常委、组织部部长；2014年1月，任临沭县委常委、县纪律检查委员会书记。2016年12月调离临沭。

张 雷 男，1971年7月生，山东省日照市人。1992年7月参加工作，1994年5月加入中国共产党，硕士研究生学历。

1990年9月，山东省经济计划学校计统专业学习；1992年7月，任临沂市财政局科员（其间：1992年9月至1994年6月，在山东大学财政与税收专业大专班学习）；1997年3月，任市财政局基建科副科长（其间：1995年9月至1998年7月，在山东大学国民经济管理专业本科班学习；1996年9月至1999年7月，在临沂师专英语专业学习）；2000年4月，任市财政局基建财务科主任科员（其间：2001年9月至2002年1月，在临沂市委党校第11期中青年干部培训班学习；2002年7月至2003年6月，在新加坡南洋理工大学南洋商学院管理经济学专业硕士研究生阶段课程学习，获理学硕士学位）；2005年3月，任市财政局总经济师；2006年4月，任市财政局副调研员；2007年11月，任郯城县政府副县长；2008年12月，任郯城县委常委、办公室主任；2011年1月，任郯城县委常委、纪委书记；2011年11月，任临沂经济技术开发区党工委副书记；2014年1月，任莒南县委副书记；2016年11月，任临沭县委副书记；2016年12月，任县委副书记，县政府党组书记、代县长。

张伟峰 1973年10月生，临沂市经济技术开发区人。1991年7月参加工作，1993年5月加入中国共产党，省委党校研究生学历。

1991年7月，任南古镇中心小学教师；1992年9月，任青云镇政府办事员；1993年7月，先后任县政府办公室科员、副主任、史志办主任、行政管理中心主任；2007年11月，任南古镇党委书记；2011年9月，任县经济开发区党工委副书记、管委会副主任；2012年2月，任县人口和计划生育局党组书记、局长；2013年7月，任青云镇党委书记；2013年8月，任副县级干部、青云镇党委书记。2016年12月调离临沭。

张庆贵 1962年3月生，曹庄镇西山前村人。1984年7月参加工作，1992年10月加入中国共产党，大学学历，中学高级教师。

1982年7月，在临沂师专中文专业学习；1984年7月，任临沭一中语文教师；1993年11月，任临沭一中教导处副主任；1998年8月，任临沭一中办公室主任；2001年8月，任临沭一中副校长、党委委员；2005年7月，任临沭一中副校长、党委副书记；2006年7月，任临沭一中校长、党委副书记；2013年2月，任临沭一中校长、县教体局党组副书记、县政府教育督导室主任；2016年2月，任临沭一中校长。

张秀颀 1966年12月生，费县朱田镇人。1987年7月参加工作，1987年7月加入中国共产党，省委党校大学学历。

1987年7月，任县人民法院干部；1990年10月，任县政府办公室信息调研秘书；1993年8月，任县政府办公室督察科科长；1993年，任县政府办公室副科级秘书；1996年12月，任县政府办公室副主任、党组成员；1998年12月，任官庄乡党委书记；2001年

1月，任青云镇党委书记；2001年12月，任青云镇党委书记、人大主席；2003年3月，任临沭镇党委书记；2005年3月，任临沭镇党委书记、人大主席;2006年3月，任县政府党组成员、县长助理，临沭镇党委书记、人大主席；2006年11月，任县政府党组成员、县长助理；2007年3月，任县政府党组成员、县长助理，县旅游局党组书记、局长，苍马山风景区管理处主任；2007年11月，任县政府党组成员、县长助理，县经济开发区党工委书记，县旅游局党组书记、局长，苍马山风景旅游区管委会党组书记、主任；2008年12月，任县委党校党总支部书记；2009年1月，任县委党校党总支部书记、常务副校长。

张星磊 1969年10月生，临沂市河东区人。1988年12月参加工作，1996年6月加入中国共产党，大学学历。

1988年12月,任临沂市（县级）人民法院书记员、助理审判员；1995年2月，任临沂市罗庄区人民法院助理审判员；1995年月12月，任临沂市罗庄区人民法院审判员；1998年4月，任临沂市罗庄区人民法院经济审判一庭副庭长；1999年3月，任临沂市罗庄区人民法院经济审判庭庭长；2002年5月，任临沂市罗庄区人民法院经济审判庭庭长；2002年8月，任临沂市罗庄区人民法院审判委员会委员、民事审判第二庭庭长；2004年10月，任临沂市罗庄区人民法院审判委员会委员、刑事审判庭庭长；2005年8月，任临沂市罗庄区人民法院党组成员、审判委员会委员、刑事审判庭庭长；2008年11月，任临沂市罗庄区人民法院党组成员、副院长、审判委员会委员；2016年12月，任临沭县人民法院党组书记、代理院长。

陈庆祥 1963年4月生，白旄镇人。1982年7月参加工作，1990年10月加入中国共产党，大学学历。

1980年7月，在莒南师范学习；1982年7月，任周庄公社寨子完小教师；1983年7月，任周庄公社农中教师；1984年8月，任郑山乡姜屯联中教师；1986年8月，任临沭镇第四小学教师；1990年11月，任临沭镇教委办教师；1991年7月，任县人事局办事员；1993年4月，任县委宣传部秘书；1995年5月，任唐岭乡党委副书记；1998年4月，任醋庄乡党委副书记、乡长；2001年1月，任大兴镇党委副书记、镇长；2003年3月，任大兴镇党委书记、人大主席；2006年3月，任县发展和改革局党组书记、局长；2009年3月，任县政府党组成员，县长助理，县发展和改革局党组书记、局长；2010年11月，任县政府党组成员，县发改局党组书记、局长；2011年4月，任县政府党组成员，临沭一中党委书记，县发改局党组书记、局长；2012年2月，任临沭一中党委书记、县教体局局长；2014年2月，任县政协副主席、县委统战部部长;2015年8月，任县政协副主席。

武玉芹 女，1965年4月生，沂水县人。1983年12月参加工作，1986年5月加入中国共产党，省委党校大学学历。

1983年11月，任县物价局农产品调查室调查员；1984年12月，任县物价局成本调查室副主任；1992年12月，任县物价局成本调查室主任；1994年6月，任县工商局人教科科员（其间：1994年9月至1996年12月，在山东省委党校经济管理专业业余本科班学习）；1997年5月，任县物价局办公室主任；1998年

12 月，任大兴镇副镇长；2001 年 12 月，任店头镇党委副书记、纪委书记；2003 年 3 月，任店头镇党委副书记、镇长；2005 年 3 月，任玉山镇党委书记、人大主席；2007 年 11 月，任县政府党组成员、副县长候选人；2007 年 12 月，任县政府党组成员、副县长；2009 年 9 月，任县委常委；2011 年 2 月，任县委常委、政法委书记；2011 年 12 月，任县委常委、宣传部部长。

范玉江　1972 年 7 月生，临沂市河东区人。1991 年 7 月参加工作，2003 年 5 月加入中国共产党，中央党校函授学院大学学历。

1989 年 9 月，在民政部济南民政学校社会保障专业学习；1991 年 7 月，任华东革命烈士陵园管理处办事员；1993 年 3 月，任临沂地区民政局科员（其间：1999 年 8 月至 2001 年 12 月，在中央党校函授学院本科法律专业学习）；2004 年 12 月，任临沂市民政局区划地名科副科长主持工作；2005 年 5 月，任市民政局办公室副主任兼区划地名科副科长主持工作；2008 年 8 月；任市民政局办公室主任；2012 年 5 月，任华东革命烈士陵园管理处副主任；2014 年 2 月，任华东革命烈士陵园管理处副主任兼沂蒙革命纪念馆副馆长；2016 年 3 月挂职临沭县委常委、市委选派“第一书记”工作临沭县大组长。

周　伟　女，1981 年 6 月生，江苏省丰县人。2003 年 7 月参加工作，2005 年 5 月加入中国共产党，大学学历。

2003 年 7 月，任乌鲁木齐市三坪农场十一连副连长；2005 年 11 月，任乌鲁木齐市三坪农场二连指导员；2007 年 3 月，任乌鲁木齐市三坪农场三连党支部书记、指导员；2008 年月 2 月，任乌鲁木齐市三坪农场团委书记；2009 年 2 月，任乌鲁木齐市三坪农场团委书记；2011 年 3 月，任新疆九鼎农业集团有限公司党委委员、副总经理；2016 年 4 月，挂职临沭县政府副县长；2016 年 7 月，挂职县政府党组成员、副县长。

孟庆然　1964 年 9 月生，郑山街道后寨村人。1985 年 7 月参加工作，大学学历，中学高级教师。

1982 年 8 月，在临沂师专数学系学习；1985 年 7 月，任临沭一中教师（其间：1992 年 8 月至 1995 年 12 月，在曲阜师范大学数学教育专业学习）；1998 年 8 月，任临沭一中教务处副主任；2001 年 8 月，任临沭二中副校长；2005 年 7 月，任临沭二中校长；2007 年 12 月，任临沭县政协副主席、临沭二中校长。2012 年 8 月，任县政协副主席、县教体局副局长。

赵　明　1971 年 1 月生，兰陵县人。1990 年 12 月参加工作，1992 年 6 月加入中国共产党，大学学历。

1990 年 12 月，任石门铁矿工人；1991 年 12 月，任苍山县磨山镇土地所长（其间：1993 年 9 月至 1995 年 7 月，在临沂地区行政干校行政管理专业学习）；1995 年 11 月，任苍山县磨山镇党委委员、武装部部长（其间：1993 年 9 月至 1996 年 6 月，在山东省委党校涉外经济管理专业学习）；1998 年 4 月，任苍山县磨山镇党委副书记；1999 年 1 月，任苍山县向城镇党委副书记；2001 年 3 月，任苍山县向城镇党委副书记、镇长（其间，1999 年 9 月至

2001年12月，在山东省委党校经济管理专业学习)；2005年5月，任苍山县卞庄镇党委副书记、镇长；2006年2月，任苍山县鲁城乡党委书记；2006年4月，任苍山县鲁城乡党委书记、人大主席；2006年11月，任苍山县鲁城乡党委书记；2009年3月，任苍山县向城镇党委书记；2011年1月，任苍山县委常委；2011年3月，任苍山县委常委、政法委书记；2011年12月，任苍山县委常委、宣传部部长；2014年1月，任临沂市委宣传部副部长；2016年12月，任临沭县委副书记。

胡丽娜 女，1979年2月生，郯城县人。1988年10月加入中国共产党，2006年7月参加工作，博士学历。

2006年7月，在山东大学从事教学和科研工作；2015年7月，挂职临沭县政府科技副县长。2016年12月调离临沭。

胡怀权 1963年1月生，临沭街道人。1984年7月参加工作，1988年8月加入中国共产党，大学学历。

1984年7月，任县商业局副食品加工厂技术员；1984年12月，任县商业局副食品加工厂主任；1987年11月，任县商业局副食品加工厂厂长；1988年12月，任芦庄乡第二食品厂副厂长；1991年1月，任县经委科技科办事员；1992年5月，任县经委科技科副科长、技改科副科长；1994年3月，任县经委副主任、党委委员；1998年8月，任县技术开发办公室主任；2002年6月，任县经贸局副局长、党委委员、个体私营经济服务中心主任；2003年3月，任县科技局副局长、党组副书记；2005年3月，任县外经贸局局长、党组书记；2008年7月，任县外经贸局局长、书记，县经贸局副书记、副局长；2009年1月，任县经贸局党委书记、局长；2010年5月，任县经济贸易和信息化局党委书记、局长；2011年4月，任县经济开发区管委会常务副主任，县经信局党委书记、局长；2011年9月，任县经济开发区党工委副书记、管委会常务副主任。

钟　华 1962年10月生，日照市东港区涛雒镇栈子村人。1983年7月参加工作，1987年9月加入中国共产党，大学学历。

1983年7月，任沂水师范教师；1986年8月，任临沭县委党校教师；1987年10月，任县委宣传部办事员；1989年3月，任县委宣传部干事；1992年6月，任县委宣传部秘书；1993年3月，任县精神文明办公室主任；1993年12月，任周庄乡党委副书记；1995年5月，任大兴镇党委副书记、镇长；1998年4月，任青云乡党委书记、人大主席；2001年1月，任郑山镇党委书记；2001年2月，任县政府副县长候选人；2001年3月，任县政府党组成员、副县长；2006年3月，任县政府党组副书记、副县长；2007年1月，任县委常委，县政府党组副书记、副县长；2011年2月，任县政协党组书记、主席。

侯　雷 1972年1月生，郯城县高峰头镇高峰头村人。1993年7月参加工作，1996年6月加入中国共产党，省委党校研究生学历。

1991年9月，在临沂师范专科学校学习；1993年7月，任郯城县职工中专教师；1995年

3月，任郯城县检察院科员；1996年11月，任郯城县检察院书记员；1998年3月，任郯城县检察院助理检察员；1998年12月，任郯城县黄山镇党委宣传委员；2002年1月，任郯城县红花乡党委副书记、纪委书记；2006年7月，任郯城县泉源乡党委副书记、乡长；2009年7月，任郯城县庙山镇党委书记、人大主席（其间：2008年9月至2011年6月，在山东省委党校在职干部研究生班经济管理专业学习）；2011年12月，任临沭县法院党组书记、院长候选人；2012年2月，任县法院党组书记、院长。2016年12月调离临沭。

姜自棠　1963年12月生，青云镇庙庄村人。1981年7月参加工作，1986年12月加入中国共产党，省委党校研究生学历。

1979年9月，在临沂市供销学校学习；1981年7月，任岌山供销社办事员；1984年8月，任县统计局办事员；1989年12月，任县统计局秘书；1991年9月，任县委组织部青年干部干事；1996年5月，任县委组织部干部科科长；1998年8月，任县委组织部副部长；2002年6月，任县委组织部副部长、老干部局局长；2003年3月，任县委组织部副部长，县人事局党组书记、局长；2006年1月，任临沭县委常委，县委组织部副部长，县人事局党组书记、局长；2006年3月，任县委常委；2007年1月，任县委常委、宣传部部长；2011年12月，任县委常委，县人大常委会党组书记、副主任候选人；2012年2月，任县人大常委会党组书记、第一副主任。

高希华　1967年9月生，临沭街道人。1986年7月参加工作，1990年6月加入中国共产党，

省委党校研究生学历。

1983年8月，在临沂师范学习；1986年7月，任周庄乡小学教师；1987年4月，在县教育局工作；1990年8月，任县政府办公室收发员；1992年，任县政府办公室机要秘书；1994年4月，任县政府办公室后勤办副主任；1996年12月，任县政府办公室后勤办主任；2001年12月，任蛟龙镇党委副书记、镇长；2003年3月，任白旄镇党委副书记、镇长；2005年3月，任朱仓乡党委书记、人大主席；2006年11月，任郑山镇党委书记；2010年11月，任郑山街道党工委书记；2011年12月，任县政府党组成员。2014年2月，任人大常委会副主任、县经济开发区党工委第一书记。

麻建东　1966年8月生，沂南县人。1986年7月参加工作，1990年3月加入中国共产党，大学学历。

1983年9月，在临沂师专学习；1986年7月，任沂南第一中学教师；1988年7月，任沂南县监察局办事员；1991年9月，任沂南县监察局案审科副科长；1993年3月，任沂南县纪委监察局审理室副主任；1994年2月，任沂南县砖埠镇（乡）党委副书记（其间：1992年12月至1995年12月，在曲阜师范大学政治和思想品德教育专业学习）；1997年12月，任沂南县砖埠镇党委副书记、镇长；1999年1月，任沂南县砖埠镇党委书记（其间：1999年8月至2001年10月，在山东大学经济学院政治经济专业研究生课程进修班学习；1998年9月至2001年6月，在山东政法管理干部学院法律专业大专班学习）；2002年1月，任沂南县辛集镇党委书记（其间：2002年9月至2003年1

月，在临沂市委党校参加第十二期中青班培训学习）；2004年2月，任沂南县委组织部常务副部长；2004年7月，任沂南县委常委、宣传部部长；2007年1月，任平邑县委常委、宣传部部长；2008年12月，任平邑县委常委、纪委书记；2011年11月，任临沂市国有资产监督管理委员会副主任、党委委员；2012年5月，任临沂高新技术产业开发区党工委副书记；2013年8月，任临沭县委副书记。2016年12月调离临沭。

密长诚 1970年3月生，临沂市罗庄区人。1990年7月参加工作，1996年1月加入中国共产党，研究生学历。

1990年7月，任临沂市（县级）傅庄中心校教师（其间：1991年7月至1994年1月，在临沂师范专科学校中文专业学习）；1995年2月，任罗庄区傅庄中心校教师；1996年3月，在罗庄区体改委工作（其间：1996年9月至1998年12月，在山东省委党校经济管理专业学习）；1999年6月至2002年1月，任罗庄区体改委副主任；2002年1月，任罗庄区政府办公室党组成员、副主任；2003年10月，任罗庄区政府办公室党组成员、副主任，区体改办副主任；2004年3月，任罗庄区罗庄街道党工委副书记、办事处主任；2006年11月，任罗庄区傅庄街道党工委书记；2011年12月，任罗庄区政府副区长；2013年5月，任临沭县政府副县长；2014年8月，任县政府副县长、县工商联主席。2016年12月调离临沭。

韩新华 1964年11月生，山东省泗水县人。1983年7月参加工作，1986年12月加入中国共产党，大学学历。

1983年7月，任平邑县公安局铜石派出所办事员；1984年7月，任平邑县公安局办公室办事员；1985年7月，任平邑县刑警队办事员；1992年3月，任平邑县公安局刑警队副队长；1993年8月，任平邑县公安局刑警队副大队长（1995年3月副科）；1995年10月，任平邑县城建综合治理办公室主任；1996年1月，任平邑县公安局副局长；1997年8月，兼任平邑县公安局指挥中心主任；1999年6月，任平邑县公安局副局长（正科）；2009年7月，任平邑县公安局政委兼执法局局长；2012年3月，任平邑县公安局政委；2012年10月，任平邑县副县级干部；2013年1月，任临沭县副县级干部；2013年2月，任临沭县公安局党委书记；2013年3月，任县公安局局长；2014年1月，任县政府党组成员、县公安局局长；2016年6月，任县委常委、政法委书记，县公安局局长；2016年12月，任县委常委，县政府党组成员、副县长，县公安局局长。

2016年临沭县省市县级劳模名录

表46

姓 名	性别	出生年月	政治面貌	文化程度	参加工作时间	工作单位职务	授予单位及荣誉称号
陈剑秋	男	1979.08	中共党员	博士	2006.07	金正大生态工程集团股份有限公司副经理	山东省总工会：富民兴鲁劳动奖章
张广利	女	1972.03	群众	大学	1994.12	山东三兴食品有限公司董事长	临沂市总工会：振兴沂蒙劳动奖章
韩宝金	男	1974.01	中共党员	大学	1995.10	临沭县地税局中心税务所长	临沂市总工会：振兴沂蒙劳动奖章
车 健	男	1982.04	中共党员	本科	2003.03	青临高速临沭北收费站收费员	临沂市总工会：振兴沂蒙劳动奖章
张 莹	女	1980.03	中共党员	大学	2003.03	临沭一中教师	临沂市总工会：振兴沂蒙劳动奖章
王 梅	女	1974.03	中共党员	本科	1994.09	临沭县人民医院急诊科护士长	临沭县总工会：临沭县劳动模范
王经臣	男	1950.06	群众	初中	2012.08	临沭县曹庄镇朱村红色文化教育基地义务讲解员	临沭县总工会：临沭县劳动模范
王金部	男	1973.07	中共党员	本科	1994.07	临沭县经济贸易和信息化局科长	临沭县总工会：临沭县劳动模范
王恒成	男	1970.11	中共党员	中专	1990.03	临沭县郑山街道新村党支部书记兼村委会主任	临沭县总工会：临沭县劳动模范
王通韵	男	1976.08	中共党员	大专	1998.12	临沭县大兴镇经管站站长、大兴工作区书记	临沭县总工会：临沭县劳动模范
刘贵科	男	1966.01	中共党员	中专	1989.08	临沭县石门镇金岭村党支部书记	临沭县总工会：临沭县劳动模范
刘景辉	男	1968.02	中共党员	大学	1991.07	临沭县地方税务局党组成员、副局长	临沭县总工会：临沭县劳动模范
孙 刚	男	1972.06	中共党员	大专	1990.08	金正大集团临沭公司供应中心总监	临沭县总工会：临沭县劳动模范
朱礼明	男	1963.09	群众	研究生	1987.07	临沂汇商工谷砼业有限公司董事长	临沭县总工会：临沭县劳动模范
张 昆	男	1979.09	中共党员	研究生	2002.08	中国共产党临沭县委员会宣传部办公室主任	临沭县总工会：临沭县劳动模范
张兰建	男	1975.10	中共党员	大专	1990.12	临沭县临沭街道财政所副所长、城北工作区书记	临沭县总工会：临沭县劳动模范
张庆军	男	1969.10	中共党员	本科	1989.07	临沭一中高三语文教师、高三年级主任、办公室主任	临沭县总工会：临沭县劳动模范

续表 46

姓名	性别	出生年月	政治面貌	文化程度	参加工作时间	工作单位职务	授予单位及荣誉称号
张彩霞	女	1974.11	群众	本科	1995.07	临沭县财政局教科文科科长	临沭县总工会：临沭县劳动模范
张宝金	男	1970.12	中共党员	大学	1993.07	临沭县国税局稽查局局长	临沭县总工会：临沭县劳动模范
张景颜	男	1965.12	群众	本科	1989.09	山东常林集团力士德公司产品总体主管工程师	临沭县总工会：临沭县劳动模范
李广永	男	1969.06	中共党员	本科	1992.08	临沭县人民检察院反渎局局长	临沭县总工会：临沭县劳动模范
李培习	男	1975.12	中共党员	本科	2000.07	临沭县农业局基地品牌办、蔬菜办主任	临沭县总工会：临沭县劳动模范
李善龙	男	1977.09	中共党员	高中	1994.08	史丹利化肥股份有限公司生产中心总经理	临沭县总工会：临沭县劳动模范
杨惠名	男	1977.05	中共党员	本科	1996.12	临沭县统计局综合科科长、党务工作者	临沭县总工会：临沭县劳动模范
邱军昌	男	1983.10	群众	在读博士	2010.03	临沂金柳工艺品有限公司总经理	临沭县总工会：临沭县劳动模范
陈　斌	男	1980.09	中共党员	中专	2003.11	山东金沂蒙生态肥业有限公司合成氨车间主任	临沭县总工会：临沭县劳动模范
周文超	男	1976.06	中共党员	本科	1996.10	临沭县店头镇果茶站站长	临沭县总工会：临沭县劳动模范
武新俊	女	1963.10	群众	文盲	1994.06	临沭县环卫所保洁员	临沭县总工会：临沭县劳动模范
姚洪玺	男	1964.09	中共党员	大专	1982.08	临沭县环保局主任科员	临沭县总工会：临沭县劳动模范
胡怀源	男	1975.08	中共党员	本科	1997.12	国网临沭县供电公司经研办主任	临沭县总工会：临沭县劳动模范
赵志庆	男	1980.10	中共党员	本科	2001.10	临沭县政府办公室督查科科长	临沭县总工会：临沭县劳动模范
唐明波	男	1985.08	中共党员	大学	2005.07	中共临沭县委组织部党员干部教育中心技术科科长	临沭县总工会：临沭县劳动模范
徐　勇	男	1972.08	中共党员	大专	1988.12	山东沂蒙老区酒业集团销售公司总经理	临沭县总工会：临沭县劳动模范
徐熙欣	男	1981.10	中共党员	大学	2004.10	中国共产党临沭县纪律检查委员会科员	临沭县总工会：临沭县劳动模范
班书剑	男	1967.04	中共党员	大专	1990.07	临沭县公安局拘留所所长	临沭县总工会：临沭县劳动模范

2016年临沭县晋升高级专业技术职务人员名单

表47

序 号	工作单位	姓 名	性 别	专业技术职务资格
1	金正大生态工程集团股份有限公司	陈剑秋	男	高级农艺师
2	临沭县教育体育局教研室	高志云	男	正高级教师
3	临沭县青云镇中心中学	张 辽	男	正高级教师
4	临沭县体育中心	张学霞	女	高级教练
5	临沂市工业学校	吴清霖	男	高级教师
6	临沂市工业学校	郇恒飞	男	高级教师
7	临沂市工业学校	唐洪花	女	高级教师
8	临沭第二中学	朱崇尚	男	高级教师
9	临沭第二中学	王 晓	男	高级教师
10	临沭第三实验小学	厉启霞	女	高级教师
11	临沭第一中学	刘秀勇	男	高级教师
12	临沭第一中学	李顺字	男	高级教师
13	临沭第一中学	陈 晔	男	高级教师
14	临沭第一中学	王金华	男	高级教师
15	临沭第一中学	刘西桥	男	高级教师
16	临沭第一中学	吴兴文	男	高级教师
17	临沭第一中学	赵同刚	男	高级教师
18	临沭街道第四小学	麋自壮	男	高级教师
19	临沭县曹庄镇中心中学	卢秀娜	女	高级教师
20	临沭县曹庄镇中心小学	史纪超	男	高级教师
21	临沭县曹庄镇中心小学	王济慧	男	高级教师
22	临沭县曹庄镇中心小学	吴书强	男	高级教师
23	临沭县曹庄镇中心中学	王绪红	女	高级教师
24	临沭县大兴镇古龙岗初级中学	王之强	男	高级教师

续表 47

序号	工作单位	姓名	性别	专业技术职务资格
25	临沭县大兴镇大兴初级中学	戴　林	男	高级教师
26	临沭县大兴镇大兴完小	付用华	男	高级教师
27	临沭县大兴镇大兴完小	王继茂	男	高级教师
28	临沭县大兴镇启明完小	孙长明	男	高级教师
29	临沭县第二初级中学	郇恒勋	男	高级教师
30	临沭县第二实验小学	吴艳丽	女	高级教师
31	临沭县第三初级中学	凌　伟	男	高级教师
32	临沭县第三初级中学	王士梅	女	高级教师
33	临沭县第三初级中学	许　峰	男	高级教师
34	临沭县第三初级中学	高国庆	男	高级教师
35	临沭县第四初级中学	葛洪兰	女	高级教师
36	临沭县第四实验小学	胡　丽	女	高级教师
37	临沭县第五实验小学	史佩芹	女	高级教师
38	临沭县店头镇店头初级中学	张晓平	男	高级教师
39	临沭县店头镇店头初级中学	王资昌	男	高级教师
40	临沭县店头镇中心小学	陈久章	男	高级教师
41	临沭县蛟龙镇初级中学	王远国	男	高级教师
42	临沭县蛟龙镇初级中学	王须军	男	高级教师
43	临沭县蛟龙镇初级中学	沈　超	男	高级教师
44	临沭县临沭街道第一小学	汪凤举	女	高级教师
45	临沭县临沭街道第一小学	张晓芹	女	高级教师
46	临沭县临沭街道中心小学	王丽娟	女	高级教师
47	临沭县青云镇白旄初级中学	袁建军	男	高级教师
48	临沭县青云镇白旄初级中学	武超建	男	高级教师
49	临沭县青云镇中心小学	刘景富	男	高级教师
50	临沭县青云镇中心小学	唐宽珍	女	高级教师
51	临沭县青云镇中心中学	罗运超	男	高级教师
52	临沭县三株希望小学	郭　建	男	高级教师
53	临沭县石门镇石门初级中学	张　猛	男	高级教师
54	临沭县石门镇石门初级中学	李守军	男	高级教师

续表 47

序 号	工作单位	姓 名	性 别	专业技术职务资格
55	临沭县石门镇中心小学	马广芳	女	高级教师
56	临沭县石门镇中心小学	吴清山	男	高级教师
57	临沭县石门镇中心小学	袁 晟	男	高级教师
58	临沭县实验小学	郑 飞	女	高级教师
59	临沭县实验中学	王玉龙	男	高级教师
60	临沭县玉山镇东盘初级中学	谢 彬	男	高级教师
61	临沭县玉山镇中心小学	杨圣华	男	高级教师
62	临沭县玉山镇中心小学	袁照旭	男	高级教师
63	临沭县玉山镇中心小学	李庆军	男	高级教师
64	临沭县玉山镇中心中学	崔久波	男	高级教师
65	临沭县玉山镇中心中学	张永照	男	高级教师
66	临沭县郑山街道中心小学	韩兆霞	女	高级教师
67	临沭县郑山街道中心小学	王庆东	男	高级教师
68	临沭县曹庄镇中心卫生院	杨方芹	女	副主任护师
69	临沭县店头镇中心卫生院	房立峰	男	副主任药师
70	临沭县店头镇中心卫生院	张宝永	男	副主任药师
71	临沭县建宇招标代理有限公司	王科	男	高级工程师
72	金正大生态工程集团股份有限公司	朱孔杰	男	高级工程师
73	金沂蒙集团有限公司	马晓丽	女	高级工程师
74	山东卡特重工机械有限公司	钟玉柱	男	高级工程师
75	山东常林机械集团股份有限公司	王绪桥	男	高级工程师
76	临沭县农业机械管理局	李晓春	男	高级工程师
77	临沭县青云镇统计办公室	刘晓华	女	高级统计师
78	临沭县店头镇财政所	李春道	男	高级会计师
79	临沭县结核病防治所	张国金	男	副主任医师
80	临沭县临沭街道计划生育服务中心	王 萍	女	副主任医师
81	临沭县临沭街道卫生院	徐卫朵	女	副主任医师
82	临沭县皮肤病防治站	贾 伟	女	副主任护师
83	临沭县皮肤病防治站	徐继红	女	副主任药师
84	临沭县青云镇白旄中心卫生院	杨秀诚	男	副主任医师

续表 47

序　号	工作单位	姓　名	性　别	专业技术职务资格
85	临沭县人民医院	何　健	男	副主任医师
86	临沭县石门镇卫生院	武希芬	女	副主任医师
87	临沭县石门镇卫生院	唐信刚	男	副主任医师
88	临沭县玉山镇玉山卫生院	陈　彪	男	副主任医师
89	临沭县玉山镇中心卫生院	孙加兴	男	副主任医师

特　载

TEZAI

政府工作报告

——2017年1月23日在临沭县第十七届人民代表大会第一次会议上

临沭县人民政府代县长　张　雷

各位代表：

现在，我代表县人民政府向大会报告工作，请予审议，并请县政协委员和其他列席人员提出意见。

一、五年团结奋斗，临沭站在了发展的新起点

过去五年，在县委的坚强领导下，在县人大、县政协的监督支持下，我们团结带领全县人民，以建设“幸福临沭”为目标，突出增收、民生、环境提升三大任务，改革创新，真抓实干，经济社会发展总体平稳、稳中有进、进中向好，圆满完成“十二五”规划目标，顺利实现“十三五”良好开局，改革开放和现代化建设取得新的重大进展。

五年来，我们全力以赴促发展，综合实力全面提升。2016年，全县实现生产总值230亿元、一般公共预算收入13.9亿元，是2011年的1.5倍、2.5倍，年均增长9%、20.6%。三次产业比例调整为9.2∶49.2∶41.6。工业经济提质增效。累计完成工业总产值2382亿元，年均增长8%。高新技术产业产值占比达35.2%。实施百企改造升级项目450个，完成技改投资290.1亿元。经济开发区跃居全省综合考核第27位。化肥化工产业集群入选中国产业集群品牌50强，成功创建全国复混肥知名品牌示范区。纳税过亿元的企业达4家。金正大公司主导制定的控释肥国际标准颁布实施，出资2.2亿欧元成功并购德国康朴公司，是国内化肥行业目前最大的海外并购。累计完成进出口总额22.7亿美元。连续举办了三届中国（临沭）柳编进出口商品交易会，柳编区域品牌价值进入全国百强，被评为国家级出口柳编质量安全示范区。新增中国驰名商标8件、省著名商标25件、省名牌产品1个。现代农业稳步发展。全程机械化、水肥一体化加快推进，被评为全国首批主要农作物生产全程机械化示范县，建成水肥一体化示范园区15个。新发展优质农产品基地22万亩。新增各类经营主体1863家，培育市级以上农业龙头企业21家。创建地理标志2个，认证“三品一标”61个。顺利完成农村产权“三项主体”

改革和国有林场改革。累计投资 9 亿元，实施了新增千亿斤粮食产能规划、小农水、苍源河综合治理等工程，农业生产条件明显改善。第三产业日益活跃。累计实现社会消费品零售总额 488 亿元，年均增长 12.8%。商贸物流、文化旅游、电子商务等产业加快发展，澳林国际商贸城、鲁商城市综合体等项目投入运营，成功举办了第三届全国休闲垂钓大赛，苍马山、冠山、沭河古道、夹谷关等景区建设初见成效，青云镇成为沂蒙淘宝第一镇，白旄西居、金柳、东朱崔成功创建中国淘宝村，电商发展、网商、网购 3 项指数连续两年居全市九县第一。金明寓公司、金正阳公司被核准为建筑工程施工总承包国家一级资质。

五年来，我们坚持不懈激活力，改革开放不断深化。各项改革深入推进。被列为全国供销社综合改革试点县、全省农村交通物流试点县、全省新型农村合作金融试点县。行政审批事项大幅削减，政府部门责任清单、行政权力清单公布实施，商事制度改革和营商环境建设成效显著，新增个体工商户 1.3 万户、私营企业 5481 家。“三引一促”成果丰硕。累计引进过亿元项目 170 个，实际到位资金 219 亿元；引进高层次人才 350 余人次、国外智力项目 236 个，11 个项目入选国家高端外国专家项目。项目建设数量、质量双提升，累计完成固定资产投资 782 亿元，年均增长 14.3%。有 4 个项目列入省重点、76 个项目列入市重点，累计争取上级无偿资金 12 亿元。科技创新成果显著。共实施市级以上科技计划项目 152 项，12 项科技成果获得国家、省级科技进步奖。获批国家级研发平台 15 个、国家级科技孵化器 1 个，2 人荣获全市科学技术最高奖。金正大公司获得国家科技进步奖。史丹利公司获得复合肥行业唯一国家技术发明奖。累计申请专利 1652 件，68% 的发明专利实现产业化开发。被评为全国科技进步先进县、首批国家知识产权强县工程示范县、全省创新型产业集群基地、全省人才工作先进县。要素保障更加有力。累计完成社会融资规模 183 亿元，引进银行业金融机构 2 家，新增股权挂牌企业 8 家。银企合作签约资金 324.8 亿元，年均到位率达 98.4%。实施增减挂钩项目 44 个、土地开发整理和农田建设项目 9 个，验收挂钩指标 3871 亩，新增耕地 1110 亩，被评为全省国土资源节约集约模范县。电网投资累计达 5.3 亿元，初步建成现代化县域电网，供电能力实现本质提升。

五年来，我们全域统筹提功能，城乡环境更加宜居。城乡规划不断完善。强化规划引领，编制完成绿地、水系、“四供两排”等专项规划 31 个，中心城区控规覆盖率、镇总规覆盖率达 100%。城市化进程不断加快，城镇化水平达 54.4%，居全市九县之首，成功创建国家园林县城、省级文明县、省级卫生县城。城市功能逐步增强。先后实施城区供暖扩容、城市污水处理二期、红石湖公园改造等工程，城区供暖入网面积 553 万平方米，城市亮灯率达 98%，燃气普及率达 98.2%，城市污水集中处理率达 100%。北城区建设快速推进，苍源河湿地公园、文化中心、森林公园等项目陆续建成启用。完成 3 万吨引水工程，新建第二水厂，城乡一体化供水人口覆盖率达 90%。改造城中村 17 个、棚户区 32 个，拆迁腾空土地 6400 亩。镇村建设成效明显。青云镇、蛟龙镇被评为全国重点镇。管道天然气在全市率先实现“镇镇通”。实施农村道路“硬化 + 改厕”、连片整治和汪塘治理等工程，完成硬化面积 353 万平方米，改厕 3.1 万户，打造美丽乡村示范片区 11 个。朱村被列入全国“美丽乡村”建设示范村。“两区同建”扎实推进，建设新型农村社区 17 个、产业园区 20 个，搬迁村居 66 个。在全市率先实施环卫保洁市场化托管，被认定为全省城乡环卫一体化全覆盖县。道路交通更加顺畅。沂沭铁路、长深高速建成通车。新建和改造城乡道路 343 公里。修建村级公路 357.4 公里，被列入全省第三批村级公路网化示范县。在全市率先完成城际公交改造，新增公交车 189 辆，更新出租车 206 辆，被列为全省城乡公交一体化示范县。城区公共自行车系统建成运行，布设站点 110 处，投放公共自行车 1900 辆。绿色发展初见成效。完成造林 10.8 万亩，林地面积达 45.8 万亩，森林覆盖率达 36.5%。完成 36 家重点企业水污染治理再提高工程，实施牛腿沟尾水生态建设等环境整治工程，整治畜禽养殖场 6673 家，出境断面水质稳定达标。整治大气污染企业 321 家，拆改 10 吨以下燃煤锅炉 169 家，空气质量得到改善。成功创建国家级生态示范区、省级生态县。

五年来，我们不遗余力惠民生，人民生活日益改善。累计完成民生支出 107.2 亿元。城镇、农村居民人均可支配收入年均增长 12%、10.6%。每年一批的为民工程、为民实事全部兑现。保障水平不断提高。大力推进精准扶贫、精准脱贫，累计脱贫 5.9 万人，建成精准扶贫示范点 197 个；新华社、央视《新闻联播》相继报道了我县的扶贫经验。年均新增城镇就业 6000 人、转移农村劳动力就业 1.2 万人。累计发放小额担保贷款 4.1 亿元，新增创业 7553 人，被评为山东省创业先进城市。居民基本养老保险适龄人员参保率达 95% 以上，居民基本医疗保险参保率达 99% 以上。建成各类保障性住房 2.1 万套。社会福利服务中心投入运营，建成各类养老机构 61 处。城乡低保、农村五保、医疗救助、企业退休人员基本养老金都有新的提高。县康复中心建成使用，“医康结合”运营模式在全省推广。社会事业协调推进。优先发展教育事业，累计投资 5.9 亿元，新建第二、第三、第五实验小学和北城实验学校、特殊教育学校；改建扩建职业中专、第二初级中学，实施“全面改薄”项目 42 个，极大改善了办学条件。被评为全国义务教育发展基本均衡县。医药卫生体制改革顺利推进，县医院新院、第三人民医院、镇街卫生院病房楼等项目加快建设，县妇幼保健院新院投入使用。被评为全国基层中医药工作先进县。落实“全面二孩”政策，综合治理出生人口性别比，出生人口质量稳步提升。大力发展文化事业，县文化馆、图书馆被评为国家一级馆，建成镇街综合文化站 9 处、乡村大舞台 124 处，“激情四季·唱响临沭”群众文化活动品牌成功入围国家公共文化服务体系示范项目。被评为山东省社会文化先进县、全国社会主义新农村建设档案工作示范县。社会管理持续深化。移风易俗扎实推进，精神文明建设不断深化。有 4 人被评为中国好人、7 人被评为山东好人、2 人被评为全省道德模范，荣获省“四德工程”建设示范县、山东省乡村文明行动先进县。征兵工作保持连续 56 年无责任退兵的全国最高纪录，荣获全省双拥模范县“七连冠”，滨海红色文化纪念园被列入全国爱国主义教育示范基地，滨海革命烈士陵园被批准为国家级抗战纪念设施。深化安全监管和隐患排查治理，安全生产形势持续稳定。县检验检测中心实验室顺利通过省质量技术监督资质认定，食品药品安全监管不断强化，被授予省级药品安全示范县。深入开展“六五”普法，获评全国“六五”普法中期先进县。信访、维稳、应急管理、社会治安综合治理等工作扎实有效，社会局面安定和谐。此外，妇女儿童、青少年、老年人权益得到保障，人防、气象、外侨、机构编制、民族宗教、防震减灾、史志、物价、科普、邮政、通信等事业取得新成绩。

五年来，我们持之以恒转作风，施政水平持续提高。坚决贯彻落实县委的决策部署，自觉接受人大、政协和社会各界监督，累计办理人大代表建议 395 件、政协委员提案 821 件，答复率达 100%。深入开展党的群众路线教育实践活动、“三严三实”专题教育、“两学一做”学习教育，党员干部经受了深刻的思想洗礼和作风锤炼。深化“结亲连心”活动，扎实开展“强党性、重品行、敢担当”作风建设提升活动，从严从实、标本兼治的制度体系日益完善。严格落实党风廉政建设责任制，加大行政监察和审计监督力度，严肃查处了一批违法违纪案件。认真做好12345市民服务热线办理工作，镇街便民服务中心、村居便民服务点实现全覆盖。严格执行中央八项规定精神，“三公”经费连年下降，超标办公用房全面清理，公务用车制度改革顺利推进。坚持依法行政，推进政务公开，狠抓简政放权，积极转变职能，政府系统的创新力、执行力、公信力不断提升。

各位代表，历经过去五年的不懈努力，今天的临沭已成为一座生机勃发、前景美好的新兴城市。勤劳智慧的临沭人民，用心血和汗水、激情与拼搏，书写了临沭发展史上的崭新篇章！这五年，中央和省市领导对临沭一直高度关注、亲切关怀，特别是2013年，习近平总书记亲临我县视察指导，带来了党中央的关怀和温暖，鼓舞了全县人民干事创业的激情与斗志。这五年，面对严峻的宏观经济形势，我们科学谋划、迎难而上，主要经济指标提档升级，一般公共预算收入在全省前进了12个位次。这五年，我们以“六有两提高”为目标，坚持城乡一体化发展，把全县财力的80%以上用于改善民生，群众的幸福感、获得感显著提升。这五年，我们按照既定的工作思路和目标任务，同心同德、拼搏实干，各项工作成效凸显、亮点纷呈，先后有49个全国、省、市现场会议在我县召开，累计荣获28项国家和省市荣誉，进一步提升了临沭的知名度、美誉度，扩大了临沭的影响力。这些成绩的取得，得益于县委的正确领导，离不开县人大、县政协和社会各界的监督支持，凝聚着全体代表、委员的智慧与力量，倾注了全县65万人民的心血与汗水。在此，我代表县人民政府，向全县广大干部群众，向各位人大代表、政协委员，向驻沭官兵、政法干警和上级驻沭单位，向离退休的老领导、老同志，以及所有关心、支持临沭发展的社会各界朋友，表示衷心的感谢并致以崇高的敬意！

各位代表，成就抒写历史，经验启迪未来。五年团结奋斗，我们深刻认识到：必须坚持把加快发展作为第一要务。我们创造性贯彻落实上级决策部署，抢抓发展机遇，加快转型升级，提高质量效益，走出了一条富民强县的新路子。必须坚持把改革创新作为根本动力。我们敢于打破定势，勇于先行先试，以改革的办法破除体制障碍，以创新的精神破解发展难题，有效激发了全社会的创造活力。必须坚持把改善民生作为执政之本。我们把实现好、发展好、维护好人民群众根本利益作为一切工作的出发点和落脚点，集中精力保障和改善民生，人民群众的幸福指数不断提高。必须坚持把团结实干作为坚强保障。我们团结一切力量，充分调动各方面积极性、主动性，“同唱一首歌、同演一台戏”，形成了团结和谐、干事创业的生动局面。所有这些，都是我们逐步积累的宝贵财富，必将对临沭未来发展产生重要影响。

在肯定成绩的同时，我们也清醒认识到，发展中仍存在不少困难和问题。主要是：经济总量不大、镇域经济薄弱、产业结构不优，大项目、好项目偏少，发展后劲不足；财政支出压力较大，财政体制亟需理顺；资源环境约束日益趋紧，生态环境质量有待改善；城镇化质量不高，公共服务离群众期望还有差距；政府职能转变、依法行政能力、政务服务水平仍需提升，等等。对此，我们将采取有效措施，认真加以解决，决不辜负全县人民的信任与期待！

二、和美幸福临沭建设的宏伟蓝图

当前和今后一个时期，国际国内环境将继续发生深刻变化，世界经济在深度调整中曲折复苏，新一轮科技革命和产业变革蓄势待发。我国经济发展进入新常态，经济发展稳中有进、长期向好的基本面没有变，仍处于大有可为的重要战略机遇期。经过多年的发展，我县的产业基础更加坚实、区位优势更加凸显、发展前景更加广阔，但发展中依然存在诸多困难和问题。县第十二次党代会科学绘制了今后五年全县发展的宏伟蓝图，为做好新一届政府工作指明了方向。我们将按照县第十二次党代会确定的发展思路和目标任务，准确把握临沭发展的阶段性特征，凝心聚力，创新实干，努力把经济社会发展推向新的更高水平。

今后五年全县经济社会发展的总体要求是：深入贯彻党的十八大、十八届历次全会和习近平总书记系列重要讲话精神，统筹推进“五位一体”总体布局，协调推进“四个全面”战略布局，坚持稳中求进工作总基调，牢固树立和贯彻落实新发展理念，适应把握引领经济发展新常态，以建设和美幸福临沭为目标，以产业升级为主线，以项目建设为抓手，以改革创新为动力，以改善民生为根本，破解发展难题，增强发展后劲，厚植发展优势，着力提高经济增长的质量和效益，努力打造经济发达、生态优良、文化繁荣、城乡一体、社会和谐的临沂东部产业新高地、花园卫星城。

未来五年的主要目标任务是：

——建设产业发达、实力强劲的经济强县。坚持强工重农兴商，加快三产融合，打造现代产业体系，做大总量、提升质量、增强后劲，全面提升综合实力。今后五年，地区生产总值、一般公共预算收入、规模以上固定资产投资年均增长 9%、10%、12%，高新技术产业产值占比达 42% 以上，力争综合实力进入全市第一方阵。

——构建环境优良、绿色发展的生态美城。坚持环保优先、生态立县，大力发展低碳技术、环保产业和绿色经济，资源利用效率、可持续发展能力明显提升，生态环境和人居环境有效改善，生态文明建设取得明显成效。到 2021 年，森林覆盖率达 38.5%，城区绿化覆盖率达 45.3%，各项约束性指标全面完成上级下达的任务。

——培育底蕴深厚、充满活力的文化名城。顺应社会发展进步和人民群众对精神文化的新需求，加强先进思想文化引领，大力发展文化事业和文化产业，深入开展群众性精神文明创建活动，人民群众思想道德素质、科学文化素质明显增强，城市文化品位全面提升。

——打造城乡一体、宜居宜业的现代新城。坚持规划引领、产城融合，大力实施新型城镇化战略，全面推动中心城区、特色小城镇、新型农村社区、“美丽乡村”统筹协调发展，率先形成城乡一体发展新格局。到 2021 年，城镇人口达 42 万人，县城建成区面积达 32 平方公里，城镇化水平达 63% 以上。

——建设成果普惠、社会和谐的幸福之城。把保障和改善民生作为工作的出发点和落脚点，及时回应群众关切，大力发展社会事业，坚决打赢脱贫攻坚战，全面建成小康社会，使全县人民共享改革发展成果。今后五年，城镇、农村居民人均可支配收入年均增长 9%、10%；教育、卫生、文化、交通、居住等条件得到较大改善。

各位代表，实现今后五年的奋斗目标，建设和美幸福临沭，是时代赋予我们的光荣使命，是全县人民的共同期盼。我们坚信，只要我们携手同心、众志成城，撸起袖子加油干，我们的目标就一定能够实现，临沭的明天一定会更美好！

三、努力实现新一届政府工作良好开局

今年是新一届政府全面施政的开局之年，开好头、起好步意义重大。我们将坚持把科学发展作为第一要务，以推进供给侧结构性改革为主线，加强预期引导，深化创新驱动，全面做好稳增长、促改革、调结构、惠民生、防风险各项工作，促进经济平稳健康发展和社会和谐稳定。主要预期目标是：生产总值增长 9%，一般公共预算收入增长 10%，规模以上固定资产投资增长 12%，社会消费品零售总额增长 11%，进出口总额增长 7%，城镇、农村居民人均可支配收入分别增长 9%、10%。完成市政府下达的各项约束性指标。

围绕上述目标，重点做好六个方面的工作：

（一）主攻项目建设，加快提质增效，开创开放发展新境界。坚持把“三引一促”和项目建设作为经济发展的龙头，加大招商力度，强化项目建设，推进开放开发，以项目的强势突破、开放的优势提升，推动县域经济发展上台阶、上水平。

1. 大力实施“三引一促”。转变招商理念。认真落实国务院关于允许地方政府在法定权限范围内制定出台招商引资优惠政策的规定，科学研判产业转移走向和宏观政策取向，创新扶持举措，超前搭建平台，把握招商主动权。实施招商引资、招才引智“双招引领”，统筹抓好招项目、招人才、招技术，形成全要素招引态势。对本地现有企业实施技术改造、对外合作、扩大生产规模的，给予招商项目同样的政策支持。提高招商实效。开展“招商引资攻坚年”活动，积极对接“一带一路”、西部经济隆起带等重大战略，重点围绕化肥化工、装备制造等优势产业，瞄准央企、上市公司、知名企业等优质资源，加强专业化招商队伍建设，灵活运用以商招商、会展招商、代理招商等多种方式，开展精准化、专业化招商，加快引进一批投资体量大、市场前景好、带动能力强的大项目好项目，力争完成招商引资 80 亿元。完善考核办法，对重大项目引荐人或企业给予适当奖励，调动各级招商的积极性。加快项目建设。开展“项目建设突破年”活动，促进资源向项目倾斜、力量向项目集中、服务向项目集聚，以优质项目调整产业结构、增强发展后劲。完善项目推进机制，推行一线工作法，加强协调督查调度，及时解决项目建设中的用地、资金等问题，确保富朗生物科技、山田复合金刚石线锯、光大节能环保、道依茨现代智能农业收获机械、雷华树脂基复合材料、金沂蒙兰炭等项目顺利推进，力争完成规模以上固定资产投资 210 亿元，高新技术产业投资占比提高 3 个百分点。

2. 大力加强园区建设。按照产业发展园区化、集群化、高端化的要求，加快产业园区建设，打造转型升级的示范区、科学发展的新高地。加强基础设施建设。加大投入力度，完善水、电、气、路、通讯等功能配套，推进资源共享、设施共建、产业互补、环境共治，实现项目建设、公用工程、物流运输、环境保护、管理服务一体化，提升园区的吸引力和承载力。加大政策扶持力度。研究出台关于扶持园区发展的意见，进一步理顺园区管理的体制机制，打造良好的营商环境，并在资金、土地等要素上给予重点倾斜，激发园区发展活力。及时解决园区建设中存在的项目手续、土地制约等问题，促使项目尽快产生效益。支持经济开发区争创国家级经济开发区。促进产业集群发展。以经济开发区、新型工业化实验区、青云工业集中区“三大园区”为主阵地，加大产业招商力度，促进项目向园区集中、产业向园区集聚。落实“飞地经济”政策，调整财政受益分享体制，保证镇街既得利益，调动镇街和部门向园区招商的积极性。

3. 大力优化要素保障。强化资金保障。完善银企结对帮扶机制，提高金融服务实体经济效率，力争新增贷款30亿元，社会融资规模达到70亿元。发挥产业引导基金、转贷应急资金等牵引作用，扶持更多科技含量高、财税贡献大的项目和企业健康成长。精心包装一批重点项目，通过PPP、政府购买服务等形式，加大融资力度，保障政府投资项目资金需求。加强金融风险防范，提高监管能力，确保不发生区域性、系统性金融风险。强化用地保障。坚持集约节约用地，积极对上争取、对内挖潜，用足用好土地点供、增减挂钩等政策，力争处置闲置低效土地450亩，实现挂钩指标1500亩以上。鼓励企业建设高标准多层厂房，提高项目投入产出比和财税贡献率。强化人才保障。创新人才引进机制，完善人才服务体系，加快引进一批创新创业团队、产业领军人才和实用技能人才，力争引进高层次人才创业项目5个以上、高层次创新创业人才200名以上。积极做好泰山产业领军人才、高端外国专家项目申报工作。加大职业技能培训力度，力争培训5000人以上、高职学院项目落户临沭。

（二）加快转型升级，优化产业格局，打造现代产业新体系。坚持创新驱动，促进三产融合，打造充满活力、富有潜力、支撑有力的现代产业新体系，全面提升产业竞争力。

1. 调结构、提质态，做大做强新型工业。坚持“工业强县、创新发展”不动摇，按照“1233”的发展思路，出台关于加快工业经济发展的意见，打造工业经济升级版，力争规模以上工业增加值增长5%。坚持高端化理念，使产业更有效益。深化供给侧结构性改革，深入推进“三去一降一补”，增加高端供给，去除低端产能，使企业和产品始终站在产业发展的高端和前沿。突出抓好化肥化工、装备制造两大国家级创新产业集群，提升发展柳编工艺、健康食品两大特色产业集群，发扬“工匠精神”，加快技术升级，开发高端产品，推动传统制造商向“制造＋服务商”转变，建设国家级高端涉农产业示范区。实行标准化生产，使产业更可持续。实施“百企百项技改计划”，引导企业引进新设备、新技术、新工艺，加快改造提升机械、钢管、食品加工等传统产业，提高产品附加值和市场占有率，力争技改投资增长20%以上。抢抓国家实施“中国制造2025”机遇，积极培育新材料、生物医药、电子信息、节能环保等新兴产业，以技术优势抢占发展制高点，以规模优势扩大市场覆盖率，推动新兴产业规模化、集群化。加快集聚化发展，使产业更具活力。实施骨干企业培植计划，促进资源、要素向优势企业倾斜，加快企业改制、“二次创业”步伐，打造实力雄厚、品牌响亮的“百年企业”，力争新增主营业务收入过100亿元企业1家、过50亿元企业2家。实施中小微企业精准培育、重点扶持“双百工程”，力争新增规模以上企业20家、大型企业1家、中型企业5家，形成骨干企业“顶天立地”、小微企业“铺天盖地”的良好格局。通过环境保护、安全生产和节能减排“三个工具”，倒逼企业实施技术改造，促进产业转型升级、腾笼换鸟。鼓励支持重点企业走出去，扩大对外投资，开展国际并购，引导外资更多投向高新技术制造业、高附加值服务业。实施企业家素质提升工程，加大对企业家的培训力度，打造一支具有国际视野、战略眼光的企业家队伍。

2. 抓质量、提效益，做特做优现代农业。按照“1258”的总体思路，深入推进农业供给侧结构性改革，推动农业生产向安全、高效、绿色方向转型。调优产业结构。落实藏粮于地、藏粮于技战略，确保粮食种植面积稳定在80万亩以上，保护和提高粮食综合生产能力。深化农业结构调整，大力发展花生、茶叶、葡萄、蓝莓、地瓜、杞柳等优质品种，打造特色优势产业。加快金正大中以现代农业示范园、春山茶场综合园等现代农业园区建设，力争调整优化产业结构面积 5 万亩。创新经营方式。稳步推进土地流转、土地托管，积极探索土地适度规模经营模式，建好村级农业服务中心，培育一批农业龙头企业、新型农业经营主体，提高农业集约化水平和组织化程度，力争新增市级以上农业龙头企业 6 家、农民合作社 150 家、家庭农场 100 家、种粮大户 30 家。按照“接二连三”的思路，发展农产品储运加工营销、休闲农业、乡村旅游、“互联网 + 农业”等新业态，推动农业与旅游、文化、健康养老等产业融合发展，提高农业综合效益。提升装备水平。积极推广水肥一体化技术，争创全省水肥一体化示范县。加快推进主要农作物生产全程机械化，提升农业规模化、品质化、科技化水平。狠抓农产品标准化生产、品牌创建和质量安全监管，提高农产品供给质量和竞争力，力争新认证“三品一标”4 个、无公害畜产品 3 个、创建“临沭地瓜”地理标志，争创全省农产品质量安全生产县，启动省级农高区、高端现代农业示范区创建工作。

3. 拓领域、提功能，做新做活现代服务业。按照“1234”的发展思路，大力发展现代服务业，力争服务业占比提高 1.3 个百分点。繁荣发展商贸物流业。加快城区商业项目建设，改造提升镇街商贸中心、农村集贸市场，鼓励有实力的连锁经营企业到镇村布点经营，形成布局优化、多点支撑的消费增长格局。支持骨干企业做大物流业，加快铁路物流园区、供销现代物流园区等项目建设，培育供应链物流、冷链物流等现代物流业态，提高物流信息化、专业化水平。创新发展新兴服务业。依托“互联网 +”，积极发展金融保险、科技服务、健康服务等新兴服务业，推动生产性服务业向专业化和价值链高端延伸、生活性服务业向精细化和高品质转变。大力发展电子商务，高标准规划建设电子商务园区，实施电商进村工程，推动城市与农村、线上与线下融合发展、跨界创新，培育一批淘宝村、电商龙头企业和电商基地。突破发展文化旅游业。树立“全域旅游”理念，改造提升苍马山、冠山、沭河古道、夹谷关等景区，加快蛟龙航空小镇、青云柳编小镇、天醁山庄、亿龙水上乐园等项目建设，大力发展红色旅游、乡村旅游，高点定位，整体包装，打造亮点，形成爆发点。推动旅游业与农业、文化、生态、城乡建设融合发展，打造“苍马山—冠山”旅游休闲产业集聚区、沿沭河水域休闲度假观光带和县域东部农渔旅休闲体验带。加强与周边区域的合作对接，依托 500 公里经济圈，以点带面、串点成线，打造精品路线，策划节事活动，全面提升临沭旅游吸引力，叫响“好客山东 · 乐而思沭”旅游品牌，汇聚人流、物流、信息流、资金流，带动全县服务业整体提升。

（三）围绕城乡一体，完善功能配套，打造宜居宜业新环境。坚持以人的城镇化为核心、城乡一体化为导向，按照“城市更强、城镇更精、乡村更美”的理念，提升城乡统筹发展水平，力争城镇化率达 56%。

1. 坚持科学规划，拉开发展框架。注重规划引领，以接近城镇化成熟期的规模倒推，合理确定城乡发展目标、规模、产业导向和空间结构，为今后发展提供科学指导。实施“多规合一”，扎实做好临沭县总体规划、城区控制性详规修编和“全域旅游”总体规划、地下综合管廊等专项规划编制工作。将中心城区、临沭街道、郑山街道纳入统一规划、统一建设。严格执行规划，强化规划的权威性、严肃性和刚性约束。积极对接临岚高速、临连铁路、城际高铁等重大基础设施建设，启动沭河东岸滨河大道建设，加快国、省道干线公路改造步伐，完善县域交通骨架，构建

"两高两铁、七横七纵"立体式交通网络，打造鲁南苏北重要的交通枢纽型城市。

2. 坚持内涵提升，增强城市功能。积极对接临沂、融入临沂，按照"西北拓展、内部优化、东向微延、南控待用"的发展方向，开展"城市建设管理提升年"活动，进一步彰显山水特色风貌，提升承载服务功能，打造"山水环绕、一河串城、一体两翼、景城融合"的精致美丽县城。让城市功能更完善。加强城市基础设施建设，启动兴南街东延、正大街西延、冠山路南延、青云山路北延等道路新建工程，实施常林大街、苍山路等道路改造提升工程。继续实施供暖扩容工程，更新改造老机组，配套建设正源路、北城区供热管网。启动地下综合管廊建设，健全给排水、污水处理、雨污分流等设施，建设"海绵城市"。加快推进北城新区建设，实施创业大厦、体育中心二期、苍源河体育公园、苍源河大桥等功能性项目，初步建成新城核心区。让城市环境更宜居。加大棚户区、老旧小区改造力度，完成棚户区改造3950户、改造老旧小区9个。坚持"房子是用来住的、不是用来炒的"定位，按照市场需求，加强市场监管，提高物业管理水平，促进房地产业健康发展。加快发展建筑业，支持金明寓公司争创建筑领域国家特级资质。强化城市管理，认真落实单位"门前五包"责任制，持续推进城市交通秩序、占道经营等专项整治，巩固三轮车整治成果，逐步扩大三轮车整治禁行路段和区域。加快停车场、停车泊位、农贸市场、公共厕所建设，提高城市科学化、精细化管理水平。坚持拆违、控违"两手抓、同发力"，深入推进违法建设治理行动，改善人居环境，拓展发展空间，提高政府公信力。

3. 坚持城乡联动，加快镇村发展。进一步理顺县镇（街）财政体制，明确发展方向和路径，加快发展镇域经济，打造一批实力强劲、富有活力、环境优美的特色小城镇。以青云镇、蛟龙镇两个全国重点镇为示范，创新体制机制，加大扶持力度，打造小城镇建设排头兵。其他镇街统筹考虑区位、人口、资源等自然禀赋，合理确定发展规模，促进产业集聚，强化功能支撑，打造一批"工业重镇"、"商贸强镇"、"旅游名镇"。继续实施村级公路网化示范县建设，完成长深高速临沭北出口连接线建设，加快沭赣路、青石路北段、沭牛路北段等道路建设。积极推进农村道路"硬化＋改厕"、城乡供水一体化、农网改造升级等工程，大力提升城乡环卫一体化水平，推动公共服务向镇村拓展、基础设施向镇村延伸，力争完成户户通硬化300万平方米、无害化厕所改造5.7万户，城乡供水一体化在全省率先实现全覆盖。继续实施"两区同建"，打造一批设施齐全、功能完善、生态宜居的新型农村社区，力争完成社区供暖4个，供暖户数达2000户。同步推进产业园区建设，形成"一村一品""一村一特"，让群众居住在社区、就业在园区。加快"美丽乡村"建设，推进移风易俗，弘扬时代新风，注重地方特色传承、乡土风貌塑造和传统村落保护，让居民望得见山、看得见水、记得住乡愁。

（四）深化改革创新，建设生态文明，构筑持续发展新优势。挖掘改革创新的潜力，激发绿色崛起的活力，全力构筑持续发展的强劲动力，推动经济提质增效。

1. 坚定不移深化改革。加快推进"放管服"，加大简政放权力度，全面推行"三集中、三到位"，简化审批流程，加快在线审批，提高审批效率，打造便捷高效的政务环境。及时落实扶持企业发展的政策措施，多渠道降低企业成本，打造安商富商的营商环境，帮助企业轻装上阵、加快发展。全面推行部门权责清单制度，在青云镇探索编制权责清单，健全镇级权力运行体系。深化财税、金融、土地、社会保障、生态文明等基础性重大改革，全面落实降税清费政策，加快商事制度改革，激发各类市场主体活力。继续深化供销合作社综合改革。稳步推进事业单位分类改革。深化农村产权制度改革，开展农村集体资产股份制改革，启动农村产权融资工作，搞好新型农村合作金融试点，增强农村发展活力。

2. 持之以恒推进创新。实施创新型企业培育工程，突出抓好龙头企业、中小微企业、高新技术企业“三项培育计划”，推动创新政策、资源、要素向重点产业和企业集聚，加快培育金正大、史丹利、金正阳、金宝诚、沂蒙老区、山田研磨等一批科技创新型企业，力争新认定高新技术企业3家、高新技术产业产值占比提高2个百分点。加强与知名高校、科研院所的产学研合作，组织实施一批重大科技攻关项目，推动科技同经济对接、创新项目同实际生产对接，促进科技创新成果资本化、产业化，新增市级以上科技创新平台3家以上、发明专利100件以上，力争国家科技进步奖实现新突破。大力实施品牌强县、质量兴县战略，把振兴实体经济的着力点放在质量品牌建设上，以质量打响品牌，以品牌赢得市场。鼓励企业主导或参与制定国家和国际标准，努力做到技术上有话语权、市场上有定价权。力争新增省著名商标2件、市长质量奖1个、市标准创新贡献奖1个。

3. 铁腕重拳优化生态。持续推进节能减排。实施“工业绿动力”计划，推广先进节能减排技术，发展低碳经济和节能环保产业。推进园区循环化、生态化改造，培育再生资源回收产业，发展循环经济，促进生产方式循环化、绿色化转型。深入开展综合治理。狠抓大气污染防治，重点抓好“压煤、抑尘、控车、治气、增绿”，持续改善大气质量。完善水治理体系，严格落实“水十条”，全面推行“河长制”，加大重点涉水企业监管，狠抓畜禽养殖污染整治，巩固提升水污染防治成果。深化农业面源污染防治，提升固态废弃物处置能力，确保土壤环境质量总体稳定。加快经济开发区污水处理厂建设。强化生态保护和修复。实施一批城区园林绿化、城市绿道建设等工程，增强城市绿化的生态功能和景观效果。推动矿山企业兼并重组，全力推进矿区环境治理和生态恢复。加强水系、森林、湿地等生态系统保护和修复，完成造林1.8万亩，争创国家级沭河湿地公园、省级森林城市。

（五）增强民生福祉，提升幸福指数，迈出同步小康新步伐。牢固树立以人为本的发展理念，计划投资61.9亿元，实施10项民生工程和30件民生实事，推动公共财政向民生倾斜、公共服务向全民覆盖，让群众有更多获得感。

1. 拓宽更加多元的增收渠道。按照“小康路上一个都不能掉队”的要求，坚持把扶贫攻坚作为头等大事，整合资源力量、精准落实政策，一丝不苟“摘穷帽”，全力以赴“拔穷根”，确保基本完成脱贫任务。完善民生配套政策，探索建立脱贫长效机制，坚决防止数字脱贫、脱贫再返贫。实施更加积极的就业政策，加大对重点群体和困难人员帮扶力度，推动实现更高质量的就业，力争新增就业5000人、转移农村劳动力就业1.1万人。深化“创业临沭”工程，加大创业扶持力度，推动大众创业、万众创新，力争发放创业担保贷款1亿元，创建省级大学生就业见习基地1处，新增创业企业100家，扶持创业1000人。健全工资正常增长机制，推动居民收入与经济发展同步增长、劳动者报酬与劳动生产率同步提高。

2. 构建更加完善的保障体系。深化社会保险制度改革，实施全民参保计划，加强制度衔接，完善筹资机制，力争职工社会保险参保率达98%以上，进一步提高城乡居民基本养老、医疗保障水平。加强保障性住房建设，有效解决城镇低收入家庭和新就业人员、外来务工人员住房困难问题。完善社会救助体系，提高社会救助标准，加大重大疾病医疗等专项救助力度。大力发展慈善事业，统筹推进救孤、助残、济困、扶老、优抚等福利事业发展，建设适度普惠型社会福利。创新社会养老模式，加大县社会福利中心、镇街敬老院、社区日间照料中心、农村幸福院投入力度，鼓励社会力量投资兴办养老机构，建立功能完备、覆盖城乡的养老服务体系。

3. 提供更加优质的公共服务。大力发展教育事业，实施“全面改薄”、解决大班额、标准化幼儿园、高中校舍改造、高级中学建设、标准化操场“六大教育提升工程”，不断改善办学条件；全面推行中小学校长职级制，稳妥推进工资绩效改革，实施教师素质提升计划，提高教育教学质量。深化医药卫生体制改革，建立健全分级诊疗制度，探索建立医疗联合体；加快县医院新院、9 处镇街卫生院门诊楼、96 处卫生室新建和 196 处卫生室改建工作，提高基本医疗服务水平，确保顺利通过省级卫生县城复审，争创国家级卫生县城。实施“全面二孩”政策，强化服务意识，提高出生人口质量。实施文体惠民工程，完善覆盖城乡的公共文化服务体系，精心组织“激情四季·唱响临沭”文化活动，加强文化遗产保护，繁荣文艺创作，促进文化产业与相关产业融合发展,打造更具影响力的文化品牌。发展体育事业，完善城乡体育设施，深入开展全民健身运动，提高群众身体素质。

4. 巩固更加和谐的社会局面。深入开展群众性精神文明创建活动，积极培育和践行社会主义核心价值观，提高公民思想道德水平。全面开展“七五”普法，加大法律援助和司法救助力度，提高全民法治意识，维护社会公平正义。创新安全监管方式，狠抓隐患排查治理，确保安全生产形势持续稳定。加强食品药品安全专项整治，争创省级食品安全先进县。强化应急管理，提升突发公共事件处置能力。扎实做好全国第三次农业普查工作，全面了解我县“三农”变化情况。加大社会治理力度，强化网络监管，依法规范信访秩序，妥善化解各类矛盾。依法管理民族宗教事务，促进民族团结。深化平安临沭建设，推进公共安全视频监控联网和“雪亮工程”深度应用，打造更加完善的社会治安防控体系。深化军民融合发展，巩固全民国防教育、国防动员、双拥共建的良好局面。

（六）加快转变职能，提高行政效能，展现执政为民新风貌。以改革创新精神，大力加强政府自身建设，推进政府治理体系和治理能力现代化，打造人民更加满意的政府。

1. 坚持依法行政，着力提升法治水平。自觉维护县委权威，认真落实县委决议，主动接受县人大、县政协的监督，及时办理人大代表建议和政协委员提案，广泛听取社会各界意见。坚持尊法学法守法用法，做到依法执政、依法行政共同推进，法治政府、法治社会一体建设。坚持运用法治思维和法治方式深化改革、推动发展、化解矛盾，严格依照法定权限和程序行使权力、履行职责。规范和改进行政执法。坚持科学民主决策，全面推进政务公开，让权力在阳光下运行。

2. 坚持狠抓落实，着力提升工作成效。牢固树立担当意识和工作主体责任意识，勇于担当、敢于负责，以“功成不必在我”的境界，多做打基础、利长远的工作。推行目标管理，层层传导压力，一件一件抓落实，一项一项求突破，全面提高工作成效。建立合理的容错、纠错、考评、保护机制，让干事者无忧、担当者无虑，充分激发干部群众干事创业的蓬勃热情。破除“小富即安、小成即满”的思想，高点定位、争先进位，做到逢先必争、逢优必创、逢旗必扛，力争各项工作进入全市第一方阵。

3. 坚持勤政为民，着力提升服务水平。树立群众观点，坚持群众路线，深化“结亲连心”活动，问需于民、问计于民、问效于民，提高政府服务的针对性和精准度。始终把群众利益放在首位，时刻关心群众的冷暖安危，多为群众办实事、做好事。畅通县长信箱、来信来访、12345市民服务热线、行风热线等民意诉求渠道，及时解决群众关心的实际问题。认真落实首问负责、一次告知等制度，让群众少跑腿、快办事，提高群众的满意度。

4.坚持廉洁自律，着力提升良好形象。严格落实政府党组全面从严治党主体责任，加强政府系统党的建设，引导广大党员不忘初心，继续前进，走好新的长征路。坚持讲规矩、守纪律，认真落实党风廉政建设“一岗双责”，增强拒腐防变能力。严格执行中央八项规定精神，厉行勤俭节约，严控“三公”经费，集中财力加快发展、改善民生。加大监察、审计监督力度，加强对重点领域和关键环节的监管，严肃查处各类违纪违法案件，营造风清气正、心情舒畅的发展环境。

各位代表，抚今追昔，我们豪情万丈；展望未来，我们激情飞扬。让我们紧密团结在以习近平同志为核心的党中央周围，在中共临沭县委的坚强领导下，团结拼搏，开拓进取，向着全面建成小康社会、建设和美幸福临沭的宏伟目标奋勇前进，以优异成绩迎接党的十九大胜利召开！

临沭县2016年国民经济和社会发展计划执行情况

2016年，全县上下在县委的坚强领导下，在县人大、政协及社会各界的监督支持下，以开展“两学一做”学习教育为动力，着力推进供给侧结构性改革，适度扩大总需求，加快发展动能转换，努力保障改善民生，有效防控各类风险，全县经济运行缓中趋稳、稳中向好，主要经济指标保持在合理区间，实现“十三五”良好开局。

（一）促增长、强发展，主要经济指标稳步提升

全县实现地区生产总值228.3亿元，同比增长7.6%；三次产业比调整为9∶47.7∶43.3；规模以上固定资产投资完成185.5亿元，同比增长3%；完成一般公共预算收入13.9亿元，同口径增长14%；实现社会消费品零售总额118亿元，同比增长10.5%；农民人均可支配收入达到11443元，同比增长10%，城镇居民人均可支配收入达到33350元，同比增长9%；高新技术产业产值占规模以上工业产值占比达35.2%；实现进出口总额36.1亿元，同比增长23.6%；其中出口26.8亿元，同比增长36%。

（二）转方式、调结构，三次产业趋向协同发展

农业实现稳步发展。积极推广良种良法，强化田间管理，粮食生产实现“十四连增”。突出抓好农田水利基础设施建设，建成2.5万亩高标准农田，全国新增千亿斤粮食生产能力规划

2016年田间工程建设项目已启动。推广节本增效技术，水肥一体化应用面积占规模化种植面积的17.5%。基本实现了主要农作物生产全程机械化，被授予全国首批示范县。大力发展新型农业经营主体，新发展农民专业合作社219家，重点打造了农泰现代生态园等5个现代农业特色园区，提升建设优质农产品基地6万亩；以全市打造“生态沂蒙、大德务农”品牌为机遇，加快农产品基地品牌建设，新认证“三品一标”3个，再次荣膺“中国柳编之都”称号，成功创建国家级出口柳编质量安全示范区，“临沭柳编”被认定为中国农产品区域公用品牌。

工业实现增效提质。实施“工业强县”战略，深入推进“二次创业”与企业改制，促进我县工业经济稳增长、提质效。全县202家规模以上工业企业完成产值508.3亿元，同比下降3.3%；实现主营业务收入558亿元，同比下降2.8%，完成利税36.7亿元，同比增长5.7%。工业累计用电量92165万KWh，占全社会用电总量的66.9%。骨干龙头带动作用增强，“双30”企业实现销售收入488亿元，同比下降3.2%，实现利税29.9亿元，同比增长6.6%。纳税过千万元企业达到17家。企业技术创新能力进一步提升，实施工业技术改造项目102个，累计完成工业技改投资70.5亿元，其中技改完工项目59个，完成技改投资31.2亿元。新增1家省级工程实验室、3家省级院士工作站;认定省级“一企一技术”研发中心3家、省级“专精特新”企业6家；高创中心被认定为国家级科技企业孵化器；金正大公司被评为山东省首批创新百强试点企业，其组建的新型肥料创制国际合作基地被认定为国家级国际科技合作基地。

服务业实现发展壮大。打造“好客山东·乐而思沭”旅游品牌，创建省级旅游强镇2个，省级旅游特色村2个，省级农业旅游示范点2个，旅游人次和旅游综合收入达到303.2万人次、4.3亿元，分别增长47%、121.8%。不断完善“农商1号”、淘宝“特色中国·临沭馆”、“愚人码头”等电商支撑平台，白旄西居、金柳村、东朱崔村成功创建中国淘宝村，青云镇被认定为淘宝镇，电商发展、网商、网购指数位居九县之首。鲁商城市综合体、7乐商城、新天广场等项目投入运营。房地产业出现爆发式增长，销售商品房107.7万平方米，同比增长112.1%；实现销售额37.3亿元，同比增长101.5%。沂沭铁路临沭站货物运输到发量逐步增长。金融机构本外币存、贷款余额达到245.7亿元、188.1亿元，分别同比增长3.7%、11.4%，新增存贷比为220%；加强政银企合作，达成意向金额69.9亿元，资金到位74.1亿元。积极推动农信联社银行化改革，成立山东临沭农村商业银行股份有限公司。

（三）强责任、重管理，发展内生动力不断增强

“三引一促”卓有成效。把实施“三引一促”作为促进经济持续发展、推动转型升级的抓手，依托产业基础和资源禀赋，紧扣“建链、补链、强链”工作环节，精准发力，招引了一批投资规模大、成长性好、带动能力强的好项目。全县共引建招商引资项目221个，到位县外资金73.6亿元，向上争取无偿资金和政策性资金17.4亿元。深入挖掘亲缘、地缘、业缘、学缘等关系，创新人才引进方式，拓宽人才引进渠道，成功引进千人计划、泰山学者等领军人才9人，创业创新人才141人，高学历人才152人，为我县经济持续健康发展注入了新的活力。

项目建设稳步推进。牢固树立“抓项目就是促发展，抓项目就是促跨越”的理念，扎实开展“重大项目建设效率提升年”活动，健全完善重大项目建设长效推进机制，按照“工作项目化、项目节点化、节点责任化”的要求，实行“一个

项目、一名领导、一套班子、一抓到底”的工作推进制度，加大统筹协调力度，优化提升服务水平；以科学发展综合考核为抓手，强化项目定期调度，紧扣节点跟踪服务，在全县形成推进重点项目建设的强大合力，确保项目建设按既定计划推进落实、发挥效益。2个省级重点项目完成投资17.6亿元，24个市级重点项目完成投资66.1亿元，便民服务中心、北城实验学校等项目主体基本完工，家家乐家用电器橱柜、诺贝丰二期等项目已投产。

园区承载能力得到加强。积极推进园区扩能增效，经济开发区高标准推进集中供水、供电、供气、供暖、排污、通讯等配套工程，重点打造化工化肥、高端装备制造两大产业基地，综合考核位居全省第27位，进一步夯实了争创国家级经济开发区的基础。滨海高新区大力引进发展电子信息、节能环保、新材料等新兴产业，成功签约了瑞能精密电路板、山东沭光LED贴片、冠宇新材料等10个项目，园区经济进一步壮大。

（四）抓核心、重集约，城乡建设水平全面提升

城市基础设施更加完善。优化提升主城区建设水平，完成了兴大街、顺河街、苍源河南岸、正源路、育新街等10条道路的综合整治，整治道路11万平方米；森林公园建设、利城大街改造提升等项目顺利推进，新增和改造园林绿化面积40.7万平方米；继续进行供暖扩容，实施了滨海街管网延伸、兴南街至兴大街管网建设、供热公司超低排放改造以及二级换热站等工程，新增供暖面积30万平方米；持续推广普及天然气，铺设中低压管道31.6公里，新增居民燃气用户6299户，燃气普及率达98.2%。城市化进程不断加快，城镇化水平达54.4%。

镇村功能和环境明显改观。以开展建设“美丽镇村、幸福家园”活动为总抓手，全力推进镇村建设。按照“先建后拆”和“四个100%”要求，加快推进两区同建，启动了2个项目区拆迁，搬迁腾空657户，新建安置楼510户，续建安置楼1460户，其中1160户已具备入住条件，完成土地流转2985亩。持续推进11个示范片区116个村居的美丽乡村建设，完成无害化厕所改造3.1万户，完成街巷硬化353万平方米，有27个村居达到沂蒙美丽乡村创建标准；改造农村危房280户。

（五）严节能、重环保，生态环境质量持续改善

严格执行污染物总量控制制度，实施固定资产投资节能评估和审查，开展高污染燃料禁燃，按照“封闭经营、地面硬化、清洁煤炭”的要求对全县散煤经营网点进行清理；加强成品油流通监管，全县74家加油站车用柴（汽）油全部置换为“国Ⅴ”标准。持续加大减排力度，深化工业企业废气污染治理，推进10吨/时以下燃煤锅炉清洁能源改造或拆除，实施燃煤机组超低排放改造。建立了县、镇街、村居三级河长制，对重点河流实行“一河一策”治污，解决重点流域水污染问题，保证出境断面水质稳定达标。开展“城市管理提升年”活动，严格落实各单位“门前五包”制度，对县垃圾填埋场进行扩容，对渗滤液处理站进行维护。

（六）增保障、惠民生，发展成果实现广泛共享

财政用于民生支出达27.5亿元，占财政总支出的85.1%。开展脱贫攻坚百日会战，以金融扶贫、就业扶贫、产业扶贫、光伏扶贫为重点，加快扶贫资金、项目实施进度，全年发放扶贫贷款2.2亿元，拨付财政专项资金4575.9万元，整合涉农资金8299万元，开工建设扶贫项目107个，脱贫15288人，10个贫困村实现摘帽。

就业创业形势保持稳定，城镇新增就业7000人，转移农村劳动力13411人，城镇登记失业率为1.7%；扶持创业企业14家，发放小额担保贷款3120万元，扶持创业个人638人，发放小额担保贷款6211.5万元。社会保险征缴扩面工作继续推进，城乡居民基本养老保险和医疗保险实现应保尽保。实施了聋哑学校、果品公司2个片区棚户区改造项目，对花园社区320套棚改房进行货币化安置，努力改善低收入群体住房条件。深入实施“全面改薄”工程，实施改薄项目35个，新建北城实验学校，对二实小、三实小进行改扩建，努力解决城区“大班额”问题。县医院新院区、第三人民医院建设顺利，县妇幼保健院新院投入使用，开展城乡医院对口帮扶和百名专家援基层活动，初步形成基层首诊、分级诊疗、急慢分治、双向转诊、上下联动的医疗服务格局。开展“养老服务体系规范化建设年”活动，新建青云、石门、蛟龙和玉山4个镇级敬老院，对郑山街道敬老院重点提升改造。镇街综合文化站、文化大院、农家书屋和电子阅览室实现全覆盖，“激情四季·唱响临沭”活动品牌深入人心。此外，信访、综治、安全生产、食药监管、人民武装、妇女儿童、民族宗教、外事侨务、人防、气象、统计、机构编制、档案、物价、邮政、通信等各项社会事业均取得新进展。

在看到发展成果的同时，我们必须正视全县经济社会发展中仍存在一些短板和不足，主要表现为：经济总量不够大，规模以上企业偏少，大项目、好项目偏少，储备不足，拉动全县经济增长新的支撑点不多；传统消费趋于饱和，养老、健康、文化创意等新型业态刚刚起步，新能源、新材料等战略性新兴产业体量较小，在一定程度上呈现旧动能乏力而新动能尚未形成的状态；城乡发展差距较大；教育、医疗卫生等公共服务领域还存在短板；资源环境约束日益趋紧，发展空间受到限制。对这些问题，必须高度重视、正确对待，切实增强责任感和紧迫感，采取更加有力措施尽快加以解决。

展望未来，适应引领经济发展新常态，挑战前所未有，机遇也前所未有，机遇远大于挑战，国家出台一系列措施推进供给侧结构性改革、加大脱贫攻坚力度、支持基层开发建设，省西部经济隆起带重大区域发展战略的加快实施，“三引一促”、企业“二次创业”、产业转型升级的全面发力，将为我县经济发展提供更大潜力、韧性和回旋空间。我们既要增强忧患意识，又要坚定必胜信心，战略上坚持持久战，战术上打好歼灭战，凝聚共识、负重奋进，敢于担当、攻坚克难，内强外拓、发力赶超，为建设和美幸福临沭打下坚实基础。

（节选自2017年1月23日临沭县第十七届人民代表大会第一次会议《关于临沭县2016年国民经济和社会发展情况与2017年计划草案的报告》）

临沭县2016年预算执行情况

2016年，全县各级在县委的坚强领导下，认真落实县十六届人大五次会议及其常委会的各项决议，坚持稳中求进工作总基调，主动适应经济发展新常态，凝心聚力，拼搏进取，顺利完成全年预算任务。

（一）全县一般公共预算执行情况

2016年，全县一般公共预算收入139366万元，完成调整预算的100%，同口径增长14%。税收收入110957万元，其中：增值税36884万元，营业税15772万元，企业所得税10465万元，个人所得税3644万元，其他税收44192万元；非税收入28409万元，其中：专项收入17687万元，行政事业性收费收入5711万元，罚没收入3961万元，国有资源（资产）有偿使用收入997万元，其他收入53万元。

全县一般公共预算支出323118万元，完成调整预算的104.9%，增长6.3%。全县一般公共预算收入，加上上级税收返还、转移支付补助、上年结余收入、一般债券转贷收入、调入资金等207737万元，收入共计347103万元。全县一般公共预算支出，加上安排预算稳定调节基金20万元、上解上级支出23930万元、债务还本支出35万元，支出共计347103万元。收支平衡。

（二）县本级一般公共预算执行情况

2016年，县本级一般公共预算收入47364万元，完成调整预算的100%。税收收入23814万元，其中：增值税4052万元，营业税7345万元，企业所得税2376万元，个人所得税726万元，其他税收9315万元；非税收入23550万元，其中：专项收入12829万元，行政事业性收费收入5711万元，罚没收入3960万元，国有资源（资产）有偿使用收入997万元，其他收入53万元。

县本级一般公共预算支出245523万元，完成调整预算的107.3%。其中：一般公共服务支出15516万元，国防支出289万元，公共安全支出12297万元，教育支出46077万元，科学技术支出4065万元，文化体育与传媒支出2776万元，社会保障和就业支出39899万元，医疗卫生与计划生育支出34512万元，节能环保支出9788万元，城乡社区支出4019万元，农林水事务支出40905万元，交通运输支出6537万元，资源勘探信息等支出1597万元，商业服务业等支出2899万元，金融支出68万元，援助其他地区支出166万元，国土海洋气象等支出3730万元，住房保障支出16651万元，粮油物资储备支出1474万元，债务付息支出1019万元，其他支出1239万元。

县本级一般公共预算收入，加上上级税收返还、转移支付补助、上年结余收入、体制上解收入、一般债券转贷收入等237476万元，收入共计284840万元。县本级一般公共预算支出，加上安排预算稳定调节基金20万元、上解上级支出23930万元、债务还本支出35万元、补助下级支出15332万元，支出共计284840万元。收支平衡。

（三）全县政府性基金预算执行情况

全县政府性基金收入59273万元，完成调整预算的98.5%，政府性基金收入加上上级专项补助4328万元，专项债券转贷收入18877万元，总收入82478万元。全县政府性基金支出68576万元，完成调整预算的99.2%，加上上解上级支出、债务发行费用支出25万元，债务还本支出13877万元，总支出82478万元。收支平衡。

（四）社会保险基金预算执行情况

2016年，全县保险费收入86898万元，完成预算的113%，加上利息收入、财政补贴收入、其他收入、转移收入、上级补助收入等46357万元，基金总收入133255万元。社会保险待遇支出119494万元，完成预算的117.9%，加上其他支出、转移支出、上解上级支出等4562万元，基金总支出124056万元。收支相抵，当年结余9199万元，累计结余135629万元。

（五）政府债券使用情况说明

截至2016年底，我县地方政府债务限额为18亿元。2016年，上级转借我县地方政府置换债券13912万元，当年支出13912万元，其中：一般置换债券35万元，专项置换债券13877万元，主要用于偿还政府负有偿还责任的到期债务本金，置换到期银行借款和项目欠款；2016年我县通过省政府发行新增政府债券7000万元，其中：新增一般政府债券2000万元，已按规定安排用于非煤矿山塌陷地治理；新增专项政府债券5000万元，已按规定安排用于解决城镇普通中小学大班额项目3658万元，安全生命防护工程项目992万元，农村饮水安全提升工程项目350万元。

（节选自2017年1月23日临沭县第十七届人民代表大会第一次会议《关于临沭县2016年预算执行情况和2017年预算草案的报告》）

附　录

FULU

中共临沭县委　临沭县人民政府 关于表彰2016年度科学发展先进单位和先进个人的通报

沭委〔2017〕13号

（2017年2月4日）

2016年，全县各级各部门在县委、县政府的坚强领导下，全面贯彻党的十八大和十八届三中、四中、五中、六中全会精神，坚定维护以习近平同志为核心的党中央权威，紧紧围绕统筹推进“五位一体”总体布局和协调推进“四个全面”战略布局，按照市委、市政府“走在前列”谋划和推进工作的要求，团结带领全县广大干部群众，适应新常态、落实新理念，高点定位、真抓实干，全县经济社会实现了持续健康发展。

为发扬成绩、表彰先进，振奋精神、乘势而上，推动全县经济社会发展再上新台阶，县委、县政府决定，授予经济开发区（郑山街道）等5个镇街（区）“2016年度科学发展先进镇街（区）”，县科技局等39个单位“2016年度科学发展先进单位”；授予经济开发区等5个镇街（区）“2016年度三引一促工作先进镇街（区）”，县委组织部等20个单位“2016年度三引一促工作先进单位”；授予曹庄镇等5个镇街“2016年度镇街党（工）委书记抓基层党建工作优秀奖”；授予郑山街道等5个镇街“2016年度生态文明乡村建设暨城乡环境综合整治工作先进镇街”，县住建局等10个单位“2016年度生态文明乡村建设暨城乡环境综合整治工作先进单位”，临沭街道山里南村等60个村居“2016年度生态文明乡村建设暨城乡环境综合整治工作先进村居”；授予大兴镇等5个镇街“2016年度脱贫攻坚工作先进镇街”；授予临沭街道等5个镇街“2016年度计划生育工作先进奖”，县纪委（监察局）等15个单位“2016年度计划生育工作履职先进单位”，临沭街道利民街等58个村居“2016年度计划生育工作先进村居”；授予临沭街道等4个镇街“2016年度安全生产工作先进镇街（区）”，县经信局等18个单位“2016年度安全生产工作履职先进单位”，山东伟业棉油集团有限公司等22家企业“2016年度安全生产工作先进企业”，武玉杰等66名同志“2016年度安全生产工作先进个人”；授予临沭街道等5个镇街“2016年度环境保护工作先进镇街（区）”，县委办公室等20个单位“2016年度环境保护工作先进单位”；授予金正大生态工程集团股份有限公司等4家企业“2016年度幸福临沭建设功勋企业”，山东沂蒙老区酒业有限公司等13家企业“2016年度幸福临沭建设特别贡献企业”，临沂市万象房地产开发有限公司等33家企业“2016年度幸福临沭建设明星企业”。

希望受表彰的单位和个人珍惜荣誉，戒骄戒躁，发扬成绩，再接再厉，把更多心思倾注在干事创业上，把全部本领施展在加快发展上，努力推动全县整体工作“一年打基础、两年上台阶、三年大变样”。全县各级各部门和广大干部群众要以先进为榜样，坚持逢先必争、逢优必创、逢旗必扛，自我加压、调高目标，撸起袖子加油干，为加快推进和美幸福临沭建设作出新的更大的贡献，以优异成绩迎接党的十九大胜利召开！

附件

2016年度科学发展先进单位和先进个人名单

一、2016年度科学发展先进镇街（区）（5个）

经济开发区（郑山街道）、临沭街道、青云镇、曹庄镇、店头镇

二、2016年度科学发展先进单位

1．第一类第一组（13个）

县科技局、县发改局、县水利局、县财政局、县农机局、县交通运输局、县质监局、县工商局、县卫计局、县旅游局、县商务局、县公路局、县农业局

2．第一类第二组（16个）

县委组织部、县委办公室、县委宣传部、县人社局、县政府办公室、县总工会、县政务服务中心管理办、县审计局、县编办、县城管局、县残联、县教体局、县委政法委、县检验检测中心、县广电台、县沭河水利工程管理处

3．第二类（10个）

县纪委（监察局）、县烟草公司、县法院、县公安局、县检察院、县文联、县交警大队、县广电网络公司、县农发行、苍马山景区管委会

三、2016年度三引一促工作先进镇街（区）、先进单位

1．2016年度三引一促工作先进镇街（区）（5个）

一等奖：经济开发区、临沭街道

二等奖：玉山镇、青云镇、曹庄镇

2．2016年度三引一促工作先进单位（20个）

一等奖：县委组织部、县科技局、县发改局

二等奖：县工商局、县总工会、县农业综合开发办、县经信局、县农机局、县旅游局、县沭河水利工程管理处

三等奖：县委老干部局、县编办、县招商局、县检验检测中心、县质监局、县委办公室（台办）、县财政局、县商务局、县直机关工委、县委宣传部

四、2016年度镇街党（工）委书记抓基层党建工作优秀奖（5个）

曹庄镇、青云镇、郑山街道、临沭街道、店头镇

五、2016年度生态文明乡村建设暨城乡环境综合整治工作先进镇街、单位、村居

1．2016年度生态文明乡村建设暨城乡环境综合整治工作先进镇街（5个）

郑山街道、青云镇、临沭街道、曹庄镇、大兴镇

2．2016年度生态文明乡村建设暨城乡环境综合整治工作先进单位（10个）

县住建局、县水利局、县公路局、县民政局、县妇联、县财政局、县城管局、县农业局、县体育中心、县交通运输局

3．2016年度生态文明乡村建设暨城乡环境综合整治工作先进村居（60个）

临沭街道：山里南村、戴家河、庙南、后高湖

郑山街道：沟北村、南古街、新村、班官庄、琅东村、官路村、沙店村、轩庄村

蛟龙镇：东塘子、吴家后、中蛟龙、前利城

村、红土村

石门镇：西石门社区、南转林村、小岱村、陈官庄村、陈棠村、中转林村

曹庄镇：朱村、马庄、岭南头、旺南庄

青云镇：周官庄、西朱崔村、银马庄村、腾马村、吴界前村王场村、前齐庄、闫圩子、王蔡庄、坊口村、刘河西村

大兴镇：东高埠村、盐店官庄村、大兴新村、西港头村、东后涝枝村、前官街村

玉山镇：盘北、旱科、玉山、西丁、崖上、营子、后穆疃姚官庄、桥头、河南

店头镇：于庄子、东大于科、西李官庄、东措庄、小垛庄、前西柳

六、2016 年度脱贫攻坚工作先进镇街（5 个）

大兴镇、临沭街道、青云镇、店头镇、石门镇

七、2016 年度计划生育工作先进镇街、先进单位、先进村居

1. 2016 年度计划生育工作先进奖（5 个）

临沭街道、玉山镇、石门镇、曹庄镇、郑山街道

2. 2016 年度计划生育工作履职先进单位（15 个）

县纪委（监察局）、县委组织部、县委宣传部、县法院、县检察院、县教体局、县公安局、县民政局、县财政局、县人社局、县卫计局、县审计局、县食药监局、县房产局、县工商局

3. 2016 年度计划生育工作先进村居（58 个）

临沭街道：利民街、韩庄街、曹村街、西盘东村、后于店村孙蒿科街、徐兴街、富民街、凌山头村、王家庄村

郑山街道：北沟头西村、沙埠店子村、后张南埠村、郑山街徐埠前村、白石官庄村

蛟龙镇：吴家后村、北窝子沟村、蛟龙前街

石门镇：石门中街、石门西街、刘坞村、刘棠村、陈官庄村东新庄村、花园村

曹庄镇：朱村、西山前村、曹庄东街、岭南头村

青云镇：白峪前村、季岭、李埠子、史岭、闫圩子、石埠子东朱崔、西玉树、吴界前

大兴镇：班高埠村、大坡东村、友谊村、盐店官庄、古龙岗村、东港头村

玉山镇：赵坊前村、东朱仓河西村、半里村、石河后庄村、西朱仓河西村、玉山村、东官庄村、圆岭洞西村袁黄峪村

店头镇：小垛庄村、张楮林村、东沈马村、仓巡会村

八、2016 年度全县安全生产先进镇街（区）、先进单位、先进个人

1. 2016 年度安全生产工作先进镇街（区）（4 个）

临沭街道、玉山镇、店头镇、经济开发区（郑山街道）

2. 2016 年度安全生产工作履职先进单位（18 个）

县经信局、县教体局、县公安局、县监察局、县财政局、县国土局、县水利局、县农业局、县文管执法局、县卫计局、县安监局、县总工会、县旅游局、县林业局、县商务局、县交警大队、县质监局、县消防大队

3. 2016 年度安全生产工作先进企业（22 个）

山东伟业棉油集团有限公司、临沭县商业贸易总公司、临沭县物资集团总公司、山东兴大食品集团有限公司、山东临沂烟草有限公司临沭分公司、中国石化销售有限公司山东临沂临沭石油分公司、山东信科环化有限责任公司、山东常林铸业有限公司、临沭县金明寓建筑工程有限公司、山东九州商业集团有限公司临沭购物中心、临沭县盛通公交客运有限责任公司、山东佛光照明科技有限公司、山田研磨材料有限公司、山东盛合

食品有限公司、山东福瑞达生物科技有限公司、临沭县德坤建材有限公司、临沂青云山管业有限公司、临沭县赛博工具有限公司、临沂森威板业有限公司、临沭县华盛化工有限公司、临沭县东升磨料有限公司、山东兴华机械有限公司

4．2016年度安全生产工作先进个人（66名）

武玉杰　王　琛　崔　猛　王春秀　李　磊
徐劲松　刘婷婷　姜　峰　刘雨迪　景团法
薛民峰　张学宾　赵鹏杰　赵　跃　李宝柱
于加收　宋开科　张　晔　杨纯剑　司　伟
高　雷　高建勇　胡尊芳　房艳飞　刘树文
庄宿虎　高慎荣　刘红光　李西强　王仕凡
李成国　张宝金　于　权　胡尊利　孙　斌
杨　彬　李学芝　刘　伟　杨　雪　杨　波
吴淑阳　杨　春　李佃强　高　山　胡　军
赵成国　毛卫强　王恒军　李　红　邱会建
王　雨　李玉山　徐　红　丁　斌　王光升
胡文飞　张远沛　张奎学　郭　庆　王宝富
卫俊胜　胡忠青　段振东　何　磊　王华东
车远云

九、2016年度环境保护工作先进镇街（区）、先进单位

1.2016年度环境保护工作先进镇街（区）（5个）

临沭街道、经济开发区（郑山街道）、店头镇、大兴镇、青云镇

2．2016年度环境保护工作先进单位（20个）

县委办公室、县政府办公室、县发改局、县经信局、县公安局、县监察局、县财政局、县国土局、县住建局、县水利局、县农业局、县环保局、县城管局、县广电台、县规划局、县林业局、县畜牧局、县质监局、县工商局、县供电公司

十、2016年度企业贡献奖

1．2016年度幸福临沭建设功勋企业（4个）

金正大生态工程集团股份有限公司、山东伟业棉油集团有限公司、史丹利农业集团股份有限公司、山东金正阳集团有限公司

2．2016年度幸福临沭建设特别贡献企业（13个）

山东沂蒙老区酒业有限公司、金沂蒙集团有限公司、山东常林机械集团股份有限公司、山东临沭农村商业银行股份有限公司、国网山东临沭县供电公司、山东临沂烟草有限公司临沭分公司、山东雷华塑料工程有限公司、山东金宝诚管业有限公司、临沭县舜德房地产开发有限公司、临沂东隆家纺有限公司、山田研磨材料有限公司、山东福瑞达医药集团、中国人民财产保险股份有限公司临沭支公司

3．2016年度幸福临沭建设明星企业（33个）

临沂市万象房地产开发有限公司、山东信科环化有限责任公司、临沭美艺工艺品有限公司、山东金大陆建筑工程有限公司、山东春天建设集团有限公司、山东卡特重工机械有限公司、中国工商银行股份有限公司临沭支行、临沭红石置业有限公司、中国建设银行股份有限公司临沭支行、中国银行股份有限公司临沭支行、山东东盛伊思德食品有限公司、临沂陆祥工艺品有限公司、山东金源管业有限公司、临沂市盛元伟业经贸有限公司、中国农业银行股份有限公司临沭县支行、山东三兴食品有限公司、临沂照兴工艺品有限公司、山东宝田集团、临沂金柳工艺品有限公司、临沂市金源化工有限公司、临沭县土产杂品商贸有限责任公司、临沭晴朗工艺品有限公司、临沭佳柳工艺品有限公司、临商银行股份有限公司临沭支行、山东兴大食品集团有限公司、中国平安财产保险股份有限公司临沂市临沭支公司、临沂市广兴房地产开发有限公司、山东翔宇房地产开发有限公司临沭分公司、临沭县方元房地产开发有限公司、临沭县统一货运有限公司、山东远通汽车贸易集团有限公司临沭分公司、临沭奥德燃气有限公司、临沭县凯达工程有限公司

索　引

本索引编有主题索引和人名索引。索引编目按汉语拼音字母顺序排列，同音同声按第二字拼音顺序排列。标目后数字为页码，字母 a 为左栏，字母 b 为右栏。

主题索引

“1+100”团干部联系青年　97a
10 月　13a
11 月　14a
“12315”热线
“12331”热线　154b
“12336”热线　287b
“12340”热线　140b
“12345”市民服务热线　75a
“12358”热线　144b
“12365”热线　152b
12 月　15b
1 月　3a
2016 年大事记　3
2 月　4b
3 月　5a
4 月　7a
56 年无责任退兵　113b
5 月　8b
6 月　9b
7 月　10b
“8·12”宋某宁被诈骗案　123b
8 月　11b
“9·18”警报试鸣　115b
9 月　12b

A

AAA 级景区创建　268b
爱国卫生运动　363a
爱国主义读书教育活动　358b
安监局　157a
安全播出　355b
安全传输　356b
安全工作　336b/338b/341b
安全生产　23b/203a
安全生产管理　196a
安全生产行政许可　159a
安全生产基层基础　158a
安全生产监督管理　157
安全生产检查执法　158b
安全生产培训　159b
安全生产宣传教育　159b
安全生产应急救援　159a
安全生产责任制　157a

安全事故　160
案件审理　92a
奥德鲁生物肥料项目　139a

B

百岁老人　380b
办税服务厅标准化建设　287a
办学条件　325b/335b/338a/342b
保健食品监管　153a
保密工作　33b
保险　22b
标准化工作　150b
表彰通报　453
滨海高新技术产业区　275
殡葬管理　373b
兵员征集　113b
病死畜禽集中无害化处理　173b
病险塘坝除险加固　175a
博瑞电子系统项目　278b
博瑞光电产业园项目　139b
不动产登记管理　149b

C

财税　22b
财政　281/283/386a/392a397b401a404a
财政管理改革　284b
财政金融　388b
财政局　283a
财政审计　155a
财政收入　283b
财政收入情况　285
财政支出情况　285
参政议政　104b
餐饮服务监管　153a
残疾人教育　109a
残疾人就业　109a
残疾人康复　109a
残疾人联合会　109
残疾人体育　109b
残疾人维权　110a
残疾人组织建设　110b
残联　109a
蚕桑业　188
苍马山风景旅游区管委会　256a
苍马山风景旅游区开发管理　266
苍马山景区　264a
苍马山旅游景区　265a
苍源河南岸道路建设　237a
曹庄镇　390
曹庄镇村居　393
测绘工作　149a
产品体系　209b
产权产籍管理　246b
产业发展　193b
产业化经营贷款担保基金试点　184a
产业化经营项目　183b
产业集群　201a
产业特色　272b
产业状况　154a
常林大型机械项目　138b
常林机械集团股份有限公司　210
车辆管理服务　131b
成品油行政监管　195b
成人教育　326b
城区供水扩网　174b
城区基建维修　237b
城区人口管理　364a
城市地下管线普查　237b

城市公交 225a
城市管理 243
城市管理局 243a
城市管理执法 243a
城市建设 234b
城市亮化 236b
城市绿化 236b
城市污水处理厂 235b
城乡公交 225a
城乡公交一体化建设 222a
城乡供水 176a
城乡供水工程 174b
城乡规划 233
城乡规划管理局 233a
城乡建设 61b/231/234
城乡一体化 273a
城乡一体化住户调查 142a
出口产品 253b
出口企业 253b
出租市场管理 222b
传媒 349
创收工作 355a
创新工作 88a
创新监管 154b
创新平台建设 318a
创新试点项目 183b
创新智库建设 106b
创业就业服务工程 374b
春天建设 239a
村居干部经济责任审计 156a
村镇建设 236a
存贷款 307b
存款 296a/302a

D

打击刑事犯罪 122b
打造文艺精品 352a
大官庄水利枢纽管理 187
大官庄水利枢纽管理局 187a
大事记 1
大型科普活动 105a
大兴镇 396
大兴镇村居 399
大学生就业 374a
代表工作 59a
贷款 296a
档案队伍建设 53b
档案法制建设 53b
档案工作 52
档案局 52a
档案开发编研 53b
档案资源建设 53a
党的基层组织建设 36a
党的建设 27b
党风廉政建设 45b/91a/196b
党风政风建设 28b
党管武装 114a
党建工作 306a/337b
党史委 54a
党史宣传 54b
党史研究 54b
党史资料征集 54
党团建设 302b
党外代表人士建设 43a
党校工作 46
党校建设 46b
党员发展 36b

道路交通安全 130
德育工作 329b/332a/334b336b338b341a
德育管理 340a
低压电网改造 204a
地方军事 113
地方粮油储备 260b
地方史志 78
地方税务 289
地方志鉴管理 79b
地貌 20a
地情网站建设 78b
地税局 289a
地税收入情况 290
地震监测 319
地震监测预报 320a
地震局 319a
地震科普宣传 320b
地震应急救援 320b
地质 20a
第三次农业普查 142b
调查研究 104b
调研 58b/86a
典型案例 123b
电大工作 331b
电力行政监管 195b
电网建设 203b
电信 22a
电影院停车场 237b
电子商务 254b
店头镇 403
店头镇村居 404
东隆家纺自动化生产线项目 139b
动物疫病防控 172b
督查考核 33b
督查问责 48a
队伍建设 303b
对台办公室 50a
对台经济工作 50
对外交流 104b
对外贸易 253a
多美高档彩印包装箱项目 139a

E

二初 339
二轻联社 202
二实小 343b
二中 333

F

发电经营管理 204a
发改局 135a
发展和改革局 135a
发展与改革 135
法官队伍建设 127b
法律扶贫 129a
法律监督 124a
“法律六进” 128b
法院 125/125a
法治 117
法制服务 79a
法制局 79a
方志馆建设 78b
防空办 115a
防汛工作 186b
防汛抗旱 175a
房产和住房保障 245
房产和住房保障局 245a
房地产 22a

房地产开发　215b/246a
房地产用地供应　148b
房屋征收　246b
“放管服”改革　48a
“放管服”工作　62b
放心粮油工程　259b
非公党建　103a
非诉执行　126a
菲牛太阳能科技　386b
肥料产业整合提升　195b
分税种收入　286a
扶贫开发　184
扶贫开发办公室　184a
扶贫项目资金管理　185a
扶贫小额信贷　185a
服务地方经济　306b
服务三农　303a
服务辖区经济发展　143a
服务业发展　137a
负债业务　301a
妇儿工委办公室　99b
妇联　99a
妇女创业　101b
妇女儿童维权　100a
妇女就业　101b
妇女联合会　99
妇幼保健　363a
附录　451
富朗水溶肥、专用肥项目　137b

G

改革办工作　34b
概况　17
干部队伍建设　28a/35a
干部监督　35b
干部培训教育　36b
高标准农田“先建后补”试点　184a
高埠社区蓝莓加工项目　139b
高级专业技术职务人员　427
高晓工作室　126b
高新技术产业项目　317b
哥俩好胶黏剂等精细化工品项目　138a
耕地保护　148b
工程管理　186a
工程管理与防汛　187b
工程建设　216a/226a
工会　95a
工会组织建设　95a
工商队伍建设　143b
工商行政管理　142
工商行政管理局　142a
工商联　102a
工商业　384a/386a/388b/391b/400b
工商业联合会　102
工商依法行政　143b
工业　21a/191/394b/404a
工业经济　193b
工业科技　317a
公安　122
公安队伍管理　123a
公安行政管理　122b
公安局　122a
公共法律服务　128b
公共法律服务中心　128b
公共卫生服务　362a
公共文化服务体系　351b
公共资源交易　76b
公共资源交易中心　76a
公共自行车系统　245a

公交　224
公立医院改革　362a/367a
公路　225
公路局　225a
公路养护　226a
公务员队伍管理　374a
公益事业　190a
公益项目　368b
共青团临沭县委员会　97
供电　203
供电公司　203a
供电经营管理　204a
供热　205
供热服务有限公司　205a
供销合作社联合社　255
固定资产投资　22a
关心下一代　52b
管理工作　82b
管理培训　201a
冠山景区　264a
冠山旅游景区　265a
光彩事业　104b
光伏扶贫项目　185b
广播“村村响”　356a
广播电视播出　354
广播电视台　354a
广电网络　355
广电网络公司　355a
规范性文件管理　79a
规划编制　233a
规划管理　233b
规划建设　233b/271b/276a
规划局　233a
规模以上工业企业管理　193
国地税联合办税　287b
国际业务结算　299b
国家基本药物制度　361b
国家税务　286
国库工作　298a
国民经济和社会发展　20b
国民经济和社会发展执行情况　444
国内贸易　254b
国内市场　21b
国税局　286a
国土局　148a
国土资源管理　148
国土资源管理局　148a
国土资源状况　148b

H

行业用电情况　204
航空小镇　263b
合同鉴证　374a
“红盾护农”专项行动　143a
红十字会　368
宏观调控　296b
后勤服务　340a
后勤管理　333b/337a
互联网信息管理　39b
互助资金协会建设　185b
户外广告规范　243b
华强淀粉　214a
华盛化工　214a
华盛肟系列医药中间体项目　138b
化妆品监管　153a
环保能源发电项目　245b
环境保护　23b/218a/231/247
环境保护局　247a
环境管理　247b

环境监测　248b
环境监察　248b
环境指标　249a
环境资源　20a
环卫工作　244b
环卫一体化　244b
“会、家、卡”工程　95b
婚姻登记　373a
货运行业管理　222b

J

机构编制管理　48/49b
机构编制管理委员会办公室　48a
机构改革　306a
机关建设　59b
机关事务管理　75b
机关武装　46b
机关自身建设　106b
机关作风　196b
基层党建　44a/202a258a/262b
基层基础　120a
基层基础建设　47b/123a/127b
基层团组织建设　97a
基层卫生工作　362a
基层业务建设　53a
基层政权建设　372a
基层组织建设　28a
基地品牌建设　165b
疾病预防控制　362b
集团建设　213b
计划编制情况　135b
计划落实情况　136a
计量监督与管理　150a
计生服务　363a
计生协会工作　364b
纪检监察队伍建设　92b
纪检体制改革　91b
纪律检查委员会　90
纪委　90a
技术监督　23b
技术进步　194b
家家乐家用电器橱柜项目　138a
夹谷关景区　263b/265b
价格服务　145b
价格管理　145a
价格监督检查　144a
监督　58b
监管工作　295a
检察　123
检察村村通　125a
检察队伍建设　125b
检察信息化建设　125a
检察院　123a
检察制度改革　124b
检验检测　161
检验检测队伍　160b
检验检测能力建设　160a
检验检测业务　161a
检验检测硬件建设　160a
检验检测中心　160a
见义勇为　121a
建档立卡信息统计　185a
建行临沭支行存贷款情况　300
建言献策　84a
建置　19a
建筑企业　238b
建筑市场招投标情况　240
建筑业　21b
建筑业管理　235a

交警大队　130a
交通　22a/219/386a/391b/394b/397b/401a/404a
交通安全管理　130b
交通基础设施建设　221a
交通设施建设　130b
交通事故处理　131a
交通邮电　388b
交通运输管理　221
交通运输局　221a
交通秩序管理　244a
交运集团临沭分公司　223a
蛟龙镇　385
蛟龙镇村居　387
教科文卫　388/392/394b/398/401b/404b
教师队伍　338a
教师管理　339b
教学工作　46a/329a/332a/336a/342a
教学用书发行　356b
教育　23a/323
教育督导室　325a
教育管理　325
教育教学　334a/339a
教育教学改革　326b
教育体育局　325a
节能环保　209b
节能减排统计　141a
节能降耗　195a
“结亲连心”工作　38a
金大陆建筑　239b
金兰影视基地项目　278b
金明寓工程安装公司　216b
金明寓建筑　238b
金铭机械粮食干燥设备项目　138b
金铭机械粮食烘干机项目　278a
金融　22b/293/386a/394b/397b/404a
金融风险防范　295b
金融扶贫　297b
金融服务　296b/306b/310a
金融改革　297a
金融管理　75a
金融生态环境建设　295b
金融主要指标　298
金沂蒙高效聚元肥项目　137b
金沂蒙集团供热　206a
金沂蒙集团有限公司　211
金源管业　392b
金正大生态工程集团股份有限公司　206
金正阳船舶用管项目　137b
金正阳房地产　217b
金正阳高压气瓶管项目　137a
金正阳管业　217a
金正阳集团有限公司　217
金正阳建筑　238b
京东服务中心　254b
经济发展　28b/272a
经济服务　104a
经济管理　133
经济建设　60a
经济开发区　271
经济贸易和信息化局　193a
经济效益　301b
经济运行　194b
经济责任审计　156a
经信局　193a
经营创收　82a
经营管理　304a/307a/355b
经营情况　310a
经营收入　312a
经营转型　302a

精神文明建设　38/188a
精致化管理　338b
景区规划　267a
景区建设　267b
景区开发　267a
景区开发建设　267b
景区资源保护　268a
竞技体育　346b
“敬老月”活动　380a
酒业公司　213b
救护培训　368a
就业　24a/330a
居民生活　24a
卷烟营销　189b
决策服务　33a
决议决定　58b
军民融合　211b
军事　111
军事融合　114b
军事训练　113a
军转干安置　374a

K

开发区规划　271b
开发区建设　269/271b
开发区雨水管网　238b
勘界　372a
康复中心　109b
考核管理　277a
科技　23a
科技成果获奖情况　318
科技创新　201b/208a/211a/212b/214b
科教文卫　384b/386b
科普惠农　106a
科普阵地建设　106a
科学技术　315
科学技术局　317a
科学技术协会　105
科研工作　46b
科研开发　207a
科研与科研成果　317
客户服务　229b/311a
客户群建设　301b
客货运输　222b
客运　223
客运班线　223b
空气监测情况　249
快递包裹　227a
快速货物运输　224a
矿产管理　148a
困难救助　258b
困难职工帮扶　96a

L

垃圾处理　245b
劳动监察　375b
劳动仲裁　375a
劳模管理　96b
劳模名录　425
老干部工作　51
老干部活动中心　52b
老干局　51a
老龄事业　379
老龄调研工作　380a
老龄委办公室　379a
老年法规政策贯彻落实　379a
老年教育　52a
老年体育　52a

老年文体活动　380b
离退休干部生活待遇　52a
离退休干部政治待遇　51b
理论调研　108a
理论武装　38a
理论宣传　46a
理论宣讲　108a
理赔　312a
历史沿革　19a
利城大街绿化　238a
利益导向机制建设　364a
利用外资　254a
联通　227
粮安工程　260a
粮食购销　259
粮食局　259a
粮食流通监督检查　259a
“两个规划”工作落实　102a
两化融合　196b
“两学一做”学习教育　37b
林场　170b
林业　21a/169
林业病虫害防治　170a
林业局　169a
林业生产　169a
林业生产统计　171
临商银行临沭支行　308
临沭第二初级中学　339
临沭第二中学　333
临沭第三初级中学　341
临沭第一初级中学　337
临沭第一中学　331
临沭街道　383
临沭街道办事处　383b
临沭街道村居　384
临沭实验中学　335
临沭县第二实验小学　343b
临沭县第三实验小学　344a
临沭县第四实验小学　344b
临沭县第五实验小学　345a
临沭县概况　19
临沭县人民代表大会党务委员会　54
临沭县人民政府　60
临沭县实验小学　343a
临沂市工业学校　328
凌山头水库　176b
领导班子建设　35a
流动人口管理　364a
柳编产业发展　202b
柳编文化艺术馆　266a
柳庄林场　170b
龙潭水库　177a
龙窝灌区　174a
龙窝灌区管理　176a
路友废旧车辆拆解设备项目　139b
路政管理　226b
露天烧烤整治　244a
落实农村政策　166b
旅游　22b/251/263/404b
旅游规划　263a
旅游行业管理　264b
旅游景点　265a
旅游局　263a
旅游项目建设　263b
旅游资源　264a
律师参与涉法涉诉信访　120b

M

矛盾纠纷大排查大调处　120b

贸易促进会 262
贸易工作 262a
门市建设 358a
棉花经营 215b
面积 19b
民丰村镇银行 308
民商事审判 126a
民生工程 62a
民生项目支出 284a
民政 371
民政局 371a
民宗局 377a
民族工作 377a
民族宗教 377
民族宗教工作 44b
敏感时期信访稳定 47b

N

纳税服务 287a
纳税服务 290a
纳税过百万元工业企业 197
内部管理 161b/300b/303a
内控管理 306b/309a
年鉴编纂 78a
农产品质量安全 165b
农村工作 34a
农村金融服务新体系 256a
农村能源建设 166a
农村商业银行 305
农村社会经济调查 141b
农村现代物流服务体系 255b
农村饮水安全 174b
农发行临沭支行支农贷款情况 305
农行临沭支行存贷款情况 304
农户科学储粮 260a
农机 21a
农机购置补贴 178b
农机管理 177/178b
农机合作社建设 179a
农机局 177a
农机项目建设 179a
农民科技教育 166b
农商1号 254b
农泰农业科技有限公司 175a
农田水利基础设施工程 174b
农田水利设施维修养护 174b
农田水利项目县建设 174b
农业 20b/163383b/386a/388a/391a/394a/397a/400b/403b
农业产业化 166b
农业机械管理局 177b
农业机械拥有量 179
农业局 165a
农业科技 318a
农业执法 166a
农业综合开发 183
农业综合开发办公室 183a
农业综合开发扶贫办公室 184a
农作物秸秆青贮及粮改饲 172b
农作物生产情况 167
诺贝丰高端水溶肥、黄腐酸钾项目 137b
诺贝丰化学项目 278a
女工工作 97a

P

培育文艺人才 352a
品牌建设 208a
平安建设 119b

平安校园　340b
平安校园建设　331a
普法依法治理　128a

Q

“七五”普法　128a
企业管理　212a/254b/258a
企业和基层社发展　256b
企业解困　210b
企业联网直报　141a
企业荣誉　207a/211b/214b
企业调查　141a
企业统战　44a
企业文化　206b
杞柳生产　169b
气候　20a
气候评述　321a
气象服务　321b
气象工作　321
气象局　321a
气象指标　322
汽车维修　224a
汽车站　223a
侨务工作　80a
青年之家建设　98b
青年之声　98a
青少年法制教育　120b
青云镇　393
青云镇村成　395
区划地名　372a
区街合一　271b
渠道建设　302a
权力监督制约　92a
全民健身运动　345b
群众诉求　47b
群众文化生活　351b

R

燃气管理　236a
人才队伍工作　37a
人才管理　213b
人大常委会　54
人大常委会会议　55b
人防工程建设　115b
人防宣传教育　116a
人防依法行政　115b
人口　24a/383b/385b/388a/391a/394a/397a/400b/403b
人口计划　363a
人力发展　312a
人力资源和社会保障　373
人民代表大会　55a
人民法院　125a
人民防空　115
人民调解　129b
人民武装部　113a
人民医院　365
人社局　373a
人武部建设　113b
人物　407
人员编制情况　50
任免　58b

S

三初　341
三秋农机生产　178a
三实小　344a

三夏农机生产　178a
三引一促　22a/136b/201b/255b/258b
散装水泥管理　196a
扫黄打非　353a
森林保护　170a
森林防火　170b
森林公园　238a
山里村度假区旅游开发项目　138b
山田功能性系列纳米粉体材料项目　137b
商贸　251/404b
商贸总公司　254
商品混凝土　216b
商务局　253a
商业贸易管理　253
少先队管理　99a
社会保险管理　375b
社会保险情况　376
社会保障　24a/109b/274a
社会扶贫　185b
社会福利　372a
社会救助　24b/368a/371b
社会科技　318a
社会科学界联合会　108
社会粮食流通统计　259b
社会培训　331b
社会生活　384b/386b/388b/392a/394b/398a/401b/404b
社会事务　273a/372a
社会事务管理　267b
社会事业　28b/61a/369
社会团体　93
社会稳定　202b
社会组织管理　372b
社科联　108a
社科普及　108b
社科阵地建设　108b
社情民意调查　140b
社区建设　372a
社区矫正　120b/129b
社区统战　44a
涉税中介机构监管服务　287b
审计　155
审计结论落实　156b
审计局　155a
审计培训教育　156b
审计文化建设　156b
审计宣传　157a
生产经营　212a/213b/217a
生活消费品零售价格　146
生态保护　248a
省第八届“老博会”　379b
盛通公交公司　224a
盛通客运出租公司　223a
师生情况　327
师资队伍　326a
师资水平　334b
石门苗木基地　216b
石门镇　387
石门镇村居　389
石油公司　261a
石油销售　261
实训管理　330b
实验室资质认定　160b
实验小学　343a
实验中学　335
食品安全培训　154b
食品安全宣传　154b
食品产业状况　154a
食品行政许可　154a
食品流通监管　153a

食品生产监管　152b
食品药品监督管理　152
食品药品监督管理局　152a
食药监局　152a
食用植物油专项整治　153b
史丹利农业集团股份有限公司　207
史志办　78a
史志事业发展规划　79a
市场管理　188b
市场经营　228a/229a
市民热线办理　244a
事业单位改革　49a
事业建设　354b
视察　58b/86a
收费管理　144b
收入和理赔　311b
沭河古道景区　263b/266a
沭河古道景区管理　267
沭河古道景区管理处　267a
沭河管理　186
沭河流域降雨量　187
沭河水利工程管理处　267a
沭河水利管理局　186a
树脂基复合材料项目　278a
双百工程　201a
双拥优质安置　371b
水力发展　176a
水利　173
水利局　173a
水利重点工程　174a
水利综合执法　175b
水土保持　177b
水质监测情况　249
水资源管理　177b
税收执法　289b
税务　281
税源管理　289b
顺河街综合整治　237a
司法规范化建设　125a
司法行政　128
司法基层基础　129b
司法救助　120b
司法局　128a
司法体制改革　127a
司法为民　126b
丝绸公司　188a
丝绸经营　189a
思想道德建设　40b
思想政治　103a
思想政治建设　27b/113a
“四季送”活动　96a
四实小　344b

T

淘宝村　254b
淘宝镇　254b
特色产业　386b/392b/398a
特载　431
特种设备安全监察　151a
体育　23b/323
体育产业　346b
体育工作　345
体育健身设施　346b
体育中心　345a
天醂山庄旅游开发　264a
天泰建设　239b
调解组织　120a
铁路管理和运输　137a
通信服务　228b

通信建设　229a
统计　140
统计服务　140a
统计局　140a
统计业务　140a
统战部　43a
统战工作　43
投资项目管理　136b
土地供应　148b
土地流转　167a
土地收储情况　149
土地增减挂　149b
土地招拍挂情况　149
土地治理项目　183a
土地资产经营　148b
团县委　97a

W

外汇管理　297b
外经工作　254b
外经外贸　21b
外贸公司　262
外侨办　80a
外事工作　80a
外事侨务　80
网点建设　309a
网络管理　74b
网络建设　228a
为老服务工作　379a
为农服务中心　256a
违法建设治理　244a
维护政治稳定　122a
维护职工权益　96a
维稳办　119a
伟业集团　215
卫生　23a/359
卫生单位重点建设项目　362a
卫生和计划生育局　361a
卫生监督技法　362b
位置　19b
温馨家园电热线项目　278a
文化　23a/349
文化产业发展　42b
文化传媒业务　227a
文化工程　351
文化广电新闻出版局　351a
文化建设　214a/303b
文化精准扶贫　352a
文化市场管理　353b
文化市场管理执法局　353a
文化市场监管　353
文化遗产　352a
文化中心项目　139a
文联　107a
文明创建活动　41b
文学艺术界联合会　107
稳定风险评估　120b
稳定与发展　188b
污水处理　235b
无偿献血　368b
五实小　345a
物价　21b
物价管理　144
物价局　144a
物业服务　246a
物业管理　216a
物资集团总公司　258

X

希望工程 99b
县级领导 409
县委办公室 32a
县委办公室工作 32
县委重要文件 31
县乡公路管理 221a
县乡公司维护 221a
县政府办公室工作 73
县政府常务会议 62b
县政府工作会议 63b
县政府重要文件 72
县直机关党建 44
县直机关工委 44a
现代农业 21a
项目资金争取 136a
消防 114
消防大队 114a
消费者权益保护 143a
销售收入过千万元肥料企业 199
“小手拉大手 共筑碧水蓝天” 98
小摊贩专项检查 154a
校园文化 338a
协商民主建设 43a
新的社会阶层人士统战 43b
新华社山东分社诞生地 265b
新华书店 356
新媒体联盟 40a
新农村建设 383b/386a/388a/391a/394a/397a/400b/403b
新天地置业商贸综合体项目 139a
新闻宣传 354a
新闻舆论宣传 39a
新型工业化实验区 275
新型农业经营主体培育 166a
新院区建设 366b
信贷 302a
信贷投放 299b
信访工作 47
信访积案化解 47b
信访局 47a
信访维稳 258b
信访稳定 262a
信瑞德树脂涂料催化剂及助剂项目 138a
信息化建设 209a/366a
信息化水平 330b
信息调研 32b
信息调研 74b
信息宣传 184b
刑事检察 124a
刑事审判 126a
形势政策教育 38a
行政复议 79b
行政后勤 33a
行政接待 75b
行政区划 19b
行政审判 126a
行政许可 154a
行政应诉 80b
行政执法监督 79b
兴大街改造 237a
兴盛手机配件商城 398b
兴宇旅游公司 216b
性别比治理 363b
畜牧产业发展 172a
畜牧行政执法 172b
畜牧局 171a
畜牧养殖主要指标 173

畜牧业　21a/171
畜禽养殖污染治理　173a
宣传　38
宣传部　38a
宣传培训　154b/262b
宣教工作　92b
选举　58b
学前教育　326b
学校安全　333a
学校管理　325b/334a/335b
学校建设　325b/328b/333b
雪亮工程　120a

Y

烟草公司　189a
烟草业　189
烟草专卖管理　189b
烟草专卖局　189a
烟叶生产　189b
严打整治斗争　119b
沿革　19a
沿沭河万亩绿色现代农业长廊　398a
盐务局　257a
盐业公司　257a
盐业经营　257a
盐业经营管理　257
盐政执法　257b
羊肉及制品专项整治　154a
养老保险　376a
药品安全培训　154b
药品安全宣传　154b
药品产业状况　154a
药品行政许可　154a
药品监管　153b
药品专项整治　154a
“野广告”整治　243b
业务发展　227a/306a
业务管理　312b
业务经营　299b/302b/308b/309b
业务培训　366a
一初　337
一二三产业融合发展　184b
一中　331
医疗　359
医疗保险　376b
医疗合作　365b
医疗护理　365a
医疗器械监管　153b
医疗器械专项整治　154a
医疗质量管理　362a/367a
医院文化　366a
依法汉税　288a
沂蒙老区集团　213
沂蒙老区微生物多糖及新型酶制剂项目　138b
沂蒙淘宝第一镇　395a
移动　228
移风易俗　42a
移民工程　174a
亿龙水上风情园　264a
疫苗专项整治　154a
意大利道依茨智能农机项目　278a
银行业监督管理　295
银监办　295a
营改增服务　287b
应急办　81a
应急保障体系建设　81a
应急管理　81
应急联动体系建设　81a

应急知识宣传 81b
优质服务 204b/356a
优质文明服务 312b
邮电 219/386a/394b/397b/401a/404aa
邮政 226
渔业 21a/173
渔业养殖 176a
“雨露计划”项目 185b
玉山镇 400
玉山镇村居 401
玉圣园景区 265b
育新街改造 237b
预防和查办职务犯罪 124a
预防青少年犯罪 99a
预算执行情况 447

Z

再生资源装备项目 279a
造血干细胞捐献 368b
渣土运输管理 244a
占道经营整治 243b
站点里程票价班次时刻表 224
站务服务 223b
招商局 277a
招商推介 277b
招商项目 277b
招商引资 269/272b/276b/277
招商引资工作情况 279
招生 330a
振兴路南段整治 238a
振兴路中段建设 238a
震害防御 320a
镇村志编修 78b
镇街财政收入支出情况 285
镇街地税收入情况 291
镇街概况 381
镇街税收情况 288
征收管理 289a
整顿和规范市场经济秩序 142b
正风肃纪 91b
正源路改造 237a
郑山街道 271
郑山街道行政村 274
政产学研合作 318a
政党 25
政法队伍建设 121a
政法委 119a
政法委及综治 119
政府 60
政府办公室 73a
政府办公室重要文件 73
政府法制 79
政府工作报告 433
政府接待 82
政府招待所 82a
政府重点项目审计 156a
政区 383b/385b/388a/391a/394a/397a/400b/403b
政务 25
政务督查 74b
政务服务 75/765a
政务服务平台 77b
政务服务网上大厅建设 77b
政务服务中心 76a
政务服务中心管理办公室 75a
政务服务中心新址建设 78a
政协常委会议 84b
政协临沭县委员会 83
政协全体委员会议 84a

政治读物发行 357a
支持实体经济发展 295a
知识产权 319a
执法打假 151b
执行工作 126a
执纪审查 92a
职工技能大赛 96b
职工教育 96b
职工培训 96b
职业教育 326b
职业培训 375b
指挥通信警报建设 115a
志愿队伍建设 368b
志愿扶贫 98b
志愿者服务 42a
质监局 149a
质量管理 150a
质量技术监督 149
质量技术监督局 149a
治安防范 120a
治安巡逻防范 122b
置业公司 214a
中超互联网+冷链云平台建设项目 137b
中国工商银行临沭支行 299
中国共产党临沭县委员会 27
中国建设银行临沭支行 299
中国民生银行临沭支行 309
中国农业发展银行临沭支行 304
中国农业银行临沭支行 302
中国人民财产保险公司临沭支公司 310
中国人民银行临沭县支行 296
中国人寿保险公司临沭支公司 312
中国银行临沭支行 301
中国邮政储蓄银行临沭支行 307
中考招生 333a
中山路人行道隔离栏杆 237b
中山路与沭新街交汇处渠化 237b
中文域名管理 50b
中小企业管理 200
中小企业局 200a
中型水库 176b
中医药工作 362b
中医医院 366
钟华山景区 265b
种植业 165
种植业结构 273b
种植业生产 165b
重点工程项目 137a
重点基建项目 237a
重点领域管理 120b
重点领域体制改革 49b
重点项目建设 136a
重点项目支出 284a
重点专科建设 367b
重要会议 29b
朱村及岌山地质公园项目 139b
朱村生态湿地建设 175a
朱村文化旅游区 264a
朱村文化旅游区 266b
住房保障 246b
住房和城乡建设局 234a
注册管理 143a
驻城小学 343
专项秩序整治 120b
专项资金审计 155b
专业技术人员管理 374b
转型升级 355b
资产管理 301b
资产业务 301b
资金组织 304a

资源综合利用　195a
自然资源　20a
自身建设　89b
宗教工作　377b
综合文秘　74a
综治办　119a
综治平台标准化建设　120a
总工会　95
组织部　34a
组织工作　34
组织建设　103b
组织宣传　100b

人名索引

B

班书剑　426

C

车　健　425
陈　彪　430
陈　斌　426
陈剑秋　425/427
陈久章　428
陈庆祥　420b
陈　晔　427
崔久波　429

D

戴　林　428

F

范玉江　421a
房立峰　429
冯树方　412b
付用华　428

G

高国庆　428
高希华　423a
高志云　427
葛洪兰　428
郭　建　428

H

韩宝金　425
韩新华　424b
韩兆霞　429
何　健　430
侯　雷　422b
胡怀权　422a
胡怀源　426
胡　丽　428
胡丽娜　422a
郇恒飞　427
郇恒勋　428

J

汲广虎　415b
贾　伟　429
姜自棠　423a

L

李春道　429
李广永　426
李培习　426
李庆军　429
李全义　416b
李善峰　417a
李善龙　426
李守贵　417a
李守军　428
李顺宇　427
李晓春　429
李玉国　416a
李增民　417b
李　真　416a
厉启霞　427
凌　伟　428
刘　飞　413b
刘　飞　414a
刘贵科　425
刘洪明　414b
刘家合　415a
刘景富　428
刘景辉　425
刘　军　414b
刘西桥　427
刘祥伟　415a
刘晓华　429
刘秀勇　427
卢秀娜　427
罗运超　428

M

麻建东　423b
马广芳　429
马晓丽　429
孟庆然　421b
糜自壮　427
密长诚　424a

Q

邱军昌　426

R

任庆虎　413b

S

沈　超　428
史纪超　427
史佩芹　428
宋国山　418b
宋玉波　417b
宋玉智　418a
孙　刚　425
孙加兴　430
孙运峰　415b
孙长明　428

T

唐洪花　427
唐宽珍　428
唐明波　426
唐信刚　430

W

汪凤举　428
王丙华　409a
王峰立　410b
王恒成　425
王济慧　427
王继茂　428
王建华　410b
王建平　410a
王金部　425
王金华　427
王京凯　409b
王经臣　425
王景光　411b
王景美　412a
王　科　429
王丽娟　428
王　梅　425
王　萍　429
王庆东　429
王士梅　428
王淑军　411a
王通韵　425
王维玺　411a
王　晓　427
王须军　428
王绪红　427
王绪桥　429
王玉龙　429
王远国　428
王振启　411a
王之强　427
王资昌　428
吴清霖　427
吴清山　429
吴书强　427
吴兴文　427
吴艳丽　428
武超建　428
武希芬　430
武新俊　426
武玉芹　420b

X

谢　彬　429
徐继红　429
徐卫朵　429
徐熙欣　426
徐　勇　426
许　峰　428

Y

杨方芹　429
杨惠名　426
杨　明　417b
杨圣华　429
杨秀诚　429
姚洪玺　426
于丽华　409a
袁建军　428
袁　晟　429
袁照旭　429
云雪飞　412a

Z

张宝金　426
张宝永　429
张彩霞　426
张广利　425
张国金　429
张景颜　426
张　昆　425
张兰建　425
张　雷　419a
张　辽　427
张　猛　428
张庆贵　419b
张庆军　425
张伟峰　419a
张晓平　428
张晓芹　428
张星磊　420a
张秀颀　419b
张学霞　427
张　莹　425
张永照　429
赵　明　421b
赵同刚　427
赵锡山　121b
赵志庆　426
郑　飞　429
钟　华　422b
钟玉柱　429
周　伟　421a
周文超　426
朱崇尚　427
朱孔杰　429
朱孔科　413a
朱礼明　425
朱　梅　413a
朱　涛　412b